上城年鉴

2022
SHANGCHENG
YEARBOOK

中共杭州市上城区委党史研究室
（杭州市上城区地方志编纂研究室）
编

方志出版社
Publishing House of Local Records

图书在版编目（CIP）数据

上城年鉴．2022 / 中共杭州市上城区委党史研究室（杭州市上城区地方志编纂研究室）编．—北京：方志出版社，2022.11

ISBN 978-7-5144-5444-4

Ⅰ．①上… Ⅱ．①中… Ⅲ．①区（城市）—杭州—2022—年鉴 Ⅳ．①Z525.51

中国版本图书馆CIP数据核字（2022）第239559号

责任编辑：陈　菁
责任校对：刘玉霞
责任印制：梅中英
出 版 者：方志出版社
地　　址：北京市朝阳区潘家园东里9号（国家方志馆4层）
邮　　编：100021
网　　址：http：//www.zgfzcb.cn
发　　行：方志出版社图书营销中心（010-67110500）
制　　作：浙江清音文化艺术有限公司
印　　刷：浙江海虹彩色印务有限公司
开　　本：889毫米×1194毫米　1/16
印　　张：34
字　　数：837千字
版　　次：2022年11月第1版
印　　次：2022年11月第1次印刷
定　　价：300.00元

上城区地方志编纂委员会

《上城年鉴（2022）》编辑部

编辑说明

一、《上城年鉴（2022）》是上城区行政区划调整后的首卷地方综合年鉴。该年鉴以马克思列宁主义、毛泽东思想、邓小平理论、“三个代表”重要思想、科学发展观、习近平新时代中国特色社会主义思想为指导，坚持辩证唯物主义和历史唯物主义的立场、观点和方法，全面反映2021年上城区发挥原上城、江干两区融合效应，推进政府运行、经济发展、城区面貌、文化内涵、民生福祉提质增效，以及在两区融合发展中的基本情况及重大事件。

二、《上城年鉴》是由中共杭州市上城区委员会、杭州市上城区人民政府主办，中共杭州市上城区委党史研究室（杭州市上城区地方志编纂研究室）承编的地方综合年鉴，逐年记述上城区自然、政治、经济、文化、社会和生态文明建设等方面的基本情况，为社会各界了解和研究上城区提供丰富、翔实的信息资料。

三、《上城年鉴（2022）》编排采用分类法，主体内容由类目、分目、条目3个层次构成。全书设“上城概览”“中国共产党上城区委员会”“上城区人民代表大会及其常务委员会”“上城区人民政府”“中国人民政治协商会议上城区委员会”“群众团体”“法治”“军事”“特色产业”“城区管理”“环境保护”“文化”“体育”“街道”等类目。卷首刊有“美丽上城”“热点聚焦”“创新·发展”“社会·民生”“文化·体育”等照片。

四、《上城年鉴（2022）》记载时限为2021年1月1日至12月31日，特载部分收录2022年2月14日政府工作报告，以保持内容的完整性。

五、全书内文中，除“民主党派与工商联”类目外，“党员”均指“中共党员”，“党建”均指“中国共产党建设工作”。“省”“市”“区”分别指“浙江省”“杭州市”“上城区”。

六、全书内文中数字用法、标点符号用法分别采用国家标准《出版物上数字用法》（GB/T 15835—2011）、《标点符号用法》（GB/T 15834—2011），计量单位用法采用国家技术监督局1993年12月发布的《量和单位》系列国家标准。全书涉及的主要数据以区统计局数据为准。区统计局未统计的数据由各业务部门及各承编单位提供。因统计范围、统计口径的调整，部分数据与往年不具可比性，部分单位提供的数据也会与区统计部门提供的数据不尽相同，引用时请注意。

七、文中“特载”“附录”中文件（文献）和“统计公报”内容照原文登载，不做编辑规范方面的处理。

上城区行政区划图

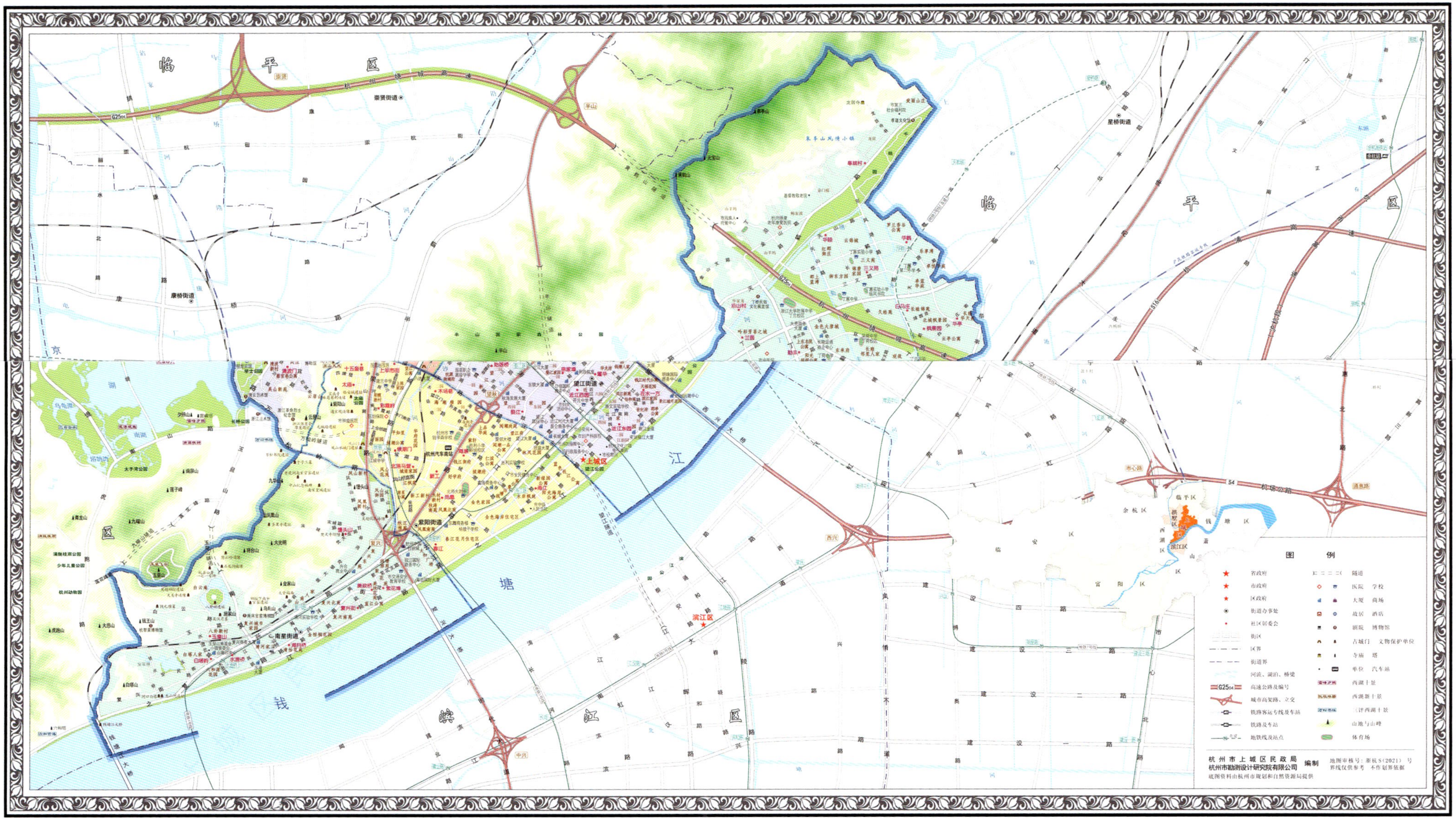
临平区
滨江区
上城区
钱塘江
临平区
余杭区
拱墅区
西湖区
萧山区
富阳区
钱塘区
崇贤街道
星桥街道
康桥街道
紫阳街道
望江街道
南星街道
G25₀₄
S16
S4
机场公路
图例
省政府
市政府
区政府
街道办事处
社区居委会
街区
区界
街道界
河流、湖泊、桥梁
高速公路及编号
城市高架路、立交
铁路客运专线及车站
铁路及车站
地铁线及站点
隧道
医院 学校
大厦 商场
故居 酒店
剧院 博物馆
古城门 文物保护单位
寺庙 塔
单位 汽车站
西湖十景
西湖新十景
三评西湖十景
山地与山峰
体育场
杭州市上城区民政局
杭州市勘测设计研究院有限公司
编制
底图资料由杭州市规划和自然资源局提供
地图审核号：浙杭S(2021) 号
界线仅供参考 不作划界依据

双阁飞霞（2022年）　　（吕上元 摄）

上城新貌（2021年）

（潘劲草 摄）

钱江新城（2022年）　（吴海平 摄）

杭州火车东站（2021年）　（吴海平 摄）

闸弄口街道新貌（2021年）　　(闸弄口街道 供稿)

凯旋街道新貌（2021年）　　（吴海平 摄）

上城区体育中心（2021年） （吴海平 摄）

白塔公园（2021年） （吴汝华 摄）

国庆立体花坛——“幸福湖滨”（2021年）　　（区住建局 供稿）

彭埠街道杨柳郡未来社区 （2021年）　　（区住建局 供稿）

南星街道海月桥未来社区海月花园“微更新”后全貌（2021年）（区住建局 供稿）

复兴路新貌（2021年）（区住建局 供稿）

2021年12月28—29日，中国共产党杭州市上城区第一次代表大会召开　　（区委办公室 供稿）

2021年5月8—10日，杭州市上城区人民代表大会会议召开　　（区人大常委会办公室 供稿）

2021年5月8—9日，中国人民政治协商会议杭州市上城区委员会会议召开　　（陈建荣 摄）

2021年6月26日，“永远跟党走”——上城区庆祝中国共产党成立100周年主题活动在杭州大剧院举行

（区委组织部 供稿）

2021年5月7日，清波街道柳翠井巷社区党委在源茂里开展党史学习教育

（清波街道 供稿）

2021年，团区委成立“8090”青春寻访队，结对采访区内100名优秀共产党员。图为4月22日青春寻访队在笕桥机场采访抗战老兵马相生

（团区委 供稿）

2021年8月18日，上城区在四季青街道五福一苑小区开展全员新冠病毒核酸检测筛查实战演练（四季青街道 供稿）

2021年9月23日，上城区举办庆祝“9·26”工匠日主题活动暨2021年“上城工匠”认定发布会。图为活动中的“匠心故事会”现场（区总工会 供稿）

改造提升后的钱学森故居（2021年）　　（小营街道 供稿）

杭州院士巷（2021年）　　（小营街道 供稿）

5G 湖上直播间（2021 年）　　　　（上城国投集团 供稿）

运河·映巷（2021 年）　　　　（区委宣传部 供稿）

2021年5月19日，“同心筑梦跟党走·网聚上城正能量”上城区新的社会阶层人士（网络人士）圆桌分享会举行 （区委统战部 供稿）

2021年7月20日，2021数智消费嘉年华——杭州仲夏夜暨上城区打造全国重要的消费中心启动仪式举行。图为数智消费体验官亮相仪式 （区商务局 供稿）

2021年11月18日，杭州安旭生物科技股份有限公司在上海证券交易所科创板上市

（钱塘智慧城管委会 供稿）

奥的斯机电电梯有限公司“未来工厂”（2021年）　（区发改经信局 供稿）

长睦苑小区成片加装电梯（2021年）　（区住建局 供稿）

2021年国庆期间，区晴雨公益中心志愿者组成“人墙”维持湖滨商圈秩序　（湖滨街道 供稿）

2021年8月19日，区政务服务中心综合咨询工作人员引导办事群众进行“在线取号”服务操作

（区审管办 供稿）

2021年10月18日，区税务局干部为吴越人家扎染店解读政策 （区税务局 供稿）

2021年6月8日，区公安分局举办“献礼建党百年反诈全民行动暨青枫义警汇”主题宣传活动

（区公安分局 供稿）

2021年6月9日，上城消防救援大队消防救援人员上门开展消防宣传，指导群众使用消防设施器材

（上城消防救援大队 供稿）

2021年8月17日，南星街道社区公益教育空间“和娃娃童读馆”开馆　　（南星街道 供稿）

2021年11月25日，清波街道“四点半课堂”为辖区儿童开设兴趣课　　（清波街道 供稿）

2021年3月8日，区法院联合区妇联举办“微法庭、大作为”诉调对接论坛 （区法院 供稿）

2021年10月27日，清波街道启动“骑士关爱”计划，为快递员、外卖员提供贴心服务

（清波街道 供稿）

2021年，位于清波街道中山中路6号的南宋书房挂牌成为杭州书房。图为书房内景

（区文广旅体局 供稿）

李宁体育园（2021年） （区住建局 供稿）

2021年10月17日，河坊街开街20周年主题活动暨宋韵文化项目发布会在清河坊历史街区举行

（上城国投集团 供稿）

2021年10月29日，2021宋韵文化节开幕式暨“宋韵最杭州”主题晚会在钱江新城举行

（区文广旅体局 供稿）

2021年5月31日，杭州采荷第一小学教育集团“纸映初心”剪纸社举办“红色剪纸忆党史”活动

（区教育局 供稿）

2021年10月1日，皋亭山宋韵主题游园会启动（丁兰街道 供稿）

2021年6月18日，杭州市夏衍小学开展“种子少年迎亚运，世界冠军进校园”活动。图为李宁参加学校活动
（区教育局 供稿）

2021年10月31日，上城区中小学运动会初中男子110米栏决赛举行。图为决赛现场
（区教育局 供稿）

杭州市钱学森学校（2021年）　（上城城投集团 供稿）

2021年12月4日，杭州市胜利小学“整校推进信息化教学创新”案例获全国中小学教师信息技术应用能力提升工程2.0典型案例。图为学校的相关课堂教学　（区教育局 供稿）

2021年7月5日，“人民心中的中国印”肖像印特展在中国民间艺术产业示范基地梓府开幕

（区委宣传部 供稿）

2021年12月16日，中国美术学院在南山路举办“秋叶艺术节” （清波街道 供稿）

目 录

特 载

政府工作报告 …… 1

专 记

行政区划调整 …… 14
概况 …… 14
上城区揭牌仪式举行 …… 15
区两会召开 …… 15
干部交流调配 …… 15
党史学习教育 …… 15
概况 …… 15
组织领导和工作机制建立 …… 15
党史学习教育专题学习 …… 16
党史学习教育专题宣讲 …… 16
党史学习教育专题宣传报道 …… 17
“民呼我为”主题活动 …… 17
党史学习教育常态化长效化工作机制健全 …… 17
庆祝中国共产党成立100周年 …… 17
概况 …… 17
“奋斗百年路，启航新征程”系列活动 …… 17
“沿着红色足迹学党史”活动 …… 18
“家门口的红色传承”系列活动 …… 18
“党史里的乐章”钢琴音乐会 …… 18
“红巷心声”大型歌咏活动 …… 18
“永远跟党走”主题活动 …… 18
“百年风华正青春·红色薪火永相传”主题活动 …… 19
解放思想大讨论 …… 19
概况 …… 19
“践行新时代好干部标准”大行动 …… 20
“践行好干部标准大讨论”活动 …… 20
年轻干部践行好干部标准大讨论座谈会 …… 21
数字化改革 …… 21
概况 …… 21
“一表通”应用场景 …… 22
杭州东站未来枢纽安全智控应用 …… 22
浙里社会矛盾风险防范化解应用 …… 22
“最多跑一次”改革 …… 23
概况 …… 23
政务服务综合体构建 …… 23
智能化数字政务应用系统开发 …… 23
“跨省通办”合作模式探索应用 …… 23

线上、线下政务服务团队组建 …… 24
基层社会（区）治理 …… 24
概况 …… 24
区社会矛盾纠纷调处化解中心建设 …… 24
重点整治摘牌 …… 24
网格规范化建设 …… 24
第四批全国社区治理和服务创新实验区结项 …… 25
党建引领社区治理 …… 25
乡村治理 …… 25
“基层治理四平台”与网格建设 …… 26
人大街道工委助力基层治理 …… 26
清波街道人大代表联络站获评市最美人大代表联络站 …… 26
未来社区建设 …… 27
概况 …… 27
始版桥未来社区建设 …… 27
荷花塘未来社区建设 …… 27
杨柳郡未来社区建设 …… 28
景芳未来社区建设 …… 28
红梅未来社区建设 …… 28
小营巷未来社区建设 …… 29
海月桥未来社区建设 …… 29

大事记

1月 …… 30
2月 …… 31
3月 …… 32
4月 …… 33
5月 …… 34
6月 …… 35
7月 …… 37
8月 …… 38
9月 …… 39
10月 …… 40
11月 …… 42
12月 …… 43

上城概览

地情概貌 …… 46
建置沿革 …… 46
位置与面积 …… 47
气候 …… 47
森林植被 …… 48
湿地 …… 48
野生动物 …… 49
行政区划 …… 49
人口 …… 50
经济建设 …… 50
概况 …… 50
产业经济提档升级 …… 51
产业平台建设推进 …… 51
政治建设 …… 51
概况 …… 51
政治生态净化优化 …… 51
管党治党政治责任压实 …… 52
作风建设深化 …… 52
腐败惩治 …… 53
“清廉上城”建设 …… 53
数智群团建设 …… 53
文化建设 …… 54
概况 …… 54
文化强镇、文化示范村（社区）建设 …… 54
国家（杭州）短视频基地开工奠基 …… 54
影视作品创作生产 …… 54
社会建设 …… 55
概况 …… 55
社区治理“金点子”案例评选 …… 55

生态文明建设 …… 55

概况 …… 55

生态文明建设目标考核体系完善 …… 56

生态文明示范区建设推进 …… 56

中国共产党上城区委员会

综述 …… 57

概况 …… 57

党建引领增强 …… 57

各领域改革 …… 57

领导体制完善 …… 58

区委理论学习中心组专题学习 …… 58

保密工作 …… 58

区委重要会议 …… 60

区党员代表会议 …… 60

区第一次党代会 …… 60

区委全体（扩大）会议 …… 60

区委常委会会议 …… 61

综合考评工作 …… 61

概况 …… 61

综合考评情况通报 …… 61

“11842”综合考评模式推行 …… 61

意见整改按期完成 …… 62

公开问政 …… 62

重要活动 …… 62

“民呼我为”主题活动推进会 …… 62

“宋韵文化：传世与传播”论坛 …… 62

2021杭州—台湾海峡两岸文化创意产业交流对接会 …… 62

杭州文化创意产业投融资发展论坛 …… 63

组织工作 …… 63

概况 …… 63

干部队伍优化 …… 63

党建品牌优化 …… 63

基层组织体系建设 …… 64

组织工作数智建设 …… 64

宣传工作 …… 64

概况 …… 64

理论宣讲 …… 65

“奔跑新上城”“上城履新百日”主题报道 …… 65

庆祝中国共产党成立100周年主题报道 …… 65

宋韵文化主题报道 …… 66

“芯潮澎湃”网络法治宣传教育基地成立 …… 66

网络安全宣传周活动 …… 66

互联网党建品牌打造 …… 66

统战工作 …… 67

概况 …… 67

数字统战建设 …… 67

同心荟“一核四联盟”成立 …… 68

基层统战阵地建设 …… 68

党外人才培养 …… 68

知联会、无党派人士工作 …… 68

党外知识分子“五大行动” …… 69

老干部工作 …… 69

概况 …… 69

老干部“三项建设” …… 69

老干部服务管理 …… 69

数字赋能老干部工作 …… 69

老年大学教学管理 …… 70

离退休干部金秋驿站建设 …… 70

关心下一代工作 …… 70

概况 …… 70

关心下一代教育基地建设 …… 70

“数智”关工委 …… 71

爱党爱国爱社会主义主题教育 …… 71

青少年服务 …… 72

青少年普法教育 …… 72

机构编制管理 …… 72
概况 …… 72
机构编制重构 …… 72
重点改革攻坚 …… 73
机构编制资源统筹管理 …… 73
信访工作 …… 74
概况 …… 74
信访攻坚行动 …… 74
区领导接待来访群众 …… 74
基层信访工作 …… 74
党史工作 …… 74
概况 …… 74
党史宣传教育 …… 75
党史编研 …… 75
红色资源保护与利用 …… 75
机关党建工作 …… 76
概况 …… 76
机关组织工作基础夯实 …… 76
“百千万”民情联系机制推出 …… 76
清廉机关建设 …… 77
机关基层工会建设 …… 77
党员干部教育培训 …… 77
概况 …… 77
党群服务阵地建设运维 …… 77
党建全媒体宣传 …… 78

上城区人民代表大会及其常务委员会

综述 …… 79
概况 …… 79
区人大及其常委会机构 …… 79
区人大常委会自身建设 …… 79
人大重要会议 …… 82
区人民代表大会会议 …… 82
上城区十五届人大常委会第三十五次会议 …… 82
上城区十五届人大常委会第三十六次会议 …… 82
上城区十五届人大常委会第三十七次会议 …… 82
上城区十五届人大常委会第三十八次会议 …… 83
上城区十五届人大常委会第三十九次会议 …… 83
江干区十五届人大常委会第三十六次会议 …… 83
江干区十五届人大常委会第三十七次会议 …… 83
江干区十五届人大常委会第三十八次会议 …… 83
区人大常委会第一次会议 …… 83
区人大常委会第二次会议 …… 84
区人大常委会第三次会议 …… 84
区人大常委会第四次会议 …… 84
区人大常委会第五次会议 …… 84
区人大常委会第六次会议 …… 84
重大事项决定与任免 …… 84
重大事项决定 …… 84
人事任免 …… 85
监督工作 …… 85
财政经济监督 …… 85
法治监督 …… 85
民生监督 …… 85
人大代表工作 …… 86
代表换届选举保障 …… 86
代表履职渠道拓宽 …… 86
代表履职能力增强 …… 86

上城区人民政府

综述 …… 87
概况 …… 87

政府信息公开 …… 87
行政效能提升 …… 87
政务督查 …… 88
建议提案办理 …… 88
涉外服务 …… 88
10件民生实事项目完成 …… 88
区政府重要会议 …… 90
行政区划调整前区政府常务会议 …… 90
行政区划调整后区政府常务会议 …… 90
应急管理 …… 91
概况 …… 91
区级应急指挥中心建设 …… 92
基层应急管理体系创新 …… 92
基层应急管理服务站建设 …… 92
应急值守与信息分级流转 …… 92
突发事件应对处置 …… 93
应急预案体系建设 …… 93
应急演练 …… 93
防汛防台工作 …… 94
森林防灭火工作 …… 94
抗雪防冻工作 …… 95
应急宣传教育培训 …… 95
综合减灾示范社区创建 …… 95
避灾安置场所规范化建设 …… 96
消防管理 …… 96
概况 …… 96
火灾隐患专项治理 …… 96
微型消防站建设 …… 97
消防安全重点单位标准化管理 …… 97
消防安全知识普及宣传 …… 97
依规执法服务 …… 98
政务服务与公共资源交易 …… 98
概况 …… 98
政务服务管理新格局构建 …… 99
政务服务改革新路径探索 …… 99
公共资源交易“数智名片”打造 …… 99
公共资源交易营商环境优化 …… 100
数据资源管理 …… 100
概况 …… 100
数字化项目审查 …… 100
一体化智能化公共数据平台建设 …… 101
“一网通办”工作 …… 101
数字驾驶舱建设 …… 101
信息化基础支撑 …… 101
侨务 …… 102
概况 …… 102
侨企服务 …… 102
侨法宣传 …… 102
侨界权益维护 …… 102
港澳台事务 …… 102
概况 …… 102
基层结对形式探索 …… 103
上城、澳门直播电商合作 …… 103
海峡两岸文创交流对接 …… 103
地方志工作 …… 103
概况 …… 103
二轮志书发行 …… 103
年鉴编纂出版 …… 104
《〈上城年鉴〉编纂细则》修订 …… 104
“城市记忆”短视频拍摄 …… 104
机关事务 …… 105
概况 …… 105
机关事务数智化管理 …… 105
办公用房整合调配 …… 105
机关车辆管理 …… 105

中国人民政治协商会议上城区委员会

综述 …… 106
概况 …… 106
思想政治引领 …… 106

“数智政协”建设 …… 106
提案工作 …… 107
区政协重要会议 …… 108
区政协委员会会议 …… 108
区政协常委会议 …… 108
区政协主席会议 …… 108
政情通报会 …… 109
议政建言 …… 109
概况 …… 109
协商体系建设 …… 109
专题协商 …… 110
民主监督 …… 110
专题调研 …… 111
政协委员工作 …… 111
概况 …… 111
委员履职平台建设 …… 111
委员主体作用发挥 …… 111
委员暑期读书会 …… 112
文史研究 …… 112
概况 …… 112
庆祝中国共产党成立100周年文史活动 …… 112
宋韵文化传承研究 …… 112
书香政协建设 …… 113

纪检·监察

综述 …… 114
概况 …… 114
监督责任履行 …… 114
“三不”体制机制建设 …… 114
区“廉情码”政治生态监督管理平台 …… 115
区纪委区监委重要会议 …… 115
上城区纪委十届六次全体会议暨全区作风建设大会 …… 115
江干区纪委十届六次全体会议 …… 116
上城区政法队伍教育整顿廉政报告暨警示教育大会 …… 116
全区纪检监察工作会议 …… 116
执纪审查和监察调查 …… 116
概况 …… 116
监督执纪“四种形态”运用 …… 117
政法队伍问题线索处置 …… 117
信访澄清正名 …… 117
党风政风监督 …… 117
概况 …… 117
全面从严治党主体责任压实 …… 118
新冠肺炎疫情防控工作监督 …… 118
廉政账户规范化管理 …… 118
重点领域专项治理 …… 118
巡察工作 …… 119
概况 …… 119
政治巡察 …… 119
巡察全覆盖 …… 119
上下联动试点 …… 119
党风廉政宣传教育 …… 120
概况 …… 120
“两法一条例”普法 …… 120
案件警示教育 …… 120
“清廉家访”主题活动 …… 121
“清波廉韵”清廉文化品牌体验线路上线 …… 121

民主党派与工商联

民革上城区基层委员会 …… 122
概况 …… 122
参政议政及社情民意撰写 …… 122
祖国统一工作 …… 122

"同心·博爱"民革服务品牌深化 ········ 123
民盟上城区基层委员会 ········ 123
概况 ········ 123
参政议政 ········ 123
关爱帮扶 ········ 124
民建上城区基层委员会 ········ 124
概况 ········ 124
调研建议 ········ 124
社会服务 ········ 124
民进上城区基层委员会 ········ 125
概况 ········ 125
议政监督 ········ 125
文化教育服务 ········ 125
农工党上城区基层委员会 ········ 125
概况 ········ 125
建议建言 ········ 126
帮扶共建 ········ 126
致公党上城区基层委员会 ········ 127
概况 ········ 127
职能履行 ········ 127
结对共建 ········ 127
特色品牌社会服务 ········ 128
九三学社上城区基层委员会 ········ 128
概况 ········ 128
建言献策 ········ 128
公益服务 ········ 128
上城区工商业联合会 ········ 129
概况 ········ 129
上城区工商联（总商会）第一次会员代表大会 ········ 129
数字赋能商会服务 ········ 129
为企服务深化 ········ 130
村企结对服务 ········ 130
非公有制企业理想信念教育 ········ 130

群众团体

上城区总工会 ········ 131
概况 ········ 131
工会组织建设 ········ 131
劳模工匠人才选树 ········ 132
产业工人队伍建设改革推进 ········ 132
和谐劳动关系创建 ········ 132
职工技能素质提升行动 ········ 133
困难职工帮扶保障 ········ 133
职工普惠服务 ········ 133
职工思想文化建设 ········ 133
共青团上城区委员会 ········ 134
概况 ········ 134
社区团组织换届 ········ 134
《上城区青年发展"十四五"规划（2022—2025）》 ········ 134
全国县域共青团基层组织改革试点 ········ 134
上城区青年联合会全体会议 ········ 135
年轻干部培养 ········ 135
青年人才培育 ········ 135
"智护未来"应用场景建设 ········ 136
"Link 领可"青年工作品牌推出 ········ 136
团员青年党史学习教育 ········ 136
共青团街舞杭州联盟总支部委员会成立 ········ 137
关爱青少年公益专场音乐会 ········ 137
上城手绘地图与随手拍活动 ········ 137
上城区妇女联合会 ········ 137
概况 ········ 137
基层妇联组织建设 ········ 138
妇女儿童事业发展 ········ 138
妇女儿童关爱 ········ 138
家庭教育推进 ········ 139
平安家庭建设 ········ 139

巾帼建功行动 …… 139
上城区科学技术协会 …… 140
概况 …… 140
钱学森故居入选首批“科学家精神培育基地” …… 140
重点学术及科普项目补助 …… 140
“银龄跨越数字鸿沟”智能手机培训 …… 140
线下科普活动 …… 141
院士专家工作站建设 …… 141
全国科普日活动 …… 141
第7届杭州市大学生科技创新大赛 …… 141
上城区第36届青少年科技创新大赛 …… 142
上城区归国华侨联合会 …… 142
概况 …… 142
上城区第一次归侨侨眷代表大会召开 …… 142
侨联阵地建设 …… 142
“侨心向党”活动 …… 143
华侨新生代招引 …… 143
上城区残疾人联合会 …… 143
概况 …… 143
残疾人事业数字化改革 …… 143
残疾人综合服务 …… 144
残疾人基本补贴 …… 144
残疾人就业创业 …… 144
残疾人精准康复服务 …… 144
残疾人无障碍环境建设 …… 145
助残联盟样板打造 …… 145
残疾人文体活动 …… 145
亚残运会残疾人事业展示点提升 …… 146
上城区红十字会 …… 146
概况 …… 146
“数字红会”建设 …… 146
“红十字‘救’在身边”项目 …… 147
纾困救助 …… 147
造血干细胞和人体器官捐献 …… 147
红十字志愿服务 …… 148

法　治

政法委及综治 …… 149
概况 …… 149
“平安上城”建设 …… 149
社会稳定维护 …… 150
数字法治建设 …… 150
电信诈骗治理 …… 150
法治政府建设 …… 150
概况 …… 150
法治建设项目培育 …… 151
行政决策法治化建设 …… 151
行政规范性文件和行政机关合同规范管理 …… 151
行政执法主体和执法人员资格管理 …… 151
执法监督规范化建设 …… 152
行政复议应诉案件规范办理 …… 152
行政争议化解 …… 152
行政复议员试点 …… 152
公安 …… 152
概况 …… 152
执法办案管理中心建成 …… 153
“全民反诈”民生实事项目 …… 153
庆祝中国共产党成立100周年安保 …… 153
社会面风险防控 …… 154
营商环境法治保障 …… 154
安居治安环境打造 …… 154
隐患纠纷多元化解 …… 154
大部门大警种制改革实施 …… 154
“小脑+手脚”勤务机制优化 …… 155
《浙江公安派出所办理刑事案件负面清单规定》实施 …… 155
首批政法队伍教育整顿 …… 155
检察 …… 155
概况 …… 155

“四大检察”协同推进 …… 156
社会环境净化 …… 156
诉源治理 …… 156
数字检察 …… 157
未成年人司法保护 …… 157
检察服务企业发展 …… 157
法院 …… 157
概况 …… 157
刑事审判 …… 158
民商事审判 …… 158
行政审判 …… 158
执行审判 …… 158
“共享法庭”建设 …… 158
法治化营商环境优化 …… 159
全域“数字法院”建设 …… 159
普法宣传 …… 160
司法行政 …… 160
概况 …… 160
“八五”普法启动 …… 160
矛盾纠纷排查化解 …… 160
区人民调解协会建设 …… 161
社区矫正 …… 161
法律援助 …… 161
公共法律服务数字化平台建设 …… 162
律师行业规范管理 …… 162

军 事

人民武装 …… 163
概况 …… 163
思想政治建设 …… 163
党管武装 …… 163
双拥共建 …… 164
征兵工作 …… 164
战备训练 …… 164
民兵整组 …… 164
人民防空 …… 164
概况 …… 164
人防基础力量建设 …… 165
人防工程维护管理 …… 165
人防数字化改革 …… 165
人防知识宣传 …… 165
防空应急疏散演练 …… 165

特色产业

数字经济产业 …… 166
概况 …… 166
产业数字化 …… 166
数字产业化 …… 167
数字经济系统建设 …… 167
金融服务业 …… 168
概况 …… 168
金融改革创新 …… 168
上城区与金融监管部门战略合作 …… 168
金融人才引育 …… 168
“凤凰行动”助推企业上市 …… 168
文化产业 …… 169
概况 …… 169
之江文化产业带 …… 169
文化产业引育 …… 169
运河·映巷一期开街 …… 169
《武汉日夜》全国公映 …… 170
《梦想城》开机 …… 170
《大浪淘沙》开播 …… 170
《济公之降龙降世》全国公映 …… 171
《口袋森林（第一季）》入选优秀海外传播作品 …… 171
现代商贸服务业 …… 171
概况 …… 171
促消费政策制定实施 …… 171

未来社区商业建设 ······ 171
上城区入选浙江省数字生活新服务样板区 ······ 173
“e付保”上线 ······ 173
夜间经济发展 ······ 173
国庆假期销售额破10亿元 ······ 173
“夜潮时尚集、数智消费季”系列活动 ······ 174
杭州仲夏夜暨上城区打造全国重要的消费中心活动 ······ 174
杭州电商直播基地落户上城 ······ 174
广宇集团贸易板块发展 ······ 175
休闲旅游业 ······ 175
概况 ······ 175
首趟“美丽新上城，宋韵巴蜀情”旅游专列开行 ······ 175
“百县千碗·舌尖上的宋韵”发布 ······ 175
6条走读宋韵研学线路推出 ······ 176
“走红巷、游上城”微信小程序开发 ······ 176
规范型星级农家乐培育 ······ 176
皋亭山景区建设 ······ 176
“家风·孝道千诗千石刻”文化工程竣工 ······ 177
皋亭山宋韵主题游园会 ······ 177
健康服务业 ······ 177
概况 ······ 177
健康服务产业集聚 ······ 177
健康产业项目建设 ······ 178
医养结合助力健康产业发展 ······ 178
广宇集团“健康家”产品体系 ······ 178

工　业

综述 ······ 179
概况 ······ 179
规模以上工业企业 ······ 179
娃哈哈集团在欠发达地区投资建厂 ······ 180
高端装备制造业 ······ 180
概况 ······ 180
奥的斯机电公司助力国家发展建设 ······ 180
杭锅集团获省政府质量奖 ······ 181
东城电子智能自提柜专利数居全国前列 ······ 181
威星“燃气云”省级重点企业研究院通过验收 ······ 181
纺织服装制造业 ······ 181
概况 ······ 181
万事利丝绸公司上市 ······ 182
万事利“西湖一号”数字美学创意平台上线 ······ 182
医药制造业 ······ 182
概况 ······ 182
远大生物公司完成省重点研发项目验收 ······ 182
安旭生物公司上市 ······ 183
矩阵式超大通量核酸智能检测系统研发 ······ 183
工业企业选介 ······ 183
浙江中烟工业有限责任公司杭州卷烟厂 ······ 183
杭州海兴电力科技股份有限公司 ······ 184
杭州锅炉集团股份有限公司 ······ 184
杭州娃哈哈集团有限公司 ······ 184
浙江华日实业投资有限公司 ······ 185
杭州华塑科技股份有限公司 ······ 185
浙江威星智能仪表股份有限公司 ······ 185
杭州柯林电气股份有限公司 ······ 186

现代产业生态圈

湖滨商圈 ······ 187
概况 ······ 187

商圈环境管理 …… 187
商圈夜经济发展 …… 187
国庆期间湖滨商圈消费 …… 188
“湖上”主题音乐派对 …… 188
“杭州澳门周”活动 …… 188
湖滨智慧商圈入选首批省级示范智慧商圈 …… 188
湖滨银泰地下空间入选首届市地下空间优秀典范项目 …… 189
玉皇山南基金小镇 …… 189
概况 …… 189
产业发展提质增效 …… 190
小镇配套建设 …… 190
创投股权与私募基金份额报价转让平台建设 …… 190
财通证券投资者教育基地获中国证监会授牌 …… 190
金融企业服务实体经济 …… 190
南宋皇城小镇 …… 191
概况 …… 191
清河坊步行街智慧街区管理系统打造 …… 191
清河坊民间茶会 …… 191
吴山庙会暨伍子胥祭祀大典 …… 191
第9届南宋斗茶会 …… 192
“流浪椅子新生计划”线下展览 …… 192
杭港高端服务业示范区 …… 193
概况 …… 193
始版桥未来社区多项目开工 …… 193
亚洲金融论坛杭州分会场暨杭港两地青年企业家交流座谈会 …… 193
电子机械功能区 …… 194
概况 …… 194
双招双引 …… 194
园区企业转型升级 …… 194
创联汇数字化转型超市 …… 194
功能区环境优化 …… 195
杭州钱塘智慧城 …… 195
概况 …… 195
“中国新服妆超级供应链基地”启动 …… 195
“新制造业计划”存量工业企业提升改造项目开工 …… 195
丰收湖板块合宗地块出让 …… 195
“巢凤计划”开营 …… 196
杭州抖音电商直播基地落户 …… 196
首单定向债务融资工具（PPN）发行 …… 196
亚马逊全球开店亚洲首个卖家培训中心落户 …… 196
杭州东城外国语实验学校竣工 …… 196
钱江新城 …… 197
概况 …… 197
核心区品质提升研究 …… 197
“七一”主题灯光秀 …… 197
民生工程建设推进 …… 197
博奥隧道建成通车 …… 198
钱塘江绿道主线贯通 …… 198
钱塘江诗路文化带建设 …… 198
小营智慧健康产业园 …… 198
概况 …… 198
医疗资源导入 …… 199
健康产业平台有机更新 …… 199

经济贸易与区域合作

经济贸易 …… 200
概况 …… 200
跨境电商产业链 …… 200
“三服务”活动 …… 200
全国首个知识产权对外贸易预警点落户上城 …… 201
内外贸一体化发展 …… 201
服务贸易 …… 202

"一链维权"场景入选省数字经济系统数字贸易子系统应用场景先行示范点 ········ 202
招商引资 ································ 202
概况 ································ 202
楼宇经济 ································ 203
重大项目签约 ································ 203
敲门招商行动 ································ 203
两大高端服务业项目落地上城 ·············· 203
"云招商" ································ 204
高优逸（杭州）商贸有限公司落地上城 ································ 204
浙文影业集团股份有限公司落户上城 ································ 204
昶扬（杭州）文化传媒有限公司落户上城 ································ 204
小鹏汽车品牌旗舰店落户上城 ·············· 204
对口帮扶与区域合作 ························ 204
概况 ································ 204
人才支援 ································ 205
互访调研对接活动 ································ 205
帮扶产品推介会 ································ 206
消费帮扶 ································ 206
对外交流 ································ 206
上城区参加第21届中国国际投资贸易洽谈会 ································ 206
上城区参加第4届中国国际进口博览会 ··· 207
上城区承办"2021西湖对话" ·············· 207
瓯海区到上城区考察交流 ·················· 207

综合经济监管与服务

发展与改革 ································ 208
概况 ································ 208
区"十四五"规划（草案）编制 ············ 208
财政 ································ 209
概况 ································ 209
财政收入管理 ································ 209
经济发展支撑 ································ 209
民生支出保障 ································ 209
财政改革深化 ································ 210
财政监管 ································ 210
财政业务体系整合 ································ 210
政府债务管理 ································ 210
税务 ································ 211
概况 ································ 211
减税降费政策落实 ································ 211
税收征管改革 ································ 211
纳税服务优化 ································ 212
国有资产监管 ································ 212
概况 ································ 212
行政事业单位国有资产监管 ················ 212
国有企业改革 ································ 213
国有企业监管 ································ 213
投资与管理 ································ 213
产业基金投资 ································ 213
核晟双百双碳基金落地上城 ················ 213
杭州市三江汇股权投资有限公司运营 ······ 214
自然资源管理 ································ 214
概况 ································ 214
用地空间要素保障 ································ 214
自然资源确权登记 ································ 214
用地项目管理 ································ 214
自然资源保护 ································ 215
自然资源行政督察 ································ 215
市场监管 ································ 215
概况 ································ 215
企业年报工作 ································ 215
商事制度改革 ································ 216
中介代办管理 ································ 216
小微企业成长助力 ································ 216
质量强区建设 ································ 216
标准化战略推进 ································ 217
市场监管综合执法 ································ 217

市场主体事中事后监管 …… 217
企业信用建设 …… 218
交易市场提升发展 …… 218
广告监管 …… 218
网络市场监管 …… 218
浙江省网络市场监管与服务示范区创建 …… 218
产品质量监管 …… 219
计量合格评定监管 …… 219
公平竞争审查 …… 219
投诉举报处置 …… 219
“放心消费”单位创建 …… 219
食品安全社会共治 …… 220
食品生产流通安全监管 …… 220
大物防监管 …… 220
餐饮服务安全监管 …… 221
药品和医疗器械安全监管 …… 221
保健品和化妆品安全监管 …… 221
特种设备安全监察 …… 222
物价管理 …… 222
概况 …… 222
清费减负 …… 222
价格政策宣传 …… 222
价格专项监督检查 …… 223
金融管理 …… 223
概况 …… 223
金融风险排查防控 …… 223
农业经济管理 …… 223
概况 …… 223
农业产业发展 …… 224
农产品推广 …… 224
村集体“三资”管理 …… 224
安全生产监管 …… 225
概况 …… 225
安全生产责任落实 …… 225
城市运行安全风险管控 …… 225
第二轮安全生产综合治理三年行动 …… 226
生产安全“遏事故、提本质”攻坚战 …… 226
安全生产专项整治 …… 226
安全生产执法检查 …… 227
安全生产违法行为行刑衔接 …… 227
“重大隐患60日整改闭环机制”推进 …… 228
安全生产监管群防群治 …… 228
安全生产领域营商环境优化 …… 228
安全生产社会化服务 …… 229
工业企业安全在线平台运用 …… 229
企业百万员工安全大培训 …… 229
全民安全素养提升三年行动 …… 230
审计 …… 230
概况 …… 230
预算执行审计 …… 230
经济责任及自然资源资产审计 …… 230
专项审计 …… 231
审计督查整改 …… 231
内部审计 …… 231
数字化审计 …… 232
统计 …… 232
概况 …… 232
统计调查管理 …… 232
统计工作机制完善 …… 232
统计基础工作 …… 232
统计服务优化 …… 233
中介服务业管理 …… 233
概况 …… 233
法律服务业 …… 233
会计事务管理 …… 234
劳务和人才服务 …… 234
邮政服务 …… 235
概况 …… 235
电商特快项目 …… 235
特快揽投部建设推进 …… 235
电信服务 …… 237
概况 …… 237
光网质量提升 …… 237

服务水平提升 …… 237
疫情防控通信保障 …… 237
移动服务 …… 239
概况 …… 239
数字化改革支撑 …… 240
5G网络建设 …… 240
F5G新基建 …… 240
重大通信服务保障 …… 240

人力资源与社会保障

综述 …… 242
概况 …… 242
人社领域数字化改革 …… 242
人力资源服务博览会在上城举行 …… 242
劳动纠纷调处“最多跑一地” …… 243
就业帮扶 …… 243
劳动就业和创业 …… 243
概况 …… 243
就业服务 …… 244
创业服务 …… 244
职业技能建设 …… 244
劳动关系和行政审批 …… 245
概况 …… 245
劳动保障监察 …… 245
劳动人事争议仲裁 …… 245
行政许可审批 …… 245
人才开发 …… 245
概况 …… 245
“金靴踏浪，江河汇才”品牌打造 …… 246
创业创新“新生态”优化 …… 246
人力资源管理 …… 246
概况 …… 246
高层次人才计划实施 …… 247
事业单位人事管理 …… 247
社会保障 …… 247
概况 …… 247
社会保险管理服务 …… 247
医疗保障管理服务 …… 248
企业退休人员管理服务 …… 248
社会救助 …… 248
概况 …… 248
社会救助事项审批权限下放 …… 249
社会救助“一件事”联办 …… 249
社会救助“救助+”多元化服务 …… 249
流浪乞讨人员救助管理 …… 249
社会福利事业 …… 250
慈善保障 …… 250
“春风行动”救助帮扶 …… 250
“中华慈善日”主题宣传活动 …… 250

城区建设

综述 …… 251
概况 …… 251
两个地块征迁“清零” …… 251
海绵城市建设 …… 252
既有住宅电梯加装 …… 252
城区规划 …… 252
概况 …… 252
国土空间规划 …… 252
规划资源审批服务 …… 253
农村乱占耕地建房专项整治行动 …… 253
征迁“清零”推进 …… 253
城市投资建设 …… 254
环机场区域环境提升改造推进 …… 254
望江地区回迁“预安置” …… 254
海潮雅园二园、三园竣工 …… 254
兴隆社区安置房回迁 …… 255
海潮路（映霞街—东宝路段）开通运行 …… 255

同协南路（源聚路—新塘路）开通 ········ 255
杭州汽车南站临时客运站整体搬迁 ········ 255
艮北农贸市场开业 ························ 255
区城建开发公司境外债发行 ················ 255
望海潮公司30亿元企业债落地 ·········· 256
望海潮公司发行公司债7亿元 ············ 256
艮北区块牛田单元R21-12地块出让 ······ 256
吴山广场地下空间一期项目地块出让 ······ 256
笕桥单元土地出让与安置房建设转型 ······ 256
荷花塘未来社区双中心项目推进 ·········· 256
21中宸城建PPN001债券发行 ············ 257
公共基础设施建设 ························ 257
概况 ···································· 257
城市道路建设 ···························· 257
停车场建设 ······························ 257
地下空间建设 ···························· 258
交通治堵 ································ 258
住房建设与管理 ·························· 258
概况 ···································· 258
蓝领公寓建设 ···························· 258
人才公寓建设 ···························· 259
安置房建设 ······························ 259
“三改一拆” ···························· 259
违建防控及“无违建区”创建 ············ 259
省委巡视组反馈问题整改 ················ 260
老旧小区改造 ···························· 260
城中村改造 ······························ 260
房地产开发 ······························ 261
概况 ···································· 261
滨江集团斩获土地38宗 ·················· 261
宋都集团房地产稳健经营 ················ 261
广宇集团房地产业务发展 ················ 261
建筑业管理 ······························ 262
概况 ···································· 262
装配式建筑和工程承包管理 ·············· 262
建设工程招投标管理 ···················· 262
建筑行业防欠薪管理 ···················· 262
工地环境整治 ···························· 263
物业管理 ································ 263
概况 ···································· 263
物业管理数字化改革 ···················· 263
“美好家园”创建 ························ 264
城区绿化 ································ 264
概况 ···································· 264
绿道建设 ································ 264
小公园建设 ······························ 264
绿化养护 ································ 265
古树名木保护 ···························· 265
花事创作 ································ 265

城区管理

综述 ···································· 267
城区环境整治 ···························· 267
“五水共治”工作获省级荣誉 ············ 267
垃圾分类全覆盖 ·························· 267
市容街貌提升 ···························· 268
城市运行保障 ···························· 268
城市管理智慧化建设 ···················· 268
“非接触性”执法平台应用 ·············· 268
有奖举报系统开通 ························ 269
市容管理 ································ 269
概况 ···································· 269
省市生活垃圾分类示范小区建设 ·········· 269
再生资源回收体系构建 ·················· 270
道路街巷保洁 ···························· 270
公厕提升改造 ···························· 270
城管驿站品牌升级 ························ 271
户外广告安全管理 ························ 271
道路暗区增亮工程 ························ 271
市政管理 ································ 272
概况 ···································· 272

市政建设管理融合推进 …… 272
地下安全隐患消除 …… 272
“智慧工地”监管系统建设 …… 273
建设工地排水全流程管理 …… 273
市政设施日常监管养护 …… 273
市政专项行动 …… 273
市政应急养护 …… 274
无障碍环境提升改造 …… 274
市政项目实施 …… 275
停车管理优化 …… 275
停车费催缴 …… 276
水利河道管理 …… 276
概况 …… 276
“美丽河湖”建设 …… 276
上城区水文化研究 …… 276
首次河湖健康评价 …… 276
节水工作推进 …… 277
河道养护 …… 277
钱塘江安全度汛 …… 277
钱塘江渔业管理 …… 278
综合执法 …… 278
概况 …… 278
“大综合一体化”改革推进 …… 278
地铁出入口标准化管理试点 …… 279
燃气安全管控 …… 279
街面序化水平提升 …… 279
数字化执法 …… 280
城区管理法治建设 …… 280
违法建设控制 …… 280
交通管理 …… 280
概况 …… 280
面上秩序专项整治 …… 280
交通隐患源头防控 …… 281
交通违法车辆查处 …… 281
“守门行动” …… 281
交通运输管理 …… 282
概况 …… 282
“两客一危”安全专项检查 …… 282
东门宾馆周边大客车站外揽客专项整治 …… 282
四季青市场电动自行车非法营运专项整治 …… 283
客运企业“快转运”监督指导 …… 283
行政相对人“执法体验日”活动 …… 283
城站广场综合管理 …… 283
概况 …… 283
火车站标志提升工作 …… 283
广场秩序综合整治 …… 284
广场居无定所人员综合整治 …… 284
广场紧急救护能力提升 …… 284
广场排水设施系统运行保障 …… 284
城站广场疫情防控 …… 285
“洁美窗口”建设 …… 285
杭州东站枢纽管理 …… 286
概况 …… 286
杭州东站公共服务标准化项目入选国家级标准化试点 …… 286
杭州东站旅客咨询服务中心获评“全国巾帼文明岗” …… 286
杭州东站枢纽管委会入选国家级文明单位培育名单 …… 286
杭州东站未来枢纽安全智控应用项目通过全省首批试点验收 …… 286
杭州东站人大代表联络站获评市“最美人大代表联络站” …… 287

环境保护

环境综合整治 …… 288
概况 …… 288
大气污染防治 …… 288
水环境治理 …… 288

"清废净土"行动 …………………………… 289
环境安全监管…………………………………… 289
概况 ……………………………………………… 289
督察迎检和整改推进 ………………………… 289
环境执法监管 ………………………………… 290
环保审批服务优化 …………………………… 290
五水共治………………………………………… 290
概况 ……………………………………………… 290
河长制深化 …………………………………… 290
"五水共治"宣传 ……………………………… 291
环境保护宣传与教育………………………… 291
概况 ……………………………………………… 291
"6·5"世界环境日纪念暨"生态环境随手拍"活动 ………………………………… 291
"6·30"浙江生态日暨生态环保宣传月活动 ……………………………………… 291

科学技术

综述……………………………………………… 292
概况 ……………………………………………… 292
区科技创业中心获评国家级科技企业孵化器优秀（A类）单位 ………………………… 292
"上城科创e企通"列入省科技创新"揭榜挂帅"应用场景试点 ………………………… 293
科技发展计划管理…………………………… 293
概况 ……………………………………………… 293
50家企业成为市"雏鹰计划"企业……… 293
5个项目列入"尖兵""领雁"研发攻关计划项目 ………………………………………… 293
科技创新………………………………………… 294
概况 ……………………………………………… 294
32个研发中心被认定为省市级高新技术企业研发中心 ……………………………… 294
上城孵化器通过省、市级认定 …………… 294
2个众创空间通过省级备案 ……………… 294
上城区新增3所省级企业研究院 ………… 295
2家企业入选省高新技术100强企业 …… 295
13家企业上榜"2021杭州独角兽&准独角兽企业"榜单 ………………………………… 295
区科技创业中心新增7家国家高新技术企业 ………………………………………………… 295
科技服务与交流……………………………… 295
概况 ……………………………………………… 295
"亲清直通车"政企恳谈会 ……………… 296
科技统计网络培训会 ………………………… 296
上城区承办浙江省暨杭州市科技活动周开幕式 ……………………………………… 296
长三角7个中心城区签署科技合作协议 ………………………………………………… 296
上城区健康服务与大数据产业创新服务综合体完成省级考核答辩 ………………… 297
大健康综合体科技创新政策专场培训 …… 297
"金靴奔跑"创业训练营 ………………… 297
科技奖励与成果转化………………………… 297
概况 ……………………………………………… 297
上城区获国家、省科学技术奖57项 …… 298
科技企业贷款风险池政策实施 …………… 298
海内外优秀高层次人才创业项目引进办法公布 ……………………………………… 298
知识产权保护………………………………… 298
概况 ……………………………………………… 298
知识产权政策宣传 …………………………… 298
商标品牌培育 ………………………………… 299
知识产权专项行动 …………………………… 299
科技企业选介………………………………… 299
概况 ……………………………………………… 299
浙江凌迪数字科技有限公司 ……………… 299
龙邦建设股份有限公司 …………………… 300
浙江国贸数字科技有限公司 ……………… 300
杭州声能科技有限公司 …………………… 300

教　育

综述 ………………………………………… 301
概况 ………………………………………… 301
学校基础建设 ……………………………… 302
公办初中"提质强校"行动 ……………… 302
课后服务 …………………………………… 303
校外培训机构治理 ………………………… 303
德育工作深化 ……………………………… 304
《"立德树人"合力机制建设的上城实践》获评全国优秀案例 ………………………… 304
教育数智改革 ……………………………… 304
"清廉学校"建设 ………………………… 304
区教育高质量发展大会召开 ……………… 305
区教育评估与监测中心启用 ……………… 305
学前教育 …………………………………… 306
概况 ………………………………………… 306
丁兰幼儿园获评全国足球特色幼儿园 …… 306
九欣幼儿园获全国象棋校际联赛金奖 …… 306
"我行・我棒"阳光宝宝活动 …………… 306
胜利幼儿园首届"阳光小V"足球文化节 ………………………………………… 307
义务教育 …………………………………… 307
概况 ………………………………………… 307
2所学校获评全国中华优秀传统文化传承学校 …………………………………… 307
4所学校成为省首批云上名校 …………… 308
基础教育国家级优秀教学成果推广会在上城举行 ………………………………… 308
公办初中"提质强校"专家入校诊断与指导行动 ………………………………… 308
省青少年人工智能教育研究院成立 ……… 308
2所学校入选省教育机器人教学示范校 ………………………………………… 309
省Pepper机器人应用成果展示活动在上城举行 …………………………………… 309
首届全国"读写教室"研讨会在上城举行 ………………………………………… 309
全市首支校级曲棍球队成立 ……………… 310
全省首个"儿童议事厅"成立 …………… 310
首届人教版小学数学数字化教学观摩研讨会在上城举行 ………………………… 310
少先队夏衍小学大队获评省成绩突出少先队集体 ………………………………… 311
普通高中和职业高中教育 ………………… 311
概况 ………………………………………… 311
高考与升学情况 …………………………… 311
夏衍中学获中华经典诵写讲大赛省级一等奖 ………………………………………… 311
"永远跟党走・妙笔丹青绘百米长卷"主题活动 …………………………………… 312
"1+X+O"职业技能提升工程 …………… 312
"服装设计与工艺"专业品牌建设 ……… 312
社会教育 …………………………………… 312
概况 ………………………………………… 312
全民终身学习活动周 ……………………… 313
2家单位入选省数字社会未来教育重点场景先行建设单位 ………………………… 313
上城区学习型城市发展指数全省第一 …… 313
小区开放日主题活动 ……………………… 314
特殊教育 …………………………………… 314
概况 ………………………………………… 314
杨绫子学校获省基础教育成果特等奖 …… 314
第4届亚残运会倒计时1周年活动 ……… 314
杭州市首届康复教学活动 ………………… 314
"小红车公益亭'心'期三"周年庆 …… 315
家庭教育 …………………………………… 315
概况 ………………………………………… 315
"星级家长执照"工程入选全国家庭教育实践案例 ………………………………… 315
"星级家长俱乐部"成立 ………………… 316
东城实验学校第一届家长节 ……………… 316
名师家庭教育智慧分享 …………………… 316

校外教育……………………………………316
概况……………………………………316
校外培训机构治理“十大举措”推出……317
校外培训机构“三大员”工作机制启动……………………………………317
营利性学科类校外培训机构转型登记完成……………………………………317
培训机构预收费资金监管平台“上安培”启用……………………………………318
“信用+培训机构”案例获评市十大信用典型案例……………………………………318
采荷第二小学教育集团案例入选省“双减”优秀案例……………………………………318
“淘活动”平台2.0版本上线……………318
科技亲子活动……………………………318
教育国际化……………………………319
概况……………………………………319
中德合作项目可持续发展教育基地授牌签约……………………………………319
优秀教师海外学校任教获外交部肯定……319
凯旋教育集团举办国际文化节……………320
教育科学研究……………………………320
概况……………………………………320
“镜面式研修”教学成果专家论证会……320
建兰中学获评省教育科研先进集体………321
上城区承办市小班化教育研讨会…………321
师资管理………………………………321
概况……………………………………321
区教育学院成为国家级“培训专业化”实践基地……………………………………322
上城区入选省教师教育创新实验区建设项目……………………………………322
师德专题教育活动……………………………322
上城教师获省中小学班主任基本功大赛一等奖……………………………………322
支教帮扶…………………………………323
教学保障…………………………………323
概况……………………………………323
儿童青少年近视防控责任十大清单………323
开学视导工作……………………………323
健康睡眠相关举措获教育部推选…………324
“食育中国5·20（杭州）论坛”举行……324
多孩“长幼随学”入园入学举措推出……324
校园食品安全检查…………………………324
“平安校园”建设…………………………325
杭州市钱学森学校竣工……………………325

文　化

综述……………………………………326
概况……………………………………326
“文化基因解码工程”建设………………326
文化基因解码图册《宋韵咏续》编印……326
精神文明建设……………………………327
概况……………………………………327
社会主义核心价值观宣传教育……………327
公民思想道德建设…………………………327
群众性精神文明创建………………………327
新时代文明实践阵地建设…………………328
群众文化活动……………………………328
文化惠民活动……………………………328
“文化走亲”活动…………………………329
上城区直属文艺团队精品团队节目展演……………………………………329
丝路国家青少年国际摄影大展浙江分赛区颁奖仪式暨获奖作品展……………………329
浙江省首届数字绘画展……………………329
上城区第20届歌手大赛……………………330
首届“海塘小筑手”夏令营………………330
杭州首届海塘论坛…………………………330
皋亭山“百年”系列群众性文化展演……330

文化艺术创作…………………………………… 331
《亲爱的亚细亚》入选亚运会全球音乐作品征集“首批十首优秀歌曲” ……… 331
《宋韵醉杭州》原创歌曲专辑发行 ……… 331
宋韵文化传承…………………………………… 331
概况 ………………………………………………… 331
宋韵文化节 ……………………………………… 332
《宋风物语》入选2月“浙版好书”榜 ………………………………………………… 332
“2021宋韵杭式生活节”雅集活动 ……… 333
2021清河坊遇裳·花朝节 ………………… 333
2021杭州国际工艺周 …………………… 333
2021悦读宋韵节 ……………………………… 333
河坊街开街20周年主题活动暨宋韵文化项目发布会 ……………………………… 333
文化设施建设…………………………………… 334
概况 ………………………………………………… 334
上城区新增杭州书房9家 ………………… 334
区图书馆流通业务提升 …………………… 334
图书借阅服务提升 …………………………… 334
全民阅读推广品质提升 …………………… 335
流动博物馆进校园活动 …………………… 335
文化市场管理…………………………………… 335
概况 ………………………………………………… 335
文化经营单位网上登记统计申报 ………… 336
行业主管企业普法培训 …………………… 336
游艺经营场所电子标识专项整治 ………… 336
艺术品市场专项整治行动 ………………… 336
游泳场所专项检查 …………………………… 336
暑期文化市场专项整治 …………………… 337
新闻出版和电影管理 ……………………… 337
文物与历史建筑保护…………………………… 337
概况 ………………………………………………… 337
“朱智故居（中国社区建设展示中心）保护利用”获评市级案例 ……………………… 338
思澄堂修缮竣工 ……………………………… 338
南宋临安城遗址及官窑遗址入选“百年百大考古发现” ……………………………… 338
德寿宫遗址保护展示工程暨南宋博物院（一期）项目推进 ……………………… 339
历史建筑“智慧消防”建设 ……………… 339
历史建筑测绘建档 …………………………… 339
非物质文化遗产保护和利用………………… 340
概况 ………………………………………………… 340
区非物质文化遗产馆建设 ………………… 340
上城区参展“百年百艺·薪火相传”中国传统工艺邀请展 ……………………………… 341
“宋风物语非遗（文创）大观园”活动 ………………………………………………… 341
非遗项目、传承人记录与评估 …………… 341
非遗体验与传承 ……………………………… 342
非遗传播 ………………………………………… 342
档案工作…………………………………………… 343
概况 ………………………………………………… 343
行政区划调整档案管理和处置 …………… 343
档案事业发展“十四五”规划实施意见制定 ……………………………………………… 343
档案宣传活动 ………………………………… 344
档案执法检查 ………………………………… 344
档案数字化工作 ……………………………… 344
上城区社会科学界联合会……………………… 345
概况 ………………………………………………… 345
宋韵文化社科普及品牌打造 ……………… 345
上城区承办市社科普及周启动仪式 ……… 345
上城区文学艺术界联合会……………………… 346
概况 ………………………………………………… 346
上城区舞蹈家协会成立 …………………… 346
全媒体短视频栏目《宋·读》上线 ……… 346
“春水如蓝”钱塘江诗路影像展 ………… 346
“人民心中的中国印”肖像印特展 ……… 346
“翰墨庆百年，丹青绘华章”百米书卷创作活动 ……………………………………… 347

"百年筑梦，灼彩华章"上城区美术作品展 …… 347
临安遗韵·南宋铭刻传拓器物展 …… 347

卫生与健康

综述 …… 348
概况 …… 348
基层医疗卫生健康服务设施建设 …… 348
卫生科研 …… 349
医政医管 …… 349
概况 …… 349
医疗质量管理规范化 …… 350
医疗机构年度校验 …… 350
医疗对口帮扶 …… 350
基层医疗卫生体系建设 …… 350
疾病预防控制与卫生应急 …… 351
概况 …… 351
免疫规划 …… 351
结核病防治管理 …… 351
艾滋病和性病防治 …… 351
地方病防治 …… 352
慢性非传染性疾病防控 …… 352
实验室生物安全管理 …… 352
伤害监测 …… 352
消毒质量监测 …… 352
医疗废物处置现状调查 …… 353
职业卫生监测 …… 353
学校卫生监测 …… 353
食源性疾病监测 …… 353
结直肠癌筛查项目 …… 354
重点人群口腔健康状况监测项目 …… 354
居民健康素养和烟草使用监测调查 …… 354
卫生健康综合执法 …… 354
概况 …… 354
"双随机"抽检 …… 354
医疗卫生行业综合监管 …… 354
医疗卫生领域"证照分离"改革推进 …… 355
数字化卫生监督执法工作推进 …… 355
学校卫生监管 …… 355
基层卫生和妇幼保健 …… 355
概况 …… 355
基本公共卫生服务项目推进 …… 355
医养护一体化签约服务 …… 356
"优质服务基层行"活动 …… 356
"两慢病"数智健康管理 …… 356
未来社区健康场景建设 …… 356
人口监测与家庭发展 …… 357
概况 …… 357
计生特殊家庭生活扶助 …… 357
3岁以下婴幼儿照护服务 …… 357
卫生健康信息化 …… 358
概况 …… 358
"一码报"疫情防控监督平台 …… 358
医学检查检验结果互认共享 …… 359
医保电子凭证应用全覆盖 …… 359
未来社区健康场景应用 …… 359
爱国卫生与健康促进 …… 359
概况 …… 359
国家卫生城市复评成果巩固 …… 359
病媒生物防制 …… 359
"健康上城"建设 …… 359
"健康细胞工程"建设 …… 360
居民健康素养提升 …… 360
中医中药工作 …… 360
概况 …… 360
中医药监督管理 …… 360
"全国基层中医药工作先进单位"复审 …… 360
中医药文化弘扬与传承 …… 360
精神心理卫生 …… 361
概况 …… 361

严重精神障碍患者管理 …………………… 361
社会心理服务体系建设 …………………… 361
新冠肺炎疫情防控………………………… 362
概况 ……………………………………… 362
集中隔离管控模式完善 …………………… 362
入境转运工作 …………………………… 363
流调溯源工作 …………………………… 363
新冠疫苗接种工作推进 …………………… 363
核酸检测“应检尽检，日检日清” ……… 363
医疗机构新冠肺炎疫情防控 ……………… 364
中医药参与疫情防控 ……………………… 364

体　育

综述……………………………………… 365
概况 ……………………………………… 365
体育产业发展推进 ………………………… 365
省级体育现代化区创建考核评估完成 …… 365
亚运城市行动 …………………………… 365
群众体育………………………………… 366
概况 ……………………………………… 366
体育场馆公益性开放推进 ………………… 366
杭州高塔竞速赛 ………………………… 366
“奔跑吧，杭州”2021城市定向挑战赛
…………………………………………… 366
竞技体育………………………………… 367
概况 ……………………………………… 367
体育与教育融合推动竞技体育发展 ……… 367
“胄道杯”弄潮篮球联赛 ………………… 367
体育设施建设……………………………… 367
概况 ……………………………………… 367
全民健身阵地建设 ………………………… 368
亚运会场馆建设 ………………………… 368
李宁体育园竣工 ………………………… 368

社会生活

民政事务管理……………………………… 369
婚姻登记服务 …………………………… 369
婚姻家庭辅导 …………………………… 369
婚俗改革 ………………………………… 369
殡葬管理 ………………………………… 370
区划勘界 ………………………………… 370
地名管理与服务 ………………………… 370
地名文化传承保护 ………………………… 370
社区建设………………………………… 371
社会工作站建设 ………………………… 371
社工专业化水平提升 ……………………… 371
社区工作者节 …………………………… 371
“三型社区”建设 ………………………… 371
智慧社区建设 …………………………… 372
共同富裕基本单元研究 …………………… 372
社区建设人才培育 ………………………… 372
中国社区建设展示中心获评首批长三角
红色博物馆联盟成员单位 ……………… 372
社会组织管理……………………………… 373
概况 ……………………………………… 373
社会组织培育 …………………………… 373
街道级社会组织服务中心实体化运行 …… 373
社会组织规范化管理 ……………………… 373
公益项目资助 …………………………… 373
民族和宗教工作…………………………… 374
概况 ……………………………………… 374
上城区佛教协会成立 ……………………… 374
上城区民族团结促进会成立 ……………… 374
民族乡村振兴“双百村结对行动”帮扶
…………………………………………… 374
宗教领域安全维护 ………………………… 374
全区基层统战（民族宗教）干部培训班
…………………………………………… 375

养老服务 …… 375
概况 …… 375
康养联合体建设 …… 375
困难老年人家庭适老化改造 …… 375
社区康养驿站提升 …… 376
居家养老服务完善 …… 376
医养结合服务体系构建 …… 376
敬老爱老宣传普及 …… 376
老年人文化教育 …… 377
退役军人事务 …… 377
概况 …… 377
退役军人全生命周期管理保障 …… 378
上城老兵庆祝中国共产党成立100周年系列活动 …… 378
崇军拥军 …… 378
优抚对象年度确认全省试点工作 …… 379
志愿服务 …… 379
概况 …… 379
“平安青骑”志愿服务队成立 …… 380
“尚城V蜂”发布 …… 380
志愿服务助力未来社区建设 …… 380
留杭过年青少年服务保障 …… 381
学雷锋志愿服务 …… 381
迎亚运志愿服务能力提升暨精品志愿服务项目交流培训会 …… 381
火车东站亚运城市志愿者培训演练 …… 381

街 道

湖滨街道 …… 382
概况 …… 382
湖滨街道入选市数字生活新服务特色街道创建名单 …… 382
吴山路、岳王路社区老旧小区改造 …… 383
跨越“数字鸿沟”志愿服务项目 …… 383
“湖滨晴雨”工作室获评市“最美基层立法联系点” …… 383
全省首个新就业形态联合工会成立 …… 383
平安建设宣传教育 …… 384
湖滨街道获评省生活垃圾分类示范片区 …… 384
基层红十字工作 …… 384
“最美人墙”志愿服务 …… 385
步行街无障碍环境改造 …… 385
群团集市建设 …… 385
“尚小驿”建设 …… 385
东坡路社区老年颐养食堂打造 …… 386
“最多查一次”应用场景建设 …… 386
清波街道 …… 386
概况 …… 386
柳翠井巷社区获评全国示范性老年友好型社区 …… 387
清波司法所获评省级“枫桥式”司法所 …… 387
清河坊步行街获评省级高品质步行街 …… 387
清波街道获评杭州市社区教育进文化礼堂优秀组织单位 …… 388
退役军人服务站建设 …… 388
南山路社会工作站升级 …… 388
“小清智能AI呼出系统”推进人口普查入户调查工作 …… 388
数字化赋能为企服务 …… 388
张能庆公益服务站“无烟西湖”项目获省级大赛金奖 …… 389
“爱值守”数字系统建立 …… 389
“无废街区”打造 …… 389
大件垃圾预约上门清运模式实行 …… 390
“三字诀”落实古井保护 …… 390
宋韵文化品牌建设 …… 390
宋韵文化新标识打造 …… 390
清波街道老年学堂成立 …… 391

“红色印记”研学之旅打造 …… 391
小营街道 …… 391
概况 …… 391
基层队伍素质提升 …… 391
社区数字治理模式探索 …… 392
亲清政商关系构建 …… 392
营税互动平台打造 …… 392
小营巷、西牌楼社区老旧小区改造 …… 393
环境面貌提升 …… 393
民生服务优化 …… 393
小营公园景观新地标打造 …… 393
定时定点垃圾分类全覆盖 …… 394
安全生产基础管理 …… 394
消防安全专项治理 …… 394
党建共建品牌打造 …… 394
小营街道微融媒体中心挂牌成立 …… 395
望江街道 …… 395
概况 …… 395
望江新城入选“杭州城市明日封面” …… 396
望江街道商会获评全国“四好”商会 …… 396
亲清直通车基层站点望江站成立 …… 396
省级“美丽河湖”全域化创建 …… 396
望江街道在全市首创“征迁预安置”模式 …… 397
望江街道全域征迁“清零” …… 397
中国美术学院社会美育精品项目落户望江街道 …… 398
AED全域化铺设 …… 398
耀华社区康养驿站投入使用 …… 398
近江片区小区消防供水管网整改完成 …… 399
电动自行车安全保障 …… 399
“红苗学社”获评全市党群服务最优项目 …… 399
南星街道 …… 399
概况 …… 399
馒头山社区获评全国民主法治示范社区 …… 399
南星街道获评市平安创建先进集体 …… 400
新时代枫桥式退役军人服务站建设 …… 400
社会组织党群服务中心省级示范点创建 …… 400
“乐活南星·数智治理”四层协同综合应用平台打造 …… 401
公共自行车“普法加油站”启用 …… 401
“幸福小屋”打造 …… 401
抗疫心理服务热线推出 …… 401
凤凰山南影视基地作品《问天》播出 …… 402
沿江党群服务驿站启用 …… 402
水澄桥社区康养驿站启用 …… 402
中央媒体采访团调研“智·和”同心荟 …… 403
儿童社会工作专门委员会成立暨“和娃娃童读馆”开馆 …… 403
首届“星”青年成长营结营 …… 403
海月花园“微更新”项目获评典型案例 …… 403
“阳光老年助餐车”在南星街道上线 …… 404
紫阳街道 …… 404
概况 …… 404
“侨胞之家”成立 …… 404
街道国有资产监督 …… 404
社区治理体系建设 …… 405
老旧小区综合改造 …… 405
房屋回迁安置 …… 406
违法涉水行为排查整改 …… 406
赛丽丽园小区消防问题整改完成 …… 406
十五奎巷社区垃圾分类宣传 …… 406
人力社保服务提升 …… 406
“吟潮驿”党群服务驿站投入使用 …… 407
“睦邻”小区党建示范点创建 …… 407
紫阳街道微融媒体中心建设 …… 407
全市首座“拆墙见绿”公园开放 …… 407
闸弄口街道 …… 408
概况 …… 408

"一表通"数智赋能基层减负 …… 408
"小脑+手脚"警网协同机制建设 …… 409
闸弄口街道微融媒体中心启用 …… 409
全方位、全周期康养服务体系建设 …… 409
助老打车暖心车站启用 …… 410
海贝托育园成为市"儿童之家"示范点 …… 410
平安服务体系构建 …… 411
"闸们家"党群服务中心建设 …… 411
招商举措创新 …… 411
安琪儿市场拆除收尾工作完成 …… 412
凯旋街道 …… 412
概况 …… 412
墨西哥中国中心创业平台发展 …… 412
"清廉家风润万家"活动 …… 413
南肖埠社区老旧小区提升改造 …… 413
省生活垃圾分类示范片区创建 …… 413
智慧养老服务 …… 413
"第三张床"居家养老途径创新 …… 414
暑期"托管难"问题破解 …… 414
"凯益荟"10周年"公益伙伴日"活动 …… 415
全市首个"居民说"频道搭建 …… 415
就业服务水平提升 …… 415
楼顶上的"微农"项目推出 …… 415
新业态组织党建覆盖加强 …… 416
采荷街道 …… 416
概况 …… 416
采荷街道获评市最美敬老爱老助老示范街道 …… 417
青荷苑社区环境提升 …… 417
"金牌管家"服务管理小区 …… 417
公共资源交易规范化 …… 418
"护养教"功能型婴幼儿成长驿站成立 …… 418
街道级巾帼反诈先锋志愿队成立 …… 418
"无诈市场"打造 …… 418
服装街区环境提升 …… 418
中国服装第一街"数智街区"打造 …… 419
采莲湖水体治理 …… 419
国家级博爱家园（城市）试点项目申报 …… 419
采荷微融媒体中心成立 …… 420
四季青街道 …… 420
概况 …… 420
景芳小区提升改造 …… 421
三叉花苑安置房交付结算 …… 421
街道环境长效治理 …… 421
四季青街道营商环境优化 …… 422
街道版数字驾驶舱建设 …… 422
四季青街道微融媒体中心成立 …… 422
崇军拥军服务示范街区建设 …… 423
全区首个示范型婴幼儿成长驿站成立 …… 423
江锦社区入选省第二批高质量就业社区名单 …… 423
四季青街道安全体验馆启用 …… 423
"红色代办"服务机制 …… 423
笕桥街道 …… 424
概况 …… 424
社区（经合社）组织换届"回头看" …… 424
村社干部数字化管理 …… 424
电信网络诈骗集中整治 …… 425
浙宝智能装备制造产业园被认定为省级小微园区 …… 425
老街区块剩余居民回迁安置 …… 425
省农业科学院老旧小区改造 …… 425
横塘社区综合整治 …… 426
校外培训机构协同共管治理 …… 426
"遇笕书屋"打造 …… 426
"笕直播"平台建设 …… 427
退役军人服务示范窗口打造 …… 427
小区党群服务驿站建设 …… 427

安置房架空层党群服务驿站打造 ………… 427
彭埠街道………………………………… 428
概况 …………………………………… 428
“一亿美金加速器”项目发布会 ………… 428
两大总部项目签约落地彭埠 …………… 428
钱唐汽车后备箱公益集市开张 ………… 429
“中国故事名家走进彭埠”活动 ………… 429
彭埠城市青年音乐角启用 ……………… 430
社区回迁安置 …………………………… 430
建和社区获评省“扫黄打非”进基层示范标兵 …………………………………… 430
工地“千里眼”安装全覆盖 …………… 430
御道社区人民调委会获评全国模范人民调委会 ………………………………… 431
九堡街道………………………………… 431
概况 …………………………………… 431
杨公北苑新房交付 ……………………… 431
“小脑+手脚”基层治理体系创新 ……… 432
群众纠纷调解 …………………………… 432
“领潮九堡”党建品牌打造 …………… 432
“潮涌·九堡”社创中心 ……………… 432
人大代表联络站“930”机制建设 ……… 433
九堡街道微融媒体中心启用 …………… 433
丰收湖获评市级“美丽河湖” ………… 433
丁兰街道………………………………… 434
概况 …………………………………… 434
“云上皋城”入选市第二批“社区智治”试点单位 ………………………………… 434
退役军人服务创新优化 ………………… 434
丁兰街道公共服务中心升级打造 ……… 435
高质量就业社区创建 …………………… 435
兰孝居居家养老服务中心创建省级示范 ………………………………………… 435
全市首个产业园嵌入式企业发展服务中心成立 ………………………………… 436
上塘河片区通过省级“美丽河湖”建设验收 …………………………………… 436
丁兰街道商业环境优化 ………………… 436
“零碳工厂”峰会 ……………………… 436
“临上兰星”跨区党建联盟成立 ……… 437

人　物

脱贫攻坚先进人物……………………… 438
徐荣培 ………………………………… 438
蔡　节 ………………………………… 438
刘金虎 ………………………………… 439
寿国先 ………………………………… 439
郑君辉 ………………………………… 439
洪文英 ………………………………… 439
一等功现役军人及省、市“最美退役军人” ………………………………………… 440
马　东 ………………………………… 440
陈　春 ………………………………… 440
罗万甘 ………………………………… 440
来立敏 ………………………………… 440
道德模范选介…………………………… 441
雷　鸣 ………………………………… 441
张秀芳 ………………………………… 441
颜瑶卿 ………………………………… 441
丁光明 ………………………………… 441
俞林亚 ………………………………… 442
徐　铭 ………………………………… 442
韦长春 ………………………………… 442
戚宝兴 ………………………………… 442
陆　群 ………………………………… 443
省、市级优秀医师……………………… 443
齐声莲 ………………………………… 443
卢跃棣 ………………………………… 443
刘金虎 ………………………………… 443
叶　盛 ………………………………… 443
刘利民 ………………………………… 443
张　腊 ………………………………… 444

殷方龙 …………………………………… 444
丁慧慧 …………………………………… 444
姚　英 …………………………………… 444
徐　玲 …………………………………… 444
工匠人物 ………………………………… 445
韩晨洪 …………………………………… 445
张伟信 …………………………………… 445
冯冠君 …………………………………… 445
吕民华 …………………………………… 445
夏　明 …………………………………… 445
房　翔 …………………………………… 446
叶玉莺 …………………………………… 446
陈小波 …………………………………… 446
金家虹 …………………………………… 446
陈郁涛 …………………………………… 447
王晨云 …………………………………… 447
陈何胜 …………………………………… 447
熊华平 …………………………………… 447
游晓婷 …………………………………… 448
李红伟 …………………………………… 448
葛晓刚 …………………………………… 448
吴恒锦 …………………………………… 448
鲍海淞 …………………………………… 449
卢跃棣 …………………………………… 449
阮文龙 …………………………………… 449
其他先进人物选介 ……………………… 449
俞富康 …………………………………… 449
肖立沣 …………………………………… 449

附　录

2021 年区级主要机构及负责人 ………… 450
2021 年上城区国民经济和社会发展统计公报 ……………………………… 462
先进集体 ………………………………… 466
2021 年度上城区各部门（单位）获国家和部级先进集体荣誉 ………………… 466
2021 年度上城区各部门（单位）获省级和省属部门先进集体荣誉 …………… 468
2021 年度上城区各部门（单位）获市级先进集体荣誉 ………………………… 474
上城区先进基层党组织 ………………… 477
2021 年上城区政府质量奖 …………… 478
先进个人 ………………………………… 478
2021 年度上城区各部门（单位）获国家和部级先进个人荣誉 ………………… 478
2021 年度上城区各部门（单位）获省级和省属部门先进个人荣誉 …………… 479
2021 年度上城区各部门（单位）获市级先进个人荣誉 ………………………… 486
上城区优秀共产党员 …………………… 489
上城区优秀党务工作者 ………………… 489
上城区委、区政府给予记三等功、嘉奖人员 ……………………………… 489
上城区政府给予记三等功行政奖励人员 ……………………………… 489

索　引

条目索引 ………………………………… 490
表格索引 ………………………………… 507

Contents

Special Report

Report on the Work of the Government ··········· 1

Special Records

Administrative Division Adjustment ··········· 14
Study and Education of CPC History ··········· 15
Celebrating the 100th Anniversary of the Founding of CPC ··········· 17
Great Discussion on Emancipating the Mind ··········· 19
Digital Reform ··········· 21
The Reform on "One stop, One trip, One Paper" Policy ··········· 23
Grass-roots Social (District) Governance ··········· 24
Future Community Construction ··········· 27

Chronicles of Events

January ··········· 30
February ··········· 31
March ··········· 32
April ··········· 33
May ··········· 34
June ··········· 35
July ··········· 37
August ··········· 38
September ··········· 39
October ··········· 40
November ··········· 42
December ··········· 43

Overview of Shangcheng District

Geographic Overview ··········· 46
Economic Construction ··········· 50
Political Construction ··········· 51
Culture Construction ··········· 54
Social Construction ··········· 55
Ecological Civilization Construction ··········· 55

Shangcheng District Committee of Communist Party of China

Overview ··········· 57
Important Meetings of District Committee ··········· 60
Comprehensive Evaluation Work ··········· 61

Important Activities …… 62
Organizational Work …… 63
Publicity Work …… 64
United Front Work …… 67
Retired Cadres Work …… 69
The Work of Care for the Next Generation …… 70
Institution Establishment Management …… 72
Petition Work …… 74
The Work of CPC History …… 74
The Work of Party Construction for All CPC and Municipal Departments …… 76
Education and Training of Party Members and Cadres …… 77

People's Congress and Its Standing Committee of Shangcheng District

Overview …… 79
Important Meetings of People's Congress …… 82
Appointment, Removals, and Importent Decisions …… 84
Supervision Work …… 85
Work of the Representatives' of the People's Congress in Shangcheng District …… 86

People's Government of Shangcheng District

Overview …… 87
Important Meetings of District Government …… 90
Emergency Management …… 91
Fire Management …… 96
Government Services and Public Resources Transaction …… 98
Data Resource Management …… 100
Overseas Chinese Affairs …… 102
Hong Kong, Macao and Taiwan Affairs …… 102
Local Chronicles Work …… 103
Organ Affairs …… 105

Shangcheng District Committee of the Chinese People's Political Consultative Conference

Overview …… 106
Important Meetings of the CPPCC …… 108
Discussion and Suggestion of Government Affairs …… 109
Work of CPPCC Member …… 111
Research on Culture and History …… 112

Disciplinary Inspection & Supervision

Overview …… 114
Important Meetings of District Discipline Inspection Commission and District Supervision Committee …… 115
Disciplinary Review and Supervision of Investigation …… 116
Supervision of Party Conduct and Government Style …… 117
Patrol Work …… 119
Publicity and Education of Party Conduct and Clean Government …… 120

Democratic Parties & Association of Industry Commerce

Revolutionary Committee of the Chinese Kuomintang Shangcheng District Grass-roots Committee …… 122
China Democratic League Shangcheng District Grass-roots Committee …… 123
China National Democratic Construction Associa-

tion Shangcheng District Grass-roots Committee ······ 124
China Association for Promoting Democracy Shangcheng District Grass-roots Committee ······ 125
Chinese Peasants and Workers Democratic Party Shangcheng District Grass-roots Committee ······ 125
China Zhi Gong Party Shangcheng District Grass-roots Committee ······ 127
JiuSan Society Shangcheng District Grass-roots Committee ······ 128
Federation of Industry and Commerce in Shangcheng District ······ 129

Mass Organizations

Shangcheng District Federation of Trade Unions ······ 131
Shangcheng District Committee of the Communist Youth League of China ······ 134
Shangcheng District Women's Federation ······ 137
Shangcheng District Association for Science and Technology ······ 140
Shangcheng District Federation of Returned Overseas Chinese ······ 142
Shangcheng District Disabled Persons Federation ······ 143
Shangcheng Distric Red Cross Society ······ 146

Rule of Law

The Commission for Political and Legal Affairs & Comprehensive Treatment Office of CPC Shangcheng Committee ······ 149
Construction of Law-based Government ······ 150
Public Security ······ 152
Procuratorates ······ 155
District Court ······ 157
Judicial Administration ······ 160

Military Affairs

People's Armed Forces ······ 163
Civil Air Defense ······ 164

Characteristic Industries

Digital Economy Industry ······ 166
Financial Services ······ 168
Cultural Industry ······ 169
Modern Commerce and Trade Service Industry ······ 171
Leisure Industry Tourism ······ 175
Health Service Industry ······ 177

Industries

Overview ······ 179
High-end Equipment Manufacturing Industry ······ 180
Textile and Garment Manufacturing Industry ······ 181
Pharmaceutical Manufacturing Industry ······ 182
Selected Introduction of Industrial Enterprises ······ 183

Modern Industrial Ecosphere

Hubin Business Circle ······ 187
Yuhuang Shannan Fund Town ······ 189
A Small Town in the Style of the Ancient Imperial City of Southern Song (1127-1279) ······ 191
Hangzhou-Hong Kong High-end Service Industry Demonstration Zone ······ 193

Electronic and Mechanical Functional Area ········· 194
Hangzhou Qiantang Smart City ········· 195
Qianjiang New City ········· 197
Xiaoying Smart Health Industrial Park ········· 198

Economic Trade and Regional Cooperation

Economic Trade ········· 200
Invitation and Promotion of Investment ········· 202
Counterpart Assistance and Regional Cooperation ········· 204
Foreign Exchange ········· 206

Comprehensive Economic Supervision and Service

Development and Reform ········· 208
Finance ········· 209
Taxation ········· 211
State-owned Assets Supervision and Administration ········· 212
Investment and Management ········· 213
Natural Resource Management ········· 214
Market Supervision and Management ········· 215
Price Managment ········· 222
Financial Management ········· 223
Agricultural Economic Management ········· 223
Supervision and Management of Safety in Production ········· 225
Auditing ········· 230
Statistics ········· 232
Management of Intermediary Service Industry ········· 233
Postal Service ········· 235
Telecommunication Service ········· 237
Mobile Services ········· 239

Human Resources and Social Security

Overview ········· 242
Employment and Entrepreneurship ········· 243
Labor Relations and Administrative Examination and Approval ········· 245
Talent Development ········· 245
Human Resources Management ········· 246
Social Security ········· 247
Social Relief and Aid ········· 248
Social Welfare Services ········· 250

Urban Construction

Overview ········· 251
Urban Planning ········· 252
Urban Investment and Construction ········· 254
Public Infrastructure Construction ········· 257
Housing Construction and Management ········· 258
"Three Reconstructions and One Removal" ········· 259
Real Estate Development ········· 261
Construction Industry Management ········· 262
Property Management ········· 263
Urban Greening ········· 264

Urban Administration

Overview ········· 267
City Appearance Management ········· 269
Municipal Administration ········· 272
Water Conservancy and River Management ········· 276
Comprehensive Law Enforcement ········· 278
Traffic Management ········· 280
Traffic and Transportation Management ········· 282

Comprehensive Management of Hangzhou Railway Station Square ········ 283
Hangzhou East Railway Station Management ········ 286

Environmental Protection

Environmental Comprehensive Renovation ········ 288
Environmental Safety Supervision ········ 289
Co-administration of Five Kinds of Water ········ 290
Publicity and Education of Environment Protection ········ 291

Science and Technology

Overview ········ 292
Planning and Management of Scientific and Technology Development ········ 293
Scientific and Technological Innovation ········ 294
Science and Technology Service and Exchange ········ 295
Science and Technology Award & Achievements Transformation ········ 297
Intellectual Property Protection ········ 298
Selected Introduction of Scientific and Technological Enterprises ········ 299

Education

Overview ········ 301
Preschool Education ········ 306
Compulsory Education ········ 307
General and Vocational High School Education ········ 311
Social Education ········ 312
Special Education ········ 314
Family Education ········ 315
Out-of-school Education ········ 316
Internationalization of Education ········ 319
Educational Science Research ········ 320
Management of Teacher Resource ········ 321
Teaching Guarantee ········ 323

Culture

Overview ········ 326
Spiritual Civilization Construction ········ 327
Mass Cultural Activities ········ 328
Cultural and Artistic Creation ········ 331
Cultural Transmission of the Southern Song Dynasty ········ 331
Construction of Cultural Facilities ········ 334
Cultural Market Management ········ 335
Protection of Cultural Relics and Historic Buildings ········ 337
Protection and Utilization of Intangible Cultural Heritage ········ 340
Archives Work ········ 343
Federation of Social Sciences of Shangcheng Dirstrict ········ 345
Federation of Literary and Art Circles of Shangcheng District ········ 346

Health and Wellness

Overview ········ 348
Medical Administration and Management ········ 349
Disease Prevention and Control and Health Emergency Response ········ 351
Comprehensive Law Enforcement of Health and Wellness ········ 354
Grass-roots Health & Maternal and Child Hygiene ········ 355

Population Surveillance and Family Development ········ 357
Health Informatization ········ 358
Patriotic Health and Health Promotion ········ 359
Chinese Medicine Work ········ 360
Mental Health ········ 361
Prevention and Control of COVID-19 ········ 362

Sports

Overview ········ 365
Mass Sports ········ 366
Athletic Sports ········ 367
Sports Facilities Construction ········ 367

Social Life

Civil Affairs Management ········ 369
Community Construction ········ 371
Social Organization Management ········ 373
Ethnic and Religious Affairs ········ 374
Elderly Service ········ 375
Veterans Affairs ········ 377
Volunteer Service ········ 379

Subdistricts

Hubin Subdistrict ········ 382
Qingbo Subdistrict ········ 386
Xiaoying Subdistrict ········ 391
Wangjiang Subdistrict ········ 395
Nanxing Subdistrict ········ 399
Ziyang Subdistrict ········ 404
Zhalongkou Subdistrict ········ 408
Kaixuan Subdistrict ········ 412
Caihe Subdistrict ········ 416
Sijiqing Subdistrict ········ 420
Jianqiao Subdistrict ········ 424
Pengbu Subdistrict ········ 428
Jiubao Subdistrict ········ 431
Dinglan Subdistrict ········ 434

Figures

Advanced Figures in Poverty Alleviation ········ 438
Active Servicemen with First Class Honours and Provincial and Municipal "Most Beautiful Veteran" ········ 440
Selected Introduction of Moral Model ········ 441
Provincial and Municipal Excellent Doctors ········ 443
Craftsmen ········ 445
Selected Introduction of Other Advanced Figures ········ 449

Appendices

The Heads of the Primary Organizational Sectors of Shangcheng District in 2021 ········ 450
Statistical Communique of 2021 Shangcheng District Economic and Social Development ········ 462
Advanced Groups ········ 466
Advanced Individuals ········ 478

Indexes

Entry Index ········ 490
Table Index ········ 507

《上城年鉴（2022）》部分组织机构全称、简称对照

全　称	简　称
中共杭州市上城区委办公室	区委办公室
杭州市上城区人民代表大会常务委员会办公室	区人大常委会办公室
杭州市上城区人民政府办公室	区政府办公室
政协杭州市上城区委员会办公室	区政协办公室
中共杭州市上城区纪律检查委员会、上城区监察委员会	区纪委区监委
杭州市上城区人民法院	区法院
杭州市上城区人民检察院	区检察院
中国人民解放军杭州市上城区人民武装部	区人武部
中共杭州市上城区委组织部	区委组织部
中共杭州市上城区委宣传部	区委宣传部
中共杭州市上城区委统一战线工作部	区委统战部
中共杭州市上城区委政法委员会	区委政法委
中共杭州市上城区委全面深化改革委员会办公室	区委改革办
中共杭州市上城区委机构编制委员会办公室	区委编办
中共杭州市上城区委直属机关工作委员会	区委直属机关工委
中共杭州市上城区委巡察办公室	区委巡察办
中共杭州市上城区委、上城区人民政府信访局	区信访局
中共杭州市上城区委老干部局	区委老干部局
杭州市上城区档案馆	区档案馆
杭州市上城区党群服务中心	区党群服务中心
中共杭州市上城区委党史研究室 （杭州市上城区地方志编纂研究室）	区委党史研究室 （区地方志编纂研究室）
杭州市上城区发展改革和经济信息化局	区发改经信局
杭州市上城区教育局	区教育局
杭州市上城区科学技术局	区科技局
杭州市公安局上城区分局	区公安分局
杭州市上城区民族宗教事务局	区民族宗教事务局
杭州市上城区民政局	区民政局
杭州市上城区司法局	区司法局

《上城年鉴（2022）》部分组织机构全称、简称对照

全　称	简　称
杭州市上城区财政局	区财政局
杭州市上城区人力资源和社会保障局	区人力社保局
杭州市上城区住房和城市建设局 （杭州市上城区人民防空办公室　）	区住建局 （区人防办）
杭州市上城区商务局	区商务局
杭州市上城区文化和广电旅游体育局	区文广旅体局
杭州市上城区卫生健康局	区卫生健康局
杭州市上城区退役军人事务局	区退役军人事务局
杭州市上城区应急管理局	区应急管理局
杭州市上城区审计局	区审计局
杭州市上城区市场监督管理局	区市场监管局
杭州市上城区人民政府金融工作办公室	区金融办
杭州市上城区统计局	区统计局
杭州市上城区综合行政执法局	区综合行政执法局
杭州上城区数据资源管理局	区数据资源局
杭州市上城区投资促进局	区投资促进局
杭州市上城区行政审批服务管理办公室	区审管办
杭州市上城区电子机械功能区管理委员会	区电子机械功能区管委会
杭州市城站广场管理委员会	城站广场管委会
杭州市南宋皇城小镇管理委员会	南宋皇城小镇管委会
杭州钱塘智慧城管理委员会	钱塘智慧城管委会
杭州市东站枢纽管理委员会	杭州东站枢纽管委会
杭州市上城区机关事务中心	区机关事务中心
杭州市望江地区改造建设指挥部	望江指挥部
杭州市玉皇山南基金小镇管理委员会	玉皇山南基金小镇管委会
杭州上城区国有资本运营集团有限公司	上城资本集团
杭州上城区国有投资控股集团有限公司	上城国投集团
杭州上城区城市建设投资集团有限公司	上城城投集团
杭州上城区城市建设发展集团有限公司	上城城发集团
杭州上城区市政工程集团有限公司	上城市政集团
杭州市上城区总工会	区总工会
中国共产主义青年团上城区委员会	团区委

全　称	简　称
杭州市上城区妇女联合会	区妇联
杭州市上城区科学技术协会	区科协
杭州市上城区残疾人联合会	区残联
杭州市上城区工商业联合会	区工商联
杭州市上城区红十字会	区红十字会
杭州市上城区关心下一代工作委员会	区关工委
杭州市上城区社会科学界联合会	区社科联
杭州市上城区文学艺术届联合会	区文联
杭州市上城区归国华侨联合会	区侨联
杭州市上城区人民政府湖滨街道办事处	湖滨街道
杭州市上城区人民政府清波街道办事处	清波街道
杭州市上城区人民政府小营街道办事处	小营街道
杭州市上城区人民政府望江街道办事处	望江街道
杭州市上城区人民政府南星街道办事处	南星街道
杭州市上城区人民政府紫阳街道办事处	紫阳街道
杭州市上城区人民政府闸弄口街道办事处	闸弄口街道
杭州市上城区人民政府凯旋街道办事处	凯旋街道
杭州市上城区人民政府采荷街道办事处	采荷街道
杭州市上城区人民政府四季青街道办事处	四季青街道
杭州市上城区人民政府笕桥街道办事处	笕桥街道
杭州市上城区人民政府彭埠街道办事处	彭埠街道
杭州市上城区人民政府九堡街道办事处	九堡街道
杭州市上城区人民政府丁兰街道办事处	丁兰街道
国家税务总局杭州市上城区税务局	区税务局
杭州市规划和自然资源局上城分局	上城规划资源分局
杭州市生态环境局上城分局	上城生态环境分局
杭州市公安局交通警察支队上城大队	上城交警大队
杭州市上城区消防救援大队	上城消防救援大队
杭州市交通运输行政执法队上城执法大队	上城交通执法大队
中国邮政集团公司杭州市上城区分公司	邮政上城区分公司
中国电信股份有限公司杭州分公司上城分局	电信上城分局
中国移动通信集团浙江有限公司上城分公司	移动上城分公司

政府工作报告

——在上城区第一届人民代表大会第一次会议上

（2022年2月14日）

上城区人民政府代区长　惠海涛

一、过去五年和2021年政府工作回顾

2021年4月，杭州市实施部分行政区划优化调整，新上城发展由此掀开了新的历史篇章。回望过去五年走过的不平凡历程，原上城、原江干两区坚持以习近平新时代中国特色社会主义思想为指导，全面落实党的十九大和十九届历次全会精神，在市委、市政府和区委坚强领导下，在区人大、区政协监督支持下，坚持一张蓝图绘到底，团结和依靠全区人民，积极应对各种风险挑战特别是新冠肺炎疫情的严峻冲击，经济社会各项事业发展取得全面进步。地区生产总值从1607.9亿元增加到2417.5亿元，位居全市第二、全省第三；一般公共预算收入突破200亿元。先后获得国家级生态示范区、全国社区治理和服务创新实验区、全国义务教育发展基本均衡区等一大批国家和省市级荣誉。

五年来，我们坚持凝心聚力谋发展，经济实力在转型升级中显著增强。以金融为代表的高端服务业优势明显，“五大行”“四大所”区域总部相继落地，钱塘江金融港湾核心区累计入驻持牌金融机构省级以上总部122家，占全市总数40%以上；玉皇山南基金小镇总资产管理规模突破11000亿元，投资实体企业7700余家，累计实现税收120亿元。“三圈三街”消费活力领跑全省，200余家旗舰店首店落地，湖滨步行街以总分第一的成绩获评首批全国示范步行街。钱塘智慧城成为“双引擎驱动”战略重要承载地，电子机械功能区获评长三角G60科创走廊工业互联网标杆园区，亩产效益全省领先。先后引进香港新世界、江河汇国际金融中心、一汽奥迪全国销售总部等一大批重大项目，国际标准化会议基地落户钱江新城，承办APEC工商领导人中国论坛、全球私募基金西湖峰会等高规格重量级会议。全省首推楼宇经济杭州标准，打造税收亿元楼宇38幢，获评全国首批、全省唯一中国楼宇经济高质量发展标杆范例。上市企业总数达36家，居全省前列。

五年来，我们坚持稳中求进抓改革，发展动能在创业创新中加速释放。纵深推进数字化改革，率先将城市大脑应用于基层治理实践，“湖滨街区智慧治理”场景在习近平总书记调研杭州城市大脑时作现场展示，“数智减负·一表通”场景走在全省前列。深入推进“放管服”改革，“一窗受理、四端协同”“企业开办一件事”等改革试点在全省首推。代表杭州参加国家营商环境评价获全国第五名好成绩。火车东站全省率先探索“最多跑一次”改革向公共场所延伸。全面启动国有企业改革，整合组建区属国有五大集团公司，总资产规模达1300亿元。深入实施创新驱动战略，新增国家高新技术企业421家、国家级孵化器和众创空间11家，成功创建省级产业创新服务综合体3家，完成国家可持续发展实验区验收。大力推进综合性人才管理改革试验区建设，重磅发布“黄金二十条”人才新政，引育市级以上高层次人才3537名，居全市前列。

五年来，我们坚持建管并举优环境，城市品位在匠心营造中充分彰显。全域城中村改造基本完成，累计征迁住户2.1万户、企业1000余家，征迁面积953万平方米，获评省级国土资源节约集约模范区，城市发展空间进一步打开。钱江新城成为杭州城市新封面，钱江新城二期建设加速推进，望江地区实现从城中村向国际新城华丽转变。完成老旧小区改造项目109个，总面积405万平方米，惠及居民近8万户。完成加装电梯526台，新工社区旧改项目入选住建部样板工程。开工安置房550万平方米、竣工411万平方米，完成回迁安置1.9万户。成功创建全省基本无违建区。新增绿地面积350万平方米，$PM_{2.5}$浓度较2016年下降47.9%。垃圾分类“桶长制”等创新模式成为精细化管理标杆。两次勇夺“五水共治”大禹鼎。

五年来，我们坚持倾情倾力惠民生，生活品质在共建共享中全面改善。确保每年新增财力三分之二以上用于民生事业。创新探索未来社区建设，始版桥、荷花塘、杨柳郡等7个社区入选省市未来社区试点。优质教育持续走在全省前列，新建中小学、幼儿园67所，“名校就在家门口”逐步覆盖，教育现代化发展水平指数连续多年排名全省第一。健康城区建设成效显著，新建改建社区卫生服务中心9家，“健康浙江”考核实现三连优。建成街道“原居安养”中心22家、社区“康养驿站”168家，人均期望寿命达86岁。文体场馆布局更加完善，区体育中心改造完工，九堡文体中心、丁兰文体中心、李宁体育园建成开放，成功创建省体育现代化区。退役军人服务站创建模式成为全国样板，弯湾托管中心获国家级“残疾人之家”称号。

五年来，我们坚持兼容并蓄育文化，人文底蕴在赓续传承中更加厚实。大力推进文化强区战略，深度挖掘和传承宋韵文化、红色文化、钱塘江文化，南宋文化节、钱塘江文化节品牌影响持续扩大。德寿宫遗址保护展示项目全面启动，杭州海塘遗址博物馆、非遗展示馆建成开放，钱学森故居修缮完成，文保场所和省级以上非遗代表性项目数量居主城区第一，成功获评省文化标识建设示范区。民俗文化亮点纷呈，笕桥丝绸文化传承创新，丁兰孝爱文化深入人心。清河坊历史文化街区成功创建首批国家级夜间文旅消费集聚区和旅游休闲特色街区。文化产业蓬勃发展，创建市级以上文化产业园区11个，数量全市第一，引育省文投集团等领军企业80余家，纳税百万级企业突破200家，电视剧《鸡毛飞上天》《麦香》荣获全国“五个一工程”奖。

五年来，我们坚持久久为功强治理，社会大局在精管善治中持续稳定。探索社区治理模式创新，打造“三社联动”“双网共生”等特色品牌。“湖滨晴雨”成为中宣部舆情信息直报点，“凯益荟”入选中组部社会组织党建工作直接联系点。区街社三级社会矛盾纠纷调处化解中心建成运行，连续三年获评全省无信访积案区。深入推进平安城区建设，扫黑除恶、安全生产等工作全面加强，“在线警务”“小脑+手脚”等智治品牌全国打响，实现省级平安区十六连创，勇夺全省首批一星平安金鼎。高质量完成中国共产党成立100周年安保维稳任务。荣获全国“七五”普法中期先进区称号，成功创建省级“无欠薪”区，高分通过全省首批食品安全示范区验收。面对新冠肺炎疫情，以“硬核隔离+精密智控”筑起最严防线，建立平战结合常态化防控体系，实现疫情防控和经济社会发展两手硬、两战赢。

五年来，我们时刻牢记肩负的历史责任和人民的殷切期盼，全面推动政府自身建设。始终坚持以习近平新时代中国特色社会主义思想为指导，深入开展“两学一做”“不忘初心、牢记使命”和党史学习教育，不断提高政治站位，全力坚守对党忠诚的初心。始终坚持依法行政，全面推进法治政府建设，努力锻造依法履职的能力。始终秉承务实担当，坚持民有所呼、我有所为，奋力练就干事创业的本领。始终恪守风清气正，扎紧权力围栏，合力筑牢廉洁自律的底线。五年来，我们高质量做好建议提案办理工作，848件人大代表议案建议、770件政协提案全部办复。

此外，东西部扶贫、区县协作、山海协作等工作持续走在全市前列，对口帮扶鹤峰、三穗等贫困县全部脱贫摘帽。民族、宗教、对台、侨务、工会、青年、妇女儿童、红十字、慈善、老龄、关心下一代等工作不断进步，保密、档案、地方志、国防动员、人民武装、双拥共建等工作取得长足进展。

各位代表，2021年是新上城组建之年。一年来，区政府紧紧围绕上级党委、政府和区委的决策部署，积极发挥两区融合效应，圆满完成了区人代会确定的目标任务。主要表现为：

政府运行在融合中进一步协同提效。加快推进“西湖时代”和“钱塘江时代”的优势叠加互补，积极推动各类要素融合集聚，实现了活力之变、形象之变、力量之变。完善《政府工作规则》，优化区街财政体制，形成全区“一盘棋”工作推进机制，确保各项任务有序开展。坚持规划引领，完善“十四五”规划纲要、区域概念性战略规划等顶层设计。统筹优化土地、楼宇、产业平台等资源配置。全面推进政策融合，制定出台经济、科技、城建、文化、民生等领域政策88项。加强政府团队融合，强化赛马比拼机制，凝心聚力、争先创优，推动政府工作高效运转。

经济发展在融合中进一步聚变提速。着眼经济总量整合和发展空间成倍放大优势，谋划调整产业布局，推动新起点上更高质量更有效益的发展。全年实现地区生产总值2417.5亿元，增长7.2%，其中服务业增加值1812.9亿元，增长7.8%；社会消费品零售总额976.9亿元，增长10.6%。新增上市企业11家，增量居全省第一。“三圈三街”实现营收272.3亿元。落地亿元以上产业项目165个，居全市第一。实现国家级质量奖项“零突破”，研究与试验发展投入经费支出增长12.7%，新增发明专利947件、国家高新技术企业160家，新建院士、专家工作站3个，新引育市级以上领军人才30人。

城区面貌在融合中进一步重塑提级。面对新上城122平方公里的区域面积，统筹推进空间重构，优化“一轴双核五星”发展格局，在更大视野中提升城区功能和综合承载能力。抢抓迎亚运机遇，一体化推进城市征迁改造，修缮道路88条，开工安置房13.5万平方米、竣工161万平方米，全年完成回迁安置4647户。着力打造小营巷社区、红梅社区等一批精品旧改工程，改造完成项目56个、156万平方米。全域化推进“美丽杭州”创建，建立“1+5+15”闭环整改工作机制，大力推进环机场周边、四季青服装特色街区等区域环境秩序整治，城市管理精细化水平有效提升。开展交通安全综合治理，道路拥堵指数下降5.6%。

文化内涵在融合中进一步丰富提升。依托原两区厚重的历史文化底蕴，加快历史和现实交汇，传统与时尚碰撞，不断焕发崭新活力，展现全新魅力。大力推进文化基因解码工程，宋韵文化辨识度持续增强。成功举办钱塘江文化节系列活动，2021宋韵文化节升格为省级重大节庆活动。深化文商旅融合成果，湖滨步行街、十字金街等体验点影响力持续攀升，“钱江灯光秀”成为新的网红人气集聚地。清河坊、皋亭山等五大景区景点接待游客超7000万人次。东方电子商务园、馒头山文化街区等文创产业平台提质增效。区文化馆荣膺国家一级文化馆，区图书馆获评省级满意图书馆。

民生福祉在融合中进一步扩面提质。充分发挥原两区在社会民生事业方面的优势，加大投入，优化机制，教育、医疗、养老、托幼、文体等公共服务优质均衡水平不断提升，群众身边“15分钟优享服务圈”初步成型。成功创建省级高质量充分就业社区15个，全区“零就业”家庭实现动态“清零”。严厉打击电信网络诈骗犯罪，挽回群众损失6.6亿元。全面保障城市运行，有效加强防汛抗台、防雪抗冻等工作，特别是面对先后两轮突发疫情，第一时间全域进入战时状态，快速反应、精准出击，全面打赢疫情遭遇战攻坚战，辖区群众安全感幸福感持续增强。

五年来所取得的成绩，是习近平新时代中国特色社会主义思想科学指引的结果，是上级党委、政府和区委正确领导的结果，是历届班子打下良好基础以及所有老同志关心帮助的结果，是区人大、区政协有效监督、大力支持的结果，更是全区人民共同努力奋斗的结果。在此，我代表区人民政府，向所有为上城经济社会发展作出贡献的同志们、朋友们表示崇高的敬意和衷心的感谢！

在肯定成绩的同时，我们也清醒地看到，全区经济社会发展还存在不少困难和短板：创新引领高质量发展有待进一步加强，具有强劲带动力的重大项目储备仍然不足；城区功能品质和综合承载能力有待进一步提升，征迁建设任务仍然十分艰巨；优质公共服务普及普惠程度有待进一步扩大，与人民日益增长的美好生活需要还有一定距离；政府团队推动重塑变革、整体智治的能力有待进一步提高等。对此，我们将高度重视，采取切实可行措施，认真加以解决。

二、今后五年经济社会发展的指导思想与奋斗目标

今后五年，是新上城向第二个百年奋斗目标迈进、深化实施“十四五”规划的关键五年，是行政区划优化调整综合效应持续放大的重要五年。区第一次党代会描绘了建设独具韵味的国际化现代化共同富裕典范城区美好蓝图，我们要全面贯彻落实，把发展目标变成任务书、施工图、进度表，在新的赶考之路上振奋精神、奋发有为、砥砺奋进，以苦干实干、夙夜在公的工作状态持续交出高分答卷。

根据区党代会提出的总体要求，今后五年政府工作的指导思想是：以习近平新时代中国特色社会主义思想为指导，全面贯彻党的十九大和十九届历次全会精神，深入贯彻习近平总书记对浙江、杭州重要指示批示精神，坚决落实中央和省、市决策部署，在区委的坚强领导下，坚定不移做“两个确立”忠诚拥护者、“两个维护”示范引领者，坚持稳中求进工作总基调，聚焦“融合、创新”发展着力点，构建“一轴引领、双核驱动、五星辉映”发展新格局，全力打造“五个新高地”，全面实施“八大工程”，持续提升区域能级和核心竞争力，全面建设独具韵味的国际化现代化共同富裕典范城区，奋力展现上城排头兵风采、“领头雁”担当。

今后五年，全区经济社会发展的主要目标是：

——全力打造改革引领新高地。数字化改革红利充分释放，重点领域改革纵深推进，形

成一批具有上城辨识度的共同富裕标志性成果。“一网统管”系统建设不断深化，“数智化”政务服务营商环境全面形成。全国区域性股权市场创新试点有序推进，资本市场普惠服务体系逐步建立，创新型中小微企业活力充分激发。品牌战略和“标准化+”战略成效显现，质量强区建设取得明显进展。国有企业改革持续推进，现代企业运行机制不断完善，区属国有企业综合实力显著提升。人才引育“金靴计划”深入实施，杭州市人才管理改革试验区作用进一步发挥。成为全省精准服务、整体智治的改革引领先行示范区。

——全力打造高端产业新高地。“3+2”高端产业体系更加成熟，支撑作用更加明显。金融业首位度巩固提升，成为长三角南翼金融总部集聚地和全国有影响力的财富管理高地。高品质步行街和高端综合体带动效应进一步发挥，成为国际消费中心城市核心区。智能制造业创新发展，成为都市型工业样板。高端专业服务业集聚发展，大健康产业提档升级。力争地区生产总值突破3300亿元、金融业增加值突破1000亿元、人均生产总值突破22万元、一般公共预算收入突破260亿元，经济总量稳居全省前列，经济密度达到全国领先。成为省会城市都市经济高质量发展的标杆示范。

——全力打造宋韵文化新高地。优秀传统文化持续弘扬，精神共富成效显现，宋韵文化、红色文化、钱塘江文化相互交融，丝绸文化、孝爱文化、堡埠文化、民俗文化内涵不断丰富。宋韵文化传世工程深入实施，宋韵文化节品牌影响持续扩大。文化遗产传承保护力度进一步增强，围绕历史建筑、工商业遗存保护利用，形成活态开放“没有围墙的建筑博物馆”。文化旅游深度融合发展，成为时尚经典、古今交汇的文旅融合标杆区。深度融入钱塘江诗路文化带和之江艺术长廊，之江文化产业带“两极”建设成效显现。成为独具韵味的魅力城区、文化浙江的战略节点。

——全力打造品质生活新高地。共同富裕取得领先优势，居民人均可支配收入稳步提高。始版桥、荷花塘、杨柳郡等未来社区省市试点建设全面完成。老旧小区改造全域覆盖。城中村改造征迁实现清零，交付安置房面积426万平方米以上，现有1.2万户在外过渡户全部实现安居。城市精细化管理水平不断提高，成为“全域美丽大花园”。优质教育、医疗资源辐射效应持续放大。“一老一小”普惠政策更加完善，婴幼儿照护服务体系更加健全，人均期望寿命达86.5岁以上。慈善事业加快发展，社会福利保障精准普惠。满足人民多元化需求能力持续提升。成为人民的幸福城区、幸福的人民城区。

——全力打造精细治理新高地。社会治理体系更加健全，“基层治理四平台”建设持续深化，协同治理、智慧治理、系统治理水平稳步提升。矛盾纠纷排查化解机制更加完善，打造新时代“枫桥经验”上城模式。法治政府、法治社会建设不断深化。大安全、大应急、大减灾管理体系构建完善，“平安上城”建设持续推进，重大安全风险隐患有效防控，防灾减灾救灾能力全面增强。常态化疫情防控体系高效运行，群防群控、平战结合防控机制不断完善。成为全国最具安全感现代城区、特大城市中心城区精管善治的新样本。

实现上述目标，必须牢牢把握好以下五个方面：一是始终坚持把共同富裕作为政府工作的统领目标。坚决践行以人民为中心的理念，全面加快探索突破，通过共同奋斗把“蛋糕”做大做好，真正实现发展富民、服务惠民、保障安民，让上城群众在迈向共同富裕进程中有更多实实在在的获得感。二是始终坚持把高质量发展作为政府工作的第一要务。着眼稳进提质、除险保安，积极应对“三重压力”等风险挑战，推动经济发展质量变革、效率变革、动力变革，不断增强城区综合竞争力、引领力、辐射力。三是始终坚持把国际化现代化作为政府工作的动力引擎。立足自身优势和鲜明特色，以国际视野放大格局，以超前思维谋划未来，以人文情怀彰显气质，在推进国际化现代化进程中充分展现上城的独特韵味。四是始终坚持把融合创新作为政府工作的强力支撑。聚焦深度融合、改革创新两大着力点，大力营造互学互鉴、互比互促的干事创业氛围，推动融合向更深层次迈进、创新向更高水平发展，把融合创新优势转化为竞争胜势、发展胜势。五是始终坚持把争做典范作为政府工作的不懈追求。牢固树立"没有走在前列也是一种风险"的意识，以干在实处、走在前列、勇立潮头的决心信心，以时不我待、只争朝夕的工作状态，在国家和省市大战略中抢抓新机遇，扛起新使命，以实干实绩追求卓越、成就经典。

三、2022年工作重点

2022年是实施"十四五"规划的深化之年，是打造共同富裕典范城区的起步之年，也是新一届政府的开局之年。综合考虑经济社会发展趋势和上城实际，今年全区经济社会发展的主要预期目标是：地区生产总值增长6%—6.5%，服务业增加值增长7%，社会消费品零售总额增长8.5%，固定资产投资增长完成市下达任务，一般公共预算收入增长10%，新增就业3.2万人。

重点做好以下六方面工作：

（一）聚焦亚运中心，全方位展现大气开放的窗口新风采

把服务保障亚运会、亚残运会作为今年的中心工作，立足"亚运展示年"，所有工作向亚运聚焦，所有部署围绕亚运展开，打造全面展示共同富裕成果的靓丽窗口。

高标准推进基础建设。吹响亚运项目集结号，全力推进"一场两馆"建设和景观布置，加强亚运场馆周边道路、停车位、宾馆等设施配套提升，新增公共停车泊位350个。完成西湖大道、解放东路等32条道路提升改造，打通九沙里路等断头路3条。打好增绿添彩组合拳，统筹实施运河绿道、钱塘快线两侧等绿地建设任务，力争完成扩绿70万平方米。打赢全域征迁扫尾攻坚战，实现"清零"495处、项目37个。加快推进连堡丰城、吴山广场等地下空间开发建设。

高品质优化城市管理。以迎亚运环境提升为契机，开展"两路两侧""三化一平"专项整治行动。抓实"美丽杭州"创建，全域打造美丽家园、最美街巷，确保城市管理工作保持全市领先。开展水土气废塑综合整治，争创生态文明示范区。巩固"五水共治"成效，完成丰收湖省级美丽河湖创建，确保水质监测断面Ⅲ类以上达100%。持续改善高层住宅小区水质，实施二次供水改造工程12个以上。巩固垃圾分类"桶长制"等长效机制，创建省级垃圾分类示范小区15个以上，实现全年生活垃圾总量零增长，全力争创无废城市。持续开展违建清零行动，完成环机场区域综合整治。

高水平放大亚运效应。全力做好赛时保障，完善竞赛、训练场馆运行团队工作机制，做实做细亚运安保和疫情防控工作。推进亚运魅力展示工程，加快国际化标识系统建设，提升城区国际化形象。积极开展全民健身活动，大力发展体育社会组织，举办"钱江""弄潮"系列等国内外有影响力的赛事活动，营造浓厚亚运氛围。深化文明城市创建，广泛开展"迎亚运、讲文明、树新风"活动，增强市民当好东道主意识。充分放大后亚运效应，吸引具有世界影响力的竞技体育赛事、品牌会展活动、国际组织和机构落户。

（二）聚焦改革引领，全方位激发充满活力的发展新动能

坚持以数字化改革为引领撬动各领域改革，不断塑造变革性实践、突破性进展、标志性成果，持续激发体制机制活力和经济社会发展潜能，为实现共同富裕提供强大动力。

着力抢占数字化改革制高点。全面融入数字化改革"1512"工作体系，夯实一体化智能化公共数据平台底座。扩大"数智减负·一表通"品牌效应，拓展"平安一件事""民生一件事"等基层应用。做精做优杭州火车东站大

型多跨场景，深化拓展数字孪生交通枢纽应用。着眼省网络监管与服务示范区创建，强化直播经济监管，做实做强直播电商数字治理平台。锚定最佳实践案例，加快建设“交易云控”“云尚益家”“智护未来”等应用场景。统筹开发管理全区数字化项目，推出更多具有上城辨识度的硬核成果。

着力打造重点改革新引擎。深化国有企业改革，发挥AAA级平台融资作用，提高市场化融资能力，推动区属国有企业做大做强。优化村级留用地开发运营模式，加快土地出让节奏，高品质打造三堡、五堡等留用地项目，实现产业发展和村民利益多方共赢。深入实施“大综合一体化”执法改革。持续推进政务服务综合体建设，打造“15分钟办事服务圈”。实体化运行区为企服务中心，建立为企服务专员制度，真正实现服务企业“无事不扰、有事必到”。加速钱塘智慧城和电子机械功能区融合发展。稳妥推进全国区域性股权市场创新、合格境外有限合伙人（QFLP）、科创助力板等改革试点。

着力构建创业创新生态圈。紧盯全省第一方阵目标，加快科技企业培育发展，新增国家高新技术企业120家以上、省级科技型中小企业160家以上，推动中国移动（浙江）创新研究院等平台提档升级。支持培育“专精特新”，助推企业科技赋智、数字赋能。贯彻碳达峰、碳中和理念，实施产业体系“降碳”行动。鼓励和支持企业加大对关键核心技术的攻关力度，推进科研项目“揭榜挂帅”，组织实施重大项目5个以上。提升青年人才吸附力，打造全国青年发展示范区。持续开展海内外高层次人才创业项目引育工作，落地人才项目20个以上，引育国家和省市高层次人才200人以上。加强知识产权全链条保护运用，有效发明专利拥有量达4600件以上。

（三）聚焦高端产业，全方位构筑优势集聚的经济新格局

坚定不移贯彻新发展理念，切实扩大有效投资，大力优化经济结构，推动产业转型升级，增强内生动力和发展后劲，不断夯实共同富裕的经济基础。

加快形成特色显著的产业体系。推进“两区两高地”建设，发挥钱塘江金融港湾核心区发展联盟作用，招引持牌金融机构省级总部6家以上，实现金融业增加值650亿元以上。聚焦国际消费、时尚消费、数智消费，着力引进全球销冠、全国首店、品牌旗舰店等70家以上。实施数字经济“一号工程”升级版，实现数字经济核心产业增加值增长10%以上，推进新一轮制造业“腾笼换鸟”攻坚行动，大力发展光电传感应用、清洁能源生产设备、智能电梯等一批高端装备制造业，盘活存量工业用地150亩，积极打造都市型“未来工厂”。依托国际知名中介机构集聚优势，大力发展知识密集型高端专业服务业。围绕生物科技、医疗器械、中医药等重点方向，加快引进和培育一批大健康产业优质企业。

加快建设能级跃升的发展平台。推动钱江新城核心区聚能升级，联动发展杭州金融城、玉皇山南基金小镇、杭港高端服务业示范区，深层次释放龙头引领带动效应。加快大湖滨地区品质再优化，实施南宋御街品质提升工程，推动十字金街迭代升级。高水平建设省级信息智能高新技术产业园区，打造先进制造、光电智芯省级产业创新服务综合体，实现浙大·智慧城光电联合研究中心开园。加快发展东站枢纽商务区，大力培育高端商务、数字贸易等产业生态。深化“平方论英雄”导向，积极发展总部经济、楼宇经济，力争新增税收亿元楼宇10幢，打造全省首幢“双亿大楼”、全省首条“百亿大道”。推动丁兰智慧小镇和小营健康智慧产业园转型升级。

加快推进更高水平的开放合作。深度融入长三角一体化发展战略，积极参与C9联盟“十大行动”，高质量举办第七届全球跨境电商峰会、中国大宗商品金融服务创新峰会、全球私募基金西湖峰会等高层次会议。抢抓RCEP

生效实施契机，深化“走出去”战略，推动区内企业扩大境外投资、参与国际合作、拓展海外市场。加快国际化招商步伐，强化与欧美日韩国际知名企业合作，积极引进港资港企，力争落地外资项目30个。瞄准世界500强、央企国企、行业龙头，推动“浙商回归”“杭商回家”，力争招引亿元以上产业项目180个、10亿元以上产业项目10个。

（四）聚焦宋韵传承，全方位呈现独具韵味的文化新魅力

全面打造以宋韵文化为代表的文化金名片，着力提升文化软实力，推动文化事业和文化产业大发展大繁荣，提高社会文明程度，不断丰富共同富裕精神内涵。

持续弘扬文化主线。积极推进宋韵文化传世工程，有序推动南宋皇城遗址综合保护开发，实现德寿宫遗址保护展示工程精彩亮相。继续办好宋韵文化节、杭州美术节、杭州国际工艺周等主题活动。深入推进文化基因解码工程，推动解码成果转化。实施“城市记忆”修复工程，做好彭埠老街品质提升，加快笕桥、七堡等特色老街保护开发。全面挖掘古桥、古井、古城门和坊巷等地名文化，形成遍布全域的宋韵文化生活区。加大海塘文化、蚕桑文化、孝爱文化挖掘宣传力度，完善“非遗”保护机制，推动铜雕技艺、浙派古琴、杭州刺绣等东方传统文化元素活态传承。

持续壮大文化产业。聚焦影视、设计、演艺、数字内容等细分产业，大力推动一批领军型文化骨干企业发展，引进数字文化企业100家以上。打造全国影视文化产业发展新集群，推动凤凰山南影视基地、新禾联创等平台有机更新，加快国家（杭州）短视频基地、“运河·映巷”二期等重点项目建设，力争有更多作品入选“五个一工程”等奖项。推进东方园数字时尚产业加速中心建设，加快四季青“中国服装第一街”产业转型升级，打造辐射全国的原创设计中心。挖掘老字号品牌价值，加强品牌培育创新，引领新国潮发展。

持续推进文旅融合。深化首批国家级夜间文旅消费集聚区创建成果，大力发展“江·河·湖·山”城市旅游经济。加快推进江河汇摩天轮项目建设，提高“钱塘江夜游”“钱江灯光秀”等知名度，打造特色文旅新地标。依托“宋韵杭式生活节”“中国旗袍日”“杭州奇妙夜”等品牌活动，搭建永不落幕的全域文旅大秀场。围绕清河坊、皋亭山等景点景区，高品质打造宋韵文化风貌展示群落。精心绘制上城文旅地图，开发推广以德寿宫、小营红巷、夏衍旧居等为代表的宋韵游、红色游、研学游精品游线。

持续推进精神共富。充分发挥文化满足精神需求的重要作用，借力中国美院等专业院校资源，开展校地共建，促进深度合作，打造共同富裕文化标识。全面推进人的城市化进程，推动城区文化品位和群众人文素养提升。鼓励和引导社会力量参与公共文化服务，完善文化设施功能布局。推进杭州书房、架空层文化客厅建设，倡导全民阅读，打造“书香上城”。培育防疫、救灾、敬老、助残等重点志愿者队伍，实现志愿服务精准触达。大力弘扬红巷精神、最美精神，积极培育时代楷模、工匠名匠等先进典型。深化“信用上城”体系建设，积极构建诚信社会。

（五）聚焦品质生活，全方位绘就幸福和美的民生新画卷

坚持人民至上、以人为本，着力保障和改善民生，加快推进人的全生命周期公共服务优质普惠，让人民群众充分共享共同富裕新成果。

全面建设共同富裕基本单元。全域化推进未来社区建设，高水平推进始版桥、荷花塘、杨柳郡、红梅、景芳等省市试点，加快打造小营巷、海月南星里等一批特色试点。积极探索旧改版未来社区模式，完成老旧小区改造项目63个以上，建筑面积180万平方米以上。完善既有住宅加装电梯协商议事机制，加装电梯100台以上。继续推进回迁提速工程，竣工安

置房41万平方米，确保安置2600户以上。全面开展城乡风貌整治提升，打造皋城村、沿山村等未来乡村上城样板。

全面做优“一老一小”保障体系。提升养老托幼服务普惠水平，加速推进“颐养园”“童乐园”建设。完善家庭养老支持政策，加快公共设施适老化改造，全力推进老年友好型社区建设。深化医养结合试点，新增认知症照护专区床位165张以上。积极探索“未成年人关怀一件事”创新模式，创建儿童友好城市试点区，打造育儿友好型社会。全面推进社区托育设施建设，新建社区成长驿站15家，新增托位700个。

全面提升优质共享服务水平。高质量推进名校集团化办学，新开办中小学、幼儿园14所。深化教育综合改革，稳妥推进教育“双减”，有序规范民办义务教育发展。提升医疗卫生服务水平，创建第六批浙江省健康促进区。深化崇军志愿服务体系，积极争创“双拥模范城区”。分层分类实施社会救助，大力发展公益慈善事业，持续打造“弯湾综合体”，全面兜住群众生活基本保障底线，确保共富路上不落一户、不漏一人。

全面推动协作地区携手共富。用心用情做好结对帮扶，有序推进东西部协作、山海协作、对口合作、区县协作等各项工作。大力推进上城剑阁东西部协作产业园区建设，推动雅江松茸产业数字化提升。深入推进就业、产业、健康、社会救助等帮扶措施，创新产业合作模式，拓宽消费帮扶渠道，引导鼓励结对地区劳动力转移就业、就近就业，加快优质教育、医疗资源向外辐射，在共享共赢中走在前、作示范。

（六）聚焦精细治理，全方位开创协同高效的共治新局面

始终把社会安定有序、人民安居乐业摆在重要位置，坚持整体智治理念，不断提升基层治理体系和治理能力现代化水平，为实现共同富裕提供坚强保障。

更加精致推进基层治理。优化城市治理“一网统管”系统，完善“小脑+手脚”等协同机制，构建“区街一体、条抓块统”的整体智治格局。以“幸福邻里坊”为抓手，推广“五社联动”“双网共生”创新经验，深化全国社区治理和服务创新实验区建设，畅通民情通达机制，推进基层协同共治。建成“尚益178”社会组织服务中心，提高社会组织参加社区治理和服务居民能力。打造三方协同业联体2.0版，加强基层民主协商自治。深入实施“八五”普法，积极营造社会化大普法格局。

更加精准抓实风险防控。健全矛盾纠纷多元化解体系，加快社会治理中心建设，构建访调、诉调、警调、律调深度融合机制，实现矛盾纠纷就地吸附、妥善化解。深入开展信访积案清零大攻坚，提高初信初访化解率，从源头预防新增积案。持续开展“全民反诈”，推动电信网络诈骗发案和案损“两个下降”。稳妥推进涉众型经济领域风险处置防范。着眼疫情防控“动态清零”精密智控，严格落实疫情防控“七大机制”，提高新冠病毒疫苗接种率，坚决打赢疫情防控总体战遭遇战歼灭战。

更加精密筑牢安全防线。健全风险闭环管控大平安机制，努力实现省级平安区“十七连创”。深化“1+9+X”责任体系，加大安全生产监管执法力度，落实区级重大隐患30日整改闭环机制，坚决实现“遏重大”“控较大”。完善由街道到基层网格量化、闭环、高效的应急体系，增强“135”应急救援圈实战能力。加强自然灾害综合风险预警监测，提高防汛抗台、市政安全等应对处置能力。巩固省级食品安全区创建成果，提升食品药品安全保障水平。常态化推进扫黑除恶工作，严打各类违法犯罪。全力做好党的二十大等重大活动安保维稳工作。

此外，继续加强和支持人民武装、民族宗教、对台、侨务、工会、妇女儿童、红十字、老龄、关心下一代、档案、地方志等工作。

各位代表，2021年区政府紧紧围绕共同富

裕目标，全面完成10件民生实事。新的一年，区政府聚焦人民群众普遍关心的突出问题，在广泛征集、认真遴选、充分论证的基础上，确定了12个候选项目：1.“花园城区”亚运道路、城市公园建设项目。重建地铁沿线道路24条、打造“迎亚运”窗口示范道路8条、提升改造城市公园5座。2.“安心乐居”安置房、保障性租赁住房建设，回迁安置项目。竣工安置房41万平方米，新增保障性租赁住房2000套以上，完成回迁安置2600户以上。3.“明眸皓齿”学生近视防治、口腔健康建设项目。实现公办学校普通教室智能照明灯光改造、学生口腔窝沟封闭术补助全覆盖。4.“童乐上城”婴幼儿托育照护建设项目。新增托位700个，其中普惠型420个；建成社区成长驿站15家，其中示范型6家。5.“品质宜居”老旧小区综合改造提升、既有住宅加装电梯项目。开工老旧小区改造项目100个，完工63个；既有住宅加装电梯100台。6.“乐享优学”美好校园、阳光厨房建设项目。建成并开办中小学、幼儿园14所，新增学位12480个以上；建成学校智能“阳光厨房”33家。7.“安心守护”微型消防救援站、电动自行车充电桩改造提升，出租住房智能门禁安装项目。新建改建微型消防救援站20处，优化提升老旧小区电动自行车充电桩6万个，安装出租住房智能门禁10万套。8.“全民反诈”电信网络诈骗治理能力体系建设项目。建成上城反诈中心，升级精准劝阻反制系统，开展1000场线下反诈宣传，完成100万人次防骗预警。9.“文体惠民”基础设施建设、文娱活动演出项目。新建改建文体基础设施54处、体育公园1座，建成绿道5公里，开展宋韵主题惠民活动200场。10.“颐养上城”康养联合体、智慧养老院、认知症照护专区床位建设项目。建成康养联合体5000平方米，新增智慧养老院机构床位145张、认知症照护专区床位165张。11.“舒心就医”社区卫生服务用房提升项目。改造提升社区卫生服务中心2家、卫生服务站5家。12.“乐业上城”重点群体就业促进、创业支持和技能提升项目。发放大学生创业扶持补贴和创业担保贷款，新增高技能人才3000人。

四、切实加强政府自身建设

面对新形势新使命，新一届政府将全面贯彻习近平新时代中国特色社会主义思想，坚定拥护“两个确立”、坚决做到“两个维护”，不断提高政治判断力、政治领悟力、政治执行力，确保上级党委、政府和区委决策部署不折不扣落到实处，用实际行动诠释对党忠诚。

（一）坚持实干担当，建设善作善成的有为政府。牢记习近平总书记“抓而不紧，等于不抓；抓而不实，等于白抓”的谆谆教诲，大力倡导真抓实干、攻坚克难的工作作风，以专班化、项目化、清单化推进工作快落实、真落实。加大跟踪问效、督查激励力度，健全重点工作闭环管理机制。加强队伍建设，不断提高政府工作人员综合素质和专业化水平。

（二）坚持塑造变革，建设创新进取的效能政府。加强系统谋划，增强创新意识，强化整体智治，以数字化改革推动政府治理全方位、重塑性变革。加快完善政府部门上下贯通、协同有序的工作格局，多做并联的事，少做重复的事，不做无谓的事，高效解决经济发展、社会治理等领域“看得见、管不住”“管得着、看不见”的问题。

（三）坚持依法行政，建设人民满意的法治政府。始终把群众满不满意作为衡量一切工作好坏的标准，自觉运用法治思维和法治方式推动工作，严格落实重大行政决策程序制度。大力推进政务公开，积极回应社会关切。依法接受人大及其常委会监督，自觉接受政协民主监督，主动接受监察监督、社会监督、舆论监督，加强审计监督、司法监督，让权力在阳光下运行。

（四）坚持廉洁从政，建设勤政为民的服务政府。以增进辖区群众福祉为最大责任，推动政策向民生聚焦、财力向民生倾斜、服务向民生覆盖，用心用情用力解决好群众急难愁盼。坚持“过紧日子”，继续从严控制和压缩一般性支出，严控“三公”经费和日常公用经费，努力降低行政成本。高标准执行中央八项规定及其实施细则，坚决纠正“四风”，营造政府系统风清气正的政治生态。

五、“十四五”规划纲要（草案）说明

“十四五”时期是我国开启全面建设社会主义现代化国家新征程、向第二个百年奋斗目标迈进的第一个五年，是我区全面建设独具韵味的国际化现代化共同富裕典范城区、奋力展现排头兵风采“领头雁”担当的关键五年。区政府深刻把握上级党委政府决策部署，深入贯彻区第一次党代会精神，充分吸收区人大常委会意见以及社会各界建议，编制形成《杭州市上城区国民经济和社会发展第十四个五年规划和二〇三五年远景目标纲要（草案）》。

《纲要》共分3个板块、10个章节：第一板块为第一章，主要回顾“十三五”期间发展成果，分析“十四五”期间面临的机遇和挑战，展望2035年远景目标，明确“十四五”期间的指导思想、发展战略和发展目标。第二板块为第二章至第九章，主要从空间格局、改革创新、高端产业、文化发展、城市形态、生态环保、社会民生、城市安全8个方面对“十四五”期间经济社会发展的重点任务进行阐述。第三板块为第十章，主要从坚持党的领导、明确分工落实、加强要素支撑、强化监测评估等方面提出了规划实施的保障措施。现提请大会审议。

各位代表，风劲潮涌，自当扬帆破浪；任重道远，更需策马加鞭。我们生逢盛世，定当不负盛世。让我们更加紧密地团结在以习近平同志为核心的党中央周围，在市委、市政府和区委的坚强领导下，踔厉奋发，笃行不怠，勇毅前行，加快建设独具韵味的国际化现代化共同富裕典范城区，以优异成绩迎接党的二十大胜利召开！

《政府工作报告》有关名词解释

“五大行”“四大所”：“五大行”指全球五大房地产咨询顾问，即戴德梁行、世邦魏理仕、高力国际、第一太平戴维斯、仲量联行；“四大所”是指全球四大会计师事务所，即普华永道、德勤、毕马威、安永。

“三圈三街”：“三圈”指湖滨商圈、吴山商圈、钱江新城商圈，“三街”指湖滨步街街、清河坊步行街、十字金街。

APEC：是亚太经济合作组织、亚太地区重要的经济合作论坛、亚太地区最高级别的政府间经济合作机制。

“数智减负·一表通”：指围绕基层减负需求，以“基层治理四平台”为底座，以基层表单填报为切入口的数字化改革应用场景。通过数据一体化集成，重塑区、街、社三级表单填报流程机制，实现数据“实时在线”、系统“智能联动”、报表“一键生成”。

“三社联动”：指社区、社会组织和社会工作统筹联动，形成多元主体参与的共建、共治、共享基层协商治理新生态。

“双网共生”：是以邻里坊建设为切入点，推动社区居民社会网络与网格管理有机衔接的治理模式。

“在线警务”：区公安分局以物联多维感知、大数据等技术为支撑，推动警务资源在线共享、警务对象在线掌控、警务工作在线运作。

“小脑+手脚”：指以派出所综合指挥室为“小脑”，巡防中队、专业中队为“手脚”的派出所勤务机制改革。当前泛指情报主导行动的勤务运作机制。

“一轴双核五星”：“一轴”指以19公里钱

塘江黄金岸线为主轴的中央活动区核心发展轴，“双核”指钱江新城国际总部发展核、湖滨国际时尚消费核，“五星”指文化传承之星、高端服务之星、商务数智之星、创新活力之星、共同富裕之星。

“1+5+15”闭环整改工作机制：指1个专班牵头、5个部门主抓、15家属地协同的工作架构。围绕“美丽上城”创建目标，建强块抓条保的城市管理“大整治、大提升”工作格局。

“15分钟优享服务圈”：指以15分钟可达为基准，多维度打造全民参与、全龄友好、复合共享的社群空间和生活微场景，构建形成政府主导、居民共享、社会参与的优质普惠“优享服务圈”。

“一网统管”：指通过搭建线上城市治理全要素平台，同步配套线下城市智治指挥中心，构建起“横向到边、纵向到底”的省、市、区、街、社五级城市运行体系，形成线上线下高效联动的治理模式。

“标准化+”战略：将“标准化”与经济社会发展各个领域结合，引领、规范、支撑各领域创造最佳秩序，实现最佳效益。

“3+2”高端产业体系：区第一次党代会提出的产业体系，“3”指以金融服务、消费服务、智能制造为支撑，“2”指以专业服务、大健康为特色。

“三重压力”：是指2021年中央经济工作会议提出的经济形势判断，即当前中国经济发展面临着需求收缩、供给冲击和预期转弱三重压力。

“一场两馆”：“一场”指上城区体育中心体育场，“两馆”指上城区全民健身中心水球训练馆、杭州全民健身中心手球训练馆。

“两路两侧”：道路（含公路、城市道路）、铁路两侧。

“三化一平”：洁化、美化、绿化和道路路面平整。

“1512”工作体系：是省委提出的数字化改革工作体系架构。第一个“1”指一体化智能化公共数据平台，“5”指党政机关整体智治、数字政府、数字经济、数字社会、数字法治五大系统，第二个“1”指基层治理系统，“2”指理论体系和制度体系。

“交易云控”：是上城区公共资源交易数字化总控台，通过该系统全面实现全区公共资源交易大数据的收集、分析、应用、推送和综合管理。

“云尚益家”：是社会组织公益慈善平台，通过该平台支撑慈善事业的发展，实现社会组织服务能力提升，促进社会资源有效释放和精准对接。

“智护未来”：未成年人心理健康关怀的集成信息平台，通过数据采集与比对、信息预警和评估、业务流转和关怀三大步骤，达到未成年人心理问题主动预警、动态分析、协同处理。

合格境外有限合伙人（QFLP）：境外机构投资者在通过资格审批和其外汇资金的监管程序后，将境外资本兑换为人民币资金，投资于国内的PE（私募股权投资）及VC（风险投资）市场。

“专精特新”：具有“专业化、精细化、特色化、新颖化”特征的工业中小企业，企业规模符合国家《中小企业划型标准》的规定。

“两区两高地”：是上城区在金融领域的发展目标，即数智金融先行区、产融结合示范区和长三角南翼金融总部高地、财富管理高地。

“双亿大楼”：实现月税收超亿元、年营收超千亿元的楼宇。

“百亿大道”：围绕富春路形成亿元楼宇集聚效应，实现税收总规模超百亿元。

C9联盟“十大行动”：由杭州市上城区、上海市黄浦区、南京市鼓楼区等九大城区组建的长三角主要城市中心城区高质量发展联盟推出的2022年十大专项行动。

RCEP：指区域全面经济伙伴关系协定，由15个亚太国家制定签署，形成当前世界上人口最多、经贸规模最大、最具发展潜力的自由贸易区。

“未成年人关怀一件事”：以数字化改革为引领，以未成年人心理关怀为切口打造的数智平台。该平台打通区教育局等10家部门业务数据，实现未成年人相关数据归集、异常预警。

“弯湾综合体”：集各类别残疾人就业培训、康复训练、文体活动、公共服务等于一体的综合性残疾人之家，是培育助残社会组织、发展党群志愿服务、推进残健共融共享的开放型助残综合体。全称为“弯湾·爱生活残疾人社会融合共享体”。

“区街一体、条抓块统”：浙江省推广的一项基层治理现代化创新模式，是以党建为统领、基层治理现代化为目标、赋能乡镇为核心内容、重塑县乡管理体制和基层治理体系为发力点的重大集成改革，是数字化改革在基层的综合性探索与实践。

“幸福邻里坊”：通过整合社区资源，立足居民需求，建立起集党群服务、公共服务、文化服务、养老服务、健康服务等内容于一体的社区美好生活服务平台。

“五社联动”：以社区为平台、社会工作者为支撑、社区社会组织为载体、社区志愿者为辅助、社区公益慈善资源为补充的新型社区治理机制。

“尚益178”：社会组织共同体、救助共同体、慈善共同体参与共同富裕的综合性服务平台和展示基地。“1”指党建统领为核心，“7”指七大服务中心，“8”指八创目标。

疫情防控“七大机制”：浙江省新型冠状病毒疫情防控工作领导小组制定的工作机制，包括精密智控指挥决策、预防早期发现、“三责”联动快响激活、“三区”最小单元管控、“五快”循环落实、分阶段清零和“三情”联动机制。

“1+9+X”责任体系：“1”指安全生产委员会，“9”指建设工程、道路运输、消防、危险化学品和工业企业、文化旅游、城市运行、商贸、医疗机构和职业病、教育行业9个安全生产专业委员会，“X”指安全生产重点单位。

“135”应急救援圈：1分钟接警、3分钟出动、5分钟启动处置的快速联动反应机制。

专记

行政区划调整

【概况】 2021年3月15日，杭州市政府印发《杭州市人民政府关于调整杭州市部分行政区划的通知》（杭政函〔2021〕25号），根据《国务院关于同意浙江省调整杭州市部分行政区划的批复》（国函〔2021〕29号）和《浙江省人民政府关于调整杭州市部分行政区划的通知》（浙政发〔2021〕7号），撤销上城区、江干区，设立新的上城区，以原上城区、江干区行政区域（不含下沙街道、白杨街道）为新的上城区行政区域，上城区人民政府驻望江街道望潮路77号。4月7日，《杭州市人民政府办公厅关于进一步优化完善部分行政区划调整后事权财权有关工作的通知》（杭政办函〔2021〕24号）印发，进一步优化完善部分行政区划调整后市区财政体制、税务管理体制、行政审批管理体制、规划和自然资源管理体制、社会保险管理体制、统计管理体制、区属国有资产及债权债务管理体制等事权财权。4月9日，杭州召开部分行政区划调整实施动员部署会议，宣布正式启动实施部分行政区划调整。

5月11日，上城区揭牌仪式在区行政中心举行。根据5月8日印发的《中共杭州市委办公厅、杭州市人民政府办公厅关于印发〈杭州市上城区机构设置方案〉的通知》（市委办〔2021〕26号）和《杭州市行政区划调整相关机构编制工作指导意见》（杭编〔2021〕10号），优化新的上城区机构设置。上城区设置党政机构35个，其中党委机构12个、政府机构23个。全区对行政区划调整后的新印章刻制实行集中管理，区委、区人大、区政府、区政协、区纪委区监委的新印章自5月11日起启用，区法院、区检察院、区人武部的新印章自最高人民法院、最高人民检察院、中央军委批准之日起启用。5月14日，上城区政府印发《杭州市上城区人民政府关于明确区划调整后区政府所属机构名称变更等事项的通知》，上城区政府所属机构名称随区划名称调整进行相应变更，各单位印章和铭牌调整按照有关规定执行。5月31日，上城区成立杭州市上城区行政区域界线勘定工作领导小组，做好全区行政区划调整后的勘界工作，加强行政区域界线管理。调整后的上城区辖14个街道、197个社区、4个行政村。

【上城区揭牌仪式举行】2021年5月11日，上城区揭牌仪式在区行政中心举行。区四套班子领导，区法院院长、区检察院检察长和全体市管干部，区直属单位、区人武部、市直属各单位主要负责人，区委巡察办、区纪检监察组、区人大各工委、区政协各专委主要负责人，以及各街道党政主要负责人等参加。揭牌仪式上，中共杭州市上城区委员会、杭州市上城区人民代表大会常务委员会、杭州市上城区人民政府、政协杭州市上城区委员会、杭州市上城区纪律检查委员会杭州市上城区监察委员会揭牌。

【区两会召开】 2021年5月8—10日，杭州市上城区人民代表大会会议召开。大会选举产生区人大常委会主任、区人民政府区长、区监察委员会主任、区法院院长、区检察院检察长、区人大常委会副主任、区人民政府副区长、区人大常委会委员；表决通过2021年度政府民生实事项目、杭州市上城区人民代表大会专门委员会组成人员名单，关于区人民政府（筹）工作报告的决议、关于区2020年国民经济和社会发展计划执行情况与2021年国民经济和社会发展计划的决议、关于上城区2020年预算执行情况和2021年预算的决议、关于区人大常委会（筹）工作报告的决议、关于区人民法院（筹）工作报告的决议、关于区人民检察院（筹）工作报告的决议。5月8—9日，中国人民政治协商会议杭州市上城区委员会会议召开。会议期间，全体政协委员听取并讨论上城区政协筹备组工作报告；列席上城区人民代表大会会议，听取并协商讨论政府（筹）工作报告及其他报告；以无记名投票的方式选举产生区政协领导班子和常务委员。会议审议通过《中国人民政治协商会议杭州市上城区委员会会议决议》。

（许红霞）

【干部交流调配】 2021年，区委组织部结合行政区划调整，完成747名区管干部集中调配。经调配，550名现职领导中，留任原岗361人，平职交流89人，退出领导岗位90人，提拔或进一步使用、晋升职级10人。两区（上城区、江干区）干部实现整体平衡。在干部分流工作上，区委组织部反复研究干部心态与队伍情况，坚持把思想工作做深做透，有步骤地开展多轮谈心谈话，面上开展谈心谈话近1000多人次，顺利完成109名区管干部分流工作，其中分流到余杭区41人、临平区17人、钱塘区51人。（马天洋）

党史学习教育

【概况】 2021年，上城区在全区范围内组织开展党史学习教育。贯彻落实习近平总书记对浙江、杭州上城的重要指示批示精神，围绕“学史明理、学史增信、学史崇德、学史力行”目标要求，以处级以上党员领导干部为重点，擦亮“我在红巷学党史”特色品牌，突出上城味、红巷味、新时代味。全区通过理论中心组学习、专题培训、主题党日、交流研讨等形式，分层分类推动全区党员深入学习习近平总书记关于党史的系列重要讲话、论述、著作，全面学习百年党史资料，开展系列主题教育活动。至年末，实现全区党员参加专题学习、阅读党史读本全覆盖，党史学习教育落地见效。

（李玳弘　王禹舜）

【组织领导和工作机制建立】 2021年5月，上城区组建区党史学习教育领导小组及其办公室，区委书记任领导小组组长，办公室下设综合协调组、简报材料组、实践活动指导组、宣传报道组和巡回指导联络组5个工作专班。制定党史学习教育全阶段实施方案，明确责任主体、目标任务和时限要求，高质量推进“我在红巷学党史”专题学习、“百年薪火路·江南红巷红”专题宣传教育等五大专项行动，以及百年党史专题学习、“沿着红色足迹学党史”活动等23项重点举措，将党史学习教育与全区各项中心工作同谋划、同部署、同推进。组建8个巡回指导组，按照建章立制、勤巡细访、严督实导3个要求，下沉全区76家单位指导推进工作，全面掌握全区党史学习教育开展情况。“七一”前后，全区基层党支部均按要求召开专题组织生活会，领导干部以普通党员身份参加，党员交流学习收获，查找问题短板，抓好整改落实。

【党史学习教育专题学习】2021年，上城区围绕习近平总书记在党史学习教育动员大会上的重要讲话精神、在庆祝中国共产党成立100周年大会上重要讲话精神和中共十九届六中全会精神等重要学习内容，开展专题学习活动。区委理论学习中心组专题学习18次，区两级党委（党组）理论学习中心组专题学习646次，实现两级中心组成员交流发言全覆盖。将习近平总书记最新重要讲话精神、中国共产党历史等重要内容全面纳入党委理论学习中心组自学内容，编印《上城区两级中心组学习资料汇编》29期。全区征订使用党史书目36万余册，发放给每一名党员。围绕“7+2”指定书目（《论中国共产党历史》《毛泽东 邓小平 江泽民 胡锦涛关于中国共产党历史论述摘编》《习近平新时代中国特色社会主义思想学习问答》《中国共产党简史》《中华人民共和国简史》《改革开放简史》《社会主义发展简史》《习近平在浙江》《习近平科学的思维方法在浙江的探索与实践》），全区各级党组织以集体研学、潜心自学、典型导学、督查促学等方式开展学习。全年开展专题学习4767次，推动党史学习教育走深、走实。7月1日，组织全区3968个基层党组织、6.54万名党员、52万余名群众通过各种形式收看庆祝中国共产党成立100周年大会现场直播。

【党史学习教育专题宣讲】2021年，上城区推出领导干部带头讲、先进人物示范讲、支部书记覆盖讲、青春力量活力讲、全域铺开特色讲的“五类五讲”模式，全面开展党史学习教育专题宣讲活动。全年处级以上党员领导干部讲授专题党课1600多场；先进党员、行业楷模、最美人物等各类榜样人物结合自身经历开展专题宣讲900多场；全区基层党组织书记开展专题宣讲2300多场；“红巷新声”“上城青年说”“红星少年说”等青年宣讲队伍运用“微党课”、文艺宣讲、短视频等形式开展专题宣讲1300多场；100名学校校长、两新组织宣讲队、红色故事宣讲团等宣讲队伍进村社、进机关、进校园、进企业开展特色宣讲。11月，围绕中共十九届六中全会精神，上城区启动“六讲六做”大宣讲行动，组建六大组团、30个宣讲团开展主题宣讲700多场，推动全会精神学习热潮从党员领导干部向基层和群众延伸。

资料

“六讲六做”：讲好党的百年奋斗历程，做红色根脉的坚定守护者；讲好新时代的辉煌成就特别是“两个确立”对新时代党和国家事业发展、对推进中华民族伟大复兴历史进程的决定性意义，做“两个维护”的示范引领者；讲好百年奋斗的宝贵经验，做新时代“重要窗口”的优秀建设者；讲好总书记深厚的为民情怀，做人民至上的不懈奋斗者；讲好总书记在浙江的故事，做“八八战略”的忠实践行者；讲好总书记赋予浙江的重大历史使命，做高质量发展促进共同富裕的先行探路者。

【党史学习教育专题宣传报道】 2021年，上城区融媒体中心持续开展“我在红巷学党史”系列主题宣传，组织实施“百年薪火路，江南红巷红”新闻行动，中央、省、市主流媒体刊发上城区党史学习教育相关报道420篇（条）。推出《上城报（党史学习教育专刊）》17期，每期发行近11万份。将党史学习教育内容嵌入短视频（音频）移动端，在“上城发布”微信视频号、抖音号、天目号发布党史学习教育短视频160多个，总播放量300多万次，“学习强国”各级学习平台刊载上城区党史学习教育稿件、信息104篇（条），其中《杭州市上城区上羊市街：新中国第一个居委会》被“学习强国”总平台首页推荐。上城区党史学习教育亮点成效被《中央党史学习教育简报》刊发2次，被《浙江省党史学习教育简报》刊发7次，被《杭州市党史学习教育简报》刊发39次。全年编发《上城区党史学习教育简报》139期，宣传上城区党史学习教育开展情况及成效。

【“民呼我为”主题活动】 2021年5月，上城区全面启动“民呼我为”主题活动，重点围绕“十大攻坚破难题”等五大类46个子项目，清单化、项目化、责任化推动“民呼我为”项目落地见效。发挥“六大平台听民意”（“居民建议征集”“助万企、帮万户”“民情观察室”“专题报道”“问计于民”“网言网事”）品牌实效，用好“湖滨晴雨”“瓦肆传音”“雨露红巷”等中央和省、市社会舆情工作室，在《上城报》及“上城发布”微信公众号、微博开设“我为群众做实事”专栏和话题，结合线下调研走访与线上民情民意，全年收到各类社情民意反馈5000多条。区领导带头进村社、进企业，带动全区党员干部办实事超过5000件（次），受益群众22万余人次，解难题、减负担1000多个，2000多家企业和基层单位受益。上城区数智减负“一表通”为基层社工减负，获评省“我为群众办实事、我为企业解难题、我为基层减负担”专题实践活动最佳案例、市首批“民呼我为”最佳实践案例。

【党史学习教育常态化长效化工作机制健全】 2021年12月，上城区总结“我在红巷学党史”党史学习教育经验，健全经常学、跟进学、长期学制度，把党史学习教育落实到党员日常管理和支部工作中。完善“四史”（党史、新中国史、改革开放史、社会主义发展史）宣传教育常态化长效化工作机制，在全区开展“四史”群众性宣传教育。健全红色资源保护利用常态化长效化工作机制，提高红色资源保护利用的制度化、规范化、法治化水平，发挥红色资源以史鉴今、砥砺初心、催人奋进的作用。健全完善党史学习教育成果转化常态化长效化工作机制，用好“办实一件事，赢得万人心”“民呼我为”主题活动，把学党史、悟思想的新成效持续转化为办实事、开新局的新成果。

（王禹舜）

庆祝中国共产党成立100周年

【概况】 2021年，上城区为庆祝中国共产党成立100周年，开展主题鲜明、内容丰富、形式多样的系列庆祝活动。全区党员、干部、群众回顾党的奋斗历程，讴歌党的百年伟业和辉煌成就，继承和发扬党的光荣传统和优良作风，夯实爱党、爱国、爱社会主义和永远跟党走的坚定信念，把活动中激发出来的自觉、自信、热情、干劲持续转化为担当作为、干事创业的实际行动。

【“奋斗百年路，启航新征程”系列活动】 2021年3月23日（中国共产党成立100周年倒计时100天），上城区在湖滨步行街举行“奋斗百年路，启航新征程”庆祝中国共产党成立100周年系列活动启动仪式。启动仪式上，发布以“红色记忆，回望百年”“红色歌曲，唱响百年”“红游上城，领跑百年”“红色主播，探寻百年”“红色榜样，奋进百年”“红色互助，关爱百年”“红心向党，共迎百年”“红盟聚力，服务百年”“红色解码，追梦百年”“红色先锋，奉献百年”为内容的“十红十百”系列活动。活动集中展现中国共产党的百年伟大成就和宝贵经验，全面展示上城在“八八战略”指引下发生的深刻变化和喜人局面。

【“沿着红色足迹学党史”活动】 2021年5月，上城区将中共杭州小组纪念馆、毛主席视察小营巷纪念馆等辖区21个红色阵地列为党史现场学习基地。7月1日前，全区基层党支部以“沿着红色足迹学党史”为主题，开展学党史主题党日活动，全区党员干部走进纪念馆、展览馆、革命遗址遗迹，重温入党誓词，感悟初心使命。结合支部学习，开展“听老党员讲党课”活动，学习传承老一辈党员的革命精神，邀请各单位有50年以上党龄的老党员结合自身参加革命、建设、改革的奋斗历程讲述党的历史。

【“家门口的红色传承”系列活动】 2021年，上城区组织开展“建党百年”主题书画作品展、“党旗下的诵读”活动、“歌声献给党”歌咏会等“家门口红色传承”系列活动。编印《上城区红色资源宣传册》，推出《“走红巷，游上城”红色手绘地图》，开发“走红巷，游上城”微信小程序，制定“小营红迹”“湖滨红印”“清波红韵”“吴山红风”“紫阳红忆”“山南红旅”6条红色旅游路线，开启“线下游览+线上打卡”新模式，干部群众在家门口即可聆听红色故事、接受红色熏陶。

【“党史里的乐章”钢琴音乐会】 2021年6月6日，“党史里的乐章”——上城区庆祝中国共产党成立100周年钢琴音乐会在湖滨步行街举行。钢琴音乐会围绕“奋斗中国梦”“祖国大好河山”“我爱你中国”三大主题，选取21首音乐作品进行现场展演，表现从革命斗争到中华人民共和国建设，从改革开放到挺进新时代的不同历史时期的时代内涵，激发爱党爱国情怀和民族自豪感，号召党员群众不忘初心、砥砺前行，共同创造美好生活。

【“红巷心声”大型歌咏活动】 2021年6月24日，“红巷心声”——杭州市上城区庆祝中国共产党成立100周年大型歌咏活动在杭州大剧院举行。区四套班子领导和区委老干部、机关干部、各街道与部分辖区单位代表，以及媒体代表等2000多人参加。歌咏会以“红巷心声”为主题，设置序曲和“星星之火”“火红年代”“复兴之光”“时代之歌”4个篇章。活动以交响乐《红旗颂》开篇，随后凯旋街道《东方红》、四季青街道《江山》、区教育局《习近平总书记寄语》等节目先后亮相。活动最后，区四套班子领导和区委老干部、机关干部代表齐唱《没有共产党就没有新中国》。

（王禹舜）

【“永远跟党走”主题活动】 2021年6月26日，“永远跟党走”——上城区庆祝中国共产党成立100周年主题活动在杭州大剧院举行。活动以合唱《在灿烂的阳光下》开幕，以大合唱《没有共产党就没有新中国》闭幕，分为“致敬初心”“向党报告”“接续奋斗”3个篇章，通过微党课《初心对话》《牢记嘱托》，歌曲《少年》，情景剧《上城一家人》，说唱《新上城，新征程》，现场访谈等节目，展示上城作为“浙江省第一个党组织”“新中国第一个居委会”的诞生地，传承“红船精神”，守护“红色根脉”，在“八八战略”指引下发生蝶变。活动现场，向党龄50年以上的老党员代表颁发“光荣在党50年”纪念章，并表彰150名区优秀共产党员、100名区优秀党务工作者、100个区先进基层党组织。随后，举行全域党建联盟联动仪式，“上市企业赋能”行动、“宋韵文化”传播行动、打造“沿江党建示范带”等共建项目进行签约。

（季珖弘 王禹舜 马天洋）

【“百年风华正青春·红色薪火永相传”主题活动】 2021年5月12日，“百年风华正青春·红色薪火永相传”杭州市上城区庆祝中国共产党成立100周年青年宣讲主题活动发布。活动围绕“讲党史、谈奋斗、讲城事、颂伟业、传精神”5个主题，以青年宣讲、诗朗诵、校地共建、倡议宣誓、歌舞表演等形式，歌颂中国共产党艰苦奋斗、砥砺前进的光辉历程，展现上城青年不忘初心、志存高远、实干担当的青春风采。活动依托“青年理论大学习、主题团日大宣讲、行走党课大红游、集中入团大感召、榜样先锋大寻访、组织建设大比武、志愿服务大练兵、岗位建功大实践”八大载体，通过在全区各级团组织中开展宣传教育和实践活动，激励青少年以优异成绩庆祝中国共产党成立100周年。全年开展宣讲210多场。

（华依文）

2021年6月26日，“永远跟党走”——上城区庆祝中国共产党成立100周年主题活动在杭州大剧院举行

（区委组织部 供稿）

解放思想大讨论

【概况】 2021年，上城区开展“奔跑新上城、奋进新征程”解放思想大讨论活动。活动于7月22日启动，并召开动员部署会，至9月结束。全区以行政区划调整为新起点，围绕“奔跑新上城、奋进新征程”主题，开展“八大行动”，落细、落实思想再解放“六破六立”举措，共同答好“十个方面问题”，把解放思想大讨论激发出来的干事热情和进取精神转化为“金靴踏浪、奋力奔跑”的强大动力。活动期间，组织全区77家单位开展各类专题学习200多次，实现两级党委（党组）中心组成员发言全覆盖。组织处级以上党员领导干部讲党课1451场，6.63万人聆听党课。全区召开各类座谈讨论、民情恳谈会130多场，发动机关、基层党员干部5600多人，提出各类建设好班子、践行好干部标准内涵建议8.2万条，收集社会各界意见建议1.2万条，形成《践行好干部标准大讨论参阅资料》《“问题大整改”行动克难攻坚八大任务建议清单》等成果。

资料

“八大行动”： 学习大深化行动、标准大践行行动、目标大进位行动、问题大整改行动、融合大提速行动、发展大比拼行动、改革大攻坚行动、成果大转化行动。

“六破六立”举措： 破“小富即安、小进则满”，立“争创一流、做强做优”，推动城区发展高水平；破“经验主义、惯性思维”，立“改革攻坚、勇立潮头”，推动思想认识高起点；破“本领恐慌、能力危机”，立“学习为要、实绩为上”，推动干部队伍高素质；破“动力不足、亩产不高”，立“创新驱动、项目带动”，推动产业发展高质量；破“服务短板、治理弱项”，立“全域推进、全面提升”，推动人民生活高品质；破“坐而论道、畏难推诿”，立“抢抓机遇、立说立行”，推动工作落实高效能。

“十个方面问题”： 如何全面加强党建统领，进一步弘扬庆祝中国共产党成立100周年激发出来的强大正能量，把党的领导落实到各个领域各个方面？如何聚焦践行好干部标准，进一步强化干部队伍的使命担当和干事创业的精气神，积极投身高质量推进“一区四中心”建设进程？如何锚定新上城目标定位，按照“上上之城”的标准进一步做强“城”的功能，实现高质量发展？如何聚焦动能转换，进一步加快推进产业和消费升级，全面提升上城核心竞争力？如何按照省市部署要求，以数字化改革为引领撬动各领域各方面改革？如何聚焦共富裕示范区建设，进一步促进公共服务优质均衡，不断满足人民群众对美好生活的向往追求？如何借势亚运会筹办，进一步加强顶层设计和规划引领，持续打开城区空间，优化城区功能布局？如何持续优化生态环境，进一步打造生产、生活、生态“三生融合”，宜居、宜业、宜游“三宜一体”的样板城区？如何以社会主义核心价值观为引领，进一步传承、弘扬好宋韵文化，全面提升宋韵文化的人文优势和文化影响力？如何坚持系统观念，进一步做实做强基层基础，不断提升基层社会治理能力水平？

（季玳弘）

【“践行新时代好干部标准”大行动】 2021年，区委组织部聚焦“奔跑新上城、奋进新征程”主题，部署开展“践行新时代好干部标准”大行动，推动全区党员干部在学思践悟中强化使命担当和干事创业精气神。组织全区街道、部门党员干部系统学习习近平总书记关于干部队伍建设的专篇论述，观看《焦裕禄》《杨善洲》《黄大年》等影视作品，并围绕习近平总书记提出的“信念坚定、为民服务、勤政务实、敢于担当、清正廉洁”好干部标准，结合岗位职责，分街道、部门两个层面深入思考，梳理践行好干部、好班子标准内涵和践行举措。结合“民呼我为”主题活动，坚持把“服务对象满不满意”作为评价好干部、好班子的重要标准。通过发布征求意见信、召开民情恳谈会等形式，重点面向老干部、“两代表一委员”、社区（村）干部等，征求对如何践行好干部、好班子标准要求的意见建议和相关实践案例的材料，聚焦群众视角和群众观念，推动形成和凝聚践行好干部、好班子标准共识。由街道、机关、监督监管部门等牵头，开展各层面座谈讨论，践行好干部标准大讨论工作指导组全程巡回指导、督促把关。同时，按照干部管理权限，全区分层开展谈心谈话，形成践行好干部、好班子标准正面清单和负面清单，通过前期数据提取、专家团队审定等方式，形成具有理论高度、体现上城特点、分层分类明晰的践行好干部、好班子标准要求，并结合主题党日、“三会一课”等开展集中学习，推动全区干部队伍提升素质和工作能力。

（马天洋）

【“践行好干部标准大讨论”活动】 2021年，区委直属机关工委在全区解放思想大讨论中组建“践行好干部标准大讨论”专班，为践行好干部标准大讨论活动提供组织保障和指导作用。全年编印学习资料16万字，面向全区公务员召开各职业各层面讨论会79场，向全体机关党员征集建议8.23万条、600多万字，形成思考感悟等成果材料130多篇。构建数字化模型，绘制“一图数读上城党员干部心中的好干部标准”，为进一步明确好干部标准、加强干部融合提供指南。

（陈志君 寿李礼）

【年轻干部践行好干部标准大讨论座谈会】 2021年10月15日，上城区召开“凝青春共识，汇时代力量”年轻干部践行好干部标准大讨论座谈会。全区新提任区管干部、正科级年轻干部、“双一流”干部、选调生等25人参加座谈。10名年轻干部围绕“立足自身岗位实际，如何成为一名优秀年轻干部”分别进行交流发言。座谈会旨在进一步深化“践行好干部标准大讨论”在年轻干部中的开展成果，为推进共同富裕示范区建设贡献青年力量。

（华依文）

数字化改革

【概况】 2021年，上城区贯彻省委、市委部署，体系化、规范化推进数字化改革，形成一批有辨识度、有影响力的改革成果。43个应用场景入选省市试点，滚动形成实践成果34项、制度成果62项、理论成果47项。其中，“一表通”应用场景通过基层减负促进服务供给模式转变，成为首个由区县向全市整体推广的应用场景，相关经验及工作成效在省《数字化改革（工作动态）》刊登，同时被《人民日报》《光明日报》等主流媒体报道。杭州东站未来枢纽安全智控应用为大型公共复杂场所应急响应及安全管理树立标杆，并在全省数字化改革成果展上亮相。杨柳郡未来社区率先落地“一统三化九场景”，打造共同富裕现代化基本单元的示范标杆，获评全省未来社区场景运营“最佳实践”案例，其邻里文化建设被选为2021年浙江省宣传思想文化工作创新项目，“邻里帮”应用被评为全省宣传文化系统重点应用。上城区与杭州市共同承接的“浙里社会矛盾风险防范化解应用”被评为“省数字化改革首批最佳应用”“省数字法治好应用”，并获“省改革突破奖入围奖”。“凤凰金融智审”V3.0全省上线推广，“九堡阿里体育中心推动全民智享运动”获省委改革办《竞跑者》专栏录用，《关于建设“数字孪生火车东站”的改革构想》在省《数字化改革（改革实验室）》刊登。

资料

“一统三化九场景”：坚持党建统领，以人本化、生态化、数字化为价值导向，构建未来邻里、教育、健康、创业、建筑、交通、低碳、服务和治理九大场景。

2021年9月7日，“凤凰金融智审”V3.0全省上线发布会在区法院基金小镇人民法庭召开

（区委改革办 供稿）

【“一表通”应用场景】 2021年6月16日，上城区“一表通”应用场景在全市党政机关整体智治工作推进会上发布。9月，上城区“一表通”应用场景获全市推广。“一表通”应用场景针对当前基层工作中普遍存在的填报表单繁多、系统条线分割和同一内容多头录入、重复填报现象，将传统手工填报、多头录入变为一次录入、自动生成，依托一体化智能化公共数据平台形成“一表通”专题库。该应用场景以“基层治理四平台”为底座，重塑区、街、社三级表单填报流程机制，实现数据“实时在线”、系统“智能联动”、报表“一键生成”、基层“减负增效”。年内，“一表通”应用场景被选为全省党史学习教育“三为”（我为群众办实事、我为企业解难题、我为基层减负担）专题实践活动最佳实践案例，相关工作获省领导批示肯定，并被中共中央办公厅交流推广。

2021年6月16日，上城区“数智报表（一表通）”应用场景在全市党政机关整体智治工作推进会上发布 （区数据资源局 供稿）

【杭州东站未来枢纽安全智控应用】 2021年9月，杭州东站未来枢纽安全智控应用作为大型交通枢纽安全管理领域试点纳入省首批数字孪生试点建设工作。该应用运用数字孪生理念、方法、机制，基于属地公安三维地图和省域空间治理底图，打通视频、气象、消控等9张网，集成30个系统、2557项数据、6万余个设备，建立可精准映射、整体智控的三维可视化治理系统。通过创新全覆盖安全智控机制，变被动应对为主动预防，并有效防范安全隐患，对防疫、防灾等安全防控流程数字化再造，形成事前精准预判、事中协同处置、事后溯源评估的工作闭环，实现管理一图统览、数据一库共享，出行服务、气象防灾、智慧防疫、消防安全、治安防控五大场景风险精准感知、预案仿真推演、三维可视化指挥，为大型公共复杂场所应急响应及安全管理树立标杆。

【浙里社会矛盾风险防范化解应用】 2021年6月，上城区与杭州市共同承接省委政法委“浙里社会矛盾风险防范化解应用”重大多跨场景建设。该应用以基层矛盾纠纷化解为切入口，按照“将矛盾纠纷化解在基层，将和谐稳定创建在基层”要求，进行法规规章突破、体制机制创新、业务流程重塑，通过首次探索建设社会矛盾纠纷全量库，首次制定矛盾纠纷统一分类标准用于数据治理，首次建设矛盾风险预警引擎，体系化推进矛盾纠纷治理领域的信息化建设。在服务端实现群众矛盾纠纷诉求解决顺畅、便捷、低成本；在治理端实现矛盾风险防范化解更加多元高效、防反复。探索加强源头治理工作的方法途径，做到去存量、控增量、防变量的有机统一，联动共治将各类涉众风险隐患化解在源头。依托全量矛盾纠纷库相关信息，构建具体的矛盾纠纷预警预测预防模型，对警情、诉情、访情等大数据进行综合研判预警。线上推动集成“一件事”多跨场景，线下重塑标准工作流程，在《省矛盾纠纷事项分类方案》60类、290项标准的基础上，统一21类、84项分类标准，制定《“全量矛盾纠纷风险数据库”矛盾纠纷事项标准化分类方案》，并按照风险等级、事件成因等形成专业标签，针对不同领域打造标准化解决方案，明确贯穿矛盾调处业务“一站式接收”全流程。年内，“浙里社会矛盾风险防范化解应用”被评为“省数字化改革最佳应用”“省数字法治好应用”，并获“省改革突破奖入围奖”。

（郭亦非）

“最多跑一次”改革

【概况】 2021年，上城区把握省政务服务2.0试点先发优势，按照《杭州市政务服务“一网通办”工作要点》的总体要求，以数字化改革与打造国际一流营商环境示范区建设为契机，将政务服务“最多跑一次”改革向纵深推进。至年末，上城区区级平台完成990项政务服务2.0事项“一网通办”的认领，依申请事项“一网通办”率达97.4%，实体大厅减窗率为42%；完成网络、双屏机等213台（套）的软硬件适配工作，依托“一网通办”平台，将医保、社保、租赁备案等102项高频事项向街道延伸；完成180台自助终端资源整合和优化配置，持续推进“网上办”“掌上办”“就近办”。

【政务服务综合体构建】 2021年，上城区完成区级政务服务大厅改造。新政务服务大厅突出“互联网+政务服务”体验区，新增各类自助服务设备30多台（套），互联网自助服务区在整个审批服务区域占比近60%，体现“网厅融合”的改革特色。依托“一网通办”平台，构建以区级政务服务平台为核心的“1+14+N”政务服务综合体，在全区14个街道均设置街道便民服务中心，在全区居民小区、交通枢纽、综合商圈、企业园区配备180台综合自助服务机，持续推广政务服务“网上办”“掌上办”“就近办”实践应用。

【智能化数字政务应用系统开发】 2021年，按照数字化改革“大场景、小切口”原则，上城区自主开发多款智能化数字政务应用系统，配合“一网通办”改革落地。“在线取号”系统的激活范围由300米增至2000米；“掌上办事厅”系统增设自助服务机查找模块，为办事群众自动匹配最近的自助服务点位；“数智管家”系统实施政务大厅办事窗口热力指数监控，可动态配置窗口、人员，优化80%的大厅办件业务量；“自助式点餐”系统实现涉企事项“一件事”的综合咨询和收件，全年提供服务近12000次。

【“跨省通办”合作模式探索应用】 2021年，上城区探索“跨省通办”合作模式，与江

2021年8月2日，上城区政务服务中心完成整体搬迁改造后开放，对外办理业务　　（区审管办 供稿）

苏宿迁市、宿城区，贵州黔东南苗族侗族自治州麻江县、丹寨县等地签订协议，实现57个事项“跨省通办”。9月26日，上城区借助长三角核心城区高质量发展联盟（C7联盟）合作平台，在上城区政务服务中心24小时自助网办区设立全省首个“C7联盟”自助通办服务专区，推动长三角地区政务服务一体化建设实现新突破。至年末，“C7联盟”自助通办服务专区服务113人次。

【线上、线下政务服务团队组建】 2021年，上城区做大做强线上政务咨询服务团队，安排22名综合窗口工作人员在线开展政策咨询、异议处理、后台审批等服务，实现“15分钟响应、24小时疑难跟踪”。全年线上服务办事群众7110人次；在杭州市“亲清在线”数字平台在线答复45.42万人次，服务1.29万人。组建政务服务专员团队，年内，向区内12个街道下沉32名政务服务专员，指导街道“一网通办”应用落地推广。

（马骋远）

基层社会（区）治理

【概况】 2021年，上城区围绕党委政府中心工作，按照中央和省委、市委政法工作会议及平安建设会议精神的工作要求，以实现平安建设“十七连创”为目标，以庆祝中国共产党成立100周年安保维稳为主线，以完善风险闭环管控大平安机制为抓手，以政法领域数字化改革为载体，推进基层社会治理各项工作，为建设独具韵味的国际化现代化共同富裕典范城区营造平安稳定的社会环境。

【区社会矛盾纠纷调处化解中心建设】 2021年，上城区推进区社会矛盾纠纷调处化解中心建设，提升相关功能。年内，有30多家部门以常驻、轮驻、随驻3种形式入驻中心，中心获批升格为区委直属的正处级事业单位，并在全市平安考核（区、街道、社区矛盾纠纷调处化解中心模块）评比中获综合评分第一名。上城区与省市共同揭榜认领建设的“浙里社会矛盾风险防范化解应用”项目受到省委主要领导肯定，相关经验材料被《浙江信息》刊发。区社会矛盾纠纷调处化解中心通过新华社外文台（新华news）、《浙江法制报》、“平安鼎”等媒体进行宣传。全年中心接待群众1.60万批次、2.95万人次，接待调研参观团23批、509人次，处理各类诉求1.57万件，矛盾纠纷调处办结率97.6%，群众满意率97.9%。“浙江解纷码”线上受理1.96万件，用户自主申请率27.1%。区社会矛盾纠纷调处化解中心入选首届“杭州市民日”50个最具品质体验点之一。

【重点整治摘牌】 2021年，上城区湖滨街道、彭埠街道、望江街道、紫阳街道、九堡街道、丁兰街道被列入市级治安、消防、交通安全问题重点整治地区。上城区根据年度工作实际，建立区、街道、社区三级群防群治工作架构，结合重点行业重点地区，开展道路交通安全、消防安全、“黄赌毒”专项整治行动。经整治，湖滨街道刑事案件比2020年下降46%，彭埠街道刑事案件下降6%；望江街道未发生人员伤亡火灾及有影响力的火灾事故；紫阳街道、九堡街道、丁兰街道交通违法重犯率、违法再犯率、事故重发率、事故再发率均低于全市水平。经市考核组验收，上城区该6个市级挂牌整治街道完成整治任务，全部摘牌。

【网格规范化建设】 2021年，上城区按照“属地为主、街巷定界、规模适度、无缝覆盖、相对固定”的原则，按城市社区每500户左右划分为1个网格，全区划分网格治理单元876个，配备专职网格员1400多人。制定《全科网格信息和问题流转、处置工作考核办法》，持续开展以“安全隐患”为主题的网格巡查工作，每月在区、部门、街道、社区网格各层级开展网格事件监测、网格数据分析研判工作，提升信息采集、问题流转和处置闭环管理实效，依托“基层治理四平台”收集问题隐患34.4万个，流转处置率达99.1%。区委政法委会同区委组织部、区民政局制定网格建设实施方案，明确网格党建、网格队伍、事务准入、管理机制、督查考评等事项，推动网格规范化建设。

（费祝鹏）

【第四批全国社区治理和服务创新实验区结项】 2021年9月，上城区“双网共生”全国社区治理和服务创新实验区结项评估工作通过民政部专家组验收，上城区成为全国唯一连续两次成功创建全国社区治理和服务创新实验区的城区。“双网共生”以“邻里坊”建设为切入点，推动社区居民社会网络与网格管理有机衔接的治理模式，通过城市社区网格化管理和居民生活共同体的社区网络基础关系共同发挥应有作用，实现社区治理体系和治理能力的现代化。“邻里坊”是“双网共生”实验区的主要阵地，通过突破现有楼道空间限制，将社区、家庭、居民、志愿者等多重角色串联，丰富居民自治服务网络体系，有效聚合相对疏离的居民关系网络。

（赵雨静）

【党建引领社区治理】 2021年，上城区坚持以党建引领社区治理。制定《上城区推进新时代城市基层党建聚力赋能社区治理十大行动工作方案》，明确工作目标、路径举措和评价机制，实行清单管理。梳理形成《小区党建实操手册》，为街道社区提供工作指引；制定《关于健全完善党建引领三方协同治理机制的指导意见》《关于进一步深化物业综合管理体制改革工作的意见》等，推动三方协同治理。建强社区、小区、楼栋三级主轴。社区层面，做强社区“大党委”，做实“先锋领杭”在职党员“双报到”工作，报到率100%。小区层面，组建小区综合党委456个，覆盖率84%，配备小区专员1011人，覆盖率98.5%，参与小区治理的社会组织460个。楼栋层面，推行“一名党员一幢楼”大包联行动，包联党员数6587人，覆盖率92.5%。打造全域“党建联盟”，牵引撬动2560多家单位参与基层治理。构建完善多方参与、多元共治的治理格局。成立区三方协同治理工作领导小组，挂牌成立14个街道物业综合服务中心，组建小区三方治理架构310个，实现“业联体”（居委会、业委会、物业服务企业协同治理联合体）迭代升级。推广“邻里坊”等居民自治机制，全区468个“邻里坊”与456个小区综合党委实现人员双向进入、交叉兼职，阵地一室多用、共建共享，机制共商共议、共破难题。在195个社区推行错时延时、周末轮班、预约办理等工作模式。推行“最多跑一次”向楼栋延伸，开展红色代办服务，通过上门代办、集中代办、预约代办等方式，服务特殊困难群体。常态化开展“小区开放日”主题轮值活动，整合共建单位资源，把富有特色的便民服务做到居民的“家门口”和“心坎上”。盘活小区架空层、车库、底商等闲置物业，打造278个集党员活动、便民服务、协商议事等功能于一体的小区服务驿站，构建“10分钟党群服务圈”。

（马天洋）

【乡村治理】 2021年，上城区持续推进民主法治示范村建设和“美丽乡村”创建，探索数字化乡村治理模式，提升乡村治理科学化水平。年内，沿山村创建省级民主法治村，全区省级民主法治示范村占比增至50%（皋城村于2010年被评为全国民主法治示范村）。三村村、宣家埠村制订“美丽乡村”创建计划，开展“美丽乡村”整治。皋城村传承弘扬“全国民主法治示范村”工作经验，推广应用数字化治理模式“云上皋城”，该数字化应用场景被列为杭州市试点。

【“基层治理四平台”与网格建设】 2021年，上城区推进“基层治理四平台”迭代升级与全科网格规范化建设相关工作。全区调整确认网格876个，建立网格党支部876个，实现网格党组织全覆盖。制定《网格事项工作清单》，落实网格奖励经费218.4万元，建立“受理、处置、督办、考核”闭环管理工作机制。全年“基层治理四平台”受理网格采集上报事项34.59万件，办结34.54万件，办结率99.9%。全科网格规范化建设达标率100%。制定《关于推进清廉社区（村）建设工作实施的意见》《上城区推进新时代城市基层党建聚力赋能社区治理十大行动任务清单》等文件，加强村居干部队伍建设和“三务”（党务、村务、财务）公开督查力度。优化重大事项议事决策机制。推行小微权力清单制度，推行“居务在线”数字公开新模式。全区97%的社区（村）建立特色议事协商机制，“清廉村居馆”“乡聚廉政文化馆”“湖滨晴雨”“清波话坊”“茶亭议事”“议事圆桌会”等形成品牌效应。

（章航祺）

【人大街道工委助力基层治理】 2021年，人大各街道工委围绕工作大局，服务经济建设，促进民生改善，密切联系群众，推动街道人大工作起好步、开好局。按照《浙江省街道人大工作条例》要求，规定动作履行到位，在加强街道监督和建设民意直通车，发挥代表优势及居民议事会议组织作用，攻坚破难创新发展等方面推陈出新。湖滨街道组建“金钥匙”工作团，探索“用情、说理、普法”工作法，打造惠民服务新模式；清波街道深化“群众说事、代表解题”工作机制，推出闭环式、全链条、条目式监督组合拳；小营街道建立代表联络站智库联盟，促进代表及选民互动交流；望江街道增设满意度调查环节，推进基层民主建设；南星街道实行项目式督查、参与式督政、通报式监督、跟踪式督办“四式”监督工作法开展监督工作；紫阳街道以人大代表联络站管理有标准、功能有特色、接待有活力“三有”拓展民意“路”；闸弄口街道深化居民议事厅“七步议事法”，让选民议事有内容、有标准、有流程；凯旋街道推出街道人大工作数字化改革应用场景，该场景被纳入“浙江省数字化改革重大应用场景‘一本账’S1”目录；采荷街道建设专业代表联络站，打造特殊人群“荷湾共富街区”；四季青街道开展体系化、实效化、常态化、多样化“四化”建设，深化人大代表履职实践；笕桥街道实施“全过程”财政监督；彭埠街道探索建立区人大代表、政协委员、乡贤人士三方协作共建“群贤智库”；九堡街道创新“九必保、三服务、零距离”机制加强人大代表与企业常态化联系；丁兰街道实施“1+6+X”街道居民议事规范化建设等。

（张华峰）

【清波街道人大代表联络站获评市最美人大代表联络站】 2021年2月2日，清波街道人大代表联络站被评为杭州市最美人大代表联络站。街道加强人大街道工委与人大代表联系、人大代表与选民群众联系“两个联系”基本定位，根据有场地、有标识、有设备、有制度、有计划、有简介的“六个有”标准，对街道人大代表联络站站点进行综合提升。创立人大网格流动办公室，优化“一线工作法”，拓宽接待选民渠道，推动选民关注的热点难点问题有效解决，2020年参与矛盾纠纷调解8起，化解成功率达85%。发挥创新监督的乘数效应，将视察监督转化为建议汇集，助推民生实事项目有效落地。自该站点成立后，先后涌现出杭州市“最美人大代表”丁志强、李国平等优秀代表。

资料

“一线工作法”：即下沉到一线，增强代表履职意识；活跃在一线，助推解决民生问题；奔走在一线，汇聚民智提升服务；考评在一线，提升代表履职水平。

（蒋成杰）

未来社区建设

【概况】 2021年，上城区聚焦城市有机更新，深度融合城乡风貌整治提升和未来社区创建，争当共同富裕示范区领跑者。至年末，全区有7个未来社区项目被列入省、市未来社区创建名单。其中：6个被列入省级创建名单，分别是第一批的望江街道始版桥未来社区、采荷街道荷花塘未来社区，第三批的彭埠街道杨柳郡未来社区、凯旋街道景芳未来社区，第四批的闸弄口街道红梅未来社区、小营街道小营巷未来社区；1个被列入市级创建名单，为南星街道海月桥未来社区。杨柳郡未来社区于12月接受省级专家组验收，总体评价较好。景芳未来社区、红梅未来社区、小营巷未来社区、海月桥未来社区计划2022年完成创建。

【始版桥未来社区建设】 望江街道始版桥未来社区于2019年8月被列入全省首批未来社区试点创建名单，项目规划单元面积150万平方米、实施单元面积23.6万平方米，总建筑面积110万平方米，其中地上建筑面积70万平方米、地下建筑面积40万平方米，项目总投资约197亿元。始版桥未来社区是一个社区的概念，按功能结构将区块划分为“一主三副九街区”，以“立体市井、立体花园、立体联通”为三大核心特色。始版桥未来社区划分为9个地块同步进行建设。2021年，1号地块一期工程主体结构和样板房施工，二期工程地下室和主体结构施工，三期工程土方开挖；2号地块大基坑地下室完成负二层及以下结构施工；3号地块基坑实施土方开挖；4号地块大基坑主体结构和小基坑地下室施工；5号地块施工图深化；6号地块地下三层结构完成；7号地块一层及部分楼栋二层结构楼板混凝土浇筑完成；8号地块二层结构施工完成；9号地块进行粗装饰和水电安装施工。

资料

“一主三副九街区”：“一主”即以城市年轮绿带为串联，以邻里公园与邻里中心复合形成邻里核心，成为居民生活交流的社区公共客厅。“三副”指运动健康副中心、特色文化副中心、颐乐服务副中心。“九街区”即利用上城区的文化、医疗、教育、商业等资源，联合阿里巴巴集团等高新技术企业，刻画未来邻里、教育、健康、创业、建筑、交通、能源、物业和治理九大场景。

立体市井：即多首层、高复合、人本化的邻里与生活场景。

立体花园：即全绿色、自循环、生态化的建筑与低碳场景。

立体联通：即多通道、超时空、数字化的服务与治理场景。

【荷花塘未来社区建设】 采荷街道荷花塘未来社区于2019年8月被列入全省首批未来社区试点创建名单。项目规划单元用地面积159.46万平方米，实施单元面积35.9万平方米，总建筑面积81.7万平方米。该项目将未来社区、老旧小区中的物理空间、服务空间创新融合。老旧小区整体建筑风格和周边未来社区协调，同时互联互通，将老旧小区场景和未来社区九大场景有机结合，资源共用、服务共享。2021年，荷花塘未来社区邻里中心、文化中心主体基本完成，开展九大场景的集中展示，启动运营等前期谋划工作；配套幼儿园、小学完成桩基施工，开展地上结构施工；安置房01、08、09地块桩基施工；荷花塘社区、青荷苑社区老旧小区改造工程启动，于年内完成青荷苑社区老旧小区改造。

【杨柳郡未来社区建设】 2021年5月，彭埠街道杨柳郡未来社区被列入全省第三批未来社区创建名单。该项目位于艮北新城，是全市首个TOD（以公共交通为导向的发展模式）地铁上盖社区，规划面积约65万平方米，实施单元面积约65万平方米，建筑面积82.47万平方米；社区居民平均年龄35.2岁，是一个新潮时尚、充满活力的典型社区。项目依托数字集成的社区智慧服务平台，打造“青春杨柳·潮邻生活”幸福家园；围绕精神自信自强、存量资源盘活、配强战时力量等重点，立足居民画像、凝练潮邻文化，践行“以社区为家、在社区当家”理念，探索可生长、可持续的城镇社区营造模式，力争打造共同富裕现代化基本单元的示范样板。年内，杨柳郡社区聚焦红色动能再升级、数字治理再升级、精神内涵再升级、健康保障再升级、邻里互融再升级等重点，营造社区“第三空间”。系统盘点既有公共空间，构建“‘156+X’第三空间”体系，推动校社联动，落地儿童议事厅等项目。

杨柳郡未来社区邻里客厅（2021年）　（彭埠街道 供稿）

资料

“156+X”：“1”是1个邻里客厅，“5”是纯真年代、菲林盒子、宽焙客、奇妙园、柚艺家5个活力点，“6”是6个组团门厅，“X”是X个共享空间。

【景芳未来社区建设】 2021年5月，凯旋街道景芳未来社区被列入全省第三批未来社区创建名单。该项目由景芳三区、景芳四区两个小区组成，规划单元用地面积50.55万平方米，实施单元面积22.32万平方米，总建筑面积28.22万平方米。该项目着重关注“一老一小”的康养生活，旨在打造共建、共筑、共治、共享都市美好新家园，成为实现共同富裕的典范。年内，以未来社区创建要求为宗旨，推进景芳三区老旧小区改造项目，于10月完成邻里中心改造、楼道线路规整、公园绿化梳理、安防和消防设施完善、道路品质提升等小区公共空间改造工程，小区生活环境和服务空间提升。

【红梅未来社区建设】 2021年6月，闸弄口街道红梅未来社区被列为全市首批老旧小区改造型未来社区试点，并于12月入围省级第四批未来社区创建名单。项目规划面积68.67万平方米，实施单元面积20.06万平方米，总建筑面积21.63万平方米。项目组建“红梅花海”党建联盟，延伸文化娱乐、医疗照护、生活服务、心理关爱4个“幸福触角”，协同打造“5分钟未来民生综合体”，为居民提供家门口便民服务。深入挖掘空间潜能，将三里亭苑三区20幢原3层约2100平方米房屋拆除重建，拓展到5层约4300平方米，打造集社区办公、教育、文化、社区养老等功能于一体的“社区行政+社区服务”中心，围绕居民的居住配套功能，从“油盐酱醋茶”到“衣食住行闲”，为居民提供无障碍化、“一站式”服务。改建两层楼的红梅学堂，引入第三方专业机构入驻，提供0～3岁托幼等服务。通过幢间道路拓宽、地下停车库新建等方式，增加停车泊位200多个，缓解老小区停车难问题。翻新建设10座幢间“口袋公园”（规模很小的城市开放空间）和1座中心公园，打造300米樱花、梅花交相呼应的红梅特色小街。通过建立社区居委会、小区业委会、物业公司三方联动协同机制，调动小区关联单位和社会力量，引导多方参与，共同维护改造成果，实现改建后决策共谋、发展共建、建设共管、效果共评、成果共享的社区治理新路径。至年末，红梅未来社区建设初具雏形，社区治理水平有效提升，构画出一幅共同富裕的“幸福红梅图景”。

【小营巷未来社区建设】 2021年12月，小营巷未来社区入围省级第四批未来社区创建名单。项目规划面积59万平方米，实施单元面积24.7万平方米，总建筑面积53.8万平方米。社区汇集中共杭州小组纪念馆、毛主席视察小营巷纪念馆、全国爱国卫生运动纪念馆、钱学森故居等优质红色资源。年内，经过二期约16万平方米老旧小区改造工程实施，社区建筑整治、道路管网、景观绿化等方面实现提升。小营街道针对社区居民的基本情况和停车、绿化、生活配套等问题开展问卷调研，邀请浙江省城乡规划设计研究院规划未来社区轮廓，通过方案研讨、方案修改优化，形成未来社区创建方案。

【海月桥未来社区建设】 2021年6月，海月桥未来社区被列为全市首批老旧小区改造型未来社区试点，规划面积33.1万平方米，实施单元面积27.67万平方米，总建筑面积35.09万平方米。项目探索选取与社区居民群众特征相适应的场景，结合“市井”“杭儿风”“慢生活”“智慧”“文旅”等关键词，持续巩固南星里项目实效，优化完善“15分钟步行生活圈”，致力实现幼有所育、学有所教、病有所医、老有所养、弱有所扶，为社区居民提供衣食住行、教育、医疗、养老等基本服务。年内，海月桥未来社区完成海月花园和复兴南苑老旧小区改造、“有意思书房”外立面改造等，改造面积27.5万平方米，涉及住宅59幢，新建配套港湾式公交车站、城市书房、活力新广场、儿童公园、老年公园、健身公园、清廉公园等，完成沿街商铺回收工作。至年末，社区会客厅建设有序推进，复兴农贸市场业态进入提升准备。

（孟　萌）

1月

1日 上城区启动“清洁楼道·喜迎新春”住宅小区环境集中整治月行动。

2—3日 江干区第2届“弄潮杯”杭州市街舞大赛举行。

6日 江干区人力社保局被国务院农民工工作领导小组评选为“全国农民工工作先进集体”。

7日 上城区摄影家协会成立暨第一次代表大会召开。

同日 上城区启动抗雪防冻Ⅳ级响应，全力守护辖区安全。

8日 上城区举办2020年度机关事业人员集体退休仪式。

同日 浙江省公安厅开展“大V走进‘浙’个派出所”体验活动，媒体走进湖滨派出所，把直播镜头对准基层民警，带领网友直击“城市窗口”派出所民警的一天。

12日 上城区启动“为年夜饭添道菜”慈善众筹项目，在浙江省首批慈善基地“尚善之家”举行该项目新闻发布会。

同日 江干区的新禾联创数字时尚产业园、四季青网红孵化基地入选省商务厅发布的2020年浙江省省级直播电商基地名单，入选数量在全省各区县中排名第一。

14日 上城区召开社区组织换届工作总结暨社区党委书记工作交流会。

同日 上城区被列入浙江省数字生活新服务样板县创建名单。

同日 上城区内的杭州湖滨步行街和清河坊步行街被浙江省商务厅等11家部门确认为首批“浙江省高品质步行街”。

同日 上城区重点人群紧急新冠疫苗集中接种工作在祖庙巷33号启动。

同日 由江干区城管局参与主编的《城镇雨污分流改造技术规程》被浙江省住房和城乡建设厅批准为浙江省工程建设标准（标准编号为DB33/T 1234-2021），标志着雨污分流改造技术“江干经验”升级为“浙江标准”。该标准自6月1日起实施。

同日 江干区弯湾托管中心徐琴被中央统战部评为新的社会阶层人士服务团2020年度优秀团员。

同日 上城区的陆群，江干区的韦长春（已故）、戚宝兴入选第16届杭州市道德模范（平民英雄）；上城区的王水英、江干区的姚权刚获第8届“最美杭州人”称号。

16日 上城区白塔岭社区日间照料中心引进的1台轨道式座椅爬楼机启用。

11—17日 “朱炳仁·铜”国际宣传海报在美国纽约时代广场百老汇大楼128

大屏播出，每天6时至24时每1小时播出1次，7天播出126次。

18日　上城区南宋文化节获评2020年度全市宣传思想文化工作创新奖。

同日　市公共资源交易中心江干分中心获2020年度“全国十佳公共资源交易机构（县级）”荣誉。

同日　上城区企业宋都服务集团有限公司在香港联合交易所有限公司挂牌上市（股票代码：HK9608），每股定价0.25港元，共募资8亿港元。

同日　上城区的华策影视股份有限公司、思美传媒股份有限公司、杭州佳平影业有限公司入选2019—2020年度浙江省重点文化企业，博库数字出版传媒集团有限公司入选2019—2020年度浙江省数字文化示范企业；上城区的凤凰御元艺术基地、江干区的杭州创意设计中心入选2019—2020年度浙江省重点文化产业园区；上城区的凤凰山南影视街区、江干区的新禾联创数字时尚产业园入选2020年度浙江省文化创意街区。

19日　江干区召开“美丽江干”创建暨“‘迎亚运’城市环境大整治、城市面貌大提升”“摘牌”行动部署会。

18—19日　第14届亚洲金融论坛杭州分会场在始版桥未来社区展示馆举行。

21日　浙江卫视《浙江新闻联播》栏目以《全面从严治党，建设清廉浙江：强化政治监督，在服务大局中彰显担当》为题，专题报道上城区监督保障东西部扶贫协作工作成效，时长1分11秒。

同日　全市首辆“阳光老年助餐车”在上城区南星街道上线，在打造老年食堂“一轴两翼”助餐体系的基础上，打通助老就餐的“最后一公里”。

24日　利星爱心广场揭牌仪式在利星名品广场举行。

27日　上城区启动庆祝中国共产党成立100周年图片征集活动。

28日　江干区彭埠街道御道社区人民调解委员会被司法部授予“全国模范人民调解委员会”称号。

29日　江干区彭埠街道和凯旋街道上榜2020年度浙江省高标准示范片区；上城区的康都紫郡等17个小区、江干区的三里亭苑二区等19个小区上榜浙江省高标准示范小区。

29日至2月28日　江干区举办十字金街“金选年货节”活动。

30日　上城区组织《杭州日报》征集的第一批留杭州过年的观众在南宋御街金逸影城参加《武汉日夜》公益观影活动。

同日　由上城区的影视企业杭州佳平影业有限公司参与制作出品的现实题材电视连续剧《梦想城》在杭州举行开机发布会。该剧讲述新生代创业者在杭州的创新创业故事。

同日　《浙江日报》以《杭州上城：“智”与“治”，汇成幸福河》为题专版点赞上城的“美丽河湖”。

是月　上城区教育学院成为国家级教师培训管理者发展研究中心首批“培训专业化”实践基地。

2月

1—28日　由杭州笑海文化传媒有限公司主办的亲子品民俗活动在鼓楼举行。活动设大宋沙包、射箭、拔河、踢毽子、滚铁环、踩高跷、陀螺、投壶八大民俗体验活动。

4日　江干区教育工作获评2020年度浙江省教育工作业绩考核优秀。

5日　人人3小时公益“时间银行”在上城区老浙大、大学路和葵巷3个社区启动。中南杭州急救志愿者队、葵巷志愿者队、小营街道义警志愿者队、民生银行志愿者队、红茶议事会志愿者队、益优公益志愿者队、向善少年志愿者队、迎亚运志愿者队8个公益组织入驻“时间银行”平台。

同日 小营街道和阿里巴巴公益基金会合作打造“多彩公益圈”。“多彩公益圈”是杭州首个在人口密集的老旧小区打造的“人人参与公益社区”，引入阿里巴巴互联网公益平台，打通支付宝城市服务、钉钉组织管理、菜鸟驿站、“时间银行”、积分信用等功能板块，借助阿里公益的志愿服务模块，提升社区居民参与社区治理的积极性，促进“共建、共治、共享”社区氛围的形成。

6日 上城区融媒体中心联合上城多家老字号和文化创意企业在“韵味上城”App推出“南宋有礼”新春送福活动。

同日 以“金牛贺岁，欢乐祥瑞”为主题的杭州钱江新城牛年贺岁版主题灯光秀登上中央电视台财经频道，并连续播放8天。

9日 由上城区纪委区监委、区委宣传部、区文广旅体局联合主办的清廉文化主题文艺节目“云展演”推出首个上线节目。

同日 江干区“无障碍电影”入选2020年杭州市精神文明建设十件大事。

10日 人民网发文点赞江干区九堡街道社区卫生服务中心医生端木焰。

11日 由浙江省、杭州市、上城区共同建设的宋韵文化研究传承中心投入运营。该中心于10月29日在宋韵文化节开幕式上正式揭牌。

同日 中央电视台综艺频道《文化十分》栏目播出河坊街上的江南铜屋及国家级非物质文化遗产铜雕技艺代表性传承人朱炳仁相关报道。

18日 上城区被授予浙江省“无信访积案县（市、区）”称号。

19日 《人民日报》刊登《新春走基层：履职在路上，群众在心间》一文，点赞上城区人大代表察民情、知民意、解民忧、暖民心的担当作为。

20日 中共杭州市上城区纪委十届六次全体会议暨全区作风建设大会召开。

23日 中共杭州市江干区纪委十届六次全体会议召开。

同日 江干区的文化企业杭州蒸汽工场文化创意有限公司申报的动画片《口袋森林（第一季）》入选2020年度优秀海外传播作品名单，是全省唯一入选作品。

26日 省委宣传部公布2月“浙版好书”，上城区政协编写的《宋风物语》入选人文社科类“浙版好书”。

28日 上城区海潮“微法庭”调解案例被最高人民法院与中央电视台合作普法专题纪录片收录。

是月 江干区获评“2020中国楼宇经济十大活力城区”，连续3年获评该荣誉，系全省唯一。

3月

1日 浙江离退休干部“百年回眸，百个故事”云接力活动在“小营·江南红巷”景区举行。

2日 2021年全国基层卫生健康工作会在北京召开。会上宣读《关于通报表扬2020年“优质服务基层行”活动中表现突出、成效显著机构的通知》，上城区的南星街道社区卫生服务中心榜上有名。

4日 上城区委常委会专题研究区《党史学习教育实施方案》，并召开全区党史学习教育动员部署会。

5日 上城区召开“三八”国际劳动妇女节111周年纪念大会。

同日 江干区“3·5”学雷锋志愿服务庆祝中国共产党成立100周年活动暨“百团进社区”行动启动。

6日 全新南宋文化旅游线路“北宫德寿”首发成功。该旅游线路从太庙出发，途经二十三坊巷、鼓楼（南宋记忆馆）、南宋御街、杭州方志馆，到达德寿宫遗址。

7日 上城区南星街道馒头山社区入选第八批“全国民主法治示范村（社区）”名单。

8日 上城区举行“爱这红的事业”主题宣讲决赛暨首届“尚红好女儿”十佳微

党课发布仪式。

12日 上城区植树节活动暨上城首片“人才林”揭牌仪式举行。

同日 “亚运好声音‘西子’来传韵”杭州亚运会首批优秀音乐作品发布活动在杭州奥体中心网球中心（小莲花）举行。上城原创歌曲《亲爱的亚细亚》入选2022杭州亚运会全球征集首批优秀歌曲。

同日 由杭州钱塘江文化节委员会创作的杭州话剧《春潮》入选第6届中国原创话剧邀请展。该话剧为杭州唯一入选作品。

15日 根据《杭州市人民政府关于调整杭州市部分行政区划的通知》（杭政函〔2021〕25号），撤销上城区、江干区，设立新的上城区，以原上城区、江干区的行政区域（不含下沙街道、白杨街道）为新的上城区的行政区域，上城区人民政府驻望江街道望潮路77号。

16日 上城区发布全省首个学校社会工作系统性发展规划——《上城区学校社会工作发展书》，同时为学校社会工作人才成长支持中心揭牌，全面启动区学校社会工作。

17日 上城区人民调解委员会“金牌和事佬工作室”被列入第一批省级金牌人民调解工作室名单。

19日 上城区召开亚运攻坚行动大会。

23日 上城区举行“奋斗百年路，启航新征程”庆祝中国共产党成立100周年系列活动启动仪式。

24日 杭州市重大项目建设比学赶超大比武在上城区举行。

同日 杭州钱塘智慧城“中国新服妆超级供应链基地”启动。现场发布智慧城数字时尚产业招商宣传片。

25日 由澎湃新闻主办，上城区投资控股集团有限公司、杭州湖滨步行街商业发展有限公司联合承办的“建党百年，初心之路”大型全媒体综合巡展传播与特别党课项目杭州站活动在湖滨步行街举行。

26日 “杭州澳门周”在湖滨步行街开幕。湖滨步行街设置澳门世界盛事文化旅游区、澳门世界遗产和非遗文化区、体育盛事区、澳门制造及澳门品牌展区、葡语国家产品展区等主题区域，推出“澳门风情美食节”土生菜美食推广活动（持续至4月11日），全方位展现澳门特色文化。

27日 以“文明新时代·美丽新彭埠”为主题的钱唐汽车后备箱公益集市启动暨彭埠首批打卡地发布仪式在钱唐农园举行。

29日 上城区与贵州省雷山县签订《上城区与雷山县缔结友好城区协议》，两地缔结友好城区。

同日 杭州第8届皋亭观桃节开幕。

同日 上城区举行区委理论学习中心组（扩大）专题学习会暨第五十六期吴山大讲堂。

30日 上城区晴雨公益服务中心获2020年度浙江省“支持社会组织建设与发展特殊贡献奖”。

同日 上城区举行“设施无障碍、沟通无障碍”特色创建暨清河坊历史街区无障碍场景打造启动仪式。

31日 上城区舞蹈家协会成立暨第一次会员代表大会在杭州艺苑艺海楼召开。

同日 “盲人看电影”志愿服务项目获评2020年度全国学雷锋志愿服务“四个100”先进典型最佳志愿服务项目、全省最佳志愿服务项目，入选2020年杭州市精神文明建设十件大事之一。

4月

1日 九堡街道九和医院启用方舱式新冠疫苗临时接种点。首日试运行接种100多人。

1—11日 以“杜鹃传情歌伟业，江干礼赞颂党恩”为主题的庆祝中国共产党成立100周年暨2021年黎明公园第3届杜鹃花展活动举行。

2日至5月6日 上城区作为全市唯一代表单位参加上海（国际）花展的设计及

布展工作，参展作品获主题庭院类铂金奖。

6日　在中央电视台《新闻联播》节目播出的“信息化助力浙江提升疫苗接种服务能力”内容中，上城区新冠疫苗集中接种点工作被全程采访报道。

同日　彭埠街道实施“智慧工地”管理，实现辖区符合建设标准的42个工地“千里眼”安装全覆盖。

9日　杭州首个加装电梯工作室——姚招娣加装电梯工作室在丁兰街道挂牌成立。

12日　杭州柯林电气股份有限公司（股票简称杭州柯林，股票代码：688611）在上海证券交易所上市，是调整行政区划后新上城区的首家上市企业。

同日　北京市政协考察组到上城区视察上城区政协委员会客厅及“请你来协商”平台建设运行情况。

15—25日　为庆祝中国共产党成立100周年，“春水如蓝——钱塘江诗路影像展”在浙江展览馆举行。影像展由省文联、浙江传媒学院、市委宣传部、杭州钱塘江文化节组委会、市文联，以及上城区委、区政府主办。

16日　“中国数字阅读大会文化创意展”在湖滨步行街开幕。

16—18日　以“茶浓宋韵，品醉杭城”为主题的2021清河坊民间茶会举行。

19日　上城区召开数字化改革工作推进会，奋力打造“数智上城”。

23日　上城区首个小区数字治理平台“乐活南星·数智治理”四层协同综合应用上线。

28日　3个2022年第19届亚运会倒计时装置在上城区钱江新城城市阳台、湖滨步行街、拱宸桥东运河广场三大城市地标性区域相继点亮。

30日　杭州市首个影视文化街区——运河·映巷开街。该街区位于严家路与新塘路交叉口。

同日　位于上城区的国家（杭州）短视频基地项目开工奠基。

5月

1日　上城区启动首届金物节，联动辖区内商业街区、综合体、汽车4S店、品牌餐厅等商贸企业，推出为期1个月的促消费活动。

同日　CABBEEN集团旗下设计师街头潮牌2AM华东首店在上城区来福士中心开业。

3日　“数智杭州·宜居天堂”2021年杭州市民日启动仪式在市民中心南广场举行。上城区“杭州市民日”便民服务活动同步在庆春广场举行。

8—9日　中国人民政治协商会议杭州市上城区委员会会议召开。

8—10日　杭州市上城区人民代表大会会议召开。

9日　《人民日报》头版刊登《今年初步构建省市县三级智能化公共数据平台，浙江推进数字化改革迭代升级》一文，报道上城区推进数字化改革工作为民服务解难题。

10日　2021年上城十大民生实事项目公布。

同日　上城区举行交流干部欢送会。

同日　浙江省直播电商专项行动计划“美好生活浙播季”年度直播盛典启幕，上城区以“打造数智时尚消费第一区”为主题进行交流分享，并在浙江直播电商创新成果展上进行现场展示。活动中，辖区四季青网红孵化基地和新禾联创时尚产业园被授牌为“首批浙江省直播电商产业基地”。

11日　上城区在区行政中心举行揭牌仪式，迎来西湖时代和钱塘江时代深度融合后的再出发。

12日　上城区邱添、张舸两户家庭上榜2020年度百户浙江“最美家庭”名单。

13日　第15届中国投资年会·年度峰会发布投中2020年度榜单，玉皇山南基金小镇获“中国最具特色基金小镇TOP10”。

15日　“不忘初心学党

史，凝心聚力再出发”主题活动第一课“走红巷游上城”开启。

17日 上城区14个街道举行揭牌仪式。

18日 由上城区政府主办的“夜潮时尚集，数智消费季”启动仪式在湖滨步行街举行。仪式上，中国（杭州）数智时尚联盟成立。

同日 上城区企业杭州拾贝知识产权服务有限公司被授牌为浙江省对外贸易预警点，成为全国首个知识产权对外贸易预警点。

19日 “2021宋韵杭式生活节”雅集活动在杭州孔庙开幕。

20日 上城区召开重点项目推进“百日攻坚”暨美丽上城创建“百日冲刺”大会。

21日 上城区举行星级家长俱乐部成立仪式，推进“星级家长执照”工程，上城教育创新家校合力举措。

22日 杭州亚运会赛会志愿者全球招募启动。

同日 以“百年回望：中国共产党领导科技发展”为主题的2021年浙江省暨杭州市科技活动周在钱江新城开幕。

24日 上城区依托党史学习教育契机，启动“民呼我为”主题系列活动。

同日 钱学森故居被中国科协认定为科学家精神培育基地。

25日 华数（杭州）上城科技有限公司（筹）揭牌成立。

同日 “非遗”衍生品牌“朱炳仁·铜”和《国家宝藏》IP产业融合项目启动仪式在杭州江南铜屋举行。

同日 浙江省新能源投资集团股份有限公司在上海证券交易所上市，是年内上城区第5家上市的企业，全区上市公司新增数排名全市第一。

26日 沪杭甬高速公路杭州市区段改建工程钱塘江新建大桥主桥钢桁梁第7轮顶推施工完成。

同日 上城区的浙江国贸数字科技有限公司跨境电子商务服务标准化试点被纳入2021年度国家级服务业标准化试点项目。

27日 上城区在校外培训机构工作会议上率先推出“十大举措”，开展新一轮的校外培训机构治理工作。

28日 上城区召开经济高质量发展推进大会。会议总结上一阶段全区经济工作，研究部署下一阶段经济工作。

同日 位于清波街道的吴山广场地下空间一期项目地块成功出让，杭州传富网络科技有限公司（阿里巴巴集团）以2.83亿元竞得。

28日至6月1日 由上城区委、区政府，杭州市文化创意产业发展中心主办的“当宋韵遇见波西米亚”2021杭州国际工艺周在杭州创意设计中心举行，有10多个国家的3000多件作品参展。

31日 上城区湖滨街道涌金门社区、南星街道紫花埠社区、望江街道始版桥社区、凯旋街道庆春门社区、四季青街道江锦社区、笕桥街道范家社区、彭埠街道红五月社区、丁兰街道赵家苑社区8个社区上榜浙江省第二批高质量就业社区（村）名单。

6月

1日 位于上城区的杭州弯湾托管中心、杭州市杨绫子学校、阳光艺术中心、星巴克杭州滨江城市之星手语店、市残疾人托管中心入围2022年亚残运会展示点（参访点）名单，并被录入“智能亚运一站通”平台。

3日 上城区召开2021年度全区党建工作会议暨区委党建工作领导小组会议。

同日 以“美好时刻，IN你而来”为主题的杭州抖音电商直播基地发布会在上城区举行。杭州抖音电商直播基地落户上城，位于钱塘智慧城财通园区5号楼，是抖音电商在杭州成立的首家服装家纺类直播基地，首期面积约2万平方米。

同日 上城启动“喜迎建党百年，共享幸福生活”老年教育成果展。

4日 全区最大规模综合性安全体验馆——四季青街道安全体验馆启用。

8日 上城区在城市阳台开展全民反诈宣传活动。

9日 上城区委全面深化改革委员会第一次会议暨全区数字化改革推进会召开。会上，“一表通”场景面向上城区所有街道、部门推广应用。

同日 “奔跑新上城，奋进新征程”2021上城区钱塘江绿道毅行活动在钱塘江边举行。千人毅行队伍依次经过望江公园、钱江三桥、城市阳台、杭州市党群服务中心，抵达上城区体育中心，总行程约5千米。

11日 上城区开展“奔跑新上城，奋进新征程”社区（村）党组织书记大比武活动。

同日 《杭州市人民政府关于对顺仁街等部分道路桥梁公园隧道命名的批复》下发，上城区4条道路（顺仁街、海盛街、福运巷、开创街）、4座桥梁（海盛桥、兰贤桥、慈幼桥、临协桥）和2座公园（甬江公园、闻潮公园）被正式命名。

同日 根据民政部及省民政厅文件精神，杭州市部分区及镇（街道）的行政区划代码确定。上城区行政区划代码为330102。

同日 小营红巷（中共杭州小组纪念馆、毛主席视察小营巷纪念馆）、中国社区建设展示中心2家单位入选100家“浙江省党员教育培训基地”。

同日 步长涛医云健康科技（杭州）有限公司（筹）与区电子机械功能区签署战略合作协议，标志该项目正式入驻上城区。

11—13日 上城区文化和自然遗产日主题活动举行。

13日 浙江卫视文旅节目《还有诗和远方·诗画浙江篇》第二季最后一期节目走进上城区。

15日 浙江省科学技术奖励大会在省人民大会堂举行，301项科技创新成果获2020年度浙江省科学技术奖。其中，上城区有53项（科研院所、企业）科技创新成果获奖，包括自然科学奖二等奖2项、浙江省技术发明奖一等奖1项、科学技术进步奖50项（一等奖7项、二等奖21项、三等奖22项）。

同日 四川广元市剑阁县驻上城区劳务协作工作站揭牌。

16日 “同心向党·奔跑上城”上城区庆祝中国共产党成立100周年书画作品展开幕式在杭州海塘遗址博物馆举行。

18日 杭州上城李宁体育园在艮北新城竣工。

同日 全区首个社区型婴幼儿示范型成长驿站——四季青街道钱运社区婴幼儿成长驿站启用，设儿童游乐园、阅读区、亲子活动区等功能区块。

同日 杭州电商直播基地发布会在上城区举行。

18—20日 上城区代表团到四川省甘孜藏族自治州雅江县对接东西部协作和对口支援工作。

20日 中国奥委会2021年第35届奥林匹克日活动于北京、张家口、杭州、成都、三亚、繁峙、织金7地同步联动启动，杭州站活动在上城举行。

22日 区委召开理论学习中心组（扩大）专题学习会。

23日 上城区举行重大项目集中签约、开工仪式，35个重大产业项目参加签约，13个重大建设项目集中开工。

24日 由区委、区政府主办，区委宣传部、区委组织部、区文广旅体局承办的“红巷心声”——杭州市上城区庆祝中国共产党成立100周年歌咏大会举行。

同日 杭州市（上城区）数字戒毒康复中心暨杭州市禁毒办赛翁思科技戒毒实验室在彭埠街道揭牌运行。

25日 沪杭甬高速公路改建工程彭埠大桥合龙。

同日 上城区首个智慧健康站在杨柳郡社区卫生服务站启用。

26日 “永远跟党

走”——上城区庆祝中国共产党成立100周年主题活动在杭州大剧院举行。

同日 上城区新增的国际化社区商业中心——西子丁兰广场开业。

28日 全国“两优一先”表彰大会在北京人民大会堂举行，小营街道小营巷社区党委获评“全国先进基层党组织”。

是月 全市首个崇军拥军服务示范街区落地四季青街道。

7月

1日 上城各界人士集中收看庆祝中国共产党成立100周年大会电视直播。

2日 区委理论学习中心组（扩大）会议召开。

5—15日 “人民心中的中国印”肖像印特展在中国民间艺术产业示范基地梓府举行。

8日 上城区融媒体综合客户端“上城发布”App以“新闻+政务服务商务”为定位，升级上线，集合微博、微信、电视、报纸、网站全媒资源，实现全网发布。

同日 上城区人民法院、上城区人民检察院举行揭牌仪式。

同日 华斯（杭州）网络传媒有限公司开业。该企业作为上市公司华斯控股股份有限公司新零售业务总部落地钱塘智慧城。

9日 中共杭州市上城区委全体（扩大）会议举行。区委常委会作题为《全面开启一流国际化现代城区建设新征程，奋力当好高质量发展建设共同富裕示范区排头兵》的工作报告。

同日 杭州欧美同学会海外人才工作站美东分站在上城区授牌成立。

10日 首届新时代全国教育局长专业发展论坛暨教育局长专业发展研究中心成立大会在上城区举行。

13日 “宋韵杭州·风华御街”鼓楼宋韵国风音乐节（角）在清河坊历史街区开幕。

14—16日 上城区代表团到四川省广元市剑阁县对接东西部协作工作。

15日 上城区新时代文明实践中心举办“‘我和我的祖国’一路上有你”社区邻里文化节。

17日 由中共中央宣传部组织、省委宣传部带队的浙江高质量发展建设共同富裕示范区中央媒体采访团到上城区多地开展实地采访。

19日 上城区首个“之江红驿·弄潮”驿站在四季青街道揭牌。

同日 《人民日报》以《2560余家单位纳入区域化党建共建体系——基层党建综合体，小联盟有大能量》为题，报道上城区基层党建工作。

20日 上城区的浙江勿忘农种业股份有限公司唐昌华等22名农业科技专家获评浙江省农业科技突出贡献者和先进工作者。

同日 2021年数智消费嘉年华——杭州仲夏夜暨上城区打造全国重要的消费中心活动在湖滨步行街启动。

同日 玉皇山南基金小镇政协委员会客厅获评首届人民政协“杰出委员工作室（站）”，张瑞旭获评“最美基层政协委员”。

21日 上城区召开2021年综合考评大会暨解放思想大讨论动员部署会。

23日 上城区工会代表大会召开。

同日 上城区首个基层微融媒体中心——“笕直播”在笕桥街道亮相。

27日 全市首辆新冠疫苗移动接种车在杭州东站枢纽设立。

28日 上城区的“杭州湖滨步行街区无障碍环境改造”“弯湾·爱生活残疾人社会融合共享体”两个案例入选全国无障碍环境建设优秀典型案例。

28—29日 上城区到重庆参加第一届全国人力资源服务业发展大会。上城区的智谷·人力资源产业园作为19个国家级人力资源服务产业园之一在大会上设展。

30日 上城区选址湖滨

商圈党群服务中心开设杭州市首个新冠疫苗接种夜门诊，服务时间17:30—21:00。

同日 浙江省社会科学界联合会、杭州市上城区社会科学界联合会与FM105.4西湖之声合作推出《夜听宋韵》节目，讲述宋韵文化。

30日至8月1日 “民呼我为”市民文化夜——“2021文旅市集·杭州奇妙夜”暨文旅消费季活动举行。

是月 上城区开设并播出区级新闻监督栏目——《上城聚焦》。

8月

2日 上城区举行新冠肺炎疫情防控应急演练，以桌面推演的方式，提高联防联控、群防群控、专群结合的能力，筑牢疫情防控坚固防线。

3日 区政协以“打造文旅融合体验高地，聚力推进宋韵文化传承展示”为主题召开“请你来协商·有事好商量”专题协商会。

同日 望江街道商会成为浙江省亲清直通车站点第一批试点单位。

4日 2022年第19届亚运会组委会到上城区了解亚运场馆建设及筹办情况，部署下一阶段工作任务。

5日 由浙江省社科联、浙江省钱塘江文化研究会、区委宣传部主办，区社科联、望江街道、华语之声联合承办的“智者面对面”——尚城社科直播间首期节目在杭州市方志馆举行。

同日 上城区首个产业园嵌入式企业发展服务中心“丁兰智慧小镇企业发展中心”在西子智慧产业园亮相。

9日 上城区举行“奔跑新上城、奋进新征程”比学赶超大比武活动。

同日 由区城管局主编的《城管驿站建设与管理规范》浙江省地方标准发布，并于9月9日正式施行，标志着上城区城管驿站从“杭州样板”跃升为“省级示范”。

同日 上城区制定的《未来社区商业建设及运营规范》省级地方标准发布。

10日 上城区九堡东片区河道引配水工程基本完成，“西水东输”初见成效。

11日至10月8日 “奋斗者”号万米载人潜水器在西太平洋海域开展首次常规科考应用，并进行深海仪器装备的万米海试，在7700米~10900米深度下潜28次，其中7次超过1万米，在马里亚纳海沟“挑战者深渊”最深区域进行科考作业。区电子机械功能区企业杭州宇控机电工程有限公司与浙江大学共同研发的万米重载液压机械手参加该航次，经历3次10800米、7次7700米下潜作业。该潜水器通过海上验收。

12日 上城区召开党建引领三方协同治理暨物业综合管理体制改革工作推进会，会上成立区三方协同治理办公室，为8个街道物业综合管理中心授牌。至此，14个街道均成立物业综合管理中心，在全市率先实现住宅小区物业综合管理体制改革全覆盖。

13日 上城区首单定向债务融资工具（PPN）——杭州钱塘智慧城投资开发有限公司21智城开发PPN001（债券代码为032100864）发行。

16日 “杭向共富”媒体采访团走进上城，用笔头、镜头聚焦上城在共同富裕进程中的探索与实践，生动展现上城范例。

17日 上城区儿童社会工作专门委员会成立，南星街道社区公益教育空间“和娃娃童读馆”同步开馆。

同日 上城区举办的“创客天下·杭向未来2021杭州市海外高层次人才创新创业大赛”参赛项目云上路演对接活动在玉皇山南基金小镇举行。

18日 全国首个入驻国家级园区微法庭——上城数智微法庭（钱塘智慧城—东方电子商务园站）揭牌成立。

同日 上城区召开庆祝中国医师节暨全区医师代表座谈会。

同日 上城区上线“一码

报”疫情防控监督平台。

19日　2021年度“美丽上城”建设推进会举行。

21日　彭埠大桥恢复机动车通行。

27日　上城区与上海市黄浦区、南京市鼓楼区、苏州市姑苏区、宁波市鄞州区、合肥市蜀山区、合肥市庐阳区组建成立长三角主要城市中心城区高质量发展联盟，并召开第一次联盟大会，发布联盟宣言。

28日　2022年第19届亚运会核心通道——博奥隧道开通试运行。

同日　海潮路（映霞街—东宝路）开通运行。

30日起　上城区统一颁发社会信用代码“330102”开头的营业执照，成为行政区划调整后第一个实现营业执照统一的城区。

同日　上城区湖滨街道、清波街道、彭埠街道、钱塘智慧城入选2021年杭州市数字生活新服务特色镇（街道）创建名单，望江街道、闸弄口街道入选培育名单。

31日　上城区获评杭州市绿道建设优秀单位，中河龙山河绿道和丰收湖公园绿道获评市“最美绿道”。

是月　上城区“一表通”应用场景与“云上皋城”综合平台入选杭州市第二批“社区智治”试点单位名单。

9月

1日　上城区微融媒体建设推进现场会暨第二批街道微融媒体中心集中挂牌仪式举行，湖滨、望江、闸弄口、彭埠、九堡5个街道的微融媒体中心挂牌启用。

3日　上城区作为试点区县，在杭州市“一表通”应用场景建设推进会上向全市推广“数智减负之一表通”应用场景，并进行现场系统演示。

同日　上城区尚善之家公益服务中心被评为浙江省慈善基地。

4日　2021杭州市“中华慈善日”主题宣传系列活动暨“上城·慈善夜”晚会在湖滨步行街举行。

7日　上城区被列为“中国楼宇经济高质量发展标杆范例”，系全省唯一。

同日　“凤凰金融智审”V3.0全省上线新闻发布会在上城区人民法院基金小镇人民法庭召开。

同日　来自上城的全球首台全自动鼻咽拭子采样机器人（名为“鹏程青耕”）亮相北京2021中国服务贸易交易会。

同日　上城区成立首个物业红十字会——南都物业龙翔里中心红十字会。

9日　上城区教育高质量发展大会召开。

同日　上城区文明委全体（扩大）会议暨文明城市国测、省测迎检工作动员部署会召开。

同日　上城区召开国有企业深化改革工作动员大会。

10日　亚运特许游园会在湖滨步行街开启，迎杭州亚运会倒计时1周年。

同日　上城区整合出行、外卖、即时配送等各类新业态、新就业群体资源，成立全省首个新就业形态联合工会——湖滨新就业形态联合工会。

12日　2021杭州市全民健身全市大联动活动上城赛区活动在上城区体育中心和丁兰文体中心同步举行。

13日　上城区召开思想理论和文艺工作座谈会。

14日　上城区召开行政区划调整后第一次全区离退休干部区情通报会。

16日　区委召开理论学习中心组（扩大）学习会，邀请中国工程院院士、清华大学公共安全研究院院长范维澄作题为《构建安全韧性城市，支撑城市安全发展》的专题报告。

同日　上城区辖区内的浙江大学医学院附属第二医院心血管内科凭借“希望和重生的灯塔”质量管理模式获第4届中国质量奖提名奖，西子联合控股有限公司董事长王水福同时获该奖项。

17日　上城区以“同心

跟党走，聚力新上城”为主题举行各界人士中秋座谈会。

18日 上城区第一次归侨侨眷代表大会开幕。

同日 同协南路（源聚路—新塘路）路段开通使用。

19日 由上城企业杭州金通科技集团股份有限公司主导起草的“浙江制造”团体标准《城市自行车用电子智能锁》（T / ZZB 2220—2021）和《城市自行车电子围栏系统定位装置》（T/ZZB 2221—2021）实施，是全省首个城市自行车系统相关团体标准。

23日 上城区在区行政中心举办庆祝“9·26”工匠日主题活动暨2021年“上城工匠”认定发布会。

同日 玉皇山南基金小镇财通证券投资者教育基地获评“全国证券期货投资者教育基地”。

26日 上城区工商业联合会（总商会）第一次会员代表大会召开。

同日 上城区年内最大规模安置房项目海潮雅园二园、三园小区正式向回迁居民开放。

同日 上城区政务服务中心设立全省首个“C7联盟”自助服务区。

28日 2021年杭州市社会科学普及周暨上城区社会科学普及周启动仪式在“小营·江南红巷”景区举行。

同日 辛丑年杭州祭孔大典在位于上城区的杭州孔庙举行。

29日 上城区政府与中国银行保险监督管理委员会浙江监管局签订战略合作协议。

同日 上城区启动“金九银十消费季”活动。该消费季活动以“畅享尚购品质上城”为主题，主要聚集在湖滨、吴山、钱江新城三大商圈，在餐饮、生活、品牌、亲子、夜间、数智、文化、时尚等九大板块推出折扣、满减、特惠套餐、秒杀等促消费活动。

30日 上城区组织开展“9·30”烈士纪念日主题活动。

同日 莫邪塘南村1幢最后一户居民腾空交房，莫南二期完成征迁“清零”。至此，望江街道全域征迁“清零”。

同日 上城区首批4个街道未成年人保护工作站分别在丁兰、南星、望江和彭埠街道完成建设。12月，街道未成年人保护工作站实现全覆盖。

是月 上城区组建成立全市首支“平安青骑”志愿服务队。

10月

9日 上城区举行“金靴领跑”大比武（部门交流）活动。

同日 杭州2022年第4届亚残运会倒计时1周年主题活动在杭州市杨绫子学校举行。

11日 由上城区和浙江上铁旅游有限公司合作推出的响应东西部协作工作的“美丽新上城，宋韵巴蜀情”软卧旅游专列推介会举行。该旅游专列于22日从杭州出发，途经江西、湖南、四川，游玩大小景点10个，历时9天8晚，跨越2000千米，穿行四川甘孜藏族自治州和广元市。

12日 上城区企业杭州彩童培训学校有限公司变更公司经营范围和公司名称，将原先学科类经营范围进行剥离，保留非学科类经营范围，成为“双减”（有效减轻义务教育阶段学生过重作业负担和校外培训负担）政策实施后全市首家剥离学科类经营范围转型为非学科类的培训机构。

14日 上城区参与制定的全国首个商务区管理类国家标准《城市和社区可持续发展商务区本地实施指南》发布，将于2022年2月1日起正式实施。

15日 2021年浙江省网络文化活动季暨天目美好节在湖滨步行街启动，活动由省委网信办、省发改委、浙江日报报业集团指导，天目传媒有限公司、省网络文化协会、市委网信办、上城区政府联合主办。当天，位于湖滨步行街的“共同富裕大道”亮相。

同日　第130届中国进出口商品交易会（广交会）在广州开幕，并重启线下展览。上城区有55家企业参加，设展位144个，其中11家企业参加线下展，设展位32个。

16日　“信雅达杯”第2届“智圣”智力运动会、“电魂杯”第2届“智圣”智力运动产业博览会在杭州天元大厦开幕。

17日　河坊街开街20周年主题活动暨宋韵文化项目发布会在鼓楼小广场举行。活动发布清河坊宋韵文化传承展示五大工程，分别是：宋韵研学游工程、宋韵文创汇工程、宋韵微展厅工程、宋韵文艺精品工程及宋韵品牌传播工程。

同日　2021长三角高塔竞速赛·杭州站在杭州来福士鸣枪开赛。

18日　位于上城区的杭州南宋临安城遗址及官窑遗址入选“百年百大考古发现”。

同日　“清廉上城”建设工作推进会召开。

同日　上城区举行“百县千碗·舌尖上的宋韵”发布仪式暨美食嘉年华活动，发布2021“百县千碗·舌尖上的宋韵”十大热菜、十大冷菜和十大点心。

同日　“气蕴东方·宋韵美妆”主题秀在浙江美术馆举行。

19日　上城区政府与中国证券监督管理委员会浙江监管局签订战略合作协议。

同日　中国共青团杂志官方微信号刊发《“link领可”体系——团杭州市上城区委解锁新业态领域青年群体服务新模式!》。

20日　由上城区委、区政府承办的“宋韵文化：传世与传播”——2021中国（杭州）宋韵文化论坛在上城区举行。

同日　上城区—剑阁县东西部协作联席会召开。

同日　浙江新闻客户端上城频道上线。

同日　上城区在长江三角洲城市经济协调会第二十一次全体会议上发起“楼宇经济成果发布”专项行动。

21日　上城区清波街道柳翠井巷社区入选2021年全国示范性老年友好型社区名单。

22日　区委召开理论学习中心组（扩大）专题学习会，邀请浙江大学光华法学院教授、博士生导师，浙江省法理、法史学会名誉会长夏立安做“习近平法治思想与实践”专题讲座。

22—24日　第5届杭州（国际）未来生活节在湖滨步行街举行。

23日　第9届南宋斗茶会在清河坊历史街区举行。

24日　“缘定上城·御见幸福”第2届宋韵婚典集体婚礼活动在清河坊历史街区举行。

同日　上城区运动员诸吉在全国第11届残疾人运动会暨第8届特殊奥林匹克运动会游泳项目中获女子20分4×50米自由泳接力第一名，破世界纪录。

25日　上城区召开第25个环卫工人节暨表彰大会，表彰先进集体20个、“最美环卫人”20人、“优秀城市美容师”100人。

同日　由上城区委、区政府主办的“金靴领跑，荟萃凯旋”——“凯益荟”社会组织服务中心成立10周年“公益伙伴日”活动在凯旋街道党群服务中心举办。

26日　上城区首家居家养老智能体验中心——望江街道耀华社区康养驿站正式落成开放。

同日　上城区的《益智类玩具榫卯拼装积木——亭子系列》获评“韵味杭州·游礼相伴”2021杭州市伴手礼创意设计大赛金奖，“新雨画桥·青瓷礼”和“湖景十色绿豆糕”获评铜奖，其他8件作品入选宋韵文化伴手礼和特色红色文化伴手礼。

同日　上城区辖区内的杭州胡庆余堂中药博物馆、清河坊历史街区、杭州湖滨步行街、南宋官窑烧制技艺体验中心、大华书场、杭州师范大学第一附属小学、西湖琴社、杭州海塘遗址博物馆、杭州博物馆、中国丝绸博物馆、杭绣-江南传习所、杭州市杨绫子学校入选2021“杭州亚运人文体验点”。

同日 上城区承办2021中国（浙江）人力资源服务博览会，以“共同富裕与人力资源服务”为主题，线上线下同步设展。

26—28日 第9届2021中国（浙江）人力资源服务博览会在上城区举行。

28日 上城区人大换届选举工作会议召开。

同日 上城区举行第四季度重大项目集中签约仪式，39个项目签约，其中集中签约17个。现场展示即将开工的19个项目。

同日 上城区内的杭州锅炉集团股份有限公司入选《证券时报》编制并发布的“A股公司ESG百强榜”。

资料

ESG：是环境（Environmental）、社会（Social）和公司治理（Governance）的首字母缩写。

29日 “宋韵最杭州”首届宋韵文化节开幕式在钱江新城城市阳台举行。

30日 2021悦读宋韵节在浙江图书馆启动。启动仪式现场，发布全国首张“宋韵书单”。

同日 中国服装第一街市场攻坚共治联盟启动，上城区采荷、望江、四季青3个街道联合清江路30个市场发出倡议。

同日 杭州首座“拆墙见绿”公园——紫阳街道甬江社区的江吟公园开放。

同日 上城区制作的立体花坛作品《蓝鲸的眼睛》获全国银奖。该作品亮相昆明火车南站西广场。

30日 由上城区与市人力社保局联合主办的2021杭州创业马拉松在城市阳台开跑，杭州知名企业、风投机构、高等学府、初创小微企业和创业服务机构等241支团队参加活动。

同日 国家人体生物监测项目在上城区金兰池社区开展。

31日 “宋风直上”皋亭山登高活动举行。

11月

1日 上城区人武部举行成立揭牌仪式。

同日 新华社客户端以《杭州杨柳郡社区：向美好而生的“可生长”社区》为题，报道上城区杨柳郡社区以数字化改革为抓手，推进社区文化、文明建设的做法。

3日 上城区企业浙江勿忘农种业股份有限公司参与完成的“水稻遗传资源的创制保护和研究利用”项目获2020年度国家科学技术进步奖一等奖，浙江省农业科学院、杭州市水务集团有限公司、浙江大学医学院附属妇产科医院参与完成的3个项目获国家科学技术进步奖二等奖。

4日 “社区商业标准化打造共富基本单元”入选第一批浙江省商务领域共同富裕试点项目。

5日 上城区清河坊历史街区入选第一批国家级夜间文化和旅游消费集聚区。

7日 纪念钱学森诞辰110周年活动暨钱学森故居“科学家精神培育基地”挂牌仪式在小营街道方谷园举行。

同日 由杭州市委、市政府，全球化智库（CCG）联合主办，市委人才办、上城区承办的“2021西湖对话”在杭州西湖博物馆举行，与会人员围绕“共同富裕与人才贡献”主题开展对话。

9日 上城区举办“金靴领跑”党建引领社区治理大比武活动。

同日 杭州市人民政府发布《杭州市人民政府关于对潮声路等部分道路桥梁隧道人行地道命名的批复》，上城7条道路和1条隧道产生新标准地名，分别是：潮声路、钱江路、梅家曲巷、源聚支路、正谊路、三官塘路、姚江路、博奥隧道。

10日 全市首个宋韵主题全域党建联盟“宋韵红盟”在上城区清波街道成立。

11日 上城区数智减负“一表通”案例获评浙江党史学习教育“我为群众办实事、我为企业解难题、我为基层减负担”专题实践活动最佳实践案例。

12日 杭州首批助老打车暖心车站在上城区闸弄口街道落成启用。万家花园、兰苑、京惠等社区设置6个助老打车暖心车站。

15—26日 上城区在紫阳街道古树公园（江城路401号）举办以“秋来探古树·菊香传宋韵”为主题的菊花展，展出2000多盆、1万余朵菊花，共200多个菊花品种。

16日 上城区与宁波市鄞州区首例政府采购远程异地评标项目——“杭州市上城区住建局建设工程设计审查协审及技术咨询服务采购项目”完成。

18日 区委召开全区领导干部会议，传达学习中共十九届六中全会精神。

同日 上城区入选“2021年全国市辖区旅游综合实力百强区”，在入选的杭州5个城区中居于首位。

同日 九源路（九环路—杭海路）道路完工。至此，上城区完成2021年度市民生实事“断头路”项目工程。

19日 上城区信访“同心圆”工作室在区社会矛盾纠纷调处化解中心揭牌运行。

20日 装满宋史、宋学、宋文化等两宋书籍的“宋韵书架”在清河坊南宋书房揭幕。

21日 上城区“星级家长执照”工程入选教育部发布的家校社共育实践优秀案例。

22日 上城区杭州海塘遗址博物馆入选2021年长三角市民终身学习体验基地认定名单。

23日 杭州市清河实验学校、杭州市采荷中学被认定为第三批全国中小学中华优秀传统文化传承学校，传承项目分别是杭州曲艺和陶艺。

25日 上城区召开学习贯彻中共十九届六中全会精神“六讲六做”大宣讲动员部署会。

27日至12月5日 “宋韵”主题“流浪椅子新生计划线下展览”在清河坊历史街区鼓楼小广场举行。

27日至12月25日 上城区举办“临安遗韵·南宋铭刻传拓器物展”。

28日 杭州汽车南站临时客运站整体搬迁。该临时客运站位于地铁1号线婺江路站D口旁边，总用地面积4346.26平方米，总建筑面积1849.17平方米，由车站大楼、到达服务用房、修车棚和行包房组成，与地铁、公交实现无缝衔接。

同日 上城区的张能庆家庭入选2021年全国“最美家庭”。

29日 上城区公共法律服务应用上线。

同日 区委举办“学习贯彻党的十九届六中全会精神”专题学习会，开展研讨交流、推动贯彻落实。

同日 由《中国基金报》主办的2021中国私募基金英华奖评选揭晓，玉皇山南基金小镇连续第3年获评“最受欢迎基金小镇”。

同日 上城区少年陈高莜、余添玺被选树为杭州市第17届美德少年（新时代好少年），廖香凝、余骏浩获杭州市第17届美德少年（新时代好少年）提名。

30日 上城影视作品《济公之降龙降世》获评第10届浙江电影“凤凰奖”优秀动画片奖和第34届中国电影金鸡奖最佳美术片提名；《武汉日夜》获评第10届浙江电影“凤凰奖”优秀纪录片奖、优秀剪辑奖。

同日 全国首个直播电商数字治理平台在上城区上线试运行。

同日 “品耀东方”东方电子商务园数字时尚产业加速中心成立仪式暨2021上城区数字时尚成果展在东方电子商务园数字时尚产业加速中心举行。

12月

1日 杭州市首个公共自

行车“普法加油站”在南星街道海月桥社区开业，首批普法宣传“小红车”挂牌上路。

同日　上城区第三批街道微融媒体中心挂牌暨中共十九届六中全会精神在基层主题采访活动启动仪式在丁兰街道举行。仪式现场，丁兰、小营、南星、紫阳、采荷、四季青6个街道分别挂牌微融媒体中心。至此，全区14个街道均按标准完成微融媒体中心的实体化建设。

2日　上城区人民政府与中国人民银行杭州中心支行签订战略合作协议。

同日　上城区蒲惠智造科技有限公司获评2021年度国家中小企业公共服务示范平台。

3日　《杭州市上城区志（1993—2015）》发行。

同日　“浙川消费帮扶助力乡村振兴暨2021—2022上城区帮扶产品推介会”在上城区举行。

同日　上城区成功创建“全国社区治理和服务创新实验区”。

6日　《中国组织人事报》以《杭州市上城区打造百个“尚小驿”》为题关注报道“尚小驿”服务驿站的搭建工作。

同日　上城区重点文创企业杭州万事利丝绸文化股份有限公司发布最新科研成果——“西湖一号”数字美学空间站。

8日　全省首个直播相关地方标准——《绿色直播间管理规范》获批发布，于12月30日正式实施。

9日　上城区举行区委社会建设委员会、区属国有企业（上城区国有资本运营集团有限公司、上城区国有投资控股集团有限公司、上城区城市建设投资集团有限公司、上城区城市建设发展集团有限公司、上城区市政工程集团有限公司）揭牌仪式。

13日　上城区省水利河口研究院生态海堤研究创新团队入选2021年度全国水利人才创新团队，为入选团队中唯一地方创新团队。

15日　上城区人大代表进行换届选举投票。

16日　杭州市上城区开通试运行“安心培训”一站式服务平台。

17日　上城区重点影视企业杭州佳平影业有限公司与浙江影视（集团）有限公司等联合出品的中国首部全景展现新时代航天事业电视剧《问天》在中央电视台综合频道黄金时段播出。

同日　2021年上城区增殖放流活动在钱塘江六堡海事码头举行。

同日　上城区体育中心核酸检测点创新采用“人车不分离、司机不停车、检测车内做”模式。

18日　中央电视台新闻频道、财经频道及新闻客户端以《杭州东站启用便民核酸检测点，2小时出结果》为题，点赞上城区新冠肺炎疫情防控工作。

22日　浙江师范大学附属丁蕙实验小学入选2021年度全省防震减灾科普教育基地，为全市唯一。

同日　上城区中天控股集团有限公司、巨星控股集团有限公司、杭州娃哈哈集团有限公司、西子联合控股有限公司等10家企业入选“2021年浙江民营企业200强”，入选总数列全市第二。

24日　终身教育西湖国际论坛发布《浙江省县级学习型城市发展与评价指数报告》。上城区学习型城市发展指数为2.016，居全省首位，是全省唯一一个发展指数超过2的区县（市）。

同日　上城区电子机械功能区和杭州钱塘智慧城合并，成立新的杭州钱塘智慧城。

同日　国网杭州市上城区供电公司揭牌仪式举行。

同日　上城区预付卡数字化监管服务平台“e付保”启动上线。

25日　上城区被省委、省政府评为“健康浙江”建设（2018—2020年）先进县（市、区）。

同日　杭州市杭州中学学生肖立沣入选2021年度全国“新时代好少年”，为全省唯一。

26日 上城区获评“2021中国社会治理百强县（市、区）”全国十强、“2021浙江省社会治理十佳县（市、区）”全省前三荣誉，成为全国社会治理重要展示窗口。

27日 上城区江河汇汇中区块项目人行桥、西岸公园等12个民生工程集中开工。

28日 杭州德寿宫遗址保护展示工程暨南宋博物院（一期）主大殿上梁，钢结构保护棚全面结顶。

28—29日 中国共产党杭州市上城区第一次代表大会召开。中共杭州市上城区第一届委员会向大会作题为《扛起时代新使命，开创发展新格局，全面建设独具韵味的国际化现代化共同富裕典范城区》的报告。会议选举产生中共杭州市上城区第一届委员会和中共杭州市上城区第一届纪律检查委员会。

29日 区委一届一次全会召开。会议选举产生区委常委和区委书记、副书记。

同日 区纪委举行一届一次全会。会议选举产生区纪委书记、副书记和常委。

同日 深圳壹品慧生活科技有限公司的全国电商运营总部项目落户钱塘智慧城的创智绿谷发展中心。

30日 上城区发布“1+4”产业扶持政策，打造“全国营商环境标杆城区”。

资料

“1+4”产业扶持政策：上城区为进一步实施产业升级工程，做大做强总部经济、楼宇经济制定的重点产业政策。“1”指《关于推动区域经济高质量发展 加快建设一流国际化现代城区的若干意见》；“4”指4条产业政策，分别对应高端服务业、消费经济、科技创新、文化产业。

同日 “邻里关爱，文明你我”2021年杭州邻居节在小营街道西牌楼社区举行。

是月 上城区杨柳郡社区入选全省未来社区场景运营“最佳实践”优秀案例。

上城概览

地情概貌

【建置沿革】 春秋时，今上城区境域初属越。周敬王二十六年（前494）属吴，周敬王三十年（前490）复属越，周显王三十五年（前334）属楚。秦王政二十五年（前222），于今杭州地置钱唐县，属会稽郡。今上城区境域属钱唐县。

西汉高帝五年（前202），钱唐县先后属楚王国、荆王国、吴王国。西汉前元四年（前153），钱唐县复属会稽郡，隶江都国。西汉元始四年（4），改钱唐县为泉亭县。东汉初，复钱唐县旧名。东汉建武六年（30），钱唐县并入余杭县。东汉光和二年（179），钱唐县复置（一说107—125年钱唐县已复置）。今上城区境域先属钱唐县，后为泉亭县，复为钱唐县。三国时，钱唐县属吴国。

两晋，钱唐县仍属吴郡。

南朝宋大明三年（459），以扬州所统六郡为王畿，吴郡属之，钱唐县隶王畿。南朝梁太清三年（549），以吴郡置吴州。是年，侯景升钱唐县为临江郡，隶吴州，此为钱唐设置郡级行政建制之始。今上城区域属临江郡。南朝陈祯明元年（587），置钱唐郡，隶吴州，郡治钱唐县，今上城区域属钱唐县。

隋开皇九年（589），废钱唐郡，置杭州，州治始设余杭县，次年迁至钱唐县，杭州之名始于此。今上城境域属钱唐县，隶杭州。隋大业三年（607），改杭州为余杭郡，郡治钱唐县。

唐武德四年（621），改余杭郡置杭州。至唐末，今上城区均为杭州之钱塘县辖地。

五代后梁开平元年（907），封钱镠为吴越王，次年升杭州为大都督府。后梁龙德二年（922），置钱江县，与钱塘县同城设治，同为杭州州治。龙德三年（923），吴越国建都杭州。今上城区境域为钱塘、钱江两县辖地。

北宋太平兴国三年（978），吴越王钱俶纳土归宋，杭州复降为州，次年改钱江县为仁和县。今上城区境域属钱塘、仁和两县。

南宋建炎三年（1129），宋高宗赵构为避金兵，自扬州南渡至杭州，以州治为行宫，升杭州为临安府。南宋绍兴八年（1138），南宋正式定都临安，临安府治所在钱塘、仁和两县升赤县，今上城区境域为赤县所辖地。

元至元十三年（1276），元军攻占临安府，次年改临安府为杭州。至元十五年（1278）又改为杭州路。至元二十一年（1284），自扬州迁江淮行省治于杭州，次年改称江浙行省，杭州为省治始此。杭州路治钱塘、仁和两县。今上城区境域属钱塘、仁和两县。

元至正二十六年（1366），朱元璋攻占杭州，改杭州路为杭州府。是年，置浙江等处行中书省，治杭州府。明洪武九年（1376），改浙江行中书省为浙江承宣布政使司。今上城区境域属杭州府治钱塘、仁和两县。

清顺治二年（1645），置浙江巡抚，驻杭州。清康熙元年（1662），浙江承宣布政使司改为浙江行省。清宣统三年（1911），钱塘、仁和两县撤裁，由杭州府直辖。今上城区境域为杭州府直辖。

民国元年（1912），废杭州府，以原钱塘、仁和县地并置杭县，直属浙江省，并为省会所在地。今上城区境域属杭县辖地。

民国16年（1927），划杭县所属城区等地设杭州市，杭州置市始此。是年10月，杭州市设城区、西湖、江干、会堡、湖墅、皋塘6个区，杭州置区始此，今上城区境域分属城区、江干区、会堡区。

民国19年（1930）8月，杭州市改设为13个区（第一区至第十三区）。民国23年（1934），杭州市13个区合并为8个区（第一区至第八区）。今上城区境域分属第一区、第二区和第五区。

1949年5月3日，杭州解放，杭州市为浙江省会。原杭州市第一至第八区依次改为上城区、中城区、下城区、西湖区、江干区、艮山区、笕桥区、拱墅区。1950年6月，上城、中城、下城3个区撤销，由市直辖。1952年11月，杭州市复置上城、中城、下城3个区。1957年5月，杭州市撤销中城区，中城区所属岳王路等5个街道划归上城区。

2021年3月15日，杭州市政府印发《杭州市人民政府关于调整杭州市部分行政区划的通知》，撤销上城区、江干区，设立新的上城区，以原上城区、江干区的行政区域（不含下沙街道、白杨街道）为新的上城区行政区域。4月9日，杭州召开部分行政区划调整实施动员部署会议，宣布正式启动实施部分行政区划调整。

（刘　毅）

【位置与面积】 经行政区划调整，上城区东与钱塘区为邻，南濒钱塘江，与萧山、滨江两区隔江相望，西与西湖区、拱墅区接壤，北靠黄鹤山、皋亭山，与临平区相接。2021年，上城区区域面积为122平方千米，包括耕地、园地、林地、草地、湿地、城镇村及工矿用地、交通运输用地和水域、水利设施用地。

（赵雨静　陈苏瑶）

【气候】 上城区地处亚热带季风气候带，温和湿润，雨量充沛，光照充足，四季分明，春秋较短，冬夏较长。春季一般始于3月上旬至中旬，春季回暖早，冷暖转换快，气温日较差大。夏季平均始于5月中旬至下旬，初夏常为梅雨季节，高湿闷热；盛夏晴热少雨，也是台风影响最频繁时期。秋季多开始于9月下旬至10月初，多秋高气爽天气。冬季多开始于11月底至12月初，多晴冷天气。2021年，上城区气候变暖趋势持续，全年有8个月平均气温居历史同期前列，年平均气温18.8℃，创历史最高，较常年（16.8℃）偏高2.0℃。全年极端最高气温为38.2℃，出现日期为7月15日；极端最低气温为-6.4℃，出现日期为1月8日。年雨日数161天，比常年均值（147.4天）偏多13.6天。日照时数偏多，年日照时数1835.5小时，较常年（1702.3小时）偏多7.8%。入春入夏早，入秋偏迟，为历史上最长夏季，夏季长达161天，较常年132天增加近1个月。全年霾日数50天，是近3年中最少的一年；平均能见度12.2千米，大于10千米的天数占一半以上；月均负氧离子浓度达到785个/立方厘米，空气“较清新”以上等级天数近80%。

（许红霞）

【森林植被】 2021年末，根据年度森林资源管理“一张图”更新报告，上城区有森林面积2670公顷，森林覆盖率22.2%。全区活立木总蓄积量28.06万立方米。其中：乔木林蓄积26.09万立方米，占93.0%。全区有国家级重点公益林（地）面积85.73公顷、省级重点公益林（地）面积160.27公顷。全区有名木古树89株，其中一级古树8株、二级古树5株、三级古树76株。

上城区植物资源总计128科、367属、607种。按照乔木、灌木、草本、藤本、竹类五大植物类型划分，有乔木树种179种、灌木植物126种、草本植物245种、藤本植物48种、竹类植物9种；按照蕨类植物、裸子植物、被子植物划分，有蕨类植物16种、裸子植物20种、被子植物571种。全区树种基本为乡土树种，依堤、依渠、依路、依房种植。乔木树种主要有樟、刺槐、柳树、水杉、枫香、苦楝、乌桕、泡桐、悬铃木、枫杨、意杨、青冈、栎类、杜英、乐昌含笑、樱花、桂花、广玉兰等。经济树种主要有杨梅、枇杷、柚、柑橘、茶叶等。灌木树种主要有檵木、白栎、乌饭、杜鹃、红叶石楠、紫薇、红叶李、夹竹桃、黄杨、小叶栀子、十大功劳等。竹类主要以毛竹为主，哺鸡竹、雷竹、石竹等有少量分布。随着城市化推进，区内原有植被逐步被城市绿化植被取代，在已建设区内主要由道路绿化、河渠绿化、企业绿化及区内公园绿化等组成。

【湿地】 2021年，根据《上城区湿地保护“十四五”规划》前期调查结果，上城区有湿地1638.24公顷，分为近海与海岸湿地、河流湿地、湖泊湿地和人工湿地4种湿地类，占全区总面积的13.4%。近海与海岸湿地（河口水域）有1116.14公顷，占湿地总面积的68.13%，占全区总面积的9.1%。河流湿地（永久性河流、洪泛平原湿地）有276.34公顷，占湿地总面积的16.9%，占全区总面积的2.27%，其中：永久性河流263.25公顷，占湿地总面积的16.07%；洪泛平原湿地13.09公顷，占湿地总面积0.8%。湖泊湿地（永久性淡水湖）2.13公顷，占湿地总面积的0.13%，占全区总面积的0.02%；人工湿地（输水河、库塘、水产养殖场和稻田）243.63公顷，占湿地总面积的14.9%，占全区

上城区湿地类型概况

表1

湿地类	湿地型	面积（公顷）	比例（%）
近海与海岸湿地	河口水域	1116.14	68.13
河流湿地	永久性河流	263.25	16.07
	洪泛平原湿地	13.09	0.80
湖泊湿地	永久性淡水湖	2.13	0.13
人工湿地	输水河	0.09	0.01
	库塘	17.58	1.07
	水产养殖场	0.61	0.04
	稻田	225.35	13.75
总计		1638.24	100

总面积的2.0%，其中：输水河0.09公顷，占湿地总面积的0.01%；库塘17.58公顷，占湿地总面积1.07%；水产养殖场0.61公顷，占湿地总面积0.04%；稻田225.35公顷，占湿地总面积13.75%。

【野生动物】 2021年末，根据野外调查统计，并结合历史资料记录，上城区有记录动物资源136种，隶属34目、64科、136种。其中：鸟类15目、33科、75种，爬行类4目、8科、11种，两栖类2目、2科、5种，哺乳类6目、10科、12种，鱼类7目、11科、33种。国家二级以上保护动物有14种，有赤腹鹰、红隼、凤头鹰、普通鵟、穿山甲、雀鹰、雕鸮、红角鸮、卷羽鹈鹕等。浙江省重点保护鸟类有11种，有白鹭、夜鹭、大斑啄木鸟、红嘴相思鸟、棕背伯劳、喜鹊、牛头伯劳、红尾伯劳等。

（陈苏瑶）

【行政区划】 2021年，全区有街道14个、社区197个、行政村4个。其中湖滨街道有社区6个，清波街道有社区5个，小营街道有社区12个，望江街道有社区11个，南星街道有社区8个，紫阳街道有社区12个，闸弄口街道有社区15个，凯旋街道有社区15个，采荷街道有社区16个，四季青街道有社区11个，笕桥街道有社区20个，彭埠街道有社区21个，九堡街道有社区21个、行政村2

2021年上城区行政区划情况

表2

街道	所辖社区（行政村）
湖滨	涌金门、青年路、东平巷、岳王路、东坡路、吴山路
清波	清河坊、定安路、劳动路、清波门、柳翠井巷
小营	小营巷、金钱巷、西牌楼、紫金、马市街、大学路、葵巷、老浙大、长明寺巷、茅廊巷、梅花碑、姚园寺巷
望江	大通桥、始版桥、兴隆、莫邪塘、清泰门、婺江、耀华、近江东园、近江西园、在水一方、徐家埠
南星	美政桥、海月桥、馒头山、玉皇山、紫花埠、复兴街、水澄桥、白塔岭
紫阳	上羊市街、彩霞岭、十五奎巷、太庙、候潮门、北落马营、新工、海潮、木场巷、凤凰、春江、甬江
闸弄口	濮家联合、春晖、红梅、天仙、京惠、闸弄口、闻皇庙、万家花园、蓝天、天运、兰苑、麦苗、天杭、董家、三里亭
凯旋	景昙、景芳、景华、景秀、景新、景湖、凯西、景苑、庆和、南肖埠、金兰池、庆春门、金秋花园、华家池、凯华
采荷	静怡、江汀、夕照、绿茗、健风、红菱、洁莲、芙蓉、双菱、人民、常青苑、青荷苑、商教苑、荷花塘、新凯苑、钱杭
四季青	钱塘、城星、运新、钱江苑、江锦、三叉、五福、水湘、三堡、钱运、钱景
笕桥	笕桥、机场、省农科院、枸桔弄、天新、东港、明桂、范家、同心、黄家、浜河、草庄、白石、花园、俞章、横塘、黎明、水墩、笕新、金色黎明
彭埠	普新、王家井、明月桥、杨家桥、茶亭苑、六堡、七堡、云峰、普福、章家坝、御道、建华、新风、红五月、兴隆、皋塘、新塘、五堡、建和、杨柳郡、建隆
九堡	九塘、金海、丽江、兴安、九华、魅力城、红苹果、和华、江涛、相江、新江花园、金雅苑、景蓝、蓝桥、蚕桑、八堡、牛田、格畈、三卫、九堡、杨公，三村村、宣家埠村
丁兰	丁兰、勤丰、河西、蕙兰、明珠、美辰、长虹、枫景园、东林桥、白马庄、华鹤、华亭、三义苑、后珠苑、丁桥苑、大唐苑、长睦苑、建塘苑、赵家苑、五会港、同协苑、华睦、桃花湖、兰茵，沿山村、皋城村

个，丁兰街道有社区24个、行政村2个。

（赵雨静）

【人口】 2021年末，上城区有户籍家庭286035户、人口867376人，户籍家庭和人口分别比2020年增加9186户、27873人，平均每户家庭人口为3.03人。其中，男性425534人，女性441842人。从年龄结构看，17岁以下、18～34岁、35～59岁和60岁以上人口分别占全区总人口的18.2%、18.7%、36.8%、26.3%。全年出生人口6770人，按户籍人口计算，出生率7.81‰，下降1.5‰；死亡人口5318人，死亡率6.13‰，上升1.4‰。全区人口自然增长率1.68‰，下降3.08‰。全区暂住人口778020人，下降0.9%。上城区有少数民族人口9859人，分属43个少数民族。其中，回族2583人、满族2148人、畲族1220人、土家族858人、蒙古族667人、壮族543人、苗族453人、朝鲜族333人、侗族220人、瑶族136人、布依族110人、彝族89人、白族74人、黎族54人、藏族53人、达斡尔族49人、锡伯族45人，纳西族9人，其他民族共215人。

（刘慧超）

经济建设

【概况】 2021年，上城区坚持稳中求进工作总基调，立足新发展阶段，贯彻新发展理念，融入新发展格局，积极应对复杂多变的国内外经济形势和新冠肺炎疫情持续影响，稳住经济基本盘，促进区域经济运行保持在合理区间。全区实现地区生产总值2417.51亿元，比2020年增长7.2%。服务业增加值1812.85亿元，增长7.8%；社会消费品零售总额976.86亿元，增长10.6%。财政总收入377.79亿元，增长5.8%，其中一般公共预算收入

2021年上城区人口按街道分布情况

表3

地区	户籍人口（人）	流动人口（人）
湖滨街道	28856	9341
清波街道	30937	6208
小营街道	73252	27904
望江街道	68897	39197
南星街道	34984	19778
紫阳街道	83169	28388
闸弄口街道	62890	43375
凯旋街道	44993	33193
采荷街道	80284	36235
四季青街道	58165	57178
笕桥街道	68596	121409
彭埠街道	76260	98610
九堡街道	72820	159651
丁兰街道	83273	97553
合计	867376	778020

201.38亿元，增长7.6%。全年新增上市企业11家，增量居全省第一。“三圈三街”实现营业收入272.3亿元。落地亿元以上产业项目165个，居全市第一。研究与试验发展投入经费支出增长12.7%，新增发明专利947件、国家高新技术企业160家，新建院士、专家工作站3个，新引育市级以上领军人才30人。

（潘建强　毛　璐）

【产业经济提档升级】 2021年，上城区产业经济提档升级。金融业业态不断丰富，新增上市企业11家，新增大家人寿保险股份有限公司浙江分公司、国融证券股份有限公司浙江分公司等持牌金融机构省级总部12家。商贸服务业提质增效，培育省市新零售、新消费示范企业7家；湖滨智慧商圈获评省级首批示范智慧商圈，四季青服装特色街区产业加快转型。法律专业服务突破发展，实现业务收入超1亿元律师事务所8家，数量占全市的66.6%，居全省区（县）首位。健康产业稳步发展，实现一般公共预算收入6.4亿元，比2020年增长33.3%。文旅产业深度融合，清河坊历史街区、皋亭山等五大景区、景点接待游客超过7000万人次，新引进文化企业800多家，《大浪淘沙》《武汉日夜》《济公之降龙降世》等精品剧作得到肯定。

【产业平台建设推进】 2021年，上城区金融服务、商贸零售、文创旅游、数字经济等主导产业和总部、楼宇、枢纽、园区经济优势叠加、相互赋能。钱塘江金融港湾核心区稳进提质，杭州金融城集聚省级以上总部持牌金融机构122家、金融衍生机构734家；玉皇山南基金小镇入驻金融机构2344家，总资产管理规模1.17万亿元。杭州钱塘智慧城聚焦企业总部聚集地与数字时尚产业、光电智芯产业，“一基地两产业”融合发展，打造中国新服妆超级供应链基地，引进高优逸（杭州）商贸有限公司、杭州欧诗漫化妆品有限公司、杭州储兴服饰有限公司等企业的供应链项目26个。丁兰智慧小镇产业平台体系加速形成，西子智慧产业园、启迪科技城、尚坤智慧产业园等产业平台进一步巩固提升。杭州枢纽数字贸易生态圈逐步成型，杭州当代美术馆、“线上中国酒都”等“数字+”项目落地上城。

（毛　璐）

政治建设

【概况】 2021年，上城区贯彻落实习近平新时代中国特色社会主义思想和中共十九届六中全会精神，围绕“奔跑新上城、奋进新征程”，坚持从严从实，推动全面从严治党向纵深发展，巩固政治生态，全区上下风清、气正、实干的氛围愈加浓厚。贯彻落实上级决策部署，压实管党治党政治责任，深化作风建设，加强惩治腐败力度，推进“清廉上城”建设，建设独具韵味的国际化现代化共同富裕典范城区，展现上城“排头兵”风采、“领头雁”担当。

【政治生态净化优化】 2021年，上城区坚持把党的政治建设摆在首位，推进全区政治生态净化优化。围绕省委、市委关于行政区划调整的重大部署，第一时间建立完善专班运作，推进行政区划调整。对照时间节点，召开全区党员代表会议、区两会，完成各项选举任务。开展解放思想大讨论、“金靴领跑”大比武等活动，推动建设新上城。高标准落实中央和省委巡视反馈问题及省委、市委“七张清单”问题的整改工作，推动全面从严治党向纵深发展。围绕省委巡视发现的问题及日常重点监督内容，出动人员1539批次，检查单位2495家，发现并纠正问题264个。实行民主生活会、述职述廉等党内监督制度，执行《关于新形势下党内政治生活的若干准则》，提高党内政治生活质量。执行“三重一大”重要事项集体决策机制、党政主要负责人“五不直接分管”制度及防止利益冲突等相关规定，自觉执行领导干部廉洁从政相关规定。全区各级党组织贯彻落实党支部工作条例和党员教育管理工作条例，增强组织生活实效。

资料

“三重一大”重要事项集体决策机制：指重大事项决策、重要干部任免、重要项目安排、大额资金的使用，必须经集体讨论做出决定的制度。

“五不直接分管”制度：指部门、单位“一把手”不直接分管财务、人事、工程项目建设、行政审批、物资采购。

“七张清单”问题：指中央要求整改的问题，区委、区政府领导要求纳入的问题，巡视、审计、督查等日常发现的问题，突发事件暴露的问题，媒体曝光、群众反映等社会监督问题，各单位主动上报要求纳入的问题，由清单主管部门整理提出的其他问题。

【管党治党政治责任压实】2021年，上城区制定《关于加强党（工）委（党组）领导班子同级监督深化全面从严治党“四责协同”机制的实施意见（试行）》《关于实行党（工）委（党组）履行党风廉政建设主体责任情况报告制度的实施办法》等制度文件，压紧压实管党治党政治责任。制定《2021年党风廉政建设和反腐败工作的组织领导和责任分工》，将57项重点工作进行项目化分解，逐项落实工作。及时传达学习上级党委、纪委有关党风廉政建设和反腐败工作的重要决策部署、重要会议精神，细化贯彻落实意见。针对市纪委反馈的建议书，研究制定《上城区委履行全面从严治党主体责任问题清单及整改分工方案》，明确责任抓整改。区委以上率下、带头落实全面从严治党主体责任，区委常委会5次专题研究党风廉政建设和反腐败工作，印发从严治党相关文件和制度10个。深化廉政抄告制，向区领导发出廉政抄告单17份，督促分管或联系单位党风廉政建设方面存在问题的整改落实。每季度印发落实党风廉政建设主体责任工作要点，每月组织开展监督检查，抓好履责过程监督。针对苗头性、倾向性问题，突出抓早抓小，促进“第一种形态”规范运用。区委主要负责人专题听取区委班子成员上一年度履行“一岗双责”和个人廉洁自律情况报告。区委、区纪委区监委联合听取全区各单位党组织履行主体责任情况汇报。同时，各单位专题听取下级单位党组织履行全面从严治党主体责任的汇报，推动全面从严治党向基层延伸。实施党风廉政建设责任制动态考核，针对评议和考核中发现的问题，提出共性问题意见8条并下发给全区54家单位，对29家单位提出个性问题建议57条。

【作风建设深化】2021年，上城区落实中央八项规定及其实施细则精神和省委、市委、区委有关规定，深化作风建设。围绕重要时间节点，盯牢隐形变异“四风”问题，聚焦公款吃喝、公车私用等易发、多发问题，运用大数据系统开展精准监督，持之以恒纠治“四风”。全年查处违反中央八项规定精神问题8起、9人，违反“三不”（不敢腐、不能腐、不想腐）问题41起、58人；通报曝光违反中央八项规定精神6起、群众身边腐败和不正之风问题2起。开展领导干部违规借贷专项治理“回头看”，抽查核实区管领导干部93人，未发现新问题。开展教育领域腐败问题整治，受理信访件16件，处置问题线索19

个，主动发现问题49个，完善制度机制45个。同时推进上级部署的国有企业、医疗、政府投资项目等重点领域的25项专项治理。深化廉政风险防控机制，全区各单位根据廉政风险排查防控工作要求，全盘扫描、动态调整廉政风险防控“两张清单”，排查廉政风险点1.32万个，制定防控措施1.53万条，建立防控制度5211个，并实时纳入“廉情码”政治生态监督管理平台，全区精细化、规范化、科学化的廉政风险排查防控体系基本建立，为“清廉上城”建设提供保障。

【腐败惩治】 2021年，区委在履行主体责任的同时，支持区纪委履行监督责任。区纪委强化政治监督，落实省市纪委和区委部署要求，紧盯行政区划调整中“六项纪律”落实、区两会纪律作风情况等方面，聚焦2022年第19届亚运会筹备、党史学习教育、“美丽上城”创建、新冠肺炎疫情防控、防汛防台等重点工作，整合全区纪检监察系统工作力量，项目化推进监督执纪，确保政令畅通。加大执纪审查力度。受理信访举报件198件，确定领导信访包案件12件，办结11件。处置问题线索300个，立案83件，给予党纪政务处分51人，持续做好20起留置案件办理工作。运用“四种形态”处理249人次，其中，“第一种形态”191人次，“第二种形态”26人次，“第三种形态”15人次，“第四种形态”17人次，对受处分的人员开展回访教育24人次。深化政治巡察，制定2021年区委巡察工作计划，完成区委新一轮对20个区管党组织驻点巡察和二轮常规巡察、一轮巡察整改的回访检查。推动省委巡视、市委提级巡察反馈问题整改落实，针对巡视反馈问题整改，加大监督执纪问责力度，推动问责205人。

【“清廉上城”建设】 2021年，上城区坚持主体责任和监督责任同向发力，一体推进“清廉上城”建设。印发《关于纵深推进清廉上城建设的实施意见》，以清廉单元建设为抓手，推动主体责任和监督责任同向发力，营造“清廉上城”建设的良好政治生态环境。区各牵头单位坚持各清廉单元建设与业务工作有机结合、同步推进，会同相关责任部门研究制定具体推进方案，细化目标任务，制定任务书、时间表，实行项目化推进、“销账式”管理。落实省委、市委和省纪委、市纪委关于数字化改革部署要求，结合条块实际，提升打造上城区“廉情码”政治生态监督管理平台。通过“廉情码”的赋分量化展示、云端数据的精准抓取和监管平台的大监督体系构建，形成政治生态建设闭环管理，客观反映政治生态状况，推进政治生态评估的手段创新、路径创新和模式创新。该平台被纳入杭州市数字化改革重大应用“一本账”。发挥上城区在清廉资源方面的独特优势，挖掘历史资源、名人资源、场馆资源，建成“清风海塘”廉政教育专线，打造提升皋亭孝廉文化园，建好清廉文化旅游专线2.0版。拍摄微电影《清廉上城，你我同行》，对白居易、陆游、于谦、龚自珍等清廉事迹进行当代解读，编演舞台剧《古风长存》，策划制作5集系列动画片《清官史话》等创意视频，深化廉政教育。

（季珖弘）

【数智群团建设】 2021年，上城区推进全区数智群团建设工作，依托数智群团领导小组，区总工会牵头促进群团“团、合、质”整合，推进群团一体化共建共享，构建14个区级群团组织和17个街道（园区、小镇）合力的数智暖“新”工作组织体系，上下联动倍增服务效应。打造数智群团集成服务平台，总结“一体化、一键式、一站式”数智群团工作经验，深化组织共建、阵地共拓、活动共推、资源共享、风采共展“五共协同”实践应用，推动群团服务“普惠化”“精准化”“品牌化”。全年数智群团平台注册人数突破20万人，平台访问次数突破286万人次。区数智群团建设工作在全市有关“比学赶超”推进会上获市委领导点名表扬。“微笑集市”数智群团服务被中国新闻网、中工网、《浙江日报》等20家媒体报道。

（张博涵）

文化建设

【概况】2021年，上城区依托区域历史文化底蕴，加快历史和现实交汇、传统与时尚碰撞，焕发新的活力与魅力。推进文化基因解码工程，增强宋韵文化辨识度。成功举办钱塘江文化节系列活动，2021宋韵文化节升格为省级重大节庆活动。深化文商旅融合成果，湖滨步行街、十字金街等体验点影响力持续上升，“钱江新城灯光秀”成为新的网红人气集聚地。清河坊历史街区、皋亭山等五大景区、景点接待游客超过7000万人次。东方电子商务园、馒头山文化街区等文创产业平台提质增效。区文化馆被评为国家一级文化馆，区图书馆被评为省级满意图书馆。

（潘建强）

【文化强镇、文化示范村（社区）建设】2021年，上城区从重视文化建设、设施设备齐全、活动丰富经常、注重遗产保护、队伍稳定活跃、文化市场繁荣有序、管理科学规范、文旅融合发展等方面入手，推进浙江省文化强镇、文化示范村（社区）建设。年内，笕桥街道成功创建“浙江省文化强镇”，上羊市街社区、杨柳郡社区入选“浙江省文化示范村（社区）”，采荷街道、美政桥社区等15个街道、社区通过省文化强镇、省文化示范村（社区）复查。全区14个街道文化站中，获评省特级综合文化站10个、省一级综合文化站4个。彭埠街道（民间游戏）、丁兰街道（孝文化）通过“浙江省民间文化艺术之乡”复核。清波街道劳动路社区、湖滨街道青年路社区等4个社区成为首批浙江省美育村（社区）验收合格单位。全区评选出省市区三级文化示范户42个、文化能人148人。

（施芳人）

【国家（杭州）短视频基地开工奠基】2021年4月30日，中央广播电视总台浙江总站在杭州揭牌成立。同日，国家（杭州）短视频基地项目开工奠基。国家（杭州）短视频基地项目是经中共中央宣传部批准，中央广播电视总台与浙江省政府深化战略合作的重点内容，由中国国际电视总公司与杭州市政府共同合作建设，旨在打造面向国际、亚洲领先、国内一流的主流视听新媒体高地。该基地地处之江文化产业带和望江文创板块核心区，东临钱江新城CBD，项目规划总建筑面积12.32万平方米。基地以国家级平台建设为目标，打造“全国短视频公共服务平台”“交互式数字影像体验平台”“新技术新业态研发应用平台”“动漫短视频全产业链生态平台”“产业园区运营支撑服务平台”五大平台。同日，中央广播电视总台大型融媒体节目《中国短视频大会》落户杭州，浙江省人民政府与中央广播电视总台签署《杭州亚运会广播电视宣传战略合作协议》。

（张玉瑛　李晓莺）

【影视作品创作生产】2021年，上城区加大文艺精品创作，打造主旋律作品创作生产高地。年内，国内首部战“疫”纪录电影《武汉日夜》、动画电影《济公之降龙降世》全国上映，两部影片同时入选省最高电影奖项“凤凰奖”；献礼中国共产党成立100周年的电视剧《大浪淘沙》在浙江卫视和江苏卫视同步播出，收视率在黄金剧场同时段列第一位。电视剧《梦想城》《问天》杀青。

（伍乐健）

社会建设

【概况】 2021年，上城区加大投入，优化机制，提升教育、医疗、养老、托幼、文体等公共服务优质均衡水平。群众身边“15分钟优享服务圈”初步成型。扩容升级“社银合作”“医银合作”模式，建成“1公里社保办理圈”“15分钟医保快办圈”，建成全区“医银合作”服务网点88个、“社银合作”服务网点75个。成功创建省级高质量充分就业社区15个，全区“零就业”家庭实现动态“清零”。探索社区治理模式创新，打造“三社联动”“双网共生”等特色品牌，上城区获评全国社区治理和服务创新实验区。全面保障城市运行，加强防汛抗台、防雪抗冻等工作，两轮突发新冠肺炎疫情期间，第一时间全域进入战时状态，快速反应、精准出击，全面打赢疫情遭遇战、攻坚战，辖区群众安全感、幸福感持续增强。

（潘建强　杨　文）

【社区治理“金点子”案例评选】 2021年12月7日，上城区2021年度社区治理“金点子”案例评选决赛举行。来自20个社区的代表通过案例演讲、情景再现、实物展示等形式，展现出上城区社区治理工作的新特色、新气象、新风貌。最终，南星街道白塔岭社区“以娃娃为媒，激发共治活力”、小营街道葵巷社区“‘万安夜话’推动小区自治”和老浙大社区“多彩公益圈”、凯旋街道南肖埠社区“老旧小区自治难，居民代表工作室来破解”、彭埠街道杨家桥社区“‘杨家将’微自治撬动社区治理”与杨柳郡社区“儿童议事厅”、笕桥街道俞章社区“多彩善治‘俞’你共享，向往的生活共享菜园”、湖滨街道青年路社区“老兵新语：‘五社联心’圆了老小区的幸福梦”、紫阳街道上羊市街社区“民主协商，多方协同，民意小圆桌推进社区微治理提质增效”、九堡街道魅力城社区“魅力‘青治理’赋能社区建设”10个案例获评十佳“金点子案例”。10个案例内容涉及小区党建、“五社联动”（社区、社会工作者、社区社会组织、社区志愿者、社会慈善资源）、数智社区、社区“微自治”等。

（赵雨静）

2021年7月25日，上城区通过视频会议部署抗击台风“烟花”工作

（区应急管理局 供稿）

生态文明建设

【概况】 2021年，上城区开展“美丽杭州”创建“‘迎亚运’城市环境大整治、城市面貌大提升”长效管理行动，整改环境问题2.5万个，整改率100%。开展“垃圾分类”工作，落实垃圾投放专管员制度，实施居民小区“定时定点”投放，实现垃圾源头减量1.63万吨，比2019年（与杭州市保持一致，2020年受新冠肺炎疫情影响，不列入统计）下降2.5%。推进“厕所革命”，提升改造普通公厕25座、无障碍公厕107座。完成85个小

区雨污分流改造项目，创建闸弄口、笕桥“污水零直排”街道。巩固“五水共治”成果，新塘河、上塘河片区获省级“美丽河湖”称号。全域推进无障碍环境建设，2020—2021年，完成问题整改1.06万个。年空气质量国控站点$PM_{2.5}$浓度下降6.3%，市控以上水质断面优于Ⅲ类比例100%，按时办结反馈省委生态环境保护督察组交办信访件22件。

（潘建强）

【生态文明建设目标考核体系完善】 2021年，上城区深入贯彻落实习近平生态文明思想，围绕“美丽上城”和“迎亚运”环境整治大提升等工作目标，完善生态文明建设目标责任制，分解印发“美丽浙江”“美丽杭州”等建设工作任务书，制定部门、街道年度生态文明（“美丽上城”）建设考核办法和考核细则，并纳入区直单位综合考评，定期调度督察完成情况，统筹推进生态文明建设各项工作。

【生态文明示范区建设推进】 2021年，上城区科学编制生态环境“十四五”规划，合理确定规划目标、重要举措和保障措施等。启动省级生态文明示范区创建，制定生态文明示范区创建规划，分析指标差距、制定实施计划，做好2019—2021年省级生态文明示范区指标评估和总结上报，稳步推进创建工作，力争于2022年创建成省级生态文明示范区。

（吕淑萍）

中国共产党上城区委员会

综　述

【概况】 2021年，上城区贯彻落实习近平新时代中国特色社会主义思想和中共十九届六中全会精神，高效推进行政区划调整、党史学习教育和经济社会发展等工作。全区地区生产总值2417.51亿元，比2020年增长7.2%。推进“1+6”产业体系迭代升级。持续做强杭州金融城、玉皇山南基金小镇、钱塘智慧城等重点平台，推进楼宇经济提质增效，全区亿元楼宇达22幢，上城区获评全国首批、省内唯一“中国楼宇经济高质量发展标杆范例”。年内，上城区连续第2次成功创建全国社区治理和服务创新实验区，获评首批国家级夜间文旅消费集聚区、基础教育国家级优秀教学成果推广应用示范区、浙江文化标识建设示范区、省级体育现代化区等荣誉，城区知名度、美誉度、影响力提升。

【党建引领增强】 2021年，上城区坚持以习近平新时代中国特色社会主义思想武装头脑、指导实践，高标准、高质量开展党史学习教育和“六讲六做”大宣讲行动，全面学习贯彻习近平总书记在庆祝中国共产党成立100周年大会上重要讲话精神和中共十九届六中全会精神。持续夯实基层党建，全区有489个小区成立综合党委，2560多家单位参与基层治理，由15个驿站组成的沿江党建示范带亮相。小营巷社区党委获评全国先进基层党组织。把握意识形态领域领导权和主动权，统筹各方资源讲好上城故事，庆祝中国共产党成立100周年等重大主题活动和各项工作成果被《人民日报》、新华社等中央媒体报道。巩固统一战线，迭代升级数字统战2.0版本，推动“杭州统战之家”成功落地上城。高标准落实中央和省委巡视反馈问题及省委、市委“七张清单”问题的整改工作，扎实推动全面从严治党向纵深发展。全面加强党风廉政建设和反腐败工作，抓实、抓细政法队伍教育整顿，政治生态日益向好。

【各领域改革】 2021年，上城区推进各领域改革。主动融入数字化改革，“一表通”应用场景在全市发布推广，获评省“三为”专题实践活动最佳实践案例，“凤凰金融智审”V3.0版、政务服务2.0升级等工作获省级部门推广，“云上智控”涉众型风险预警引擎、数字卷宗等项目纳入全省数字化改革重大应用“一本账S0”。启动区属国有企业改革，搭建全新“1+4”国有企业格局，总资产规模达1300亿元，推动国有企业做强做优。深入推进综合行政执法改革，建立健全“综合行政执法+部门专业执法+联合执法”体系，加快形成“大综合、一体化”行政执法新格局。高质量推进创业创新，新增国家高新技术企业160家。用好用活“人才黄金20条”新政，全年新增市级及以上海内外高层次人才1200多人，全区人才总量近36万人，居全市第3位。

【领导体制完善】2021年，区委坚持在全区发挥总揽全局、协调各方的领导作用，以“全力打造全国重要的高端服务业中心、消费中心、创业创新中心和宋韵文化传承展示中心，更高质量融入拥江发展，努力成为一流国际化现代城区”为总目标，按照“奋力展现重要窗口的头雁风采”的新要求，对全区经济建设、政治建设、文化建设、社会建设、生态文明建设实行全面领导，对全区党的建设全面负责。稳妥完成行政区划调整干部队伍调配任务，成立区数字化改革领导小组、区新冠肺炎疫情防控工作领导小组等32个区级议事协调机构，印发上城区委员会工作规则、规范“三重一大”事项集体决策机制建设、深化全面从严治党“四责协同”机制的实施意见等制度文件15项。

（季玳弘）

【区委理论学习中心组专题学习】2021年，区委理论学习中心组坚持理论铸魂，守好红色根脉。全年先后开展习近平总书记在党史学习教育动员大会上的重要讲话精神、《习近平在浙江》采访实录、“习近平科学的思维方法在浙江的探索与实践”研究成果、习近平总书记在庆祝中国共产党成立100周年大会上重要讲话精神、“学习贯彻党的十九届六中全会精神”等专题研讨，全年组织区委理论学习中心组专题学习18次。完善理论中心组学习巡听旁听制度、重大决策前专题学习制度。征订《中国共产党简史》《习近平在浙江》等书籍36万余册，编印《两级理论中心组学习资料汇编》26期。组织参加“之江杯”十九届六中全会精神知识竞赛、举办上城区第一次党代会知识竞赛，覆盖人数35万人次。

（熊　侃）

【保密工作】2021年，区委办公室按照中央和省、市相关工作要求，严格落实机关、单位保密工作主体责任，统一保密工作制度，建立主体责任清单机制、随机抽查和分级管理机制，以及函告、通报和约谈机制，定期开展全覆盖保密检查，以查促改筑牢全区保密安全防线。加强涉密文件统一归口管理和清退销毁工作，所有密件限时流转，重要文件当面送交、立等收回，全年全区无泄密事件发生。年内，上城区通过全市“三星级机要室”测评，在全市党政机要密码系统“庆建党百年”短视频比赛中获二等奖。

（季玳弘）

2021年中共上城区委重要文件题录

表4

文　号	发文日期	文件标题
上委〔2021〕1号	2021-01-12	中共杭州市上城区委关于制定上城区国民经济和社会发展第十四个五年规划和二〇三五年远景目标的建议
上委办〔2021〕2号	2021-01-12	中共杭州市上城区委办公室关于印发陈瑾同志在区委十届十三次全体（扩大）会议上的报告的通知

续表4

文　号	发文日期	文件标题
上委办〔2021〕4号	2021-01-26	中共杭州市上城区委办公室关于印发《巩固深化“不忘初心、牢记使命”主题教育成果常态化机制》的通知
上委〔2021〕5号	2021-02-02	中共杭州市上城区委关于印发《落实省委巡视组反馈意见的整改方案》的通知
上委办〔2021〕9号	2021-03-18	中共杭州市上城区委办公室、杭州市上城区人民政府办公室关于印发《上城区亚运攻坚行动方案》的通知
上委办〔2021〕12号	2021-03-24	中共杭州市上城区委办公室、杭州市上城区人民政府办公室印发《关于开展“积案化解和访源治理攻坚年”活动的实施意见》的通知
上委办〔2021〕13号	2021-03-30	中共杭州市上城区委办公室关于印发《上城区党委（党组）理论学习中心组2021年学习安排》的通知
上委〔2021〕12号	2021-04-06	中共杭州市上城区委关于加强新时代党的群团工作的实施意见
上委〔2021〕4号	2021-04-28	中国共产党杭州市上城区委员会工作规则
上委办〔2021〕3号	2021-05-12	中共杭州市上城区委办公室关于建立区领导联系街道、村社工作制度的通知
上委办〔2021〕8号	2021-05-28	中共杭州市上城区委办公室、杭州市上城区人民政府办公室关于进一步明确和优化常态化疫情防控机制的通知
上委办〔2021〕9号	2021-06-04	中共杭州市上城区委办公室、杭州市上城区人民政府办公室关于成立部分区级议事协调机构的通知
上委办〔2021〕63号	2021-07-12	中共杭州市上城区委办公室关于开展“奔跑新上城、奋进新征程”解放思想大讨论活动的通知
上委办〔2021〕68号	2021-07-14	中共杭州市上城区委办公室关于印发刘颖同志在区委全体（扩大）会议上的报告和全会小结会上的讲话的通知
上委办〔2021〕69号	2021-07-21	2021年度区领导与区各民主党派、工商联、知联会结对联系的通知
上委办〔2021〕71号	2021-07-21	中共杭州市上城区委办公室、杭州市上城区人民政府办公室、杭州市上城区政协办公室关于印发《上城区政协2021年度政治协商、民主监督、参政议政计划》的通知
上委〔2021〕29号	2021-07-28	中共杭州市上城区委关于制定上城区国民经济和社会发展第十四个五年规划和二〇三五年远景目标的建议
上委〔2021〕32号	2021-08-10	中共杭州市上城区委关于印发《关于打造一流人才生态城区的实施意见》的通知
上委办〔2021〕77号	2021-09-06	中共杭州市上城区委办公室关于印发《杭州市上城区共青团基层组织改革试点实施方案》的通知
上委办〔2021〕78号	2021-09-06	中共杭州市上城区委办公室关于印发《依托党建带团建深化城市青年阵地“五型样板区”建设方案》的通知
上委〔2021〕33号	2021-09-14	中共杭州市上城区委、杭州市上城区人民政府关于印发《杭州市上城区奋力当好高质量发展建设共同富裕示范区排头兵行动计划（2021—2025年）》的通知
上委〔2021〕37号	2021-09-16	中共杭州市上城区委、杭州市上城区人民政府关于印发《区属国有企业深化改革实施方案》的通知
上委办〔2021〕84号	2021-09-23	中共杭州市上城区委办公室关于印发《上城区“立体式宣传”工作实施方案》的通知
上委办〔2021〕101号	2021-10-18	中共杭州市上城区委办公室、杭州市上城区人民政府办公室关于印发《上城区“6+X”涉众型风险防范化解工作专班总体方案（试行）》的通知
上委〔2021〕41号	2021-10-26	中共杭州市上城区委关于印发《关于加强基层协商民主 推进“请你来协商·民生议事堂”建设的实施意见》的通知

续表4

文　　号	发文日期	文件标题
上委办〔2021〕103号	2021-11-08	中共杭州市上城区委办公室关于调整2021年度区党政领导干部与新的社会阶层、网络界代表人士列名联系制度的通知
上委〔2021〕47号	2021-11-22	中共杭州市上城区委关于加强党（工）委（党组）领导班子同级监督，深化全面从严治党“四责协同”机制的实施意见（试行）
上委办〔2021〕107号	2021-11-22	中共杭州市上城区委办公室《关于实行党（工）委（党组）履行党风廉政建设主体责任情况报告制度的实施办法》的通知
上委办〔2021〕108号	2021-11-22	中共杭州市上城区委办公室、杭州市上城区人民政府办公室关于印发《关于规范“三重一大”事项集体决策机制建设的规定》的通知
上委办〔2021〕110号	2021-12-10	中共杭州市上城区委办公室、杭州市上城区人民政府办公室印发《关于全面推行林长制的实施细则》的通知
上委办〔2021〕113号	2021-12-27	关于印发杭州上城区国有资本运营集团有限公司等五家国有企业筹建方案的通知
上委〔2021〕64号	2021-12-30	中共杭州市上城区委关于印发《中国共产党杭州市上城区第一次代表大会报告》的通知

区委重要会议

【区党员代表会议】 2021年4月16日，上城区在区行政中心召开党员代表会议。区委常委，区党员代表，其他市管及以上干部，担任过副局级以上领导职务的老领导，省、市党代表参加会议。会上，与会人员听取有关行政区划调整相关情况汇报。会议传达贯彻中央和省市关于杭州市部分行政区划调整的意见和全市动员大会精神，进一步统一思想、凝聚共识，团结带领全区上下“奔跑新上城、奋进新征程”，力争高效完成行政区划优化调整的各项任务，为高质量建设一流国际化现代城区干出新样子、作出新贡献。

【区第一次党代会】 2021年12月28—29日，中国共产党杭州市上城区第一次代表大会召开。大会应到代表360人，因事因病请假代表9人，实到代表351人。近5年内退休的原区级班子老领导应邀参加。区委委员、候补委员、区纪委委员，不是代表的区管党员正职领导干部，民主党派主要负责人，市属驻区单位的主要负责人列席。大会高举习近平新时代中国特色社会主义思想伟大旗帜，深入学习中共十九大和十九届历次全会精神，全面贯彻习近平总书记对浙江、杭州重要指示批示精神，坚决落实中央和省委、市委决策部署，总结过去5年的工作，明确今后5年的奋斗目标和主要任务，选举产生中共杭州市上城区第一届委员会和中共杭州市上城区第一届纪律检查委员会，团结带领全区各级党组织和广大党员干部群众，坚定不移做“两个确立”忠诚拥护者、“两个维护”示范引领者，忠实践行“八八战略”，奋力打造“重要窗口”。区委主要负责人代表中国共产党杭州市上城区第一届委员会向大会作题为《扛起时代新使命，开创发展新格局，全面建设独具韵味的国际化现代化共同富裕典范城区》的报告。

【区委全体（扩大）会议】 2021年7月9日，区委召开区委全体（扩大）会议。会议学习贯彻习近平总书记在庆祝中国共产党成立100周年大会上重要讲话精神，落实省委十四届九次全会和市委十二届十二次全会精神，审议《中共杭州市上城区委关于制定上城区国民经济和社会发展第十四个五年规划和二〇三五年远景目标的建议》，动员全区上下抢抓机遇、担当作为，全面开启一流国际化现代城区建设新征程，奋力当好高质量发展建设共同富裕示范区排头兵。区委主要负责人代表区委作题为《全面开启一流国际化现代城区建设新征程，奋力当好高质量发展建设共同富裕示范区排头兵》的报告。

12月29日，区委召开一届一次全体会议，选举产生区委常委和区委书记、副书记。

【区委常委会会议】2021年行政区划调整前，上城区委召开区委常委会会议6次，会议研究巩固“不忘初心、牢记使命”主题教育成果、党史学习教育、综合考评等事项；江干区委召开区委常委会会议10次，会议研究冬春季新冠肺炎疫情防控、基层协商民主、省委巡视反馈意见整改、有关干部工作等事项。新上城挂牌成立后，上城区委召开区委常委会会议30次，会议围绕发挥辖区党组织中的领导核心作用，就行政区划调整相关事宜、干部人事、《中共上城区委员会工作规则》、党史学习教育工作、“十四五”规划、新冠肺炎疫情防控等事关上城经济、社会发展的重大问题进行研究。

（季玳弘）

综合考评工作

【概况】2021年，上城区市对区综合考评全市排名第七，获良好等次。其中，民生福祉行动全市第二，文化兴盛行动全市第三，满意度评价全市第二。上城区围绕市区两级目标任务，持续完善考评机制，精简指标体系，优化综合考评方案。优化区目标考核立项管理制度，实行月报追踪制度，实现创优“一本账”。开展“15+7”重要经济指标等市对区考核专项督办，全区综合考评大会、指标推进会等集体亮晒成绩。坚持数字减负，开发“绩效e考通”，围绕考评核心业务，打通市、区、街道、社区四级数据壁垒，推出街道社工考核“一网评”，试点领导干部执行力指数考核，成为杭州市党政机关整体智治十大运用场景“数智考评”试点。组织两轮社会评价，邀请各界代表近3万人参与满意度评价。开展综合考评工作“立体式”宣传，日均覆盖“两代表一委员”、企业居民等人群4万余人次。

【综合考评情况通报】2021年7月22日，上城区召开综合考评大会，通报全区2020年度综合考评结果，表彰优秀单位、良好单位，总结和点评各街道、部门工作，部署2021年度综合考评工作。2020年度原上城区综合考评得分90.749分，居全市第9位，获良好等次。其中，高质量发展排名居第4位，文化兴盛行动排名居第3位，市县评议排名居第4位。同时，文化兴盛行动成绩优异，获重点工作单项奖。原江干区综合考评得分90.450分，居全市第10位，获良好等次。其中，主要经济指标排名居第3位，改革攻坚行动排名居第4位，文化兴盛行动排名居第4位。

【“11842”综合考评模式推行】2021年，上城区优化综合考评考核模块，推行“11842”综合考评模式。该模式中，第一个“1”即一个总目标，第二个“1”即一项综合考评，“8”即8个单项奖，“4”即4个维度，“2”即2个突破方向。该模式围绕“重点攻坚”“日常履职”“创新创优”“满意度评价”4个考核维度，突出区委、区政府重点工作，突出市对区考核压力传导，突出督考联动，突出创新创优，突出满意度评价。根据考核结果，区直单位优秀、良好单位分别占15%（8家）、20%（11家）；街道优秀4个、良好6个；市属垂直部门优秀、良好各1家。

【意见整改按期完成】2021年，区委办公室推进全区意见整改工作，依托“绩效e考通”，每月25日前以月报表形式填报整改进度与实绩，全程实现无介质电子化管理，实时监测，及时通报整改不力、推进不足等现象。以区领导领办制、“一把手”总责制、整改进度月报制抓好日常管理。全年完成市区两级社会评价意见整改3775条，市对区重点意见年终测评良好，市考评办录用相关整改经验信息3篇。坚持开门整改，开发宣传网页，加强重点意见建议整改公示、宣传，以人民群众满意度倒逼相关部门，推进整改工作。

【公开问政】2021年，上城区落实“公述民评”面对面电视问政相关工作。通过部门联动，较好完成“城市品质如何更精致”等4场问政活动的组织工作，4场问政活动现场满意度测评成绩排名第一。区委办公室将曝光的问题纳入社会评价意见整改考核，69条意见建议在年前100%完成整改。优化社会评价，强化群众评价权、监督权，委托第三方开展网上社会评价，促进相关单位真抓实改。

（李玳弘）

重要活动

【“民呼我为”主题活动推进会】2021年5月24日，“办实一件事，赢得万人心”——上城区“民呼我为”主题活动推进会在小营巷举行。推进会坚持以习近平新时代中国特色社会主义思想为指导，贯彻落实习近平总书记关于“民有所呼，我有所应；民有所呼，我有所为”的重要指示精神，强化习近平在浙江工作时推动实施的“为民办实事”长效机制、领导干部下访接访工作机制，结合当前民生保障、服务群众工作实际，以推进数字化改革为总牵引，全面打造“三服务”（服务企业、服务群众、服务基层）2.0版，推进相关整改工作，结合开展“两个年”（数智攻坚年、狠抓落实年）、“走亲连心三服务”、“助万企、帮万户”、“访民情、解民困”活动，做好“我为群众办实事、我为企业解难题、我为基层减负担”各项工作，推出一系列为民惠民、助企帮企、基层减负的政策举措，打造人人有责、人人尽责、人人享有的城市治理共同体，提升人民群众获得感、幸福感、安全感。

（李玳弘）

【“宋韵文化:传世与传播”论坛】2021年10月20日，由省委宣传部指导，浙江日报报业集团主办，区委、区政府、天目传媒有限公司承办的“宋韵文化：传世与传播”——2021中国（杭州）宋韵文化论坛在上城区举行。论坛上，来自西北大学宋辽金史研究院、华东师范大学古籍研究所、《四川日报》新媒体编辑运营中心等单位的专家学者分别发表主旨演讲。在圆桌对话环节，宋史专家、省社科院历史研究所原所长徐吉军，浙江温州市永嘉县委宣传部、安徽滁州市琅琊山管委会、杭州市清河坊资产管理有限公司有关领导，以及杭州宋代玉器艺术馆馆长何少峰围绕“宋代生活美学如何转化为新国风新国潮”主题进行对话。现场，天目新闻联合中国人民大学唐宋史研究中心包伟民团队、浙江大学传媒与国际文化学院共同发起并启动“青鸟杯——宋韵文化传播经典案例全球征集”活动，面向全球征集宋韵文化传播经典案例。

【2021杭州—台湾海峡两岸文化创意产业交流对接会】2021年11月2日，2021杭州—台湾海峡两岸文化创意产业交流对接会在杭州创意设计中心举行。活动由海峡两岸企业家峰会现代服务业

及文化创意产业合作推进小组、杭州市政府、浙江省政府台湾事务办公室主办，杭州市政府台湾事务办公室、杭州市文化创意产业发展中心、上城区政府承办。活动聚焦海峡两岸青年创新创业，通过线上线下互动交流的方式举行。海峡两岸企业家峰会现代服务业及文化创意产业合作推进小组大陆及台湾方召集人分别致辞，台北市工业设计发展协会的10名文创青年通过视频分享克服新冠肺炎疫情影响、积极创业的经历。杭州耕香生物科技有限公司品牌创始人、首席执行官方俊平和台北市工业设计发展协会理事长李圣恩分别做关于“文创青年在疫情大背景下的机遇与挑战”的主题分享。活动中，“台青设计师工作驿站”成立，并举办海峡两岸文创设计新品展示活动。

【杭州文化创意产业投融资发展论坛】 2021年11月3日，由杭州市文创发展中心、杭州银行主办，上城区文化创意产业发展中心和杭州文化投资发展有限公司承办的杭州文化创意产业投融资发展论坛在杭州创意设计中心召开。论坛围绕“文起钱塘，创造领杭”主题，汇集各级领导，以及来自银行、知名投资机构、优秀文创企业的优秀代表人士，共同探讨文化、创意、经济、科技的有机融合。论坛上毛戈平化妆品股份有限公司董事长毛戈平，开心麻花沉浸式互动喜剧《横财十万贯》总策划、制作人李嘉宇，乐刻运动首席执行官韩伟3人为参会嘉宾讲述创业故事。论坛还发布《杭州文创金融白皮书》和《2020—2021杭州文化创意产业投资发展研究报告》两份重量级白皮书，指明未来杭州文化产业投融资趋势。

（张玉瑛）

组织工作

【概况】 2021年末，上城区有基层党组织4128个，其中党委275个，党总支157个、党支部3696个。有党员7.33万人，其中新发展856人。区委组织部践行新时代党的组织路线，全面推动全区组织工作高质量发展，行政区划调整干部工作、新时代城市基层党建、区划调整红利推动人才工作提质增效等工作得到市领导批示肯定及各级媒体宣传报道。年内，小营巷社区党委获评全国先进基层党组织。

【干部队伍优化】 2021年，区委组织部聚焦行政区划调整重大政治任务，围绕融合主线，平静、平稳推进194名干部分流、90名区管领导干部退出领导岗位、747名区管干部集中调配工作，召开区第一次党代会及区两会，完成党代表和人大代表推荐选举等任务。牵头开展践行好干部标准大讨论，先后召开各类座谈讨论、民情恳谈会130多场，发动5600多名机关、基层党员干部提出各类建设好班子、践行好干部标准内涵建议8.2万条，有效推动干部思想融合、人心凝聚。坚持正确选人用人导向，选拔敢于担当、踏实做事、不谋私利、不黏人的干部，做到“用好的作风选作风好的人”，全年新提任区管领导干部29人、进一步使用4人、平职交流19人，调动各年龄层干部积极性，有效实现全区干部结构优化、人岗相适、能力提升。

【党建品牌优化】 2021年，上城区持续擦亮“尚城·红星系”党建综合体金名片。6月，全区282个党群阵地实现标识标牌和运维管理考核制度统一。3—6月，9个党群服务中心入围“浙江省最美党群服务中心”展播，数量为全省第一。10月25日，区委组织部牵头举办中共中央组织部联系点“凯益荟”10周年活动，注重发挥社会组织综合党委和公益党建联盟实质作用，相关经验做法被省委组织部《组工情况》刊发推广。做优做强村社书

彭埠街道“尚小驿”金融特色服务驿站（2021年）

（区委组织部 供稿）

记“头雁领航”品牌，推进社区干部队伍大轮训、大比武、大对标、大争先，在常态化“打擂比武”中提升作风能力素养。年内，3名社区书记被评为省市治社名师，8名社区书记获评省市优秀共产党员、优秀党务工作者。

【基层组织体系建设】 2021年，上城区培育打造钱江新城楼宇党建联盟、“尚善之家”公益党建联盟等特色联盟，织密建强基层组织体系，推动2560多家单位参与基层治理。依托全区19千米黄金江岸线，布局建设15座驿站，“之江红驿”沿江党建示范带亮相。深化党建引领社区治理，全区489个小区成立综合党委，14个街道物业综合服务中心全面挂牌，常态开展“小区开放日”主题轮值活动，红梅未来社区、杨柳郡未来社区列入全市首批未来社区党建试点。推出112个“尚小驿”红色补给站，发布“尚小卫”健康服务、“尚小律”法律服务等“十大关爱礼包”，新业态、新就业群体党建工作得到中共中央组织部调研组认可。

【组织工作数智建设】 2021年，上城区探索开发“红色十二时辰”数字党建应用场景。该应用场景通过对党群阵地活动的全过程数据、信息进行精准化采集、分析、运用，建立起对内管理、对外服务的双闭环机制，实现居民需求的精准匹配与响应，倒逼党群服务阵地提升能效，提升辖区居民的获得感和幸福感。6月27日，该应用场景作为组织系统首批区县（市）应用场景在全市数智组工大比武现场演示发布。9月，该场景纳入全市数字化改革“一本账”。上城区开发社区干部“全景式”云管理系统，推动社区（村）班子从线下日常管理向线上线下联动转型，围绕社工进入、发展、晋升、调整、退出等全方位信息采集，结合基本情况、奖惩信息、熟悉领域、考核评价等10多项数据管理，实现“选、用、管、育、爱”全生命周期管理。深化公务员职业生涯全周期“一件事”改革，建立公务员信息实时动态调整核查反馈机制和业务培训日常指导机制，实现医保、社保、子女统筹、公积金等业务“一张表单申请、一个平台联办”。优化升级“江河汇才”智慧人才服务系统功能，创新推出双创资源智能地图、人才项目服务系统及上城人才码等应用，以数字赋能推动人才服务体系迭代升级。

（马天洋）

宣传工作

【概况】 2021年，上城区围绕年度重大主题，策划推出以“‘十四五’规划开篇布局”“上城履新百日”“宋韵文化”“共同富裕看上城”等为主题的系列报道。多次组织中央、省、市媒体走进上城集中采访，全年在市级以上媒体发稿4000多篇，其中中央媒体400多篇，全方位展现新上城新面貌、新成就、新形象。推进街道级微融媒体中心建设，对14个街道分批次进行验收挂牌，辖区45家单位开通“上融号”。区融媒体中心各大平台设置话题50多个，发文2万余篇，总阅读量近1亿人次，“上城发布”居“杭州发布”政务发布平台传播力影响力排行榜前列。全年《上城报》出报101期，上城网更新新闻1200多条，“学习强国”各级平台录用上城稿件（新闻）3500多篇（条）。杭州官方海外社交账号“韵味杭州”App上录用有关上城人文历史、生活品质等领域内容稿件713篇（条）。开通“宋韵尚城”Twitter（推特）账号，每日更新20条以上。区融媒体中心选送的作品多次获中央、省、市级荣誉。其中：原创微纪录片《郑欣：让街区会思考》获2021年全国县级融媒体中心优秀作品双月赛二等奖、年度浙江省“学习强国”县级融媒体中心优秀作品、杭州市年度创新重大主题报道优秀新闻作品二等奖；《应对台风“烟花”，上城在行动！专题直播》在全省防台宣传报道评选活动中被评为优秀作品；《真理的味道》获2021年第9届中国梦（浙江）网络视频大赛剧情类短视频优秀奖等。

（陈舒阳　李凌婧
刘佳楠　李　佳）

【理论宣讲】2021年，上城区打造“红巷新声”理论宣讲品牌，突出上城味、红巷味、新时代味。举办上城区学习宣传贯彻中共十九届六中全会精神“六讲六做”大宣讲活动、“红巷新声”青年理论宣讲大赛决赛，凝聚“上城青年说”“尚红好女儿”“红星少年说”等青年宣讲力量，组建“红巷新声”理论宣讲团。吸纳和培育各行各业青年宣讲员200多人，以上城“红巷”系列宣讲为特色，围绕党史学习教育要求、习近平总书记在庆祝中国共产党成立100周年大会上重要讲话精神、中共十九届六中全会精神等，通过“线上+线下”相结合的形式组织开展各类宣讲活动2000多场，受众20万余人次。突出“我在红巷学党史”品牌，10月，中央党史学习教育调研组参观调研小营红巷，对上城用活用好“红色资源”特色给予充分肯定。

（熊　侃）

【“奔跑新上城”“上城履新百日”主题报道】2021年，上城区利用杭州部分行政区划调整契机，围绕“奔跑新上城”和“上城履新百日”主题，开展主题报道。其中，围绕“奔跑新上城”主题，联合《浙江日报》推出“上城·上新”系列报道4篇，联合《杭州日报》推出“奔跑新上城，谱写新篇章”系列报道14篇；围绕“上城履新百日”主题，联合《浙江日报》推出“解放思想大讨论，共同富裕看上城”系列报道6篇，联合《都市快报》推出“解放思想大讨论”系列报道14篇。“上城发布”全媒体平台推出“新上城新征程”专题，推送稿件90多篇，阅读量破100万次。

【庆祝中国共产党成立100周年主题报道】2021年，上城区围绕“建党百年”主题在中央省市媒体刊发报道200多篇，其中中央媒体刊发区党史学习教育报道15篇，《新华每日电讯》《光明日报》报道小营巷社区持续发扬爱国卫生运动精神，做实做深城市治理，筑起基层社区党建工作的新高地。中央电视台《新闻联播》报道杨柳郡未来社区与城市大脑联通，打造九大智慧生活场景，提升居民幸福感和获得感。在《杭州日报》推出“永远跟党走”上城特刊，“上城发布”全媒体平台开辟“庆祝建党百年”“我在红巷学党史”“上城红色印记”等专题，重点展现中共十八大以来上城在经济、文化、民生各领域取得的成就。推出适合网友参与、网络传播的新媒体产品——“献礼建党百年，我在上城送祝福H5”，受到市民欢迎。

【宋韵文化主题报道】2021年宋韵文化节筹备和举办期间，人民网等中央省市主流媒体对宋韵文化开展密集宣传报道，刊发报道80多篇，其中在人民网、浙江新闻客户端、《钱江晚报》、杭州电视台开设“宋韵最杭州，活力新上城”“我在上城追宋‘潮’”“千年上城·宋韵上乘”“了不起的宋韵文化”专题，以图文、海报、微电影等形式展现宋韵之美，形成全媒体传播矩阵。“上城发布”全媒体平台开设“宋韵最杭州”专题，汇总“宋读”“宋听”“宋视”“宋韵文化节”“宋韵日历”“宋韵最杭州话题互动”等栏目，以图文、视频、音频、知识分享、线上话题互动等形式，推送宋韵相关稿件信息100多篇（条），其中“宋韵最杭州话题互动”总讨论次数1.2万人次，话题总阅读人数2996.4万人次。

（陈舒阳　李凌婧　王豪文）

【“芯潮澎湃”网络法治宣传教育基地成立】2021年11月，上城区在杭州钱塘智慧城开辟“芯潮澎湃”网络法治宣传教育基地，通过网络法治宣传知识案例上墙、宣传视频上屏、宣传书籍上架和开设网络法治知识讲堂等方式，开展科普教育活动。设置互联网平台调解室，邀请律师、专家为党政干部、企业员工开展法律咨询，传播网络法治思想。在钱塘智慧城互联网企业密集的园区悬挂宣传道旗和横幅、设置宣传展示牌，营造法治宣传氛围。设计网络法治答题小游戏，与星巴克合作，以答题赢取小礼品的方式科普网络法治知识。2月24日，该基地被评为浙江省网络普法示范基地、杭州市互联网法治宣传教育基地。

2021年10月11日，2021年杭州市暨上城区网络安全宣传周启动仪式在上城区举行　（区委宣传部 供稿）

【网络安全宣传周活动】2021年10月11日，上城区会同市委网信办举行2021年杭州市暨上城区网络安全宣传周启动仪式。策划开展全区网络安全周系列活动20多项，创作网络安全互动音视频10多个，开发微信网络安全知识竞赛小程序游戏和H5作品，制作宣传海报、折页等近1万份。组织网络安全志愿者进社区、进学校、进企业开展网络安全宣传，在清河坊步行街进行“网络安全与反电信诈骗”主题宣传展演，提升公众网络安全意识。区委宣传部联合区市场监管局构建直播电商治理智能平台，并以直播电商数字治理为切入点打造全国首创的“绿色直播间”，对全区600多个网络直播平台进行全时段监管。

【互联网党建品牌打造】2021年，上城区依托区互联网协会、区互联网行业党委、区互联网行业团工委，以“芯潮澎湃”党建引领工程打造具有上城特色的互联网业党建品牌。由区委网信办主任担任重点互联网企业党建指导员，到华语之声传媒（杭州）有限公司、浙江新华移动传媒股份有限公司、杭州老爸评测科技有限公司和杭州群核信息技术有限公司4家区重点互联网企业宣讲党课。联动区委统战部、区社科联、区文联等部门，组织网络名人参与社会公益项目、联谊座谈、文旅打卡等活动，参与引导网上正能量。推荐的短视频分别获评省委网信办举办的“窗口——身边的党员”短视频大赛一等奖和三等奖。

（沈琳茜）

统战工作

【概况】 2021年，上城统一战线学习贯彻习近平新时代中国特色社会主义思想，习近平总书记考察浙江、杭州时的重要讲话精神及省市区委重要会议精神，主动适应新形势、新任务、新要求，立足新上城统战资源禀赋，抓融合、抓重点、抓特色，抓改革，统战各领域工作有序推进。年内，完成各领域统战组织建设工作，上城区7个民主党派基层组织组建工作全部完成，上城区党外知识分子联谊会第一届第一次理事大会召开，上城区第一届新的社会阶层人士联合会、网络界人士联合会成立。区委引领各民主党派、知联会围绕宋韵文化、共同富裕、助力亚运等重点工作开展课题调研，推动各民主党派围绕全区发展大局开展参政议政、建言献策、社会服务等活动。全年各民主党派提交调研课题21项，形成高质量建言成果501项。成立同心荟“一核四联盟”，夯实基层统战阵地建设。创新打造党外人士履职服务系统和统战工作亮晒系统，实现数字统战赋能增效。召开全区各界人士中秋座谈会，围绕“上城奋力当好高质量发展建设共同富裕示范区排头兵”主题进行交流。开展党外知识分子五大行动，发挥党外知识分子智力优势、资源优势、人脉优势和渠道优势，参与、助力独具韵味的国际化现代化共同富裕典范城区建设。

（严　琰　谷晓成）

2021年9月17日，上城区各界人士中秋座谈会召开

（区委统战部 供稿）

【数字统战建设】 2021年，上城区创新打造党外人士履职服务系统和统战工作亮晒系统，该系统入选杭州数智统战全景视窗应用，实现数字统战赋能增效。11月19日，党外人士履职服务系统在区级和街道级全面应用并在全市推广应用。至年末，191名党外代表人士被纳入统一管理并建立个人履职档案，876场次统战会议活动依托系统实现数字化运行管理。迭代升级“企推推”民企云上之家直播平台，推出“亲清直播间”数字化应用场景，成为全省数字化改革“揭榜挂帅”项目。至年末，“云上直播”开展70期，观看人数突破37万人次，并在望江街道设立首个线下直播间（数字统战直播间）。承接省级数字化改革重大应用“党外代表人士队伍建设全链条管理系统”中履职管理子

场景建设任务，打造党外代表人士履职管理平台。

【同心荟“一核四联盟”成立】2021年9月24日，上城区成立同心荟“一核四联盟”，即上城区同心荟服务中心和尚城服务同心盟、尚城消费同心盟、尚城双创同心盟、尚城宋韵同心盟。上城区同心荟服务中心由南星街道、玉皇山南基金小镇打造，并辐射全区。该中心引入专业营运团队，专职负责全区各同心荟服务管理、资源整合、人员协调等工作。尚城服务同心盟引导团结律师、会计师等高端服务业领域的新阶层人士，针对新阶层人士探索开展全身心服务。尚城消费同心盟团结引领高端零售业相关的新阶层人士，对新阶层呼声高、群众关注的商品进行免费检测，做消费安全的“守门员”。尚城双创同心盟团结引领新经济领域的新阶层人士，为新阶层人士创新创业对接资金等资源。尚城宋韵同心盟团结引领文化、非遗领域的新阶层人士，将历史文化传承的相关重要新阶层人物、历史景观、传说故事等进行数字化集成展示宣传。

【基层统战阵地建设】2021年，上城区推进基层统战阵地建设，夯实统战基础。6月30日，“杭州统战之家”落户上城区紫阳街道，区委统战部被授予“‘杭州统战之家’建设突出贡献单位”称号。7月9日，杭州欧美同学会海外人才工作站美东分站在“杭州统战之家”授牌，为上城乃至全国创新发展提供海外人才保障和科技创新动力。深化“智·和”同心荟首批市级同心荟精品工程建设，引入非政府组织——杭州市上城区智和同心荟服务中心负责运营，形成红盟引领、智荟新联、智和众创、智财合聚、同心公益五大工作模块，举办各类活动3000多场，服务新的社会阶层人士6万余人次。9月9日，“智·和”同心荟项目被《人民日报》、新华社、《光明日报》、中国新闻社、《人民政协报》、《团结报》6家中央媒体专题报道。

【党外人才培养】2021年，区委重视党外人才培养，支持党外代表人士为新上城建功立业。7月13日，区委组织部、区委统战部召开联席会议。会议通报全区各民主党派基层组织筹建及党外干部配备相关情况，围绕民主党派班子梯队建设、党外干部队伍建设，以及共同抓好党外代表人士的发现、培养、使用和管理工作提出要求。10月19—21日，“新起点、新征程、新作为”上城区党外代表人士培训班在浙江省委党校四明山分校召开，助力党外代表人士思想认识、理论水平、参政议政能力提升，各民主党派、上城区党外知识分子联谊会、上城区新的社会阶层人士联合会、上城区网络界人士联合会、侨联等组织的61名党外代表人士参加培训。

（严　琰）

【知联会、无党派人士工作】2021年8月31日，上城区知联会第一届一次理事大会召开，大会选举产生区知联会新一届领导班子。至年末，区知联会有会长1人、副会长21人、常务理事45人、理事270人。湖滨、清波、小营、望江、南星、紫阳6个街道相继成立街道知联会。年内，区知联会、街道知联会围绕区中心工作开展“五大行动”。区知联会相继召开中共十九届六中全会、区第一次党代会精神学习交流会，有20多人参加省、市、区各类培训。举办第一届“知联讲堂”活动，邀请省欧美同学会副会长做“百年未有之大变局视角下的共同富裕”主题宣讲。区知联会到区住建局、区审计局等对口联系部门开展旧城改造等专项民主监督活动，指导各街道知联会围绕共同富裕、助力亚运和宋韵文化主题开展活动。年内，区委统战部根据无党派人士认定工作有关要求，新增认定39名无党派人士。

【党外知识分子“五大行动”】2021年8月31日，上城区在区知联会第一届一次理事大会上举行党外知识分子“五大行动”启动仪式。“五大行动”涵盖政治思想引领行动、共同富裕助力行动、创业创新助力行动、文化传承助力行动、社会治理助力行动五大方面，发挥党外知识分子智力优势、资源优势、人脉优势和渠道优势，参与、助力中国特色社会主义建设、推进国家治理体系和治理能力现代化。仪式上，湖滨步行街、杨柳郡社区、清华长三角研究院杭州分院、丽水松阳县象溪镇象溪圩村等9个党外知识分子实践锻炼基地授牌成立，为党外知识分子实现岗位建功、知情明政、参政履职、社会服务等搭建平台。至年末，区、街道（企业）知联会开展“五大行动”主题活动20多次。

（谷晓成）

老干部工作

【概况】2021年末，上城区有离休干部116人，最小年龄87岁、最大年龄100岁，平均年龄91岁。有省市托管服务的离休干部186人；副区级以上四套班子老领导66人。全区有离休干部党支部6个、退休干部党支部74个，离退休干部合编党支部16个。区委老干部局围绕“银领红巷”“银亮尚城”“银尚乐活”三大品牌建设，不断做实基础、做强品牌、做优服务，以奔跑姿态争做杭州老干部工作领跑者，被评为全省老干部工作先进集体。

【老干部“三项建设”】2021年，区委老干部局进一步提升离退休干部政治建设、思想建设、组织建设“三项建设”。行政区划调整后，选举产生区委老干部局机关党委，下设5个离退休干部党支部，指导全区离退休干部党组织完成优化调整。年内，举办上城区离退休干部中共十九届六中全会精神专题读书会，组织离退休老领导开展“走基层、看变化、促发展”主题实践活动，到玉皇山南基金小镇、区市场监管局等地调研，为区党代会、区政府工作报告建言献策，发挥好老干部优势。将党史学习教育与庆祝中国共产党成立100周年系列活动有机融合，联合省、市委老干部局在小营红巷举办浙江省离退休干部“百年回眸·百个故事”云接力·杭州站启动仪式，在线观看人数达49万人，开展听老党员讲党课和“红色基因代代传”青少年主题学习教育等活动。联合区委组织部、区委直属机关工委等开展“追寻先辈足迹，共谋百年庆典”主题党日活动，增强机关党员践行初心使命的政治自觉。邀请老干部开展党史、中共十九届六中全会精神等红色宣讲、吟诵活动300多场次，受益党员、群众7万余人次。

【老干部服务管理】2021年，区委老干部局为离退休干部提供全方位服务。坚持规范、就高、平衡、渐进原则，明确老干部政治待遇和生活待遇“两项待遇”。全年为离退休干部配备助老员19人，发放“三替”服务券（家政服务券）116份、“援通”服务券（家政服务券）182份、华数电视卡116份。强化“医养护”一体化服务，落实省、市、区离休干部社区医生签约工作，签约96人。开通配药绿色通道，提供大型医疗检测设备预约、健康评估等服务145人次，服务老干部接种新冠疫苗168人次。开展为老办实事项目，完成适老化改造、电梯加装、帮困解难等9件实事。落实走访慰问制度，陪同各级领导走访慰问离休干部、抗战老干部、抗美援朝老干部、区四套班子老领导218人次，日常医院、家庭走访327人次。

【数字赋能老干部工作】2021年，区委老干部局顺应数字时代发展，利用数字技术赋能老干部工作。推广“华数电视课堂”，与省、市委老干部局合力建设“云上老年大学”，打造老年大学“智慧校园”建设全省新样本。优化升级居家养老华数电视、“援通”服务、乐活商城和社区医生签约四大项目网上服务，实现微信、电话、视频、快递“四合一”。完善老年大学“智慧校园”线上报名功能，实现入学“零次跑”。组织开展“银龄跨越鸿沟”科普培训，面向有需要的老年人举办智能手机学习班，使老年人享受“数字化改革”便利。

【老年大学教学管理】 2021年，杭州市上城区老年大学（杭州市上城区老干部活动中心）总校设在惠民路20号。学校实行“双校区多点”模式办学，采用“双下沉”管理模式，注重精品化、特色化办学，推进家门口老年大学建设。9月，成立景新分校，设立书画创作班，为杭州联合银行彭埠、中山、宝善等支行教学点输送优质师资。至年末，区老年大学有南星、草庄、望江、运新、丁兰、景新及市党群服务中心7个分校（教学点），在册学员约2000人。新冠肺炎疫情防控期间，严格按照防疫要求，层层压实责任，及时发布防疫指南，组织开展线上教学，确保师生健康和校园安全。在庆祝中国共产党成立100周年之际，师生绘制100多幅书画作品，作品入选省委、市委老干部局及其他部门主办的书画展。

【离退休干部金秋驿站建设】 2021年，上城区精准培育市级金秋驿站4个，分别是四季青街道运新社区“银龄管家”金秋驿站、清波街道劳动路社区“银亮清波”金秋驿站、闸弄口街道蓝天社区“蓝天邻聚力”金秋驿站、湖滨街道吴山路社区“银乐家园”金秋驿站，其中运新社区“银龄管家”金秋驿站成为市级金秋驿站示范点申报选培对象。南星街道馒头山社区、紫阳街道十五奎巷社区、小营街道小营巷社区金秋驿站代表杭州分别接待安徽六安市委老干部局、新疆阿克苏地委老干部局调研。依托市级离退休干部管理和志愿汇平台，持续培育“沿湖、沿山、沿江”老干部工作示范线。至年末，“银亮尚城”志愿服务团队（老干部工作室）参与社区治理、新冠肺炎疫情防控等荣誉时数7.1万小时。

（杨信可）

关心下一代工作

【概况】 2021年，上城区坚持以党建引领关工委建设，把关工委工作纳入重要议事日程，纳入党建工作总体部署，纳入基层党建工作责任制，充分发挥“五老”（老干部、老战士、老专家、老教师、老劳模）作用，以社会主义核心价值观引领青少年成长，提高青少年思想道德素质、科学文化素质和健康素质，推进关心下一代工作更好发展。建立健全“五老”队伍有进有出、进出有序的管理机制、学习培训机制和关爱激励机制。全区有关工委组织434个。其中：区级关工委组织1个（区关工委），区关工委成员单位20家；街道部门关工委组织17个（含街道关工委14个）；基层关工委组织396个，其中，社区关工委197个，中小学、幼儿园关工委178个（含公办和民办），民营企业关工委21个。

【关心下一代教育基地建设】 2021年，区关工委会同区文广旅体局开展寻找古诗之美插画展暨市关心下一代教育基地授牌仪式，带领青少年在诗歌吟诵中体会自然之美、感受家国情怀。笕桥街道关工委依托水墩、黎明、笕新等社区的架空层文化客厅创建“笕少乐学堂”，统筹布局，统一挂牌，先后开展暑期青少年活动78次，服务青少年1928人次。闸弄口、九堡、丁兰等街道关工委主动融入街道党群服务中心，统一标识，制订计划并上墙，先后开辟闸宝乐园、花朵驿站、亲子读书益站、烘焙坊、书法课堂等活动场所，经常性开展活动，办好青少年家门口的教育实践阵地。濮家教育集团、浙江师范大学附属杭州笕桥实验中学、杭州市采荷实验学校、杭州四季青中学等学校在校内建立劳动教育基地。“上羊·左邻右舍”青少年教育基地被评为第三批市级关心下一代教育基地。

【“数智”关工委】 2021年，区关工委加强“五老”网上集体备课，加强思想道德教育功底。利用微信小程序，动态了解掌握“五老”团队开展工作情况，加强课程安排闭环管理，落实考核奖励，提升工作效能。参与数字群团改革实践，在做好常规动作的同时，做强自选动作，组建高质量师资、优选高品质课程、开展高质量活动，组织“五老”开展集体备课会，收集授课菜单下发至各街道、社区关工委，供青少年选择学习。全年区关工委数智群团推送活动20场、风采展示146条，访问量2.01万次。

【爱党爱国爱社会主义主题教育】 2021年，区关工委以庆祝中国共产党成立100周年为主线，以“学党史，颂党恩，跟党走”为主题，开展爱党爱国爱社会主义主题教育活动，传承红色基因，赓续红色根脉。协调各成员单位为青少年做好事、办实事，完成年度133项任务清单。会同区教育局、区总工会、区妇联、团区委、区委党史研究室先后开展“我在红色丰碑下学党史”、“童心向党·向世界传播中华声音”红色故事会、第5届“讲好中国故事”中小学读书月、劳模工匠进校园等活动，使党史教育入耳、入脑、入心。组织开展“崇尚军旅，薪火相传——致敬最可爱的人”夏令营系列活动，激励青少年薪火相传向未来。全年全区开展有分辨度的党史学习宣讲活动586场次，受益青少年3.29万人次。依托杭州海塘遗址博物馆、杭州孝道文化馆、钱塘青少年法治学习体验中心及杭州水利科普馆等区内红色教育资源，培育做强红领巾宣讲团，全年参与各类宣讲活动25场次，服务群众2000多人次。会同区教育局开展《做这样的人——抗疫群英谱》读后感、寻访红色印记征文比赛，近100名中小学生获奖，其中9名学生的征文被市关工委录用。杭州市采荷中学学生陈淅然被评为“2021年度浙江省青少年英才·红船好少年”。会同区体育中心、四季青街道与钱塘社区联合举办为期15天的“迎亚运共发展——我是亚运小主人”暑期夏令营。发挥“五老”政治、经验、威望优势，讲好中国共产党、时代楷模及抗疫群英故事，其中陆建忠走进小营巷宣讲红巷故事，高尔松走进校园讲述军旅生活的授课视频在浙江卫视少儿频道、省关工委公众号展播，高尔松获评省级“红船精神优秀五老宣讲员”。

2021年3月5日，区关工委讲师团讲师在杭州市大学路小学为学生讲全国“最美奋斗者”的故事（区关工委 供稿）

【青少年服务】2021年，区关工委着力用好市关工委帮困助学资金、区财政专项资金及关心下一代基金会资金，资助222名大中小学生上学，合计15.73万元。服务“双减”，参与学生暑期托管班工作，组织“五老”将红色党课、非遗传承、航模制作等知识送到8个暑托点。1月8日，组建由11支各具特色的志愿者服务队组成的银亮尚城志愿服务总队，统一指导协调志愿服务。其中，红色吟诵队、老兵故事团等志愿团队将《毛岸英的故事》《做新时代的航空人》《32女火线架桥》《袁隆平爷爷的家书》等故事送到社区、学校、企业；非遗传承志愿服务队深入社区传授民间艺术技艺；书画志愿服务队与杭州市茅以升实验学校的同学联手创作“我心向党，薪火相传”绘画长卷，庆祝中国共产党成立100周年。3月1日，区关工委科技服务团航模工作室在杭州市四季青小学挂牌，全年开展进校园活动26场，并协助学校组建由30多名同学组成的航模社团。6月30日，会同区少年宫举办“献礼建党百年，放飞航空梦想”航模表演体验活动。活动采取航模放飞表演竞赛和红色故事宣讲结合的方式进行，寓教于乐、寓教于实践体验活动中。杭州市四季青小学航模队员进行航模教学成果展飞并举行模型飞机DIY竞赛，展示结束后由区关工委两名“五老”成员为学生宣讲《毛岸英的故事》和《32女火线架人桥》的故事。

【青少年普法教育】2021年，区关工委会同区公安分局、区检察院、区法院、区司法局、区教育局和区总工会、团区委、区妇联等单位，依托钱塘青少年法治学习体验中心、天杭教育集团少年法学院等法治教育基地，面向辖区青少年加强《中华人民共和国宪法》《中华人民共和国民法典》《中华人民共和国未成年人保护法》《中华人民共和国预防未成年人犯罪法》和禁毒宣传教育。关注特殊青少年群体，区关工委关爱团成员走进学校、社区，与青少年面对面以案说法，并以合适成年人身份参与未成年犯罪嫌疑人帮教工作。全年开展法治教育宣讲活动21场，帮教失足青少年37人。

（宋晓莺）

2021年6月17日，笕桥街道关工委面向青少年开展禁毒知识竞赛活动

（区关工委 供稿）

机构编制管理

【概况】2021年，区委编办完成行政区划调整后所有行政事业机构的系统性重构和基础性重塑，重点研究推进开发区平台体制调整和优化整合，深度参与国有企业改革和配套开展指挥部清理规范等重点改革任务，为行政区划调整工作顺利完成、全面精准服务全区经济社会发展提供体制机制保障。

【机构编制重构】2021年，区委编办在行政区划调整过程中打破常规的机构改革、事业单位改革时序，按照“先立后破”原则，“一个盘子”谋划，一体化推进全区行政、事业机构总体架构。5月12日，全区全部机构一次性获省、市批复，确保第一轮各部门领导班子序时配备。至5月末，完成全区行政机构、群团组织机关“三定”规定和205家事业单位整合。同时，加快推进机构职能“三定”工作和人员情况分析，配合区委组织部落实科级干部分流、跨部门交流等工作，有效统筹部门中层干部，缓解岗位压力，增强基层力量，全面保障6月末前全区1300多名科级干部有序到岗开展工作。在做好行政区划调整各项工作的同时，引导各部门坚持先理事、再谋人，合理布局谋划基本职能，制定职责争议协调流程，牵头并全程跟进协调全区部门间近200项职责分工差异，确保部门职责全覆盖、无遗漏，保障全区各部门正常履职和“开局即奔跑”的需求。区划调整后，全区有党委部门12家、政府部门23家、派出机构5家。

【重点改革攻坚】 2021年，区委编办围绕区委、区政府中心工作，统筹推进重点领域和关键环节的改革攻坚。研究推进开发区（园区）管理体制调整，按照省市开发区（园区）清理规范整合要求，推进杭州钱塘智慧城开发区管理体制调整，梳理分析基本情况，重点开展管委会与属地街道职责关系、领导体制及“飞地”管理体制的调查研究，为区委、区政府决策提供参考。参与国有企业改革和平台整合，逐一到涉改单位走访对接、交流探讨，梳理出历史遗留问题1068个，同步理清国有企业改革与相关平台机构、街道的职责关系，为区委、区政府决策发挥参谋作用。在改革实施阶段，做实做深论证报告，为国有企业改革顺利推进打下基础。改革全面启动后，与各国有企业筹备组加强对接，全面摸清人员情况，做好结构性分析，并与各国有企业商谈人员、业务板块的配置分流问题，为推进改革提供有力支撑。配合“大综合、一体化”改革探索，根据全省综合执法改革要求，做好机构编制先行探索，以综合行政执法大队重新制定“三定”为契机，根据各执法中队辖区工作实际，明确各中队人员编制，将执法力量和人员编制向基层倾斜，夯实基层执法力量。配套综合执法改革推进“互联网+监管”平台应用，在上城区、江干区两区整合各基础平台数据都需要重新衔接等困难问题面前，主动与省数据资源局和市委编办沟通，坚持早对接、早谋划、早部署，全程盯紧推进，于10月末完成全区7424项监管事项认领、3112项行政事项检查。认领率、检查率均100%。

【机构编制资源统筹管理】 2021年，上城区结合行政区划调整工作，做好全区机构编制资源的统筹管理使用。全口径梳理人员构成，加强分析研判，落实行政区划调整后行政事业单位人员梳理工作，有序开展人员转隶、基础数据并库等工作，全面梳理解决100多项政策及操作中不一致的问题。开展全口径编外用工梳理摸底，通过调研了解实际情况，开展结构性分析，为后续制定完善相关管理政策提供数据支撑。规范行政事业单位日常管理，做好行政区划调整后各单位统一信用代码赋码工作，开展教育、卫生系统事业单位章程审核备案，推动事业单位法人公示信息“双随机一公开”（随机抽取检查对象，随机选派执法检查人员，检查情况及查处结果及时向社会公开）抽查工作全覆盖。优化机构编制资源配置，执行《中国共产党机构编制工作条例》，把有限的机构编制资源向保民生、保发展、保稳定的重点领域倾斜，做深做细中小学教师编制测算工作，在不增量、保精减前提下，支持各部门内部挖潜和结构调整，保障教师招聘、优秀社区书记纳编和“双一流”招聘工作。

（施利君）

信访工作

【概况】 2021年，区信访局贯彻落实习近平总书记关于加强和改进人民信访工作的重要论述精神，结合全区信访工作实际，全面落实信访工作责任，推动信访攻坚行动、访源治理等工作。坚持强基固本，全力抓好区社会矛盾纠纷调处化解中心建设、“数智信访”建设、基层规范化建设，推动区领导接待来访群众，保护信访人的合法权益，全年受理信访总量（不含电话）2.34万件（次），比2020年下降54.5%。其中：四级走访登记2660人次，下降44.7%；来信、网上信访2.08万件（次），下降55.5%。全年上城区社会矛盾纠纷调处化解中心接待群众1.25万批次、1.74万人，收到诉求1.25万件，处理各类诉求1.22万件，办结率97.6%，群众满意率98.8%。年内，区信访局参加全省信访系统微党课比赛获三等奖；在抗击新冠肺炎疫情中因公牺牲的韦长春被评为第16届杭州市十大道德模范（平民英雄）。

【信访攻坚行动】 2021年，区信访局坚持党建引领，完善信访攻坚十大机制，开展信访攻坚行动，推动积案“清零”全省领先。全年化解国家和省、市三级交办重复信访事项1876件，实现动态“清零”，化解量居全省第一。10月26日，上城区作为全市唯一代表、全省6家发言单位之一在全省重复信访治理工作经验交流暨第二批事项集中交办视频会议上进行经验交流。全年攻坚化解重点积案198件，其中10年以上积案34件，上城区连续3年创建省级“无信访积案区”。

【区领导接待来访群众】 2021年，区信访局每月在门户网站公布区领导接访安排，按照“预约+实时”模式和“有访接访、无访约访、定期研访”原则，安排区领导接待来访群众。针对信访群众关注的热点及复杂问题逐一研判，做到化解一批、稳定一批、教育一批、帮扶一批。建立重要部门主要领导接访机制，直面群众快速处置信访问题，让群众“找得到人，办得了事”，并将部门领导接访工作纳入信访工作考核，倒逼责任落实。区委、区政府主要领导带头领衔，32名区四套班子领导分别挂包100件重点积案，每日轮流到区社会矛盾纠纷调处化解中心坐班，全年“面对面”接访654批3251人次，研究重点积案244次，49件重点积案被化解。

【基层信访工作】 2021年，区信访局坚持强基导向，着力抓好区社会矛盾纠纷调处化解中心建设、“数智信访”建设、基层规范化建设“三大建设”，全方位展示基层信访工作新上城样板。12月17日，清波街道作为全省5家发言单位之一，在省委信访工作会议上以《以党建引领信访化解攻坚、奋力交出新时代基层信访工作高分答卷》为题进行经验交流。5月12日，上城区社会矛盾纠纷调处化解中心入选首届“杭州市民日”50个最具品质体验点之一，并被新华社、中央电视台、《浙江日报》等媒体宣传推介。4月30日，区信访局作为全市信访战线唯一集体代表，获2021年杭州市“五一劳动奖状”。

（黄睿清）

党史工作

【概况】 2021年，区委党史研究室聚焦“以史鉴今、资政育人”根本任务，围绕中心、服务大局、主动作为，构筑“大党史”工作格局，为全面建设独具韵味的国际化现代化共同富裕典范城区贡献党史力量。以庆祝中国共产党成立100周年为契机，通过拍摄微党课视频、宣讲红色故事、举办图片展和党史知识竞赛等形式，开展系列庆祝活动。结合党史学习教育，开展党史学习、党史编研和党史宣传教育活动，发挥党史工作存史、资政、育人作用。推进全区红色资源活化利用，完成钱学森故居提升改造项目和红色资源点挖掘宣传等工作。年内，上城区党史宣教工作获2021年度杭州市党史、地方志宣传教育供稿工作一等奖。

2021年7月6日，区委党史研究室向杭州师范大学东城第二小学赠送党史书籍（区委党史研究室 供稿）

【党史宣传教育】 2021年，区委党史研究室发挥党史部门职能优势，围绕庆祝中国共产党成立100周年，开展系列活动，形成线上与线下融合发展的上城党史宣教工作新格局。3月4日，邀请党史专家王祖强在全区党史学习教育部署会上做理论宣讲，拉开全区党史学习教育宣传宣讲序幕。全年举办“百年辉煌，红色记忆——上城区庆祝中国共产党成立100周年”“马克思主义在中国的传播”“伟大历程，砥砺奋进——杭州党史百年大事”等图片巡展10多场，展出展板1000多块，近1万人观展。依托短信平台，向全区机关党员干部及区“两代表一委员”推送“建党百年大事记”系列微党史短信；通过“上城史志”微信公众号等平台，开展“党的十九届六中全会精神知识竞赛”，推送“建党百年”“党史百问”等党史知识；联合区退役军人事务局和区妇联开展“庆祝建党100周年党史知识竞赛”。将图片展、主题党课、党史书籍送进采荷街道常青苑、芙蓉社区及上城消防救援大队、杭州市茅以升实验学校、杭州市四季青小学等地，联合区教育局等部门举办“童心向党，礼赞百年”红色故事宣讲活动，推进党史“七进”（进社区、进农村、进机关、进学校、进军营、进企业、进网络）活动。参加杭州市举办的“传承红色基因、讲好杭州故事——百年红色故事微宣讲大赛”活动，报送故事7组，入围决赛4组，其中，“郁达夫皋亭山下红色故事”获优秀奖，“潮起钱塘——中共杭州小组应运而生”“百年校史中的红色记忆”获三等奖；区委党史研究室获优秀组织奖。挖掘党史资源，拍摄上城“城市记忆”系列短视频，向“学习强国”杭州学习平台供稿，有8个视频被该平台“杭州党史”栏目录用，其中2个视频被推荐至“学习强国”浙江学习平台录用。

【党史编研】 2021年，区委党史研究室聚焦主责主业，开展党史编研工作。编印完成《江干大事记（2020）》，根据新的工作要求制定“上城大事记”收录范围和标准，启动《上城大事记（2021）》的资料搜集整理工作。推进《杭州市江干区改革开放简史（1978—2012）》编纂工作，完成初稿编纂。

（楚克静）

【红色资源保护与利用】 2021年，区委党史研究室加大红色场馆建设力度，完成钱学森故居提升改造项目。整合全区红色资源，制作“一图一册一码”（《“走红巷、游上城”红色手绘地图》、《上城区红色资源宣传册》、“走红巷、游上城”微信小程序），在《上城报》专版刊登

《循百年足迹、践初心使命——上城公布最新红色资源“家谱”》，通过“上城发布”App分33期发布上城区红色资源点图文信息。7月22日，以“钱学森在杭州”为主题，在由省科技馆主办的“弘扬科学家精神系列活动之致敬钱学森”活动上做报告。加强资政研究和红色故事整理挖掘。论文《如何更好发挥红色资源在党性教育中的作用》获评浙江省庆祝中国共产党成立100周年党史党建学术研讨会优秀奖，并入选该研讨会论文集，《“我姓钱，但我不爱钱”——钱学森写给中央文史馆的信》等2篇文章被《杭州市红色文物故事》收录，《毛主席视察小营巷卫生工作时阅读的报纸》《寻访方谷园2号钱学森故居》《寻访茅以升和钱塘江大桥的“不解情缘”》等红色故事被《上城区党史学习教育简报》（增刊）录用。

（高明明）

机关党建工作

【概况】 2021年末，区委直属机关工委下辖15个党委、10个总支、33个支部，有党员3668人（含离退休党员）。区委直属机关工委以习近平新时代中国特色社会主义思想为指引，锚定“两区融合实根基，机关党建强队伍”目标，以“模范机关”“清廉机关”创建为总牵引，发挥机关党组织战斗堡垒和党员先锋模范作用，推进机关党建高质量发展，展现机关党员风采与担当，为共同富裕典范城区建设贡献机关党建力量。年内，发动全区机关党员干部2.10万人次下沉街道参与新冠肺炎防控工作，组建各类党员突击队188支，设立党员先锋岗219个，参与“无疫基本单元创建”。办好“杭州市民日”机关党员志愿活动，服务市民群众1200多人。

【机关组织工作基础夯实】 2021年，区委直属机关工委多渠道夯实机关组织工作基础。根据《浙江省直属机关党组织落实机关党建责任制实施办法（试行）》，贯彻落实机关党建责任制，牵头制定机关党建“四级四岗”责任机制，完善“明责、履责、考责、追责”4个环节的机关党建工作责任闭合体系，压实党组（党委）履行全面从严治党主体责任，强化具体指导和日常督导，创新开展工委委员分片联系指导活动。传承发展机关党建品牌，推进“先锋品牌”孵化工程，围绕“一单位一品牌”，打造机关党建品牌矩阵，“党员先锋365”品牌连续5年被评为杭州市优秀机关党建品牌。树立“一切工作到支部”导向，研究制定《上城机关党支部工作规范手册》（试行），形成机关党支部标准建设体系。突出政治标准抓好党务干部党性教育、纪检轮训、日常提醒3个100%要求，好中选优机关党务干部662人，有效改善党务干部队伍年龄、学历结构。

资料

“四级四岗”：“四级”指区委直属机关工委、单位党委（党组）、机关党的基层委员会、机关党支部；“四岗”指部门党委（党组）书记、机关党的基层委员会书记、机关党的基层委员会专职副书记、机关党支部书记。

【“百千万”民情联系机制推出】 2021年，上城区创新推出“百千万”[联百社（村）、进千企、访万户]民情联系机制。由区四套班子领导带队，区直属各单位编组进社，实现全区67家单位与201个社区（村）结对全覆盖。各级党组织和党员干部深入一线、担当作为，积极回应基层、群众、企业的期盼和诉求。全年召开双向交流会410多场，机关党员“先锋领杭双报到”5000多人次，走访困难党员群众、居民骨干、工作对象等1.32万人次，结对帮扶868户，认领“微心愿”2700多个，认领并完成敬老设施添置等“微项目”73个；服务企业1.34万家（次），收集并处理企业问题诉求1684个，企业满意率达92%。参与社区换届“回头看”，“守护行动”等好做法被浙江新闻网站报道肯定。

【清廉机关建设】 2021年，上城区注重清廉机关建设。深化“四责协同”监督机制，纪检组织同步实现全覆盖，落实机关效能、干部作风等监督纠治工作。强化党风廉政教育，100%做到党性教育、纪检轮训、日常提醒。运用常态警示教育、廉政风险排查、“清风之旅”等举措，营造廉政文化氛围。着重整治“庸懒散浮拖”“中梗阻”等“机关病”，通过常态化警示教育等举措，筑牢清廉防线，营造风清气正的机关生态。

【机关基层工会建设】 2021年，区委直属机关工委在调研基础上，科学设置机关基层工会组织架构，优化调整48个区级机关基层工会组织，选优配强105名工会干部，引导基层工会组织树立新观念，创新方法机制，拓展职能，打造忠诚型、创新型、服务型、学习型、活力型“五型”工会，发挥新时代模范机关创建中工会组织的主体作用。围绕“亚运进机关”主题，组织“三山三边”（城隍山、皋亭山、玉皇山；西湖边、运河边、钱塘江边）健身走、“三小球”（羽毛球、乒乓球、网球）培训、篮球联赛、趣味运动会等文体活动20多次，4760人次参与，有效促进机关干部凝心聚力。同时，通过慰问生活困难职工，深化医疗互助保险全员覆盖等举措，提升机关干部职工的获得感和幸福感。

（陈志君　寿李礼）

党员干部教育培训

【概况】 2021年，区党群服务中心打造“5330”干部教育培训标准模式，稳步推进党员干部教育培训工作。优化升级“5330”标准化教务管理流程，规范落实培训目标、培训环节和操作流程，执行7项工作清单与4项管理制度。全年举办主体班18个，培训8000多人次，协助部门、街道完成教育培训任务16个班次。2家单位被评为省级党员教育培训基地，7家单位被评为市级党员干部教育培训基地，7名基层党员被评为市级优秀党课主讲人。统筹推进新冠肺炎疫情防控和党员干部教育培训工作，打造集“直播课堂”“云上阅览室”等于一体的“云上培训间”，针对全区区管领导干部、调研员、军转干部、高层次人才等8个层面人群，上线“跟着大咖学党史”等8个板块、248个优质教学资源，辐射学员2.15万人次。围绕“场景化、便捷化、数智化”目标，开发“智慧干训”暨“我的班级”2.0应用模块，推出课堂直播、学习监测、分析研判等10个应用场景，年度主体班次培训的精准性、实效性提升。结合党史学习教育，汇聚全区50多个红色资源，设计定制“‘五个一’红色课包”，即一堂“大咖”党课、一张“金靴上”的红色地图、一组“行走中的党课”、一份“党史教育”课程清单、一周“红色电影”点播单，向全区社区（村）及街道、部门共260家单位定向发放，推动党史学习教育深入开展。

资料

“5330”标准化教务管理流程：“5”即合作办班高端化、课程定制精准化、培训组织规范化、统筹运维专业化、后勤保障精细化“五化标准”；“3”即训前、训中、训后三大环节；“30”即培训保障等30步操作流程。

【党群服务阵地建设运维】 2021年，区党群服务中心推

彭埠街道党群服务中心（2021年）　　（区委组织部 供稿）

进党群服务中心建设及运维，党群服务工作成效居全市第一。加强各级党群服务中心走访指导，制定《关于进一步规范上城区各级党群服务中心运维管理的实施意见》，细化功能配置、活动开展、人员配备等5个方面、18项具体要求。制定《全区党群服务中心分类评价标准》，面向街道、集聚区、社区（村）党群服务中心，分别从活力、实力、满意度、联动性四大指标对综合指数进行评价，并设置6类加分项，使评价标准更科学。按照集约型、开放型、融合型、共治型、数字型、人文型的“六型”家园建设标准，以“功能鲜明、规划合理、服务集成、管理规范、效应明显”5个维度为评价导向，科学布局、分片走访、常态指导205个街道、社区党群中心。年内，全区党群服务中心中，1个获评浙江省数字赋能、集成服务示范党群服务中心，1个获评浙江省最有创意党群服务中心，4个获评杭州市党群服务实践基地，21个获评杭州市示范型党群服务中心，6个社会组织获评杭州市2021年度运营党群服务中心（驿站）社会组织20佳。推出“线上五大系列、线下八大系列”红色唱响活动，其中，党史宣讲等活动300多场，“梦之韵”等红色社团活动560多场，创意扎染等非遗课堂240多堂，2.79万人次参与。参加全市各类党群活动20场次，其中“最优项目”“优秀项目”“最佳风采奖”数量和“千名党员话初心”获奖作品数量均居全市第一。

【党建全媒体宣传】 2021年，区党群服务中心多方协同推进城市基层党建宣传。推出“小屏党建”基础工程，以“共建、无偿、零距、实效”为核心原则，制作社区“电子屏”5020块、商业楼宇“电子屏”320块，覆盖小区187个、商业楼宇32幢。“小屏党建”宣传纳入全区“立体式”宣传体系，成为展示上城区对外宣传的新窗口。依托时代先锋、浙江党建等省市网站、公众号等平台，宣传上城区基层党建特色做法，其中“金靴上”的红色课包、“小屏党建”等在中国网、时代先锋网、《浙江共产党员》杂志等媒体被专题报道。定期在基层党群服务中心展播基层党建优秀作品，并向集聚区、两新组织党群服务中心拓展，扩大线下阵地影响力。6月，开展“新时代新征程”暨庆祝中国共产党成立100周年党员教育电视片观摩交流活动，评出“党课我来讲”“微视频”两大系列27部优秀作品，其中《凉茶不“凉”》参加全国党员教育电视片观摩交流活动。

（黄晨懿）

上城区人民代表大会及其常务委员会

综 述

【概况】 2021年，区人大常委会以习近平新时代中国特色社会主义思想为指导，学习贯彻习近平法治思想，以及习近平总书记关于坚持和完善人民代表大会制度的重要思想和中央人大工作会议精神，履行职责，为上城人大工作谋新篇，推动全区经济社会发展和民主法治建设。5月10日，区人民代表大会选举产生区人大常委会。全年区人大常委会召开常委会会议15次、主任会议25次，听取和审议“一府两院”（区政府、区法院、区检察院）专项工作报告39项，作出决议决定25个，开展视察和执法检查24项。

【区人大及其常委会机构】 2021年末，上城区有各级人大代表450人。其中，区人大代表370人，省、市人大代表分别为12人和68人。区人大常委会有组成人员44人，其中主任1人、副主任6人、委员37人。区人大常委会设办公室及监察和法制司法、财政经济、社会建设、城乡建设环境保护、教育科学文化卫生和民族宗教华侨、代表6个工作委员会。全区14个街道均设立人大街道工作委员会。

【区人大常委会自身建设】 2021年，区人大常委会以加强人大自身建设为着力点和突破口，增强政治定力，激发内在活力，提高履职能力。面对行政区划调整任务，坚持思想不乱、工作不断、干劲不减，坚持兼容并包、平衡有序，推进人员加速融合、制度有机整合、工作有效联合，更好发挥乘数效应，凝聚起人大机关正能量，推动人大工作起步良好、开局顺畅。健全常委会党组、主任会议、常委会议事规则及机关党组工作规则，“三重一大”议事规则等制度26项，推进常委会法治化规范化建设。建立常委会党组、机关党组、机关党委和党支部“四位一体”责任体系，形成以上率下、一级抓一级、层层抓落实的党建工作格局。建立主任会议成员分工联系街道工委制度，审议街道人大工作情况，及时作出决议，协同开展省街道人大工作条例执法检查，指导街道票选实事项目，推动街道实施预算监督。推进开发区（园区）人大工作，委托人大九堡街道工委负责钱塘智慧城人大工作。推进人大工作数字化改革，做优“执法检查”“听取和审议专项工作报告”市区联建应用场景，“人大监督综合应用”全流程场景列入省委数字化改革重大应用“一本账S1”，以凯旋街道为试点建设“街道人大工作”数字化特色场景。重视人大理论研究、信息宣传和意识形态工作，街道居民议事组织数字化改革专题研究获评省人大理论研究优秀论文，“湖滨晴雨”工作室被命名为市人大“最美基层立法联系点”，全过程人民民主探索实践案例获评市人大“与时俱进”奖。

（张华峰）

2021年度上城区人大常委会文件题录

表5

文　　号	发文日期	文件标题
上人大〔2021〕1号	2021-01-22	关于接受谢亚舟辞去区十五届人大代表职务的决定
上人大〔2021〕2号	2021-01-22	关于接受姚坚同志辞去杭州市第十三届人民代表大会代表职务请求的决议
上人大〔2021〕3号	2021-01-22	关于补选郑利敏同志为杭州市第十三届人民代表大会代表的报告
上人大〔2021〕4号	2021-02-09	关于决定任命王歆同志职务的通知
上人大〔2021〕5号	2021-02-09	关于召开上城区第十五届人民代表大会第五次会议的决定
上人大〔2021〕6号	2021-02-25	杭州市上城区人民代表大会常务委员会2021年工作要点
上人大〔2021〕7号	2021-03-26	关于表扬2020年全区人大信息工作成绩突出的单位和个人的通报
上人大〔2021〕8号	2021-04-15	关于补选出缺的区十五届人大代表的决定
江人大〔2021〕1号	2021-01-22	关于接受陈国妹、楼建忠、汪华瑛、王木刚请求辞去杭州市第十三届人民代表大会代表职务的决定
江人大〔2021〕2号	2021-01-22	关于接受陈国妹、楼建忠、汪华瑛、王木刚请求辞去杭州市第十三届人民代表大会代表职务的报告
江人大〔2021〕3号	2021-01-22	关于补选江成器、沈旭微、赵国钦为杭州市第十三届人民代表大会代表的报告
江人大〔2021〕4号	2021-04-16	关于接受范国良、楼军民请求辞去杭州市江干区第十五届人民代表大会代表职务的决定
江人大〔2021〕5号	2021-04-16	关于补选杭州市江干区第十五届人民代表大会代表的决定
江人大〔2021〕6号	2021-04-30	关于接受洪明请求辞去杭州市江干区第十五届人民代表大会代表职务的决定
上人大〔2021〕1号	2021-07-05	杭州市上城区人民代表大会常务委员会主任会议议事规则
上人大〔2021〕2号	2021-07-05	杭州市上城区人民代表大会常务委员会议事规则
上人大〔2021〕3号	2021-07-05	杭州市上城区人大常委会2021年工作要点
上人大〔2021〕4号	2021-07-05	关于设立杭州市上城区人民代表大会常务委员会代表资格审查委员会的决定
上人大〔2021〕5号	2021-07-29	关于批准上城区2020年决算的决议
上人大〔2021〕6号	2021-08-25	关于政府重大投资项目监督暂行办法
上人大〔2021〕7号	2021-09-24	关于杭州市上城区人民代表大会换届选举的决定
上人大〔2021〕8号	2021-09-24	关于设立杭州市上城区选举委员会的决定
上人大〔2021〕9号	2021-09-24	关于开展第八个五年法治宣传教育和依法治区的决议
上人大〔2021〕10号	2021-09-24	关于湖滨等14个街道工委工作报告的决议

续表5

文　　号	发文日期	文件标题
上人大〔2021〕11号	2021-12-02	关于惠海涛副区长代理杭州市上城区人民政府区长职务的决定
上人大〔2021〕12号	2021-12-06	关于批准2021年度区本级预算调整和政府债务限额调整方案的决议
上人大〔2021〕13号	2021-12-06	关于接受占仁义等辞去杭州市上城区选举委员会职务的决定
上人大〔2021〕14号	2021-12-06	关于补充任命周志宏为杭州市上城区选举委员会主任的决定
上人大〔2021〕15号	2021-12-31	关于黄利文副主任代理杭州市上城区监察委员会主任职务的决定
上人大〔2021〕16号	2021-12-31	关于召开杭州市上城区第一届人民代表大会第一次会议的决定
上人大常干〔2021〕1号	2021-01-22	关于任命杜恬君同志法律职务的通知
上人大常干〔2021〕2号	2021-03-08	关于决定免去丁熠锋同志职务的通知
上人大常干〔2021〕3号	2021-03-08	关于决定任免余向平等同志职务的通知
上人大常干〔2021〕4号	2021-03-08	关于任免余晓川等同志职务的通知
上人大常干〔2021〕1号	2021-05-12	关于决定任命杨盛强等同志职务的通知
上人大常干〔2021〕2号	2021-05-12	关于任命龚军成等同志职务的通知
上人大常干〔2021〕3号	2021-07-05	关于决定任命林文杰同志职务的通知
上人大常干〔2021〕4号	2021-07-05	关于任命毛明秀等同志为上城区监察委员会副主任、委员职务的通知
上人大常干〔2021〕5号	2021-07-30	关于任命陆忠明等同志法官职务的通知
上人大常干〔2021〕6号	2021-07-30	关于任命蒋卫平等同志人民陪审员职务的通知
上人大常干〔2021〕7号	2021-07-30	关于任命江波均等同志法律职务的通知
上人大常干〔2021〕8号	2021-09-24	关于任免于国光等同志职务的通知
上人大常干〔2021〕9号	2021-09-24	关于任免叶文军等同志法官职务的通知
上人大常干〔2021〕10号	2021-12-02	关于决定任命惠海涛同志职务的通知
上人大常干〔2021〕11号	2021-12-02	关于接受章燕同志辞去杭州市上城区人民政府区长职务请求的决定
上人大常干〔2021〕12号	2021-12-02	关于任命沈澄等同志法官职务的通知
上人大常干〔2021〕13号	2021-12-02	关于任命王麒等同志法律职务的通知
上人大常干〔2021〕14号	2021-12-31	关于决定任免何亦星等同志职务的通知
上人大常干〔2021〕15号	2021-12-31	关于任命黄利文同志职务的通知
上人大常干〔2021〕16号	2021-12-31	关于接受赵欣浩同志辞去杭州市上城区监察委员会主任职务请求的决定
上人大常审议〔2021〕1号	2021-04-30	关于上城区2020年度法治政府建设情况的审议意见
江人大常审议〔2021〕1号	2021-02-01	关于《江干区2019年度预算执行、其他财政收支审计查出问题整改情况和审计整改三年“回头看”工作情况报告》的审议意见
江人大常审议〔2021〕2号	2021-02-08	关于环境质量状况和生态环保考核目标完成情况的审议意见
上人大常审议〔2021〕1号	2021-08-19	关于2021年上半年经济运行及审计等情况的审议意见
上人大常审议〔2021〕2号	2021-10-09	关于国有资产管理情况的审议意见
上人大常审议〔2021〕3号	2021-12-27	关于民事诉讼程序繁简分流改革试点工作情况的审议意见
上人大常审议〔2021〕4号	2021-12-27	关于全区应急管理体系和能力建设情况的审议意见

人大重要会议

【区人民代表大会会议】 2021年5月8—10日，区人民代表大会会议举行。会议应到代表370人，实到代表352人。区政府各部门、机关团体负责人81人列席会议，另邀请离退休老干部61人参加开幕式。会议听取和审查批准区人大常委会（筹）、区政府（筹）、区法院（筹）和区检察院（筹）工作报告，审查和批准区2021年国民经济和社会发展计划及预算，并通过相关决议；票决产生10件2021年度政府民生实事项目，依法选举产生区人大常委会主任、区长、区监委主任、区法院院长、区检察院检察长，以及区人大常委会副主任6人、副区长6人、区人大常委会委员37人，通过区人民代表大会财政经济委员会、监察和法制司法委员会、社会建设委员会组成人员名单。

2021年5月10日，上城区人民代表大会会议闭幕

（区人大常委会办公室 供稿）

【上城区十五届人大常委会第三十五次会议】 2021年1月22日，上城区十五届人大常委会第三十五次会议举行。会议表决通过个别区人大代表辞职，以及个别市人大代表辞职、补选事项；根据区检察院检察长提请，表决通过有关人事任免事项。区人大常委会组成人员34人出席会议。区政府、区监委、区法院和区检察院领导，区人大常委会办事机构和工作机构负责人列席会议。

【上城区十五届人大常委会第三十六次会议】 2021年2月9日，上城区十五届人大常委会第三十六次会议举行。会议表决通过关于召开区十五届人大五次会议的决定；听取和审议区政府关于2020年民生实事项目实施情况和2021年民生实事候选项目情况、国民经济和社会发展第十四个五年规划与二〇三五年远景目标纲要草案编制情况、2020年国民经济和社会发展计划执行情况及2021年计划草案、2020年预算执行情况、2021年预算草案等报告；听取和审议区人大常委会工作报告稿；表决通过2021年区人大常委会工作要点、个别区人大代表资格自然终止事项、区十五届人大五次会议列席人员名单；审议区十五届人大五次会议代表资格审查报告草案、建议议程和日程安排草案、各项建议名单草案和有关提请事项；审议2021年政府民生实事项目票决办法草案；根据区长提请，表决通过有关人事任免事项。区人大常委会组成人员33人出席会议。区政府、区监委、区法院、区检察院领导，区人大常委会办事机构和工作机构、区政府办公室、区发改经信局、区财政局负责人列席会议。

【上城区十五届人大常委会第三十七次会议】 2021年3月5日，上城区十五届人大常委会第三十七次会议举行。会议听取和审议区政府关于2020年度法治政府建设情况的报告；根据区人大常委会主任会议和区长提请，表决通过有关人事任免事项。区人大常委会组成人员28人出席会议。区政府、区监委、区法院、区检察院领导，区人大常委会办事机构和工作机构、区政府办公室、区司法局、区市场监管局、区城管局负责人列席会议。

【上城区十五届人大常委会第三十八次会议】 2021年4月15日，上城区十五届人大常委会第三十八次会议举行。会议表决通过个别区人大代表资格终止和代表补选事项。区人大常委会组成人员29人出席会议。区政府、区监委、区法院和区检察院领导，区人大常委会办事机构和工作机构负责人列席会议。

【上城区十五届人大常委会第三十九次会议】 2021年4月30日，上城区十五届人大常委会第三十九次会议举行。会议表决通过补选代表资格和代表变动情况的审查报告，以及个别区人大代表资格终止事项。区人大常委会组成人员30人出席会议。区政府、区监委、区法院和区检察院领导，区人大常委会办事机构和工作机构负责人列席会议。

【江干区十五届人大常委会第三十六次会议】 2021年1月22日，江干区十五届人大常委会第三十六次会议举行。会议听取和审议区政府关于2020年度民生实事项目实施情况的报告，并进行满意度测评；审议江干区2019年度预算执行、其他财政收支审计查出问题整改情况和审计整改三年“回头看”工作情况报告；听取和审议区政府关于2020年环境状况和环境保护目标完成情况、“七五”普法决议贯彻落实情况的报告；表决通过关于个别代表的代表资格情况的审查报告、关于代表情况的审查报告，以及有关区人大代表辞职事项、有关市人大代表辞职及补选事项。区人大常委会组成人员31人出席会议。区政府、区监委、区法院和区检察院领导，区人大常委会办事机构和工作机构负责人，区政府办公室、区委组织部、区教育局、区民政局、区人力社保局、区住建局、区文广旅体局、区卫生健康局、区市场监管局、区城管局、区农居建管中心、江干交警大队负责人，区司法局、区审计局、江干生态环境分局全体班子成员，部分区人大代表列席会议。

【江干区十五届人大常委会第三十七次会议】 2021年4月16日，江干区十五届人大常委会第三十七次会议举行。会议通报“最美区人大代表”“最美区人大代表联络站”和优秀代表建议名单，并进行颁奖；表决通过有关区人大代表辞职和补选事项。区人大常委会组成人员31人出席会议。区政府、区监委、区法院和区检察院领导，区人大常委会办事机构和工作机构负责人列席会议。

【江干区十五届人大常委会第三十八次会议】 2021年4月30日，江干区十五届人大常委会第三十八次会议举行。会议表决通过关于个别代表的代表资格情况的审查报告、关于代表情况的审查报告，以及有关区人大代表辞职事项。区人大常委会组成人员30人出席会议。区政府、区监委、区法院和区检察院领导，区人大常委会办事机构和工作机构负责人列席会议。

【区人大常委会第一次会议】 2021年5月12日，区人大常委会第一次会议举行。会上，区委主要负责人作重要讲话；会议根据区人大常委会主任会议和区长提请，表决通过有关人事任命事项。区人大常委会为新任命的区政府组成部门负责人和区人大常委会办公室、各工委、各街道工委负责人颁发任命书，并举行宪法宣誓仪式。区人大常委会组成人员42人出席会议。区委、区政府、区监委、区法院和区检察院领导，区人大常委会办事机构和工作机构、区政府办公室及有关政府组成部门负责人列席会议。

【区人大常委会第二次会议】2021年7月2日，区人大常委会第二次会议举行。会议表决通过区人大常委会议事规则、2021年工作要点、代表资格审查委员会设立事项；根据区长、区监委主任提请，表决通过有关人事任免事项。区人大常委会为新任命的区政府组成部门、区监委负责人颁发任命书，并举行宪法宣誓仪式。区人大常委会组成人员37人出席会议。区政府、区监委、区法院和区检察院领导，区人大常委会办公室、各工委、各街道工委负责人及区政府办公室负责人列席会议。

【区人大常委会第三次会议】2021年7月29日，区人大常委会第三次会议举行。会议听取和审议区政府关于“十四五”规划纲要草案编制情况、2021年国民经济计划上半年执行情况、2020年度决算（草案）和2021年预算上半年执行情况、2020年度区本级预算执行和全区其他财政收支的审计工作等报告，批准2020年度决算；审议区政府重大投资项目监督暂行办法；根据区法院院长、区检察院检察长的提请，表决通过有关人事任免事项。区人大常委会组成人员37人出席会议。区政府、区监委、区检察院及区法院领导，区人大常委会办公室、各工委、各街道工委负责人及区政府办公室、区发改经信局、区财政局、区审计局负责人列席会议。

【区人大常委会第四次会议】2021年9月24日，区人大常委会第四次会议举行。会议表决通过关于开展第8个五年法治宣传教育和依法治区的决议、关于上城区人民代表大会换届选举的决定、关于设立杭州市上城区选举委员会的决定、关于湖滨等14个街道工委工作报告的决议；审议关于全区国有资产管理和区属国企改革情况的报告；根据区人大常委会主任会议和区法院院长提请，表决通过有关人事任免事项。区人大常委会组成人员32人出席会议。区政府、区监委、区法院和区检察院领导，区人大常委会办公室、各工委、各街道工委负责人及区政府办公室、区司法局、区财政局、上城规划资源分局负责人列席会议。

【区人大常委会第五次会议】2021年11月26日，区人大常委会第五次会议举行。会议审议和批准区政府关于2021年政府债务限额和调整预算方案；听取和审议区法院关于民事诉讼程序繁简分流改革试点工作情况的报告、区政府关于基层应急管理体系和能力建设情况的报告；根据区长、区法院院长、区检察院检察长提请，表决通过有关人事任免事项。区人大常委会为新任命的副区长、代区长颁发任命书，并举行宪法宣誓仪式。区人大常委会组成人员38人出席会议。区政府、区监委、区法院和区检察院领导，区人大常委会办公室、各工委、各街道工委负责人及区政府办公室、区财政局、区住建局、区应急管理局、上城消防救援大队负责人列席会议。

【区人大常委会第六次会议】2021年12月6日，区人大常委会第六次会议举行。会议表决通过区选举委员会成员辞职和补充任命选举委员会主任事项。区人大常委会组成人员36人出席会议。区政府、区监委、区法院和区检察院领导，区人大常委会办公室、各工委、各街道工委负责人列席会议。

（张华峰）

重大事项决定与任免

【重大事项决定】2021年，区人民代表大会会议表决通过《关于上城区人民政府（筹）工作报告的决议》《关于上城区2020年国民经济和社会发展计划执行情况及2021年国民经济和社会发展计划的决议》《关于上城区2020年预算执行情况和2021年预算的决议》《关于上城区人民代表大会常务委员会（筹）工作报告的决议》《关于上城区人民法院（筹）工作报告的决议》《关于上城区人民检察院（筹）工作报告的决议》6项决议，审查批准区政府（筹）、区人大常委会（筹）、区法院（筹）、区检察院（筹）工作报告和2021年预算、国民经济和社会发展计划报告6个报告，票决产生10件2021年政府民生实事项目，以公告形式向社会发布。区人大常委会会议表决通过关于批准上城区2020年度决算的决议，批准区政府2020年度决算；根据区政府提交的报告，表决通过关于批准2021年度区本级预算调整和政府债务限额调整方案的决议，结合实际调整区政府2021年度预算及政府债务限额；根据省委、市委、区委换届选举有关部署，表决通过关于杭州市上城区人民代表大会换届选举的决定，明确换届选举相关要求；根据全国、省、市人大常委会关于开展第八个五年法治宣传教育的决议精神，结合上城区实际，表决通过关于开展第八个五年法治宣传教育和依法治区的决议，助力推进新时代“法治上城”建设。

【人事任免】2021年，区人大常委会坚持党管干部与人大依法任免相统一，从严落实选举任命前法律考试和表态发言环节，为任命干部举行任命书颁发仪式，并组织宪法宣誓，强化宪法意识、法律意识、人民意识、监督意识。全年依法任免国家机关工作人员228人次，补选区人大代表6人。

（张华峰）

监督工作

【财政经济监督】2021年，区人大常委会认真审议区“十四五”规划和二〇三五年远景目标纲要编制情况，关心关注国资管理、国企改革、财源建设情况，支持助力玉皇山南基金小镇、杭州钱塘智慧城、丁兰智慧小镇等产业平台发展。围绕预决算审查和风险防控，依法听取审议计划、预决算执行和审计工作情况，制定重大项目和资金监督办法，批准政府债务限额和预算调整安排，开展“三位一体”监督、“指定监督”、参与式预算监督，保障全区经济规范有序运行。落实常态化新冠肺炎疫情防控工作，助力打赢疫情遭遇战阻击战，推动经济社会质量和效益提升。

【法治监督】2021年，区人大常委会实施宪法宣誓制度，弘扬宪法精神。扎实做好法治宣传，依法作出“八五”普法决议，推动形成崇法尚法社会氛围。加强依法行政监督，审议年度法治政府建设情况，开展“两高一低”（行政发案率高、行政纠错率高、行政负责人出庭率低）专项整治，依法审查规范性文件，确保各项工作纳入法治轨道。开展《中华人民共和国土壤污染防治法》《中华人民共和国文物保护法》《浙江省宗教事务条例》等执法检查，推动法律法规实施落地。审议民事诉讼程序繁简分流改革试点工作，听取“数智警务”和全民反诈、社区矫正工作情况，专题调研认罪认罚从宽制度落实情况，加强司法保障，维护公平正义。

【民生监督】2021年，区人大常委会推进民生实事项目监督，年度10件民生实事项目有序推进完成。专题视察亚运城市行动、安置房建设、老旧小区改造等重点项目推进情况，专项审议环境状况和环境保护目标完成情况，让更多改革发展成果惠及广大人民群众。聚焦宋韵文化、公共卫生服务体系建设、教育优质均衡发展、省食品安全示范区创建、居家养老服务、无障碍设施建设等群众切身利益问题，提出意见、建议，经审议讨论、形成稳妥的方式方法，切实解决问题，增进民生福祉。持续关注始版桥、红梅、荷花塘等未来社区建设，听取应急管理体系和能力建设、退役军人服务管理等情况，推动基层社会治理更精细、更智慧。

（张华峰）

人大代表工作

【代表换届选举保障】 2021年，区人大常委会把坚持党的领导、充分发扬民主与严格依法办事有机统一起来，最大限度激发和调动人民群众行使民主权利的积极性。科学安排选举流程，确保选举一次成功。全区190个选区、73万名选民依法选举产生上城区第一届人大代表338人，选民参选率95.3%，当选代表平均得票率92.5%，实现人民群众知情权、参与权、表达权、监督权全覆盖。

【代表履职渠道拓宽】 2021年，区人大常委会多举措拓宽代表履职渠道。落实人大常委会组成人员联系代表、代表联系群众制度，组织代表小组活动，举办“一府两院”工作报告会，支持和保证代表依法履职。优化“湖滨晴雨”、金秋花园社区等省市人大基层立法联系点，至年末，各人大基层立法联系点就40部法规条例提出意见建议1472条，其中被采纳94条，有效发挥立法民意“直通车”作用。

【代表履职能力增强】 2021年，区人大常委会进一步增强代表履职能力。组织开展代表培训，提高代表政治素养、业务能力，提升建言献策依法履职水平。创新推出进联络站、进街道议事平台、进街社矛调中心及为群众解决民生小事、为基层提好治理建议、为中心化解矛盾纠纷的“三进三为”活动平台。将370名区人大代表按区域、专业、特长、结构等进行分层分类，组建医疗代表、教育代表、工程代表等36个专家库。深入基层参与协商议事，帮助居民解决民生实事324件，化解基层矛盾245个，相关经验做法被《浙江日报》及省、市人大信息刊物刊载。落实代表活动经费保障，为代表订阅《中国人大》杂志、《人民代表报》、《杭州日报》等学习资料，保障代表知情知政权利。

（张华峰）

上城区人民政府

综　述

【概况】 2021年，区政府坚持以习近平新时代中国特色社会主义思想为指导，全面学习贯彻中共十九届六中全会精神和习近平总书记对浙江、杭州的重要指示批示精神，统筹推进新冠肺炎疫情防控与经济社会发展，发挥上城区、江干区两区融合效应，完成区人民代表大会确定的目标任务。全区地区生产总值2417.51亿元，比2020年增长7.2%，其中，服务业增加值1812.85亿元，增长7.8%。财政总收入377.79亿元，增长5.8%，全年财政收支平衡。社会消费品零售总额976.9亿元，增长10.6%。新增上市企业11家，增量居全省第一。“三圈三街”实现营业收入272.3亿元。全区落地亿元以上产业项目165个，居全市第一。年内，研究与试验发展投入经费支出增长12.7%，新增发明专利947件、国家高新技术企业160家，新建院士、专家工作站3个，新引育市级以上领军人才30人。

【政府信息公开】 2021年，上城区以政务公开促落实、强规范、补短板、优服务，提升信息公开工作水平。制定《区政府办信息公开工作处理程序》，规范依申请公开工作，全年全区受理政府信息公开申请372件（含上年度结转4件），依法答复362件，其中涉及行政复议14件、行政诉讼18件。完成区规范性文件数据库建设，持续推进新冠肺炎疫情防控、重大建设项目批准和实施、“六稳”、“六保”、民生实事等专题政府信息公开。全年区政府门户网站主动公开各类信息6636条，其中政策文件189条；区政务新媒体发布信息2.25万条。以紫阳街道上羊市街社区为试点，推进政务公开专区建设向社区延伸。加强公开电话接听和统一咨询投诉结果公开度，主动接受群众监督。

> **资料**
>
> **“六稳”“六保”：**“六稳”指稳就业、稳金融、稳外贸、稳外资、稳投资、稳预期；“六保”指保居民就业、保基本民生、保市场主体、保粮食能源安全、保产业链供应链稳定、保基层运转。

【行政效能提升】 2021年，上城区完善《政府工作规则》，优化区、街道两级财政体制，形成全区“一盘棋”工作推进机制，确保各项任务有序开展。推进政策融合，制定实施经济、科技、城建、文化、民生等领域政策88项。加强政府团队融合，强化“赛马比拼”机制，凝心聚力、争先创优，推动政府工作高效运转。年内，政府数字化转型向纵深推进，浙政钉2.0应用迁移全面完成，街道驾驶舱集约化全覆盖。

【政务督查】 2021年，上城区以项目化清单形式，围绕政府重大决策、重要工作部署，开展生态环境、重点指标、新冠肺炎疫情防控、省委“巡回式”整改等方面督查，完成各类督导检查261次，形成各类报告、通报55篇，各项政府工作得到落实。推动民生实事智慧地图管理系统区县落地，获全市民生福祉行动考核第二名。加强领导批示办理工作，319件省市领导批示、166件区主要领导批示按期办结。

【建议提案办理】 2021年，区政府办理省人大代表建议1件、省政协提案1件，办理市人大代表建议4件、市政协提案2件，办理区人大代表建议1件、区政协提案9件。所有建议提案在规定时间内办理完毕，办结率、面商率、满意率均100%。

（潘建强）

【涉外服务】 2021年，上城区做好新冠肺炎疫情期间外国人到华入浙服务工作，落实属地管理职责，有序做好到华入浙“快捷通道”申办，为区内重要产业链和高新科技企业高级管理人员和员工等复工复产人员提供签证协助与入境便利。通过指导企业申报、严格审核材料、完成在线预申报、对接上级部门等措施，确保复工复产人员应返尽返，尽快投入工作。协助办理入浙签证邀请函，涉及11个国家、22批次、40人。开启新常态管理，及时调整出国计划，根据不同阶段新冠肺炎疫情防控情况，实施分类管理。对非紧急任务团组劝导推迟或取消出访，对紧急必须出访任务给予支持。

（赵琦慧）

【10件民生实事项目完成】 2021年，经区人民代表大会票决，确定“‘畅行亚运’道路建设、无障碍设施改造项目”“‘美好教育’校园安全健康服务及校舍建设项目”等10件实事为2021年上城区民生实事项目。区政府坚持以人民为中心的工作导向，聚焦群众“急难愁盼”问题，将民生实事项目作为贯穿全年工作的重点，第一时间对各项目进行任务分解，明确牵头领导、责任部门和配合部门，建立“纵向到底、横向到边”“主要负责人亲自抓、分管负责人具体抓、业务科室组织实施”工作推进机制。区财政优先安排、调度，全区投入资金61.22亿元，其中区财政投入29.55亿元。将民生实事项目纳入全区综合考评体系，采取全程跟踪督办和重点专项督办相结合，定期、不定期开展督查，针对督查中发现的问题，区政府领导多次深入工作一线，调研民生实事项目进展情况，现场指导协调项目、推进难题化解。各责任单位主动作为，积极研判，创新工作方式方法，推进工作进度。至年末，全区10件、38项、1459个民生实事工程全部完成。

（潘建强）

2021年上城区10件民生实事项目及其落实情况

表6

实事项目名称	完成情况	完成度
“畅行亚运”道路建设、无障碍设施改造项目	20条地铁沿线道路、40条市政道路均实施整治、修缮；全年新增公共停车泊位1369个，改造公共场所无障碍设施点位4193处	超额完成

续表6

实事项目名称	完成情况	完成度
"美好教育"校园安全健康服务及校舍建设项目	122个阳光食堂、48个校园心理健康服务站、83处校园智能安防设施、170个校园治安警务室建成投用；学校（幼儿园）开工5所、改建2所、建成10所	足额完成
"安心乐居"回迁安置项目	安置房项目开工1个、700套，续建39个、2.5万套，竣工16个、1.05万套，其中11个项目、7372套完成交付；累计回迁安置相关项目居民3809户	超额完成
"品质宜居"老旧小区综合改造提升、既有住宅加装电梯项目	开工老旧小区综合改造提升项目86个、291万平方米，其中竣工56个项目、156万平方米；完工既有住宅加装电梯153台	超额完成
"幸福颐养"居家养老服务项目	4个居家养老服务中心建成投用，10个社区康养驿站提升改造完成，4个康养联合体打造完成，218户困难老人家庭适老化改造实施到位；新增养老机构床位351张	超额完成
"阳光宝贝"婴幼儿照护服务项目	新增婴幼儿照护服务托位250个；新增普惠型婴幼儿照护服务机构2家；新增社区婴幼儿成长驿站23个，其中示范型成长驿站14个；开展婴幼儿照护培训56场	超额完成
"舒心就医"基层卫生医疗设施提升项目	笕桥社区卫生服务中心等5个社区卫生服务中心、西牌楼社区卫生服务站等8个站所相继完成目标任务，湖滨社区卫生服务中心等14家基层医疗机构完成传染病规范化专用诊室和隔离观察室设置	足额完成
"文体惠民"公共设施、绿道建设项目	2家杭州书房、2个百姓健身房、1个社区多功能运动场、2个足球场、1座体育公园建成；皋亭山主线绿道沿山段等7条（段）21.2千米绿道建成	足额完成
"安全筑基"微型消防站提升、电动自行车充电桩（口）运维升级项目	95个社区微型消防站（应急管理服务站）完成硬件建设，达标提级；优化电动自行车充电桩口2.12万个，新增充电桩口8522个，新接入数字化管控平台充电桩口1.19万个	超额完成
"全民反诈"集中治理电信网络诈骗项目	电信网络诈骗发案4959起，比2020年下降15.41%；告破8件金额100万元以上诈骗案件	足额完成

2021年上城区人民政府重要文件题录

表7

文　号	发文日期	文件标题
上政办函〔2021〕7号	2021-07-05	杭州市上城区人民政府办公室关于印发上城区高水平推进交通强国示范区（交通治堵及综合交通）建设工作方案的通知
上政办函〔2021〕8号	2021-07-22	杭州市上城区人民政府办公室关于印发上城区政府投资数字化项目管理办法的通知
上政办函〔2021〕19号	2021-09-27	杭州市上城区人民政府办公室关于印发杭州市上城区人民政府质量奖评审管理办法的通知
上政办函〔2021〕27号	2021-12-16	杭州市上城区人民政府办公室关于公布上城区政府行政规范性文件清理结果的通知
上政办函〔2021〕29号	2021-12-24	杭州市上城区人民政府办公室关于印发上城区高质量推进普惠托育服务体系建设实施办法的通知
上政办函〔2021〕30号	2021-12-24	杭州市上城区人民政府办公室关于印发上城区完善计划生育特殊家庭扶助制度实施办法的通知
上政办函〔2021〕31号	2021-12-30	杭州市上城区人民政府办公室关于印发《关于推动区域经济高质量发展加快建设一流国际化现代城区的若干意见》等文件的通知

续表7

文　　号	发文日期	文件标题
上政办函〔2021〕32号	2021-12-31	杭州市上城区人民政府办公室关于公布上城区政府行政规范性文件清理结果的通知
上政函〔2021〕48号	2021-12-31	杭州市上城区人民政府关于印发《上城区人民政府行政复议员任命办法》的通知
上政办函〔2021〕33号	2021-12-31	杭州市上城区人民政府办公室关于印发杭州市上城区行政机关合同管理办法的通知

区政府重要会议

【行政区划调整前区政府常务会议】2021年，上城区召开区政府常务会议15次，其中，行政区划调整前，上城区召开3次，江干区召开4次。

1月15日，上城区政府召开第五十四次常务会议。会议研究2021年《政府工作报告（审议稿）》《2020年区政府民生实事项目完成情况和2021年区政府民生实事候选项目形成情况的报告（审议稿）》，贯彻执行《关于实施上城区第七个法治宣传教育和依法治区五年规划（2016—2020年）的决议》《杭州市上城区国民经济和社会发展第十四个五年规划和二〇三五年远景目标纲要草案（讨论稿）》《上城区2020年国民经济和社会发展计划执行情况及2021年国民经济和社会发展计划草案》，以及2021年上城区建设项目计划情况、《上城区2020年预算执行情况和2021年预算草案》等事宜。

3月9日，上城区政府召开第五十五次常务会议。会议研究《关于完善招商引资工作机制的指导意见（审议稿）》，全区安全生产形势及贯彻落实全国、省市安全生产电视电话会议精神情况，《关于进一步明确政府投资建设项目工程变更管理的通知（审议稿）》，《上城区直接发包和邀请招标特殊项目认定程序（审议稿）》等事宜。

3月26日，上城区政府召开第五十六次常务会议。会议研究《关于建立健全行政复议应诉监督指导五项机制的通知（审议稿）》《上城区全省婚俗改革试点工作实施方案（审议稿）》《上城区油烟、噪声污染治理工作方案（审议稿）》《上城区环境卫生整治提升工作方案（审议稿）》等事宜。

1月27日，江干区政府召开第五十九次常务会议。会议研究兑现“三减”联动政策第一批财政补助资金、杭州钱塘智慧城信息智能省级高新技术产业园创建工作、春节期间新冠肺炎疫情防控和留杭外来务工人员关心关爱工作等事宜。

2月26日，江干区政府召开第六十次常务会议。会议研究全区经济工作会议筹备工作事宜。

3月12日，江干区政府召开第六十一次常务会议。会议研究全区城建城管工作会议筹备工作、省网络监管与服务示范区创建和总体方案起草、签订合作办医补充协议等事宜。

3月31日，江干区政府召开第六十二次常务会议。会议研究2021年全区一季度安全生产（消防工作）形势，“美丽江干”创建暨“迎亚运”城市环境大整治、城市面貌大提升专项行动工作开展情况，《江干区基层统计网格化管理工作实施意见（审议稿）》等事宜。

【行政区划调整后区政府常务会议】2021年，上城区召开区政府常务会议15次，其中行政区划调整后召开8次。

5月31日，区政府召开

第一次常务会议。会议研究《杭州市上城区人民政府工作规则（审议稿）》、《杭州市上城区人民政府会议程序规范（审议稿）》、《上城区政府财经工作联席会议制度（审议稿）》、《上城区政府规划土地和数字管理工作联席会议制度（审议稿）》、参与组建长三角主要城市中心城区高质量发展联盟等事宜。

6月30日，区政府召开第二次常务会议。会议学习《防范和惩治统计造假弄虚作假相关规定解读》；研究防范和惩治统计造假、弄虚作假专项工作，相对集中行使行政处罚权公告等事宜。

7月28日，区政府召开第三次常务会议。会议研究上城区2021年国民经济计划上半年执行情况、《杭州市上城区国民经济和社会发展第十四个五年规划和二〇三五年远景目标纲要草案（审议稿）》、《上城区政府2021年度重大行政决策事项目录》等事宜。

8月23日，区政府召开第四次常务会议。会议研究《上城区进一步减轻义务教育阶段学生作业负担和校外培训负担实施方案（审议稿）》制定情况和规范全区民办义务教育发展情况等事宜。

9月10日，区政府召开第五次常务会议。会议学习《中华人民共和国安全生产法》；研究《上城区创建浙江省网络市场监管与服务示范区总体方案（审议稿）》《上城区人民政府质量奖评审管理办法（审议稿）》等事宜。

10月14日，区政府召开第六次常务会议。会议研究市对区综合考评1—8月进展情况、创建省食品安全示范区情况、《上城区党政领导干部食品安全责任清单（审议稿）》、《上城区村级留用地管理办法（审议稿）》制定情况等事宜。

11月4日，区政府召开第七次常务会议。会议学习《浙江省数字经济促进条例的解读》；研究《关于加强政府投资项目监督管理的若干规定（审议稿）》《上城区市容环境卫生责任区制度（审议稿）》《上城区高端商务人才引育实施办法（审议稿）》等事宜。

12月22日，区政府召开第八次常务会议。会议学习《学习贯彻新预算法及条例依法加强财政预算管理》；研究《杭州市上城区重大行政决策程序规则》《杭州市上城区行政规范性文件管理办法》《杭州市上城区行政机关合同管理办法》制定情况、杭州市上城区人民政府行政规范性文件清理结果、《上城区街道财政结算体制实施方案》制定情况等事宜。

（潘建强）

应急管理

【概况】 2021年，上城区以“大安全、大应急、大减灾”的基层应急管理格局落实应急管理保障工作。按照“统一指挥，协同作战，分级负责”的原则，建立、健全应急组织机构，打造以综合救援为主体、专业救援为支撑、社会救援为补充的应急救援队伍体系，统筹推进应急救援力量建设，形成“1+240+2+7”应急救援队伍。区应急管理局、上城消防救援大队通过加强业务指导、分级培训、训练演练和使用调度，完善各类应急预案，开展实战演练等训练，不断提高应急救援实战能力，促进国家队、专业队和民间队应急救援力量的融合与补充，基本实现应急队伍快速响应、资源共享、协调联动，在预防和处置各类突发事件中发挥重要的作用。

资料

“1+240+2+7”应急救援队伍：“1”指1支专业消防应急救援队伍，为上城消防救援大队；“240”指240支防汛防台应急队伍，有成员7586人；“2”指2支非专业森林消防队伍，有成员40人；“7”指7支民间社会应急救援队伍，为上城区赛孚救援队、上城区蔚蓝应急救援服务中心、上城区蓝天救援队、上城区红十字海豚应急救援队、浙江仁泽救援基金会救援队、上城区睦田应急救援中心、上城区民安公益救援中心，有成员300多人。

【区级应急指挥中心建设】2021年，上城区应急指挥中心延续应急指挥系统“一张网”和“一盘棋”整体架构，整合现有智慧安监、智慧消防、智慧电梯、智慧工地、智慧城管、“平安365”、“湖滨智芯”及可视化指挥等设施，推进单兵、布控球、无人机等移动监控手段的应用，实现安全生产、自然灾害等突发事件的源头管控、过程监测、预报预警、应急处置。依托“钉钉”、视联网等途径实现与省、市及全区14个街道所有社区的可视化联通，实现系统联通和可视化监控全覆盖，打造高效、协同、科学的应急指挥调度系统，提升城市运行安全水平，实现资源信息共享共治、综合研判、整合利用，做到全域同步预警、协同快速处置、闭环整改销号。

【基层应急管理体系创新】2021年，上城区按照“统一指挥、综合协调、分级负责、防救结合、运转高效”的基础应急管理工作要求，理顺区、街道、社区（村）应急管理体制机制，强化安全防范治理、应急救援处置、自然灾害防御等整体功能，健全权责统一的基层应急管理责任制。在全市率先制定并实施《关于加强基层应急消防管理体系和能力建设的实施意见》，整合全区各街道、社区（村）安全生产、应急管理、消防安全等相关职能，建立街道应急消防管理委员会、街道应急消防管理站、社区（村）综合应急和消防救援站、小区综合应急和消防救援点和片区安全网格员五级基层应急管理体系。通过体系化建设，实现跨部门、跨行业、跨层级的业务协同、指挥调度和信息共享，最大限度保护人民群众生命财产安全。

【基层应急管理服务站建设】2021年，区应急管理局发挥牵头抓总作用，协同上城消防救援大队、各街道办事处、管委会，整合各社区微型消防资源，投入资金600多万元，从人员优化、装备升级、机制健全、管理强化等方面入手，重点改造提升30个示范型社区微型消防站（应急管理服务站），巩固65个规范型社区微型消防站（应急管理服务站）。每个站点配备专职队员6～9人，实行“准军事化”管理、24小时备勤制度。建立站点党组织，提升基层应急处置合力，建强灭火作战最小单元，重塑整合相关业务职能，将安全检查、安全巡查、消防检查、突发事件和火灾的先期处置、应急演练、宣传教育和值班值守等10多项职责纳入工作范围，实现日常巡查、宣传体验和“救早灭小”等应急处置“一体化”。加强基层应急管理服务站与消防、城管、公安、应急、物业保安、民间救援力量等资源的有效联动协作，持续完善相互补充、就近救援、“救早灭小”、处置高效的“大应急”救援体系。

【应急值守与信息分级流转】2021年，上城区落实24小时应急值守制度，统筹信息研判流转处置。按照“早发现、早报告、早控制、早解决”的要求，及时处置各类突发事件，力求将突发事件造成的影响和损失降到最低。明确紧急突发事件应急响应处置流程，实现上报、研判、流转、处置闭环管理，减少多层级上报信息导致的延误和信息失真，提高各类信息处置效率，为领导决策部署提供更高效的依据和参考。整合公安、城管、交警等视频资源8万余路，深化与街道“小脑+手脚”基层治理手段的联动，实现110、119、

120信息的互联互通、资源共享共用，形成信息第一时间告知、处置第一时间布置、队伍第一时间联动的全链条处置机制。

【突发事件应对处置】 2021年，上城区建立以区应急指挥中心为枢纽的紧急信息接收、响应、流转、处置机制。贯通区、街道两级应急指挥平台，建立完善区、街道、社区三级应急处置联动响应机制。依托区公安分局巡特警大队的警察机动部队、上城交警大队下属交警中队、区综合行政执法局下属各街道执法中队等建立应急救援机动队，将安全生产、防汛防台、防灾减灾等职责纳入日常工作巡逻范畴，与街道应急消防管理站、社区综合应急和消防救援站协同工作，提升应急处置能力。全年区级综合性救援队伍、街道专职消防队达标率、执法装备和应急器材规范配备率、重点风险隐患精密智控率均100%，确保突发事件第一时间发现报送、第一时间响应、第一时间有效处置，建成“1分钟接警、3分钟出动、5分钟启动处置”的“135”快速应急处置圈，实现区—街道—社区三级应急处置力量无缝衔接。全年第一时间有效处置地铁施工突发事件、汛情和火灾警情等175起，其中快速有效处置“7・4”杭州绕城高速丁兰段29吨氯丙烯泄漏事件、“9・7”地铁9号线钱江路站天然气管道挖破燃气泄漏事件，均未造成人员伤亡、环境污染和社会负面舆情。

【应急预案体系建设】 2021年，上城区为精准提升全区应对突发公共事件的能力，最大程度地预防和减少突发公共事件的发生及其造成的损害，根据《杭州市突发公共事件总体应急预案》，由区应急管理局统筹安全生产、自然灾害、公共卫生和社会安全应急预案体系的管理，建立由1个突发事件总体预案、35个专项预案及1份《应急简易操作手册》组成的“1+35+1”的应急预案体系。修订《杭州市上城区突发公共事件总体应急预案》，对突发事件的组织指挥体系及职责、运行机制（监测预警、应急准备、后期处置、信息报告）、应急保障、监督管理和分预案管理予以规范，同时开展《上城区防汛防台抗旱应急预案》等区级专项应急预案修编，覆盖防汛、地质、气象、生产、危险化学品、建筑施工、公共卫生、食品、交通、通信等领域。在修编应急预案的同时，同步制定应急预案操作手册，明确应急指挥机构成员单位职责、工作程序、应对措施等，增强预案可操作性和实用性。

【应急演练】 2021年，上城区安全生产委员会办公室指导协调各街道和职能部门突出实战，围绕防汛防台、防震减灾、燃气泄漏、消防、

2021年9月2日，上城区在地铁6号线二期枸桔弄站开展运营突发事件综合应急演练 （区应急管理局 供稿）

轨道交通运营突发事件等重点领域开展应急演练。全年先后组织应急演练25次，部门协同能力、快速反应能力和现场处置能力进一步提升。同时，区应急管理局重点对中小学、幼儿园等人员密集场所的应急疏散演练进行现场指导。通过各类综合演练、专项演练，各单位实地检验，从中发现不足、积累经验，对预案进行优化，强化应急处置能力，促进辖区安全稳定。

【防汛防台工作】2021年，上城区针对防汛防台工作，落实防汛行政首长负责制和岗位责任制，实行“区领导包街道（管委会）、街道包社区（村）、社区（村）包户到人”，形成横向到边、纵向到底的责任体系。及时更新调整各防汛防台行政责任人，组织社区（村）划定防汛防台责任制网格，明确网格责任人，全区落实防汛行政责任人227人、各类基层责任人1130人。上城区防汛防台抗旱指挥部办公室牵头协调各街道、部门落实汛期、台风期等防汛防台重点时段，以及馒头山、玉皇山、杭州第三福利院边坡等地质灾害重点区域的防汛检查，加强对地下空间、城市易涝点、在建工地、危旧房、客运中心、地铁站等重点区域的防汛隐患排查督查，实施防汛问题隐患“发现、交办、整改、督查、销号”全过程闭环整改。出动检查4064人次，处置隐患650多个。强化危房监测监控，全区有危房点位8个，涉及住户519人。落实专业单位进行24小时动态监测，全部完成“浙江安全码”赋码工作，确保预测预警到位，实现对人员转移的精准管控。落实防汛基础保障，加强应急预案体系的完善和应急救援队伍、物资保障，全区设立各类应急救援物资储备中心（物资仓库）22个、紧急避难场所144个、避灾安置点203个，备有各类应急救援物资6.75万件，各类防汛防台应急队伍240支、7586人。运用区应急指挥中心可视化系统设备进行全覆盖空中巡查，并与地面网格专员地面巡逻相结合，提升防汛巡查工作效率。推进基层防汛人员应对措施及应急处置能力培训，开展全区防汛防台责任人培训，提升基层一线防汛防台和应急处置能力，培训4223人次。针对梅汛期可能诱发各种险情，加大宣传力度，发布防汛科普小常识，出动微型巡逻车165次，发布预警提示短信160多万条、风险共享提示单27份，提高群众对防汛知识的了解度，提高居民自我保护能力。7月抗击台风“烟花”期间，转移安置人员3.23万人。其中，各类工地人员3.17万人（含区属工地人员1.80万人），18处危旧房在内的各类房屋人员595人。9月防御台风“灿都”期间，出动巡查人员1.02万人次，检查点位2038个，排查整改隐患数1518处，加固补撑树木1350多株，落实易积水点“一点一方案”。

【森林防灭火工作】2021年，上城区森林防灭火指挥部围绕重点路线、重点区域，开展森林防灭火工作。牵头组织丁兰街道、村社工作人员、巡山护林员及消防专员开展森林防灭火安全隐患排查，排查隐患33个，并制定隐患整改清单，逐一落实“销号”整改。强化对皋亭山景区各场馆消控设施、上山游步道、入山口的安全巡查，加强野外火源管控，在每个入山口安排专人开展火源检查。利用现有应急联动力量，建立“110联动、微型巡逻车、巡山护林员、森林消防员、应急指挥平台”应急联动一体工作模式，形成联防合力。强化队伍日常训练，经常性开展森林消防实战演练，提升森林消防队伍应急响应、指挥调度、协同配合和综合扑救能力。通过利用入山口7套智能语音播报系统和3块户外大屏滚动播放安全提示语、宣传片，制作张贴禁火令，放置宣传牌，悬挂横幅和标语等方式，普及安全用火常识，提高公众森林防灭火意识。

【抗雪防冻工作】2021年，上城区围绕“保畅通、保树木、保安全、保供应、保民生”的工作目标，立足抗大雪、防大灾、抢大险，全面做好抗雪防冻各项准备工作。及时开展抗雪防冻安全隐患排查，重点对广告牌、在建工地、绿化、外挂式设备、雨棚、户外水管、危旧房、人行天桥、地质灾害风险防范区等重点部位（场所）开展排查。其中，对15处易结冰点落实“一点一方案”；对28处不停工的区管工地督促落实露天作业场所防雪、防滑、防冻工作措施，加强工人宿舍用房及取暖、电器设备等安全检查。年内开展抗雪防冻工作期间，出动巡查人员2566人次，检查点位2248处，加固易倒伏树木8株，清除各类积雪点356个，铺设使用草包1874只，出动抢险车辆45辆、山猫扫雪车8台、斜角清扫器2台、手推式除雪机10台。落实物资装备检查，全区有抗雪防冻应急队伍18支、1152人，各类机械设备、其他轻型运输车辆，人工推雪板、铁锹、扫帚等人工清雪物资，麻袋、草包等防滑物资；照明设备、融雪剂、工业盐等抗雪防冻物资装备储备充足，并保持值班值守期间人员在岗在位。加强警示宣传，发送各类抗雪防冻信息30多万条。

【应急宣传教育培训】2021年，上城区开展应急宣传教育培训，拓展居民群众参与公共安全治理渠道。4月，区应急管理局与区应急救援大队（公羊会）协商签订上城应急共建协议书，整合资源，创新机制，提高社会参与能力、全民安全素质和社会整体安全水平。在有条件的社区和工业园区设立“应急学堂”，整合消防安全体验馆、生命安全体验馆、交通安全宣教体验馆、生活安全科普馆四大应急体验馆22个，强化区应急管理局与学校、社区联动，运用声光电演示、实物实景体验、智能互动等技术，向居民群众和企业职工提供安全知识和应急常识培训，推动身边的场景，传递身边的安全知识。聘请第三方为企业提供社会化服务，建立机关干部结对联系企业制度，推动企业风险辨识防控、隐患排查治理等工作。

【综合减灾示范社区创建】2021年，上城区按照《国家减灾委员会关于加强城乡社区综合减灾工作的指导意见》和《全国综合减灾示范社区创建管理暂行办法》，推进综合减灾示范社区创建工作。创新社区减灾工作方法和途径，组织社区居民开展防灾应急救援综合演练、避灾场所疏散救助演练等活动，社区居民参与防灾减灾的积极性增强。年内，九堡街道九华社区被评定为2020年度全国综合防灾减灾示范社区，彭埠街道杨柳郡社区被评定为2021年度省级综合减灾示范社区。全区创建国家级综

2021年12月，浙江师范大学附属丁蕙实验小学灾害体验馆被认定为省防震减灾科普教育基地 （区应急管理局 供稿）

合减灾示范社区17个、省级综合减灾示范社区11个。

【避灾安置场所规范化建设】 2021年，上城区以《避灾安置场所建设与管理规范（试行）》标准为基础，开展避灾安置场所规范化建设。对避灾安置场所的标识牌制作、功能分区、配套设施、救灾物资储备及物资储备协议等进行规范，实现避灾安置场所“标准化建设、规范化管理、长效化运作”的基本要求。完善避灾安置场所启用、入住登记、生活救助、人员回迁等工作流程，健全避灾安置场所准入登记、安全管理、预案管理、日常管理、责任追究等管理制度，提升应对自然灾害的整体防御能力和突发公共事件的应急处置能力。全年全区设立避灾安置场所203个，完成2个区（县）级、14个街道级、130个社区级避灾安置场所的规范化、可视化建设，实现区、街道、社区三级规范化率72%。

（吴　盈）

消防管理

【概况】 2021年，上城区消防工作由上城消防救援大队和江干消防救援大队共同承担，全区消防救援人员努力保持火灾形势和队伍管理“两个稳定”，实现发展质量和综合能力“两个提升”，完成新冠肺炎疫情防控、两会安保、庆祝中国共产党成立100周年安保等重大消防安保任务。全区有近江、湖滨、鼓楼、复兴、景芳、艮山、闸弄口、七堡、九堡、笕桥10个消防救援站。全年接警出动2935起，抢救疏散被困人员201人，抢救财产价值108.07万元。其中火警624起，成灾火灾153起，直接财产损失281.96万元，过火面积667.7平方米，受灾193户，受伤5人，死亡1人。

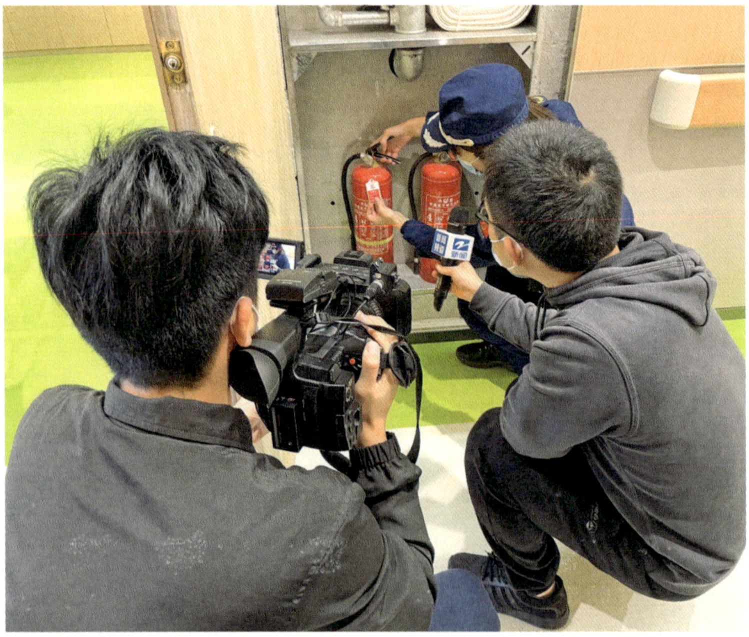

2021年11月16日，上城消防救援大队联合浙江电视台到中信养老服务有限公司开展消防隐患排查　（上城消防救援大队 供稿）

【火灾隐患专项治理】 2021年，上城区全面夯实基础、整治隐患、补齐短板，努力改善辖区消防安全环境，提升社会火灾防控能力。围绕三年行动等整治攻坚行动和隐患督办“闭环机制”，以及居住小区消防安全治理、“平安护航建党百年”消防安全隐患大排查大整治、高层建筑消防安全综合治理、电动自行车消防安全隐患综合整治、大型商业综合体消防安全专项整治、深化消防安全“遏较大火灾、控小火亡人”等专项领域，开展火灾隐患专项治理。消防部门联合应急管理、公安、住建、教育、文广旅体、商务、市场监管等部门，对高层建筑、老旧小区、商场市场、沿街店铺及合用场所、出租房、母婴照料机构、技术服务机构、校外培训机构、密室逃脱等场所开展消防安全治理。全年监督检查单位7854家，发现隐患2162处，整改完成2119处，发出责令改正通知书1634份，临时查封129家，责令“三停”（停产停业、停止使用、停止施工）单位107家，行政处罚518家，罚款557.96万元，拘留30人，处理举报投诉件1084件，新增市级挂牌重大火灾隐患单位5家，区级挂牌重大火灾隐患单位12家。江干消防救援大队研究制定“一审二标三防四色五机制”居民自建房消防安全长效管理机制，提请区政府牵头开展横塘社区综合整治，拆除违章建筑608户，清理违规住人商铺209家，整改私拉乱接电线191处，打造共同富裕示范区横塘试点。

资料

“一审二标三防四色五机制”：“一审”即房东自查、社区核查后审核准入。“二标”即制定场所消防安全标准、治安标准。“三防”即明细职责分工，加强宣传教育，加强排查落实人防；安装互联式烟感、气感落实智防；设置防火隔离墙、逃生通道、防盗窗落实技防。“四色”即对场所根据隐患情况进行黑、红、黄、绿四色挂牌。“五机制”即网格包干制、闭环管理制、固定安全日制、协同配合制、督查奖惩制，形成链条式消防安全保障体系。

【微型消防站建设】2021年，上城区消防部门与区应急管理局完成辖区社区微型消防站的提档升级，配强配齐人员器材装备，增配汽油微型消防车16辆、巡逻电动车110辆。坚持以每周检查拉动、上门服务培训、年度全员轮训、演练比武等形式，提升社区微型消防站扑早灭小能力。开展防消联勤，消防站指战员深度参与孤寡老人“敲门守护”、打通生命通道、沿街店铺检查等行动，推进防火灭火工作共促推进。完善区级应急救援、防汛等预案，开展多部门联合演练，发挥应急救援主力军作用。推广“智慧消防”设备，打造智慧消防2.0系统，会同公安部门推进“智慧安防”小区建设，将“智慧消防”纳入各级社会治理范畴，提升消防工作科技化水平。上城消防救援大队发挥“智慧消防”监控联动平台作用，围绕应急处突、巡逻检查和消防宣传等中心工作建强街道中心微型消防站，实现31个中心微型消防站“1公里应急处置”全域覆盖。至年末，有2.3万个联网式烟感联入平台，“三色预警”检查管控单位9952家，累计排查7.20万次。年内，上城消防救援大队利用平台每天对各微型消防站随机点名3次，提升智能动态管理水平。全年微型消防站队员开展宣传巡逻1.14万次，接受调度3674次，发生火灾到场102次，参与处置36次，微型消防站应急处突能力逐步提高，有效保护人民群众生命财产安全。

【消防安全重点单位标准化管理】2021年，上城区以提升单位自主管理水平和火灾防控能力为目标，实施消防安全重点单位标准化管理。对929家消防安全重点单位开展全面体检，尤其是639个人员密集场所，检查率100%。从软件制度、硬件设施到微型站配备做进一步规范要求，同时在重点单位推广安装技防措施。通过整治，重点单位消防安全“四个能力”（检查消除火灾隐患的能力、扑救初期火灾的能力、组织疏散逃生的能力、开展消防宣传教育的能力）建设、安全岗位职责落实、消防设施完好情况、宣传教育培训开展情况等重点工作得到明显提升，单位消防安全主体责任有效落实，全年重点单位没有火灾发生。

【消防安全知识普及宣传】2021年，上城区多举措推进全民消防安全知识普及宣传。依托杭州消防便民服务平台，结合“大巡讲”活动、“百万员工大培训”活动及线上线下推广宣传，发动特定对象扫码答题进行“消防蓝码”

2021年9月3日，上城消防救援大队在杭州市欣欣幼儿园开展消防知识培训　　（上城消防救援大队 供稿）

测试学习，实行差异化培训，有11万余人通过答题系统取得“消防蓝码”。通过“入户式”“体验式”“警示式”“提示式”“曝光式”消防宣传培训措施，对普通社区居民、出租房业主和承租人、鳏寡孤独等重点人群，分类实施培训。通过张贴宣传资料和火灾案例警示教育，提醒居民“飞线充电”“推车上楼”“电池上楼”的危害性。采用合理分配内部宣传力量和购买社会宣传资源形式，开展辖区重点单位培训。联合省市主流媒体拍摄、播放消防科普宣传片、消防新闻、消防小实验、隐患曝光合集，推出青少年沉浸式消防互动体验栏目《校园消防微课堂》，深化社会化消防宣传实践活动。利用影院、KTV、宾馆、酒店播放公益短片，在单位、社区张贴海报，全方位普及消防安全意识。全年举办消防讲座380多场，面向辖区企事业单位、学校、社会单位等开展消防演练250多场、消防培训440多场，印制、发放、张贴各类宣传资料20万余份；消防车巡逻宣传覆盖676个小区，广播居家消防安全提醒17.1万次，重要时段推送微信消防提示2300多条，发送消防知识短信24万余条，曝光隐患单位70多家。

（陈钧文　马杭燕）

【依规执法服务】2021年，上城区消防部门完善区消防安全委员会运行机制，落实每月督查、每季度例会、每季分析研判和联合执法、定期通报考核、警示约谈5项工作制度。创建消防安全委员会办公室实体化人员“回头看”制度。通过“钉钉”建立大队和队站防消联勤新机制，探索先行防火干部带班跟学，提升指战员对建筑消防设施的操作水平。提升政务服务水平，窗口综合办理时限比法定办理时限缩短40%以上，全年受理公众聚集场所投入使用、营业前消防安全检查279家。加强对社会单位和社会服务机构的信用监管，将技术服务机构服务质量作为日常检查内容，与市场监管部门建立合作机制，营造良好的消防执法营商环境。规范开展政务信息公开，全年主动为15家企业修复信用并向社会公示，检查消防技术服务机构32家，处理信息公开件42起。上城区执法质量考评前三季度排名全市第二，未出现重大执法劣质案件，未出现行政复议、行政诉讼等执法风险。

（马杭燕）

政务服务与公共资源交易

【概况】2021年，上城区以打造与共同富裕典范城区相适应的一流政务服务平台为目标，以全省政务服务示范大厅建设为契机，推进区政务服务与公共资源交易领域数字化改革，实施“放管服”（简政放权、放管结合、优化服务）改革，简化交易流程、减轻企业负担、夯实交易监管、优化营商环境，打造“便民、阳光、高效”的公共资源交易平台。全年全区完成公共资源交易项目2321个，比2020年增长18.0%，总成交额74.86亿元，增长9.6%，实现节资率18.8%，产权增值率3.5%。组织政府采购项目64个，成交额2.39亿元；组织建设工程招投标项目931个，成交额65.7亿元；组织产权交易项目202个，成交金额2.47亿元；组织综合交易项目30个，成交额9900万元。12月，区审管办获评杭州市国际一流营商环境创建突出贡献集体，市公共资源交易中心上城分中心获评2021年度全国创新创优服务先进单位。

【政务服务管理新格局构建】 2021年，上城区政务服务工作深化“网厅融合”，在服务大厅进一步减少实体窗口，减幅42%，扩展“互联网+自助体验区”，增幅15%，网办率达95.4%，压缩办件时长50%以上。依托“一网通办”系统，102项高频事项实现区内全域通办。完成180台便民自助服务终端的资源整合和优化配置，覆盖全区201个社区及银行网点、交通枢纽、商业综合体等，实现社区100%全覆盖，构建起“15分钟政务服务圈”。区级、街道、社区三级联动，“1+14+N”政务服务矩阵初具雏形，相关做法获市政府领导批示肯定。

【政务服务改革新路径探索】 2021年，上城区多渠道探索政务服务改革新路径。依托“数字政府”，以“自助点餐式无窗政务服务模式”应对企业个性化需求，全年提供服务近12000次，相关做法获市委主要领导批示肯定。以企业开办一件事“数字墙”实现全域覆盖、全时感知、全效管理，提供营商环境无感监测。全面推进“一网通办”应用，依事项申请“一网通办”率为88.2%。稳步推进“跨省通办”改革，打造全省首个长三角主要城市中心城区高质量发展联盟（C7联盟）政务服务自助区，57个事项可跨省通办，3000多个事项支持远程视频咨询、线上帮办。

【公共资源交易“数智名片”打造】 2021年，上城区赛跑数字经济，以“尚小易”迭代限额以下公共资源交易电子监管系统，打造公共资源交易“数智名片”。该系统同步覆盖区内150个社区、45个经合社、44家国有单位及279家部门与相关单位，降低综合交易成本85%以上，项目获评市数字经济系统场景建设“路演周”优秀项目。上城区作为全市“1+N”远程异地评标试点，完成远程异地多点评标室改造，升级远程异地音视频终端，提高评标效率和质量，缩短开评标时长近20%，75%以上的项目支持远程异地评审；完成全省首个市、区联动政府采购项目远程异地评标，跨市远程异地评标“朋友圈”覆盖宁波、温州、衢州等地。打破地域限制，降低评标成本，实现专家资源跨区域优化配置。

2021年9月2日，区审管办“尚小易”项目在杭州市数字经济场景建设“路演周”活动中获评优秀项目 （区审管办供稿）

【公共资源交易营商环境优化】 2021年，上城区拟定《上城区公共资源交易管理办法》《上城区限额以下公共资源交易规则》等文件，构建管理规范有效的公共资源交易制度体系。推行不见面受理和限额以下公共资源交易全流程电子化，实现受理登记、场地预约及专家抽取的全流程线上流转，项目周期缩短30%。实行“承诺+信用管理”准入管理制度，专门采购项目证明材料缩减50%。推进电子保函在工程领域的全面应用，至年末，惠及企业近3000家，累计节约近5亿元，中小微企业中标率达86%以上。（马骋远）

数据资源管理

【概况】 2021年，上城区围绕“数智杭州·宜居天堂”战略定位，以数字化改革为总抓手，加快“数智上城”建设。年内，“数智上城”总门户及五大系统分门户上架，其中五大系统分门户上架场景20个。“浙政钉2.0”接入微应用18个。一体化智能化公共数据平台3个项目（应用目录梳理、组件共建共享、数据目录建设）入选全市数据平台首批试点；“数智减负”之“数智报表（一表通）”“涉众型风险预警”等应用场景入选全省多跨场景应用“一本账”，被《人民日报》《数字化改革工作动态》《浙江信息》等报纸杂志宣传报道。“数智报表（一表通）”应用场景被由中央办公厅主办的《督查工作交流》刊录，并获评全省党史学习教育“三为”专题实践活动最佳实践案例，杭州东站未来枢纽安全智控应用场景被列入省数字孪生跑道首批试点。向全市输出“一表通”技术规范、工作规范，制定首席数据官和数据专员、公共数据共享、数字化项目验收等制度，修订政务信息系统网络安全事件应急预案，规范化推进数字化改革工作。

> **资料**
>
> **一体化智能化公共数据平台：**是省域治理全过程数据感知、数据共享、数据计算的基础平台，包括“四横四纵”（基础设施、数据资源、应用支撑、业务应用与政策制度、标准规范、组织保障、政务网络安全）体系和“两个前端”（“浙里办”“浙政钉”），纵向贯通省市县乡各层级。该平台以云计算、大数据、人工智能、互联网等技术为支撑，用于支撑党政机关整体智治、数字政府、数字经济、数字社会、数字法治的实现。

【数字化项目审查】 2021年7月，上城区编发《上城区政府投资数字化项目管理办法》，上线区特色项目管理系统、数字化项目全领域全流程实现线上监管。推进区数字化项目“五审五评”工作。全年组织项目初审14场、专家评审9场，18个项目通过专家评审并立项，高质量支撑全区数字化改革。

> **资料**
>
> **五审五评：**由区数据资源局、区委改革办、区发改经信局、区财政局、区审计局及项目对应“五大系统”牵头部门进行联合初审，按照“总量控制、择优选用”的原则，出具初审意见书，完成“一审一评”；由区数据资源局牵头组织信息化专家评审，对项目进行“二审二评”；通过项目初审和专家评审的数字化项目，由区数据资源局牵头编制下年度数字化项目建设计划，报区数字化改革领导小组办公室讨论审核后，提出立项初步意见，对项目进行“三审三评”；审核通过的数字化项目建设计划和立项初步意见，提交区政府规划和土地管理工作联席会议讨论，对项目进行“四审四评”；在区政府

规划和土地管理工作联席会议讨论通过后提交区委财经委员会会议讨论，完成“五审五评”。

【一体化智能化公共数据平台建设】 2021年8月，上城区一体化智能化公共数据平台建成并上线运行，该平台下的1个工作台、1个看板、5个子系统、N个数据仓（专题库）同步上线运行。建成2个基础库、7个专题库、14个街道数据仓。全年全区调用接口3.18亿次，开放数据570.7万条，赋能场景应用14个。依托省IRS系统，全区全区有编目应用106个，涉及数据编目999个，上架组件6个，使用云资源实例239个，实有项目应用90个，实现100%关联，并形成“五目录联动”一本账，赋能61类开放数据、10个开放成果。“利用IRS系统赋能云资源高效利用”案例入选全省IRS应用目录优秀案例。

资料

IRS系统：即一体化资源系统（Integrated Resources System），该系统将“四横四纵两端”相对离散的资源整合成一个有机整体，对外统一服务各类用户，对内统一调度各类资源。围绕应用全生命周期，实现要素关联、过程监测、闭环管理。

【“一网通办”工作】 2021年，上城区加快“‘浙里办’上城专区”建设，接入“掌上办事厅”“智慧杭州东站”“彭心汇”“残疾人之家”“上城一码报”“红色十二时辰”“杭州律师超市”“杭州社区律师”“杭州企业法检”“上城颐养”和“华侨陵园”11个应用。推进“政务服务2.0事项”推广应用，区数据资源局联合区审管办印发《2021年上城区政务服务“一网通办”工作要点》，组织全区办事指南培训会2次，对工作人员开展办事指南人工抽查10次，完成整改事项400多项，要求每名工作人员熟练掌握办事指南。

【数字驾驶舱建设】 2021年，上城区推进区、街道两级数字驾驶舱建设。全区14个街道数字驾驶舱实现集约化建设全覆盖。6月，区级数字驾驶舱完成融合迭代。12月，开发建设区新冠肺炎疫情防控数字驾驶舱，并上线“一表通”疫情督查功能，打造集疫情地图、流调溯源、全员检测、集中隔离点管控、重点人员检查管控等于一体的疫情“全景”图。

【信息化基础支撑】 2021年，上城区行政区划调整后，迅速启动“融合工程”，实现三级电子政务网络体系100%全覆盖，守牢网络安全底线。区行政中心和区综合服务中心主干链路宽带提升至20G，全区互联网宽带从2.9G提升至3.3G，全区互联网统一出口和电子政务网络覆盖率为100%，信息化基础保障和服务能力增强。7月，完成区电子政务办公系统全面改版。8月，完成区门户网站适老化改造（无障碍工具条升级）。10月，完成区门户网站移动端适配改造。全年政务云部署应用102个，涉及44家单位、246台云主机。政务云中央处理器资源共1079核、内存资源3196GB、硬盘存储空间122TB。全年处置政务网络安全隐患42批、2183次，查杀病毒30万余次，修复高危漏洞300万余次。完成政务信息系统等保定级备案90个，备案率84.1%。区安全监管平台实现218台主机日志和42台网络安全设备日志100%全量接入。全年保障正式视频会议439次，保障技术联调640次，保障正式视频会议次数比2020年增加40%。全区公共摄像头统筹等协同有力，全年拆除重复公共管理摄像头140多个。

（毛　勇）

侨务

【概况】2021年，区侨办把握新时代侨务“凝聚侨心侨力，同圆共享中国梦”工作主题，建立健全服务侨资企业、侨界人士，以及团结引导海外侨胞、归侨侨眷在支持祖国发展、助力家乡建设上发挥积极作用的“双服务”机制，营造干事创业氛围。发挥侨界人大代表、政协委员积极性，围绕区委、区政府重大决策、重点项目和社会热点问题，深化调研、反映侨情，维护侨界权益，为上城区各方面发展助力献策。

【侨企服务】2021年，区侨办结合数字化改革相关工作，维护、梳理重点人士、重点企业库，通过实地走访、电话联系等方式加强对涉侨重点侨企的服务工作。区领导带头走访侨企，带头落实侨务工作责任，先后到“海归驿站”专题调研打造“创业创新中心”相关工作，到华侨国际·环翼城对华侨商业集团调研考察并召开座谈会，走访浙江华日实业投资有限公司等企业，关心企业发展，听取意见建议，帮助解决困难。深化“华侨基金”、“海归驿站”、杭港驿站等阵地的实体化平台作用，分类施策，互联互动，以“实体、开放、自信”的平台体验和“精准化、项目化、常态化”的服务凝聚人心，为新侨创新创业提供实战培训、全程落地辅导、资源整合帮扶、投融资极速对接等服务，助力企业孵化成功。

【侨法宣传】2021年，区侨办贯彻落实《中华人民共和国归侨侨眷权益保护法》等涉侨法律法规，结合全国第8个国家宪法日等时机，开展侨法宣传活动。12月7日，在紫阳街道上羊市街社区举办杭州市侨法宣传暨上城区“侨法宣传周”启动仪式。仪式上，开展“宣传侨法，爱侨护侨，助力共富”圆桌分享活动，来自基层一线的侨务工作者、归侨侨眷代表分享个人经历。12月7—14日“侨法宣传周”期间，开展口腔健康检查、义诊、理发等便民服务，组织志愿者宣传《中华人民共和国归侨侨眷权益保护法》，并解答居民的各类问题。

【侨界权益维护】2021年，上城区深入开展“送温暖、献爱心”等系列活动，结合元旦、春节、端午、中秋等传统节假日，区、街道、社区分别开展归侨侨眷走访慰问工作，慰问近100人次，慰问品价值4万余元。主动做好服务，切实维护侨界群众自身合法权益，帮助解决实际问题。借助涉侨信访案件办理机制，配合区政府有关部门妥善解决侨界人士房产纠纷、房产政策落实、劳资纠纷等涉侨重点、难点问题。完善侨务“最多跑一次”政务服务事项，为“三侨生”（归侨青年、归侨子女、华侨在国内的子女）办理中考加分初审9件、华侨身份认定1件，华侨、归侨、侨眷身份认定2件。

（李　冉）

港澳台事务

【概况】2021年，上城区贯彻落实《中国共产党统一战线工作条例》和省委、市委有关对港澳工作的会议精神，牢固树立大局观念，加强与港澳地区的合作交流，对港资、澳资企业开展服务走访和联谊等活动，进一步探索基层结对形式，较好地完成各项工作任务。学习贯彻习近平总书记关于对台工作的重要论述，结合上城实际，开展新形势下各项对台具体工作，深化海峡两岸基层交流合作，打造海峡两岸文创交流特色品牌。完成区内台企、台胞、台属全覆盖走访帮扶，协调解决新冠疫苗接种、子女就学、金融服务、购房资格等问题20多个，帮扶救助困难台胞1人次，化解涉台纠纷诉讼2件，维护台胞合法权益。落实到台湾就学大陆学生教育管理，做好思想引导及服务保障工作。

（季玳弘 李 冉）

【基层结对形式探索】 2021年，区委统战部加强基层结对形式探索，增进上城—香港结对社区的线上互动，建立6个结对联络群，定期开展线上互动。其中南星街道白塔岭社区居委会先后制作《中国乡愁，龙井醇香，茶味人生》《春日赏樱》等系列视频，开展“云游白塔岭”活动。端午节期间，湖滨街道、清波街道、小营街道、望江街道、南星街道、紫阳街道分别给结对的香港居民协会寄去具有杭州特色的端午节礼品。

（李 冉）

【上城、澳门直播电商合作】 2021年，澳门直播协会两次组队到上城区考察交流，调研“直播达人·同心荟”，参观区内重点直播产业发展平台——七章公园，从“人、货、场”全维度了解当前上城区直播产业2.0版本的基本发展情况、电商产业和直播行业发展的最新动态。通过参观学习，澳门制定当地直播产业的后续规划。5月19日，上城区网络界人士联合会与澳门直播协会签订直播电商领域战略合作协议。协议主要依托上城区作为全省直播电商发展先行区的优势资源（区内拥有省级直播电商基地6个、知名MCN机构32家、直播电商人才2500多人，并有中国直播电商联盟入驻），加强人员培训、活动组织、流量支持、阵地建设等方面合作，着力构建“政府主导、协会组织、企业参与”的工作机制。根据协议要求，澳门在上城区重点直播产业发展平台——七章公园挂牌成立“澳门直播协会实践培训基地”，重点做好澳门青年到上城直播电商见习、两地优势产品选品会等活动，提升澳门青年工作质效，深化杭澳两地合作内涵。

（严 琰 李 冉）

【海峡两岸文创交流对接】 2021年11月2日，2021杭州—台湾“创意对话创意”暨海峡两岸文化创意产业交流对接会活动在上城区举行。该活动为上城区连续第7次承办。活动中，台青设计师工作驿站成立。该驿站由海峡两岸企业家峰会现代服务业及文化创意产业合作推进小组、省市台办、市文创发展中心和区文创发展中心支持成立，由杭台青年企业家联盟、台北市工业设计发展协会和杭州创意设计中心共同运营。活动现场，绿色生活实验室、杭州预兆文化创意有限公司、杭州拾六号星球文化有限公司、杭州桦桐家私集团有限公司珂图家居分公司等企业签约入驻驿站。驿站为台湾文创机构和青年设计师提供免费办公空间，通过创业孵化、资源对接、商业合作服务优秀台湾青年，不定期开设讲座、培训、路演等常态化活动，推动海峡两岸文创产业深度融合发展。

（季玳弘）

地方志工作

【概况】 2021年，上城区以习近平新时代中国特色社会主义思想为指引，秉持“修志为用”原则，贯彻落实国务院《地方志工作条例》，按期完成志鉴“两全”目标。年内，区委党史研究室面向全区发行《杭州市上城区志（1993—2015）》《杭州市江干区志（1997—2016）》；修订《〈上城年鉴〉编纂细则》，完成《上城年鉴（2021）》和《江干年鉴（2021）》的编纂出版。创新宣传教育形式，拍摄“城市记忆”系列精品短视频，利用“学习强国”杭州史志供稿平台等数字化媒体，使沉睡在典籍中的传统方志文化“活”起来。

【二轮志书发行】 2021年4月2日，《杭州市江干区志（1997—2016）》面向全区发行。《杭州市江干区志

（1997—2016）》由浙江人民出版社出版，记述1997—2016年江干区行政区域内经济和社会事业发展的历史进程。全书分上、下2册，设31篇、200多万字，卷首设有图照147张。在篇目设置上，着重记述中心区重点建设区域的发展，体现时代特征和江干特色。12月3日，《杭州市上城区志（1993—2015）》面向全区发行。《杭州市上城区志（1993—2015）》由方志出版社出版，记述1993—2015年上城区行政区域内经济和社会事业发展的历史进程。全书409.4万字，分3卷，以图文结合方式记述，卷首设有地图14幅、照片341张，内文配图照494张。全书设篇目36篇，其中：根据区域历史特点，设置《南宋皇城》特色篇；根据全区产业结构和分布特点，设置《主导产业》篇和《特色街区园区》篇。为反映上城区历史上的第一，设置《小营·江南红巷》《新中国第一个居民委员会》等专记。

【年鉴编纂出版】2021年11月，《上城年鉴（2021）》由方志出版社出版。全书编排采用分类法，主体内容由类目、分目、条目3个层次构成。全书框架结合上城区实际情况，对部分分目设置进行适当调整，取消原“房地产业”分目设置，将其内容整合至“住房建设与管理”，取消原“质量技术监督”“食品药品监管”分目，将其内容合并至“市场监督管理”，将原“文化创意产业”分目优化为“文化产业”等；在专记中特设“新冠肺炎疫情防控”“企业复工复产”“中共杭州小组纪念馆迁址提升工程”“基层社会治理”等专题内容。全书设类目25个、分目171个，收入条目1151条、随文照片95幅、表格25张、图片3张、附属资料37篇。卷首刊有“美丽上城”“新冠肺炎疫情防控”“热点聚焦”“创新·发展”“社会·民生”“文化体育”“南宋文化节”等照片。12月，《江干年鉴（2021）》由浙江人民出版社出版。全书编排采用分类法，主体内容分为类目、分目、条目3个层次，设类目28个、分目200个，收录条目1102条、照片181幅、表格32张。与《江干年鉴（2020）》相比，减少“特载”类目（因杭州市进行行政区划调整，2021年一季度江干区未召开区人大、区政协两会），“法治·军事”类目分设为“法治”“军事”2个类目，“中国共产党江干区委员会”类目增设“文明城区建设”分目。

【《〈上城年鉴〉编纂细则》修订】2021年，区委党史研究室根据《地方志工作条例》和中国地方志指导小组《地方综合年鉴编纂出版规定》《关于地方综合年鉴编纂出版若干问题的补充规定》，结合《杭州年鉴（2021）》审稿规范和《上城年鉴》10多年编纂实际，修订《〈上城年鉴〉编纂细则》。修订版《〈上城年鉴〉编纂细则》包括总则、记述内容和方法、行文规范、资料、出版、附则六大内容，并对编辑说明、条目编写、大事记记述、特载收录、图片使用等规范做出补充和完善。该细则新增对纪委监委、群众团体、侨务和港澳台事务、法治、军事、民族宗教等内容记述需注意的8项规范，同时对保密内容、敏感问题等方面提出明确要求。

【“城市记忆”短视频拍摄】2021年，区委党史研究室联合市委党史研究室、杭州电视台影视频道，通过现场走访、史料挖掘、人物访谈等形式拍摄上城“城市记忆”短视频。短视频设置为“历史街区、历史建筑”和“云游博物馆”等系列，每个视频时长3~5分钟，邀请杭州历史学会副会长、历史建筑研究专家仲向平等作为嘉宾，解读“城市记忆点”背后的故事。至年末，拍摄中共杭州小组纪念馆、全国爱国卫生运动纪念馆、钱学森故居、毛主席视察小营巷纪念馆、杭州市惠兴中学、中国社区建设展示中心、五柳巷历史文化街区、金钗袋巷、鼓楼、伍公山10个“城市记忆点”，制作的短视频登上“学习强国”杭州学习平台，其中《中共杭州小组纪念馆》《钱学森故居》2个视频被“学习强国”浙江学习平台录用。

（黎　颖）

机关事务

【概况】 2021年，区机关事务中心围绕区委、区政府中心工作，以规范和加强机关后勤工作的建设、管理、服务为抓手，坚持推进管理科学化、保障法制化、服务社会化，推动机关事务管理工作健康、有序、高效发展。年内，有序推进办公用房调整工作，优化食堂管理及机关车辆管理服务，探索机关事务数智化管理，机关后勤服务品质进一步提升。

【机关事务数智化管理】 2021年，区机关事务中心顺应数字化改革趋势，探索数智化后勤保障新模式。区机关事务中心贯彻“机关服务无小事”理念，通过整合机关事务管理各方面信息与资源，以大数据应用为核心，利用智能互联、智能物联的方式，使后勤保障业务系统融合一体化，构建智能化服务保障管理体系。以数智化为牵引、以标准化为支撑、以现代化为目标，同步提升区行政中心和区综合服务中心服务品质，创建科学、高效、精准、人性化的机关事务管理工作模式。从电脑端、微信公众号端、“浙政钉”等不同媒介，为机关单位及干部职工提供更便捷的“一站式”服务，推动就餐互联互通、房产资产管理、车辆精准管理、安保防护、新能源充电改造、餐饮会务提升等基建设备升级和服务数字化转型。

【办公用房整合调配】 2021年，区机关事务中心开展行政区划调整后的办公用房调配工作，为机关干部提供办公用房服务保障。以集中统一管理为目标，制定办公用房调整最优方案；主动到单位对接，推进办公用房调整落实；规范后续管理，实行系统化思维完善办公用房管理长效机制；完善制度建设，加强资源统筹，优化房产布局，推进办公用房规范高效保障。按照“一核一窗八点”集约一体化办公格局，分阶段有序推进办公用房调配。搭建“上城云仓”，通过分类登记“留存”资产、“搬迁”资产与粘贴红蓝标志，对各单位办公家具进行集中统一调剂使用，节约财政经费，确保资产有效配置。强化平台管理，扩大信息覆盖面，完善房产数据，对全区区级国有房产的基本建设情况、房屋权属登记、调配使用现状、维修记录等实施全方位动态管理。全区涉及整合办公区级单位54家，年内完成44家单位搬迁。

> **资料**
>
> **“一核一窗八点”：** “一核”即区行政中心（望潮路77号），“一窗”即区综合服务中心（庆春东路1号），“八点”即区法院、区检察院、区人武部、区公安分局等8家相关部门。

【机关车辆管理】 2021年，区机关事务中心强化安全保卫、公务车辆管理，为区行政中心、区综合服务中心、惠民路综合楼等区域平稳运行提供保障。围绕行政区划调整，加快车队融合，根据“大稳定、小调整”原则，确保车辆、驾驶员的合并工作平稳有序，确保机关车队组织化、纪律化、有序化运行。坚持重保障、优服务、强管理的工作方向，将技能提升作为日常工作的重要一环。科学合理设置技能大比武内容和竞技项目，不定期开展车队驾驶员安全理论培训、新冠肺炎疫情防控宣讲等活动，营造技能争先、比学赶超氛围。

（范丹红）

中国人民政治协商会议上城区委员会

综　述

【概况】 2021年，区政协及其常委会践行习近平新时代中国特色社会主义思想，学习习近平总书记关于加强和改进人民政协工作的重要思想，贯彻中共十九大、十九届六中全会和各级政协工作会议精神，坚持发扬民主和增进团结相互贯通、建言资政和凝聚共识双向发力，履行政治协商、民主监督、参政议政职能。行政区划调整后，以“四个满票”（主席、副主席、秘书长、政协常委）选举产生区政协常委会，推动政协系统思想、人员、工作、情感“四个融合”，助力上城发展迈入新征程，开启新篇章。

【思想政治引领】 2021年，区政协把握人民政协政治属性，坚持党对政协工作的绝对领导，团结引领政协各参加单位、政协委员将思想和行动统一到中央和省委、市委、区委的决策部署上来。围绕党史学习教育，学习习近平总书记在庆祝中国共产党成立100周年大会上重要讲话精神。政协党组成员讲授专题党课5次，化解信访积案8件，开展民情调研42次，领办基层减负事项7项。采荷街道委员小组作为唯一基层代表在全市政协系统党的建设工作推进会上交流发言。区政协落实意识形态工作责任制，制定实施方案，守好意识形态阵地。坚持以制度管人理事，以接受区委对政协机关党组巡察为契机，查纠问题，完善制度短板，健全长效管理机制，修订“三重一大”集体决策等多项规范性制度。加强党风廉政建设，打造过硬工作作风，面对突发新冠肺炎疫情的连续考验，区政协党组（班子）成员第一时间下沉驻点街道，机关干部最快速度支援社区一线，投入“无疫基本单元”创建工作。

【“数智政协”建设】 2021年，区政协顺应数字化改革发展，制定“数智政协”建设总体方案，构建“一端通达、双链驱动、三管齐下、四项保障”的架构体系，推动“指尖上的协商民主”建设。11月26日，着手建设“协商云视窗”应用场景。该应用场景按照“一屏、一掌、三应用”的应用体系架构建设，实现“社情”感知“民心桥”、调查研究“探索路”、云上议政“协商窗”及协同办理“直通车”四大业务目标。年内，“协商云视窗”应用场景被市政协选为小切口多跨协同应用场景探索试点。

资料

“一屏、一掌、三应用”：“一屏”指“上城数智政协”驾驶舱门户；“一掌”指基于省政协浙政钉2.0的移动端自建微应用；“三应用”指全流程多跨协同提案工作场景、委员全方面履职管理场景、“协商云视窗”协商场景。

2021年上城区政协重要文件题录

表8

文　　号	发文日期	文件标题
上政协〔2021〕1号	2021-03-24	关于表彰2019—2020年度上城区政协各项先进的决定
上政协〔2021〕2号	2021-03-25	关于表彰2020年度优秀提案的通知
上政协筹〔2021〕1号	2021-04-14	关于召开政协杭州市上城区委员会会议有关事项的请示
上政协筹〔2021〕2号	2021-04-29	关于召开政协杭州市上城区委员会会议的通知
上政协筹〔2021〕3号	2021-04-29	政协杭州市上城区委员会关于召开政协杭州市上城区委员会会议的决定
上政协〔2021〕1号	2021-05-14	关于政协杭州市上城区委员会会议选举结果的报告
上政协〔2021〕2号	2021-05-19	关于同意于孟良等同志辞去政协杭州市上城区委员会委员职务的决定
上政协〔2021〕3号	2021-06-15	政协杭州市上城区委员会常务委员会关于增补委员的决定
上政协〔2021〕4号	2021-06-15	关于苗丹丹等同志任职的通知
上政协党组〔2021〕1号	2021-06-22	关于印发《中共上城区政协党组工作规则》的通知
上政协党组〔2021〕2号	2021-06-22	关于印发《中共杭州市上城区政协党组2021年党建工作要点》的通知
上政协〔2021〕5号	2021-06-23	关于印发《政协杭州市上城区委员会专门委员会主任、副主任和委员名单》的通知
上政协〔2021〕6号	2021-06-23	关于印发《政协杭州市上城区委员会界别召集人名单》的通知
上政协〔2021〕7号	2021-06-29	政协杭州市上城区委员会关于区政协领导分工的通知
上政协党组〔2021〕3号	2021-07-06	关于印发《中共杭州市上城区政协党组2021年意识形态工作责任制实施方案》的通知
上政协〔2021〕8号	2021-07-07	政协杭州市上城区委员会2021年工作要点
上政协〔2021〕9号	2021-07-08	政协杭州市上城区委员会关于加快建设我区新消费中心的建议案
上政协〔2021〕10号	2021-09-07	政协杭州市上城区委员会关于打造文旅融合高地聚力推进宋韵文化传承展示的建议案
上政协〔2021〕11号	2021-10-12	关于打造基金小镇2.0版，擦亮钱塘江金融港湾核心区“金名片”的建议案
上政协〔2021〕12号	2021-11-08	关于任渊等同志职务任免的通知
上政协〔2021〕13号	2021-11-15	关于构建老年友好型社会的建议案
上政协〔2021〕14号	2021-12-13	关于授予2021年度星级委员民情联络站（工作室）的决定
上政协〔2021〕15号	2021-12-14	关于“共建美丽新上城携手同心迎亚运”的建议案

【提案工作】 2021年，区政协完善提案工作制度，修订《政协杭州市上城区委员会提案工作办法》和《提案办理考核办法》。提高提案办理质量，在提案征集过程中切实加强培育引导，确保入选提案站位高、情况明、建议实、操作性强。经审查和并案处理，全年立案11件，并案1件，均办理完成，满意率100%。梳理往届优秀提案，精选高质量优秀提案形成《2017—2021年优秀提案汇编》，为政协委员和参加单位

2021年区政协立案提案情况

表9

序号	案　由	提案人	提案归口	办理情况满意度评价
1	关于持续提升湖滨步行街品质的建议	工商联界别	经济科技	满意
2	关于进一步加快并改进既有住宅电梯加装工作的建议	陈　鸣	城建城管	非常满意
3	关于统筹规划建设龙翔桥过街人行天桥的建议	王　峰	城建城管	满意
4	关于重建恢复河坊街入口牌坊迎亚运的建议	胡成敏	城建城管	满意
5	关于丰富上城区海塘文化城市景观的建议	龚真真	教文卫体	非常满意
6	关于启动南宋观象台复原工程建设的建议	李　征	教文卫体	非常满意
7	关于在林徽因故居的蔡官巷塑立其铜像的建议	胡成敏	教文卫体	满意
8	关于进一步加强上城区古井保护的几点建议	胡成敏 何　奇 毛明秀 张建成 胡　勇	教文卫体	满意
9	关于建立婚姻家庭学校的建议	谢　需	社会法制	非常满意
10	关于多方协同助推反家暴，共建平安家庭的建议	丁兰街道	社会法制	非常满意
11	关于建立养老事业人才培育机构完善养老服务人员的素质提高机制的建议	谭　蔚	社会法制	非常满意

提案撰写、议政建言提供参考样板。

（张　凌）

区政协重要会议

【区政协委员会会议】 2021年5月8—9日，中国人民政治协商会议杭州市上城区委员会会议召开。会议听取和审议政协杭州市上城区委员会筹备组工作报告。与会人员列席杭州市上城区人民代表大会会议，听取并讨论政府（筹）工作报告和其他报告；会议选举产生政协杭州市上城区委员会主席、副主席、秘书长、常务委员，并通过政协杭州市上城区委员会会议决议。

【区政协常委会议】 2021年，区政协召开常委会议4次。

3月23日，上城区政协五届十九次常委会议召开。会议学习贯彻全国两会精神；协商讨论区政协五届四次会议优秀提案名单；协商审议2021年度政协“请你来协商”等工作计划、有关人事事宜，以及区政协各专门委员会、各委员小组、各界别2020年度工作总结（书面）。

3月25日，江干区政协五届十六次常委会议召开。会议传达学习全国两会精神和省、市、区党史学习教育动员部署会精神；协商通过有关人事事项和2020年度街道委员小组组织奖、“双好”（工作好、履职好）委员名单；表彰2020年度各类先进集体及个人；回顾总结换届以来工作。

6月10日，区政协一次常委会议召开。会议协商通过有关人事事项，并赴中共杭州小组纪念馆开展“重温红色足迹”走读活动。

11月8日，区政协二次常委会议召开。会议协商通过有关人事事项和《政协杭州市上城区委员会提案工作办法》；安排视察南宋遗址遗迹。

【区政协主席会议】 2021年，区政协召开主席会议12次，其中，行政区划调整前，上城区召开4次，江干区召开2次。会议主要议题有：协商讨论区政协五届常委会工作报告、区政协五届四次会议以来提案工作情况的报告、关于加强和促进人民政协凝聚共识工作的实施意见（征求意见稿）和评选优秀委员、提案及先进界别、小组工作；协商确定“请你来协商·有事好商量”年度协商计划、区政协界别召集人调整方案、区政协街道委员小组编组名单调整方案；传达庆祝中国共产党成立100周年大会和习近平总书记重要讲话精神，开展专题学习研讨；传达学习省市两会精神、市委十二届十二次全会精神、全区党建工作会议精神、有关意识形态工作及统战工作条例精神；学习省市数字化改革会议精神，讨论研究区政协贯彻落实全省党政机关整体智治系统建设相关工作；协商通过区政协党组工作规则、2021年度党建工作要点和党史学习教育实施方案、区政协党组2021年意识形态工作责任制实施方案、区政协年度工作要点和履职计划、政协杭州市上城区委员会提案工作办法、2021年度委员培训方案、11月“委员活动日”活动方案、有关人事事项；研究新冠肺炎疫情防控工作；听取经济科技委员会关于加快上城区新消费中心建设的调研情况汇报，协商形成建议案；听取委员工作委员会关于2021年度星级委员民情联络站（工作室）创建工作的汇报。

2021年8月9—10日，2021年上城区政情通报会召开

（区政协办公室 供稿）

【政情通报会】 2021年8月9—10日，上城区政情通报会召开。会上，区政府向全体政协委员通报上半年全区经济社会发展情况和下半年政府工作安排，区法院、区检察院通报相关工作情况，区委主要负责人做专题讲话，介绍行政区划调整后区委的工作及成绩，肯定政协和政协委员的工作成效，并提出携手奋进新征程的要求。

（张　凌）

议政建言

【概况】 2021年，区政协以习近平新时代中国特色社会主义思想为引领，着眼“党政所需、群众所盼、政协所能”，精选课题、精心组织、精准建言，向区委、区政府报送建议案5件，均得到主要领导批示肯定。发挥政协专委会在政协履职中的基础性作用，引导各专委会以一个“请你来协商”、一个重点调研课题、一个重点提案“三个一”为重点助力全区发展大局，相关做法在全市政协专委会工作会议上作经验交流。

【协商体系建设】 2021年，区政协着眼“党政所需、群众所盼、政协所能”精选课题，开展专题协商，形成5件建议案报送区委、区政府，均得到主要领导批示肯定。打磨“请你来协商·有事好商量”“1+N+X”平台体系，区级总平台全年开展协商8次，接待北京、上海、湖南等省级政协考察团和各类学习交流12批次。以“请你来协商·民生议事堂”为重点，推进政协基层协商民主建设，建立、健全党组（班子）成员联系街道委员小组、党员委员领衔协商、平台（党建）复合型指导员等5项工作机制，在彭埠街道试点打造区民生议事展示中心，取得“街道全覆盖、创新出亮点”阶段性成果。全年“民生议事堂”开展协商议事40多次，收集各类意见建议378条，被街道、部门采纳147条。《请你来协商，聚集数智时尚新金街建设消费中心新窗口》等10多篇信息被《人民日报》客户端、“学习强国”学习平台、《人民政协报》、浙江政协“同心苑”微信公众号、《杭州日报》等相继报道，玉皇山南基金小镇协商峰会被《人民政协报》周“政能量榜”专题报道，并登上榜首。

【专题协商】 2021年，区政协围绕政治、经济、文化、社会等方面开展专题协商，为上城区全面高质量发展贡献政协智慧。聚焦区消费中心建设，在钱江新城十字金街开展现场协商活动，从提升国际购物体验、基础设施优化升级、商业联盟作用发挥等方面，助力“三圈三街”消费活力持续领跑。举办“打造基金小镇2.0版，擦亮钱塘江金融港湾核心区‘金名片’”协商峰会，提出“两样板”（中国区域性股权市场改革样板、中国特色世界级基金小镇样板）、“两中心”（全国性大宗商品金融服务创新中心、长三角领先的财富管理创新中心），为提升上城区金融产业水平出谋划策。立足上城区打造“宋韵文化传承展示中心”战略，组织“打造文旅融合体验高地，聚力推进宋韵文化传承展示”专题协商，围绕“凝炼宋韵精神内涵”“优化文旅供给品质”“创新品牌推广传播”开展互动协商，提出意见建议31条。关心关爱老年群体，就“构建老年友好型社会”开展总平台协商，从健全基础设施、优化资源供给、开发“银龄”市场等方面建言献策。

2021年9月8日，以“打造基金小镇2.0版，擦亮钱塘江金融港湾核心区‘金名片’”为主题的协商峰会召开（玉皇山南基金小镇管委会 供稿）

【民主监督】 2021年，区政协发挥政协履职基础性作用，助力全区发展大局。结合省、市、区三级联动专项集体民主监督，开展“共建美丽新上城，携手同心迎亚运”专题协商，实地调研点位16个，组织“微协商”15场，参与委员358人次，提出意见建议738条。围绕打造民营经济发展环境第一区、10%留用地开发建设、高新技术产业发展等内容开展专题视察，为优化区域营商环境、助力经济跨越发展添能蓄势。推进“老旧小区综合改造提升”专项集体民主监督，从党建引领、建设与管理衔接、理念融合、功能织补、文化浸润等方面提出建议，助推改造工作提质增效。围绕“以筹办亚运会为契机，提升城市文明水平”目标联动履职，为城区面貌蝶变、城市品质提升集智聚力。创新开展“青少年模拟政协委员”活动，就“上城区新校建设”深入调查研究，为实现“优质均衡、人民满意的‘美好教育’引领区”建设目标务实建言。围绕“拓展‘小脑+手脚’模式”“加快数字化改革实践”开展专题视察，助力推进基层社会治理现代化。

【专题调研】 2021年，区政协以各专门委员会为牵引，组织委员聚焦党政工作重点、社会关注热点、群众反映焦点，开展专题调研。通过调研，提出建设性的意见和建议，形成调研报告22篇，其中经济领域4篇、民生领域6篇、文体领域4篇、建设领域4篇、其他领域4篇，为党委、政府开展好工作提供政协力量支撑。其中《委员会客厅与基层协商相衔接、同基层治理相结合的实践逻辑思考》等3篇调研文章入选《浙江省政协深化提升委员会客厅建设专题理论研讨会论文集》。

（张 凌）

政协委员工作

【概况】 2021年，区政协发挥委员主体作用，加强委员服务管理和履职平台体系建设。优化完善《政协委员履职考核办法》，举办委员暑期读书会，加强政协委员队伍建设。优化委员履职平台建设，发挥委员主体作用，推进经济建设、文化建设等与新冠肺炎疫情防控工作。推进“请你来协商”活动向界别（小组）一线延伸，促进议政协商与基层协商有效衔接、互动协商与凝聚共识相互融通，提升“请你来协商”品牌影响力。密切委员联系，加强与政协委员谈心谈话，主动宣传方针政策、开展教育引导。全年组织委员参加区委、区政府重要会议、活动23人次，33名委员被评为区政协“双好”委员。

【委员履职平台建设】 2021年，区政协整合资源，构建省、市、区三级全体委员履职平台。至年末，全区有三级履职平台49个，其中省政协授牌的委员会客厅10个、市政协委员工作站11个、区政协委员民情联络站（工作室）28个。玉皇山南基金小镇获评全国杰出委员工作室（站）和省政协五星级委员会客厅；利星文创委员会客厅获评省政协三星级委员会客厅。区政协组建市政协委员上城联络组工作站，由38名市政协委员、5名区政协委员组成，并优化升级工作站功能。年内，该工作站获评2020年度市政协先进委员工作站。加强区级分平台、微平台体系建设，创新打造彭埠街道上城区政协民生议事展示中心（政协文化主题公园）、采荷街道“幸福·19”民生议事堂；全面梳理14个街道的分平台和微平台建设工作，探索与属地街道、属地社区联动互动的运行体系，完善议题征集、联系沟通、活动实施、成果报送等机制。

【委员主体作用发挥】 2021年，区政协发挥委员主体作用，展现新时代政协委员新担当、新作为。组织委员开展暑期读书会，引导委员高质量参政议政。开展政协委员解放思想大讨论，强化提升政协委员思想政治素质和履职本领，在建设新上城中展现政协委员担当。组织委员参加区委全会征求意见座谈会、区政府常务会议、政协圆桌会等，让委员为全区中心工作、经济社会事业发展高质量建言。组织委员开展“委员活动日”活动，参加全区政情通报会，参与分平台、微平台“请你来协商·有事好商量”活动等，提高委员的调查研究能力、联系群众能力、建言献策水平。在各街道委员小组和全体委员中开展比学赶超活动，14个街道实现星级委员民情联络站（工作室）全覆盖，并评选出星级委员工作站（室）12个，复评星级委员工作站（室）9个。

【委员暑期读书会】2021年8月9—10日，区政协举办委员暑期读书会，首次在湖滨街道的湖上直播间开展读书会的线上委员论坛活动。区政协领导，政协委员，机关各专委会负责人，各街道委员小组联络员等参加读书会。全体政协委员在线上学习习近平总书记在庆祝中国共产党成立100周年大会上重要讲话精神、区委全会精神，开展“党史百年，寄语百年”活动，为庆祝中国共产党成立100周年寄语祝福。其中5名委员进行直播分享，就如何加强街道履职平台体系建设、构建威慑警务体系、南宋文化的传承与发展、公共服务优质共享和最美委员履职进行工作经验和体会交流。同时开展解放思想大讨论，围绕上城区建设“重要窗口”、高质量发展建设共同富裕示范区，助推建设全国高端服务业中心、创新创业中心、消费中心和宋韵文化传承中心建言献策，提出高质量的意见建议300多条。

（张　凌）

文史研究

【概况】2021年，区政协围绕上城区打造“宋韵文化传承展示中心”目标，发挥文史工作优势，推进宋韵文化传播交流，以各类文史活动庆祝中国共产党成立100周年。年内，启动南宋系列书籍《宋风流韵》编辑工作，展现南宋时期文化流韵；推出“你好，南宋”课程和“走读南宋”立体学习平台，获评省市社区教育优秀项目。建设“书香政协”，举办“书香政协”宋韵中秋雅集暨书籍《宋风物语》导读等活动，传承南宋故事。

【庆祝中国共产党成立100周年文史活动】2021年，区政协围绕庆祝中国共产党成立100周年，开展各类文史活动。4月16日，区政协牵头举办以“文化献礼庆华诞，墨香剪影贺百年”为主题的上城区书画·剪纸·报纸·海报巡展艺术月活动。活动包括6场党史教育主题培训和书画、剪纸作品展，展出书画、剪纸、党史教育主题老报纸、海报等艺术作品200多幅（张），表达对百年党史的追思与对革命先辈精神的敬仰，营造“爱读书、读好书、善读书”的社会氛围。6月16日，举办“从毛主席诗词中学党史”主题讲座和“同心向党、奔跑上城”庆祝中国共产党成立100周年书画展，政协委员从诗词创作的背景、诗意赏析、斗争精神等方面深入解读，重温党的光辉历史，坚定初心使命；在书画中感悟真理伟力，寻找初心使命，强化“感党恩、听党话、跟党走”的思想自觉和行动自觉。7月13日，举办“红潮涌动，献礼百年”庆祝中国共产党成立100周年红色文献展，寻味红色经典，传承红色记忆，激励当代人不忘初心、牢记使命、砥砺前行。

【宋韵文化传承研究】2021年，区政协围绕宋韵主题，开展各类活动，传承宋韵文化。举办“临安遗韵·南宋铭刻传拓展”，挖掘南宋历史文脉，传承和展示宋韵文化的精髓内涵。到绍兴博物馆参加首届宋韵文化节项目“画苑英华——盛世修典之宋画重光”宋韵文化专题交流学习。编撰南宋系列书籍《宋风流韵》，从文治、盛学、营造、风雅、精工、新潮、和谐、富庶、风味、包容10个“话题”入手，结合杭州地域文化的历史故事、历史遗存，解析宋韵内涵在政治、经济、文化、科技、社会方面的投射和表现。围绕贯彻政协“兴崇学之风”，开展宋韵文化研究传播。办好“走读南宋”立体学习平台，“你好，南宋”课程继续在区社区学院开设线下讲坛，在清河坊直播间开设“你好，南宋——千年清河坊”系列线上讲座，做好湖滨步行街透明演播室的影音融合直播专栏《穿越南宋的N个理由》，完成第一季系列网络音视频直播40集。在浙江大学城市学院开设“宋风物语”公选课，该课程成为公选课中学生人数最多的课程，并被纳入学分体系。年内，“走读南宋”立体学习平台获浙江省第3届社区教育优秀科研成果一等奖；“你好，南宋”课程获评杭州市社区教育特色课程。

【书香政协建设】 2021年，区政协坚持学习酝“书香”，制订“2021年书香政协活动计划”，以“线上+线下”“固定+移动”形式深化“书香政协”建设，把委员读书活动与开展党史学习教育、助力宋韵文化传承展示结合起来。组织政协委员围绕“高质量发展建设共同富裕示范区”专题开展网络主题议政，参与市政协“学习习近平总书记在庆祝建党100周年大会上重要讲话读书活动”，参加省政协举办的“千名委员话共富讲担当”网上专题学习会，参与委员1300多人次。举办“书香政协”宋韵中秋雅集暨《宋风物语》导读活动并现场直播，为推进上城“宋韵文化传承展示中心”建设打下思想基础。打造“钱潮系列”读书品牌，依托“钱潮书吧”、主题沙龙等载体，常态化、特色化、多元化开展线下读书活动。

（张　凌）

纪检·监察

综 述

【概况】 2021年，区纪委区监委坚持稳中求进工作总基调，忠诚履职、担当尽责，以“清廉上城”建设为抓手，坚定不移推进党风廉政建设和反腐败斗争，推动政治监督具体化、常态化。统筹开展重点领域专项治理，精准纠治形式主义、官僚主义、享乐主义、奢靡之风问题，强化数字赋能，增强政治生态评估工作实效，提升智慧监督工作水平，加强清廉文化阵地建设，营造风清气正的廉政氛围。推进巡察工作“全覆盖”，推动全面从严治党向纵深发展，深化“不敢腐、不能腐、不想腐”长效机制，打造忠诚、干净、担当的纪检监察队伍，为全区高质量发展提供政治保证。

【监督责任履行】 2021年，区纪委区监委贯彻习近平总书记重要讲话和指示批示精神，具体化、常态化开展政治监督。围绕行政区划调整、常态化新冠肺炎疫情防控、2022年第19届亚运会筹备、征迁安置等重点工作开展项目化监督。严格执行“四清单”（任务清单、责任清单、问题清单和落实清单）、“两档案”（政治生态建设档案和廉政档案）、“两报告”（政治生态自查自评报告和政治监督报告）制度，督促73家区级单位的党组织常态化开展“政治画像”，完善干部廉政档案3615份。坚持数字赋能，提升打造“廉情码”政治生态监督管理平台，涵养良好政治生态。落实省委关于加强“一把手”和领导班子监督“十三项实施意见”，深化完善主体责任情况报告、党风廉政建设抄告建议等制度，制定加强同级监督，深化全面从严治党“四责协同”机制的实施意见。强化主体责任履责评价，协助区委面对面听取区委、区政府班子成员和区级单位“一把手”履责情况报告，推动责任层层落实。召开清廉建设推进会，以7个清廉单元建设为重点，推动“清廉上城建设”向纵深推进。强化作风建设，常态化开展监督检查，持续纠治“四风”，防止反弹回潮。

【“三不”体制机制建设】 2021年，区纪委区监委坚持一体谋划实施，加强一体推进“不敢腐、不能腐、不想腐”的体制机制建设。全年处置问题线索333件，立案96件，给予党政纪处分84人，办理留置案件21件，运用“四种形态”处理318人次。区纪委区监委因“成功追回重点个案职务犯罪外逃人员”工作成绩突出，被市政府授予集体二等功。做好“后半篇”文章，向发案单位发出纪检监察建议书48份，开展受处分人员回访教育24人次，督促各单位排查廉政风险点1.62万个，制定防控措施1.84万条，建立防控制度5929个。通过打造清廉文化阵地，推出“清风之旅”体验线路，开展廉政承诺、清廉家访活动，做深做实“以案示警、以案为戒、以案促改”警示教育工作，巩固立体化廉政教育格局。

【区“廉情码”政治生态监督管理平台】2021年，区纪委区监委深度整合政治生态建设监督管理平台和政治生态“廉情码”评估预警系统，探索功能合并扩展，实现融合优化，提升打造以“廉情码”政治生态数字驾驶舱、“纪智云”政治生态建设云端、政治生态建设监督管理平台“一码一云一平台”为主体的上城区“廉情码”政治生态监督管理平台。通过“廉情码”赋分量化展示、云端数据精准抓取和监管平台大监督体系构建，形成政治生态建设闭环管理，客观反映政治生态状况，推进政治生态评估的手段创新、路径创新和模式创新。至年末，区“廉情码”政治生态监督管理平台沉淀数据1万余条，其中民生领域子场景对失业金、低保金等数据进行分析，覆盖18万人次，涉及资金4.11亿元。

（王哲莹）

2021年杭州市上城区纪委区监委重要文件题录

表10

文　　号	发文日期	文件标题
上纪〔2021〕2号	2021-02-07	关于1起违反中央八项规定精神问题的通报
上纪〔2021〕4号	2021-03-10	关于省委巡视反馈意见整改不力问题的通报
上纪〔2021〕5号	2021-03-10	关于1起“不担当、不作为、不落实”问题的通报
上纪〔2021〕6号	2021-03-11	关于建立健全区委巡察机构与区纪委区监委机关协作配合机制的实施意见
上纪〔2021〕13号	2021-04-26	关于2起违反中央八项规定精神问题的通报
江纪〔2021〕10号	2021-03-02	关于印发赵欣浩同志在中国共产党杭州市江干区第十届纪律检查委员会第六次全体会议上的工作报告的通知
江纪〔2021〕11号	2021-04-02	关于落实巡视反馈问题整改开展影响亲清政商关系突出问题专项治理工作的通知
上党廉办〔2021〕1号	2021-10-25	关于实施党风廉政建设抄告建议制度的通知
上纪〔2021〕25号	2021-09-17	关于3起违反中央八项规定精神问题的通报
上纪〔2021〕43号	2021-11-17	关于发生在群众身边腐败和不正之风问题案例的通报
便笺〔2021〕16号	2021-11-12	关于印发《上城区纪委区监委派驻（出）机构、街道纪工委监察办片组协作工作实施办法（试行）》的通知

区纪委区监委重要会议

【上城区纪委十届六次全体会议暨全区作风建设大会】2021年2月20日，上城区纪委十届六次全体会议暨全区作风建设大会召开。会议回顾总结2020年纪检监察工作，研究部署2021年工作任务。会议要求全区上下贯彻落实中央和省委、市委决策部署，自觉把“清廉上城”建设作为推动全面从严治党向纵深发展的具体实践，以全面从严治党新成效推进“十四五”规划各项工作开好局、起好步。全会审议通过工作报告《坚定不移推进新时代纪检监察工作高质量发展，为在社会主义现代化新征程中展现上城风采保驾护航》。会议指出，做好2021年工作，要强化“从政治上看”的高度自觉，深化对全面从严治党的认识，提高政治判断力、政治领悟力、政治执行力，把全面从严治党持续引向深入。要保持“永远在路上”的清醒坚定，以抓铁有痕、踏石留印的坚韧和执着，推进党风廉政建设和反腐败斗争，永葆清正廉洁的政治本色。要把握“向纵深发展”的时代要求，把全面从严治党的精神内涵转化为推动上城改革发展的强大动力。

【江干区纪委十届六次全体会议】2021年2月23日，江干区纪委十届六次全体会议召开。会议回顾总结2020年纪检监察工作，研究部署2021年工作任务。会议对推动全面从严治党、党风廉政建设和反腐败工作向纵深发展提出明确要求。会议审议通过工作报告《奋力推进纪检监察工作高质量发展，为高水平全面夺取“三区一窗口”建设新胜利提供坚强保障》。会议指出，做好2021年工作，要增强“四个意识”、坚定“四个自信”、做到“两个维护”，坚持稳中求进工作总基调，以高质量发展为主题主线，坚定不移全面从严治党，忠实履行党章和宪法赋予的职责，发挥监督保障执行、促进完善发展作用，深化“清廉江干”建设，一体推进“不敢腐、不能腐、不想腐”，打造忠诚干净担当的纪检监察干部队伍，为推动构建新发展格局、高水平全面夺取“三区一窗口”建设新胜利提供坚强保障，以优异成绩庆祝中国共产党成立100周年。

【上城区政法队伍教育整顿廉政报告暨警示教育大会】2021年4月1日，上城区纪委区监委召开全区政法队伍教育整顿廉政报告暨警示教育大会。会议强调，全区政法队伍要提高思想认识，保持清醒头脑，认清总体态势和当前教育整顿工作任务，抓好党风廉政建设和反腐败工作。要坚持党的绝对领导，学深悟透习近平总书记对政法工作的指示批示精神，时刻保持政治警醒，坚定政治站位，维护党的领导，落实党的政策。要做到依法用权、秉公执法、公正司法，严守法治底线，将所有权力置于宪法和法律的约束之下，保证权力在法治轨道上运行。要坚持锤炼思想作风，锤炼领跑有势头、发展有后劲、克难有力度、干事有担当的工作作风，推动扫黑除恶工作，净化政法系统整体政治生态。要加强过硬队伍建设，把教育整顿与党史学习教育结合起来，铸牢政治忠诚之魂，坚定理想信念，激发干事创业、履职担当的精气神，以新面貌新业绩庆祝中国共产党成立100周年。

【全区纪检监察工作会议】2021年5月28日，区纪委区监委召开全区纪检监察工作会议，传达学习全区重点项目推进“百日攻坚”暨“美丽上城”创建“百日冲刺”大会、区政府全体（扩大）会议和党史学习教育座谈会暨巡回指导动员部署会和市纪委有关会议的主要精神。会议结合行政区划调整后全区系列会议精神，研究部署下一步工作。会议指出，全区各级纪检监察组织要围绕中心工作强化政治监督，围绕重要节点强化正风肃纪，围绕重点领域强化专项治理，围绕主责主业加大工作力度，围绕巡视整改强化问责处理，围绕特色亮点强化信息宣传，围绕学习教育强化队伍建设。会议强调，全区各级纪检监察组织要贯彻落实区委和上级纪委监委的部署要求，推进纪检监察各项工作。

（王哲莹）

执纪审查和监察调查

【概况】2021年，区纪委区监委坚持无禁区、全覆盖、“零容忍”，坚持“严”的主基调不动摇，严肃查处重点领域和关键岗位腐败案件。全年处置问题线索333件，了结221件，给予组织处理127人。全年立案审查调查96件，其中区纪委区监委立案31件、留置21人，立案数列主城区第一，留置总人数及留置主要对象人数均列全市第一。强化巡视移交线索办理，统筹安排、优先处置省委巡视反馈问题线索，全年处置巡视移交问题线索23件。开展遗留问题线索清理工作，优先办理2020年之前受理但未了结的问题线索，至年末，清理率80%以上。全年受理信访件238件（次），比2020年下降17.6%，其中检控类信访131件（次），占55%。重大活动期间实施“零报告”制度，运用应急处置机制及时处置紧急突发情况，确保面上平稳有序。

【监督执纪“四种形态”运用】2021年，区纪委区监委依规、依纪、依法开展工作，坚持“惩前毖后、治病救人”方针，深化运用监督执纪“四种形态”，加强“抓早抓小”预防性工作，重点督促各级党组织把握运用好“第一种形态”，使监督更加聚焦、更加精准、更加有力，持续强化“不敢、知止”的氛围。至年末，运用监督执纪“四种形态”处理318人次。其中：“第一种形态”批评教育230人次，“第二种形态”党纪轻处分或组织处理43人次，“第三种形态”严重违纪重处分或重大职务调整21人次，“第四种形态”严重违纪涉嫌违法24人次。办理留置案件21件，移送司法机关10人，为国家和集体挽回（避免）经济损失6000多万元。

【政法队伍问题线索处置】2021年，区纪委区监委坚决贯彻落实《中共中央关于开展全国政法队伍教育整顿的意见》和省市政法队伍教育整顿动员部署会精神，立足职能职责，主动担当作为，对涉及政法干警的问题线索一律做到即收即办、快办快结。教育整顿期间，受理、处置反映政法干警违纪违法信访举报和问题线索43件，其中立案12件。给予谈话提醒、批评教育等处理18人，给予党纪政务处分11人，留置3人，保障和推动教育整顿工作高质量开展。

【信访澄清正名】2021年，区纪委区监委落实“三个区分开来”要求，准确把握严明纪律、严格执纪执法与鼓励改革创新、激励担当尽责的关系，依纪、依规、依法受理办理信访举报件，在严肃查处党员、监察对象违纪违法问题的同时，深化失实信访举报澄清正名机制。8月5日，在银泰百货（西湖店）门口开展“澄清正名暨信访举报民意直通车”宣传活动，提供现场解答咨询、发放宣传手册、讲解信访举报知识、介绍澄清正名政策等服务。9月，制定推出《上城区纪检监察机关失实检举控告澄清工作实施办法》。全年澄清失实信访举报7件、8人，其中四季青街道劳动监察大队工作人员余某案例入选杭州市“澄清正名撑腰鼓劲”宣传周活动典型案例。

（王哲莹）

党风政风监督

【概况】2021年，区纪委区监委坚持严抓严管，持之以恒加强党风廉政建设。压实全面从严治党主体责任，牵头推进上级部署的国有企业、医疗、政府投资项目等重点领域专项治理25项。在重要时间节点，围绕违规公款吃喝、违规发放津补贴、公车私用等重点方面，加大纠治“四风”工作力度。全年出动人员3293人次，开展正风肃纪专项行动1504次，检查单位4010家，查处违反中央八项规定精神典型问题10起、11人，以及群众身边的不正之风和腐败问题4起、4人。坚决整治形式主义、官僚主义，查处重点工作推进中的“不担当、不作为、不落实”

问题46起，处理63人。

【全面从严治党主体责任压实】2021年，区纪委区监委履行监督责任，协助党委推进全面从严治党。开展党风廉政建设责任制考核工作，对全区所有单位2020年度的责任制落实工作进行综合考核、赋分排名。向全区单位发出党风廉政建设意见书8份、《落实党风廉政建设责任个性问题意见书》29份，提出个性问题建议57条。督促全区各级党组织结合问题制定整改方案，以责任传导压力推动全面从严治党向基层延伸。牵头召开各单位主体责任情况报告会，并督促各单位专题听取下级单位党组织履行全面从严治党主体责任的工作汇报。7月，代区委制定《2021年党风廉政建设和反腐败工作的组织领导和责任分工》，将57项重点工作进行项目化分解，细化区委、区政府领导班子成员"一人一单"的责任清单，逐项落实工作。针对市纪委反馈的建议书，制定《上城区委履行全面从严治党主体责任问题清单及整改分工方案》，明确责任，促进整改。修订实施《关于实行党（工）委（党组）履行党风廉政建设主体责任情况报告制度的实施办法》《关于规范"三重一大"重要事项集体决策机制建设的规定》《关于实施党风廉政建设抄告建议制度的通知》《上城区纪委区监委开展生产安全责任事故追责问责审查调查流程图》《关于加强党（工）委（党组）领导班子同级监督深化全面从严治党"四责协同"机制的实施意见（试行）》等制度文件，推动党风廉政建设。深化"廉政抄告制"，向区领导发出廉政抄告单17份，督促履行"一岗双责"，落实分管或联系单位党风廉政建设方面存在问题的整改。

【新冠肺炎疫情防控工作监督】2021年，区纪委区监委恪守政治机关定位，以精准监督压实新冠肺炎疫情防控责任。会同区委、区政府督查组制定《关于加强疫情防控工作问责的有关意见》，压紧压实疫情防控工作责任。制定《关于进一步加强疫情防控监督工作的通知》，明确防控纪律，强化监督检查。建立"1+11+14"监督工作机制，全面监督疫情防控各项工作的落实情况。"1"即以区纪委党风政风监督室为监督中枢，"11"即11个派驻纪检监察组，"14"即14个街道纪工委。疫情防控期间，组建工作组687个，出动纪检监察干部4652人次，走访单位及卡点1.15万个，发现并督促整改问题1654个，提出意见建议480条，发送整改通知书8份，容错纠错1人，查处问题数2起，追责问责2人，督促制定制度规定25件，修订完善3件。督促推动利用大数据系统做好疫情"精密智控"数据核查工作，做到早发现、早报告、早隔离、早治疗，使疫情防控关口前移，提升社会运转效率。

【廉政账户规范化管理】2021年，区纪委区监委印发《关于规范廉政账户管理严禁违规收送礼品礼金的通知》，严禁各级机关、国有企事业单位及党员干部、公职人员违规收送礼品礼金。对廉政账户实行实名制管理，着力解决违规收送礼品礼金突出问题，促进党员干部和公职人员廉洁从政。会同区财政局对单位无法折现的礼品、礼金实行统一处置，加强操作流程的规范性。至年末，全区各级党员干部上交至"廉政账户"礼金26笔；区纪委区监委收缴礼品1件，各派驻纪检监察组和街道纪工委收缴礼品、礼卡124件，均按规定进行处置。

【重点领域专项治理】2021年，区纪委区监委统筹推进上级部署的国有企业、医疗、政府投资项目等重点领域的25项专项治理。专项治理开展过程中，区纪委机关加强统筹协调，推动各职能部门靶向纠治，抓行业、促行风，扛起行业监管、政策指导等职责，形成同频共振、齐抓共管的工作机制。各派驻纪检监察组加强监督力度，建立日常联络和工作进展月报制度，推动专项治理在行业系统内落实落细。在区“廉情码”政治生态监督管理平台上设专项监督模块，发布专项监督任务，上传任务要求，专项监督中发现问题自动触发预警，下达至各责任部门或街道，问题反馈后经相应纪检监察组织审核后整改通过，形成快速发现问题、反馈问题、解决问题的触发反应闭环机制。

（王哲莹）

巡察工作

【概况】 2021年，区委深入学习贯彻习近平新时代中国特色社会主义思想和中共十九届六中全会精神，坚决贯彻落实中央和省委、市委关于巡视巡察工作的重要决策部署，聚焦职责使命，强化政治监督。围绕“后半篇文章”，推动省委巡视、巡察指导督导、省委巡察工作专项检查、市委提级巡察等期间反馈问题的整改落实，取得阶段性成效。探索开展市县巡察上下联动试点工作，坚持规定动作和自选动作相结合。

【政治巡察】 2021年，区委贯彻落实中央和省委、市委关于巡视巡察工作的决策部署，与时俱进深化政治巡察，科学谋划全年巡察任务。全年完成对21家区直单位、20个社区党组织的巡察工作，发现问题570个，提出意见建议159条。围绕中央、省、市巡视巡察相关问题及区委巡察整改，坚持以巡促改、以巡促建、以巡促治，督促相关单位健全完善制度机制393项，挽回相关经济损失3342.49万元，党纪处分3人，组织处理28人次，提醒谈话105人次。

【巡察全覆盖】 2021年，区委聚焦职责使命，坚持有形覆盖与有效覆盖并行，坚持发现问题和整改落实并重，全力推进巡察监督全覆盖任务扫尾“清零”。至年末，累计完成对115家区直单位党组织的常规巡察、对4个重点领域的专项巡察、对197个社区（村）和23个经合社党组织的延伸巡察，配合开展2家区直部门提级巡察，实现巡察全覆盖目标。

【上下联动试点】 2021年，区委学习领会“市级巡察机构在上下联动中更好发挥作用”试点部署精神，对照市试点工作方案和领办任务清单，及时组建试点工作领导小组和工作专班。结合巡察全覆盖、工作规划编制、巡察队伍建设等重点工作，探索建立配合市委巡察指导督导、巡察工作报备、多元巡察挂职锻炼等制度机制，其中推进基层经合社巡察全覆盖的相关经验做法获上级肯定。

（耿　丽）

2021年6月4日，区委巡察办指导督促笕桥街道推进巡察整改工作

（区委巡察办 供稿）

党风廉政宣传教育

【概况】 2021年，区纪委区监委推进各项纪检监察宣传教育工作任务，全年在《人民日报》，中央电视台新闻频道《新闻联播》栏目，《中国纪检监察报》，中央纪委网站客户端、微信，《浙江日报》，省纪委网站、微信，《反腐败导刊》等平台上发表文章材料311篇次。牵头开展“两法一条例”（《中华人民共和国监察法》《中华人民共和国公职人员政务处分法》《中华人民共和国监察法实施条例》）普法工作，统筹指导庭审旁听、警示教育宣讲、廉政承诺、清廉家访等相关工作。推动打造“清波廉韵”“清风山南”等教育阵地，提升“清风之旅3.0版”，发挥上城区基层干部警示教育馆阵地作用，推动廉政教育走深走实，警示教育馆全年参观人数近2000人次。拍摄的清廉文化微视频《新上城新纪检新形象》被省、市、区主流媒体播发，并在全区相关宣传平台播放。丁兰街道纪工委创作拍摄的清廉微电影《不曾忘记》入围玉琮杯清廉微电影大赛。

【“两法一条例”普法】 2021年，区纪委区监委启动“两法一条例”普法宣传项目，开展五大行动。组织全区纪检监察系统全体干部，分层分级，以班子领学、集中培训、业务讲解、交流研讨等方式开展专题学习，并实现法律工具书发放全覆盖。由区委直属机关纪检监察工委牵头，组织全体区直单位机关纪检干部开展“两法一条例”专题培训，并赠送相关业务书籍。在“清廉上城”微信公众号开通专栏，高频率推送有关“两法一条例”的宣传动态和权威解读，为全区党员干部提供学习材料。结合党史学习教育，联合区委组织部、区委宣传部、区委直属机关工委，开展“学党史、促清廉、争先锋”知识竞赛，并将“两法一条例”内容纳入题库。部署“两法一条例”宣讲，通过以案说法、网课直播等形式开展宣讲活动，实现全区各单位、街道全覆盖。

2021年6月，年轻干部在上城区基层干部警示教育馆学习警示案例

（区纪委区监委 供稿）

【案件警示教育】 2021年，区纪委区监委重视党员干部、公职人员廉政教育警示教育工作，挖掘违纪违法职务犯罪案件的“反面教材”价值，多渠道开展警示教育活动。完成案例剖析文章《以案为鉴丨她挪用公款近千万为虚荣买单》《为维持“白富美”人设，挪用公款近千万》2篇，在中央纪委、省纪委、市纪委官方平台刊登，制作警示教育片《街道书记的“权”“利”交换》《放纵无度，终食苦果》《雁过拔毛的办事员》3部，先后在杭州电视台播出。推出案件警示教育栏目，配合中央纪委国家监委网站专题栏目，联合临平区纪委区监委，创作一批“案说职务犯罪101个罪

名”长图作品，同步在上级纪委平台和“清廉上城”微信公众号上刊载。开展案件警示教育宣讲，部署全区纪检监察组织针对重点领域、重点问题、重点人群，开展案件警示教育宣讲，并同步组织部分人员参与法庭旁听。

【“清廉家访”主题活动】2021年，区纪委区监委把廉政教育带进干部家门，通过家书、家访、家属座谈等方式，帮助党员干部正家风、树清风，筑牢反腐倡廉家庭防线。7月起，彭埠街道组成5个家访小组，由街道纪工委牵头，面向街道、社区68名相关负责人开展“清廉家访”主题活动，向每户家庭赠送一份“五个一廉政教育大礼包”（一封家书、一支廉洁花、一套廉政教育书籍、一份调查问卷和一张监督提醒卡）。在“清廉家访”过程中，彭埠街道纪工委总结家庭助廉“八个过问”，加强党员干部8小时外监督，并通过干部家属收集到问题建议11条，为廉政教育和监督工作提供参考。派驻第七纪检监察组联合区城管局党委“访家庭、访社区”，与干部家属面对面话家常，了解干部家庭状况和思想动态，并向家属发放“廉情联系卡”，公开联系电话和邮箱，引导家属关注区纪委区监委、区城管局官方微信公众号，随时掌握相关工作动态和党风廉政建设要求。

2021年11月25日，“清波廉韵”清廉文化品牌体验线路发布仪式在鼓楼小广场举行（区纪委区监委 供稿）

资料

“八个过问”：干部频繁聚餐应酬要过问，经常晚归不在家要过问，收入变化明显反常要过问，拿回礼金礼卡要过问，大笔金额投资要过问，与管理服务对象交往过密要过问，亲戚朋友经常请托办事要过问，言行举止异常、不与家人交流要过问。

【“清波廉韵”清廉文化品牌体验线路上线】2021年，区纪委区监委结合历史资源和宋韵文化，深化上城清廉文化建设，指导清波街道将辖区内10多个清官纪念场馆、清廉文化场馆、廉政活动场馆串珠成链。11月，“清波廉韵”清廉文化品牌体验线路上线。该体验线路全长约3000米，在结合宋韵文化的基础上，融入清廉元素，包含府学巷杭州孔庙碑林博物馆、清河坊北侧明代著名清官于谦故居、清河坊社区的“清风坊”、太平坊巷清廉上城墙绘、打铜巷里上城区非物质文化遗产展示中心、南宋书房等打卡点。至年末，1.5万人次打卡该体验线路。

（王哲莹）

民革上城区基层委员会

【概况】 2021年末，民革上城区基层委员会有在编党员225人。党员中，有13人为区政协委员、4人为区人大代表。6月19日，民革杭州市上城区第一届基层委员会选举产生，并选出主任委员1人、副主任委员4人、委员6人，同步完成下属一支部、二支部、三支部、四支部、五支部、六支部、法律支部、医养支部、金融支部、税务支部10个支部的换届选举。年内，新发展党员10人，其中5人是法律人士；有考察培养对象16人。民革上城区基层委员会获评2021年度民革全省组织工作先进集体，并获2020—2021年民革市委会参政议政工作先进集体二等奖。有3人分别被评为全省宣传思想、祖国统一、社会服务工作先进个人，四支部被评为第三批省级示范支部。党员颜瑶卿入选由省委宣传部和浙江日报集团联合推出的“浙江好人榜”。

【参政议政及社情民意撰写】 2021年，民革上城区基层委员会中担任各级人大代表和政协委员的党员积极参政议政。省两会期间，颜瑶卿“加强幼师职业培养，打造具有工匠精神的幼教队伍”的发言得到省政协有关领导肯定。金晓《关于进一步加强我市新型智慧城市建设的建议》被列为市政协重点提案得到市委主要领导批示督办。围绕区委中心工作，党员开展调查研究，形成《关于南宋皇城大遗址综合保护的几点建议》《浅谈数字化改革实践创新案例对上城区的启发和思考》等调研报告。汪政在“请你来协商·深化乡村治理”专题协商会上的交流发言得到市领导肯定。加强与对口联系部门联系，潘晓岑参加区依法治区办公室对凯旋、四季青和九堡街道开展贯彻落实习近平法治思想及“两高一低”专项整治督察工作。全年有23篇建议信息被采用，涉及自贸区建设、中小企业金融服务、养老机构发展、千岛湖引水工程、乡村法治宣传教育、业委会制度、不动产登记、网约车、电信网络诈骗等领域。其中熊检平的《论集体经营性建设用地入市之变革与困境——结合浙江建设共同富裕示范区实施方案》、汪政的《关于深化乡村关键少数法治精神培育的建议》入选由民革中央、浙江省政协主办的“深化农村改革，推进乡村振兴”第4届莫干山会议资料。

【祖国统一工作】 2021年，民革上城区基层委员会加强祖国统一工作。全年接待台胞5批次、185人次。举办2021杭州国际工艺周台湾展区、“两岸庆中秋·月圆人团圆”浙台青年企业家交流活动，浙台青年企业家联盟80多名青年浙商和台湾青年企业家参加活动，为两岸企业家峰会现代服务业及文创产业合作交流搭建平台，并到台北组织举办2021杭州传统工艺创新展暨两岸青年设计交流展。开展两岸家庭共同画北京冬奥活动，投资运营冬奥冰雪文化宣传点——杭州冰雪世界，制作宣传“两岸一家亲”宣传栏，推动两岸文化交流。

【“同心·博爱”民革服务品牌深化】 2021年，民革上城区基层委员会各支部从实际出发，开展社会服务活动，深化“同心·博爱”民革服务品牌。一支部姚晓坚持多年助力教育，年内向杭州中学教育基金会捐赠教育支持经费50万元。二支部在许峰的带领下持续多年开展书画为民服务活动。三支部谢炳松坚持开展送清凉活动，为一线工作者送去防暑降温用品。四支部、五支部、六支部、法律支部以法律咨询服务为特色，为居民群众解难解困。投身新冠肺炎疫情防控工作，陶宏莉、高艳霞等党员长期奋斗在岗位一线；采荷街道社区卫生服务中心护理院感科科长朱雯连续奋战，完成钱江国际时代广场的两轮入户采样检测工作；谢炳松向湖滨街道、小营街道捐赠价值1.50万元抗疫物资，支援街道抗疫工作。

（蔡伟利）

民盟上城区基层委员会

【概况】 2021年末，民盟上城区基层委员会有支部16个，盟员343人，其中新发展盟员9人。6月16日，民盟杭州市上城区第一次代表大会召开，会议选举产生主任委员1人、副主任委员5人、委员5人。民盟上城区基层委员会引导盟员提高政治站位，组织开展民盟成立日活动、全国两会精神学习会等活动，切实履行参政党职能。组织盟员参加区委统战部举办的上城区党外代表人士培训班、“同心筑梦跟党走”党史教育专题讲座等学习教育活动，民盟市委会举办的中国共产党成立100周年、民盟成立80周年唱红歌活动等；组织各支部开展“党盟携手共奏同心曲”主题活动。对“盟员之家”进行改造，打造数字化“盟员之家”，开创“盟员之家”新格局，树立“盟员之家”标杆。

【参政议政】 2021年，民盟上城区基层委员会围绕教育、养老、交通等民生问题，通过建议提案、民主监督、调研报告、社情民意等途径，积极参政议政，为上城区社会经济发展献计献策。动员盟员撰写社情民意，关心经济发展、城市建设和人民生活改善等民生问题。全年撰写信息报道100多篇、反映社情民意的文章200多篇。其中，民盟上城区基层委员会报送的《民盟上城区基层委员会举行新盟员入盟仪式》《中国民主同盟杭州市上城区第一次代表大会胜利召开》《弘扬优良传统，传承孝廉文化》等宣传信息被民盟中央、民盟省委会采用，并在杭州统一战线及民盟市委会微信公众平台发布；民盟上城医卫支部王雯雯撰写的《关于杭州市防汛防台工作的建议》被省政协、省委统战部、民盟省委会、市政协录用并得到领导批示。邱曙光撰写的《关于进一步推进公办初中提质强校工作的建议》获民盟市委会2020年度优秀调研成果一等奖，并成为市政协十一届五次全会大会口头发言、重点提案；何斌撰写的《关于医养护康一体化建设有关情况的调查与思考》、胡丹丹撰写的《基层市场监管数字化转型的思考和建议》获评民盟省委会“盟声议政”民生法治建设研讨暨参政议政能力培训优秀论文；陈航、严日旺撰写的《关于推进小微金融发展的对策建议》和袁雁飞、钱云忠撰写的《关于借助未来社区建设提升城市治理效能的建议》入选市政协十一届五次全会团体提案。

【关爱帮扶】 2021年，民盟上城区基层委员会发挥党派教育界别特色，响应民盟中央“农村教育烛光行动”倡导，突出重点，落实桐庐县新合乡对口支教工作；文化支部受省教育厅、民盟省委会委派，支教帮扶舟山市明珠学校、贵州黔东南州三穗桐林中学、新疆阿克苏市天杭实验学校；浙江省杭州第六中学支部对杭州市杨绫子学校开展帮扶活动；杭州市开元中学支部参与区教育局关心下一代工作，结对帮扶多名学生；三支部加强横向交流和跨界合作，共建“1+1家校共同体”，实现党派助力学校教育。发挥民主党派成员作用，关心老年人相关工作，民盟上城区基层委员会协同民盟上城科技支部，以及杭州口腔萧山分院院长朱保民利用网络“云直播”渠道开展关于老年人的口腔护理的E·智同心课堂，详细解说老年人日常口腔健康护理知识。杭州市惠兴中学支部坚持与湖滨敬老院结对，开展义工服务活动。针对望江地区旧城改造，发动民盟建筑行业专家到望江街道清泰门社区老旧小区改造现场开展专项调研活动，就改造项目痛点、难点问题提出指导性意见。

（曾甜甜）

民建上城区基层委员会

【概况】 2021年末，民建上城区基层委员会有支部14个，会员425人，其中新发展会员5人。会员中有机关事业单位59人、公有制经济人士131人、非公有制经济人士139人、新阶层96人；有中级以上职称175人，其中副高以上职称54人；有市人大代表2人、区人大代表6人、市政协委员3人、区政协委员33人。6月20日，民建杭州市上城区第一届代表大会召开，选举产生民建上城区第一届基层委员会，有主任委员1人、副主任委员4人、委员8人。同步完成6个支部换届、5个支部班子调整工作。围绕“守正、创新、争优”目标，开展支部联合组织生活和议政日活动，加强年青骨干会员培养。制定《民建上城区基层委员会工作规则》《民建上城区基层委员会委员履行职责管理办法》等制度，提高工作程序化、规范化。创新推出《民建上城区基层委员会关于代表列席基层委员会会议的规定（试行）》，对闭会期间更好发挥代表作用进行有益探索，得到区领导肯定。年内，民建上城区基层委员会被民建省委会评为浙江民建为全面建成小康社会作贡献成绩突出集体，郑洪鑫被评为浙江民建为全面建成小康社会作贡献成绩突出个人。

【调研建议】 2021年，民建上城区基层委员会围绕区委重点工作，成立专题调研组，形成《关于推进我区消费中心建设的建议》《关于加快推进上城区数字经济产业发展的相关建议》等调研报告，供区委决策参考。建立参政议政成果反馈机制，定期晾晒成绩，激发各支部和会员参政议政积极性，全年提交各类信息194篇，其中，被民建中央录用10篇，被省委统战部、民建省委会等上级部门录用65篇。夏晶晶撰写的《充分发挥专门委员会在人大数字化改革中的作用》获市人大常委会领导批示，王磊撰写的《钱塘智慧城特色产业投资基金初显成效》获区领导批示。加强参政党建设理论研究，民建上城区基层委员会提交的《关于进一步完善民主党派内部监督的思考》被民建省委会评为理论研究二等奖。

【社会服务】 2021年，民建上城区基层委员会动员会员参与新冠病毒核酸采样、街社守护等新冠肺炎疫情防控相关工作，会员企业家捐赠口罩、酒精湿纸巾、暖宝宝等抗疫物资价值40多万元。擦亮“思源工程”“向日葵爱心助学”“壹群公益”等社会服务品牌，深入开展爱心助学、服务社会、关爱失独老人等公益活动。向受水灾影响的河南郑州市、新乡市等地捐款捐物108.72万元，为灾区人民送去温暖。组织律师、会计师、审计师等专家走进小微企业，走访会员企业，促进“两个健康”（非公有制经济健康发展和非公有制经济人士健康成长），助力高质量发展。常态化开展关怀行动，经常性走访慰问老会员，送去组织温暖。组织会员企业家到浙江衢州市、江西南昌市、贵州、天津等地进行投资考察，拓展发展空间；参加民建中央非公有制经济论坛、全球数字贸易博览会、“双碳的路径选择”、企业法律风险等论坛活动，增长知识，开阔眼界，助力共同富裕。

（马平超）

民进上城区基层委员会

【概况】 2021年末，民进上城区基层委员会设支部10个，有会员269人，其中新发展会员4人。6月2日，民进杭州市上城区会员大会召开。经民进杭州市十三届委员会三十九次主任委员会议研究任命产生民进杭州市上城区第一届基层委员会领导班子。年内，民进上城区基层委员会以庆祝中国共产党成立100周年为主线，以深化政治交接和反映社情民意信息为年度工作主题，加强新时代中国特色社会主义参政党建设，推进履职服务工作守正创新，开拓进取。面向会员开展主题为“学党史，跟党走，永远在正道上行”的党史知识竞赛等学党史活动。民进上城区基层委员会获评民进浙江省优秀基层组织，徐荣培获评民进全国社会服务暨脱贫攻坚工作先进个人。

【议政监督】 2021年，民进上城区基层委员会30多名骨干会员组建参政议政先锋队，承接民进市委会、区委、区委统战部调研课题，开展“数智杭州”等相关调研活动，为地区经济社会发展建言献策，思考破解区域热点难点问题。完成《加快“三圈三街”消费能级提升的探索与实践》《推动公共法律服务数字化升级》《基层治理中数字化改革应用实施情况调研及对策建议》等调研文章。民进上城区基层委员会被民进市委会评为参政议政调研工作先进集体、反映社情民意信息工作先进集体，龚俊锋等会员被评为参政议政工作先进个人。搭建民主监督队，以“美丽杭州”行动作为监督重点，通过“随手拍”及时发现上传问题，形成问题“发现—处理—反馈—评价”的闭环监督响应机制，监督支持“美丽杭州”建设取得长效。

【文化教育服务】 2021年，民进上城区基层委员会依托同心社会服务基地和开明画院开展社会服务。9月28日，成立上城民进开明画院，并举办庆祝中国共产党成立100周年美术作品展，巩固教育文化主阵地，打响“开明”品牌，主动融入上城“宋韵文化传承展示中心”建设。教师节之际，民进市委会在区教育学院举行庆祝第37个教师节主题座谈会。座谈会以“落实‘双减’打造优质均衡人民满意的‘美好教育’”为主题，研讨“双减”背景下如何提升学校育人水平，激发教师教书育人、投身“美好教育”建设的责任心和自豪感。

（余丽丽）

农工党上城区基层委员会

【概况】 2021年末，农工党上城区基层委员会有支部7个，党员196人，其中新发展党员11人。党员中有区人大代表2人、区政协委员14人。6月4日，召开党员代表大会，成立新一届农工党基层委员会。大会选举产生主任委员1人、副主任委员6人、委员10人。农工党上城区基层委员会积极参加星级支部创建工作，四支部、五支部创建为五星级支部，一支部、六支部创建为四星级支部，口腔支部创建为三星级支部，该5个支部获评农工党市委会先进支部。年内，农工党上城区基层委员会获评农工党浙江省2021年社会服务先进集体，李祖胜、沈敏芳、蔡节获评农工党浙江省2021年社会服务先进个人；李茜、吴谦获评农工党浙江省2021年度参政议政先进个人。四支部获评农工党中央脱贫攻坚先进集体、农工党浙江省2021年度组织工作先进集体；刘金虎、寿国先、蔡节获评农工党中央脱贫攻坚先进个人。

【建议建言】2021年，农工党上城区基层委员会组织部分党员在科教文卫等方面开展调研，并撰写调研报告，形成建议。组织骨干党员参与民主监督，助推社会治理，参加农工党市委会到上城区开展的“服务建设‘数智杭州·宜居天堂’，高水平推进市域治理现代化”专项民主监督活动；参加市政协各类视察活动和市政协主席会议，并积极建言。党员撰写的《关于加强我区公共卫生服务体系建设工作的建议》《关于加强我区文化旅游市场治理工作的建议》《关于加强我区宗教领域安全管理工作的建议》《关于促进我区美好教育均衡发展的建议》《关于提升我区食品安全工作的建议》《关于我区文物保护工作的建议》提交区政府研究。吴谦撰写的《关于助推科技型初创企业集群健康发展》被列为全国政协十三届四次会议提案，《关于推进反向飞地建设强化杭州科创核心竞争力的建议》在市政协十一届五次会议上口头发言，并被列为市政协十一届五次会议重点提案。李祖胜撰写的《建议提升新冠疫苗接种服务能力，优化接种便民服务》《国家药品带量采购供应矛盾问题亟需关注》和徐剑撰写的《手机号码销户不销号存在信息安全隐患建议规范》等社情民意被农工党中央《信息专报》采用，上报全国政协。李祖胜撰写的《“海外旅游疫苗团”持续火爆背后暴露出我国疫苗供应相关问题亟待解决》、高艳芳撰写的《建议谨慎动员在校医学生参与核酸采集工作》、吴谦撰写的《关于借鉴欧盟〈通用数据保护条例〉加强国内App用户个人隐私保护的建议》、陈雄等撰写的《基层对DRGS医保付费模式存在四方面担忧》、方陆芳撰写的《城市道路环卫服务公司面临经营困境需引起重视》《关于推广厨余（易腐垃圾）就地处置的建议》、章超撰写的《减少建设“阵痛”发挥城市内河排涝作用》、李茜撰写的《关于疫情防控期间学校“停课不停学”的几点建议》、郑菁菁撰写的《建议加大互联网医疗应用缓解疫区就诊压力》、周金映撰写的《提交虚假材料骗取企业注册登记行为猖獗需从严打击》等社情民意被农工党省委会《信息专报》采用，并报送上级部门。

【帮扶共建】2021年，农工党上城区基层委员会参与农工党中央、省委会、市委会和市委统战部在贵州、湖北等地的各类帮扶项目。刘金虎随杭州援黔工作队到贵州雷山县开展帮扶工作，筹措资金15万元开设“刘金虎工作室”，并在当地西江镇卫生院开设专科门诊。蔡节跟随农工党市委会到四川省甘孜藏族自治州参加东西部协作帮扶调研工作和座谈会，向甘孜州卫健委捐赠价值8万元的AED（自动体外除颤仪）4台。农工党上城区基层委员会与南星街道开展结对共建，建立“智·和”同心健康讲堂，参与南星街道沿江党群服务驿站启动仪式暨“南星红盟”迎国庆活动，开展现场义诊、咨询服务；参与“食安知识知多少”科普宣传、关爱新市民爱心大篷车活动等。农工党上城区基层委员会会同杭州东站枢纽管委会在农工党服务基地举办的送健康“喜迎国庆、共盼亚运”社会服务活动获旅客、群众好评。宋红朋在望江街道兴隆社区成立定点服务站，全年开展社会服务20多次，还邀请省级医院专家进行授课。三支部到上城区城站敬老院开展送关爱、送健康活动。四支部参加“致敬警察节，寒日送健康”义诊、同心凯旋社会服务基地活动、火车东站“同心实践”服务基地“同心携手，共庆华诞”——2021“学雷锋日”志愿服务。

（韦　云）

致公党上城区基层委员会

【概况】2021年末，致公党上城区基层委员会有支部6个，党员104人，其中新发展党员3人。党员中，有省政协委员1人、市人大常委1人、市政协委员2人、区政协委员15人（含常委6人）。6月10日，致公党上城区基层委员会党员大会召开，选举产生致公党上城区第一届基层委员会，有主任委员1人、副主任委员2人、委员2人。11月30日，成立致公党上城区基层委员会社会服务综合专门委员会，聘任主任1人、副主任2人，并制定《致公党上城区基层委社会服务综合专委会工作管理办法》，围绕共同富裕、助力亚运、宋韵文化等工作开展社会服务。年内，致公党上城区基层委员推进基层组织规范化建设，健全完善理论学习、工作会议、走访联系、信息宣传等工作机制，推进各项工作。致公党上城区基层委员被致公党市委会评为宣传思想工作先进集体、参政议政工作先进集体、组织工作先进集体等。洪文英、郑君辉获评致公党中央全国脱贫攻坚先进个人。

【职能履行】2021年，致公党上城区基层委员会在参政议政、社情民意调查研究、建言议政、提案撰写等方面加强职能履职。年内，撰写完成《关于加快推进老旧小区加装电梯、促进居家养老的建议》《关于小区垃圾分类调整的建议》《关于普及全民接种新冠疫苗的建议》《提升农业农村塑料污染综合治理能力的建议》《以科技创新促进食品质量安全的建议》《关于加强城镇居民金融素养和风险意识的建议》《有序推动社会力量参与社区公共文化服务》《打造社区“数智窗口”，助力“三区”建设的建议》等社情民意信息，形成《有效规范国有房产出租管理，避免国有资产流失的对策与建议》《关于提升主城区（中心城区）街道中心微型消防站运行效能的建议》《全面推进数字化改革，建设美好数字社会》《新政背景下高质量推进区域义务教育优质均衡发展的建议》4个课题报告。11月5日，参加主题为“助力共同富裕、共谋城市发展”的议政日活动，积极建言。致公党中央脱贫攻坚先进个人洪文英的先进事迹《洪文英：把“农民丰收”的论文写在希望的田野上》被《中国统一战线》《浙江致公》《杭州农业农村》等杂志刊登，洪文英撰写的《关于加快构建种业自主创新体系》被选为全国政协集体提案，《以农业科技创新提升粮食安全保障能力的建议》被选为省政协农业二组集体提案，抗台减灾信息《台风后恢复农业生产致公党员在行动》刊登在澎湃网。周密撰写的《关于摸清“数据家庭”进一步夯实数字政府基础能力的提案》被评为致公党省委会2020年度参政议政优秀成果一等奖。

【结对共建】2021年12月2日和6日，致公党上城基层委员会分别与对口联系部门区财政局、区人力社保局围绕区属国有企业改革工作情况和“技能提升促共富”议题开展专项民主监督。听取对口联系部门工作通报，提出建设人才共享机制、引进职业经理人制度、加强知识产权管理、注重依法决策程序、关注薪酬保障、政党协商汇合力、建设高价值集约型企业等意见建议。11月5—6日，致公党上城基层委员会与合作共建街道闸弄口街道开展“传承红色基因，汇聚统战力量”剧本杀红色教育活动和“统战进社区，非遗零距离”活动。11月30日，“致公明志讲堂”邀请律师曹文在湖滨街道举办“家庭投资理财风险防范”主题讲座，为居民答疑解惑。

【特色品牌社会服务】2021年，致公党上城区基层委员会响应致公党中央号召，认领“重庆酉阳校园图书角”扶贫项目，为重庆酉阳土家族苗族自治县桃花源街道新桥小学打造图书室；在酉阳板溪镇杉树湾村助农产品电商消费帮扶中，28名党员参与公益消费1.23万元，助力结对扶贫。为淳安安阳中心小学送教，促进双方教师团队的成长和学生的发展，促进城乡教育一体化发展；延续“致公·明志讲堂”品牌课程，结合现代人需求，为党员开设“关注睡眠质量”之“助您睡梦成真”——中医耳穴治疗失眠专场讲座。朱晖开展多场公益法律讲座及法律咨询，服务企业、居民、学生1000多人次；谢华跃发起圆梦助学，结对浙江大学贫困学生，支持其学习生活费用5000元。全年多次组织开展社区公益活动，体现致力为公的情怀。

（金颖颖）

九三学社上城区基层委员会

【概况】2021年末，九三学社上城区基层委员会有支社8个，社员194人。社员中，有市人大代表1人、市政协委员1人、区人大代表4人（含常委3人）、区政协委员12人（含副主席1人、常委3人）。6月19日，九三学社上城区基层委员会举行成立大会。会议选举产生九三学社上城区第一届基层委员会委员及支社委员会主任委员1人、副主任委员4人、委员4人、秘书长1人。坚持以制度管人、用规范做事，制定《九三学社杭州市上城区基层委员会公章管理规范》《九三学社杭州市上城区基层委员会工作制度》等制度，有序推进各项工作。年内，九三学社上城区基层委员会获评社省委社会服务工作先进集体、组织建设先进集体、社务工作先进集体。获评社市委2020年度四星级支社3个、三星级支社5个；有社省委优秀社员3人、优秀社务工作者1人、社会服务先进个人3人，社市委参政议政工作先进个人1人、宣传工作先进个人2人。

【建言献策】2021年，九三学社上城区基层委员会聚焦主责主业，在参政议政上有新作为。联合区政协办公室、区政协社会法制和港澳台侨委员会承办区政协“构建老年友好社会”“请你来协商·有事好商量”专题协商会。10月28日，在上城“请你来协商”总平台，九三学社上城区基层委员会班子成员及部分老年社员参与专题协商，并积极建言献策，形成高质量的建议，提交区委、区政府，助力党委决策。全年各支社承办社市委重点课题6个，报送社情民意19篇，其中《何传俊：且知耕耘，勿问收获》先后获社中央2021年全国优秀新闻作品、社省委2021年新闻宣传优秀新闻作品二等奖荣誉。

【公益服务】2021年，九三学社上城区基层委员会按照因地制宜、因人制宜原则，结合基层社员专业性、服务性、照护性等特点，开展卫生、教育、文化等讲座及义诊、送文化下乡、慰问老年人、关心特殊儿童和“小候鸟”，以及郑州水灾慰问、雅江扶助贫困儿童等活动。10

月18日，八支社向结对的四川雅江县德差乡中心小学捐赠学生校服85套，定做校徽100个，价值1.78万元。全年九三学社上城区基层委员会开展各类服务活动27场次，参与服务408人次，2500多人次受益，发放资料2000份，捐款3.31万元。新冠肺炎疫情防控期间，全体社员各尽所能，开展志愿服务40多人次，服务时间超200小时，捐资捐物总价值14万余元。梁海斌获评市卫生健康系统“最美抗疫卫士”，涂小莉获评2021年杭州市“巾帼建功标兵”，赵海燕获评上城区优秀医师。

（华剑波）

上城区工商业联合会

【概况】 2021年末，区工商联（总商会）有会员2105人、团体会员20个、直属商协会35个。年内，选举产生新一届区工商联（总商会）班子。区工商联围绕省委、市委、区委中心工作，聚焦全面建设独具韵味的国际化现代化共同富裕典范城区目标，多措并举促进民营经济高质量发展，引导全区民营经济人士参与全区经济、文化、社会等方面建设，发挥民营经济重要助手作用。中天控股集团有限公司、巨星控股集团有限公司、浙江明日控股集团股份有限公司、杭州娃哈哈集团有限公司、金田阳光投资集团有限公司、西子联合控股有限公司、杭州滨江房产集团股份有限公司7家企业入选2021年度中国民营企业500强。西子联合控股董事长王水福荣获第4届中国质量奖提名奖。杭州娃哈哈集团有限公司获2021年“全国质量奖”。

2021年9月26日，杭州市上城区工商业联合会（总商会）第一次会员代表大会在区行政中心大礼堂召开 （区工商联 供稿）

【上城区工商联（总商会）第一次会员代表大会】 2021年9月26日，杭州市上城区工商业联合会（总商会）第一次会员代表大会召开，选举产生上城区工商联（总商会）第一届班子。第一届执行委员会设主席（会长）1人、副主席16人、副会长21人、秘书长1人、常务委员53人、执行委员145人。大会通过《上城区工商联（总商会）会费管理办法》，并成立杭州市上城区工商联（总商会）咨询委员会，由王发明等26名企业家担任咨询顾问。

【数字赋能商会服务】 2021年，区工商联在通过数字化手段提升服务企业水平方面积极探索，借助数字化平台广泛拓展服务企业内涵。在“尚小二”涉企政策服务平台、“企推推”民企云上之家基础上，申报“亲清直播间”应用场景，成为省工商联数字改革工作第一批“揭榜挂帅”单位。随后，将“企推推”民企云上之家进行全面迭代升级，策划“企业家带你读一本好书”系列直播活动，邀请12名企业家走进“亲清直播间”，展示企业家风采，提高企业家在上城商会内的辨识度。年内，望江街道商会被省工商联确定为“亲清直通车站点”第一批试点单位。

2021年9月15日，区工商联组织开展上城区企业家中秋恳谈会
（区工商联 供稿）

【为企服务深化】 2021年，区工商联围绕特色亮点工作，加强区域宣传，深化为企服务内涵。通过政企恳谈会、企业家联谊、商会考察学习、走访调研等形式，促进商会互访、企业联动。年内，先后会同科技、税务、商务等部门开展政企恳谈会，通过座谈交流帮助企业增进对上城职能部门工作的了解，促进相关行业企业的沟通和合作。9月，组织开展上城区企业家中秋恳谈会，区四套班子主要领导与企业家共聚一堂，共话上城经济发展。10—11月，分别组织区工商联（总商会）常委企业家到桐庐县工商联、建德市常执委企业学习考察。全年走访调研企业100多家，开展专项调查9次，召开“亲清直通车”政企恳谈会3次，收集相关问题、建议，形成调研专报，进一步优化营商环境，促进民营企业高质量发展。《数字赋能新消费发展，打造“数智时尚消费第一区”的路径研究》被评为2021年度杭州市工商联系统优秀调研报告一等奖，《快递面单成隐私泄露“重灾区”，隐私面单亟待推广》被评为2021年度杭州市工商联系统优秀社情民意信息一等奖。

【村企结对服务】 2021年，区工商联在工作中总结提练出“四帮扶一结对一根本”的帮扶方式，即按照“产业帮扶、产品帮扶、旅游帮扶、就业帮扶、党建结对共建和抓住教育这一根本”的帮扶思路，推进东西部村企结对帮扶工作。引导企业家在资金捐助、产业帮扶、消费扶贫等方面开展精准帮扶，以点带面全方位带动社会力量参与扶贫。实施“名誉村长”机制，全年有20名企业家成为新一批名誉村长，与四川广元市、雅江县不发达村结对，筹集到位资金200万元。全年完成消费扶贫175万元。

【非公有制企业理想信念教育】 2021年，区工商联围绕“两个健康”工作主题，常态化深入开展民营经济人士思想政治建设。6月，组织全区40多名企业家到宁波余姚市四明山浙东抗日根据地旧址开展“党旗下的我们”活动。完善线上平台，通过微信公众号开展“学党史、悟思想、办实事、开新局”和党建红色长廊专栏节目，征集基层商会开展党史教育活动素材11篇；组织召开基层商会清廉民企工作交流会，与基层商会党组织签订上城区民营企业清廉建设目标责任书；举办以“建设清廉民企，推进共同富裕”为主题的杭州市上城区工商联（总商会）第一届常执委培训班，定期推出廉政典型案例和清廉教育培训，进一步构建亲清政商关系。

（高　婧）

群众团体

上城区总工会

【概况】 2021年末，上城区有基层工会组织2496个，基层工会覆盖单位3540家，工会会员22.97万人。区总工会以“防疫情、助发展、保民生、稳就业、维权益、优服务”为主线，有序推进工会各项工作。全年全区工会募集并投入新冠肺炎疫情防控资金188.50万元，组织工会志愿者4031人，开展志愿服务15.04万人次，发放慰问品2.27万份。年内，区总工会牵头推进上城区产业工人队伍建设改革工作。开展市总工会领导走访调研活动，召开上城产业工人队伍建设改革工作座谈会，举办新时代上城产业工人队伍建设改革工作推进会、培训会等活动。开展“五一劳动奖状（章）”评选和2021年“上城工匠”认定工作，认定2021年“上城工匠”10人。全区获评培育认定各级工匠100人，其中省级工匠13人、市级工匠17人、区级工匠70人。100人中，被认定为“浙江工匠”7人、“杭州工匠”3人。全年开展专场招聘会、急救培训、微笑集市等“暖新服务”18次，服务3450人次。凯旋街道推动工会联系引导社会组织工作得到省总工会领导肯定，凯益荟入选首批全国工会联系引导社会组织服务职工优秀项目。

【工会组织建设】 2021年7月23日，上城区工会代表大会召开，选举产生区总工会领导班子。依法通过会员（代表）大会完成2个街道总工会、7个系统工会、8个直属工会组织换届选举。全区新建单建工会417个，发展会员9769人，数智群团组织共建入审企业916家。推动新就业形态联合工会建在“驿家”，实现“三有”“五个一”规范化建设，即有适合开展工作的区域、有醒目的宣传区域或平台、有方便停车的场所；有一块工会组织牌子、有一个工会工作班子、有一套工作规章制度、有一支熟悉工会工作和工会政策的队伍、有一笔专项经费保障。创建省级“模范职工小家”1个、市级“示范职工之家”1个、市级“先进职工之家”9个、区级“先进职工之家”9个。开展“推优入党”工作，推荐140名优秀工会会员成为入党积极分子。在全省率先成立新就业形态联合工会，全区吸纳10家平台企业建会、6000多名劳动者入会。完善互联网融入区、街、会三级工会志愿者服务体系建设，组织志愿服务活动500多场，1万余人次参与。

【劳模工匠人才选树】2021年，上城区选树匠心人才，弘扬工匠精神，奠定人才基础。全年全区获评“浙江工匠”7人、“杭州工匠”3人，推荐评选省级高技能人才（劳模工匠）创新工作室1个、市级高技能人才（劳模工匠）创新工作室1个、市级“工人先锋号”7个。有4个集体获市“五一劳动奖状”、8人获杭州市“五一劳动奖章”。承办市劳模工匠进校园“开学第一课”，区劳模工匠进校园联盟送劳动课进校园，助力“双减”。区、街道、社区工会三级联动，在闸弄口街道天杭社区成立全市首个“劳模工匠之家”。9月23日，上城区举办庆祝“9·26”工匠日主题活动暨2021年“上城工匠”认定发布会，认定“上城工匠”10人，“上城工匠”提名奖5人。“上城工匠”宣传视频被“学习强国”省、市学习平台录用10多个。

【产业工人队伍建设改革推进】2021年，上城区入选全省产业工人队伍建设试点区，按照“政治上保证、制度上落实、素质上提高、权益上维护”的总体思路，围绕产业工人队伍建设工作目标，协同推进发展共富、精神共富、技能共富、和谐共富，深化产业工人队伍建设改革工作。制定《新时代上城产业工人队伍建设改革实施方案》，形成培育产业工人队伍建设试点企业72家，推动2家省级试点企业、10家市级试点单位探索“以新时代产业工人队伍建设为引擎，驱动高质量发展建设共同富裕示范区”的新道路，形成区总工会领衔的“2+10+60”（省级2家、市级10家、区级60家）省、市、区级产业工人队伍建设改革试点企业梯队，以点带面推进产业工人队伍建设改革工作。年内，上城区米家汽车销售服务公司韩晨洪“48V汽车轻混车辆故障诊断先进操作法”等3项职工先进操作法入选长三角百项工匠绝活，产业工人队伍建设改革驱动清河坊历史街区发展有关材料获省总工会主要领导批示肯定。

2021年9月8日，上城区召开新时代上城产业工人队伍建设改革工作推进会
（区总工会 供稿）

【和谐劳动关系创建】2021年，上城区以和谐劳动关系创建为抓手，参与“六和工程”（“党建领和、社会协和、专业维和、智慧促和、法治守和、文化育和”治理体系）、基层社会治理应用和数字化法治建设。发挥签约律师团作用，线上开展“劳动者权益保护”专题直播普法讲座，在线学习互动近300人。线下开展“12·4”宪法日宣传、“尊法守法、携手筑梦”服务农民工公益法律服务等普法宣传活动51场，参与职工3960多人，现场发放各类职工普法手册宣传资料2000多册，接待咨询789人次。开展职工队伍情况调研，实地走访企业141家，开展座谈会14场，会同相关部门化解劳动争议176起，涉及285人。开展防欠薪工作，排查企业295家，涉及职工1.77万人，其中外来务工者1.19万人，涉及拖欠35人工资款50.80万元。

组织118家企业参与企业社会责任建设网上评估，7家企业评定为A级企业，11家企业评定为市创建和谐劳动关系先进企业。推动企业建立薪酬增长机制，开展工资集体协商要约活动，发出要约书296份，回应要约289份。新签订集体合同（工资协议）321份，续签929份。

【职工技能素质提升行动】 2021年，上城区着眼“扩大中等收入群体规模，提高低收入群体收入”，开展职工技能素质提升行动，助推技能共富。举办上城区“9·26工匠日杯”系列技能竞赛，全年全区各级工会开展劳动和技能竞赛100多场，覆盖汽车维修工、智能楼宇管理员、中式烹调师、西式面点师等行业工种，参与职工2万余人次。开展各类职业技能提升培训7312人次，审核发放技能提升补贴13万元。推荐的职工技术创新成果“利用工程渣土及泥浆复垦废弃露天矿坑系列关键技术”获评杭州市职工技术创新成果一等奖，“智能药盒”“中低压配电站智能CAD平台”等6个创新成果获评杭州市职工技术创新成果三等奖。

【困难职工帮扶保障】 2021年，上城区加强困难职工帮扶保障。年内，落实助困、助医、助学政策，帮助289名困难职工解困脱贫。拨付144万元，慰问高温作业和特殊岗位职工6万人。发放医疗互助参保费补贴100万元，惠及职工5万人次，帮助4239人次职工申报出险补助金570.38万元。为6户市区两级困难职工家庭申领“春风助学”助学金3.60万元。春节期间，发放劳动模范春节慰问金87万元，发放89人次困难劳动模范补助款51万元。以职工疗休养为载体，推动对口帮扶地区精准扶贫、支援项目合作，全年完成1.54万名职工疗休养，带动消费近1000万元。

2021年11月14日，区总工会联合区人力社保局开展汽车维修工技能竞赛（区总工会 供稿）

【职工普惠服务】 2021年，上城区深化职工普惠服务，为吸纳人才集聚提供助力。投入资金50万元，为在杭外来务工人员子女举办“小候鸟”爱心托班22个，服务725人。全年安排2100名一线职工代表健康体检、700名抗击新冠肺炎疫情一线职工免费疗休养。关心关爱户外劳动者、快递员、外卖员，新建“爱心驿家”5个，与区委组织部联合打造干部心理健康服务驿站，上线心理讲座“云课堂”，健全集心理热线、心理云课、网上心理体检于一体的职工心理关爱平台。打造“上工佳缘”婚恋交友服务品牌，全年促成100多对单身职工组建幸福家庭，被中工网、《浙江工人日报》、“学习强国”杭州学习平台等媒体平台宣传报道。

【职工思想文化建设】 2021年，上城区加强职工思想文化建设，引导全区职工听党话、跟党走。在“七一”、中共十九届六中全会期间等重要时间节点，组织全区基层工会现场收看新闻，发动和发布基层热议，开展“六讲六做”大宣讲行动。组建劳模工匠代表合唱团，原创歌曲《上城交响》获上城区庆祝中国共产党成立100周年歌咏大会“最佳演唱奖”。擦亮“上工学堂”品牌，以区工人文化宫为主阵地，推出网球、羽毛球、乒乓球、气排球四大球类课程48门，发放职工运动体验券1000张，组织各类送培训、送文艺演出、送嘉年华活动72场，惠及职工近1万人。全年新增省级“职工书屋”1家、市级“职工书屋”示范点1个、市级“职工书屋”4家。

（张博涵）

共青团上城区委员会

【概况】 2021年末，上城区有14～35周岁青年41.5万人，其中团员2.12万人。有团直属街道、机关部门、企事业单位团组织38个，所属基层团支部1167个。团区委履行组织青年、引导青年、服务青年、维护青少年权益四项基本职能，深化青年创新创业、城市志愿服务等工作。年内，上城区获评“名校学子浙江行优秀社会实践基地”。区检察院第八检察部被授予全国“青少年维权岗”称号。区晴雨公益服务中心理事长沈廷冲被评为“全国红十字志愿服务先进典型”。“无烟游西湖”等4个项目分别获省志愿服务大赛金奖、银奖、铜奖。

【社区团组织换届】 2021年1月25—26日，团区委贯彻落实相关精神，以党建带团建为统领，以选优配强社区团组织班子为关键，以夯实共青团基层基础为指向，全面完成上城区54个社区团组织换届选举工作。新一届社区团组织班子261人，平均年龄28.7岁；社区团组织书记54人，100%由社区“两委”（社区党支部委员会、社区居民委员会）班子成员兼任；49个社区实现专职、兼职、挂职相结合的团组织班子配备，吸纳来自两新企业、共建单位等的80名优秀青年成为社区团组织兼职委员。

【《上城区青年发展“十四五”规划（2022—2025）》】 2021年8月，团区委联合省团校师资力量，开展《上城区青年发展“十四五”规划（2022—2025）》研究。分领域、分主题、分类别发放4类青年调研问卷8000多份。召集辖区街道、社区、两新企业、青年社会组织、教育、卫健、城管、人社等领域青年代表，召开上城区青年发展规划调研座谈会，掌握上城青年发展的现状、需求与愿景，摸清上城青年底数，提炼上城青年发展特点，探索适用于上城青年的发展模式，为制定《上城区青年发展“十四五”规划（2022—2025）》、落实全省青年发展规划试点培育工作提供理论依据。11月5日，上城区青年工作联席会议第二次全体会议召开，审议并通过《上城区青年发展“十四五”规划（2022—2025）》（审议稿）。12月31日，《上城区青年发展“十四五”规划（2022—2025）》发布，聚焦打造全省城市青年发展规划样板，提出实施“青年优秀文化传承”等十大工程。

【全国县域共青团基层组织改革试点】 2021年9月11日，上城区全国县域共青团基层组织改革试点工作动员会召开。自上城区县域共青团基层组织改革试点启动后，团区委牵头制定《杭州市上城区共青团基层组织改革试点实施方案》《依托党建带团建 深化城市青年阵地“五型样板区”建设方案》，经区委常委会审议通过予以发文。推动成立改革试点工作领导小组，由区委书记担任组长，同步梳理形成包含14项共性指标和91项个性指标的各责任单位的分工清单。打造“青年之家”城市青年阵地，为新业态青年提供休息充电、心理咨询、法律援助、交通安全、社会保险等“一站式”暖心服务。会计行业建团，新业态、新就业青年服务等试点举措逐步落地。9月25日，《人民日报》浙江频道、《浙江新闻》刊发文章，报道团区委服务凝聚新业态青年群体做法。

【上城区青年联合会全体会议】2021年12月30日，上城区青年联合会全体会议召开。区直相关单位及群众团体负责人、其他区县团委代表和来自全区各界的113名青联委员参加会议。上城区青年联合会新一届委员会第一次全体会议以无记名投票的方式选举产生青年联合会常委、主席、副主席。会议号召全区青年要更加紧密地团结在以习近平总书记为核心的党中央周围，做优青年联合会工作，展示青年风采，凝聚青春力量，为全面建设独具韵味的国际化现代化共同富裕典范城区贡献青年力量。

【年轻干部培养】2021年，团区委落实改革要求，着眼组织建设、队伍建设等，加强年轻干部培养力度。创新推出团干部全流程管理、“1+2+Max”等团干部配备模式运用，全区37个直属团组织100%形成7人以上书记班子配备，14个街道100%落实兼挂职副书记配备，15个中心型“青年之家”100%实现结对高校和社会组织兼职团干部“双报到”。年内，相继推出《团干部“三位一体”任期目标责任制考核办法》《兼挂职团干部工作绩效评估办法》《聘用制团的工作力量绩效评估办法》《“1+2+Max”工作力量考评办法》等机制改革成果。

资料

“1+2+Max”：通过1个“青年之家”团支部与高校团组织、青年社会组织2支力量结对，同步引入业委会青年代表、青年志愿者等力量，达到工作力量配备和工作效果最大化（Max）。

【青年人才培育】2021年，团区委会同区人力社保局面向杭州锅炉集团股份有限公司、西子奥的斯电梯有限公司、杭州胡庆余堂药业有限公司等企业遴选省“青年工匠”候选人23人。以“创青春”品牌为统揽，推荐选树杭州市“青年人才大使”“未星计划”“90后创业未来之星”等青年人才14人。发布2021年杭州市“返家乡”社会实践岗位2个，引导在外学子返乡就业创业。7月18日至8月15日，团区委联动杭州全球青年人才中心和区委组织部，对接20名西安交通大学优秀学子暑期到上城实践交流，匹配学子专业，搭建校地合作实践平台，组织开展政务见习、企业实践、专项调研、参观考察、潮玩体验、特色交流等青年人才活动10多场。上城区获评“名校学子浙江行优秀社会实践基地”。7月，团区委推动14个街道、社区团组织与浙江理工大学、浙江财经大学、杭州师范大学钱江学院等10所在杭高校及其二级学院结对共建，组织选拔60多名品学兼优大学生到基层试点挂

凯旋街道凯益荟“青年之家”（2021年） （团区委 供稿）

职锻炼，围绕“共同富裕”“社区治理”“青少年暑期托管”“五水共治”等主题开展活动68场，搜集青年意见88条，形成理论调研报告和青年之家设计方案30多份。区校地共建合作工作相继获《人民日报》客户端、“学习强国”学习平台、杭州网等媒体平台报道。

【“智护未来”应用场景建设】2021年5月28日，由团区委牵头打造的“智护未来”数字应用场景入选杭州市数智群团第二批重点应用场景。5月，团区委聚焦未成年人心理健康工作，推进“智护未来一码通”驾驶舱建设。该项目以未成年人心理关怀为切口，直面未成年人保护部门多，但力量分散、数据分散、效果分散的实际问题，通过“数据采集和比对、信息预警和评估、业务流转和关怀”三大步骤，提前介入、部门协同、流程再造，有效预防未成年人心理焦虑、抑郁，以及坠楼、霸凌、侵害等情况的发生。7月，该项目入选杭州市共青团系统数字化改革“揭榜挂帅”中榜应用场景、杭州市数字化改革S0清单。8月23日，该项目入选浙江省共青团数字化改革“揭榜挂帅”项目。

【“Link领可”青年工作品牌推出】2021年10月20日，团区委推出上城“Link领可”青年工作品牌。“Link”意为链接（L）、关爱（i）、无限（n）、快捷（k），指发挥联系、链接和纽带功能，通过发挥新业态青年作用，链接起一个新的城市；“领可”指共青团引领可爱的青年奔向共同富裕的美好生活。“Link领可”青年依托城市文明、城市安全、城市发展三大建功平台，当好城市治理示范员、宣传员、劝导员、督察员、信息员“五大员”，开展“平安宣传直通车”系列行动，助推城市高质量发展。同时，通过试点实施常态结对联系机制、“2积分1补贴”机制、“志愿+交管+网格”积分兑换模式等，建立完善“Link领可”体系联系制度、保障制度、组织制度。

2021年5月12日，“百年风华正青春·红色薪火永相传”上城区庆祝中国共产党成立100周年青年宣讲主题活动发布

（团区委 供稿）

资料

“2积分1补贴”机制：通过专项志愿服务行动，快递员和外卖员可积累城市文明模范积分、城市交通出行积分、城市网格巡防补贴。

“志愿+交管+网格”积分兑换模式：通过专项志愿服务行动，快递员和外卖员可积累积分，用于抵扣常规交通违规引起的限制派单、缴纳罚款等处罚举措及按标准发放网格员工作补贴。

【团员青年党史学习教育】2021年，团区委深挖红色资源，推动全区1361个基层团组织、2.12万名团员青年学史明理、学史增信、学史崇德、学史力行。依托“上城青年”新媒体平台，开设“青年学·学党史”“青年大学习”网上主题团课模块，上线党史理论学习内容19期，强化青年思想引领，覆盖全区全部团员青年。办好主题活动，选取小营红巷、杭州青年运动史馆等50多个“红色打卡点”，举办“百队千人毅行”“红色马拉松”“行走中的红色党课”等主题活动，强化“浸润”式教育感召，参与人数超过1500人。组建“上城·青年说”青年理论宣讲团，面向团员青年开展主题宣讲65场。成立“8090”青春寻访队，结对采访区内100名优秀共产党员，撰写完成寻访文稿60篇，上线“学习强国”杭州学习平台视频4期。

【共青团街舞杭州联盟总支部委员会成立】2021年3月18日，中国舞蹈家协会街舞委员会杭州联盟团员代表大会暨“青春心向党”主题团日活动在馒头山社区大礼堂召开。来自杭州各地区舞蹈爱好者、团员代表等青年朋友40多人参加会议。会上，共青团中国舞蹈家协会街舞委员会杭州联盟总支部委员会（简称共青团街舞杭州联盟总支部委员会）成立。在随后召开的第一次全体会议上，杭州市上城区优飞舞蹈培训工作室负责人陈应凯当选为书记。共青团街舞杭州联盟总支部委员会团结带领杭州街舞青年推动共青团工作和街舞文化工作融合发展，全年组织“街舞进校园”、“浙江街舞联盟战疫紧急行动”、助力“打造新时代文化工作高地”使命会议等活动36场。

【关爱青少年公益专场音乐会】2021年4月20日，团区委联合市委宣传部、杭州爱乐乐团、四季青街道在杭州文小艺西子音乐厅联合举办“童心筑梦，与爱同行”关爱青少年公益专场音乐会。来自戚宝兴公益服务中心、慧灵托管中心、杭州市艮山路学校、杭州钱江外国语实验学校等270名青少年、志愿者代表聆听音乐会。音乐会时长90分钟，演绎《二泉印月》《紫竹调》《映山红》等曲目。活动通过深化共建，增强区域向心力，为关心关爱青少年成长成才搭建平台，推进高雅文化走近青少年。

【上城手绘地图与随手拍活动】2021年7月2—20日，团区委、区教育局以“引领凝聚辖区青少年主动了解上城、热爱上城，以主人翁姿态向社会展示‘奔跑新上城，奋进新征程’的风采”为目标，联合开展“美丽新上城”手绘地图、“我眼中的新上城”随手拍活动。活动征集手绘地图91份，摄影作品120份。经部门初筛、专家联审，最终产生“美丽新上城”手绘地图获奖作品（学生组）40幅、“我眼中的新上城”随手拍获奖作品（教师组）10幅、“我眼中的新上城”随手拍获奖作品（学生组）20幅。获奖名单通过“上城发布”“上城青年”公众号公布，部分优秀作品在区行政中心2楼大厅展出。

（华依文）

上城区妇女联合会

【概况】2021年末，上城区有机关妇工委、部门妇联22个，村社妇联197个，有直属事业单位上城区妇女儿童维权服务中心1个。区妇联发挥党和政府联系妇女的桥梁和纽带作用，在维护妇女权益、推进家庭建设、参与新冠肺炎疫情防控、融入基层治理等方面担当作为，把握妇女发展新常态，开展引领服务联系妇女群众工作。全年获评全国、省、市级先进70多项。区妇联被省政府妇儿工委评为浙江省实施妇女儿童发展规划成绩突出先进集体，实施妇女儿童发展规划的特色做法获省领导批示肯定，新领域妇联建设、“巾帼头雁”助力乡村振兴等经验在全市会议上交流推广，巾帼志愿者抗台、参与新冠肺炎疫情防控、“四必访”（创业就业困难女性必访、困难家庭必访、空巢老人及留守妇女儿童家庭必访、婚姻家庭矛盾纠纷家庭必访）妇情快递、平安宣传进家庭等特色做法被《人民日报》、人民网、《中国妇女报》、《中国妇女》期刊、《浙江日报》、《杭州日报》等宣传报道50多次。

【基层妇联组织建设】 2021年，上城区对标对表省市妇联关于深化妇联组织建设改革破难行动的要求，新建非公有制企业妇联组织169个，其中互联网新媒体领域妇联58个。关爱新业态就业妇女群体，创新“三融入三强化”机制，即将妇建工作融入党群共建强化责任落实，融入阵地建设强化暖心服务，融入基层治理强化共治共享，做优“娘家人”暖心关爱，向快递员、外卖员派送“妈妈的味道”包子、暖心礼包，在“尚小驿”开展女性关爱服务、平安宣传，将妇女建设工作融入基层治理，其特色做法在全市妇联会议作典型交流，被《中国妇女报》宣传报道。完成全区社区（村）妇联组织换届，各社区（村）妇联主席100%进入村社“两委”班子发挥参政议政作用。各级妇联组织2800多名执委走访关爱“四必访”服务对象7500多人次，提供问需送暖帮扶，提高妇女获得感。组织新上岗基层妇联干部开展履职大轮训、矛盾调解技能辅导等活动，区妇联参加市妇联维权知识竞赛获二等奖，以赛促学、以训促干，提高基层妇联干部履职能力和专业化水平。组建“数智妇联”工作群，并在线上线下宣传推广，实现妇联干部群团集市注册率100%并保持良好活跃度，全年推出各类活动23场、妇女风采展示300多次，访问量4.6万人次。新建企业妇联组织均落实数字化“群团集市”一键入群。

2021年12月13日，区妇联联合浙江中医药大学护理学院、湖滨街道党工委向快递员、外卖员赠送防疫关爱礼包　　（区妇联 供稿）

【妇女儿童事业发展】 2021年，上城区全面总结“十三五”妇女儿童事业发展成效，启动“十四五”妇女儿童发展规划编制工作。开启儿童友好城区建设，通过健全公共服务供给体系、深耕儿童友好幸福场景、织密儿童福利保障网络等举措，进一步提升儿童的获得感、幸福感、安全感，推动独具韵味的国际化现代化共同富裕典范城区建设。专报信息《上城区全力推进国家示范区建设，打造新时代妇女儿童事业高质量发展样本》获省领导肯定批示，区妇联被省政府妇儿工委评为“十三五”实施妇女儿童发展规划成绩突出先进集体。儿童领域特色做法在市两办《杭州信息（要情）》刊登。5个“儿童之家”获评市级示范，1个“儿童之家”获评省级示范。

【妇女儿童关爱】 2021年，区妇联做好关心关爱妇女儿童工作。六一儿童节期间，区妇联联合有关部门走访慰问学校15所，赠送慰问金（品）24万元。5月29日，以“关护未成年人安全健康”为主题，举办“学党史润童心·护苗共育成长”活动。参与上城区“智护未来”未成年人心理关怀应用场景项目，重点为495例涉家暴未成年人提供预警关注服务，保护青少年心理健康。联合浙江大学医学院附属妇产科医院、杭州市妇产科医院开设女性健康防疫知识专家网上直播课；联系社会组织开通公益抗疫心理服务热线；联动浙江中医药大学护理学院、浙江省妇儿基金会、区女企业家协会等开展关爱慰问一线“最美逆行者”，为女快递员、女外卖配送员、网约车女司机赠送防疫中药冲剂、消毒液、医用口罩等，向结对社区一线女社工捐赠爱心暖餐、防疫洗护用品等。

【家庭教育推进】 2021年，区妇联做深做实上城家庭教育工作，全区家庭教育指导服务体系提质扩面，家校社协同育人共同体建设持续推进，上城家长整体素养得到新提升。至年末，全区探索建立多功能家庭教育服务阵地107个，网上家长学校52所；建立各类家长学校377所、家庭教育实践基地3个，创建各类示范校178所，有全国、省、市、区级文明家庭（“最美家庭”）776户。依托智库专家、家庭教育讲师团两支队伍，做好“双减”政策下的家庭教育工作。多部门联动举办“家庭教育上城说”系列讲座，邀请名校长名教师主讲“立德树人、健康成长、幼小衔接、安全保护”等方面的好做法，以专家视角解读家庭教育丰富内涵。开展新冠肺炎疫情防控期间孕产妇防护知识宣讲，在社区深入开展家庭教育实践活动38场次。各街道妇联结合“喜迎亚运”“学党史润童心”“关爱困境儿童”等主题，开展线上线下家庭教育宣传活动249场、家庭家教家风巡讲28场、亲子阅读活动143场，服务近6万人次。全区“family志愿者家庭”开展公益志愿服务613场，参与家庭成员2.77万人次，助推形成“注重家庭、注重家教、注重家风”文明风尚。全年开展家庭教育流动课堂进基层服务活动340场、惠及家长1.3万人次，序时完成全国家庭教育创新实践基地试点改革任务。

【平安家庭建设】 2021年，区妇联多举措推进平安家庭建设。发动辖区妇女志愿者开展反诈骗等普法宣传活动。10月28日，全区14个街道同步启动“法治新征程、平安进万家”宣传月活动，联合湖滨商圈企业妇联组建巾帼平安联盟，签约“平安出行、平安直播”项目。组建“钱塘阿姐”帮扶团，全年参与平安督查、隐患排摸、家事纠纷化解783人次。区妇联会同区公安分局实施反家暴工作机制，全年依法处置家暴警情1887起，重复报警数量比2020年下降58%，遏止恶性案件发生。

【巾帼建功行动】 2021年，区妇联以党史学习教育为契机，开展巾帼建功行动。组建“尚红好女儿”宣讲团，开展“云上诵读”、“十佳微党课”发布、巾帼大宣讲、百年党史网络竞答等活动24场，参与群众8万余人次。创评选树行业巾帼文明岗45个、新时代巾帼先锋与“三八红旗手”64人，7个基层点分别获评全国巾帼文明岗、杭州市女红巧手创业示范基地、家政服务巾帼示范基地。激励女性党员发挥先锋模范作用，开展“百千万”“走亲连心三服务”活动，走访困难群众28户，服务企业45家（次），为基层办实事16次。动员妇女干部与巾帼志愿者4200人次在新冠肺炎疫情防控中当好宣传员、服务员、战斗员，“巾帼战疫”典型被《中国妇女报》和《中国妇女》期刊及全国、省、市妇联官方微信与“上城先锋”微信、微博等宣传报道。发动2000多名妇女志愿者组建巾帼反诈义警队，开展“巾帼反诈进万家”等普法宣传1300多场，服务覆盖6.6万人次。发动1000多名“阿桶姐”妇女志愿者开展文明劝导、“五水共治”、垃圾分类等志愿服务600多场，普及亚运进学校、进社区（村）、进社团、进机关（企业）的“亚运四进”活动，开展文艺健身公益行活动500场，1.2

万人参与。

（张　阳）

上城区科学技术协会

【概况】2021年，区科协围绕全面建设独具韵味的国际化现代化共同富裕典范城区目标，履行好服务科技工作者，服务创新驱动发展战略，服务公民科学素质提升，服务党委、政府科学决策“四服务”工作职责。年内，钱学森故居被中国科协授予全国首批“科学家精神培育基地”称号，钱学森故居完成提升改造，建成院士巷。上城区公民具备基本科学素质比例达到23.5%，为全省第一，并在全市全民科学素质领导小组会议上做经验交流发言。“银龄跨越数字鸿沟”工作在全省“银龄跨越数字鸿沟”科普专项行动部署会上作典型发言。区科协被中国科协评为2021年度全国科普日活动优秀组织单位。

（夏炜宇）

【钱学森故居入选首批“科学家精神培育基地”】2021年5月24日，钱学森故居入选首批中国科协“科学家精神培育基地”，并被授牌。11月7日，钱学森故居经过提升改造后重新对外开放，同时举行纪念钱学森诞辰110周年活动暨钱学森故居“科学家精神培育基地”挂牌仪式。故居从展陈史料、空间布局、展示形式上进行改造，总造价约230万元，遵循“最小干预”原则和可逆原则，主要对故居建筑开展屋面翻新、防水堵漏施工及室内木结构维修等。提升改造后，故居室内面积780平方米，有上下两层，展陈面积由1100平方米增至1200平方米，融入新媒体展示手段，增加更多展品，包括钱学森生前用过的实物。故居分为“书香门第，吴越世家”“家学记忆，杭州之子”“初心报国，成才之路”“科学巨星，卓越贡献”4个部分，通过陈列展示、环境布置、活动平台创设等手段和方式，宣传钱学森生平事迹、科研成就，传播他勇于创新、甘于奉献的时代精神，是一个集收藏、展示、公众教育、研学等功能于一体的故居类纪念馆。同时，在方谷园巷子内，上城区打造以钱学森为代表的“两院”院士巷，弘扬科学家精神，接力科学薪火。

（夏炜宇　王　杭　潘煜戈）

【重点学术及科普项目补助】2021年8月，区科协组织全区各企事业单位、学会、协会开展2021年度重点学术及科普项目申报活动。通过市专家团审核评分，对科技含量高、创新驱动作用明显、提升全民科学素质效果较好的49个申报项目给予资金补助，补助金额近180万元。49个项目中，有杭州钱唐农园的“阿推和他的朋友们”科普昆虫展、杭州眼视光科技有限公司的儿童青少年近视防控科普知识普及等科普类项目31个，杭州图强工程材料有限公司的智能化锚杆台车科技人员研讨培训等学术类项目3个，杭州市丁荷小学的食安研究所、杭州市丁兰实验中学的海航模型基地建设等学校科技特色类项目7个，闸弄口街道万家花园社区的万家花园社区科普宣传廊改建等科普画廊建设类项目8个。

【“银龄跨越数字鸿沟”智能手机培训】2021年，区科协面向辖区老年人，开展“银龄跨越数字鸿沟”智能手机培训。培训通过同屏教学、单课学案、双教指导、小组互助、班级圈互学和微课配套等教学形式，提高老年人运用智能手机的能力，推进“科普中国”等网络科学知识平台在老年人群中的传播，扩大网络科普受益面。年内，完成培训3.3万人。上城该项工作经验在全省“银龄跨越数字鸿沟”科普专项行动部署会上作典型发言，并得到省科协领导的肯定。

【线下科普活动】2021年，区科协创新线下科普活动形式，采取合作办学思路，创设区、街道、社区三级工作网络，搭建“美丽上城科普大讲堂”。该大讲堂通过学院班、社区便民班和专题系列科普讲座、市科普讲师团、中科院老科学家科普讲座等科普宣教活动，点单式满足基层群众和辖区单位科普需求。全年推出线下科普活动200多场，受益人次超6万人次，形成全域科普覆盖圈。

【院士专家工作站建设】2021年，区科协把院士专家工作站建设作为科协服务经济转型升级促进科技创新的主抓手。通过联系走访各街道、部门及平台、园区等单位，了解全区科技创新企业发展情况，重点走访了解具备较强研发能力，建有专门研发机构，拥有水平较高、结构合理的研发团队的科技创新企业，同时宣传院士专家工作站的作用、优惠政策、建立程序等，为企业牵线搭桥，提供相关服务。年内，建立浙江长芯光电科技有限公司院士工作站，以及杭州白熊科技有限公司专家工作站、知轮（杭州）科技有限公司专家工作站。

【全国科普日活动】2021年9月11—17日，区科协举办科普活动300多场，参与单位292家，直接参与活动7.9万人，被《人民日报》、“杭+新闻”等报道36条次。区科协创新科普周启动形式，开展科普周活动发布暨精彩科普活动现场观摩教学活动，以点带面促进全区科普活动开展。吸纳社会科普力量助力科普周，联系和动员科技企业、科技社团、公益科普社会组织及科普项目承接单位参与科普周活动，有77家单位参与举办科普宣传；联合党建等条线工作力量，在全区14个街道、38个居民小区开展主题为“科普知识在身边”的2021年全国科普日·上城区科普周暨“小区开放日”科普主题活动，近5000人参加。用好科普项目立项资源，科普周期间，有10家项目承接单位为上城区居民和在校学生参与的50多场科普活动提供资源。用好市科协优质活动资源、结对科普资源，发挥社区科普大学作用，科普周期间，各街道、村社组织开展科普活动198场，基本做到活动全覆盖。

【第7届杭州市大学生科技创新大赛】2021年6—12月，区科协会同市科技传播学会等单位承办主题为“科技创新、助力亚运”的第7届（邦民杯）杭州市大学生科技创新大赛。大赛征集到互联网信息、化工环境与工程、机电设计、智能制造4个领域的项目100多个。经过前期初评、复赛，有15个优秀项目进入决赛。12月1日，大赛决赛在中国杭州低碳科技馆举行，来自全市各级领导代表及高校师生代表等100多人参加。专家对项目

2021年9月28日，上城区科普周预防近视主题宣讲活动举行

（区科协 供稿）

的设计来源、发明目的、技术特色和市场前景等维度进行打分，并对项目的现状、团队构成及市场化等情况进行点评。最终，经过选手答辩、专家提问及作品演示3个环节，评出一等奖6个、二等奖9个、三等奖15个、优秀创新奖20个。

【上城区第36届青少年科技创新大赛】 2021年6—9月，区科协联合区教育局共同举办以“体验·创新·成长”为主题的上城区第36届青少年科技创新大赛，大赛项目涵盖物理、化学、工程学、计算机科学、环境科学、医药与健康学、生物化学、社会科学等11门学科，由科技创新项目、科技实践活动和少儿科幻画三大竞赛项目组成。大赛旨在培养青少年对科学技术的兴趣和爱好，引导青少年树立科学思想、科学态度，增强青少年创新意识和实践能力，选拔优秀作品参加省市创新大赛。大赛征集各类科技作品492件（项、幅），其中青少年创新成果类作品215件、科技实践活动125项、少儿科幻画152幅，经过评比和答辩等形式，评选出获奖作品306件（项、幅）。

（夏炜宇）

上城区归国华侨联合会

【概况】 2021年，上城区发挥侨界人才聚集、智力密集、联系广泛的优势，按照“夯实侨联基层基础，增强侨联组织活力”要求，在基层政治引领有高度、服务中心有载体、阵地建设有保障、运行管理有机制、为侨服务有抓手、日常工作有创新“六有”组织建设上下功夫。区侨联坚持以凝聚侨心、为侨服务作为群众工作重点，各项工作取得新成效。新冠肺炎疫情防控期间，通过电话、微信了解全区海外侨领、侨界代表人士情况，并走访慰问；针对涉侨入境人员采用疫情防控大数据专班负责区精密智控平台常态化工作，做好日常协调和数据报送。参与“千个侨企扶千村”活动，与衢州市、丽水市、淳安县等地的乡村签订帮扶计划，发挥侨界在乡村产业振兴中的“示范生”和“领头雁”作用，推动结对乡村构建打造产业融合发展的现代农业体系。在市侨联“杭州侨联60年最具影响力事件、人物和组织”评选中，区侨联、南星街道侨联、小营街道老浙大社区侨联分会被评为“示范引领组织”；邱永宁、刘绶石被评为“情系桑梓贡献者”；陈励君、林东、王容峰被评为“创新创业奋进者”，毛健儿、陈垣被评为“为侨服务贡献者”。

【上城区第一次归侨侨眷代表大会召开】 2021年9月18日，上城区第一次归侨侨眷代表大会召开。区委主要负责人出席会议并讲话，有关市、区领导参加。区总工会代表区级各人民团体向大会致词。大会审议并通过《上城区归国华侨联合会筹备工作报告》《上城区归国华侨联合会工作细则》，选举产生上城区归国华侨联合会第一届委员会委员，并选出主席1人、专职副主席1人、副主席13人。

【侨联阵地建设】 2021年，上城区完善侨联阵地建设，新建阵地1个，即南星街道归国华侨联合会玉皇山南基金小镇分会，是全区第一个小镇侨联组织。10月9日，玉皇山南基金小镇第一次归侨侨眷代表大会暨南星街道归国华侨联合会玉皇山南基金小镇分会成立大会在上城区“海归驿站”召开。会议选举产生第一届委员会主席1人、副主席3人、秘书长1人。小镇侨联分会将以“海归驿站”为平台，当好党和政府联系海外侨胞和归侨侨眷的桥梁纽带，加强学习、凝聚侨力、维护侨界权益。

年内，新禾联创数字时尚产业园、尚坤·丁兰小镇、华侨基金被授予“浙江省侨联侨界创新创业基地”称号。区“海归驿站”侨联被授予“杭州市侨联侨界创新创业基地”称号。胡庆余堂中医药博物馆获评第四批杭州华侨国际文化交流基地。紫阳街道坚持“凝聚侨心、汇集侨智、发挥侨力、维护侨益”方针，建立“侨胞之家”，被评为市级基层统战工作典型范例。

【“侨心向党”活动】 2021年，上城区各级侨联组织围绕庆祝中国共产党成立100周年，开展“侨心向党”系列活动20多场。5月16—22日，区侨联承办市侨联“侨心向党、圆梦中华”侨界摄影作品展，展示摄影作品100多幅。5月31日，区侨联在紫阳街道“新中国第一个居委会”举办“侨心向党心、奋进新上城”庆祝中国共产党成立100周年演讲比赛，经过前期推荐和初选，有9名选手参加比赛，经过角逐，来自采荷街道的侨界志愿者陈宏满获一等奖，望江街道侨联秘书长王佳丽、紫阳街道侨联工作者吴晨晨和四季青街道钱塘社区侨联分会的侨联工作者王冬莺获二等奖，其他5名参赛选手获三等奖。6月9日，上城区侨联在“海归驿站”召开专题学习会，深入学习贯彻落实习近平总书记在中共中央政治局第三十次集体学习时的重要讲话精神，20多名侨界代表围绕“讲好中国故事、传播中国声音”主题开展交流分享。

【华侨新生代招引】 2021年，上城区进一步培育、涵养、凝聚新生代侨界资源和力量，搭建新生代青年走进上城、了解上城、共同讲好上城故事的平台，招引优秀力量加入上城，为上城建设献策出力。10月27日，“杭州市华侨华人新生代（青年侨商）跨境电商人才”走进上城，参观走访跨境电商园、华侨国际·金融发展中心，开展座谈会，交流创业心得。来自挪威、意大利、日本、柬埔寨、泰国、墨西哥、澳大利亚等16个国家和地区的30名侨界青年齐聚一堂，在潜心学习中开阔视野，在团结合作中结下友谊。

（李　冉）

上城区残疾人联合会

【概况】 2021年末，上城区有持证残疾人22044人，其中视力残疾2501人、听力残疾4312人、言语残疾176人、肢体残疾9498人、精神残疾2691人、智力残疾2270人、多重残疾596人。上城区系统建构“数智残联”，推进残疾人事业高质量发展取得积极成效。区残联从残疾人根本利益和市场需求出发，推进全区残疾人保障、服务、维权和管理等工作。年内，上城区政府残疾人工作委员会被授予“‘十三五’期间浙江省残疾人工作成绩突出先进集体”称号，区残联获“2021年度杭州市爱心助残行动集体”嘉奖。

【残疾人事业数字化改革】 2021年，上城区完成杭州市残联3项“揭榜挂帅”项目——“残疾人之家”数字化运营管理、残疾人社会保障一体化补贴管理与发放、残疾人高质量就业评价体系建设。“残疾人之家”数字化运营管理项目依托“残疾人之家”实体站点拓展托管、照料、保障、康养、文体活动、培训等线上功能，形成“对内管理+对外服务”机制闭环，打造“线上+线下”主动、开放、综合的“残疾人之家”。年内，“残疾人之家”数字化场景应用获评省残联“揭榜挂帅”和“浙里助残”应用板块优秀案例，被纳入全省数字化改革重大应用“一本账S1”，按照“一地创新、全省推广”标准实施。残疾人社会保障一体化补贴管理与发放项目是集成“普惠+特惠”残疾人社会保障政策（含社会保险、社会救助、社会福利政策）自助查询、智能匹配、一次推送、秒审直达、风险预警、统计监测等功能的残疾人社会保障工作管理系统。残疾人高质量就业评价体系建设项目参与人力资源和社会保障部中国劳动和社会保障科学研究院课题研究及体系编制，更好地评估残疾人就业状况，指导做好残疾人就业工作。残疾人就业数量居全市区县残联首位。年内，无障碍导航项目湖滨步行街、“弯湾·爱生活残疾人社会融合共享体”等点位被列入“杭州市发改数字社会首轮揭榜挂帅”项目。

【残疾人综合服务】 2021年5月24日，因杭州市行政区划调整，上城区残疾人综合服务中心地址变更为杭州市上城区凯旋路125号。服务中心面积约2400平方米，集残疾人业务办理、康复就业、文体活动等服务于一体，设办事大厅、多功能厅、康复室、文化活动室等，承担上城区户籍残疾人的创业就业服务、民生保障服务等工作。全年受理各类咨询和服务事项5000多件（次）。服务中心按照《浙江省残疾人证管理细则（试行）》规定，核发、管理残疾人证。全年全区残疾人证新办理2012本、残损换新45本、遗失补办376本、变更365本、迁移159本、到期换证87本、注销1109本，办结率100%。

【残疾人基本补贴】 2021年，上城区完成残疾鉴定费用补助、残疾津贴、残疾人轮椅车燃油补贴、意外伤害保险购买、基本养老保险补助、基本医疗保险补助、就学补助、临时救助、阳光慰问、残疾人就业创业补贴等20多项具体政策在实施标准、保障对象、操作流程等方面的统一规范工作，并全部兑现。开展走访慰问，惠及残疾人2200多人次，发放春节、高温及“六一”等特殊时期和节日慰问金317.44万元、住院慰问金105.61万元，提供临时困难救助1400元。兑现残疾人津贴1442.17万元、就学补助304.31万元。落实残疾人参加社会保险补贴制度，兑现各类保险补贴1015.91万元，实现社会保险缴费补贴、意外伤害保险免费参保“两个全覆盖”。100%落实“残疾人之家”机构综合保险购买工作，以及辖区内的盲人按摩机构从业人员职业责任保险。

【残疾人就业创业】 2021年，上城区强化服务保障、完善机制体系、优化就业环境，参与杭州市残联调研，推进残疾人高质量就业创业。全年全区劳动年龄段内有就业能力、就业意愿残疾人就业率达98.8%。组织有培训意愿的残疾人参加非遗项目、直播网红、书画艺术、盲人推拿按摩等培训150人次，并加大各类招聘信息的收集和发布力度，实现新增就业78人。完成2021年度全区用人单位残疾职工就业情况申报审核、就业补贴发放及相关公示工作，审核、录入有残疾职工的企事业单位938家、残疾职工2589人，发放岗位补贴和超比例安置补贴493.97万元；兑现个体工商户自主创业开办费补贴8万元。杭州亚龙雕塑艺术有限公司高级设计师阮文龙先后培养10多名雕塑人才，带动残疾人就业，获评“上城工匠”。年内，中国残联调研组对上城区促进残疾人就业开展的相关工作给予肯定。弯湾托管中心、“智慧树”残疾人服务社等助残组织促进精神智力障碍人士就业等相关做法被中央电视台、新华社等媒体专题报道。《上城区“三优并举”助力残疾人走上就业自强共富路》专报被《浙里共富》《浙江政务信息》《杭州政务信息》刊发，获省市领导批示，被中央电视台、浙江卫视、《浙江日报》等媒体报道。

【残疾人精准康复服务】 2021年，上城区对辖区残疾人实施精准康复服务，残疾人基本康复服务率100%。全年申请残疾儿童基本康复训练240人，补助资金419万元。优化残疾人辅助器具适配服务，为全区有辅助器具需求的1148名残疾人适配辅助器具1260件，补助资金85万元，辅具适配率100%。推进社区康复服务，为困难、重度残疾人提供个性化服务187次。优化实施“光明行动”康复救助，全年申请白内障复明手术补助114例、人工耳蜗3例、助听器验配301例、假肢24例、膝髋关节手术补助12例。

【残疾人无障碍环境建设】2021年，上城区持续实施残疾人无障碍环境建设，闸弄口街道红梅、小营街道老浙大两个社区成功创建省级“无障碍社区”，全区创建省级“无障碍社区”增至14个，数量居全省前列，形成“一街道一示范”格局。“湖滨步行街区无障碍环境改造”“弯湾·爱生活残疾人社会融合共享体”入选“全国无障碍环境建设优秀典型案例”，湖滨步行街、区残疾人综合服务中心大厅引进“手语姐姐”志愿手语翻译，添加盲文导览、二维码读屏等设施，有效提升信息无障碍服务水平。全区“残疾人之家”规范化提升完成率150%，全区16个“残疾人之家”达到四星标准及以上，其中五星5个、国家级1个。小营街道“残疾人之家”负责人戚雅妹获评全省“残疾人之家好家长”。残疾儿童康复机构规范化提升完成率125%，其中融爱特殊儿童康复中心、杭州市杨绫子学校高分获评首批省级规范化残疾儿童定点康复机构。开展残疾人家庭无障碍改造工作，组织区无障碍促进会参与建设工程竣工验收前无障碍环境体验近60次，提出问题点位400多个。

【助残联盟样板打造】2021年，上城区关心关爱残疾人，多渠道推进助残联盟样板打造。深化党建联动机制，全区近60个机关党组织与“残疾人之家”、残疾人家庭开展结对帮扶。强化助残社会组织培育，通过打造可持续性的发展体系、品牌化的项目体系、专业性的支持体系，弘扬扶残助残新时尚，激发公众社会公益意识和参与服务意识，为助残社会组织发展营造良好的社会生态。全区拥有助残社会组织25家，开展助残项目公益创投，弯湾托管中心、福援启智服务中心因推动智力障碍人士就业获评2021年杭州市优秀助残服务社会组织，“爱馨大课堂”“‘制皂希望’智力障碍人士庇护性就业项目”被评为“市社会组织助残服务典型案例”。

【残疾人文体活动】2021年，区残联通过开展各类文体活动，丰富残疾人精神生活。各残疾人专门协会围绕庆祝中国共产党成立100周年、“亚运四进”等主题，结合全国助残日等残疾人节庆日，开展各类活动50多场，残疾人参与率达92%以上。开展“六进六讲”（进中心、进机关、进学校、进企业、进社区、进农村，讲党史、讲奋斗、讲亚运、讲融合、讲无障碍、讲数智）宣传活动，弘扬残疾人自尊、自信、自强、自立、自助、自爱“六自”精神。引导残疾人自我管理，区“盲人看电影”项目入选全国学雷锋志愿服务“四个100”先进典型项目名单，区盲人协会、区肢残人协会及区聋人协会联合组织无障碍观影活动20场次，区“盲人看电影”主讲人——“FM89杭州之声”主持人雷鸣获评浙江省道德模范；区盲人协会与杭州市地铁集团有限责任公司联合编撰完成浙江省首部盲人乘坐地铁指导手册《杭州地铁盲文导览手册》，并于国际盲人节当天赠予杭州市地铁集团有限责任公司。区残疾人艺术协会举办迎亚（残）运书画展，展出40多名残疾书画爱好者创作的60多幅书画作品。区残疾人运动员诸吉在全国第11届残疾人运动会暨第8届特殊奥林匹克运动会中获女子4×50米自由泳接力20分项目、女子200米自由泳S5级项目、女子200米个人混合泳SM5级项目3枚金牌及女

2021年10月9日，杭州2022年第4届亚残运会倒计时1周年主题活动在杭州市杨绫子学校举行（区残联 供稿）

子100米自由泳S5级项目银牌，其中女子4×50米自由泳接力20分项目破世界纪录，诸吉获评2021年上城区道德模范。区残疾人自强志愿者服务队组织开展便民公益服务50多场。

【亚残运会残疾人事业展示点提升】 2021年，上城区落实中国残联在调研区残疾人工作时提出的“要以无障碍环境打造、文化形象展示为重点，助力各展示点以最佳状态迎接亚残运会”的要求，通过提升硬件设施无障碍水平、软件管理智能化水平，充实人员配置等举措，细化提升辖区内“弯湾·爱生活残疾人社会融合共享体”、“智慧树”残疾人服务社、阳光艺术中心、星巴克手语咖啡（城市之星店）4个2022杭州亚（残）运会残疾人事业展示点（已纳入“智能亚运一站通”平台）。年内，各展示点先后举办“星智同行，助力亚残”——FY22社区服务、“特奥伴我行”等迎亚（残）运会活动。10月9日，杭州2022年第4届亚残运会倒计时1周年主题活动在杭州市杨绫子学校举行。活动以“盼”为主题，表达杭州人民对亚残运会的期盼，践行杭州亚残运会“阳光、和谐、自强、共享”的办赛理念，省有关领导与2020年东京残奥会冠军谭玉娇共同发布杭州亚残运会火炬形象——“桂冠”。

（程　力）

上城区红十字会

【概况】 2021年末，上城区有登记在册红十字会员2.07万人、志愿者1.64万人，其中杭州市惠兴中学学生孟希怡当选“中国红十字会会员之星”。区红十字会统筹抓好“三救三献”（应急救援、应急救护、人道救助，献血液、献造血干细胞、献人体器官组织）核心业务，在新冠肺炎疫情防控、人道救助、救护培训、志愿服务等方面担当作为，在全市率先完成14个街道红十字会的依法换届工作。主动承接中国红十字总会和省市红十字会试点工作任务，吴山路社区、芙蓉社区分别被中国红十字会总会认定为基层组织建设提升试点和城市社区博爱家园示范点；湖滨街道等5家单位被市文明办授予杭州市首批“市级新时代文明实践示范点”称号。年内，上城区入选市红十字会“教考分离”首批试点单位；上城推动“红十字救在身边”相关做法被各地借鉴；区红十字会多次在省市相关会议上交流发言，获2021年度全国红十字系统报刊宣传先进集体一等奖及省红十字会新冠肺炎疫情防控工作先进集体、市“学习强国组织之星”、区先进基层党组织等荣誉。

【“数字红会”建设】 2021年，区红十字会创新推进“智慧红会”建设，依靠数字赋能贴身打造群众身边的红十字会。通过微信、支付宝小程序和红十字一体机等线上、线下客户端，扩大红十字会员基础，提升红十字业务覆盖，构建“指尖上的红十字会”。拓展“救护E站”应用场景，将其无缝接入火车东站、商区、景区等人流密集场所，通过平台智能研判，做到“应急响应、精准施策、及时施救”。全年救助心脏骤停等险重案例9人次，有效提升院前急救的成功率和时效性。推进“直播课堂+在线测试+线下实践”培训模式，依托“华语之声”直播平台，20万余人通过“云端”学习了解心肺复苏和AED使用等应急救护课程。吴山路社区、芙蓉社区、杨柳郡社区等博爱家园将“数字基因”有机融入邻里坊志愿服务体系，实现线上平台精准智控、线下邻里友爱互助，全年参与居民1万余人次。

【“红十字‘救’在身边”项目】2021年，区红十字会守正创新、先行先试，推动“红十字‘救’在身边”项目融入新时代文明实践行动，制定《关于推进“红十字‘救’在身边”工作的实施意见》，从区级层面明确18家单位、14个街道的职责分工。投入专项资金20多万元，打造区电子机械功能区、湖滨街道、采荷街道、杭州市惠兴中学、区红十字生命讲习所5个市级红十字急救培训“教考分离”实训考核点，组织培训68场，参训2860人次，实现培训学员“自主学习、就近实操、定点考核”，有效提升培训时效。与区总工会联合举办红十字应急救护技能大赛，以赛促学、以赛促用，评出团体及个人一等奖、二等奖、三等奖，优胜选手刘邢荣、童晨波、金巧艳被区总工会授予“上城区技术能手”称号。全年完成普及性培训35.9万人、救护员培训5441人，招募“急救侠”572人次，阮兴高等3人获全省首批“最美红十字急救员”称号。

【纾困救助】2021年，区红十字会以改善易受损群体的境遇为目标，推进符合红十字宗旨的纾困救助项目。开展“红十字博爱送万家”及特殊困难救助活动，走访慰问辖区困难家庭394户，发放慰问款、物品50.93万元。落实东西协作对口支援捐赠款219.5万元，物资2批次、5857件（套），价值55.75万元。河南郑州市发生洪涝灾害后，动员辖区企业、群众捐赠水灾救助资金58.81万元。辖区爱心企业、红十字会会员、志愿者为安徽绩溪板桥中学学生、新业态外卖员、快递员、环卫工人等人员项目化筹资12万余元。7月5日，区红十字会到四川省甘孜藏族自治州雅江县实地考察当地产业发展和民情社情，实施精准帮扶，并持续跟进解决当地维锡村困难老党员张泽汪的生活问题。

【造血干细胞和人体器官捐献】2021年，区红十字会规范开展造血干细胞和人体器官

2021年9月26日，区红十字会、区总工会联合举办区红十字应急救护技能大赛
（区红十字会 供稿）

（遗体、组织）捐献宣传动员、报名登记、捐献协调、人道慰问等生命关爱工作。“5·8”世界红十字日等红十字重要纪念日期间，在各基层阵地多次开展红十字生命关爱主题宣传活动，全年完成造血干细胞采样入库396人，成功捐献4人，为历年人数最多。年内，辖区首名造血干细胞捐献者刘俊涛获2021年上城区道德模范（“最美上城人”）提名奖，“90后”造血干细胞捐献者曾志勤的事迹被人民网、中国新闻网、中央电视台新闻客户端等媒体报道。全年完成人体器官捐献3例、遗体（组织）捐献24例，捐献人数居于全市前列。开展对捐献者人道慰问和缅怀纪念活动，落实专项资金6万余元慰问关怀造血干细胞捐献者和器官遗体捐献者家属。

【红十字志愿服务】2021年，区红十字会引导辖区红十字遗体器官（组织）捐献宣传志愿服务队、“吴山风雅”红十字志愿服务队、“红叔红姨”志愿服务队、“益星荟”红十字救援救助联盟等30多支志愿服务队常态化开展具有红十字特色的服务活动。服务涉及扶贫济困、养老助残、救孤助学、义诊义工、文化宣传等领域，以及为大型赛事活动提供应急救护服务。区红十字志愿者全年开展各类志愿服务累计1万余小时，有19人获省红十字会“五星志愿者”奖章，“生命的礼物——器官（遗体、组织）捐献”服务项目和“芙蓉红韵”红十字志愿服项目分别入选第五批“情暖浙江·红十字志愿服务项目”一类、二类支持项目。

（苏光旭）

法 治

政法委及综治

【概况】 2021年，区委政法委以政法领域数字化改革为抓手，推进“平安上城”、数字法治建设，为全面建设独具韵味的国际化现代化共同富裕典范城区营造安全稳定的社会环境。开展政法队伍教育整顿，完成学习教育、查纠整改、总结提升3个环节任务，政法队伍素质进一步提升。加强平安隐患检查督改，维护社会安全和稳定。

【“平安上城”建设】 2021年，上城区加速推进“平安上城”向“安心上城”提升，统筹抓好平安隐患督改，完善区、街道、社区、网格“善治链条”。推广平安督改机制，召开现场会推广“彭埠经验”，健全周自查、旬通报、月互查制度。全年开展常态化平安督查22期，检查发现问题3.38万个，整改率97%。优化区社会矛盾纠纷调处化解中心建设，推进机构提档升级，增配、优化调解力量，在14个街道间开展“互学互比互赛”，构建矛盾纠纷化解“136”格局，全年调处矛盾纠纷1.55万件，化解率98%。加快平安网格智治，推进“基层治理四平台”升级，推动“统一地址库”“智安小区”赋能基层治理，全年网格员依托“基层治理四平台”收集问题隐患34.40万件，流转处置率达99.1%。

资料

彭埠经验： 即以协同督查、独立督查和巩固督查为主要形式的彭埠平安督查经验。协同督查指参与全区平安督查、明察暗访检查行动和平安督查督考会、分析会等，与有关部门座谈安全生产和消防安全等工作情况，熟悉督查内容，掌握实时动态；独立督查指对消防、市场监管、综合行政执法、安全生产、危化品、交通安全综合治理六大主题实现督查全覆盖，开展自查和互查，形成隐患问题交办清单；巩固督查指对街道的隐患问题交办清单整改情况开展“回头看”检查，实行“一天隐患排查、隔天回访复查、一周验收销号程序”的“117”隐患闭环管理机制。

矛盾纠纷化解“136”格局： 即10%、30%、60%的矛盾纠纷分别由县级、镇街、村社调解处理，实现自下而上逐级化解。

【社会稳定维护】 2021年，区委政法委了解掌握全区重大涉稳定问题，协调职能部门、属地街道落实有关问题和风险化解、防控工作。在庆祝中国共产党成立100周年、中共十九届六中全会等重点时段，协调公安等部门落实维稳安保工作，确保社会面平稳有序。修订“6+X”工作机制，组织专班力量稳妥处置相关涉稳问题和风险。全面查控涉稳涉访预警信息，化解“清零”市、区两级项目化监管涉稳问题，督促指导全区完成重大项目社会稳定风险评估，保障全区社会面平稳有序。

资料

“6+X”工作机制：依托区社会矛盾纠纷调处化解中心，通过整合区委政法委、区公安分局、区司法局等6家单位和相关行业主管部门、属地街道等工作力量，建立“监测、预警、处置、反馈”闭环管控的“6+X”涉众型风险防范化解工作体系，形成事前预防有效、事中控制有序、事后处置有力的一体化全链条式风险防范化解模式。

【数字法治建设】 2021年，上城区以“智治减负”为主线，聚焦品牌场景建设，打造服务实战的上城数字法治体系。与省、市沟通对接，组织骨干力量投入省级重大多跨场景建设——“健全社会矛盾风险防范化解体系”试点项目，组建“培训纠纷一件事”和“预付卡纠纷一件事”区级专班，结合实战建立高效化解、有效预防、运行管理、综合集成四大模块，为防范处置矛盾纠纷提供区县标准化大数据支撑实战样本。以重点项目带动数字法治工作整体推进，有3项应用入围杭州数字法治好应用，数量居全市区县（市）第1位。组织数字法治“上城产品”打造，开展业务拆解、方案制定、立项跟进、上线发布、推广应用，基层治理“一表通”入选“全省数字赋能社会治理现代化场景应用项目”区县场景，“云上智控”涉众型风险预警入选全省多跨场景重大应用“一本账S0”，街镇版“小脑+手脚”场景、“凤凰金融智审”V3.0项目被确定为“市数字法治升级应用”试点项目。

【电信诈骗治理】 2021年，上城区开展“民呼我为”活动，打击治理电信网络新型违法犯罪。全年破获电信网络诈骗案件293件，打掉诈骗团伙54个，抓获犯罪嫌疑人583人，冻结、止付涉案资金6.87万元。关注37件涉案金额百万元案件，其中侦破34起，破案率91.9%，全区电信网络诈骗发案率比2020年下降14.3%。调查“2·24”跨境虚拟币洗钱案和“7·26”虚拟货币诈骗案，先后发起2件（全市仅3件）全国集群战役，抓获犯罪嫌疑人近400人。

（费祝鹏）

法治政府建设

【概况】 2021年，上城区通过培育法治建设项目、规范重大行政决策、加强行政规范性文件管理、规范执法监督、规范复议应诉行为、深化行政调解机制建设等举措，推进法治政府建设工作。召开区委全面依法治区委员会第一次（扩大）会议，研究部署新阶段推进“大综合、一体化”行政执法改革、加快打造一流法治化营商环境等六大专项工作任务，审议并原则通过区委全面依法治区委员会、协调小组工作规则及办公室工作细则，法治上城建设年度重点工作清单及六大专项工作系列文件。健全完善组织领导体制，组建区委依法治区委员会、区委依法治区委员会办公室及3个协调小组。打造“专业部门+社会力量”闭环联察机制实践，区委依法治区办公室联合人大、政协、纪委监委、政法委及法治建设监督员等监督力量开展贯彻落实习近平法治思想及“两高一低”专项整治实地督察，对11家重点部门、14个街道的法治建设六大专项工作、依法决策、规范公正文明执法、“两高一低”专项整治等情况进行全面检查。

【法治建设项目培育】2021年，上城区深化法治建设项目培育，促进法治上城建设。以“一支队伍管执法”为切入口，推进凯旋街道、南星街道全省街道综合行政执法改革试点工作，实现职能、事项和执法力量的整合，相关工作做法被《浙江日报》《杭州日报》专题报道。围绕法治重点领域“一件事”，加快推进数字法治改革，基本建成条块部门高度协同、后台数据高度集成、治理需求高度契合的数字法治体系。基层治理“一表通”场景走在全省前列，首创的街道“小脑+手脚”执法应用在全市进行推广。上城区成为全市唯一有3项应用（“浙里社会矛盾风险防范化解”“凤凰金融智审V3.0”“基层治理一表通”）入围数字法治好应用的区县（市）。上城区“‘小脑+手脚’基层自治高效协同模式”、“‘凯益荟’社会组织服务中心参与社会治理规范提升”、“凤凰金融智审”V3.0 3个项目被市委依法治市办公室认定为2021年度有辨识度有影响力的法治建设成果。

【行政决策法治化建设】2021年，上城区全面推行重大行政决策目录化管理，制定《杭州市上城区重大行政决策程序规则》。该规则明晰重大行政决策事项标准，完善目录公开制度，严格落实公众参与、专家论证、风险评估、合法性审查、集体讨论决定等法定程序，要求重大行政决策发布前向同级党委请示报告，依法依规落实重大行政决策发布前向区人大常委会报告制度，提升全区重大行政决策的科学化、民主化、法治化水平。全年审查区级重大行政决策事项3个，提出修改意见10多条，全区各部门、街道重大行政决策事项15个，均通过合法性审查程序。

【行政规范性文件和行政机关合同规范管理】2021年，上城区加强行政规范性文件和行政机关合同规范管理。修订实施《杭州市上城区行政规范性文件管理办法》，规范全区行政规范性文件制定、审查、备案和清理等程序规定。全年审查拟发布区级行政规范性文件18件，提出修改意见60多条。开展行政规范性文件后评估，废止和宣布失效区级行政规范性文件20件。修订实施《杭州市上城区行政机关合同管理办法》，加强行政机关合同管理，统一重大行政合同备案标准。全年审查拟签订区级行政合同28件，提出审查意见100多条。制定《杭州市上城区街道合法性审查工作实施办法》，推广法律顾问派驻各街道司法所服务模式，推进街道党内规范性文件、行政规范性文件、重大行政决策等内容合法性审查全覆盖，提升街道合法性审查水平。

【行政执法主体和执法人员资格管理】2021年，上城区深化行政执法主体和执法人员资格管理。开展全国统一行政执法证件换发和申领工作，至11月末，按要求100%完成执法人员换证。年内，举办行政执法人员综合法律知识培训2次，要求各相关执法单位及时确认执法人员资格、通过“浙江省执法考试在线练习系统”模拟测试参加杭州市行政执法人员综合法律知识考试。全年参加考试134人，通过考试109人。11月，开展全区行政执法主体资格确认公告工作，各相关执法单位通过省行政执法主体确认公告信息系统自查报审，由区司法局进行审查确认。12月21日，区司法局对外公示《杭州市上城区行政执法主体公告名单（2021年第一批）》。

【执法监督规范化建设】2021年，上城区全面落实行政执法公示、执法全过程记录、重大执法决定法制审核3项制度。推进重点领域专项执法监督，开展行政执法案卷评查，集中评查40家单位的行政执法案卷，抽检行政许可案卷56件，行政处罚案卷57件（含行政强制案卷），评选出优秀案卷5件，无不合格案卷。推广应用浙江省行政执法监督信息系统及全省统一行政执法监管平台等数字化系统，开展线上涉民生执法专项监督工作，同步开展线下街道综合行政执法改革专项执法监督和水利业务行政执法质效评议工作。全年对发现的违法或不当的执法行为依法制发《行政执法监督通知书》11份，督促有关单位限期整改。

【行政复议应诉案件规范办理】2021年，上城区完善科学、高效、规范的行政复议工作机制，制定当事人接待、集体讨论、请示报告和责任追究等配套制度9项，确保行政复议工作全程各环节有章可循、有据可依、规范有序。健全行政复议工作通报机制，定期通报全区“两高一低”数据情况，从问题入手，分析原因，制定整改落实举措。针对复议应诉纠错败诉率高的部门，及时启动约谈机制，强化责任落实。健全行政复议决定抄告机制，加强与市级相关单位的沟通交流、信息共享，解决共性问题，合力推进执法规范化建设。全年全区行政诉讼案件发案178件，行政复议发案197件；一审行政诉讼败诉13件，败诉率5.5%，比2020年下降5.9%；行政复议纠错23件，纠错率11.2%，下降3.0个百分点。

【行政争议化解】2021年，上城区坚持“预防挺在化解前、化解挺在诉讼前”理念，建立行政争议全过程分类预防化解机制。推广行政复议申请受理前调解工作，对投诉举报类或行政处罚类等行政复议案件，引导执法部门采取“收案后先行介入，受理前主动调解，审理中配合协调”等方式，开展全程调解。整合区行政争议调解中心力量，建强区多元化调解专家团，由专职调解员、法律顾问介入，指导开展行政调解。发挥行政复议办案机构优势，对执法行为存在瑕疵案件，督促执法机关主动纠错；对申请人诉求不符合法律规定案件，落实相关行政法律法规普及解释工作，最大限度减少行政争议负面效应，实现“定分止争、案结事了”。全年全区行政复议立案前成功调解案件22件，案中调解撤回案件26件；全区一审行政诉讼调解55件。

【行政复议员试点】2021年，上城区主动承担行政复议员试点工作，推动行政复议员管理具体化、标准化、制度化。明确近3年因违纪受到记大过、降级、撤职处分或近3年年度考核等次有不称职的，不得担任行政复议员，确保队伍作风过硬。对行政复议员进行分级管理，依据任职年限和工作表现等指标，将行政复议员分为一级、二级、三级和四级4个层级，建立合理的队伍结构和晋升体系。将行政复议员日常履职情况和年度考核情况作为干部选拔任用的重要参考，畅通行政复议员晋升渠道，促进行政复议员履职尽责、提升素质，激发行政复议员担当作为的动力。

（耿俊霞）

公　安

【概况】2021年，上城区明确“打造全国最具安全感的现代城区”目标，探索构建现代警务体系，推进风险防控、智慧警务、打击能力、基层基础、执法规范“五大业务提升工程”和强警、育警、严警、暖警“四大队伍提升工程”，保障区域调整平稳推进，完成庆祝中国共产党成立100周年安保任务，大部门大警种制改革、镇街版“小脑+手脚”等工作在省市推介。全年全区刑事警情比2020年下降11.3%、治安警情下降20.0%、接触性侵财案件下降36.3%、电信网络诈骗案件下降15.4%。区公安分局侦办公安部督办案件7件、省公安厅督办案件13件，刑事拘留1525人、移送起诉1879人，行政拘留2519人。全年区公安分局有99个集体、533名个人受到上级党委政府和公安机关的表彰奖励。其中：四季青派出所获评全国公安机关“我为群众办实事”成绩突出集体，笕桥派出所党支部获评杭州市先进基层党组织，杭州东站枢纽派出所党支部获评市政法系统“最强党支部”；刑侦大队副大队长吴艇获评全省扫黑除恶专项斗争先进个人，看守所民警罗万甘获评杭州市优秀共产党员、浙江省第2届最美退役军人，刑侦大队民警罗培江获评杭州市“最美公务员”，反恐怖大队大队长张杰获评杭州市基层站（所）“十佳公务员”。

【执法办案管理中心建成】 2021年1月7日，上城区建成执法办案管理中心，由区公安分局统一领导。该中心位于候潮东路175号，使用面积约2000平方米，一楼设置受案大厅、办案区，二楼设置办案辅助区、监督管理区、协同服务区、法制审核区、会商学习区等功能分区。该中心集执法办案、监督管理、服务保障于一体，实现“一站式办案、合成化作战、智能化管理、全流程监督”，构建办案专业化、管理精细化、服务多元化新局面。研发“执法健康码”，为区公安分局领导、中层干部、执法民警针对执法短板开展精准施策、有效监督、整改落地提供有力支撑和方向指引，助推执法能力精准提升。

【“全民反诈”民生实事项目】 2021年5月，区公安分局推动“全民反诈”集中治理电信网络诈骗入选上城区“2021年度十大民生实事项目”，成立全区打击治理电信网络诈骗犯罪领导小组。全年召开全区联席会议4次，实现电信网络诈骗发案数比2020年下降15.4%、破案数上升7.7%、抓获犯罪嫌疑人数上升5.8%的“一降两升”目标。建立面上宣传防范“大水漫灌”、预警反制“精准滴灌”、重点对象“定向浇灌”的反诈立体宣传防范体系，全年预警劝阻受骗群众20.33万人次，劝阻案件161件、止损金额3196万元。坚持高效能破案攻坚，全年破获电信网络诈骗案件432件、查处电信网络诈骗团伙59个、采取刑事强制措施603人，冻结止付涉案资金6.61亿元，其中破获100万元以上案件42件，破案率100%，发起全国反诈集群战役2起。

【庆祝中国共产党成立100周年安保】 2021年3—7月，上城区开展庆祝中国共产党成立100周年安保“百日攻坚战”，梯次启动治安防控等级响应，围绕重点人、事、行业、部位等要素，开展风险排摸、打击治理、严管严控等专项工作。强化“三圈

2021年6月18日，区公安分局举行中国共产党成立100周年安保指挥组临时党支部授旗仪式
（区公安分局 供稿）

两站一中心”（湖滨商圈、吴山商圈、钱江新城商圈，杭州城站、东站和市行政中心）秩序维护和治安管控，稳控化解“双减”类、市场类、征迁类等社会稳定风险，其间，区公安分局开展检查89次、应急拉动150次、演练135次，保障杭州清真寺“开斋节”、中央电视台无人机直播等163场大型活动绝对安全，完成庆祝中国共产党成立100周年安保任务。

【社会面风险防控】 2021年，区公安分局加强社会面风险防控力度。常态化推进新冠肺炎疫情精密智控工作，牵头落实健康码扫码核验，支撑涉疫人员溯源流调，助力快速打赢“12・7”疫情防控遭遇战，四季青“钱江国际时代广场”防疫工作获全市表彰；开展入境人员转运及隔离安保工作，脱产投入83名警力，保障隔离酒店15家。7—12月，联合区职能部门开展交通枢纽等重点区域周边非法组客集中整治，严查“非法营运”109起、“非法组客”49起，驱离疑似“黄牛”6936人次、查处“黄牛”4789人次，行政拘留25人次、行政罚款797人次、教育告诫3967人次。10—11月，开展流浪乞讨人员救助管理专项行动，发现登记疑似流浪乞讨人员112人，其中送救助站36人、送医救助3人，行政处罚5人。

【营商环境法治保障】 2021年，上城区立足保护辖区企业合法利益，落实营商环境法治保障。区公安分局严肃查处假冒“胡庆余堂”“西湖龙井”“朝阳轮胎”等涉企类制假售假案件，其中涉“胡庆余堂”专案入选2021年“全省十佳食药案件”。持续处置网贷风险，全区60个网贷平台按时“清零”。8月，实现全省头部（全省规模最大的）网贷平台——微贷（杭州）金融信息服务有限公司（“微贷网”平台）48.94亿元净本金覆盖，完成6.51万名投资人兑付工作。年内，网贷案件侦结率、追赃挽损率达到100%和60.6%。

【安居治安环境打造】 2021年，区公安分局以“打造安居治安环境”为目标，多举措攻坚克难。聚焦暴力犯罪等重大案件攻坚，连续7年保持现发命案破案率100%，连续11年保持五类恶性案件和“两抢”（抢夺、抢劫）案件破案率100%。聚焦衣食住行等民生领域犯罪，采取刑事强制措施102人、移送起诉99人。聚焦“盗抢骗”“黄赌毒”等热点案件，固化接触性侵财案件“快侦快破”机制，保持破案率75%以上，其中1小时明确身份率和24小时抓获率分别为37.7%、60.8%，采取黄赌刑事强制措施301人，查获吸毒人员207人，其中强制隔离戒毒60人，破获部省涉毒目标案件4起。开展“团圆”行动，寻回被拐及失踪人员13人。

【隐患纠纷多元化解】 2021年，区公安分局依托镇街版“小脑+手脚”机制，推进婚恋警情等矛盾纠纷“清零”工作。6月，上线“守夜人”家暴婚恋纠纷意图分析模型，全年化解各类纠纷隐患2.59万起，其中运用模型预警隐性婚恋纠纷等隐患1203起，全部流转社区跟进，全年未发生因婚恋纠纷引发的“民转刑”“刑转命”案件。深化群防群治工作，壮大“东哥东姐”“九哥九姐”“青枫义警”等志愿者队伍，发展专职调解员27人、兼职调解员18人。5月，整合辖区17个派出所，建立东、中、西“三大战区”，每周联合相关部门开展清患整治行动。全年核查可疑人员10.51万人次、涉危公共复杂等重点场所3.32万个（次），整改安全隐患532处。

【大部门大警种制改革实施】 2021年2月，区公安分局秉持做精机关、做优警种、做强基层、做实基础的原则，创新大部门大警种制改革。该项改革保持体制、编制不变，以“大专班”形式，实行不同警种相同职能岗位同质归类，组建情报指挥部、维稳安保部、犯罪侦查部、基础管控部、执法管理部、警务监督部“六部”，设立临时党支部，落实分管局领导兼任部长和书记，推动人员融合、资源整合、手段聚合、机制耦合，实现警务运作从职能型向流程型转变，带动岗位精简、人员下沉，基层派出所和看守所警力占比上升至62%。4月6日，大部门大警种制改革经验获《浙江法制报》整版专题推介。

【“小脑+手脚”勤务机制优化】2021年，区公安分局深化“小脑+手脚”勤务机制，结合大部门大警种制改革和派出所“两队一室”建设，配强“六部”、派出所“小脑”，分别承担二次研判、指令下达和辖区治安研判、勤务安排等职责，指导“手脚”精准工作。年内，快速处置有关突发案件，其中“3·24”案件处置组立集体二等功。年内，以九堡街道试点为基础，在全市首推镇街版“小脑+手脚”机制，推行街道综合治理中心、派出所综合指挥室“双脑联动”建设，警情联动处置率、非警务警情现场处结率、重复报警下降率分别为51.3%、65.4%和7.6%。4月7—8日，全省治安管理工作座谈会暨派出所建设推进会在上城区召开，会议组织实地参观镇街版“小脑+手脚”机制建设，听取经验介绍，做主题推广。11月9日，“小脑+手脚”机制在全省公安数字化改革典型案例展示活动评比中获“好应用”奖。

【《浙江公安派出所办理刑事案件负面清单规定》实施】2021年，区公安分局实施《浙江公安派出所办理刑事案件负面清单规定》，细化区公安分局实施办法和受理案件、立案、移送工作规范，明确将涉未成年人性侵案件、50万元以上侵财案件和民事刑事交织案件纳入负面清单范畴，由犯罪侦查部统筹专业警种办案112件，其中派出所移交案件62件，占比55.4%。持续巩固案审办案优势，全年案审办案366件、1041人，比2020年分别增长11.6%和63.7%。牵头办理团伙性案件103件，提前介入重大疑难复杂案件64件、472人，余案深挖扩人扩线187件、29人，实现刑事案件“零纠违”。

【首批政法队伍教育整顿】2021年2—6月，区公安分局按照中央政法委和上级党委政府、公安机关的统一部署，开展第一批政法队伍教育整顿，围绕筑牢政治忠诚、清除害群之马、整治顽瘴痼疾、弘扬英模精神“四项任务”，推进学习教育、查纠整改、总结提升“三个环节”，重点以自纠自查、驻点帮查、专班巡查、集中评查“四查”方式，开展14批、349条重点线索核查工作，约谈涉及2次以上轻微执法问题民警52人，落实重点民警谈心谈话91人，运用监督执纪“第一种形态”处置71人，采取禁闭措施5人，立案查处民警9人；开展执法办案领域顽瘴痼疾整治，排查110警情6.16万件、重点案件线索7316件，监视居住点1处，整改瑕疵警情和案件1232件，问责22人。

（刘慧超）

检 察

【概况】2021年，区检察院以品质检察为引领，强化法律监督，履行刑事检察、民事检察、行政检察、公益诉讼检察“四大检察”职责，推进普通刑事犯罪检察业务、职务犯罪检察业务、未成年人检察业务等“十大业务”高质量发展，为建设独具韵味的国际化现代化共同富裕典范城区提供司法保障。全年受理提请批准逮捕案件646件、942人，受理审查起诉案件1732件、2598人，批准逮捕347件、475人，提起公诉992件、1452人。对2018年以来不批捕、不起诉、改变案件定性等1394件案件开展“回头看”，促进办案质量再提升。年内，区检察院获全国青少年维权岗、浙江省文明单位、杭州市平安创建先进集体、杭州市先进基层党组织等荣誉。检察干警中，获“全市政法系统模范个人”“最美检察人”等市级以上表彰干警9人次，获评省市检察业务“标兵”“能手”21人次；在国家知名期刊发表调研文章15篇，理论成果获国家级荣誉3项、省级荣誉12项。

【“四大检察”协同推进】 2021年，区检察院积极履职，推动“四大检察”全面协同发展。做优刑事检察，监督立案19人、撤案22人，对证据不足不批准逮捕89人、不起诉14人，纠正漏捕18人，追诉漏罪4人、漏犯10人；检察长列席审判委员会10次，依法提起抗诉4件；办理财产刑执行监督案件9件，开展“判实未执”专项整治活动，督促3名罪犯予以收监。加强民事检察，办理各类民事监督案件375件、提请抗诉2件，发出再审检察建议30件，促成和解1件；打击虚假诉讼，办理“套路贷”刑事案件中的虚假诉讼案件7件；落实息诉服判，通过接访、实地走访，办理市检察院交办的民事申诉重复信访案件6件。做实行政检察，办理行政审判程序监督、非诉执行监督案件56件，对执行程序不规范、强制执行措施不到位等问题向区法院及行政机关发出检察建议3份，均被采纳；办理小区物业侵占公共绿地、行政相对人欠缴罚款等行政争议实质性化解案件9件。开展公益诉讼，办理民事公益诉讼案件7件，对某公司侵害雷锋姓名案提起民事公益诉讼，获得杭州互联网法院支持；办理行政公益诉讼案件61件，对“禁塑令”制度落实情况、冷鲜禽“一证两标”执行现状等开展检察监督，维护社会公益。

2021年6月24日，区检察院、团区委联合举行“守护公益，你我同行”第二批公益诉讼志愿观察员聘任仪式 （区检察院 供稿）

【社会环境净化】 2021年，区检察院多管齐下，进一步净化社会环境。推进扫黑除恶常态化，批准逮捕4件、15人，提起公诉7件、38人，惩处恶势力犯罪集团4个。惩治故意杀人、抢劫、强奸等暴力犯罪，批准逮捕30件、37人，提起公诉27件、27人。惩处盗窃、抢夺、电信网络诈骗等侵财犯罪，批准逮捕94件、105人，提起公诉222件、234人。打击“黄、赌、毒”犯罪，批准逮捕85件、152人，提起公诉123件、244人。办理全市范围内涉外国人案件，提起公诉11件、14人。打击侵害医务人员、危害医务场所安全等涉医犯罪，提起公诉1件、1人。强化金融风险防控，办理“米袋子理财”“悦阔财富”等非法集资案件，批准逮捕4件、6人，提起公诉26件、52人。惩治职务犯罪，对区监委移送的职务犯罪案件决定逮捕7件、8人，提起公诉12件、13人，协助市检察院办理司法人员滥用职权案件2件、2人。

【诉源治理】 2021年，区检察院推进诉源治理工作。深化信访代办制，办理各类信访件503件，其中化解长达7年的朱某某单眼“立体视觉”

就业歧视信访积案。坚持“宽严相济”，适用刑事和解不起诉12人，对情节轻微的犯罪不批准逮捕371人，不起诉569人；推进认罪认罚从宽制度，1791人因认罪悔罪得到从宽处理，适用率88.5%。开展司法救助，为43名贫困被害人及其家属提供救助服务。加强基层调研，走访街道和社区，慰问困难群众、参与环境治理、开展反诈宣传，向党委政府报送“情况专报”8份。依托“民呼我为”主题实践活动，深入学校、社区开展防范电信网络诈骗、未成年人司法保护等法治宣讲10多次。

【数字检察】 2021年，区检察院以数字化改革为引领，研发“检察数字卷宗”项目，助推政法一体化工作提质拓面，该项目获评全省检察机关创新成果。加强技术与业务深度融合，依托电子数据、声像资料、公益诉讼快速检测等5个实验室，技术辅助办案286件。其中，在“平安普惠”电信诈骗案中，针对涉案142部手机及容量17GB的电子数据报告，检察技术干警第一时间介入，准确定位关键证据、分析数据特点、重建数据模型，犯罪数额由公安机关移诉认定的32万元提高至395万元，明确身份信息的被害人由30人增至202人，4名被告人被法院判处十年以上刑期。该案件被最高人民检察院评为技术辅助办案典型案例。

【未成年人司法保护】 2021年，区检察院深化未成年人保护，维护未成年人合法权益，预防未成年人犯罪。办理涉罪未成年人案件44人，采取非羁押措施27人，不起诉21人。办理侵害未成年人案件39人，批准逮捕29人，提起公诉29人。5月28日，区检察院在杭州天成教育集团浜河校区举行“法润童心·你我同行”未成年人检察主题开放日活动，联合区关工委、区教育局、区民政局、区司法局、区妇联启动《中华人民共和国未成年人保护法》《中华人民共和国预防未成年人犯罪法》宣传月活动。深化“法治进校园”工作，由检察长担任法治副校长，11月15日，在杭州天杭教育集团成立家校保护联盟。年内，由检察干警组成的“江林”法治宣讲团为辖区学校普法宣讲26场，受教育师生3900多人次。

【检察服务企业发展】 2021年，区检察院多举措提升为企业发展服务品质。开展“检察官进民企”活动，为玉皇山南基金小镇、东方电子商务园等产业园区和辖区重点企业开展刑事合规、生产安全法治宣讲，帮助企业防范法律风险。2月7日，成立“知识产权检察办公室”，对侵犯“西湖龙井”“胡庆余堂”等注册商标案件批准逮捕2件、2人，提起公诉3件、6人，维护企业合法权益。坚持“少捕慎诉”，对涉企案件不批准逮捕22人，不起诉28人，为民营经济健康发展营造良好法治营商环境。

（方　凯）

法　院

【概况】 2021年，区法院牢固树立“重要窗口”意识，保障共同富裕典范城区建设，推动法院数字化改革，开展队伍教育整顿，落实执法办案主责，各项工作稳中向好。专题部署“奔跑新上城、奋进新征程”解放思想大讨论暨岗位大练兵活动。举办“尚法青年沙龙”，激发“新力军”思想活力和干事热情。开展警示教育、学习英模活动，英模活动报道获最高人民法院、《人民法院报》刊发。严格执行“三个规定”，对2568件“四类”重点审判执行案件进行自查，排查问题121个。开展执行领域突出问题整治，净化执行作风，提升执行规范化水平。开展案款管理整治，把握终本程序标准，推动违规终本终结执行和虚假结案整治，终本案件3819件，终本率63.4%。

完善审委会议事规则，深化专业法官会议作用，解决“同案不同判”问题。推动繁简分流改革试点，促进民商事案件提质增效。开展审级职能定位改革试点，优化司法资源配置，强化法律正确统一适用，提升诉讼效能，逐步实现基层法院重在准确查明事实、实质化解纠纷的作用，加快推进审判体系和审判能力现代化建设。全年新收各类案件3.4万件，办结3.6万件。年内，区法院获全国“巾帼文明岗”等国家、省、市级荣誉13项。矛调解纷机制等先进工作经验被最高人民法院向全国推荐；“共享法庭”、“凤凰金融智审”V3.0、审级职能定位改革等重点工作纳入区第一次党代会报告。

【刑事审判】2021年，区法院严厉惩治刑事犯罪，新收刑事案件950件，全年审结1005件，判处罪犯1482人。审结案件中，审结“两抢一盗”案件188件，危险驾驶、交通肇事等危害公共安全犯罪案件219件，“黄赌毒”犯罪案件45件，贪污受贿等职务犯罪案件13件。落实宽严相济，推进认罪认罚从宽制度改革，对初犯、偶犯、未成年犯等579名被告人适用非监禁刑，1人被免除刑事处罚。推进律师辩护全覆盖，为345名未聘请律师的被告人安排援助律师到庭辩护。

【民商事审判】2021年，区法院妥善化解各类民商事纠纷，新收民商事案件1.75万件，审结1.91万件。维护婚姻家庭关系和谐稳定，审理婚姻、继承、赡养等家庭事务纠纷案件904件。保护人身权，审结涉生命健康、名誉、隐私等纠纷案件176件。保障生命财产权益，快速处理机动车交通事故纠纷649件。维护小区安宁，倡导居民友善相处，妥善处理涉物业纠纷案件326件。加强劳动权益保护，优先审理劳动争议纠纷案件340件，追回欠薪1549万元。维护房地产市场稳定，审结因市场波动而引发的房产交易和建设工程等纠纷647件。

【行政审判】2021年，区法院新收行政案件414件，审结510件，其中涉全区行政机关案件180件，败诉率5.5%，较好履行监督行政机关行使职权。推动行政首长出庭应诉，机关负责人出庭应诉率99.2%。召开推进行政争议调解中心实质化运行联席会议，邀请市卫健委等15家单位参会，促进提升执法规范化水平。发布涉公安专项司法审查报告，获省公安厅领导批示肯定。深化“两高一低”专项整治，区行政争议调解中心协调化解行政案件近32.2%。

【执行审判】2021年，区法院加大执行工作力度，新收执行案件1.29万件，执结1.32万件，执行到位金额29.5亿元。切实解决执行难，加强立审执破兼顾，构建“自动履行为主、强制执行为辅”的长效工作机制，自动履行率达49.7%。加大对被执行人逃避执行行为惩戒力度，开展执行智能化建设，提高系统提取和数据分析、辅助决策的能力。与余杭区法院签署执行委托事项合作框架协议，开展跨区域互助。加强执源治理，增强执行前督促运用，将符合条件的案件尽量化解在执前，向社会传递守信激励、失信惩戒的鲜明导向。及时有效执结杭州海底世界腾退案，妥善安置珍贵海洋生物资源，凸显杭州温度和上城法治速度。该案件入选杭州执行工作典型案例。

【“共享法庭”建设】2021年，区法院坚持发展新时代“枫桥经验”，更加主动把法院调解工作置于党委、政府大治理格局之中。助推“信访打头、调解为主、诉讼断后”的社会矛盾纠纷调处化解中心建设，构建分层过滤、网上网下、衔接配套递进式多元纠纷解决机制，矛盾纠纷诉前化解、源头治理成效逐步显现。民事调撤率55.8%，为上城诉源治理工作贡献法院力量。对接钱塘智慧城—东方电子商务园需求，在该园区揭牌成立数智共享法庭。服务行业发展，在浙江省（杭州市）银行业保险业人民调解委员会挂牌成立金融共享法庭。结合区域特色，相继成立“中国服装第一街”共享法庭、凯东共享法庭、家事共享法庭，打造135个“共享法庭”组成的网络体系，推动共建、共治、共享。“和家园”物业调解共享法庭在全市经验推广，市公积金管理中心共享法庭工作获住房和城乡建设部领导批示肯定。

【法治化营商环境优化】 2021年，区法院围绕市场主体和群众利益，对照世界银行营商环境评价标准，根据“执行合同”“办理破产”指标，加强审判管理，优化司法程序，着力营造法治化营商环境。全年新收民商事案件1.75万件，审结1.91万件，其中涉企纠纷469件，涉案金额3.16亿元。保护各类市场主体合法权益，执结温州特福隆房地产公司股权转让被执行案，到位金额1.58亿元，避免“办一个案子，垮一个企业”。发挥破产审判市场拯救和净化功能，审结破产案件24件，盘活企业存量资产71万元，促进市场主体新陈代谢、经济发展迭代升级，其中“祐康系”企业合并破产案入选浙江省十大典型案例。坚持把防范化解重大风险作为贯穿全年工作的主线，审理各类金融民事案件8679件，审结集资诈骗、非法吸收公众存款等涉众型经济犯罪案件49件，有力防范因金融不良债权等可能引发的金融风险传递，维护金融安全。深化民间借贷协同治理机制，审结“套路贷”犯罪案件5件、23人，涉案金额77万元。联合市消费者权益保护委员会，完善消费纠纷由消费者权益保护委员会预诊分流、法院诉讼断后的分层处理机制，共同召开新闻发布会及“民法典与消费维权”主题论坛，发布预付式消费纠纷典型案例，助力消费维权，激发消费内需潜力。加强市场竞争法律制度和典型案例宣传，强化企业公平竞争意识，引导企业做好内部合规，推动全社会形成崇尚、保护和促进公平竞争的市场环境。

【全域“数字法院”建设】 2021年，区法院探索数字化改革基层实践，优化重塑办案流程，推进金融审判质效蝶变跃迁，上线“凤凰金融智审”V3.0。全年办理案件1090件，标的额3亿元，平均庭审效率提升6倍，获评杭州市“数字法治好应用”，其改革经验在省委数字化改革例会上被介绍，先后在省、市应用推广。架设移动人民法院在线服务、浙江法院网、“智慧法院”App“三位一体”数字建设框架，推进“数字法院”建设。实现全流程无纸化办案，无纸化送达率提升至57.3%，民事公告送达率降至14.0%。该举措获省、市法院肯定。创新执

2021年10月28日，区法院举行全省首个“金融共享法庭”揭牌仪式
（区法院 供稿）

行查控系统建设，推进车辆查控“一件事”改革，与市车辆管理所建立专线连接，实现对杭州牌照车辆查封、解封、查档全流程网上办理，提高车辆查控效率，发挥跨部门合作优势。

【普法宣传】 2021年，区法院多渠道加强普法宣传。编发工作简报107篇；向上级法院、党委分别报送信息35篇、15篇，为法治建设提供信息参考。通过微信公众号发送信息360多篇，多篇被中央、省、市各级媒体报道，其中2月4日推送的《关于非吸罪资金清退公告》信息阅读量超过2万次。坚持推送《朱学军来说情理法》《上法小剧场》原创专栏，用老百姓喜闻乐见的方式讲好法治故事；制作原创抖音短视频22条，扩大法院新媒体影响力。聚焦区域法治建设发展，以专业视角通过创新形式开展普法活动，承办公众开放日7次，召开新闻发布会3次，组织“尚法小达人”活动10多场，编印年度画册和法治手册《身边的法律》，宣传法院工作，履行普法义务。加强对微信、微博等新媒体平台规范管理，守好网络宣传阵地，提升风险防范能力。2月28日，上城区海潮“共享法庭”的“父亲醉酒去世该怪谁?”调解案例被最高人民法院与中央电视台合作普法专题纪录片收录。

（张　娜）

司法行政

【概况】 2021年，区司法局围绕上城区加快建设独具韵味的国际化现代化共同富裕典范城区新目标新定位，加强改革创新、争先创优。年内，启动实施全区法治宣传教育的第八个五年规划，矛盾纠纷排查调解、社区矫正、法律援助、律师行业管理等工作有序推进，区公共法律服务数字化平台建设深化，多项业务工作走在省、市司法行政系统前列。开展政法队伍教育整顿和党史学习教育，提升干部队伍政治素养和专业能力，打造忠诚干净担当的司法行政铁军。区司法局获评全国“七五”普法先进单位，被市委政法委评为“杭州市政法系统第2届‘八个排头兵’‘双十佳’先进集体”。

【“八五”普法启动】 2021年，上城区制定《中共杭州市上城区委宣传部、杭州市上城区司法局关于在全区开展法治宣传教育的第八个五年规划（2021—2025年）》，全面启动“八五”普法。打造线上普法直播品牌，按照“谁执法谁普法”原则向全区各普法成员单位征集系列普法微课42堂，每周四在“尚法云直播”平台播出，全年围绕“假期出游”“套路贷”等40多个主题开展直播41场。提升青少年普法参与率，鼓励全区青少年参与各类法治知识竞赛、演讲比赛、艺术比赛等，其中在第5届“阿普杯”普法创意大赛中，全区报送作品161件，获成长组二等奖1个、三等奖2个、优秀奖6个。深化基层社会治理，创建彭埠街道普新社区、丁兰街道沿山村、清波街道劳动路社区3个省级民主法治社区。应用新媒体技术平台加强普法宣传，全年“上城普法君”抖音号发布原创短视频127个，粉丝量38.52万人，获点赞95.62万个，多次入选全国政法系统抖音司法榜TOP10。推进普法宣传教育进机关、进校园、进企业、进单位、进社区，围绕“青少年保护”“防范电信网络诈骗”“劳动合同签订”等主题，开展普法宣传活动600多场次。

【矛盾纠纷排查化解】 2021年，上城区坚持源头预防、前端化解、关口把控，完善“季督导”“月分析”“周排查”工作机制，常态化开展矛盾纠纷排查化解活动。落实租房纠纷专项排查调解处理、“法雨春风”社会矛盾纠纷清源专项行动、矛盾纠纷化解“解民忧”专项行动等专项排查活动，升级矛盾纠纷排查等级，精准掌握辖区存在的矛盾纠纷隐患，主动介入、及时化解。全年调解矛盾纠纷9856起，其中调解成功9852起。加强人民调解品牌建设，指导协助彭埠街道调解助力工作室注册成立社会组织。宣传优秀人民调解员和典型调解案例，两名调解员分别获评杭州市首届十大法治人物和全市2021年度人民调解能手。

【区人民调解协会建设】 2021年9月26日，杭州市上城区人民调解协会会员大会召开。全区222家会员单位、18名个人会员参加。大会审议通过《杭州市上城区人民调解协会章程（草案）》等章程制度，选举产生理事会成员。注重发挥协会作用，落实省司法厅人民调解质效提升专项行动要求，会长及理事会成员走访辖区人民调解委员会、召开调委会主任座谈会，成立区调解专家库，邀请区法院、派出所、司法所相关工作人员担任调解指导员，提升人民调解规范化水平。开展“提升调解质效、助力基层治理”活动，制定工作方案，建立和完善司法所与协会的常态化长效工作机制，强化与区法院“共享法庭”、街道、社区及相关职能部门、各社会组织、企事业单位等的对接互动和合作共建，推进资源共享，联合联动，联诊联治。全年区人民调解协会调解纠纷92起。

【社区矫正】 2021年末，上城区在册社区矫正对象518人，其中，缓刑457人、假释37人、暂予监外执行24人。上城区落实重要时间节点社区矫正监管教育工作，确保全年不发生社区矫正对象严重重新犯罪和脱漏管现象。推进集远程点名、视频督察及人脸对比建库等于一体的“智慧矫正中心”建设，升级“智汇矫”“阳光雨露风险评估”等系统，增设公告栏、视频随访、评估提醒、数据分析等模块。深化体制机制建设，在全区14个街道成立街道矫正委员会，推出社区矫正执法“电子一本通”，梳理明确19个业务环节的执法标准。开展社区矫正执法专项整治，普查2018年后在矫和解矫案卷1020份，排查重点案件345份，整改瑕疵案件12件；联动公安部门智能化核查在矫人员481人，未发现有不假外出等违规情况。强化执法督查，创设区司法局、区检察院、社会组织组团执法巡检机制，培育的“阳光雨露之家”社会组织被评为“省级社区矫正社会化精品项目”。1名社区矫正工作人员被省社区矫正委员会办公室聘任为浙江省社区矫正教育帮扶专家，2名工作人员获评“杭州市十佳矫正能手”，1名工作人员被评为全省社区矫正工作成绩突出个人。

【法律援助】 2021年，上城区多举措推进法律援助工作，更便捷服务人民。强化公共法律服务体系建设，持续发挥区、街道、社区三级联动作用，以区公共法律服务中

2021年9月26日，杭州市上城区人民调解协会会员大会召开

（区司法局 供稿）

心、区社会矛盾纠纷调处化解中心为主轴，14个街道工作站、16个部门行业工作站为支撑，194个公共法律服务工作站点为触角，实现各站点坐班律师全覆盖，持续打造“半小时公共法律服务圈”。成立尚律颂公益法律服务中心，引导律师参与公益法律服务事业，践行为民服务宗旨。依托“12348”浙江法律服务网、人工智能自助机等数字化平台，实现公共法律服务全流程“网上办”，推动援助案件“全市通办”、特殊群体“绿色通道”等减负惠民专项配套措施常态化，成功办理全省首例“跨地协作、全省通办”农民工讨薪劳动争议群体援助案件。推进刑事案件政法一体化单轨制协同办案，公检法部门通过政法一体化单轨制办案平台进行案件材料数据化传输，案件处理时限缩减至1小时内。开展法律援助“数字化”管理，通过法律援助管理平台实现统一指派、录入、反馈、质量评价。全年全区解答法律咨询9053人次，受理法律援助案件1367件、法律帮助案件1502件，挽回经济损失3205.42万元。

【公共法律服务数字化平台建设】 2021年，区司法局承担全省公共法律服务数字化应用试点工作，在支付宝、微信和“浙里办”上线公共法律服务数字化应用平台。该应用平台将法律咨询、法律援助、律师超市、营商环境等法律服务模块有机融合，实现“一键入网、全网通办”。归集、分析应用业务办件、用户使用、服务次数等数据，建成可视化数据模块。打通各相关部门系统，构建跨层级、跨地域、跨业务的数据共享体系，实现业务自动分流。扩大满意度测评范围，构建标准化评价体系。

【律师行业规范管理】 2021年，上城区加强律师行业规范管理，不断优化风清气正的律师行业生态环境。坚持以党风促行风，创建党员先锋岗、党员示范岗等，定期开展警示学习、执业风险防范培训，加强律师职业道德与执业纪律教育。指导在北京大成（杭州）律师事务所建成全区首个设在律师事务所内的陈列馆——中国律师百年发展史料陈列馆。浙江浙杭律师事务所、北京德恒（杭州）律师事务所党总支入选首批12个市律师行业党建示范点提档升级名单。部署开展“律所设立和管理环节突出问题清理规范”工作，妥善处理违规兼职相关事宜。推动律师行业突出问题专项治理活动，梳理出从区法院、区检察院离任后在律师事务所从业人员134人，近亲属在区法院、区检察院工作的律师及律师事务所工作人员127人。分组对全区律师事务所负责人、党组织负责人及中共十八大后被行政处罚、行业处分或被投诉举报的律师事务所相关人员开展谈心谈话，实现全区律师谈心谈话全覆盖。开展律师行业突出问题自查自评，梳理2013年后律师事务所和律师投诉举报处理案件43件。落实监管平台日常管理、“驻在式”调研跟踪指导等管理制度，严格律师党员违纪案件查处，强化律师事务所规范管理能力。全年处理网上信访件24件，走访检查律师事务所130多次，阅卷390多册，督促整改收案收费、利益冲突审查、辩护代理及案卷归档等不规范问题28个。

（耿俊霞）

军事

人民武装

【概况】 2021年，区人武部坚持以习近平新时代中国特色社会主义思想为指导，深入贯彻习近平强军思想，坚定铸牢军魂、深化党管武装、统揽练兵备战、强化自身建设、规范后装管理，完成上级赋予的各项任务，整体建设形势向上向好，综合考评居全市前列。年内，结合部机关规范化建设，对重点区域进行改造升级，制定规章制度，正规工作程序，确保正规化建设软件与硬件配套。加强国防教育，推进双拥共建工作。深化国防动员，民兵整组提质增效，完成年度征兵任务，上城区被省政府、省军区评为全省征兵工作成绩突出单位，区人武部被省军区评为战备训练先进单位。

【思想政治建设】 2021年，区人武部党委坚持把思想政治建设摆在首位，组织学习贯彻中共十九届六中全会精神，开展党史教育和“纠四风、治顽疾”等主题党团日活动，结合会议、战备、训练等时机，因地制宜开展民兵骨干和专武干部思想政治教育，宣讲国防政策、评析安全形势。开展作风整顿，针对作风建设不托底实际，重点纠治在政治、组织、财经、保密等方面存在的问题，结合军地交叉地带“十三个防范”清理整顿和巡视巡查反馈问题整改两项工作，重点纠治管党治党、练兵备战、整改肃纪、人员管理、后装保障等领域违规违纪行为。

【党管武装】 2021年，区人武部坚持用习近平强军思想武装头脑、指导工作。聚焦练兵备战，全区党管武装工作和国防后备力量建设取得新进步。区委、区政府坚持党管武装制度不放松，落实党管武装各项制度及考评运行机制，将武装工作纳入区大党建考评体系和党政领导履职考评、党委政府重要议事日程及经济社会建设总体筹划，使武装工作成为硬指标、硬任务，推进武装工作落地见效。坚持把党管武装的政策法规和形势教育纳入党委班子学习计划及地方党校培训内容，做到“年初有安排、年中有落实、年末有考核”。把各级领导干部、机关干部、基层专武干部作为国防教育重点对象，抓紧抓实。推进国防后备力量建设与经济社会建设相互促进、协调发展，把高标准服务保障驻军部队作为应尽义务，实现良性互动。

【双拥共建】 2021年，区人武部多举措推进双拥共建工作。专场组织退役军人就业创业大会、招聘会等活动，对接地方企业解决退役军人就业问题。在建军节、春节、新兵入伍等时间节点组织仪式，全覆盖走访慰问退役军人及优抚对象、驻军部队、官兵家属。协调区委宣传部刊登“八一光荣榜”，树立提升军人形象。帮助解决实际困难，协调区教育局帮助解决军人子女入学问题，联系有关部门协商现役干部和转改文职人员公寓住房事宜。打造军人服务亮点，全区开展崇军拥军主题活动400多场，其中“庆八一，崇军荣光我来说”活动获近40万人次关注。承接全省“浙里崇军”、全市“老兵码”场景化应用试点任务，加快武装工作数字化改革步伐；面向军转干部搭建提升能力、发挥作用、展示风采的平台，开设军转干部实训班活动，加强军转干部队伍建设，受到杭州警备区肯定。

【征兵工作】 2021年，区人武部落实“一年两征”新要求，改进征兵工作方式方法，开展征兵宣传进校园、进企业活动。畅通宣传渠道，加大宣传力度，运用春季征兵协调地方国有企业带岗入伍政策，完成年度新兵征集任务。年内，首次实现大学生征集率100%和企业征兵，“五率”（征兵报名率、上站率、合格率、择优率、退兵率）考评位列全市第二，上城区被省政府、省军区表彰为“全省征兵工作成绩突出单位”。

【战备训练】 2021年，区人武部把练兵备战作为中心任务，做到中心居中、主业主抓，提升应急应战能力。落实战备制度，每季度召开党委会议专题议战议训，研究战备训练、后备力量建设、国防动员等重大现实问题，修订完善各类战备方案、预案，全面推动备战打仗主业高起点谋划、高水平规划、高标准落实；定期召开党委会议，优化战备物资保障体系和工作机制，推进物资供应队伍建设，采购应急应战设备器材。落实首长机关训练，优先落实“专项任务”行动所属民兵训练，区人武部机关和专武部长军事素质、指挥技能提升明显。组织民兵军事训练，提升实战化训练水平，完成应急等民兵分队训练，完成全市民兵法理斗争专业训练承训任务。在杭州警备区第4届岗位练兵比武中，上城区民兵获野战炊事单项第二名和重要目标防卫课目第三名。做好各项应急应战准备，在防御抵抗台风“烟花”“灿都”期间，组建跨区域支援和辖区应急救援两支队伍，并做好实兵实装拉动准备，在省军区突击检查中受到好评。参加军地各类演练、演训活动，联合区人防办开展防空疏散演练，会同公安分局参与“军警民”联防联控行动。

【民兵整组】 2021年，区人武部协调区委、区政府成立区民兵调整改革工作领导小组，召开全区民兵调整改革任务部署推进会，配合区政府印发民兵整组通知。全年3次组织民兵整组业务培训，研究解决矛盾困难，制定针对性措施和办法，民兵整组提质增效。按照“摸清底数、编实队伍、建强力量”的思路，走访辖区企事业单位，通过召开全区民兵整组工作协调推进会、定期组织专武干部例会等方式，突出基干民兵和任务分队建设，高质量通过杭州警备区民兵整组工作考评验收，成绩为全市第二名。

（顾　芳）

人民防空

【概况】 2021年，区人防办贯彻落实习近平新时代中国特色社会主义思想和关于人民防空的重要指示精神，围绕“战时防空、平时服务、应急支援”使命任务，加强指挥通信建设，落实人防工程维护管理，深化人防数字化改革，开展人防知识宣传，人防各项工作有序推进，得到省、市人防部门认可。年内，区人防办获2021年度全省人民防空工作先进单位、2021年度全市人防先进单位等荣誉。

【人防基础力量建设】 2021年，区人防办加强人民防空基础力量建设。9月，组织人防专业队伍到浙江工商大学人民武装学院开展为期4天的脱产训练，市人防办对人防专业队伍进行授旗并开展战备点验。年内，对全区已建警报器进行排查摸底，标绘覆盖范围，针对警报盲点，制订补点建设计划，有效提升防空袭预警报知能力。

【人防工程维护管理】 2021年，区人防办落实战备指挥所专业管理工作。在坚持维护管理有机构、有人员、有制度、有预案、有巡查、有值班、有台账、有考核“八有”标准的基础上，根据指挥所专项检查评估问题整改方案，落实专项资金，用于日常物业管理和设备整修升级，保持指挥所始终处于良好战备状态。聘请测绘服务单位对全区13处早期人防工程开展三维测绘和数据建模。开展全区人防工程平时使用和维护管理大检查，查处人防违法违规行为。以随机抽取方式，对部分防空地下室开展“双随机、一公开”专项行政执法检查，纠治人防违法违规行为，有效规范人防工程维护管理。

【人防数字化改革】 2021年，区人防办围绕结建人防工程大检查（工程数据采集录入）、人防工程可视化监测工作，深化人防数字化改革。年内，完成全区100%结建人防工程大检查，普查采集的工程信息数据均导入至全市人防工程信息管理平台。按照人防工程可视化监测管理体系，开展试点工作，安装监控、门磁和防空警报功放等设备，试点工作通过上级部门验收。

【人防知识宣传】 2021年，区人防办多举措开展人民防空知识宣传，增强人民群众防空防灾和国防意识。在南肖埠·御景苑推进人员防护方案进小区试点基础上，完成14个小区人员防护方案进小区、进楼道、进家庭工作。结合“3·1”国际民防日和“5·12”防灾减灾日等时间节点，通过在解百购物广场分发宣传手册、在望江公园悬挂宣传横幅、在区政府电梯厅LED屏循环播放宣传视频等形式，营造全社会关注支持人防工作的良好氛围。深化中小学生人防教育，安排中小学在职教师参加省人防办组织的专业培训，完成全区12所小学、29所中学教材征订，共1万余册。在辖区中小学开展人防宣传周活动，组织师生观看人防课件和宣教视频，学习人防理论知识，扩大宣传覆盖面。

【防空应急疏散演练】 2021年5月12日，上城区开展防空应急疏散演练。区人防办开设区人防指挥所，指挥部成员单位均到场全程参与演练。在杭州师范大学附属小学、杭州市勇进实验学校开展应急疏散演练，近600人参加。其中，杭州市勇进实验学校作为演练示范点，与全省同时同步开展疏散演练，参与师生200多人，演练环节师生互助行动有序、配合默契，动作敏捷、规范，演练全过程通过专业设备实时传送回区人防指挥所及市人防指挥所。同时，根据市人防办统一部署，进行全区警报试鸣。

（章佰锋 骆文钦）

特色产业

数字经济产业

【概况】 2021年，上城区按照高质量发展要求，坚持数字经济和制造业发展“双引擎”战略和数字化改革引领，深入实施“新制造业计划”和数字经济“一号工程”，全面推进“未来工厂”建设，推进数字产业化、产业数字化、城市数字化“三化融合”，更新迭代数字经济系统特色应用场景，助力全区产业结构优化、经济健康发展，为全面建设独具韵味的国际化现代化共同富裕典范城区助力。上城区数字经济运行呈规模进阶、季度波动、增长放缓特征，实现数字经济核心产业增加值76.60亿元，比2020年增长12%，占全区地区生产总值的3.1%，其中电子商务、数字内容、机器人产业营业收入（限额以上）增幅分别为14.2%、12.0%、22.5%。

【产业数字化】 2021年，上城区加快新一代信息技术与制造业的深度融合，深入开展制造业数字化“百千万”行动。组织奥的斯机电电梯有限公司、浙江高泰昊能科技有限公司等4家企业申报杭州市制造业数字化改造攻关项目，总投资额2310万元。开展全区规模以上工业企业数字化水平调查，以及数字产业化、产业数字化“两化融合”指数评估。近3年累计实施机器换人项目46个，其中2021年12个，累计实现各类企业“上云”数量超1万家，实现规模以上工业数字化覆盖率100%。深化数字赋能制造业转型，杭州娃哈哈集团有限公司、杭州华塑科技股份有限公司入选浙江省第一批制造业“云上企业”；9家企业入选杭州市“未来工厂”培育企业名单，其中浙江九天控股集团有限公司入选“聚能工厂”培育企业，杭州海兴电力科技股份有限公司、奥的斯机电电梯有限公司等4家企业入选“智能工厂”培育企业，杭州远大生物制药有限公司、杭州华塑科技股份有限公司等4家企业入选“数字化车间”培育企业。将浙江高泰昊能科技有限公司、浙江杭钻机械制造股份有限公司等4家企业列入下一批杭州市培育企业储备推荐名单。至年末，奥的斯机电电梯有限公司被评为浙江省“未来工厂”，杭州海兴电力科技股份有限公司、杭州锅炉集团股份有限公司成功认定为市级智能工厂、杭州华塑科技股份有限公司成功认定市级数字化车间。“云端工厂”培育有序推进，杭州义益钛迪信息技术有限公司、家家智能家居（杭州）有限责任公司等8家企业入选杭州市第一批“云端工厂”培育企业，数量居全市第1位。

资料

制造业数字化“百千万”行动：2019年起，杭州实施制造业数字化改造“百千万”三年行动计划，计划组织实施100个以智能制造为方向的制造业数字化攻关项目、1000个以工厂物联网为方向的制造业数字化推广项目、10000个基于“云端服务”的制造业数字化普及项目。

【数字产业化】 2021年，上城区制定“1+4”产业政策，推动数字经济产业相关政策实施，加快推进云计算、集成电路、5G、人工智能、工业互联网等产业发展。推荐杭州芯影科技有限公司“应用于毫米波人体成像安全检查设备的核心芯片研发及产业化项目”、浙江长芯光电科技有限公司“半导体激光芯片及模组产业化开发”申报杭州市集成电路产业发展项目；向市经济和信息化局梳理上报“基于云计算的智慧燃气服务平台”等人工智能场景43个，成功入选16个；组织杭州海兴电力科技股份有限公司、杭州群核信息技术有限公司申报省级工业互联网平台，鼓励企业向产业链级、行业级平台优化升级。建设完成512个5G基站；杭州海兴电力科技股份有限公司、浙江深瞳智能技术有限公司等6家企业入选杭州5G产业项目，总投资额8586.27万元；浙江省机电设计研究院有限公司、杭州群核信息技术有限公司入选浙江省首版次软件产品；蒲惠智造科技股份有限公司牵头主导制定的《离散型企业制造执行过程云化规范》入选国家中小企业公共服务示范平台；杭州麦科斯韦网络科技有限公司“运动部件产品设计仿真工业互联网App”方案入选工业和信息化部工业互联网App优秀解决方案。

蒲惠智造科技股份有限公司内部面貌（2021年）

（区发改经信局 供稿）

【数字经济系统建设】 2021年，上城区贯彻省市关于数字经济系统工作最新决策部署，成立上城区数字化改革工作领导小组，建立区数字经济专班，编制完成《上城区数字经济系统建设方案》，推进全区数字经济系统建设。加强部门联动交流，协调解决困难问题，推进数据仓建设，同步更新迭代上城区数字经济系统特色专区门户。打造多跨场景应用，丰富“地方创新应用”板块，谋划“尚小易”“创联汇”“科创e企通”“一链维权”等8个区级特色应用场景。其中，“尚小易”“创联汇”等4个场景完成建设并接入杭州市数字经济门户；“科创e企通”“一链维权”应用场景分别被列入省级数字经济科技创新、数字贸易子系统试点名单，“国民经济智能管理系统”“尚小易”在杭州市数字经济系统应用场景“路演周”活动中入选数字经济系统应用场景路演优秀项目名单，其中“尚小易”作为重点建设场景，在市数字经济系统建设推进会上做典型交流发言。

（郭卓瑜　章　婧）

金融服务业

【概况】2021年，上城区制定《上城区“十四五”金融业发展规划》，明确“两区两高地”发展定位，锚定“一轴指引、双核辐射、三圈聚合”空间局部战略，提出对接国家和省市重大战略、做强做大资管业务、加强数智赋能财富管理、深化对外开放水平、发展金融科技产业等工作路径，充分融入钱塘江金融港湾核心区建设。发挥金融资源集聚优势，与中国银行保险监督管理委员会浙江监管局、中国证券监督管理委员会浙江监管局、中国人民银行杭州中心支行开展战略合作签约，助力服务企业上市。全区实现金融业增加值584.9亿元，占全区地区生产总值的24.2%。

资料

“一轴指引、双核辐射、三圈聚合”空间局部战略：以钱塘江北岸金融发展轴为指引，以杭州金融城、玉皇山南基金小镇为双核向全域辐射，聚合湖滨商业金融圈、望江高端服务业金融圈、钱塘智慧城科创金融圈力量。

【金融改革创新】2021年，区金融办为创建全域化资源链接机制，谋划组建钱塘江金融港湾核心区（上城）发展联盟。该联盟按“1+N+X”模式组建，其中：“1”即上城区委区政府；“N”即若干省级金融行业协会，包括浙江省银行业协会、浙江省证券业协会、浙江省上市公司协会等第一批10个协会；“X”即X家党建业务双强的金融头部机构。通过与全省主要的金融行业协会和金融头部机构缔结党建联盟形式，以党建共建为引领，以发展共赢为切入口，以行业协会为纽带，以头部金融机构为支撑，推进组织共建、阵地共用、服务共享、活动共办、发展共赢、公益共促、品牌共育。

【上城区与金融监管部门战略合作】2021年9—12月，上城区先后与中国银行保险监督管理委员会浙江监管局、中国证券监督管理委员会浙江监管局、中国人民银行杭州中心支行合作签约，多措并举助力服务企业上市。合作内容涉及深化党建共建合作、建立交流共享机制、服务实体经济发展、强化金融监管协作、创新金融服务试点等方面，助推形成省、市、区联动推进金融业发展的良好局面，为上城区金融产业项目和人才的双招双引集聚发展、提升区金融监管水平和金融风险防范能力打造支撑体系。

【金融人才引育】2021年，区金融办持续推进金融人才管理体制机制改革，完善金融人才“引、育、留、用、管”全链条服务，着力打造金融人才生态圈。制定《关于深化金融人才管理改革试验区建设实施意见》，将金融人才分为金融顶尖人才（A类）、金融领军人才（B类）、金融高级管理人才（C类）、金融青年人才（D类）4类，增加高端金融人才吸引力度，完善金融人才管理评价机制，搭建金融人才分类线上认定系统，组织并开展2021年度金融人才分类认定工作，设立个人资助专项服务、资格认证专项服务、中介引才专项服务及其他服务保障，为金融人才提供政策支持。至年底，兑现金融人才政策奖励501.5万元，新增市高层次人才D类6人、E类2人。

【“凤凰行动”助推企业上市】2021年，区金融办研究制定鼓励企业利用多层次资本市场相关扶持政策，提高扶持力度、优化操作办法，组建上市服务专班，为重点拟上市企业开辟“绿色通道”，实行“一次性告知、一个窗口受理、一条龙服务”。全年帮助企业办理合规证明、股改税务、跨部门跨地区协调等上市相关事宜30多件（次），为万事利集团股份有限公司、杭州楷知科技有限公司等企业协调资金达14亿元，部分贷款发放审批周期缩短至半天。至年末，新增浙江省新能源投资集团股份有限公司、永安期货股份有限公司等上市企业11家，新增数量居全省第1位。

（刘　卫）

文化产业

【概况】 2021年，上城文化产业工作贯彻中共十九届六中全会、省委十四届十次全会，以及省委文化工作会议等重要会议精神和习近平总书记关于文化文艺工作重要讲话精神，以“优机制、推项目、强平台、抓招引”为突破，提炼出“以数字内容为引领，影视、设计、演艺协同发力”的四大文化主导产业，形成“一带引领、两极发力、数字驱动、宋韵赋能”的产业发展新格局。国家（杭州）短视频基地等一批重大项目按期开工奠基，杭州万事利丝绸文化股份有限公司等重点文化企业成功上市，《大浪淘沙》等“上城产”影视剧不断推出，文化人才引育持续强化。全年实现文化产业增加值69亿元，比2020年增长15.2%。

【之江文化产业带】 2021年，上城区坚持大项目带动、大平台集聚，推动之江文化产业带“两极”（上城、九乔）成为全区文化产业转型升级的重要引擎和平台。按照“储备—开工—建设—验收—开园—招商”节奏，推动22个项目纳入年度重点项目，投资金额304.5亿元。年内，国家（杭州）短视频基地开工奠基，浙江凌迪数字科技总部项目完成规划指标调整，运河·映巷影视文化街区开街，李宁体育园建成运营，东方电子商务园数字时尚产业加速中心建成并基本完成招商，德寿宫遗址公园暨南宋博物院（一期）项目、娃哈哈文化中心等重点项目建设有序推进，凤凰御元艺术基地、杭州创意设计中心、新禾联创数字时尚产业园入选浙江省重点文化园区，凤凰山南影视街区入选浙江省文化创意街区。

【文化产业引育】 2021年，上城区深化文化产业引育工作，聚焦优势主导行业，加大金融投资、平台培育、企业发展、人才建设等方面扶持引导力度。年内，杭州万事利丝绸文化股份有限公司在深圳证券交易所创业板上市，毛戈平化妆品股份有限公司IPO过会（指首发申请被通过）；思美传媒股份有限公司、杭州佳平影业有限公司、西泠东道（杭州）文化创意有限公司等7家企业入选省级文化企业系列名单。通过引进儒意影业（杭州）有限公司、杭州全星时代文化发展有限公司、神州航天（杭州）文化传媒有限公司等一批“带项目、带作品、带资源”的头部影视企业，加快凤凰山南影视基地有机更新，推动影视产业全生态体系构建。全年区、街道联动开展文化产业主题招商会30多次，招引各类文化企业800多家，其中上市文化企业1家（浙文影业集团股份有限公司），文化人才董勇（第24届“飞天奖”优秀男演员提名）落户上城。

（张玉瑛）

【运河·映巷一期开街】 2021年4月30日，杭州市首条影视文化街区——运河·映巷开街。该街区位于大运河文化带沿岸的严家路与新塘路交叉口，是“大运河文化带”和杭州市“拥江发展行动规划”的重点项目之一。街区总建筑面积7.9万平方米，是一条集影视、娱乐、餐饮、休闲、健身、培训等于一体的综合性街区。一期由一条东西走向的水平商业街区和能容纳300多人的实验型剧场组成。街区整体建筑风格以传统民国元素为基调，有机结合现代建筑设计语言，在商业环境下营造出浸润式的人文风情。运河·映巷以影视文化为特色，多种业态融合。至年末，街区入驻品牌47个，涵盖戏剧表演空间、各系菜肴餐厅、爵士酒吧、婚庆店、拳击馆等多种业态，营业总额为3500万余元。

（张玉瑛　王云良）

【《武汉日夜》全国公映】 2021年1月22日，由中央电视台电影频道出品，杭州一九零五文化传媒有限公司、杭州含笑传媒有限公司等联合出品的战疫纪录电影《武汉日夜》在全国院线上映。该片内容取材于从新冠肺炎疫情初始，武汉当地30多名摄影师在抗疫一线持续拍摄数月的数千小时的素材。影片以医院重症监护室医护人员及病患为主线，以深夜运送孕妇的志愿者为辅线，展现与疫情抗争、与死神决斗的动人故事，这些“平凡人”在疫情面前不舍昼夜、不惜生死、守望相助、共克难关。上映首日，《武汉日夜》排片率12.8%，排片占比和实时上座率在同档期新片中均列第1位，创纪录电影排片新高。在同期上映影片中，该片获猫眼、淘票票“想看人数”的第一，以及首映日预售票房和预售总人次的双第一。在微博上，该片以93.01分登顶电影榜，在同期上映影片中热度、覆盖用户规模、讨论度均居首位，相关话题阅读量超33亿次，相关热搜达18个。影片上映首日，在豆瓣电影和猫眼电影平台评分分别为8.0分和9.0分。

【《梦想城》开机】 2021年1月30日，由上城区影视企业——杭州佳平影业有限公司参与制作出品的现实题材电视剧《梦想城》在杭州城市阳台举行开机发布会。《梦想城》是由省委宣传部、省广播电视局和市委宣传部主抓的大型电视连续剧。该剧由演员杨烁、蒋欣领衔主演，讲述以男女主人公罗承宇、楚安歌为代表的中国大数据领域新生代创业者肩负时代使命，参与国际竞争，历经风雨梦想成真的创业传奇故事。该剧同时是国家广电总局2018—2022年百部重点电视剧规划选题、浙江省文化艺术发展基金扶持项目、杭州市文艺精品工程主题创作重点扶持项目。

2021年1月30日，电视剧《梦想城》在杭州城市阳台举行开机仪式发布会

（区委宣传部 供稿）

【《大浪淘沙》开播】 2021年5月11日，国家广播电视总局庆祝中国共产党成立100周年展播活动“理想照耀中国”的重点作品《大浪淘沙》在浙江卫视、江苏卫视开播，爱奇艺网络同步播出。该剧由市委宣传部、浙江省文化产业投资集团、杭州佳平影业有限公司等联合出品，由嘉娜·沙哈提执导，吴家平担任总制片人兼总出品人，保剑锋、成泰燊领衔主演。《大浪淘沙》选取1919—1945年中国的社会革命为背景，以党的发展脉络为根基，描绘优秀的早期中国共产党人群体，再现中国共产党波澜壮阔的奋斗历史，还原毛泽东思想的形成过程，展示马克思主义与中国国情相结合的生动实践和发展历

程。该剧第一次从年轻人视角出发，以现代审美方式讲述党的历史，通过两代人的跨时空“对话”诠释“传承”的意义。

【《济公之降龙降世》全国公映】 2021年7月16日，由靳东担任总监制，刘志江担任总导演兼总制片人，乔彧执导的区产动画电影《济公之降龙降世》全国公映。该影片由浙江睿宸影视制作有限公司等企业出品，入围第24届上海国际电影节电影频道传媒关注单元，此前在2018年和2019年先后获国家电影局中国经典民间故事动画电影创作工程专项基金。该片用动画形象演绎中国传统文化人物济公的成长历程，讲述少年济公李修缘从一名顽童成长为济世活佛的故事。影片聚焦少年成长和家庭亲子关系对人的影响，意在传递人与人之间的爱与牵挂。该片于8月10日全网首播，上线不到24小时登上爱奇艺、优酷、腾讯等各大主流平台的电影热榜第1位。8月，该片入选庆祝中国共产党成立100周年“百年百部千村万场”主题电影展映活动推荐片单。

（张玉瑛）

【《口袋森林（第一季）》入选优秀海外传播作品】 2021年2月23日，辖区文化企业杭州蒸汽工场文化创意有限公司申报的动画片《口袋森林（第一季）》入选国家广电总局公布的2020年度优秀海外传播作品名单。254部参选作品涉及电视剧、纪录片、动画片和综艺节目。经专家评审，20部作品被评定为年度优秀海外传播作品，其中动画片5部。《口袋森林（第一季）》是全省唯一入选作品。该动画片有52集，平均每集时长约4分30秒，故事讲述7岁女孩布蕾（口袋熊）和她的家人及小伙伴在口袋镇中的幸福生活，围绕布蕾成长过程中的趣事展开，以小朋友的眼光去看待、研究、探索、发现生活中的一些事情。该动画片在国内中央电视台少儿频道、浙江少儿频道等30多个电视台及海外地区平台播放。

（许红霞）

现代商贸服务业

【概况】 2021年，上城区以数字化改革为牵引，完善促进消费体制机制，打造消费活动载体，推进消费提质扩容。打造“15分钟便民生活圈”，补齐生活性服务业短板。全年引进SONY Store直营店、腾讯电竞体验馆等首店、旗舰店100多家；新增西子丁兰广场、高德置地、湖滨88、龙湖杭州丁桥天街4个综合体、商场；新增杭州高浪控股股份有限公司等省级新零售示范企业3家，新增市级新零售示范企业杭州孩子王儿童用品有限公司。实现社会消费品零售总额976.9亿元，比2020年增长10.6%；实现网络零售额1132.65亿元，增长0.4%。举办好“夜潮时尚集、数智消费季”等消费活动60多场，释放消费动能。全年湖滨商圈、吴山商圈、钱江新城三大商圈实现营业收入272亿元，人流量8843万余人次。

【促消费政策制定实施】 2021年，上城区贯彻落实中央和省、市关于消费促进工作部署，制定《关于加快发展上城消费经济的若干意见》等新一轮消费政策。发挥政策引领放大作用，安排财政专项资金，奖励扶持批发零售业改造提升、商圈能级品质提升龙头引育、数字消费经营模式创新、商贸旅游企业促消费系列活动、家政服务业信用体系建设等方面，促进夜经济社区商业消费场景升级、首店餐饮老字号品牌培育。全年补助有关企业38家（次），兑付补助资金701.68万元。

【未来社区商业建设】 2021年，上城区贯彻落实省市区关于共同富裕建设决策部署，以打造“15分钟便民生活

邻居中心（2021年）　　　（区商务局 供稿）

圈”为抓手，优化社区商业业态布局，升级社区商业服务场景，补齐生活性服务业短板，构建“121N”商务共富新格局。8月9日，由区商务局牵头制定的《未来社区商业建设及运营规范》浙江省地方标准发布。该标准规定未来社区商业基本分类、功能要求、业态配置及运营要求，线上线下融合“5分钟便利店+10分钟农贸市场+15分钟超市”便民生活服务圈，嵌入功能性、便利性、适应性和智能性四维新型社区商业生态环，引导购物服务、餐饮服务、健康服务、教育服务、便利服务、创业服务和低碳服务等业态配置，整体呈现“一圈一环四维多业态”的未来社区商业规划体系。根据《关于加快发展上城消费经济的若干意见》，对符合《未来社区商业建设及运营规范》业态配置要求的社区商业项目，给予运营主体最高30万元一次性补助。梳理全区173个社区商业项目，已培育杨柳郡未来社区、邻居中心元宝塘店2个项目，储备标准化社区商业项目17个。聚焦日益增长的养老、托育、教育学习需求，加大社区服务业态供给。钱景社区创新打造“卫生服务站+健康小屋+居家养老”模式，引入第三方机构，打造居家养老智能体验中心；濮家联合社区通过老旧小区改造引入民营机构，成立普惠性托育机构。年内，“社区商业标准化打造共富基本单元”入选首批浙江省商务领域共同富裕试点项目，“发展社区商业、畅通末端循环”入选杭州市商务领域共同富裕创新试点。

资料

“121N”商务共富新格局：即以1个省级标准为引领，2个共富试点为支撑，1套产业政策为保障，推动培育N个共同富裕基本单元标杆项目。

“社区商业标准化打造共富基本单元”：即以发布《未来社区商业建设及运营规范》浙江省地方标准为契机，高水平推进始版桥、荷花塘、杨柳郡、景芳等未来社区试点建设，以“三化九场景”为总体框架，迭代升级未来社区智慧服务平台，打造多功能、复合型、亲民化社区精致生活场景。

“发展社区商业，畅通末端循环”：即优化社区商业业态布局，打造“15分钟便民生活圈”；推动形成以湖滨商圈、吴山商圈、钱江新城三大商圈为核心，望江商圈、庆春商圈等9个区域商圈为支撑，始版桥社区、荷花塘社区、景芳社区、邻居中心望江店等多点开花的社区商圈为辅的商圈发展布局结构；聚焦日益增长的养老、托育、教育学习需求，加大社区服务业态供给；发展“互联网+生活服务”，鼓励社区商业与电商平台合作，发展社区体验式电商、无人零售、“无接触配送”等新业态。

【上城区入选浙江省数字生活新服务样板区】 2021年，上城区以数字化改革为引领，围绕数智商贸、数字文旅、数字出行等六大重点板块，打造智慧商圈标杆、数字社区标杆、直播电商标杆等精品亮点，推进生活性服务业数智化，构建现代消费体系。湖滨智慧商圈入选浙江省首批十大示范智慧商圈。12月，上城区通过浙江省首批数字生活新服务样板区验收。湖滨街道、钱塘智慧城2个街道（管委会）入选省级数字生活新服务特色镇，湖滨街道、清波街道、彭埠街道、钱塘智慧城等6个街道（管委会）入选市级数字生活新服务特色镇创建名单和培育名单。

【“e付保”上线】 2021年，上城区以数字化改革为引领，成立预付卡消费纠纷“一件事”工作专班。12月24日，由区商务局牵头的全市首个预付卡数字化监管服务平台“e付保”上线，被纳入浙里社会矛盾风险防范化解应用和市数字法治系统场景应用培育项目。“e付保”由预付卡监管模块、商户营销模块、消费者购卡模块、预付卡纠纷化解模块4部分组成，免费提供给消费者、商户使用。上城区调研全区涉及预付卡发卡业务的九大行业2万余家商户，搭建数字监管、平台服务、一键维权三大场景，推动预付卡信息登记、纠纷化解和行政执法全链条闭环，实现政府监管可协同、商家发卡可溯源、消费者投诉可回应。该平台对标工商、信访、税务、法院判决、社保、信用、银行资金等10项关键数据，构建发卡商户评价指标体系，赋予“绿码——理性充值、黄码——谨慎充值、红码——禁止充值”三色预付码，形成预付卡风险预警监测机制，实现风险“即时感知”。上城区将银行资金存管、支付、清结算系统接入“e付保”，构建预付卡资金监管、经营、消费、保险一体化网络。该平台对接杭州银行、宁波银行、杭州联合银行3家银行，新大陆、通联支付2家支付公司和浙江人寿财险、浙商保险2家保险公司，对商家预收资金实施“30%存管+70%保险”，100%保障预付资金安全。依托“e付保”纠纷化解智能算法，将预付卡投诉自动分单至相应部门，提高纠纷化解、行政执法效率。该平台上线后，预付卡投诉流转时间缩短50%以上。区商务局联合区市场监管局、区文广旅体局、区人力社保局、区新闻出版局、区公安分局、区卫生健康局六大行政执法部门和相关行业主管部门建立“6+X”风险防范化解模式，至年末，开展联合上门监管11次，累计受理预付卡投诉2318件，比2020年下降18.4%。

【夜间经济发展】 2021年，上城区发展夜间经济，围绕“中国风尚、杭州韵味、上城特色”主题，打造“品质夜购”“缤纷夜游”“欢乐夜娱”“美味夜食”四大重点板块。发布上城区夜生活地图，上线“上城区夜生活攻略”话题活动，话题关注量达1150.6万人次。年内，在湖滨步行街全新打造“湖上艺人村”与“湖上乐客厅”两大湖上音乐IP系列，全年演出105场，提升夜间艺术氛围。开展“夜潮时尚集、数智消费季”、杭州仲夏夜嘉年华等一批夜间消费活动。11月19日，清河坊历史街区入选首批国家级夜间文化和旅游消费集聚区。12月23日，上城区入选首批浙江省夜间经济样板城市。

【国庆假期销售额破10亿元】 2021年国庆节期间，上城区重点监测企业实现销售额10.6亿元，比2020年增长13.5%，实现客流量532.3万人次，增长5.7%。三大商圈内，10家国际品牌首店开业，街区国际消费体验提升。创新夜经济消费场景，推出太空秀场——航天主题展、“AR平行世界”及《花木兰》等演出。举办湖滨步行街“浙里宋韵·献乐祖国”音乐会，清河坊步行街“宋韵风情月”，皋亭山宋韵主题游园会等活动，推动商文旅融合，激活文化赋能消费新模式。湖滨商圈7天实现营业收入5亿元，增长13.7%，其中湖滨步行街实现营业收入3.61亿元，增长7.5%。

【“夜潮时尚集、数智消费季”系列活动】 2021年5月18日，“夜潮时尚集、数智消费季”系列活动在湖滨步行街举行启动仪式。该活动以“1+4+100”（举办一场动员大会、做好四大篇章、开展100场促消费活动）为体系，全方位展现数智消费新场景、文旅消费新业态、服务消费新模式。上城区围绕“醉数智”“醉时尚”“醉人文”“醉悠游”四大篇章，发挥“三圈三街”优势，联动各大线上平台、知名商圈、特色街区、商业综合体、行业协会和各部门街道，发动100场以上促消费活动。其中，“醉数智”主要包括数智新商品、数智新体验、数智夜生活、数智直播秀、数智新汽车、数智新服务等主题活动；“醉时尚”依托杭州国际时装周平台，举办秋冬时尚秀场、时尚大奖颁奖盛典、时尚产业论坛、中国（杭州）服装产业交易会等系列活动，配套一系列“时尚”“消费”活动，完善时尚供应链生态，推动时尚和数字深度融合；“醉人文”深入挖掘和彰显南宋“老皇城根”的底蕴，开展系列创意生活艺术展，推动传统与现代交汇、经典与时尚碰撞；“醉悠游”包括商圈游、街区游、小镇游、景区游、红色游等“悠游尚城”系列主题，打造“拥江揽湖走运”新体验，形成“商文旅，上上城”新潮流。

2021年7月20日，杭州仲夏夜暨上城区打造全国重要的消费中心活动在湖滨步行街启动。图为活动中开展的“宋韵”主题国服秀活动

（区商务局 供稿）

【杭州仲夏夜暨上城区打造全国重要的消费中心活动】 2021年7月20日，2021数智消费嘉年华——杭州仲夏夜暨上城区打造全国重要的消费中心活动在湖滨步行街启动。活动由市商务局、区政府主办。活动现场，上城区13名责任单位负责人接受区领导授令，吹响打造“全国重要的消费中心”冲锋号。活动发布“上城区打造全国重要的消费中心三年行动计划”目标方向及上城夜生活地图，开展“气蕴东方”艺术造型秀、“宋韵”主题国服秀、主会场与分会场多点连线直播等活动。该活动是2021数智消费嘉年华首场重点特色活动，以“夜生活，IN杭州”为主题，持续开展3个月，活动期间举行潮塘夜巷、酷夏派对、国潮集市、南宋御街“七夕锁爱节”等夜生活促消费活动近50场。

【杭州电商直播基地落户上城】 2021年6月18日，杭州电商直播基地发布会在上城区举行。该基地隶属钱塘智慧城管委会，为全国首个综合服饰家纺抖音电商直播基地，于7月全面建成，首期面积约2万平方米。该基地将打造裸眼3D沉浸式秀场和一线品牌旗舰直播间矩阵，规划发展成为集新兴消费品牌、电商主播达人、设计师IP打造、头部供应链体系等产业于一体的抖音电商直播孵化基地，持续为直播生态企业注入人才资源。同时，依托专业化线下空间与运营服务，形成服装产业集群，以实体经济和设计师相结合的模式输出更多优质好货，为消费者筛选优质商品，创造多维消费场景。“双十一”活动期间，该基地内398家商家参与活动，商品交易总额总计6.50亿元。

（余慧芳）

【广宇集团贸易板块发展】 广宇集团股份有限公司控股子公司一石巨鑫有限公司主营生物能源、饲料原料、氯碱化工、石油化工等大宗商品流通贸易，侧重为大中型生产企业提供细分领域的各种品类的原材料和产品的供应，构建专业化、差异化的供应链服务模式，为产业链上、下游提供持续、优质服务。2021年，公司坚持“稳健经营，稳步发展”的经营理念，深耕产业链终端客户，整合上下游资源的同时，进一步完善营销网络（上游采购网络、中游储配流通网络、下游销售服务网络）和物流体系，持续优化业务结构，提升服务质量，做强流通贸易产业。全年公司净利润比2020年增长112.2%。

（李　薇）

休闲旅游业

【概况】 2021年，上城区围绕南宋文化品牌，开行旅游专列，举行美食嘉年华活动，发布宋韵研学路线，推进旅游产业重点工作，加强旅游交流推介，致力文旅融合，上城区入选“2021年全国市辖区旅游综合实力百强区”。做好景区景点相关申报创建工作，清河坊历史街区入选首批国家级夜间文化和旅游消费集聚区，玉皇山南基金小镇、皋亭山景区通过国家AAAA级旅游景区复核。开发“走红巷，游上城”微信小程序，助力红色旅游。推出红色旅游线路、走读宋韵研学线路12条，开展走读活动60多场。推广宋韵文化，坚持运用“宋韵+”思维融入文旅推广活动，发布上城区“百县千碗·舌尖上的宋韵”；在“韵味杭州·游礼相伴”2021杭州市伴手礼创意设计大赛奖中，《益智类玩具榫卯拼装积木——亭子系列》获金奖，“湖景十色绿豆糕”“新雨画桥·青瓷礼”2件作品获铜奖。杭州胡庆余堂中药博物馆等12个点位入选2021年度“杭州亚运人文体验点”，“宋韵文化”品牌融媒体总阅读量近3000万次。清河坊历史街区、皋亭山等五大景区、景点接待游客超过7000万人次，比2020年增长69.8%。

【首趟“美丽新上城，宋韵巴蜀情”旅游专列开行】 2021年，区文广旅体局助力四川省甘孜藏族自治州雅江县、广元市剑阁县巩固拓展脱贫攻坚成果。10月，在全市开行首趟“美丽新上城，宋韵巴蜀情”旅游帮扶专列，到对口帮扶协作地区甘孜藏族自治州、广元市，通过“政府+国企”“铁路+旅游”方式，形成“1+1>2”的旅游业发展新格局，助推当地旅游业发展，带动巩固乡村振兴。全年上城区组织1.3万人次到四川开展旅游帮扶活动，与两地开展杭州上城—广元剑阁等文化走亲活动6场次以上，促销剑门关豆腐干、雅江松茸等特色农产品，价值超6万元。

【“百县千碗·舌尖上的宋韵”发布】 2021年，上城区开展“百县千碗”推选工作，促进文旅经济健康发展，丰富人民精神文化生活。10月18日，2021上城区“百县千碗·舌尖上的宋韵”发布仪式暨美食嘉年华活动在杭州华辰国际饭店举行。仪式上，发布2021“百县千碗·舌尖上的宋韵”十大热菜、十大冷菜和十大点心，其中龙井虾仁、老杭州熏鱼、羊肉烧麦等9道菜经网友投票获评"我最喜爱的舌尖宋韵"；授牌杭州华辰国际饭店和宋宴（之江店）为"百县千碗·我最喜爱的舌尖宋韵"上城区美食示范店。美食嘉年华中，2021"百县千碗·舌尖上的宋韵"30道菜亮相，同步展示"小热昏"、点茶、泥塑等非遗技艺；杭州华辰国际饭店现场路演，推出创新宋韵文化美食全席——"生态宋宴"，并展示12道宋味。

【6条走读宋韵研学线路推出】 2021年，区文广旅体局联合浙江省中国旅行社集团有限公司旗下"寻城记"品牌推出"寻城记·走读宋韵研学之旅"，使其成为上城区"宋韵文化传世工程"的重要组成部分，推进宋韵文化的落地与传播。10月30日，"凤山怀古""北宫德寿""龙山旧事""行在临安""天街寻踪""吴山大观"6条走读宋韵研学线路在省首届悦读宋韵节发布。6条线路还被制成手绘地图，通过传统国画视角再现南宋千年遗韵和城市格局，清晰展现6条线路的标志景点。年内，6条线路上开展主题走读活动60多场，惠及群众2000多人。

【"走红巷、游上城"微信小程序开发】 2021年，上城区挖掘红色资源，整理党史胜迹，围绕"数字社会12有"整体框架，以人为核心，创新开发"走红巷，游上城"微信小程序。年内，该小程序以"小营红迹""湖滨红印""清波红韵""吴山红风""紫阳红忆""山南红旅"6条红色旅游路线及串联起的38个红色景点为基础，推出"一图一码"，基本实现知识打卡、步数打卡、点位打卡、活动报道等场景上线，实现"一图尽收红色资源、多线串联红色景点"，使散布景点串珠成链、聚链成面，提高上城红色旅游资源的系统性和可视性。同时，嫁接"红游上城"和"云上城事"模块，实现一键跳转、互融互联，有效拓展旅游资源边界通道，推动红色资源可持续发展。全年该小程序使用范围覆盖50万余人次。

【规范型星级农家乐培育】 2021年，上城区提高农家乐经营服务质量，打造品质农家乐，通过定期对农家乐管理人员及经营业主开展培训指导等方式，培育一批服务质量好、食品安全与消防安全过硬、游客评价好的规范型星级农家乐。根据《农家乐经营户（点）旅游服务质量星级划分与评定》的省地方标准，绿豪轩茶庄被评为五星级经营户，班荆茶庄、友怡晨茶庄、牛庄、美华茶庄被评为四星级农家乐经营户。全区农家乐经营主体主要集中在皋亭山区块，至年末，皋亭山区块有五星级农家乐经营户1家、四星级经营点1家、四星级经营户5家、三星级经营户9家。全年全区农家乐接待38万人次，营业性收入达3230万元，接待人数、营业性收入分别比2020年增长65.2%和74.6%。

（龚靖文　张　伟）

【皋亭山景区建设】 2021年，皋亭山景区加快推进市燃气集团皋亭山液化气储配站配套项目建设，提前完成储配站南侧规划支路工程、智残人托管中心北侧防护绿地工程2个项目，保质保量完成沿山路（金山路至骑行道西入口段）提升改造工程，序时推进规划支路六（金门路）、沿山路（龙鹤路至天秤路段）等项目建设。配合杭州市佛教协会推进浙江省重点项目龙居寺的扩建工程建设，丰富皋亭山"禅文化"内涵，展现上城"宋韵文化"精华。年内，该项目一期（四众安养区）实现主体建筑结顶，二期（禅修体验区）于5月动工。景区践行绿色、高效和环保理念，引入集智慧监测、信息发布、紧急救助等功能于一体的新型物联网智能设备，提升皋亭山文化绿道智慧化水平。全年皋亭山景区入园人数56.37万人次，比2020年上升83.6%。全年团队接待11.5万人次，占景区总接待人数的20.4%。其中，政务接待156批、1.23万人次；普通团队接待236批，含国学教育11批。景区内杭州孝道文化馆参观人数7.9万人次，其中“第二课堂”个人刷卡3141人次、集体刷卡5181人次。景区全年举办各类活动15场，参与活动人数8.9万人次，其中第8届观桃节期间接待游客16万余人次。

【“家风·孝道千诗千石刻”文化工程竣工】 2021年6月，皋亭山景区沿“清风小径”打造的“家风·孝道千诗千石刻”文化工程竣工，总面积近7万平方米的千桃园孝文化主题公园育人文化内容进一步丰富。2016年，由中华诗词学会、省文明办等主办的“中孝杯”全国首届家风孝道诗词创作大赛在杭州举行，最终评选出1000首获奖诗词。皋亭山景区管委会为丰富景区孝廉文化内涵，将大赛作品精华转化为文化内核，于同年7月策划启动“家风·孝道千诗千石刻”文化工程。该工程以获奖的1000首诗词为内容，邀请中国书法家协会、西泠印社等单位的书法名家1000人，用楷、行、隶、篆、草、印不同书法字体、篆刻字体书写出书法作品1000件，并雕刻在景区1000块石头上。书法名家刘江和吕国璋为该工程题写名称。该石刻千石千貌，随形布势，散落在园区各处，各具风雅，游人可以边欣赏诗词书法边感受家风孝道，接受中华文化熏陶。

【皋亭山宋韵主题游园会】 2021年10月1—7日，“宋韵最杭州，醉美皋亭山”皋亭山宋韵主题游园会在皋亭山千桃园举行。该游园会将宋词IP与皋亭山景区ID深度结合，以宋代市井文化为时代背景，推动文旅融合，打造沉浸式宋韵文化潮玩街区，为市民游客打造一个有逛头、有吃头、有看头的宋“潮”游园会。游园会上，市民、游客可以体验投壶、射箭、击铜钱等宋“潮”互动游戏，以及《苏东坡讲杭州故事》《文天祥“皋亭抗论”》等沉浸式实景演出项目。国庆期间，皋亭山景区接待游客5万余人次。其中农家乐接待游客1.4万人次，比2020年增长20%。

（朱秀元）

健康服务业

【概况】 2021年，上城区健康服务业蓬勃发展。全年小营智慧健康产业园招引健康类企业76家，服务辖区健康类企业345次，新认定健康类人才31人。全年健康服务产业增加值4.57亿元，比2020年增加2.24亿元。

【健康服务产业集聚】 2021年12月6日，浙江大学医学院附属第二医院眼科中心、浙江大学眼科医院新院区开放

“家风·孝道千诗千石刻”文化工程石刻（2021年）

（皋亭山景区管委会 供稿）

门诊。新院区位于西湖大道一号，新设视光中心等10多个临床研究中心及4500平方米的浙江省眼科重点实验室。广宇集团中纬地块健康产业总部楼宇完成主体结构建设。丰平精准医疗创新服务中心围绕数字经济、生物医药等领域，引进和建立浙江省中宝医药供应链等相关研发中心。

【健康产业项目建设】 2021年，上城区纳入省级生命健康千亿投资工程的项目完成年度总投资计划。该项指标涉及广宇集团智慧健康产业总部、娃哈哈总部大楼、浙江大学医学院附属邵逸夫医院庆春院区五期工程3个生命健康项目，当年计划投资3.2亿元，实际完成3.49亿元，完成年度目标的109%。其中：广宇集团智慧健康产业总部项目总投资11.1亿元，2021年计划投资1亿元，实际完成投资1.57亿元，完成年度计划的157%，至年末，大名空间地块主体结顶，中纬实业地块主体建设实施中；娃哈哈总部大楼总投资5.22亿元，2021年计划投资1.2亿元，实际完成投资1.58亿元，完成年度计划的132%，至年末，桩基施工进行中；浙江大学医学院附属邵逸夫医院庆春院区五期工程总投资9.7亿元，2021年计划投资1亿元，实际完成投资1.9亿元，完成年度计划的190%，至年末，工程主体建设完成。

（毛　雯　杨平文）

【医养结合助力健康产业发展】 2021年，上城区以问题为导向，重点关注老有所医、老有所养的社会热点问题，在原有杭州彩虹鱼康复护理院、杭州普慈护理院、杭州朗颐护理院、杭州仁泽康信护理院、杭州邻嘉康复护理院5家护理机构的基础上，引进杭州信颐护理院落户上城，为人口老龄化社会现状夯实健康服务基础。杭州信颐护理院位于延安路88号6楼，共计7层，面积2973平方米，是一家集医疗、康复、护理功能于一体的高端型护理院。该护理院拟设床位150张，首期报批开放床位57张，内设内科、中医科、针灸推拿科、康复医学科、检验科、医学影像科等科室，为入住患者提供高品质的生活照料、心理慰藉、精神文化活动、健康咨询检查、疾病治疗护理、康复保健、营养膳食等综合服务。

（仲　玥）

【广宇集团“健康家”产品体系】 2021年，广宇集团股份有限公司推进健康产业发展，打造广宇“健康家”产品体系。推进广宇优居、乐活、颐养、睦邻的“健康家”计划，构筑优居生活氛围，营造健康场景，优化全景医学护家护理，将康养软硬件嵌入社区，为最大量的工薪族长者提供高品质养老服务。其控股子公司杭州广宇安诺实业集团股份有限公司（简称广宇安诺公司）打造“无边界”养老院。年内，广宇安诺公司整合市内5个“广宇安诺长者生活馆”3000多平方米经营面积，为个人家庭、养老机构及民政、残联等政府部门提供全方位养老咨询、适老化改造服务和养老辅具销售，通过与浙江大学管理学院老龄化与养老产业研究中心的深入合作，收集浙江省及国内外行业数据，进行政策解读、产业分析和课题研究，为养老行业顶层设计做好理论支持。全年广宇安诺公司完成浙江省6个市及杭州市7个区的5000户家庭的适老化改造服务。

（李　薇）

工业

综述

【概况】2021年，上城区按照“目标不降、任务不减”总要求，统筹经济发展重点工作，促进经济高质量发展，抓好项目建设、新制造业计划、工业攻坚等工作。全年全区规模以上工业总产值1050.55亿元，比2020年增长10.9%。规模以上工业增加值466.6亿元，增长6.5%；规模以上工业销售产值1049.7亿元，增长11.5%；高新技术产业增加值77.3亿元，增长12.5%；装备制造业增加值59.9亿元，增长10.7%；战略性新兴产业增加值35.9亿元，增长8.6%。全年完成工业投资下降2.2%，其中制造业投资增长7.6%。

【规模以上工业企业】2021年，上城区有规模以上工业企业89家，从业人员2.62万人。有企业技术中心56个，其中国家级3个、省级14个、市级30个。全年实现总产值1050.55亿元，比2020年增长10.9%；出口交货值43.65亿元，增长8.3%。全年实现利税总额361.47亿元，增长5%。实施“腾笼换鸟、凤凰涅槃”攻坚行动，贯彻实施“新制造业计划”，强化中小企业梯队培育，引导企业深耕行业细分领域，走“专精特新”专业化和高质量发展道路。至年末，杭州捷尔思阻燃化工有限公司、浙江威星智能仪表股份有限公司、杭州锅炉集团股份有限公司3家企业被列入省级单项冠军培育库；杭州捷尔思阻燃化工有限公司、浙江威星智能仪表股份有限公司、浙江高泰昊能科技有限公司、杭州安旭生物科技股份有限公司、杭州义益钛迪信息技术有限公司5家企业被评为国家级“专精特新‘小巨人’”企业；浙江航天润博测控技术有限公司、杭州泽大仪器有限公司、杭州千石科技有限公司、杭州华塑科技股份有限公司等11家企业被评为省“专精特新”中小企业；浙江威星智能仪表股份有限公司加入省级“隐形冠军”企业库。浙宝智能装备制造产业园被评为省级小微企业园，至年末，全区有省级小微企业园10个。杭州安旭生物科技股份有限公司、杭州亿恒科技有限公司、杭州聚丰新材料有限公司等5家企业被评为杭州市级企业技术中心；奥的斯机电电梯有限公司、杭州海兴电力科技股份有限公司、浙江威星智能仪表股份有限公司等8家企业加入浙江省“未来工厂”企业名单；杭州博乐工业设计股份有限公司加入国家级

建设中的娃哈哈文成智能化饮料生产基地（2021年）
（杭州娃哈哈集团有限公司 供稿）

工业设计中心培育名单。

（王子擎）

【娃哈哈集团在欠发达地区投资建厂】 杭州娃哈哈集团有限公司（简称娃哈哈集团）响应省委、省政府号召，在欠发达地区投资建厂，培养当地造血功能，扶持当地经济发展。公司于1994年响应国家对口支援三峡库区移民工作的号召，投身西部开发，兼并重庆市涪陵地区受淹的3家特困企业，建立第一家省外分公司——重庆市涪陵娃哈哈饮料有限公司。至2021年末，娃哈哈集团先后在中西部和“老少边穷”地区（革命老区、少数民族自治地区、陆地边境地区和欠发达地区）的17个省市投资87亿元建立分公司76家，吸纳当地人口就业1.3万人，各分公司成为当地的龙头骨干企业和利税大户。集团还带动其他企业到中西部地区投资办厂，成为乡村振兴的引领者和实践者，实现“优势互补、互惠互利、长期合作、共同发展”目标。2021年，娃哈哈集团在浙江山区26个县中的3个县建厂的基础上，在温州文成县投资近5亿元打造智能化饮料生产基地，助力解决当地数百人就业难题，带动地区相关食品加工业、交通运输业、彩印包装业的发展。

（田芳容）

高端装备制造业

【概况】 2021年，上城区高端装备制造业有规模以上企业27家、从业人员14087人，实现工业总产值176.2亿元，比2020年增长12.4%；工业销售产值173.4亿元，增长11.6%；产销率98.4%；出口交货值38.2亿元，增长4.9%。全年实现利税总额35.4亿元。年内，杭州海兴电力科技股份有限公司、浙江威星智能仪表股份有限公司通过亲清在线兑付“鲲鹏计划”大企业大集团上规模奖励；奥的斯机电电梯有限公司、杭州锅炉集团股份有限公司、杭州海兴电力科技股份有限公司、浙江威星智能仪表股份有限公司入选区规模以上重点企业库。

资料

“鲲鹏计划”奖励：

对制造业年营业收入首次达到500亿元、200亿元、100亿元、50亿元、10亿元、5亿元的企业，市本级财政分别给予2000万元、800万元、400万元、200万元、100万元、50万元的奖励；对制造业年营业收入首次达到1000亿元的奖励政策，按“一事一议”报请市政府研究确定；进档的奖励差额。

【奥的斯机电公司助力国家发展建设】 2021年，奥的斯机电电梯有限公司为杭州大运河亚运公园乒乓球馆和曲棍球馆、杭州奥体博览城主体育场、桐庐马术中心、滨江体育馆、盲人门球训练基地等亚运场馆提供电扶梯产品和维保服务。6月，大运河亚运公园电扶梯设备通过杭州市特种设备检测研究院验收。公司承担萧山国际机场、杭州火车东站、杭州地铁等交通枢纽，以及杭州宝盛水博园大酒店、浙江大学医学院附属第一医院、雷峰塔景区、湖滨银泰in77购物中心等重要亚运配套场所的维保工作。9月，奥的斯机电电梯有限公司自装团队到埃及开罗履约“埃及斋月十日城铁路项目”，助力“一带一路”建设，用时1.5个月完成一期113台设备的安装验收。该项目是公司中国区首个集制造、安装、吊装、装潢于一体的海外轨交项目。至年末，公司加装电梯覆盖全国20多个城市，解决超3万户居民下楼难问题。

【杭锅集团获省政府质量奖】2021年，杭州锅炉集团股份有限公司制定“高质量基础上的高增长”发展战略，推进“XOS”（XIZI Operating System）三驱动风火轮高质量管理模式（即西子管理系统）。该管理模式以战略创新为引领，以质量效益为核心，以持续变革与改善为路径，为企业高质量管理提供制定高质量发展战略、建立质量激励与变革机制、应用质量管理方法工具、形成全员担当的质量“赛马”文化等多维度的系统解决方案，以达到“零浪费”、“零缺陷”、“零投诉”、短周期、低成本的运营目标。11月19日，“西子航空零碳工厂”举行启动仪式。该工厂采用综合能源解决方案，实现电、热的零碳利用，应用高效单晶硅、异质结电池、钙钛矿幕墙发电等光伏技术及熔盐储能、液流电池和高温燃料电池等储能技术，每年可实现530万千瓦时和1万吨蒸汽供给。年内，杭州锅炉集团股份有限公司获省政府质量奖，董事长王水福获第4届中国质量奖提名奖。

【东城电子智能自提柜专利数居全国前列】2021年，杭州东城电子有限公司成为阿里巴巴集团和美团公司最大的供应商，阿里巴巴智能快递柜销量1.01万台，美团外卖自提柜销量2100台。至年末，公司被授权专利160件。其中，发明专利9件、实用新型102件、外观专利25件、软件著作权24项。公司参与制定国家标准3个，分别是GB/T 36473—2018《信息技术文档拍摄仪通用规范》、GB/T 36481—2018《信息技术场景记录仪通用规范》、GB/T 36480—2018《信息技术紧缩嵌入式摄像头通用规范》；主导制定团体标准2个，为智能自提柜团体标准T/ZAII 017—2019、“浙江制造‘品字标’”智能信包箱T/ZZB 2650—2022；主导制定4个企业标准，为Q_DC 02—2021智能寄存柜、Q_DC 01—2018智能冷藏柜、Q_DC 07—2021智能自提柜、Q_DC 10—2017信报箱。国内智能取餐柜领域专利排名中，公司持有专利60件，列第3位。其中，无接触存取专利10件、智能格口分配专利3件、安全及运维专利3件、机电结构专利44件。

【威星“燃气云”省级重点企业研究院通过验收】2021年8月，威星“燃气云”省级重点企业研究院通过省科技厅验收。该研究院主要进行燃气云服务接入认证、云安全用气、云抄表、云收费、云计量管理、云能源调度、燃气云大数据、智能燃气终端传感器等核心技术的研发应用，形成自主、安全可控的技术应用体系。至年末，该研究院获软件著作权16项，授权专利49件，其中，发明专利7件、实用新型及外观专利42件；参与制定相关国家标准、行业标准和团体标准20项，其中国家和行业标准各5项。

（王子擎）

纺织服装制造业

【概况】2021年，上城区纺织服装产业有规模以上企业

6家，从业人员1667人，实现工业总产值8.9亿元；工业销售产值8.4亿元；产销率93.9%；出口交货值3000万元，比2020年增长10.1%。全年实现利税总额2200万元。区纺织制造企业通过技术创新、大数据、人工智能运用等数字化方式转型，提升产业产能、产品科技含量和品牌知名度，加快推进产业线上线下同步发展。区内纺织制造重点企业杭州万事利丝绸文化股份有限公司通过文化创意相关融合和数字化转型升级，坚持走“传统丝绸+移动互联+文化创意+高科技=丝绸经典产业”的转型升级“新丝路”，与微软集团、阿里云计算有限公司等领先企业开展合作，将数字化前沿技术应用于制造、设计、管理等核心环节，自主研发基于人工智能、大数据的“西湖一号”人工智能设计平台、色彩管理系统，并于9月在创业板上市。杭州维欧艾丝绸股份有限公司注重拓展高端女装丝绸领域和线上销售，搭载百年老字号品牌“高义泰丝绸”再度启航。

【万事利丝绸公司上市】2021年9月22日，杭州万事利丝绸文化股份有限公司在深圳证券交易所创业板上市，是全国第一家A股丝绸上市企业，股票代码为301066。该公司成立于2007年，从事丝绸相关产品的研发设计、生产与销售，致力于传承、挖掘和弘扬中华丝绸文化，将丝绸与文化创意、高科技相结合，在传统丝绸面料、丝绸服饰产业基础上创新推出以蚕丝为核心的文化创意产品，形成丝绸文化创意品和丝绸纺织制品两大类产品。

【万事利“西湖一号”数字美学创意平台上线】2021年12月6日，杭州万事利丝绸文化股份有限公司宣布最新科研成果“西湖一号”数字美学创意平台正式上线。该平台是公司为解决用户个性化定制礼品痛点问题，联合小冰公司[前微软（亚洲）互联网工程院人工智能小冰团队]，依托人工智能技术，历经3年时间研发的数字美学创意平台。发布会上，公司首次展示“西湖一号”强大“读心术”背后的三大创新密码，即“所想即所见，所见即所得，所得即虚拟与现实”。

（王子擎）

医药制造业

【概况】2021年，上城区医药制造业企业通过生产线技术改造、研发创新，提升产能，拓展海内外市场。重点企业杭州远大生物制药有限公司加快技术改造，研发新药，扩大“双歧杆菌四联活菌片”产能。杭州安旭生物科技股份有限公司深耕IVD行业10多年，始终致力于体外诊断试剂、仪器及生物原料的开发，体外诊断试剂远销海外。杭州安誉科技有限公司攻克光电传感器等关键元器“卡脖子”难题，实现进口替代。至年末，上城区医药制造业有规模以上企业4家，从业人员1063人，全年完成工业总产值7.9亿元，比2020年增长34.3%；实现利润总额4600万元，增长17.6%，实现利税总额7300万元，增长22.2%。

资料

IVD：是体外诊断试剂（In Vitro Diagnostics）的缩写，指可单独使用或与仪器、器具、设备或系统组合使用，在疾病的预防、诊断、治疗监测、预后观察、健康状态评价以及遗传性疾病的预测过程中，用于对人体样本（各种体液、细胞、组织样本等）进行体外检测的试剂、试剂盒、校准品（物）、质控品（物）等。

【远大生物公司完成省重点研发项目验收】2021年10月，杭州远大生物制药有限公司完成省重点研发项目“聚乙二醇化尿酸酶注射液临床前研究的开发”验收工作，取得省科技厅项目验收证书。该项目中，公司完善产品的制备工艺、过程监控、质量标准等相关核心技术体系，完成菌种选育、发酵工艺优化、高低分子蛋白控制等技术创新，研制出治疗用生物制品Ⅰ类新药。该药可用于治疗高尿酸血症伴痛风，极大程度降低外源尿酸酶的免疫原性，提高生物安全性。

【安旭生物公司上市】 2021年11月18日，杭州安旭生物科技股份有限公司在上海证券交易所科创板挂牌上市，股票代码为688075。该公司专注于POCT试剂及仪器的研发、生产与销售，同时聚焦生物原料平台的开发与产品技术储备，形成从上游核心生物原料到诊断试剂、仪器的产业链一体化布局。公司引入研发力量，深化产学研工作，立项“全自动核酸检测一体机及超高灵敏度单增李斯特菌检测试剂盒开发”与“用于生物液相芯片的多重无串扰荧光编码微球研发与应用”2个省重大项目。抗原抗体产品取得加拿大新型冠状病毒抗原快速检测试剂专业用途证书、欧洲新型冠状病毒抗原快速检测试剂自测用途证书、欧洲新型冠状病毒鼻腔笔抗原自测用途证书。成立浙江工商大学食品与生物工程学院实践教育基地。10月，该基地加入区科技局牵头成立的创新联合体；12月，成立浙江大学城市学院医学院实践教育基地。2021年，公司实现销售额15.89亿元人民币、出口创汇2.4亿美元。公司取得授权专利15件、注册商标17项，登记软件著作权6项，被授予国家级“专精特新‘小巨人’”企业称号。

资料

POCT：是即时检验(Point of Care Testing)的缩写，指在病人旁边进行的临床检测及床边检测，通常不一定是临床检验师来进行。是在采样现场即刻进行分析，省去标本在实验室检验时的复杂处理程序，快速得到检验结果的一类新方法。

【矩阵式超大通量核酸智能检测系统研发】 2021年，杭州安誉科技有限公司研发矩阵式超大通量核酸智能检测系统。该系统通过切分出5个分时模块各自运行，提升仪器最高检测通量，节省人力、物力成本，提高检测效率，起到一机多用的效果，缓解新冠肺炎疫情防控压力。2020年4月，公司承接科技部基于核酸迭代技术的快速检测技术攻关任务，完成快速检测仪器技术攻关任务并进入应急审批通道，获三类注册证。该仪器能将核酸检测时间从3小时缩短至30分钟，时间更短、检测灵敏度更高、应用场景更广，有效解决检测机构的痛点。

（王子擎）

工业企业选介

【浙江中烟工业有限责任公司杭州卷烟厂】 浙江中烟工业有限责任公司杭州卷烟厂原名利群烟厂，于1949年10月创建于西子湖畔万松岭脚下。“利群”是商务部首批认定的“中华老字号”之一。公司在主攻国内市场的同时，积极开拓海外市场，“摩登”等品牌远销中东、南美、东南亚等地区。至2021年末，浙江中烟工业有限责任公司有18家部门、杭甬2家卷烟厂和1家投资公司，有在册员工3484人。公司的工厂先后通过ISO 9001质量、ISO 14000环境、GB/T 28001职业健康安全管理体系一体化认证和安全生产标准化一级达标验收，公司的动力、制丝、卷包三大车间获全国现场管理星级评价五星级荣誉。公司于2012年被国家烟草总公司授予“2009—2011年度烟草行业卷烟工厂标兵单位”称号，先后获评2013年度全国“安康杯”竞赛活动优胜单位、烟草行业“精益十佳”标兵单位、浙江省安全文化建设示范企业、全国安全文化建设示范企业等荣誉。

【杭州海兴电力科技股份有限公司】 杭州海兴电力科技股份有限公司创立于1992年，聚焦能源转型，为全球电力客户提供智能产品和配用电解决方案，向居民、工商业及公用事业机构提供户用储能、工商业储能、微电网、分布式水处理及售水管理等整体解决方案，助力清洁能源的普及。公司坚持国际化发展道路，至2021年末，在全球拥有员工3300多人，拥有全球化营销平台和全球化研发体系，以国内3个生产基地、海外5个生产基地组成全球化生产网络，实现全球化采购供应；通过全球化管理平台，践行“聚焦、创新、客户导向”理念，产品覆盖90多个国家和地区，其中“一带一路”国家38个，是全国最大的自主品牌智能电表产品出口企业。公司被评为国家火炬计划重点高新技术企业、省企业技术中心，公司研究院被省政府认定为重点企业研究院。

【杭州锅炉集团股份有限公司】 杭州锅炉集团股份有限公司成立于1955年，是中国机械工业百强企业、国家余热锅炉研发和制造基地、国家高新技术企业、国家认定企业技术中心。公司贯彻“以客户为中心”的核心价值观，为客户提供全生命周期能源解决方案与智能化能源装备和服务。主营业务涉及余热锅炉、生物质锅炉、循环流化床锅炉、燃气锅炉、盾构机等新装备的咨询、研发、生产、销售、安装，以及EPC、锅炉维修、升级改造、智慧锅炉、智慧工厂等新服务。同时提供新能源领域全生命周期的智慧服务，并将业务链延伸至新能源投资运营。成功打造以新能源技术为核心的中国首个航空零碳工厂；投资参与建设中国首座规模化运行光热储能电站，所应用的储能技术入围国家2021年度能源领域首台（套）重大技术装备项目；旗下电极锅炉技术获欧盟及中国核电标准认可。公司参与“一带一路”建设，业务遍及世界100多个国家及地区。公司秉承“为人类改善环境”的使命担当，谋划绿色发展，加大对于新能源领域的投入，加快企业转型升级步伐。至2021年末，生产节能环保余热锅炉3000多台（套），产品全部投运后，节约标准煤6600万吨以上，减排二氧化碳1.6亿吨，占全国碳排放总量的1%。

（王子擎）

杭州海兴电力科技股份有限公司智能工厂（2021年）

（区发改经信局 供稿）

【杭州娃哈哈集团有限公司】 杭州娃哈哈集团有限公司成立于1987年，前身为杭州市上城区校办企业经销部，产品涵盖包装饮用水、蛋白饮料、碳酸饮料、茶饮料、果蔬汁饮料、咖啡饮料、植物饮料、特殊用途饮料、罐头食品、乳制品、医药保健食品等10多类、200多个品种，是全球领先的食品饮料生产企业，居中国企业500强、中国制造业500强、中国民营企业500强前列。公司在全国29个省（自治区、直辖市）建有生产基地80个、分公司180多家，员工近3万人；成立集技术研发、产品创新于一体的综合性企业研究院，拥有一支以博士、硕士、高级工程师为学科带头人的科研队伍，其中研发人员300多人；有国家级企业技术中心、博士后科研工作站、国家实验室认可委员会（CNAS）认可实验室等研发检测机构。公司先后获各类科技创新奖80多项，承担各级科研项目40多项，申请各类专利200多件，参与制定国家和行业标准70多项。2021年，公司实现营业收入519.15亿元，上缴税金45.81亿元。年内，公司获全国质量奖、国潮最受用户喜爱十佳品牌、稳就业保就业成绩突出集体、浙江省第一批制造业“云上企业”、省级工业设计中心等荣誉100多项。

（王子擎 田芳容）

【浙江华日实业投资有限公司】 浙江华日实业投资有限公司（简称华日公司）是杭州华日家电有限公司的控股公司，创建于1984年。杭州华日家电有限公司位于杭州富阳东洲的基地占地面积19.33万平方米，配备高科技生产设备、个性智能的生产管理体系和国家级测试实验室。华日公司在行业内较早发明智能化模糊控制技术，并在行业中较早掌握以无氟替代为代表的核心技术。华日公司无氟改造项目获联合国环境署“示范项目杰出贡献奖”。华日公司拥有100多项行业核心专利技术，主导产品华日冰箱是“中国名牌产品”，“华日电器”是“中国驰名商标”。公司富阳基地投资的年生产200万台制冷设备项目主要从节能环保、变频技术等电冰箱行业的最新技术出发，产品形成全风冷变频无霜冰箱、环保型直冷冰箱、匀冷冰箱、冷柜4个系列产品。2021年，华日公司中高端产品融合专利智能控制、风冷无霜、零度保鲜及变频、互联网控制等技术。公司获浙江省文明单位、浙江省家用电器协会第7届理事会副理事长单位、2021年度杭州信用等级AAA级等荣誉。公司产品获评“2021专业智能品牌”“2021智能无霜之星”。董事长陈励君受聘为浙江省家用电器协会副理事长，获评2021年杭州领袖峰会（领“杭”者）品牌榜杭商领军人物奖，获浙江省家用电器流通协会颁发的“卓越功勋奖”。

（王荣荣）

【杭州华塑科技股份有限公司】 杭州华塑科技股份有限公司成立于2005年。该公司持续专注于铅酸电池监控设备、锂电BMS/PACK、动力电池BMS和电池管理云分析平台的研发、生产和销售，产品与服务广泛应用于云计算数据中心、通信网络、轨道交通、储能、新能源及商业和工业设施关键电源领域。2021年，公司实现产值2.23亿元，营业收入2.37亿元，利润5642万元。公司坚持创新驱动，加大研发投入，引进业界最先进的软硬件设备，实现SMT、DIP、测试组装、包装等全工艺流程标准化、自动化、数字化，通过信息系统与生产设备的物联和数据集成，实现生产计划、生产管理、品质管理、仓储管理、交付等环节远程可视化。年内，公司被评为国家高新技术企业、浙江省“隐形冠军”企业、浙江省“专精特新”中小企业、浙江省知识产权示范企业等。

（许仁牛）

【浙江威星智能仪表股份有限公司】 浙江威星智能仪表股份有限公司成立于2005年。该公司是一家专业从事智慧燃气信息系统平台、智能燃气表终端、智慧水务解决方案、新一代超声波计量仪表等研发、生产、销售及服务的高新技术企业。公司与港华燃气有限公司、华润燃气控股有限公司、中国燃气集团有限公司、新奥能源控股有限公司、中石油昆仑能源有限公司等大型燃气集团及数百个城市燃气运营商建立良好合作关系，产品服务于国内30多个省级行政区、1500多家燃气公司及2000多万户家庭用户，并出口欧美、俄罗斯、东南亚等海外市场。2021年，公司实现产值10.34亿元，营业收入11.45亿元，利润7311.2万元。年内，公司获评第3届中国燃气表企业排行榜物联网最具影响力10强企业、行业创新标杆企业、2021年（第21届）浙江省电子信息50家成长性特色企业、2021年杭州市专利示范企业；浙江省威星“燃气云”省级重点企业研究院通过验收。

（杨　莉）

2021年4月12日，杭州柯林电气股份有限公司在上海证券交易所科创板上市

（钱塘智慧城管委会 供稿）

【杭州柯林电气股份有限公司】 杭州柯林电气股份有限公司成立于2002年。该公司是一家专业从事电力智能化设备研发、生产及销售的国家级高新技术企业。2021年，公司实现产值2.16亿元，营业收入2.43亿元，净利润1.01亿元。全年授权发明专利2件、实用新型专利16件，取得软件著作权14项。年内，“变电设备物联数字化赋能关键技术及工程实践”“电网关键设备运行风险辨识管控技术与装备开发应用”两个项目获2020年度浙江省科学技术进步奖三等奖，“变压器机械失稳多信息融合在线预警与诊断技术及应用”项目获国网浙江省电力有限公司科学技术进步奖二等奖。浙江省柯林智能感知与数字孪生技术省级企业研究院被省科学技术厅认定为省级企业研究院。

（袁建栋）

现代产业生态圈

湖滨商圈

【概况】 湖滨商圈北至庆春路，与武林商圈相连，南到解放路，东邻中山中路，西沿湖滨路，是杭州最繁华、最知名的商圈之一。商圈以旅游休闲、高档购物为主要消费特色，以品牌首店、旗舰店引入为抓手，发挥政企合力，融服务于管理，汇聚杭州湖滨国际商业发展有限公司、杭州工联大厦股份有限公司、杭州汇和诚仁商业管理有限公司、杭州解百集团股份有限公司商业分公司等商业综合体，集聚国际一线、时尚潮流、网红零售、老字号等品牌1400多个，打造“吃、住、行、游、娱、购”一体化、沉浸式消费体验场景。2021年，湖滨步行街获首批省级高品质步行街、省数字生活新服务特色镇、首批省级示范智慧商圈、杭州亚运人文体验点等荣誉。全年营业额104.69亿元，比2020年增长22.9%，客流量4208.79万人次，增长7.3%，湖滨步行街在全国23条示范、试点步行街中居前列。

【商圈环境管理】 2021年，湖滨商圈应用“杭州城市大脑——湖滨·会思考的街区”数字化场景落实精细化网格管理，“湖滨九里”将每平方米0.5人设为预警值，人流量超过预警值，系统自动触发，提醒区域管理人员及时应对，确保街区秩序。聚焦消防安全、非机动车管理、环卫清扫等重点、难点问题，开展巡查整治。全年街区日均投入保洁人员248人次，清理乱停乱放共享单车7万余辆，擦洗城市家具环卫设施13万余件（次），清理街区内果壳箱2万余（次），清理其他垃圾3万余桶、易腐垃圾2万余桶。

【商圈夜经济发展】 2021年，湖滨步行街坚持以文促旅、以旅兴商、以商助文的发展理念，丰富“湖上”系列IP内容，新增“湖上艺人村”“湖上乐客厅”“湖上睡前练会琴”三大“湖上”主题音乐派对，助力提升街区消费品质，增强消费体验，繁荣夜间经济。打造“外星人展示店”“承香堂栖羽香房”“皮爷咖啡”“松下璀璨屋”等夜间消费新场景，引导商家延长营业时间，打好“白天+夜晚”促消费组合拳，形成地标性的夜间经济生活集聚区。湖上直播间持续运营，全年开展直播活动110场，吸引观看人数1.13亿人次，带动销售额5395万元。

【国庆期间湖滨商圈消费】2021年国庆期间，湖滨商圈举办百威音乐酒馆、精酿啤酒市集、大娃怪市·秋日猎奇大会等活动，打造“食、游、购、娱、体、展、演”等多元消费场景，深化文商旅融合发展。湖滨步行街接待游客136.47万人次，较2020年同期下降9.3%；实现营业收入3.61亿元，增长6.4%。北美知名潮牌集合店Solestage浙江首店在湖滨商圈开业，Laura Mercier（罗拉玛希）、Anna Sui Active（安娜苏运动）、Banana In（蕉内）等10多个知名品牌亮相并发布新品。湖滨银泰in77商业中心推出22时后餐饮五折优惠活动，E区营业时间延长至凌晨1时，22时后在E区任意消费即享免费停车福利。湖滨银泰in77假期营业额增长2.9%。

【“湖上”主题音乐派对】2021年5月14日，“湖上艺人村”“湖上乐客厅”“湖上睡前练会琴”三大“湖上”主题音乐派对亮相湖滨步行街。三大音乐派对沿湖滨步行街由南至北依次分布，利用多元化音乐风格，为市民、游客搭建起“精神绿洲”。“湖上艺人村”位于东坡路南口，通过打造网红、音乐艺人集聚地，营造街区潮流音乐氛围，设置荷塘舞台，呈现户外灯光音乐SHOW。“湖上乐客厅”位于平海路音乐喷泉旁，以钢琴演奏为主要内容，为观众打造高端露天钢琴演奏会。“湖上睡前练会琴”位于湖滨路北段，以民谣为主题，丰富湖滨路游览内容。“湖上”主题音乐派对于每周五至周日的下午和夜晚举行，提振消费活力，促进湖滨商圈文商旅协同发展，为打造全国一流消费中心赋能。全年音乐派对演出115场。

【“杭州澳门周”活动】2021年3月26—29日，由澳门特别行政区政府经济财政司、杭州市政府港澳事务办公室、市文化广电旅游局及上城区政府共同主办的“杭州澳门周”活动在湖滨步行街举行。活动通过大型路展和特色演出等形式，全方位展现澳门多元丰富的旅游、商贸、文化、体育及娱乐等特色元素，展示澳门世界旅游休闲中心的丰富内涵，推动“旅游+会展”“旅游+文创”“旅游+电商”及“旅游+体育”等跨界融合。活动现场设置澳门世界盛事文化旅游区、澳门世界遗产和“非遗”文化区、体育盛事区、澳门制造及澳门品牌展区等主题区域，为市民游客打造一场“探索澳秘之旅”。主舞台每日开展夜光龙表演、醒狮表演、葡萄牙土风舞、奏唱、街舞、特色舞蹈、魔术秀、电子鼓等表演。现场设有旅游咨询处，方便提供旅游咨询服务，并设置集印章送礼环节，增加互动性，提升游客参与感、体验感。同期举办的“澳门风情美食节”从3月26日持续到4月11日。

（杨　斌）

2021年3月26—29日，“杭州澳门周”活动在湖滨步行街举行

（湖滨街道　供稿）

【湖滨智慧商圈入选首批省级示范智慧商圈】2021年12月31日，省商务厅公布浙江省首批省级示范智慧商圈名单，湖滨智慧商圈入选。湖滨智慧商圈形成以湖滨步行街为核心，解放路与延安路

为两翼的数字生态商业格局。商圈商业面积50万平方米，由湖滨银泰in77、湖滨88、工联CC（City Center）等商业综合体，以及杭州解百城市奥莱商城、衣之家百货（西湖时代广场店）等传统百货商场构成品牌多元化、特色化、差异化的商业体系。湖滨商圈按照便利化、智慧化、人性化、特色化、规范化“五化”要求，推进智慧商务、智慧设施、智慧环境、智慧服务、智慧营销、智慧管理六大场景应用创新，优化“平安一件事、畅行一件事、消费一件事”场景，建设湖滨智慧商圈。商圈配备智慧导视系统，通过交互式触摸屏互动操作可显示大数据推荐的商业设施，实时获取西湖游船班次、商圈美食排行榜等信息。依托数字驾驶舱大数据，对街区业态分布、人群画像、客源地等数据进行分析，为商圈综合体营销决策提供助力。完善“上城平台·湖滨街区治理”应用平台，通过汇集公安、交警、城管、交通等部门和系统数据，提升重要节假日商圈人流预测、预案决策、现场管理和疏散能力。基于湖滨综合管理平台建立智慧停车系统，整合街区内部及周边医院、企事业单位停车场29个，停车泊位5776个，通过城市大脑接入实时在线校准，实现“抬头见泊位”和“错峰潮汐停车”，实现湖滨步行街周边泊位周转率提升50%，缓解街区拥堵。实现5G网络、公共Wi-Fi“醉湖滨”、移动支付全覆盖；打造“商品监管云平台”，构建优质消费环境。打造智慧化运营平台，以蔚来汽车、知味观为代表的新零售品牌开展网上订货店内取货、线上线下互动体验等O2O新业态服务。打造智慧化无障碍街区，配置无障碍地图服务智能终端。联合湖滨商圈党群服务中心、红十字温馨驿站、新时代文明实践中心等，配备AED急救设施、医疗救助、旅游咨询、饮水休憩、手机充电等便民服务；推进罗森、全家等24小时便利店、深夜食堂与无人值守门店入驻，提供全天候购物服务。

（余慧芳　潘煜戈）

【湖滨银泰地下空间入选首届市地下空间优秀典范项目】2021年11月5日，市城乡建设委员会公布第一届杭州市地下空间优秀典范项目名单，湖滨银泰地下空间项目入选。湖滨银泰地下空间项目位于湖滨商圈，依托湖滨区域的整体提升改造工程，分5期滚动开发。地下空间工程包括3个停车场、4个地下商场、4条地下过街通道，3个地块地下部分整体打通，保证商业空间的完整性和步行网络的贯通性。引入AGV智能停车库，能快速将汽车停放到位，有效缓解核心区域停车难问题，降低路面交通压力。

（潘煜戈）

玉皇山南基金小镇

【概况】玉皇山南基金小镇位于玉皇山南地区及周边区块，东至姚江路，南至钱塘江，西至虎跑路，北至万松岭路及玉皇山。2021年，玉皇山南基金小镇全面推进小镇2.0版迭代升级，推动数字化改革，助力共同富裕典范城区建设。基金小镇连续第3年获评“全国最受欢迎基金小镇”，小镇企业敦和资产管理有限公司、永安国富资产管理有限公司均获评“中国私募基金综合实力50强（宏观对冲策略）”“最佳私募基金产品奖”，小镇财通证券投资者教育基地获中国证监会授牌。至年末，小镇入驻金融机构2344家，总资产管理规模11655亿元，全年实现税收31.76亿元，比2020年增长32.9%。全年接待参观团335批次、7056人次。年内，小镇先后被各类媒体报道100多次，其中，新华网等国家级媒体报道20多次，《浙江日报》等省级媒体报道20多次，市级及其他媒体报道50多次。小镇管理委员会联合党委获评杭州市先进基层党组织，小镇党群人才服务中心被列入全市党员干部培训教育基地。

【产业发展提质增效】 2021年，玉皇山南基金小镇引进多个优质项目，浙能股权投资基金、浙能科创基金、软银康健基金、国融证券浙江分公司、海湃创新产业基地暨上城区双创综合体、亿利达风机股份有限公司、浙江益祥明如控股有限公司、杭州云和泰丰投资管理合伙企业等顺利落地，进一步提升小镇产业发展的能级。其中，浙能股权投资基金的管理总规模超160亿元，已具备私募基金、私募股权、创业投资基金管理人资格；浙江益祥明如控股有限公司是集投资、咨询及国际贸易业务等业务于一体的综合金融服务商，当前境内资产管理资金规模达20亿元人民币，海外资产管理规模达5亿美元。

【小镇配套建设】 2021年，玉皇山南基金小镇有序规范推进园区各项建设。制定《杭州市玉皇山南基金小镇招商引资物业管理办法》，规范园区招商租赁流程。完成复兴路提升改造工程，缓解交通压力，有效改善周边居民的交通出行条件。启动尼龙山提升改造项目和樱桃山综合整治项目，谋划2.0版产业空间优化拓展，进一步提升小镇环境。完成深圳证券交易所浙江基地地面修复工程等为企服务项目8个。

【创投股权与私募基金份额报价转让平台建设】 2021年，玉皇山南基金小镇管理委员会以数字化改革为契机，推动小镇数智金融平台建设，持续升级小镇特色品牌内涵。年内，玉皇山南基金小镇成为区域性股权市场浙江创新试点（报价转让平台类别）唯一单位。小镇联合省股权交易中心，建设创投股权与私募基金份额报价转让平台。该平台助力打造资本市场普惠金融服务体系，推进全省数字化改革，通过创投报价平台拓展多元化直接融资服务渠道，以服务创投机构为切入口，将小镇打造成全国有影响力的科技创新中心，为上城区率先实现共同富裕提供内生动力。

玉皇山南基金小镇财通证券投资者教育基地（2021年）
（玉皇山南基金小镇管委会 供稿）

【财通证券投资者教育基地获中国证监会授牌】 2021年9月23日，由中国证监会主办的第四批全国证券期货投资者教育基地授牌仪式在北京举行。会上，玉皇山南基金小镇财通证券投资者教育基地被授牌。小镇财通证券投资者教育基地成为国家级投资者教育基地。该基地兼具投资者和管理人教育功能，是基金小镇金融风控链条的重要组成部分，为小镇金融服务平台优化提升、打造完整投资服务提供有力支撑，助力维护杭州金融安全及基金行业规范健康发展。

【金融企业服务实体经济】 2021年，玉皇山南基金小镇服务实体经济发展，扶持浙江华康药业股份有限公司等企业上市。小镇企业投向实体经济项目7770个，其中由小镇企业杭州凯泰资本管理有限公司投资的杭州医惠科技有限公司已为全国1000多家医院提供医疗信息化建设服务，是当前国内唯一能够给境外医院提供信息化服务的企业，投资静态年化收益率达185%。全年新增项目1768个，公司上市45家。加大对浙江山区26县的投资力度，至年末，小镇在其中18个区县中有投资项目74个。

（楼钟飞　齐向坤）

南宋皇城小镇

【概况】 南宋皇城小镇位于南宋临安城遗址核心保护区，以南宋皇城遗址和清河坊AAAA级景区为核心，北起西湖大道，南至宋城路，西接南山路，东抵建国南路，总规划面积3.1平方千米。小镇内留有南宋皇宫遗址、“三省六部”、太庙等南宋宫廷古迹10多处，有清河坊、南宋御街等开放式特色街区及南宋遗址陈列馆、紫阳书院、胡雪岩故居等文化旅游体验点40多个，有非遗项目近50项，并留存二十三坊、大井巷2处原生态市井，是国内南宋文化积淀最为深厚、保留最为完整的区域。南宋皇城小镇通过宋韵文化挖掘整合，串珠成链、整体推进，逐步带动发展“文商旅养”一体化的大旅游产业集群。2021年，小镇实现营业收入125.68亿元，税收4.87亿元，接待游客4050万人次。年内，小镇内清河坊历史街区获评首批国家级夜间文化和旅游消费集聚区、首批浙江省旅游休闲街区、首批宋韵杭式生活体验基地、2021年度杭州社会资源国际旅游示范访问点、杭州亚运人文体验点等荣誉。

（方　汇　潘煜戈）

【清河坊步行街智慧街区管理系统打造】 2021年3月，清波街道会同南宋皇城小镇管委会在清河坊步行街联合打造“清河坊智慧管理平台”。该平台分为资源、人流、商业、安防、活动五大模块，通过手机信号、消费数据、智慧安防设施设备等终端数据采集设备集成街区“智慧大脑”，动态掌握街区公共资源、物业房产、经营情况、人流数据等情况，包括街区394家企业商户信息数据，细化自有物业和社会物业的面积和出租率，以及社会零售总额和变化，各类业态的交易笔数、交易金额、支付方式等信息，为街区管理和业态产业升级提供数字依据。系统接入城市大脑，实时掌握周边空车泊位情况，有效缓解街区停车难问题。同步打造“清河坊导览”小程序，推出宋韵体验、百工千艺、中医国粹等六大游览路线，可为游客自动规划路线，提供云上讲解、自助游览服务，改善景区游客体验，助力街区经营消费升级、业态发展。

（蒋成杰）

【清河坊民间茶会】 2021年4月16—18日，第16届清河坊民间茶会系列活动在清河坊历史街区举行。茶会以“茶浓宋韵，品醉杭城”为主题，通过“聚水启茶”仪式启动开幕式。开幕式上，表演曲水流觞茶艺展示、宋词吟唱、古琴独奏等节目。开展新茶集活动，杭州月印池文化创意有限公司等15家企业进行茶叶、茶具展览销售。茶会开幕式借助“直播·清河坊”等专业团队的线上传播能力，通过网红走播、线上直播及传统媒体报道3种宣传形式，发扬南宋茶文化。茶会期间，举办茶艺表演、古琴表演、“猜茶迷”等活动，吸引15万人次参与。

【吴山庙会暨伍子胥祭祀大典】 2021年9月30日，“御见清河坊，宋韵最杭州”2021年吴山庙会暨伍子胥祭祀大典在伍公庙举行。活动以汉文化祭祀经验为依托，深挖南宋文化。祭祀大典在4名宋甲士鼓楼行礼并迎参祭领导至伍公庙后，由相关人员高

2021年9月30日，2021年吴山庙会暨伍子胥祭祀大典在伍公庙举行
（清波街道 供稿）

唱“辛丑年伍子胥大夫祭祀大典启始”，随后按流程进行祭祀。祭祀知识解读直播在清河坊历史街区的直播间同步进行，系该祭祀活动的首次网络直播，该直播同时在中国蓝客户端、“北高峰”App，浙江交通之声视频号、微博、抖音等平台播出。祭祀大典结束后，庙会活动启动，设有“清河坊宋韵·巡游”，打卡宋韵市集，观看宋韵瓦肆表演，体验吹玻璃、杭州泥人、草编棕编、定胜糕制作等传统非遗技艺展示等活动。其中在“清河坊宋韵·巡游”中，市民、游客在引导下按动线巡游，可欣赏九墙处名画复原图，并与匠心市集、匠心亭相关品牌商家、商铺作揖行礼，进行互动。（方　汇　潘煜戈）

2021年10月23日，第9届南宋斗茶会在清河坊历史街区举行
（清波街道 供稿）

【第9届南宋斗茶会】 2021年10月23日，第9届南宋斗茶会在清河坊历史街区举行。活动通过以小见大的表现方式，以点茶为交流平台，彰显宋韵文化，提升市民游客对南宋茶文化的了解。有104名斗茶选手参加斗茶会，分为学生组、教师组、社区组、机关组、企业组、家庭组、创新组和“美丽小茶人”8个组别。选手分别展示点茶、分茶技艺，评委通过对“点茶”“分茶”“滋味”3个方面进行综合评比与考量，为选手打分，决出一等奖15人、二等奖9人、三等奖20人、优秀奖60人。

【“流浪椅子新生计划”线下展览】 2021年11月27日，清波街道在鼓楼小广场举办宋韵主题“流浪椅子新生计划”线下展览。清波街道联合杭州良渚文化村开发有限公司，邀请中国美术学院的专家教授对废旧椅子进行设计创作。展览将南宋皇城根古韵与基层治理、治废环保等主题相结合，营造“先锋与古韵”的文化碰撞，展出作品10多件，将南宋园林、宋式生活元素融入展品创作，在多元包容的艺术创造中探讨城市景观营造、文化传承、生活美学、城市管理等理念，激发更多文化传承思路，扩展宋韵传承的群众基础。展览为期7天，吸引观众约

1500人次。

（蒋成杰）

杭港高端服务业示范区

【概况】杭港高端服务业示范区规划范围9.5平方千米，当前建设阶段3.6平方千米的重点建设区域为北起清江路、南至望江路、东抵之江路、西接贴沙河。2021年，望江街道围绕杭港高端服务业示范区发展定位，系统谋划产业布局和功能配套，坚持招强引优做大产业，全年引进亿元以上项目12个，新增亿元楼3幢，总部项目新增营业收入81.8亿元。“金融+科技”产业总产值突破50亿元，高端服务业税收贡献率达62%。融入“之江文化产业带上城发展极”建设，文化产业累计增加值3.1亿元，比2020年增长25.9%。坚持项目为王提升能级，8个“152”省市县长工程项目加速推进，全年固定资产投资达94亿元，新增近江科技大厦等优质产业空间10万平方米，发展环境和平台能级持续跃升。成功承办由香港特区政府主办的亚洲金融论坛杭州分会场，促进杭、港、沪三地企业和人才深度交流合作。引进全球排名前五的世界级图形学专家等海内外人才65人，新增国家级高新技术企业10家，省级科技型中小企业21家，发明专利87件。

资料

“152”省市县长工程项目：全省各级政府、各有关单位负责人牵头谋划招引重大项目，相关领导每年牵头谋划推进总投资分别为100亿元、50亿元、20亿元的重大产业项目。

（李晓莺）

【始版桥未来社区多项目开工】2021年6月23日，上城区举行重大项目集中签约、开工仪式，永安国富总部金融大厦（始版桥未来社区3号地块）、始版桥未来中心（始版桥未来社区1～2号地块）、娃哈哈文化中心（始版桥未来社区6号地块）等组成的总部集群位列其中。永安国富总部金融大厦占地面积8466.67平方米，总建筑面积6.54万平方米，其中地上建筑面积4.23万平方米、地下建筑面积2.31万平方米。项目建成后，将逐步形成期货中心和资本管理中心。始版桥未来中心总建筑面积约30万平方米，其中地上建筑面积21万平方米、地下建筑面积9万平方米。该项目结合始版桥未来社区建设，围绕人本化、生态化、数字化要求，打造未来场景办公空间样板，建设“未来创客厅”、高端人才集聚空间。娃哈哈文化中心建筑面积4.6万平方米，其中地上建筑面积1.5万平方米、地下建筑面积3.1万平方米。该项目依托望江新城和始版桥未来社区规划布局，打造集文化、服务设施于一体的综合性文化活动中心。

（汤李郁）

【亚洲金融论坛杭州分会场暨杭港两地青年企业家交流座谈会】2021年1月18—19日，由香港特区政府及香港贸易发展局共同主办，区工商联、杭港高端服务业示范区办公室、市青年联合会、市青年企业家协会、望江街道承办的第14届亚洲金融论坛“重塑世界新格局”杭州分会场暨杭港两地青年企业家交流座谈会活动在始版桥未来社区展示馆举行。论坛通过剖析全球最新经济格局，用新思维寻求克服挑战的最佳方案。座谈会上，上城区与香港贸易发展局及浙江代表处围绕“提升服务业国际化水平，打造杭港国际高端服务业集聚区”，组织来自杭港两地的青年企业家就“如何抓住机遇，做好发展规划及发展创新，融入国内大循环和国际国内双循环”话题进行面对面沟通交流。区工商联、杭港高端服务业示范区办公室、市青年联合会、香港菁英会、浙江青年创业学院、上城区新生代企业家联合会、杭港驿站等有关部门出席座谈会。活动全程通过“企推推”民企云上之家线上平台进行直播，中国商务新闻网、《香港文汇报》、香港点新闻、杭+新闻、杭州电视台等杭港两地媒体对该活动进行报道。

（李晓莺　黎　颖）

电子机械功能区

【概况】 区电子机械功能区管辖范围分为两处，其中一处东至余杭区良渚街道园中河，南至拱墅区祥符街道新文社区、上城科技工业基地界线和拱墅区、余杭区界，西至西塘河，北至拱墅区、余杭区界和通运路；另一处东至北软路，南至浙大网新智慧立方园区，西至上祥路，北至祥运路。2021年，区电子机械功能区推动功能区招商引资、招才引智“双招双引”与企业转型，进一步打造上城创业创新的重要平台。重点围绕高新技术产业，全年功能区新注册企业194家，累计1392家，实际在园区办公企业580家，实现技工贸（技术、工业、贸易）总收入116.82亿元，比2020年增长9.6%，税收收入5.02亿元。年内，区电子机械功能区获评浙江省小微企业集聚发展优秀平台。12月，区电子机械功能区与原钱塘智慧城合并，成立新钱塘智慧城。

【双招双引】 2021年，区电子机械功能区贯彻区“一盘棋”理念，突破空间资源瓶颈，与全区14个街道和钱塘智慧城通力协作、共享资源，外出开展招商活动55次，通过合作盯引的方式，引进5个“大好高（规模大、质量好、高层次）”和“专精特新”项目，提升“双招双引”效率和能级。全年落地步长制药数字医疗公司等总部项目4个，杭州瑞宏新材料有限公司等亿元项目16个，实到外资1600万美元，其中高技术外资647万美元。引进的“MEMS流量传感器及其芯片研发和生产”项目代表上城区重点人才项目，在2021杭州国际人才交流与项目合作大会上签约。引进浙江大学信息与电子工程学院教授李尔平，作为海内外高层次人才入选上城区“金靴奔跑”创业项目；享受国务院政府特殊津贴、杭州电子科技大学教授王茂法的基于无人平台的海洋仪器声学电子项目落地，成立杭州星海聚鸣科技有限公司。

【园区企业转型升级】 2021年，区电子机械功能区持续推进“凤凰行动”计划，加快企业技术创新、数字化改革和转型升级工作，打造主导产业突出、优质企业集聚、高端要素集成的创新型、数字化、绿色化园区。杭州柯林电气股份有限公司、杭州安旭生物科技股份有限公司先后在上海证券交易所科创板上市，杭州华塑科技股份有限公司提交创业板注册申请，浙江双元科技股份有限公司处于上市辅导期。全年新增浙江高泰昊能科技有限公司等省级研发中心2个，杭州芯影科技有限公司等市级研发中心3个，杭州缥缈峰科技有限公司等市级“雏鹰计划”6家，杭州高拓信息科技有限公司等省级科技型中小企业44家，浙江博世华环保科技有限公司等浙江省知识产权示范企业4家。杭州华塑科技股份有限公司入选杭州市“数字化车间”，杭州海兴电力科技股份有限公司入选杭州市“智能工厂”。

【创联汇数字化转型超市】 2021年，区电子机械功能区为促进制造业转型升级，持续建设上城数智园区——创联汇数字化转型超市。创联汇数字化转型超市是一个数字化转型综合平台，主要为企业提供数字化在线研发、工业4.0数字化在线柔性生产、数字化转型咨询，以及数字化固废处理等服务，推进企业数字化转型，助力企业打造未来工厂。3月，该平台建成使用。6月，创联汇数字化转型超市入选市数字经济门户第一批“5个特色创新应用”，通过市经济和信息化局、市数据资源管理局评审，纳入市数字化改革数字经济系统“一本账”。

【功能区环境优化】 2021年，区电子机械功能区全面推进“区域环评+环境标准”改革工作，严把环保关，杜绝高能耗、高污染、高排放企业入驻，从源头预防环境污染和生态破坏，促进功能区经济和环境可持续发展。不定期对企业开展建筑工地、员工宿舍、消防、危化品、特种设备、职业病防治等专项检查，清查各领域风险点1400多个，全年无重大安全生产事故发生。落实功能区“污水零直排”工作，委托专业第三方公司完成33家主体企业的排查，建立电子档案“线上督导+线下培训”的管理办法，开展宣传，对杭州绿盛集团有限公司、浙江001集团、杭州新业大厦内基础设施陈旧的雨污管网进行重新铺设和污水改管，提前7个月完成市级考核任务。6月，完成祥宏路、大洋坝路联网路工程，以及西塘路整治和党群人才服务中心无障碍改建工程。12月，完成上园北路和祥园中路人行道整治1.3万平方米，行道树修剪250株，雨水管线疏浚100米。（李　岚）

杭州钱塘智慧城

【概况】 钱塘智慧城东与钱塘区交界，南接钱塘江，西至德胜路、红普路、三福路，北与临平区交界。2021年，钱塘智慧城贯彻新制造业和数字经济“双轮驱动”发展要求，提升平台能级，为全面建设独具韵味的国际化现代化共同富裕典范城区贡献力量。全年财政总收入43.4亿元，其中经常性收入38.4亿元。有产税企业6000多家，其中税收1亿元以上企业5家、税收5000万元以上企业12家、税收超1000万元以上企业67家。拥有创智绿谷发展中心、浙江清华长三角研究院杭州分院、浙江省国家大学科技园、东方电子商务园、新禾联创数字时尚产业园、东谷创业园等重点平台。拥有境内外上市企业4家，分别是杭州巨星科技股份有限公司、浙江华铁应急设备科技股份有限公司、杭州嘉楠耘智信息科技有限公司、杭州平治信息技术股份有限公司；有（准）独角兽”企业6家、国家高新技术企业154家。

【“中国新服妆超级供应链基地”启动】 2021年3月24日，“中国新服妆超级供应链基地”在钱塘智慧城启动。启动仪式上，企业杭州意芙实业有限公司、杭州欧诗漫电子商务有限公司作为智慧城企业代表发言，财经作家吴晓波围绕“新国货供应链”，以“2021：我们在哪里，我们去哪里”为主题做主旨演讲。钱塘智慧城与宁波博洋控股集团有限公司等服装类、高优逸（杭州）商贸有限公司和中国黄金集团有限公司等美妆饰品类、立昂云数字科技产业园等基地和浙江银河众星信息技术有限公司等MCN机构进行战略合作签约。

【“新制造业计划”存量工业企业提升改造项目开工】 2021年，钱塘智慧城管委会以“新制造业计划”为导向，深化“亩均论英雄”改革，推进存量工业用地提升改造。4月7日，浙江东杭控股集团有限公司（艮北新区单元JG1601-M1-31地块）领取施工许可证，钱塘智慧城首个“新制造业计划”存量工业企业提升改造项目开工。

【丰收湖板块合宗地块出让】 2021年，钱塘智慧城加快产城融合脚步，推动丰收湖板块及周边地区开发建设。5月7日，杭州市数字商贸城单元JG1801-R21/B-01地块、JG1801-R21/B-02地块、JG1801-R21/B-03地块、JG1801-B1/B2-05地块经过

78轮出价，以52.53亿元被杭州旭卓置业有限公司（龙湖）竞得。成交地块位于丰收湖板块核心区，出让面积14.36万平方米，折合楼面地价14776元/平方米，溢价率29.93%，自持19%。该地块计划总投资约50亿元，对标未来社区、区域消费中心，打造“商业综合体+高端酒店+总部办公+创新社区”。

【“巢凤计划”开营】 2021年5月14日，钱塘智慧城管委会联合杭州赛圣谷孵化器管理有限公司在省国家大学科技园举行2021年“巢凤计划”开营仪式。活动现场，浙江大学经济学教授、省区域经济促进会副会长王坚平发表题为《新常态下中国当前宏观经济形势与科创企业发展之路》的演讲。实战特训营以“培养创业实战能力，高端资源上门服务”为宗旨，融“创业实战、提升课程、上门诊断、导师私教、贴身辅导、资本助力”于一体，为学员企业配齐创业所需的资本对接、人力资源、法律法务、知识产权、财务财税等要素资源，为优质人才企业量身定制创业精英培育服务，全方位助力企业步入发展快车道。至年末，“巢凤计划”有序开展全能创业实战课、大咖私局、导师微咨询、名企独角兽参访、重点行业高端路演等活动18场，累计服务全区创业人才500多人次。

【杭州抖音电商直播基地落户】 2021年6月3日，杭州抖音电商直播基地落户钱塘智慧城。该基地为综合服饰家纺抖音电商直播基地，拥有100多个直播间，各大品牌可以自己开展直播，也可通过基地平台，链接更多优质直播达人，设有裸眼3D沉浸式秀场，商家可通过T台走秀的方式直播发布新品。其共享空间兼顾达人培训、选品中心、商家达人洽谈等功能。该基地通过专业化的线下空间与运营服务，联动平台、消费者、主播、企业、机构共同创造多维消费场景，带动更多传统服装家纺类企业完成直播“触网”。至年末，基地有近500家商家完成合作签约。

【首单定向债务融资工具（PPN）发行】 2021年，钱塘智慧城主动把握资本市场脉搏，运用先前发债经验与成果，拓展银行间市场融资渠道。8月13日，杭州钱塘智慧城投资开发有限公司成功发行21智城开发PPN001（债券代码为032100864）。该债券是上城区首单定向债务融资工具（PPN），该债券募集资金6.8亿元，期限为3年期，主体信用评级AA，票面利率3.58%，创全国历史以来同级别同期限无担保PPN最低发行利率，低于原银行贷款利率162个基点，预计年节约成本1100多万元。

【亚马逊全球开店亚洲首个卖家培训中心落户】 2021年9月17日，亚马逊全球开店在亚洲的首个综合性卖家培训中心启动并落户钱塘智慧城。该培训中心计划占地1000多平方米，配备可容纳400多人的多功能培训教室、搭载专业直播系统的演播厅及开放式协作空间，支持举办线上和线下培训活动，打造沉浸式互动直播和卖家培训体验。推出涵盖官方微信、官方直播、卖家大学和官方讲堂四大培训项目和运营实操、政策合规、品牌建设、高管交流四大课程模块的培训体系，培训内容覆盖卖家发展的全生命周期，满足不同发展阶段、类型、规模卖家的学习需求，为亚太区卖家提供“一站式”培训服务，促进亚太区跨境电商专业人才的培育和储备，推动出口跨境电商行业可持续发展。

（林鹏飞）

【杭州东城外国语实验学校竣工】 2021年，上城区完善区域内义务教育体系，解决区域入学难问题。9月30日，位于艮北新区单元JG1601-A33/S42-12地块的杭州东城外国语实验学校在施工、监理、设计、勘察、建设5个方面通过竣工验收。该项目于2019年9月28日开工，用地面积38234平方米，总建筑面积55963.5平方米，其中，地上建筑面积37352.7平方米、地下建筑面积18610.8平方米。建设内容包含综合教学楼、图书馆、体艺馆、操场、看台、垃圾房、电力开闭所等。配备机动停车泊位296个，其中地面7个、地下289个（含社会公共停车位110个、无障碍车位8个）；非机动车位557个，其中地面237个（含公共自行车停放位21个）、地下320个。

（李　鹏）

钱江新城

【概况】 钱江新城位于上城区西南部，钱塘江北岸，一期所辖范围东临钱塘江，南靠复兴地区，西依秋涛路，北至钱塘江二桥、艮山西路，占地面积约15.8平方千米；二期范围西至杭甬高速，东靠和睦港，北至艮山东路，南临钱塘江，占地面积5.2平方千米。2021年，市钱江新城管委会（市拥江办）围绕“十四五”规划重点工作，深化钱江新城核心区建设管理、钱塘江诗路文化带建设任务，不断完善钱塘江综合保护制度体系。统筹推进“拥江发展”行动，协同完成“拥江发展”年度重点工作173项；推进政府投资项目竣工决算专项治理工作，推动工程项目结算25项，审结率达91%。按期完成751千米钱塘江绿道主线建设。

杭州东城外国语实验学校（2021年）　　（上城城发集团 供稿）

【核心区品质提升研究】 2021年，市钱江新城管委会（市拥江办）以2022年第19届亚运会为契机，组织市城市规划设计研究院和上海现代城市更新研究院对4.02平方千米的钱江新城核心区进行专题研究，策划提升策略和行动计划，谋划区域功能与形象的品质飞跃，为全面更新改造提升奠定基础。

【“七一”主题灯光秀】 2021年6月27日，市钱江新城管委会（市拥江办）以“奋斗百年路，启航新征程”为主题，推出庆祝中国共产党成立100周年“七一”灯光秀。该灯光秀系统展现中国共产党成立、发展的辉煌历程，以及中国共产党领导中国人民在政治、经济、文化、科技、体育等方面取得的巨大成就，并融入浙江、杭州的发展变化和地方文化特色。该灯光秀被中央电视台《新闻联播》《东方时空》等主流新闻栏目播出。

【民生工程建设推进】 2021年，市钱江新城管委会（市拥江办）加快推进安置房项目建设，总建筑面积超过20万平方米。至年末，景芳三堡单元JG1202-29地块、JG1202-33地块安置房项目全部实现结顶；三叉社区项目安置回迁工作探索将安置房配套车位一次性打包移交属地管理模式，解决车位管理混乱问题。推进凯旋单元FG20-R21-14地块3.5平方米公租房建设，地下室施工转入主体施工阶段。推进采东路延伸段、钱江苑一/三号支路、核心区地下通道（连廊）等市政配套工程建设，完成年度投资8.3亿元。

【博奥隧道建成通车】 2021年8月28日，博奥隧道建成通车。该隧道位于钱江三桥和庆春路过江隧道之间，连通钱江新城、奥体博览城和钱江世纪城，北起钱江新城新业路与富春路交叉口，南至钱江世纪城博奥路与平澜路交叉口。隧道全长约2800米，其中，隧道建筑长度（含敞开段）为2425米，东线盾构段长1679米，西线盾构段长1679.9米，明挖暗埋段379米，敞开段325米。隧道为双向四车道，设计行车速度60千米/小时。

【钱塘江绿道主线贯通】 2021年，市钱江新城管委会（市拥江办）以2022年第19届亚运会筹备为契机，结合“绿道建设三年行动计划”，通过加强区域协作共建、优化功能服务等举措，实现751千米钱塘江绿道主线全线贯通。该绿道成为全省首个完全贯通的城市主要水系绿道，是全国已建成的最长沿江（河）连续绿道。

【钱塘江诗路文化带建设】 2021年，市钱江新城管委会（市拥江办）推进钱塘江诗路文化带建设。开展钱塘江文化研究，出版《钱塘江文献集成——钱塘江绘画史料》，完成《钱塘江通史》（4册）和《钱塘江诗词文化带发展与实施策略研究及文化场景策划（成果稿）》。5月30日，联合市文联、市诗词楹联学会举办庆祝中国共产党成立100周年——杭州市首届“拥江杯”诗文吟诵大赛。大赛经过初赛、复赛，选拔出47名参赛选手依次登台表演，通过不同类型的吟诵腔调，展示庆祝中国共产党成立100周年原创诗词、“红色经典”诗词和传统古诗文。

（刘　佳）

博奥隧道（2021年）　（市钱江新城管委会 供稿）

小营智慧健康产业园

【概况】 小营智慧健康产业园东至东河、西至中河路、北至庆春路，向南延伸至城站大商圈和五柳巷历史街区。该园区以方谷园区域及解放路暄泽大厦为核心，打造健康产业园区总部及健康产业展示中心；从西湖大道到城站火车站，以丰平健康产业中心为核心，链接专科医院和第三方诊断机构为基础，形成高端医疗产业聚集区，发展成为健康领域的双创空间；以五柳巷总面积1万多平方米的中医药板块为核心，打造以中医养生、理疗、高端康复护理为主的传统中医养生区。2021年，小营智慧健康产业园制定《小营智慧健康产业园管理委员会管理办法》，优化产业定位，在原有基础上探索“一圆心三区域”产业空间格局，重点围绕城站商圈、解放路、方谷园、五柳巷等区域做好健康产业“大文章”，探索“联动发展、产业融合”新路径，推进形成融合型产业新坐标。秉持“以点带面，以面带全”工作理念，系统谋划“楼宇—企业—税收”协同发展机制。优化资源匹配度，逐步建立起辖区404家30万元以上税源企业信息库和27幢楼宇物业信息库。借助省市属国有企业、金融商贸、医疗资源集聚优势，先后与浙江大学医学院附属第一医院、杭州联合农村商业银行股份有限公司、广宇集团股份有限公司等近10家重点企事业单位签订战略合作协议，共同推进产业园发展，其中广宇集团健康总部大楼等重点项目正在稳步推进。全年招引健康类企业76家，走访辖区健康类企业345家（次），服务企业1200多家（次），新认定健康类人才31人。至年末，产业园健康相关类企业规模增至763家。

（毛 雯 王 芹）

【医疗资源导入】 2021年，上城区利用浙江大学医学院附属第二医院眼科中心优势，加强小营智慧健康产业园的内涵提升，引进浙江广济眼科医院落户小营智慧健康产业园。浙江广济眼科医院位于上城区外海西湖国贸大厦裙楼，建筑面积42531.16平方米（业务用户面积3万平方米），开展以眼科为主的诊疗业务，于8月对外开展医疗服务。

（仲 玥）

【健康产业平台有机更新】 2021年，小营智慧健康产业园优化营商环境，加速健康产业平台有机更新。稳步推进重点工程——暄泽大厦建设工程进度，试点推进新东方大厦、航天通信大楼等产权明晰、体量较大的商务楼宇开展腾笼换鸟，联动楼宇运营方提前做好产业布局，重点做好精准医疗、生物医药、中医养生、康复养老、总部研发五大领域企业的招引服务工作。全流程参与前期平台对接、中期楼宇更新、后期企业招引，努力提升楼宇品质，联系区外企业回迁办公。全年完成63个项目，招引人才31人。年内，丰平精准医疗创新服务中心引进和建立相关研发中心，为海归创业者提供全过程、全阶段的育林式全程创业创新服务。浙江大学医学院附属第二医院眼科中心、浙江大学眼科医院新院区开放门诊。

（王 芹）

经济贸易与区域合作

经济贸易

【概况】 2021年，上城区利用国内、国际两个市场、两种资源，扩大对内、对外贸易便利化合作，推动内外贸一体化发展，激活双循环发展引擎。区商务局开展“三服务”活动，推动数字化改革、服务贸易产业生态创新优化。全年全区货物进出口总额633.08亿元，比2020年增长11.3%。其中，出口总额361.8亿元，增长19.8%；进口总额271.28亿元，增长1.6%。全区服务贸易出口总额20.29亿美元，增长7.6%。

【跨境电商产业链】 2021年，区商务局规范提升跨境电商运营机制，推动跨境电商产业发展。中国（杭州）跨境电子商务综合试验区上城园区引进杭州张氏通和鞋业有限公司、浙江摇滚公鸡品牌管理有限公司等跨境电商及品牌运营企业，杭州华智传媒有限公司被中国（杭州）跨境电子商务综合试验区建设领导小组办公室认定为2021年杭州跨境电商人才社会培训基地。杭州佳成国际物流股份有限公司的比利时仓被确定为2021年省级公共海外仓（第六批）。至年末，杭州佳成国际物流股份有限公司、杭州伯恒进出口有限公司、浙江新洲国际贸易有限公司3家企业在英国、美国、德国、日本、比利时等国家设立公共海外仓，总面积超6万平方米，均已入驻“海外仓服务在线”平台，服务企业超过700家。

【“三服务”活动】 2021年，区商务局开展宣传、引导及在线专题培训50多场，组织久祺股份有限公司等80多家企业参加浙江出口网上交易会、中国进出口商品交易会（广交会）、中东欧博览会、“海外杭州”展会等展会200多场，帮助企业拓市场增份额。杭州万事利丝绸文化股份有限公司等3家企业在第4届中国国际进口博览会展出，其中杭州高浪控股股份有限公司与日本美妆品牌Bb LABORATORIES签订20亿元品牌战略合作协议。区商务局指导杭州海兴电力科技股份有限公司等5家企业申报商务部牵头的大型骨干外贸企业认定，帮助辖区杭州安旭生物科技股份有限公司等40多家企业申报进入中国医药保健品进出口商会白名单、浙江省外贸出口企业货运白名单和浙江省跨境电商金融帮扶等白名单，缓解国际物流受阻问题，规范医疗物资出口。协助杭州巨星科技股份有限公司对接钱江海关，解决该公司越南生产基地边角料回运国内事宜，将其涉及产品加入海关相关目录，畅通进口渠道。全年区商务局走访调研企业200多家（次），帮助协调解决问题200多个。6月，《上城区精准发力推动外贸快速增长》案例入选全省“三服务”活动月度十个好典型（《浙江信息（督查通报）第7期》）。

【全国首个知识产权对外贸易预警点落户上城】 2021年，上城区推进市场风险防范预警，加强对外贸易预警点体系建设，推动知识产权对外贸易预警点落户上城区，辖区企业杭州拾贝知识产权服务有限公司被正式授牌浙江省对外贸易预警点。杭州拾贝知识产权服务有限公司是一家提供知识产权确权及分析布局、风险监控、纠纷处理、运营转化的综合性知识产权服务机构，自2015年成立后，公司服务客户超20万家，入驻合作机构超300家，合作行业组织40多家。该公司研发的拾贝网互联网知识产权保护平台（ipsebe.com）是依托大数据、人工智能、区块链等技术，集知识产权智慧申报、智慧监测、跨平台打击侵权假冒等功能于一体的互联网知识产权保护平台。该平台通过构建知识产权社会共治立体保护体系，以立体保护为抓手，推动产业知识产权分析布局、授权许可及转化、交易并购、产业化运营及产业园区运营。至年末，区商务局发布各种预警信息和对外贸易预警信息报告243篇，上报预警分析、季度分析报告等16篇，举办有关对外贸易知识产权相关培训、讲座17场，排查贸易摩擦案件12宗（涉及企业29家，涉案企业1家）。

2021年10月15日，浙江凌迪数字科技有限公司参加中国进出口商品交易会 （区商务局 供稿）

【内外贸一体化发展】 2021年，上城区推进内外贸一体化工作，助力构建双循环发展格局。全年全区新增进出口实绩企业184家、进出口经营权备案登记企业321家。向“一带一路”及《区域全面经济伙伴关系协定》（RCEP）成员国等15个国家出口40.58亿元，比2020年增长44.8%。通过加入环球市场、好订单、阿里巴巴、国贸云商畅购天下等电商平台及外贸快车、Biz Pal和云上广交会等平台建立网络销售渠道，开展境内外B2C业务，加快发展跨境电子商务出口业务。杭州艾柯赛斯品牌管理有限公司、浙江同富特美刻股份有限公司及浙江省纺织品进出口集团有限公司等6家企业获评全省内外贸一体化“领跑者”企业。杭州巨星科技股份有限公司的WORKPRO、久祺股份有限公司的HILAND、浙江同富特美刻家居用品股份有限公司的BOTTLE BOTTLE、浙江爱斯基摩人科技有限公司的Easeland和杭州星阳商贸有限公司的TEKAMON获评2021年度浙江跨境电商出口知名品牌，杭州有数金融信息服务有限公司、物产中大云商有限公司、杭州今元标矩科技有限公司和浙江有数数字科技有限公司4家企业入选2020年度浙江省数字贸易百强榜，杭州安旭生物科技股份有限公司和杭州海兴电力科技股份有限公司分别被评为“浙江出口名牌”“杭州出口名牌”。

【服务贸易】 2021年，上城区顺应数字化改革，融入市服务贸易创新发展试点工作，探索跨境电商、大数据、人工智能等领域新业态，推动全区服务贸易发展和数字化转型。在设计研发方面，区准独角兽企业——浙江凌迪数字科技有限公司打造服装设计软件Style3D数字化服务平台，该平台通过服装3D建模技术，为中小服装企业提供3D设计工具、协同工作系统和供应链交付等产品与服务，通过交付企业授权账号的形式收取费用，已向马来西亚等国家和地区进行出口及销售6000万元。在医疗领域，杭州湖西云百生科技有限公司以人工智能技术为核心，研发全自动鼻咽拭子采样机器人，研发收入90万元。杭州联众医疗科技股份有限公司通过以诊断级影像云为核心的智慧医疗综合解决方案，实现在线精准诊断和远程会诊，该服务覆盖中亚、东南亚等区域。上城区注重发挥品牌园区和企业的示范引领作用，浙江省中医院中医药服务进出口基地被认定为浙江省服务贸易发展示范型基地，浙江国贸集团东方机电工程股份有限公司和杭州一九零五文化传媒有限公司分别被认定为2021年杭州市服务贸易示范企业、成长型企业。至此，全区建有东方电子商务园市级服务贸易示范园区、杭州巨星科技股份有限公司等7家示范企业及杭州同富云商科技有限公司等7家成长型企业。

2021年9月4日，全球首台全自动鼻咽拭子采样机器人亮相中国国际服务贸易交易会（区商务局 供稿）

【“一链维权”场景入选省数字经济系统数字贸易子系统应用场景先行示范点】 2021年，上城区推动数字化改革示范引领，加快国际贸易领域数字应用场景开发。从提高企业的品牌保护和维权意识出发，区商务局牵头开发“一链维权——国际贸易中知识产权互联网应用场景”系统。9月1日，“一链维权”场景被省商务厅确定为数字经济系统数字贸易子系统第三批应用场景先行示范点。该场景主要应用于国际贸易中知识产权互联网服务，针对货物出口各环节，建设外贸预警确权、侵权过程管理、贸易纠纷救济三大功能。从外贸出口前的预警、外贸业务开展中侵权到成交后的贸易纠纷处理，从咨询到一键知识产权备案和商标专利的注册，提供全链条知识产权保护。（余慧芳）

招商引资

【概况】 2021年，上城区锚定“全国楼宇经济标杆城区”

目标，探索楼宇“平方效益”改革，在推动楼宇经济高质量发展上创新突破、先行先试，为高水平打造“五个新高地”、建设独具韵味的国际化现代化共同富裕典范城区注入活力。全区竣工商务楼宇超过250幢，总建筑面积超过1900万平方米，全区实现楼宇税收152亿元，区级亿元楼宇38幢。在招商引资方面完成亿元以上服务业项目落地165个，列全市第1位。引进总部类项目（含功能性总部）94个。

【楼宇经济】 2021年，上城区推出楼宇标准，开展全省首个依据地方标准进行的楼宇等级评定项目，评选出最具品质的23幢楼宇符合该标准。8月27日，上城区与上海市黄浦区等6个中心城区组建成立长三角主要城市中心城区高质量发展联盟，签署《长三角商务楼宇等级评定标准项目合作协议》，长三角楼宇标准一体化正式启动，同时启动“楼宇经济成果发布”专项行动，将楼宇经济“上城经验”打造成长三角高质量一体化发展的“创新案例”。9月7日，在由商务部、北京市政府共同主办的中国国际服务贸易交易会上，上城区获评“2021服贸会·中国楼宇经济北京论坛”全国首批、省内唯一的“中国楼宇经济高质量发展标杆范例”。10月20日，在长三角中心城区高质量发展论坛上，上城区作“首推楼宇经济‘杭州标准’打造楼宇经济标杆范例”主题分享，向长三角输出楼宇经济“上城经验”。

【重大项目签约】 2021年，上城区举办重大项目集中签约仪式2次，签约项目74个。6月23日，第一次重大项目集中签约仪式举行，集中签约项目35个，总投资190亿余元。签约项目涉及中央企业、跨国公司、民营企业500强、“独角兽”等总部项目，以及海内外双博士人才重点项目，涵盖金融服务、数字经济、新消费等产业，其中至朗科技中国区总部项目是以英国帝国理工大学博士Seb为核心的技术研发团队，自主研发传感器芯片，加工成微流量传感器。10月28日，第二次重大项目集中签约仪式举行，签约项目39个，总投资221.32亿元，其中上台签约17个，总投资173.5亿元。签约项目涉及功能性、区域性总部项目及金融服务、建筑新制造，数字科技等产业代表性项目，其中特雷西全国总部项目主要核心业务是大数据驱动下的油气藏高精度地质建模—数值模拟—智能油藏整体解决方案供应商，产品是油气藏模拟软件和技术服务。

【敲门招商行动】 2021年，区投资促进局联动14个街道（平台）组成小分队分别到北京、上海、深圳等10多个城市开展“敲门招商行动”1112次，走访中央电视台视听新媒体中心、中国石化化工销售有限公司、京东方科技集团股份有限公司、美年大健康产业（集团）有限公司等龙头企业。区领导会同市投资促进局及区投资促进局、玉皇山南基金小镇等相关负责人到北京分别走访美国世强律师事务所驻北京代表处、中科院资本管理有限公司、高盛工银理财有限责任公司、爱德蒙罗斯柴尔德中国私募股权基金等国际高端生产性服务业企业，实时跟进企业需求动态，助力企业落地上城。

【两大高端服务业项目落地上城】 2021年，世邦魏理仕（上海）管理咨询有限公司杭州分公司和野村东方国际证券有限公司浙江分公司落地上城。世邦魏理仕和野村东方国际证券有限公司作为全球性的商业地产服务投资公司和首批获准设立的外资控股证券公司，为扩大长三角市场规模，分别在上城区设立咨询板块区域总部，重点围绕产业新城、城市更新等领域的战略咨询，财富科技型企业及高端服务业企业招引的全球租户管理业务和资本市场等板块开展业务，为打造杭州高端服务业中心提供强力支撑。

【“云招商”】 2021年，区投资促进局开展线上视频“云招商”，以视频形式接洽中央企业中国通用集团、浙大邵逸夫医院微器械中心、讯酷科技等项目。12月16日，区投资促进局、采荷街道、上城城发集团联动开启招商“云推荐”模式。“云推荐”针对当前拟出让地块邀请10多家意向单位参与，向企业介绍地块指标、出让条件、招商要求等核心信息，并在线解答企业关心的相关问题。

【高优逸（杭州）商贸有限公司落地上城】 2021年1月20日，高优逸（杭州）商贸有限公司落地上城。该公司由英国联合利华集团与钱塘智慧城企业杭州高浪控股股份有限公司合作设立，落地钱塘智慧城，注册资金2000万元，是世界500强联合利华高端美妆部门成立的首个合资项目，旨在通过整合双方优势资源，为中国消费者带来更优质的美妆产品，打造联合利华中国高端美妆中心，专注孵化高端美妆品牌，提供生活美容服务。

【浙文影业集团股份有限公司落户上城】 2021年3月6日，浙文影业集团股份有限公司迁入上城区清波街道，注册资金11.61亿元，成为上城区新增上市企业。该公司主营广播电视节目制作经营、电影放映，全力推动建设浙江影视新军、影视文化创新中心和影视产业高质量发展基地，担负起浙江省委、省政府“文化浙江建设”和“万亿文化产业工程”的主力军责任。

【昶扬（杭州）文化传媒有限公司落户上城】 2021年7月14日，昶扬（杭州）文化传媒有限公司完成注册，落地彭埠街道，注册资金300万元。该公司主营电影摄制服务、文艺创作、个人互联网直播服务；文化场馆管理服务、体育健康服务、体育中介代理服务、组织体育表演活动、文化娱乐经纪人服务、体育经纪人服务、组织文化艺术交流活动、娱乐性展览；公园、景区小型设施娱乐活动等业务。

2021年7月26日，小鹏汽车品牌旗舰店落址湖滨步行街

（区投资促进局 供稿）

【小鹏汽车品牌旗舰店落户上城】 2021年7月26日，小鹏汽车品牌旗舰店落址湖滨步行街。该旗舰店（杭州鹏行汽车销售服务有限公司）注册资金1亿元，是继上海南京西路和北京三里屯之后在全国顶级商圈打造的第3家旗舰店，面积500平方米。小鹏汽车区域销售总部公司随旗舰店同步落地。

（赵琦慧）

对口帮扶与区域合作

【概况】 2021年，上城区助力巩固拓展脱贫攻坚成果，区财政拨付四川省甘孜藏族自治州雅江县、广元市剑阁县帮扶资金8519万元，消费帮扶金额6.02亿元，社会力量投入帮扶资金697.97万元。多次召开全区消费帮扶工作会议，发动部门、街道、企业、行业协会、社会各界爱心人士积极参与消费帮扶。与雅江县、剑阁县签订《消费帮扶合作协议》，探索规模化、可持续的消费帮扶新方向，围绕“线上线下”深化消费帮扶，不断拓宽产销对接渠道，帮助两地优质农产品销往浙江杭州。发挥上城区与雅江县、剑阁县的镇街、村企、学校、医院及社会组织的结对优势，基本实现帮扶领域全覆盖。至年末，全区有10所学校、8家医院与雅江、剑阁两地的医院、学校开展结对帮扶，22家企业与两地开展村企结对。年内，上城区与衢州市开化县、杭州市淳安县开展山海协作及区县协作，推进乡村振兴示范点建设，落实山海协作资金495万元、区县协作资金3700万元（含镇街结对资金700万元）。开展同吉林省长春市朝阳区、二道区的对口合作，推进人才项目合作，推动产业协同发展。

【人才支援】2021年，上城区选派浙江省杭州第六中学教师王龙、四季青街道社区卫生服务中心工作人员方志群等24名专技人才分别到雅江县、剑阁县开展教育、卫生医疗领域的帮扶，提升当地教育、医疗水平。聚焦雅江县教学质量，因地制宜设置符合当地教师的培养方案，通过传帮带、开设培训讲座、上示范课、师徒结对、教育观察笔记反馈等形式，发挥以“一名教师带动一个团队，以一个团队带动一个学校”的双带动模式作用，全面提升当地教师从业能力，县域教育水平稳步提升。在雅江县医疗方面，通过三级查房、带教门诊、专业知识与技能培训等，落实“传、帮、带”工作。挂职剑阁县教师围绕“城乡同步课堂、教师同步研修、名师同步培养、资源同步共享”四同步教育协作机制开展工作，推进建设教育共同体，探索教育学习共同体剑阁样式的构建与实践。针对剑阁县医疗方面，挂职医生开展带教门诊，通过临床查房、带教新手术、疑难危重病例讨论、急救演练、每周授课等形式，交流专业知识、技能培训、新思想、新理念和学术新进展。年内，区发改经信局在剑阁县启动新一轮“智慧教育”项目，致力于提升剑阁教育智慧化水平，完成“智慧教育”项目平台搭建。区发改经信局、区民政局、区教育局、区卫生健康局分别与衢州开化县签订山海协作框架协议，进一步深化两地合作。

【互访调研对接活动】2021年，上城区与雅江县、剑阁县开展互访调研对接活动，制定并印发《2021年上城区—雅江县对口支援工作要点》《2021年上城区—剑阁县东西部协作工作要点》，明确具体任务，落实责任。两地党政主要领导分别进行互访，并召开联席会议。6月17日，区委主要负责人到雅

2021年9月，挂职教师王龙（后排左四）在四川剑阁县抄手小学校开展调研、送课进校园活动。图为王龙与部分学生合影

（区发改经信局 供稿）

对口支援特色农品馆线下店（2021年）　　（区商务局 供稿）

江县调研对接对口支援工作，提出“真心实意、真金白银、真抓实干”的对口支援工作方向。7月14日，上城党政代表团到剑阁县调研对接东西部协作工作。同时，上城区与雅江、剑阁两地部门、镇街开展交流互访5批次、100多人次。

（沈佳莹）

【帮扶产品推介会】2021年，上城区举办帮扶产品推介会等活动8场，引导企业和居民“以购代捐”，覆盖人数超50万人。12月3日，“浙川消费帮扶，助力乡村振兴暨2021—2022上城区帮扶产品推介会”在清河坊历史街区鼓楼小广场举行。推介会展出剑门关豆腐干、卤牛肉、东宝贡米、橄榄油、核桃油、雅江松茸、青稞米、藏猪腊肉等特色农产品，企业意向采购金额近300万元。推介会上，浙江天顺生态农业开发有限公司与广元耕鑫农业有限公司、剑阁县天行健商贸有限公司、雅江县电子商务公共服务中心联合发起上城—剑阁—雅江共富联合体。根据联合机制，持续推进相关采购活动，全年全区采购该3家单位的产品价值370万元。

【消费帮扶】2021年，区商务局深化消费帮扶，助力区域共富。结合雅江县、剑阁县当地资源和特色产业，依托上城区直播资源，将帮扶产品打入社区团购、直播带货等新消费场景，推动浙江天顺生态农业开发有限公司、浙江耕心农业开发有限公司、杭州宏励信息科技有限公司等10多家经销商入驻“浙江省政府采购云平台”“乡村振兴馆832专区”等线上平台，开设杭州市民中心对口支援特色农品馆等2家线下门店，销售米、油、菌菇、杂粮、水果、牦牛肉加工制品等农产品100多种，整体销售额7100多万元。发挥电子商务产业优势，协调安排当地电商从业者到上城区实习，帮助当地补齐市场营销、电商运营、人才培养等短板。推动当地标准化、规范化种植农产品，帮助当地实现农产品开发、品牌打造和市场化运营，提升产品竞争力。杭州耕香生物科技有限公司成立乡村振兴项目技术研发团队，探查四川全境的农产品经济作物，设立中国香药研究中心；杭州老爸评测科技有限公司通过新农人培育计划，帮助衢州江山市新农人提升有机种植水平，利用电商和自媒体资源，打造张小藕品牌，助力当地农民增产增收。全年全区实现消费帮扶金额6.02亿元。

（余慧芳）

对外交流

【上城区参加第21届中国国际投资贸易洽谈会】2021年9月8—10日，区投资促进局到厦门参加第21届中国国际投资贸易洽谈会。该洽谈会以“新发展格局下国际投资新机遇”为主题，展示“高精尖”重点产业，展开高端研讨、推进务实有效对接。其间，区投资促进局参加国际新兴产业创新发展大会、碳中和与全球投资贸易新格局研讨会，走访厦门市浙江商会，扩大“以商引商”，深化“朋友圈”。

【上城区参加第4届中国国际进口博览会】 2021年11月5日，区投资促进局到上海参加第4届中国国际进口博览会，并参与浙江省重大项目签约仪式。会上，浙江签约外资项目64个，总投资达116.7亿美元。其中，现场集中签约重大外资项目24个，总投资达64.8亿美元。会上，上城区与卢森堡亨玛集团签约。会后，区投资促进局和有关参会企业开展对接，邀请对方到上城区考察投资环境。

【上城区承办“2021西湖对话”】 2021年11月7日，由市委、市政府、全球化智库（CCG）联合主办，市委人才办、上城区承办的“2021西湖对话”活动在杭州西湖博物馆举行。政策界、国际组织、国际商会、跨国公司、国际青年英才代表暨著名专家、学者等围绕“共同富裕与人才贡献”主题开展对话。区投资促进局进行上城区营商环境及政策推介，邀请有关企业到上城参观考察。

【瓯海区到上城区考察交流】 2021年10月26日，温州市瓯海区区政府考察团到上城区考察楼宇经济，区发改经信局、区商务局、区投资促进局和四季青街道相关负责人陪同考察。考察团一行走访参观四季青企业发展中心、平安金融中心，听取上城区楼宇经济情况介绍，围绕楼宇标准、产业政策、招商运营、商业地产等方面深入开展交流。双方将保持密切交流，在楼宇经济、招商引资、产业发展等领域寻求合作机会，实现合作共赢。

（赵琦慧）

综合经济监管与服务

发展与改革

【概况】 2021年，上城区科学编制全区概念性战略规划，做好艮北新区单元、城东新城单元等重点区块单元控规修编。推进保障性安居工程建设与旧城区改建，实现安置房开工13.5万平方米、竣工161万平方米，交付110万平方米，完成回迁安置4647户，木场巷社区、大通桥社区和始版桥社区回迁安置平稳顺利。融合未来社区理念，打造老旧小区改造精品，开工小区86个、290万平方米，竣工小区56个、156万平方米，被评为省老旧小区改造优秀示范区。推动消费体系升级，支持发展“直播+”融合模式，培育省级直播电商基地2家；培育新型消费业态，引进HAYDON、极氪汽车等品牌首店、旗舰店100多家；发布夜经济地图，创新推出“夜潮时尚集，数智消费季”、杭州仲夏夜等夜经济活动。推进省级数字生活新服务样板区建设，《未来社区商业建设及运营规范》省级标准发布。开展浙江自贸区杭州联动创新区建设，知识产权对外贸易预警点落户上城。统筹推进数字化改革，建成一体化智能化公共数据平台，完成“数智上城”总门户和五大系统分门户上线；推动特色应用迭代更新，38个场景入选省、市试点，“一表通”成为首个由区县向全市整体推广的应用场景，杭州东站未来枢纽安全智控应用通过全省数字孪生首批试点项目验收，上线全国首个直播电商治理平台。优化提升营商环境，全面实现政务服务“一网通办、全域通办、就近可办”，建成“15分钟办事圈”。

【区“十四五”规划（草案）编制】 2021年，上城区编制《杭州市上城区国民经济和社会发展第十四个五年规划和二〇三五年远景目标纲要（草案）》。该纲要分3个板块、10个章节。第一板块为第一章，主要回顾“十三五”期间发展成果，分析“十四五”期间面临的机遇和挑战，展望2035年远景目标，明确“十四五”期间的指导思想、发展战略和发展目标。第二板块为第二章至第九章，主要从空间格局、改革创新、高端产业、文化发展、城市形态、生态环保、社会民生、城市安全8个方面对“十四五”期间经济社会发展的重点任务进行阐述。第三板块为第十章，主要从坚持党的领导、明确分工落实、加强要素支撑、强化监测评估等方面提出规划实施的保障措施。

（毛　璐）

财 政

【概况】 2021年，区财政局以行政区划调整为契机，强化财政收支管理，支持全域经济发展，夯实提升民生保障，深入推进财政改革，压实财政监督责任，规范政府债务管理，提升财政管理能力与管理水平。全区实现财政总收入377.79亿元，比2020年增长5.8%。其中，一般公共预算收入201.38亿元，增长7.6%，占财政总收入的53.3%。一般公共预算收入中，税收收入190.68亿元，占一般公共预算收入的94.7%。全区一般公共预算支出140.78亿元，增长4.4%，其中区本级一般公共预算支出119.35亿元，增长9.6%。全年财政收支平衡。

【财政收入管理】 2021年，区财政局加强财政收入形势研判，夯实培育财源基础，强化非税收入征管，保障收入运行平稳有序。提高财政收入质量，一般公共预算收入占地区生产总值的8.3%，其中税收收入190.68亿元，增长5.8%，占94.7%。加强收入监测分析，落实分行业、分税种、分区块财政收支月报制度。牵头开展行政区划调整后全区财源建设情况调研，完善经济部门联动协调、定期通报、数据共享、督查考核工作机制，把握组织收入节奏。强化非税收入征收管理，规范行政事业性收费管理，公开行政事业性收费目录，督促相关单位对相关收费项目落实取消、停征或减免，按要求完成国有土地使用权出让收入等非税收入划转至税务部门征收。落实财政票据电子化改革，推进非税收入统一公共支付平台数字化建设，非税收入全部实现电子化收缴。全年征收非税收入13.49亿元，其中纳入一般公共预算管理的非税收入10.70亿元。

【经济发展支撑】 2021年，区财政局落实财政政策，坚持惠企利民，支持产业发展和人才引育，促进经济持续稳定恢复。制定全区“一企一策”及产业政策的指导意见，配合制定新一轮“1+4”产业扶持政策，建立招商项目资源共享机制，推动产业结构迭代升级，全区“3+2”高端产业体系税收占比57.3%，房地产业税收占比下降9.0%。筹措资金支持企业发展，联动部门争取上级支持，全年兑现各级惠企资金12.06亿元，惠及企业超过2000家（次），其中“亲清在线”数字平台兑现大学生创业经营场所房租补贴、国家高新技术企业补助等暖企惠企资金3.79亿元。筹措财政资金5.47亿元，支持“尚人才·成未来”人才品牌，保障落实新引进应届大学生生活补助及房租补贴、高层次人才补助、“黄金二十条”等人才政策资金。

> 资料
>
> **“黄金二十条”人才新政：** 上城区为进一步完善人才引育留用体系，制定《关于打造一流人才生态城区的实施意见》（即“黄金二十条”），推出领军人才引育工程、产业人才培养工程、高层次人才项目引进计划、青年人才招引工程四大“金靴计划”。

【民生支出保障】 2021年，区财政局继续将财政支出向民生领域和重点环节倾斜，保障各项社会事业均衡发展。全年区级民生保障支出99.61亿元，占区级一般公共预算支出的83.5%，增长15.2%。其中：教育事业发展支出30.52亿元，用于校园安全服务提升及校舍新建改建，保障“双减”等改革政策落地，推进教育优质均衡发展；卫生事业发展支出7.95亿元，用于基层卫生医疗设施提升改造，落实新冠肺炎疫情常态化精准防控资金保障；社会保障事业发展支出16.66亿元，加大社会保险基金补充力度，保障城乡低保对象、特困人员、孤儿、事实无人抚养儿童和低保边缘家庭对象等困难群众节日临时生活补助发放；文化事业发展支出2.85亿元，用于完善现代公共文体服务体系，举办首届“宋韵最杭州”宋韵文化节、2021未来旅游嘉年华、吴山庙会等重大文旅节庆活动，举办社区级以上文化惠民活动4000多场，推进精神文明家园建设。

【财政改革深化】 2021年，区财政局加强顶层设计，深化改革创新，推进区、街道财政体制，预算绩效管理等重点改革项目。推进区、街道财政体制改革，推动区划优化调整后街道财政体制融合工作，强化街道增量激励机制，建立街道财力统筹机制，设立街道统筹平衡基金，完善特殊转移支付制度，增强重大战略任务及紧急突发事项保障能力。推进预算绩效管理改革，深化“财政主导、专家评审、部门答辩、人大监督”的预算绩效事前评估机制，组织召开线上专家评审会，选取区教育局“新教育共同体项目”、区民政局“社会组织培育经费项目”、区商务局“会展及活动项目”等7个重点财政资金项目开展事前绩效评价，范围涵盖教育、民生、城市管理等领域，涉及预算资金8137万元，评审后预算压缩比33.6%，推动预算项目绩效管理关口前移。推进绩效目标管理全覆盖，规范绩效目标设置，累计审核绩效指标1.02万条，修正指标5232条。推进财政数字化改革，根据行政区划调整工作要求，实行“双轨切换”模式推动财政系统平稳融合，保障财政业务办理高效稳定。推进预算管理一体化建设，上线预算管理一体化系统预算编制模块及国有资产管理云平台，打通财政业务流程管理，为财政数字化改革提供支撑。

【财政监管】 2021年，区财政局多举措深化财政监管，提升财政运行管理水平。强化预算支出管理，在年初预算基础上累计压减一般性支出8293万元，统筹用于优先保障民生及重点项目。制定财政资金管理办法，严把资金支付关，“三公”经费比2020年下降16.8%。强化财政监督检查，开展政府采购、会计代理记账、财政票据等检查，督促指导预算单位强化财经纪律。创新财政监督方式，以小营街道为试点，探索基层财务管理和数字化监管新模式，建立社区财政资金监管直报平台，对社区财务制度进行全流程改造，对社区财务支出实施事前、事中、事后的智能化监督，推进基层治理体系和治理能力现代化，该事项入选省财政厅、市财政局社区财务数字化监管试点。运用“互联网+监管”执法平台，开展重点检查65项，实现行政检查事项全覆盖。强化政府投资建设项目管理，按规定履行招标清单控制价审核职责，全年完成投资项目控制价审核29项，净核减率12.6%。强化国有资产管理，行政区划调整后首次向区人大常委会报告全区国有资产管理情况，开展全区行政事业单位资产清查，推动建立全区行政事业单位资产管理基础数据库，夯实财政资产管理和预算管理数据支撑。

【财政业务体系整合】 2021年，区财政局推进行政区划调整后财政融合工作，围绕支出标准、财政账户、管理制度、财政体制、信息系统五大方面梳理核心业务，形成并下发过渡期间财政预算管理要求，制定涉及账户整合、资产管理、资金管理、经费标准等制度规范27项，指导街道、部门财政工作有序过渡。梳理全区民生支出标准，形成覆盖全部民生领域的政策比对清单，整合优化民生政策93项，形成统一的民生政策140项。

【政府债务管理】 2021年，上城区加强政府债务管理，推进隐性债务化解工作，年度化债任务完成率122.2%。

争取政府债券11.95亿元，新增地方政府债务限额8.45亿元，其中新增一般债务限额5亿元、新增专项债务限额3.45亿元，保障杭州市钱学森学校、德寿宫遗址保护展示工程暨南宋博物院（一期）项目、复兴路道路提升改造工程、城镇老旧小区改造工程等重点项目有序推进。

（黄怡雯）

税 务

【概况】 2021年，区税务局通过落实减税降费政策、优化纳税服务、深化税收征管改革等举措推进全区税务工作。全年全区组织税收收入427.25亿元，比2020年增加21.24亿元，增长5.2%；组织非税收入13.21亿元，增长52.5%；社会保险费基金收入167.78亿元，增长50.8%，其中，企业职工基本养老保险费收入87.61亿元，职工基本医疗保险费收入64.17亿元。办理出口退税35.53亿元，增加5.9亿元，增长19.9%。

【减税降费政策落实】 2021年，区税务局在广覆盖宣传的基础上，以大数据分析筛选定位、精准辅导，落实先进制造业企业留抵退税扩大范围、研发费用加计扣除季度享受和制造业企业加计扣除比例提高等新政。落实制造业中小微企业缓缴税费，新冠肺炎疫情防控期间房产税、城镇土地使用税优惠等支持政策，激发市场主体活力、提振工业经济运行。落实税收支持和服务长三角一体化发展的总体要求，推进“走出去”企业管服税企联动模式，全年降本减负47.96亿元，办理各类退税68.45亿元。

资料

“走出去”企业管服税企联动模式： 搜集境外税收政策并编写指引，助力“走出去”企业及时了解境外税收政策，并对“走出去”企业在境外涉及的税收争议及时上报税务总局协调解决，支持外贸经济发展。

【税收征管改革】 2021年，区税务局落实中共中央办公厅、国务院办公厅《关于进一步深化税收征管改革的意见》，推进发票电子化改革，落实“一户式”管理机制，实施风险快速反应机制和“跟票管”（根据增值税异常发票同步调整企业所得税）“按户管”（根据省税务局设定的风险指标跳出来的疑点进行风险管理）。成功试点退税智能化审核、出口退（免）税备案单证数字化管理系统，实现出口退税减成本、减时间、减负担、减风险。完成全省首笔排污权出让收入跨区申报缴费及全市首笔企业间房产交易全流程网上办理业务，国有土地使用权出让收入、矿产资源专项收入、海域使用金、无居民海岛使用金、土地闲置费、按行政事业性收费管理的城镇垃圾处理费6项非税收入划转工作获省税务局批示肯定。创新投资与管理行业税收风险分析模型、出口退税全链条分析、“一房双清”跨税种管理（房地产企业在土地增值税预缴、清算、尾盘处理时，企业所得税全流程同步调整，做到双税种监控和风险清除）等举措，涉税成效超4000万元，出口退（免）税风险应对案例《数据与信息先行，监管与服务并举——杭州某进出口贸易有限公司预警评估案例》被市税务局评为全市出口退（免）税风险应对优秀案例。该案例结合数据定向分析，完成企业所得税汇算清缴、个人所得税年度汇算、个人所得税专项工作、土地增值税清算、房产税困难减免、契税法实施、资源和环境税管理等。实施千户集团风险管理查补税费工作，查补税费3351.24万元。与区法院“双向协作”，强化破产企业专业化管理、职业放贷人征税等，对88人次自然人的利息收入征收税费1842.64万元，对26户破产企业申报税收债权，入库税费27.77万

2021年12月7日，区税务局干部走访杭州锅炉集团有限公司，了解企业需求　　（区税务局 供稿）

元，获省税务局领导批示，并全省推广。

【纳税服务优化】 2021年，区税务局深化“放管服”改革，优化税收营商环境，发票票种核定调整、注销税务登记、增值税增量留抵退税等12类事项转入二级集中处理中心处理，实现线上业务一体化操作。开展纳税人满意度调查、政务服务“好差评”回访，上线“智能云呼”系统，组建“云上办税”咨询组，试点“税小蜜”智能辅（浙江税务征纳沟通平台里的智能机器人，提供24小时在线咨询服务），制作“非接触式”办税缴费视频指南，解答纳税人咨询10.32万人次，实现征纳“高效联通、一键同屏、问办一体”，办税好评率达99.8%。开展“我为纳税人缴费人办实事暨便民办税春风行动”，访企问需2.4万户（次），落实财产和行为税合并申报，增值税、消费税与附加税费申报表整合等便民改革，实现多税种一表申报，减轻纳税人缴费人申报负担。关心关爱老年人和残疾人等特殊人员，提供纳税缴费服务，全年解决特殊群体办事“难点”400多次。持续开展“税务加油，添彩亚运”行动，对2022年第19届亚运会组委会及涉及亚运会的企业提出的政策问题、服务需求建立“一事一档”，完善“亚运服务专窗”功能，健全“绿色通道”服务机制，为2022年第19届亚运会组委会、2022年第4届亚残运会组委会及涉及亚运会的企业提供“专员送策”“办税直通”服务130多次，《亚运来了，税收优惠政策早知晓》视频获全省纳税宣传辅导优质作品一等奖。撰写的税收经济分析报告为区委、区政府提供决策参考，获区领导批示肯定8次。“税惠快享、难题快解”服务获纳税人好评。

（许　杼）

国有资产监管

【概况】 2021年，上城区以行政区划调整为契机，深化国有企业改革、优化国有资产配置、强化行政事业单位与国有企业国有资产监督管理，实现全域国有资产进一步统筹整合。行政区划调整后首次完成国有资产管理情况综合报告，从行政事业单位国有资产管理、国有企业资产管理和国有自然资源资产情况3个方面综合反映全区国有资产、国有企业管理情况。至年末，全区有全资、控股国有企业74家，资产总额1465亿元。区财政局直接监管杭州上城区国有资本运营集团有限公司、杭州上城区国有投资控股集团有限公司、杭州上城区市政工程集团有限公司、杭州上城区城市建设投资集团有限公司和杭州上城区城市建设发展集团有限公司5家国有企业。全区国有资产监管企业收入66.59亿元。

【行政事业单位国有资产监管】 2021年，区财政局借助国有资产管理云平台，重点关注全区行政事业单位国有资产的报废处置、价值变更、调拨和配置等工作。加强行政区划调整期间的国有资产管理工作，开展全区行政事业单位资产清查，全面清理、核查行政事业单位固定资产，明确各单位在搬迁过程中对固定资产的主体责任，防范因搬迁造成的国有资产流失风险，推动建立全区行政事业单位资产管理基础数据库。落实行政事业单位房产出租申请、评估和合同备案审批，为国有出租行为公开透明和国有资产的保值增值提供保障。完成2021年度行政事业单位国有资产年报统计工作。至年末，全区行政事业单位独立编制机构数403个，资产总额250.04亿元，其中，行政单位资产总额105.79亿元、事业单位资产总额144.25亿元。

【国有企业改革】 2021年，上城区为破解经营绩效不佳、主业主项不突出等难题，统筹优化全区国有资源配置，全面启动区属国有企业改革工作，打造驱动力更足、承载力更强、操盘力更优的国企平台。9月16日，区委、区政府印发《区属国有企业深化改革实施方案》，以资产投资运营、市政环境、城市建设三方面布局资产投资运营、市政和城市建设领域，整合85家区属国有企业和25个指挥部，搭建形成“一平台、四集团”的国企改革架构，实现国有资本在全区经济发展方面的基础性、保障性、引导性作用。12月9日，上城区在区行政中心举行区属国有企业揭牌仪式，上城区全新的上城资本集团及上城国投集团、上城市政集团、上城城投集团、上城城发集团四大集团公司“1+4”国资格局形成，涵盖资本运作、资产运营、商贸文旅、城市建设、市政维护各领域。组建区政府建设投资项目管理服务中心，处理改革过程中各指挥部、区属国企相关工作中的征迁安置、工程建设、生产经营、债权债务、档案管理等方面存在的老、大、难历史遗留问题，推动政企分离，实现国有资本有序进退，区属国有企业更趋规模化、产业化，国有集团平台资源配置更趋合理。年内，区属国有企业总资产规模突破1300亿元，净资产500亿元。

【国有企业监管】 2021年，上城区加强国有企业资产监管。完成区属国有企业2021年度年报工作，涉及企业年度决算报表、财务情况说明、汇编范围企业户数等报表。构建以“管资本”为目标的国资监管体系，在国有企业改革过程中同步推进相关文件制度的修订和完善，制定有关机构人员配置、资金信用监督管理、负责人薪酬等制度，增强激励约束，减少行政干预，加强国资监管科学有效性，促进依法依规履职行权，激发国企活力。

（方　苹　严祖英）

投资与管理

【产业基金投资】 2021年，上城国投集团以产业基金为依托，发挥招商作用，推动产业发展。9月15日，由产业基金参与投资的拟上市项目浙江德斯泰新材料股份有限公司在上城区设立全资子公司杭州瑞宏新材料有限公司，该子公司作为在杭州的研发和营销总部，注册资金1亿元。至年末，产业基金出资参与投资的杭州城霖股权投资合伙企业（有限合伙）和杭州城田创业投资合伙企业（有限合伙）2支子基金，超2倍出资额完成返投任务。上城国投集团与区电子机械功能区合作，服务企业形成合力，实现返投、招商，形成“1+1>2”的效果。

【核晟双百双碳基金落地上城】 2021年8月，由中国国新控股有限责任公司旗下国改双百发展基金合伙企业（有限合伙）、中广核产业投资基金管理有限公司联合设立的核晟双百双碳（杭州）股权投资合伙企业（有限合伙）（简称核晟双百双碳基金）落地上城。核晟双百双碳基金是总规模为21.9亿元的股权投资基金，专门用于投资中广核风电增资项目。

（潘煜戈）

【杭州市三江汇股权投资有限公司运营】 2021年，望江街道通过招商引资，引进重点亿元项目——杭州市三江汇股权投资有限公司。该公司由杭州市钱江新城建设管理委员会投资设立，注册资本30亿元，经营范围为股权投资。作为股权投资平台，该公司通过投资设立子公司开展具体业务。年内，公司开始开展经营活动，全年出资15亿元，与杭州之江城市建设投资集团有限公司、杭州高新国有控股集团有限公司、浙江湘旅控股集团有限公司和杭州富阳城市建设投资集团有限公司共同投资设立控股子公司杭州市三江汇建设发展有限公司。

（黄锋明）

自然资源管理

【概况】 2021年，上城区土地总面积为11972.58公顷（11972.58万平方米）。年内，上城规划资源分局开展“三服务”“百千万”活动，深化“跑零次”服务，加强用地空间要素保障、用地项目管理、自然资源确权登记、自然资源保护和行政督察等工作。重点项目“清零”、做地出让、土地节约集约利用等工作持续走在全市前列。

【用地空间要素保障】 2021年，上城规划资源分局超额完成市对区“15+7”核心指标任务，完成批而未供土地清理消化1496亩（99.73万平方米），完成率123%；完成供而未用土地利用3229亩（215.27万平方米），完成率165%；完成低效用地再开发3283亩（218.87万平方米），完成率149%。完成区级经营性用地出让7宗、5643亩（376.2万平方米），经营性用地收储13宗、630亩（42万平方米），工业用地出让1宗、15.5亩（1.03万平方米），工业用地收储1宗、12.7亩（8466.67平方米）。开展2021年农转用（农用地转为国有建设用地）报批工作，获批7批次、16个项目，报批用地面积246亩（16.4万平方米）。加强“一地一码”等系统应用，完成上城区范围内97.83平方千米高精度倾斜摄影数据、2平方千米精品区域实景三维场景数据的采集和汇交工作，并开展地下隐患智防三维数据建设与地下市政设施基础普查。

【自然资源确权登记】 2021年，上城规划资源分局围绕全域登记“一类规则、一个标准、一组数据、一套系统”一体化建设要求，优化自然资源确权登记服务，实现服务标准不降低、用户体验不打折。全面优化登记流程，压缩办理时限，实现一般登记2个工作日办结，实现个人业务、注销业务45分钟办结的新速度。全年办理各类不动产登记业务3.02万件；发放不动产权证书2.35万本、不动产登记证明1.10万份；办理不动产权籍调查130宗，其中纯土地55宗、危改15宗、企业改制17宗、农房43宗。

【用地项目管理】 2021年，上城规划资源分局加强用地项目管理，全年完成土地复核验收61件，竣工规划核实74件，监督批前公示116件、批后告示59件，建设工程验线59件，违法建设认定58件，建筑面积确认和超建面积处理9件。查处闲置土地1宗，建设项目开竣工延期处置7宗，改变使用条件超面积处置6宗，征缴收缴相关费用合计3.3亿元，不断完善建设工程用地规划全流程监管模式。开展回迁安置和10%留用地项目服务，8个安置房项目及6个10%留用地项目竣工规划核实跟踪表。完成四堡、七堡、新塘、蚕桑等社区8个回迁安置房项目规划审批与核实，保障项目按期开工与回迁办证。对各街道、社区集体经济组织10%留用地项目开展上门服务，保障杨公、新风、五福、白石、普福等集体经济组织留用地项目按期开工并按期通过竣工规划核实。围绕年度市重点“清零”任务和全区面上集体土地征迁“清零”任务，完成市重点项目“清零”10个，涉及住户54户、企业18家，完成率100%。全区面上签约企业9家，完成拆平5家，完成率45%。

【自然资源保护】 2021年，上城规划资源分局通过外业监测调查和内业审查核对，全面完成对全区森林资源的监测和调查工作。拨付13.22万元省级重点公益林生态效益补偿资金，完善森林资源和公益林更新落界“一张图”数据库。完成林地、草地、湿地与第三次全国国土调查数据融合工作，编制完成林草资源对接融合分析报告。编制《江干区开展新增国土绿化行动实施方案（2021年）》，完成新增国土绿化474亩（31.6万平方米），完成率148.1%。编制《上城区千万亩森林质量精准提升工程五年实施方案》，完成森林质量精准提升200亩（13.33万平方米），完成率100%。上城区对接国家和省级、市级有关“林长制”的工作要点，借鉴先行试点县淳安县先进做法，发布《中共杭州市上城区委办公室上城区人民政府办公室印发〈关于全面推行林长制的实施细则〉的通知》，健全自然资源保护责任体系。

【自然资源行政督察】 2021年，上城规划资源分局对全区自然资源开展行政督察。完成卫片下发图斑360宗，面积4225.84亩（281.72万平方米），合法图斑308宗，其他52宗，未发现违法情况。完成例行督察月度监测图斑2批次，共17宗、391.92亩（26.13万平方米），其中判定合法图斑9宗、未变化图斑8宗。强化森林资源督查，下发的71个图斑中未发现违法问题。开展林业专项检查6次，未发现违法情况；“110联动”及群众举报野生动物救护153起，救护各种野生动物240只。全年应复行政复议6件，应诉行政诉讼14件，行政负责人出庭率100%；受理答复各类依申请信息公开件303件，办结各类信访件1644件，做到“件件有回应、事事有回声”。

（陈苏瑶）

市场监管

【概况】 2021年末，上城区市场主体总量15.73万户。其中，私营企业8.39万户，国有、集体等非私营内资企业6411家，外资企业1785家；有个体工商户6.52万户，其中香港居民个体户6户、澳门居民个体户9户、台湾居民个体户2户。年内，全区新设市场主体2.22万户。其中，新设内资企业1429家，新设私营企业10367家，新设外资企业225家，新设个体工商户10199户。全年注销市场主体1.62万户。区市场监管局优化服务监督、强化执法监管，为全区经济社会持续健康发展保驾护航，获全省市场监管系统重大案件查处集体三等功、全省市场监管系统2016—2020年度法治宣传教育表现突出单位、2021年度全市市场监管系统绩效考评优秀单位等荣誉；九堡市场监管所被杭州市新冠肺炎疫情防控工作领导小组办公室评为表现突出单位，南星市场监管所、闸弄口市场监管所被中共上城区委评为区级先进基层党组织。

【企业年报工作】 2021年，上城区制定和实施市场主体年报工作协同高效平衡推进方案，着力推进全区2020年度市场主体年报工作。截至6月30日，全区应报企业86713家，已年报78091家，自然年报率为90.1%；应报个体户60778户，已年报49644户，自然年报率为81.7%。

（俞　鹰）

【商事制度改革】2021年7月29日，上城注册审批窗口完成整体搬迁，在凤起东路888号统一开展对外服务。8月30日，上城实现“营业执照330102”统一赋码，在涉及行政区划调整区域中率先完成从场地物理整合到系统的全面融合。推行标准化规范化市场准入制，企业开办“一件事”业务环节压缩至1个，申请材料压缩至最多5份，常态化30分钟办结，最优可15分钟办结。打造政务服务“数字墙”，以数据反馈“分钟制”后台办理进度，企业开办进度、内部办事效率明显提高，助推企业开办审批效率提速10%。完善市场主体退出机制，深化简易注销登记改革，简易注销比例达60%。强化线上政务服务能力，强化实名认证工作，新开办企业全流程无纸化率占90%。放宽名称自主申报登记限制，允许企业通过由全体投资人出具名称使用承诺文件申报。全省首推“宋韵”企业开办礼，在企业开办赠送营业执照、印章、税务Ukey（税务机关进行研发的电子发票公共服务平台的身份认证及信息加密设备）基础上，叠加宋韵元素系列礼盒。该做法被市委办公厅《每周要情》刊登。落实深化区属国有企业改革方案，靠前指导、政策扶持、跟踪服务、流程简化，确保5家“千亿级”资产规模的全新区属国有企业获市场准入。

（陈　单）

【中介代办管理】2021年，上城区在全市试点商事登记中介代办管理，先行探索“商事登记委托代理信息管理”系统。6月22日，市市场监管局召开首期数字化改革成果通报会，会上发布由上城区市场监管局试点的“商事登记委托代理信息管理系统”；6月28日，上城区在全市各区县（市）商事登记委托代理信息管理业务培训会上做经验汇报。7月，“商事登记委托代理信息管理系统”在全市上线推广。该系统上线后，通过对代办人员的信息归集、数据整合、信用记载、痕迹保留等智能化采集，以积分评级、信用监测等构建的有效“数字围栏”，自动拦截不合格代办者。年内，经过信息确认入库中介机构110家，委托代理人员292人，实现对辖区从事商事登记委托代理业务的机构全覆盖；对代办质量在60分以下的100名委托代理人员进行申办限制和再培训。代办企业的登记材料差错率从40%降至15%，提高企业便利度及群众满意度，助力优化营商环境。

【小微企业成长助力】2021年，上城区滚动实施第三轮“小微企业三年成长计划（2021—2023年）”，全年新增小微企业11232家，超额完成30.6%。秉持“企业自愿、政府引导、多方参与、梯度培育、动态管理”的原则，遴选一批符合发展方向、具有发展潜力的小微企业入库，全年入库培育企业7700多家，超额完成10%。针对上城区特色产业行业，对接杭州汤诚培训中心及四季青集团开展互联网直播培训等培训，做好培训信息导入、系统内外信息统计等工作，推进多领域小微企业（个体工商户）劳动者职业技能提升，总培训人数3700人次，超额完成34.6%。

（李冰洁）

【质量强区建设】2021年，上城区通过梯度培育、走访指导、全程跟踪对接等形式，加强为企服务。修订完善《上城区人民政府质量奖评审管理办法》。推进“浙江制造”品牌建设，获“浙江制造‘品字标’”认证2项，协助浙江中烟工业有限责任公司争创质量奖，“品牌销售占比”指标提升至88%，居全市第1位。以各级质量奖创建为引擎，引导企业导入卓越绩效管理模式。浙江大学医学院附属第二医院心血管内科和西子联合控股有限公司董事长王水福获第4届中国质量奖提名奖；杭锅集团和浙江大学医学院附属第二医院获2021年浙江省政府质量奖；浙江中烟工业有限责任公司、龙邦建设股份有限公司、浙江众安建设集团有限公司、浙江嘉诺会展有限公司、杭州平治信息技术股份有限公司、浙江省三建建设集团有限公司、浙江省工业设备安装集团有限公司7家企业获评区政府质量奖。

（徐　佳）

【标准化战略推进】 2021年，上城区深入推进各类标准化项目建设，省级标准化重大战略试点项目“跨境电子商务”和“医养综合服务”通过验收，新增“杭州东站公共服务”与“跨境电子商务服务”两项国家级标准化试点项目立项与“离散型企业数字化转型”省级标准化试点项目立项。引导企业参与制定先进技术标准，新发布国际标准1项、国家标准4项，“浙江制造”团体标准3项，由上城区参与制定的国家标准《城市和社区可持续发展商务区本地实施指南》在世界标准日活动中发布，钱江新城中央商务区案例作为营商环境典型经验予以推广。推进“浙江制造”标准研制，发布“城市自行车电子围栏”等3项“浙江制造”标准。指导辖区规模以上企业完成年度标准化统计监测数据上报。组织11家企业的29项标准申报2021年省、市标准化资助项目和培育项目，发放省、市先进技术标准资助210万元。

（千　静）

【市场监管综合执法】 2021年，上城区加强市场监管综合执法，全年立案查处违法案件1192件，罚没款2649.97万元。全年办结罚没款30万元以上案件15件，其中100万元以上案件4件。开展民生热点领域专项执法，其中，“铁拳”行动查处违法案件370件，罚没款656万元；“亮剑”行动查处违法案件239件，罚没款430万元；“打传”行动查办网络传销案件2件，罚没款400万元。价格收费整治中，清退金额6194万元，惠及终端用户2.88万户，查处转供电违法案件14件，罚没款472万元。瞄准平台经济、数字经济新型领域进行执法突破，查办人脸识别纠纷案件。

（张　丽）

【市场主体事中事后监管】 2021年，上城区注重市场主体事中事后监管。全年完成企业年报7.81万家、个体工商户年报4.96万家。全区因地址问题被列入企业经营异常名录3279家，因未按时年报被列入企业经营异常名录1.03万家，标记经营异常个体户2.72万户，按规定移出企业异常8221家（次）。全区吊销长期未经营企业2244家，清理长期未经营个体户604户；经警示公告、部门协查、现场核查、公告等程序，强制注销满3年吊销未注销企业318家。

2021年7月7日，执法人员现场查获侵犯注册商标专用权的皮具
（区市场监管局 供稿）

【企业信用建设】 2021年，上城区重视“守合同重信用”企业创建，做好信用管理示范企业申报工作，7家企业入选浙江省信用管理示范企业名单，11家企业获评市级信用管理示范企业。经过指导和推荐，2021年度浙江省AAA级“守合同重信用”企业首次公示15家，继续公示26家；AA级“守合同重信用”企业首次公示24家，继续公示25家；A级“守合同重信用”企业首次公示44家，继续公示5家。开展列入严重违法失信企业和行政处罚类企业信用修复工作，解答企业咨询、指导企业办理信用修复100多家（次），受理行政处罚类信用修复申请13件，修复12家；受理严重违法失信类信用修复申请5件，修复4家。

（俞　鹰）

【交易市场提升发展】 2021年末，上城区在册并正常营业的市场有88个，其中农贸市场36个、商品市场52个。10月1日，上城区制定《上城区商品交易市场〈市场名称登记证〉联合审查会议制度》，建立市场名称登记证联合审查机制。围绕“便利化、智慧化、人性化、特色化、规范化”目标，开展“五化”市场创建。全区有33个市场完成“五化”市场创建；15个农贸市场完成新一轮“放心农贸市场”创建工作，其中3个农贸市场为首次创建；22个市场参与新评、复评星级市场创建。

【广告监管】 2021年，上城区加强广告监管，全年处理4个平台案源639条，处理率100%。收到省、市市场监管局各广告监管系统交办处置任务90件，其中移动互联网广告监测平台下发31件、全国互联网监测平台案件线索15件、杭州市互联网广告监测平台案件线索15件、“三比一讲”（比快、比好、比贡献，讲大局）广告专项整治平台案件线索29件。全年区市场监管局查处广告违法案件296件，罚没款408万元。

（叶　斌）

【网络市场监管】 2021年，上城区针对网络市场，成立整改督导组，督导平台企业开展合规自查整改工作。5月，区市场监管局对贝贝网等11个平台，对照省市场监管局118项清单，结合平台自查，开展督查，发现该11个平台存在内部广告审核机制不严、侵犯消费者选择权、合规管理不够等问题35个，均落实整改。劝导3个实际不开展经营的平台企业自行关闭，责令1个经营地址不符的平台企业依法迁址。常态化开展线上检查网站、网店1378个（次），实地检查网站、网店经营者295人次，网络案件查办399件，罚没款1084万元，案值806万元。开展行政指导约谈2次，督促网络交易平台删除违法商品信息189条，督促平台下架15件商品，关闭网店15个。年内，涉网投诉举报232件全部“清零”。

【浙江省网络市场监管与服务示范区创建】 2021年，上城区开展浙江省网络市场监管与服务示范区创建。9月10日，区市场监管局牵头制定《上城区创建省网络市场监管与服务示范区总体方案》，按方案推进示范区创建各项工作。开展首批浙江省“绿色直播间”申报，培育首批省级“绿色直播间”20个，形成示范引领。制定《绿色直播间管理规范》并被市市场监管局发布为市级地方标准；研究制定《上城区“绿色直播间”星级评定办法》《直播产品质量内控细则》，用标准化、制度化指导直播行业规范健康发展。探索数字化改革特色场景应用，结合区直播电商产业特点，打造直播电商数字治理平台。通过调研、可行性研究、申报、立项、开发，该平台于11月试运行。试运行后，该平台将辖区621家直播企业、1213个直播间和1486名主播纳入监管。年内，通过平台监测分析视频2482个，发现可疑违法广告、商标侵权等线索视频7个，责令改正2件，线索移送1件，行政指导3件，立案查处1件。

（陈鑑寅）

【产品质量监管】 2021年，上城区加强产品质量监管，净化区产品质量安全环境。精准化开展产品质量监督抽查工作，通过电动自行车、禁限塑、消防、“护苗助老”等10多项专项整治工作，抽检121批次，其中13批次不合格，合格率89.3%。全年受理产品生产、流通、网络领域及外地移送案件264件，办结155件，罚没款25.13万元。立体化推进电动自行车综合治理集成改革。至年末，全区在注册登记激活电动自行车销售商户307户，车池赋码入库3.24万个。全年完成蔬菜农药残留定量检测93批次，其中市级抽检27批次、区级委托检测66批次，合格率100%；完成蔬菜农药残留定性检测2884批次，合格率100%。蔬菜定性和定量农药残留检测合格率均高于市市场监管局下达98%的指标要求。年内，定期对辖区5个社区蔬菜农药残留检测室进行检查指导，确保检测结果及时准确。

（徐　佳　章航琪）

【计量合格评定监管】 2021年，上城区利用“杭州民生计量服务平台”开展计量日常监管工作，指导辖区700多家计量器具使用单位通过平台开展器具预约送检，审核辖区使用单位预约送检各类强制检定计量器具1.69万台（件），强检经费保障223万元。通过平台制定并发出《限期改正通知书》和《行政指导意见书》49份，完成80多家企业在平台上的信用修复工作。组织12家食品、工程检测、生态环境类检验机构参加省、市市场监管局能力验证，初次“满意率”达到66.7%，补测“满意率”达到100%。督促辖区内58家检验检测机构完成年度统计数据上报，在检验检测机构综合监管服务平台录入年度财务情况、检测能力状况、人力资源状况、报告编号等。

（千　静）

【公平竞争审查】 2021年，上城区着力健全和完善公平竞争审查工作相关制度，理顺公平竞争审查工作体制机制。10月，在浙江省市场监督管理局“三比一讲”竞赛中，上城区公平竞争审查合规率列全省前茅。从严开展增量审查，全面开展存量清理，清理出涉及市场主体经济活动的政策措施61件，其中拟保留50件、拟废止6件、拟修订5件。

（胡丹丹）

【投诉举报处置】 2021年，上城区加强市场监管部门信访处置力度及相关行业的消费风险预警。全年区举报投诉中心登记各类投诉举报5.97万件。投诉按时初查率、投诉按时办结率、举报按时核查率“三率”指标均达到99%以上，高于全省平均水平。全年接待来访群众237人次，来访群众的合理诉求均得到妥善解决，调解成功率90.5%。施行“三级诊疗法”，对办理脉络清晰、处置结果无异议的积案，由区举报投诉中心对接劝解信访人，负责化解；对于信访情况较为复杂、信访人诉求过高的积案，施行科室和属地市场监管所联动，再次办件；对重复信访次数特别多、积案时间特别久的重点信访件，由局领导“包案”亲自化解。全年化解国家级积案8件、省级积案8件、市级积案1件、区级积案3件，化解率100%。

【“放心消费”单位创建】 2021年，上城区开展“放心消费”单位创建，进一步保障消费者权益。对源头质量把控好的生产企业和对社会责任感强的零售、餐饮企业，践行“质量好、服务优、有明码标价、无欺骗诱导，对不影响二次销售的产品承诺不少于7天的无理由退换货”承诺，至年末，向各方面均达标的企业，授予“放心消费”单位称号。全年全区建成“放心消费”单位5285家、无理由退货承诺单位2346家、“放心消费”示范商圈6个、“放心”工厂117个。8月12日，“放心消费在浙江”小程序上线。该小程序集商户简介、移动支付、售后投诉、评价体验、行政监管等多跨场景于一体。年内，5285家“放心消费”单位全部入驻“放心消费在浙江”小程序，收到消费者评价1328条，消费义工体验反馈316条，消费环境和消费维权水平大幅提升。

（杨　利）

【食品安全社会共治】 2021年，上城区食品药品安全委员会办公室联合各成员单位，通过构建“立体式”责任圈、“闭环式”监管圈、“智慧化”服务圈和“长效化”共治圈，推进国家食品安全示范城市及省食品安全示范区创建工作。年内，新增三星级街道食品安全委员会办公室2个（湖滨街道、望江街道）、四星级食品安全委员会办公室3个（南星街道、采荷街道、九堡街道）。开展食品安全宣传周活动，举办“建党百年，护航食安”食品安全知识竞赛1场、线上食品安全知识竞赛2场。畅通食品安全投诉举报渠道，全年受理食品安全投诉举报1200件，兑现举报奖励9件、9700元。

（韩　平）

【食品生产流通安全监管】 2021年，上城区有食品企业16874家，其中食品生产企业13家、流通企业16861家。全区食品监督抽检工作100%实现“硬分离”模式（抽样由市场监管执法人员实施，承检机构仅负责样品检验）。全年全区抽检各类食品5276批次，不合格率2%。食品抽检信息公示率、核查处置率均100%。加快推进“浙食链”部署应用，1147家食品流通企业完成账号注册、激活，接入“浙食链”系统，日均扫码2万余次；10家生产企业产销数据接入“浙食链”系统，实现生产企业生产的预包装食品外包装上赋“浙食链”溯源码。严格执行《浙江省动物防疫条例》，组织全区35个农贸市场完成“浙食链”注册，128家肉类经营户完成注册激活。10月，市市场监管局在上城区召开农贸市场“浙食链”应用现场会，《上城实现“浙食链”覆盖率五个百分百》工作专报得到省市场监管局领导批示肯定。完善食品销售分类分级监管，对全区16861家持证食品经营单位实施风险分级动态管理，完成率100%。重视小蔬菜门店经营管理，打造合法化、承诺化、数字化、示范化、整洁化、规范化“六化一体”小蔬菜门店管理体系，全区新增“示范小蔬菜门店”12家。对小蔬菜门店开展食品安全快速检测4704批次，检出不合格18批次，全部自行下架销毁。《上城区创新打造“六化一体”小蔬菜门店管理体系》专报得到副市长批示肯定。

【大物防监管】 2021年，上城区持续加强冷链输入风险管控。建立大物防机制，确保进口冷链食品“全受控、无遗漏”。至年末，全区“浙冷链”激活企业1283家，其中首站企业（进口冷链食品进入浙江的第一家经营单位）95家，当前阶段首站企业18家，入库（进口冷链经营单位将进口冷链食品在“浙冷链”系统上进行扫码入库）65.78万个，赋码（首站经营单位为进口冷链食品加添“浙冷链”溯源码）69.97万个，出库（进口冷链经营单位将进口冷链食品在“浙冷链”系统上进行出库给下游企业）20.17万个，扫码、赋码率均100%。持续督促冷链食品生产经营单位严格落实“三证一码”（入境检验检疫合格证、核酸检测证明、消毒证明、浙冷链溯源码）。全年应急处置冷链物防事件20件，涉及进口肉类、水产、水果等，销毁处理涉事食品300多千克，人员及环境采样消毒近400件，确保处置闭环到位。对违法销售使用无“三证一码”进口冷链食品的单位立案查处6件。强化“浙冷链”系统与冷链智控场景的深度融合，做好大中型冷库备案，实现温度在线智控。全区有大中型冷库3个，均接入食品冷链风险智控系统。落实市场新冠肺炎疫情防控工作，通过各级检查督促压实市场方主体责任，85个实际营业的市场主体均按要求签订疫情防控责任状，建立防控工作组织和应急处置预案，及时亮晒各市场主体落实疫情防控“红黑”榜。对消杀记录不规范、个别经营户口罩佩戴不规范、临时隔离点设置不合理等40多个问题点位建账销号，7家经营户因疫情防控措施落实不到位被处罚或停业整顿。

（焦　梅）

2021年8月4日，执法人员检查冷链食品　　（区市场监管局 供稿）

【餐饮服务安全监管】 2021年，上城区以“浙江外卖在线”应用推广落地为契机，开展外卖食品安全整治行动。至年末，全区建成网络“阳光厨房”2900多个。开展网络订餐“无证清零”行动，线下检查入网餐饮单位1429家，发现问题97个，均整改到位。全年全区建成学校、幼儿园“阳光厨房”80个，实现学校、幼儿园“阳光厨房”全覆盖；建成学校、幼儿园“智能阳光厨房”149个，超额完成省市目标任务，完成率110%。建成杭州火车东站万象汇、湖滨银泰2个“餐饮阳光街区”。对重点餐饮单位的食品安全管理员开展监督抽查考核，完成率100%，合格率100%。开展餐饮单位从业人员视频培训工作，基本实现培训全覆盖。落实杭州人才大会、质量大会、“杭州奇妙夜”等活动的食品安全保障，固化长效食品安全保障机制，为20多万名参加人员的食品安全保驾护航。

（陆永华）

【药品和医疗器械安全监管】 2021年，上城区开展药品和医疗器械领域大排查大整治，深化药品和医疗器械安全监管。区市场监管局出动执法人员3036人次，检查药械生产企业36家（次）、经营企业1517家（次）、医疗机构120家（次），排查风险隐患60个，责令整改40家，查处案件25件，罚没款143万余元。抽检药品258批，合格率100%；抽检医疗器械50批，不合格2批，均按要求进行处置。全年上报药物不良反应3009例、医疗器械不良事件637例。推进“浙苗链”应用工作，检查区疾病预防控制中心1个、疫苗接种点51个（次）。开展医疗美容市场乱象整治，检查医疗美容机构90家（次）、医美药械经营企业32家（次），查办案件57件，罚没款336万余元。创建民生药事服务站8个，正京元丁兰路店获评全省首批五星级民生药事服务站。

【保健品和化妆品安全监管】 2021年，上城区加强保健品和化妆品安全监管。整合政法委、公检法、文广旅体等相关部门及街道力量，制定《建立“保健”市场乱象整治工作长效机制实施方案》。警示性约谈酒店、宾馆等场地提供者及房东，行政性约谈保健品行业从业人员，对非法营销保健品等违法行为开展联合执法行动，查办“保健”类案件96件。采取点、线、面结合方式，在全区推进化妆品“百千万”美丽消费示范工程建设，创建太平门直街为示范街，杭州银泰世纪百货有限公司、杭州万象城、华润万家生活超市（浙江）有限公司洑家新村购物中心为示范商场，杭州海王星辰健康药房有限公司昙花庵路店、杭州东升服装小商品市场璐璐化妆品商行、杭州屈臣氏个人用品商店有限公司新风路分店、尔尚点美发店、杭州市上城区西湖大道孔凤春化妆品专卖店、物美佳联（杭州）商业有限公司、杭州心聚心婴幼儿用品有限公司复兴路分店等18家店为示范经营店。全年抽检化妆品63批，合格率100%。上报化妆品不良反应187例，增长1.67倍。

（沈　芳）

【特种设备安全监察】 2021年末，上城区有特种设备使用单位3351家，有特种设备2.82万台（件），其中电梯2.58万部、锅炉96台、起重机械3831台（套）、厂场内专用车辆561台、压力容器1395台、燃气压力管道545.17千米，无大型游乐设施和客运索道。全年区市场监管局出动执法人员3299人次，检查特种设备使用、生产单位1619家，发现排除隐患481个，查处违法案件13件，罚没款56.3万元。开展应急演练21次、电梯安全宣传活动5次。推进“浙江特种设备在线”落地并应用，分类评价、特种设备赋码、维保上线、隐患处置等工作完成率均为100%。开展电梯维保质量抽查，抽查14家维保单位，发现并整改标签标识、漏油、照明、导轨等问题7类52个。组织开展回迁房、经济适用房、公廉租房“三类住房”的电梯“健康体检”，组织第三方检测公司，对辖区6个小区、80台电梯开展全面安全检查，并出具详细安全评估报告。检查发现存在设备管理薄弱、维保水平参差不齐、设备配件更新慢、设备老化等方面问题。区市场监管局协助街道、社区进行电梯安全隐患治理，建议街道、社区对其他故障较多、隐患较大的电梯同步开展评估，并结合实际，对隐患较大、影响安全的电梯进行大修或改造，解决老百姓呼声较高的电梯安全问题。

（蒋丽霞）

物价管理

【概况】 2021年，区发改经信局履行价格管理职能，推进依法行政。维护节假日期间价格平稳，重点关注特殊天气前后及新冠肺炎疫情防控期间价格市场，做好粮油肉禽蛋等生活必需品价格应急监测。同时发挥“浙江政务”平台作用，倾听消费者心声，及时受理价格投诉信访，化解价格纠纷和矛盾。全年收到价格政策咨询和信访269件，其中反馈134件、退回71件、政策咨询64件。

【清费减负】 2021年，区发改经信局根据《财政部、国家发改委关于进一步完善行政事业性收费项目目录公开制度的通知》和《关于加强全国政府性基金和行政事业性收费目录清单“一张网”管理有关事项的通知》，会同区财政局动态更新并公布《杭州市上城区行政事业性收费目录清单》，要求各单位严格按照目录清单依法执收。年内，区发改经信局会同区民政局督促区级登记的行业协会、商会开展经营服务性收费自查清理工作。

（崔　捷）

【价格政策宣传】 2021年，上城区落实市政府关于做好人民群众就地过年保障要求，指导企业保持商品价格稳定。新冠肺炎疫情期间，通过加强价格宣传，推进各项疫情防控措施落实，保证防疫物资及生活必需品等商品价格稳定，保障消费者合法权益；通过新闻媒体、门户网站、微信公众号等向社会公布疫情防控期间水电气价格优惠政策，确保全面落实惠企政策。全年发放《关于疫情期间严格执行价格政策的提醒函》《2021年春节期间市场价格行为提醒告诫书》等1000多份，提醒、告诫经营者严格遵守《中华人民共和国价格法》等价格法律法规，以强烈社会责任感，共同参与保供稳价，自觉维护良好的市场价格秩序。开展“平安护航建党百年”市场价格秩序大排查大整改专项整治行动，在生活服务、交通旅游、美容美发等行业加强价格政策宣传。区市场监管局组织企业参加市市场监管局价格政策宣讲会，规范价格行为。区发改经信局加强价格政策宣传，落实价格服务。会同区市场监管局，对转供电价格政策进行宣传，确保国家电价优惠政策有效落实。以走访社区的服务形式，现场向市民群众介绍《中华人民共和国价格法》等法律法规，讲解杭州市的水、电、气及幼儿园等涉及民生价格收费政策，现场为群众提供政策法律咨询，解答群众在生活中常见的价格问题。

（崔　捷　周　兵）

【价格专项监督检查】 2021年，上城区加强物价监管，维护全区正常价格秩序。年内，围绕减轻企业负担、服务民生价格及大型商业体收费等重点，开展殡葬服务机构收费、涉企收费、医疗收费等价格专项监督检查。通过专项检查，清退金额6194万元，惠及终端用户2.88万户，查处价格违法案件14件，罚没款472万元。

（周　兵）

金融管理

【概况】 2021年，上城区深化属地金融监管和风险处置工作。全区集聚省级以上持牌金融机构122家，其中全国总部机构16家、省级总部机构106家。122家总部机构中，有银行业总部机构26家、证券机构31家、保险机构45家、期货机构13家、金融租赁公司和基金管理公司7家。其他金融机构有小额贷款公司8家（含1家网络小额贷款公司）、融资性担保机构10家、典当机构21家、融资租赁机构56家、地方资产管理机构1家、备案私募机构673家。

【金融风险排查防控】 2021年，上城区强化金融风险排查防控，优化制定金融联审实施细则，进一步明确规范投资类企业由区政府牵头、部门街道联合会商的审核机制。自行政区划调整后，召开联审会议6次，同意新设企业128家、迁入企业27家、重大事项变更企业45家，办理特殊事项变更企业245家。持续跟进立案网贷平台进展，加快资产催收处置，注册地在辖区内的105个（家）网贷平台及分支机构已全部清理关停，其中销号40家、立案65家。头部平台“微贷网”整体处置取得阶段性成效，提前实现净本金100%覆盖兑付。根据国家和省、市统一部署，完成私募投资基金风险摸底排查整治。其间，通过数字化手段，建立辖区内近6000家金融类企业信息库，助力后续风险底数查控。

（刘　卫）

农业经济管理

【概况】 2021年，上城区贯彻落实中央、省、市关于实施乡村振兴战略的决策部署和上级农业农村工作会议精神，围绕“村社富裕富足、农业高质高效、环境宜居宜业”工作目标，以高质量发展壮大集体经济和都市农业产业为工作重点，提升集体

2021年12月8日，“农宝惠”优质农产品进社区活动在丁兰街道三义苑社区举行　（区发改经信局 供稿）

“三资”（资产、资金、资源）监管规范化、制度化、标准化水平，加快现代都市农业产业创新发展。根据《2021年杭州市实施乡村振兴战略实绩考核细则》要求，细化落实各项工作，促进城乡统筹发展和区域品质改善。全年全区获批省级现代种业发展资金520万元。探索产业发展新模式，发挥科研平台资源，扶持数字农业、设施农业，调整产业结构，投入建设全省首个商业化育种重点实验室，水稻、油菜、西兰花等种业领域品种创新和技术攻关工作走在全省前列。全年全区村级集体资产总额达385.08亿元，比2020年增长5.0%；全年全区村（社）集体经济组织年度可分配收入达22.89亿元，增长22.5%。

（高　艳　章航祺）

【农业产业发展】 2021年，上城区多举措推进农业产业发展。立项实施种子种苗产能提升、西兰花制种技术示范等省农业农村高质量发展项目8个，兑现财政专项资金916.5万元。立项实施省“三农”新型基础设施试点项目商业化育种实验室项目建设，争取中央生产发展资金1100万元。加快笕桥花卉产业园建设，全年园区内花卉企业年销售额超2500万元。杭州金色池塘生态农业观光有限公司的“金色池塘花卉数字植物工厂”被认定为第二批“浙江省数字农业工厂”；完成农业农村部土壤污染安全利用项目，综合整治区域内蔬菜种植地432亩（28.8万平方米）。龙头农业企业快速发展，全年全区21家市级以上农业龙头企业产值达290亿元。

【农产品推广】 2021年，上城区以“惠民生、创品牌、强服务”为宗旨，切实开展农企服务活动。全年举办“农宝惠”优质农产品进社区活动8次，先后有浙江金年食品有限公司、祐康食品（杭州）有限公司、杭州祖名豆制品有限公司等20多家知名农产品企业和火腿、肉制品、水产品、五谷杂粮系列等150多种优质农产品参展，参加群众50万人次。组织杭州绿望农产品有限公司等10多家农业企业参加线上农业食品博览会等优质农产品推介展销活动，提高当地品牌农产品的认可度和美誉度。

（高　艳　张　琴）

【村集体“三资”管理】 2021年，上城区有村（社）集体经济组织60个。村（社）集体资产总额达385.08亿元，其中银行存款95.23亿元；可分配收入22.89亿元，其中50个村（社）集体经济组织年度可分配收入超1000万元，最高2.58亿元；28个村（社）集体经济组织开展股份分红（股东分配），受益股东6.05万人，分红（分配）总额5.68亿元。上城区利用国民经济智能管理系统等平台，研究分析集体“三资”季度、年度指标，研判集体经济组织发展趋势。全面上线应用省农村集体经济数字管理系统，利用该系统开展财务审批、信息公开等工作，以数字赋能集体经济组织监督管理。围绕优化组织管理、规范资金管理、强化民主监督等方面，制定《村级集体“三资”管理规范化建设标准》，有效提供规范化操作样本。完成集体经济组织财务收支审计和领导干部离任经济责任审计，累计整改完成问题267个。开展侵占村社集体资产资源问题集中治理专项检查，全面清查经济合同1902份，规范4个街道大额资金存放方式，提升集体“三资”监督管理水平。坚持集体产权交易应进必进原则，全年进入区级平台产权交易59宗，实际成交39宗，交易标的涉及面积13.57万平方米，累计评估价11440.82万元，中标价11794.72万元，溢价3.09%。组织开展全区村（社）集体经济组织财会人员专题培训，参训123人。

（高　艳　杨婷婷　沈意昀）

安全生产监管

【概况】2021年，上城区以有效防范各类安全事故为目标，落实安全生产责任，加强城市运行安全风险管控、安全生产执法、安全生产信用体系建设和安全监管群防群治，开展重点行业领域专项整治，持续推进“重大隐患60日整改闭环机制”，优化安全生产领域营商环境，做好常态化疫情防控条件下安全生产保障。全年全区发生一般安全生产事故6起，未发生较大及以上安全生产事故及自然灾害事故，守住全区自然灾害和安全生产基本盘，实现风险总体可控，形势总体平稳。

【安全生产责任落实】2021年，上城区按照“党政同责、一岗双责、齐抓共管、失职追责”要求，强化区安全生产委员会统筹能力，组织签订《安全生产责任书》。在区级层面建立“区安委会+各安全生产专业委员会+重点部门”管理架构，推出《上城区安全生产委员会工作规则》。每个节假日前，区四套班子领导带队开展节前安全检查，各安全生产专业委员会落实行业领域安全生产行业监管工作。各街道加强日常安全检查，设立由行政主要负责人任组长、消防应急管理站为常设办事机构的街道应急管理工作领导小组，统筹协调实施属地安全生产、消防安全和自然灾害领域重大安全风险防范化解、突发事件应对处置工作，明确属地应急安全工作责任，落实行政责任人216人、各类基层责任人1130人。通过执法处罚、约谈警示、检查督查、挂牌督办等方式，督促企业有效落实安全生产主体责任。全年完成12家市级重大隐患挂牌督办企业及141家区级重大隐患挂牌督办企业所有重大隐患的整改、验收、销号工作。健全优化安全生产考核体制机制，发挥考评考核的导向、激励、约束作用，量化个性化考核指标，强化过程性指标管理和运用，对各重点工作、量化指标的完成情况实施定期通报、追踪、督办，促进安全生产责任落实。

【城市运行安全风险管控】2021年，上城区由区安全生产委员会办公室统筹全区安全风险管控具体工作，多举措开展城市安全风险管控工作。按照区安全生产委员会牵头、部门联动、专班推动、专业技术机构支撑的模式，开展企业风险普查。普查工作以道路交通、消防安全等6个“遏事故”领域为重点，于4月启动，6月分类建立全区风险点数据库，并结合风险变化动态，每3个月开展一次普查。落实全区自然灾害风险普查，逐一摸清安全风险“地图”，梳理完成专业市场、建筑工地、危化工贸企业、医疗机构、教育机构、高层建筑、地下空间等领域城市安全风险承载体6095个（处）。推进加工制造类企业风险管控体系创建，指导、督促企业进行风险辨识、风险评估和分级、分级管控和隐患排查治理，全面排查、预判可能导致事故发生的风险点，绘制“红橙黄蓝”四色安全风险空间分布图，对设备设施、作业环境和人员行为方面的安全风险进行全员、全方位、全过程的辨识，按照危险程度进行评估、划分等级，将风险管控责任措施落实到各个场所、点位和环节。推进规模以上工业企业和危化品企业标准化达标自评工作，将全区73家规模以上工业企业标准化达标工作纳入年度应急管理工作考核，明确任务分工，以企业标准化等级为分类分级监管的重要依据，实施差异化监管，促进企业安全生产主体责任落实和安全管理系统化、规范化、科学化。全年规模以上工业企业标准化自评完成率87.7%，危化品企业标准化自评完成率100%。

【第二轮安全生产综合治理三年行动】 2021年，区安全生产委员会工作专班根据浙江省和杭州市《第二轮安全生产综合治理三年行动计划》，以问题清单、任务清单、责任清单为抓手，以“3+9”工作体系推进三年行动145项年度任务序时完成。定期召开专班会议，分析研判重点难点，层层压实责任，梳理任务清单，细化工作措施。开展“四不两直”明察暗访工作，对重大问题、重大隐患实施挂牌督办。检查工贸、消防、道路交通、建筑施工等重点领域企业141家（次），处置隐患823个，督促企业全面落实安全生产主体责任，提升本质安全水平。

资料

“3+9”工作体系：“3”即“学习宣传贯彻习近平总书记关于安全生产重要论述”“安全生产风险防控和应急救援数字化建设”“落实企业安全生产主体责任”3个专题。“9”即危险化学品、加工制造类小微企业、消防安全、道路交通运输、建设工程、特种设备、城市运行、工业园区等功能区、危险废物9个安全专项整治。

“四不两直”：“四不”指不发通知、不打招呼、不听汇报、不用陪同接待；“两直”指直奔基层、直插现场。

【生产安全“遏事故、提本质”攻坚战】 2021年，上城区综合分析历年全区安全生产事故情况，结合当前全区安全风险领域实际，确定道路交通、消防安全、建设施工、小微企业（含危化品经营使用）工贸、特种设备和城市运行六大“遏事故”重点领域及攻坚重点，持续推进294项措施稳步落地。将高风险岗位作业人员、高风险设备设施、重大安全风险纳入动态监控范围，科学绘制重大风险链鱼骨图，开展风险普查，提升重点领域安全风险识别精准性。落实重点领域安全风险防控清单，将“遏事故”重点任务100%纳入安全生产管控力指数，对接“基层治理四平台”实时化处置突发风险。加强重大隐患主动报告和深度排查力度，抓实隐患闭环整改全过程，有序淘汰安全不达标装备和企业并完成“回头看”。年内，区政府领导班子成员全部担任安全生产委员会主任、副主任，重点领域100%成立专业安全生产委员会，增强安全生产工作领导力和专业统筹力。全区重大风险安全可控、企业本质安全水平有效提升，“遏事故”攻坚战取得明显成效。

【安全生产专项整治】 2021年，上城区围绕燃气及相关领域、安全生产培训“走过场”、打假制假行动等重点开展专项整治工作。各街道、相关部门开展燃气安全专项整治，重点对辖区沿街商铺、老旧房屋、燃气设施等重点领域开展安全隐患排查整治，出动1387人次，检查企业场所699家（次），发现并整改隐患345个。区应急管理局会同区公安分局开展打击假冒政府网站制售假冒特种作业操作证，以及安全生产知识和管理能力考核合格证的专项行动，通过企业自查自改和专项执法检查，排查特种作业人员、高危行业企业主要负责人和安全生产管理人员的持证情况，利用应急管理部官网和“浙里办·浙江安全码”核验安全生产证书真伪，维护正常安全生产秩序。开展安全生产培训“走过场”专项整治，对安全培训机构、考试机构和考试点及生产经营单位分别提出对应要求和专项整治重点内容，要求自查，列出问题清单，立查立改、边查边改，结合打击假冒政府网站制售假冒安全生产证书专项行动、第二轮安全生产综合治理三年行动计划、高危行业领域安全技能提升行动计划加强监管执法，规范安全生产培训秩序，提升培训考试质量。

【安全生产执法检查】 2021年，上城区根据执法计划和历年事故多发人员伤亡统计分析，重点突出对区内大中型建筑工地、装饰装修工地、危险化学品使用企业等经营单位开展安全生产执法检查，检查中发现的一般违法行为整改率、重大违法行为立案查处率均100%。推广应用全省统一行政执法监管平台，落实“双随机一公开”抽查监管要求和行政执法公示制度、行政执法全过程记录制度、重大执法决定的法制审核制度“三项制度”全覆盖，以“互联网+监管”执法推进行政执法规范化建设，提升安全生产执法效能。创新“1+14”执法监管双融机制，即以区应急管理行政执法队为主要执法力量，借助14个属地街道安全生产监管力量，将执法力量下沉到街道，完善安全生产违法行为线索移送机制，实行部门街道线索发现、执法联动合力推动，通过线索移送形式，查处企业安全生产违法行为，有效破解“属地监管难”问题。全年区应急管理局收到属地街道上报相关线索73条，其中31条符合相关要求，转化为有效查处案源。全年区应急管理局执法检查生产经营单位494家，办理非事故案件195件，行政处罚350.55万元，罚款缴纳率100%，责令停产停业（暂时停产停业）2家，办理涉嫌危险作业罪行刑衔接案件1起。

【安全生产违法行为行刑衔接】 2021年，区应急管理局与区公安分局、区检察院、区法院深化办案协作，建立案件会商、联席会议等制度，集中讨论针对涉嫌犯罪的安全生产违法行为由行政执法机关移送司法机关追究刑事责任的法律适用、证据规格、构罪标准等问题。通过行刑衔接做到惩罚与过错相适应，防止安全生产行政执法中出现用行政处罚代替刑事责任追究的问题，增强安全生产违法行为行政处罚和刑事处罚的合力。8月，接违法线索案源上报，在九堡街道辖区不具备危险化学品储存安

2021年6月10日，执法人员在汽车加油站开展安全检查

（区应急管理局 供稿）

全条件的场所内发现大量危险化学品，经调查取证发现该批危险化学品权属公司不具备储存危险化学品资质，属于未经依法批准或者许可擅自从事危险物品经营、储存等高度危险的生产作业活动，以涉嫌危险作业罪将该案移送公安机关处理，实现行刑衔接“零突破”。严肃安全生产事故调查和事故有关责任人的刑事责任追究，全年完成事故调查处理8起，向公安机关移送追究刑事责任人员11人，处罚事故责任单位和事故责任人27家（人），罚款589.80万元。

【“重大隐患60日整改闭环机制”推进】 2021年，区安全生产委员会办公室实施“重大隐患整治60日整改闭环机制”，建立隐患问题、责任治理、整改时限、监督反馈清单，形成督办、治理、追责、验收、销号60日全程闭环。发挥第三方力量助推隐患曝光作用，在对消防、建筑施工、道路交通、危化品等重点领域开展常态常效隐患曝光的基础上，结合各项安全生产专项整治工作，将曝光范围扩大到燃气、旅游、防汛防台、城市运行管理等领域。建立“每日一巡查、每周一分析、每月一曝光”机制，加强隐患分析研判，对拟开展的隐患暗访重点领域、重点部位等进行研究，做到每期有重点、有亮点，确保曝光交办的隐患更有针对性。各行业主管部门和属地街道以现场指导、约谈、督查等方式督促责任单位整改隐患。全年制作隐患暗访视频曝光挂牌督办通报12期，发出隐患整改交办单141份，涉及安全隐患823个，年内均整改完毕。全区各单位检查企业（店铺）4.75万家（次），整改隐患1.27万个。

【安全生产监管群防群治】 2021年，区应急管理局构筑由吹哨员、网格员、督导组组成的安全生产监管群防群治严密防线。开发上线微信公众号“民呼我为·请您来发现”模块，结合隐患举报奖励制度，畅通群众举报渠道。通过聘请200名编外社区安全吹哨员，开展集中培训和指导，加大基层群众对所在网格区域安全隐患的排查力量。累计上报信息3103条，经核对派单2276份，第一时间督促属地街道、行业部门和企业责任主体落实隐患整改。将安全生产基层治理工作事项逐一分解纳入网格，推进街道版“小脑+手脚”模式深化基层治理工作，形成由网格支部书记、网格长、网格指导员、社工网格员、专职网格员和兼职网格员组成的网格“六大员”共同管理网格事务的工作格局，实现安全生产基层治理线上线下全时段全域管理。通过网格员日常走访排查，在手机端实时更新街道、社区、物业等对重点物件检查情况，全年更新灭火器4666只、罐装燃气瓶494只、检查整改问题191个，100%实现数字化监管。组建安全督导组，由28名区管干部组成14支队伍，对全区14个街道（管委会）的消防和生产安全工作落实情况开展督导，突出问题导向、强化上下联动。

【安全生产领域营商环境优化】 2021年，区应急管理局以服务企业为导向，优化安全生产领域营商环境，为企业提供优质安全服务，坚持疫情防控和企业复工复产“两手抓、两手硬”。局领导挂包联系各街道，对企业开展安全生产检查、督查，服务指导企业安全生产和疫情防控工作，从“减材料，减环节，减时间”上入手，将办事事项逐项进行梳理，分门别类归集。年内，19项政务服务事项100%实现“跑零次”，网上办实现率100%，掌上办实现率100%，即办事项100%，材料电子化比率达到100%。推进“最多跑一次”改革工作，以群众需求为导向，落实服务前置，通过搭建咨询平台、制作申报模板、公布容缺表单、实施网上预审、预约现场审查、开设绿色通道、提供快递送达等全方位服务举措，做到“零投诉、零复议、零诉讼”，全年总办件量95件，企业反馈“最多跑一次”率100%，满意率100%。依法实施行政许可，加强服务与源头管控，全年发放危险化学品经营许可证96本，其中首次办证32本、重新办证31本、变更13本、换证20本，注销40本；完成危险化学品建设项目设施设计审查4件，完成易制毒经营备案14件，重大危险源备案1家，应急救援预案备案108件。

【安全生产社会化服务】 2021年，上城区以保险业参与管理、政府购买服务等模式引导社会力量共同开展安全生产社会化服务，参与安全治理，拓宽途径，破解中小微企业安全生产管理难题，解决部分重点企业、高危企业不会管的问题，提升企业风险防控水平。区应急管理局聘请第三方中介服务机构对辖区94家重点企业开展服务，为落实监管举措提供技术支撑。全年开展4轮全面“体检式”检查服务，发现并整改各类安全隐患354个；对辖区59家企业安全风险管控体系建设进行现场验收，及时将验收结果反馈给属地街道，督促企业建立风险分级管控清单、管控措施排查清单，从源头上解决安全生产想不到、管不到、治不到的局面，提升企业自身安全管理能力。把责任保险机制引入安全生产领域，在建筑施工、道路运输单位及危险物品生产、经营、储存单位率先推行“安全生产责任保险+服务”模式，并尝试出租房安全生产责任保险工作，推进8个领域安全生产责任保险的全行业覆盖。拓展运用保险机制引入第三方服务机构参与安全生产治理和事故预防，通过“保险+服务”双轨运行，实现事前有预防，事后有保障。全年全区投保单位6464家，保障4.97万人，为1万余家投保单位提供安全风险排查和教育培训等服务，聘请专家为5000多家企业提供安全生产教育培训服务，全面提升企业安全管理水平。

【工业企业安全在线平台运用】 2021年，上城区运用省工业企业安全在线平台，拓展数字监管场景应用，督促企业严格落实安全风险分级管控和隐患排查治理双重预防工作机制，提升全区工业企业风险管控隐患治理规范化、专业化、数字化水平。围绕“人、物、环境、管理”等要素，完善风险识别和企业、班组、岗位分级管控措施，设置风险点及管控措施点检内容，完善风险识别管控，按时进行变更风险填报和确认报告，风险普查常普常新率维持在80%以上，确保风险识别不遗漏、不隐瞒，风险管控措施精准、有效。对照制定的风险管控措施进行隐患排查，及时消除事故隐患，完成隐患闭环管控。开展常态化排查，对因破产、关闭、拆迁、搬迁等原因不在辖区从事生产经营活动的企业，在系统中予以注销，确保企业底数清、情况明。借助省工业企业安全在线平台，将企业属重大风险等级的风险点纳入安全监管，按企业风险分级和风险标签分类开展检查整治，建立完善重大风险隐患发现处置闭环工作机制，动态调控企业风险“红橙黄蓝”四色安全风险空间分布图，实现分级分类差异化精准管控，督促企业消减重大风险、整治重大隐患。

【企业百万员工安全大培训】 2021年，上城区组织加工制造类小微企业主要负责人、安全管理人员、重点岗位人员与“三场所三企业”、工贸行业使用危险化学品等危险性较高企业主要负责人、安全管理人员、从业人员参加全省企业百万员工安全大培训，提升其安全技能、应急处置能力。利用区内安全体验场馆、应急服务站等场所，结合事故案例分析、应急演练、安全生产月、消防安全宣传月等活动，开展现场教学。利用浙江省安全生产网络学院平台开展各行业专题培训，通过“理论培训+现场教学”“线上+线下”等培训方式，让安全生产理念深入人心，增强企业员工安全意识，提升安全技能。引导大型企业、安全培训机构、社会化服务机构发挥各自优势，参与全省百万员工安全技能提升培训。全年培训合格人数2023人，任务完成率112.4%。

【全民安全素养提升三年行动】2021年，上城区推进全民安全素养提升三年行动工作。聚焦安全发展理念，全区各街道和行业主管部门结合党委理论学习中心组、班子会议，学习贯彻习近平总书记关于应急管理、安全生产和防灾减灾的重要论述和全区安全生产会议精神。强化重点人群安全教育培训，围绕党员领导干部、学生、员工等群体，依托领导干部集中轮训、中小学生安全教育日、百万员工安全大培训等载体，开展安全宣传教育和培训。在道路交通运输、危化和加工制造、消防安全、建筑施工等重点领域开展具有行业特色的培训教育，提升企业从业人员安全素养。常态化开展安全生产宣传教育，推动安全宣传教育进企业、进农村、进社区、进学校、进家庭，集中开展“安全生产月”、《中华人民共和国安全生产法》宣传周、“11·9”消防安全宣传日等主题活动，设立企业“逢查必考”新机制，开展街道“流动课堂”、网络直播课堂等活动，向群众和企业职工提供培训教育服务，发放宣传资料2万余份，加强安全宣传源头管理，筑牢安全生产基础。

（吴　盈）

审　计

【概况】2021年，区审计局依法履行审计监督职责，对预算执行和财政政策落实、社会建设、领导干部权力运行和责任落实、制度机制完善情况等方面进行审计。全年实施审计和专项审计调查项目21个，查出主要问题金额2.38亿元，管理不规范金额2.38亿元，促进整改落实有关问题金额1007万元。出具审计报告和专项审计调查报告16篇，被批示、采用8篇；向被审计单位或有关单位提出审计建议53条，均被采纳；提交审计信息106篇，被批示、采用39篇。

【预算执行审计】2021年，区审计局围绕全面实施预算绩效管理和落实中央八项规定精神等方面，统筹规划财政同级审和其他审计项目中涉及财政财务收支、绩效等方面的审计内容，将政府综合财务报告、税收和非税收入专项审计作为“嵌入式”模块同步开展，重点审计政府性资金、资产的整体规模及财政运行总体情况。针对审计发现的收支平衡压力和债务化解压力较大等问题，区审计局推动财政部门采取措施，加强收支情况的分析研判，防范化解政府债务风险，推动区域财政健康运行。

【经济责任及自然资源资产审计】2021年，区审计局构建全区经济责任审计与自然资源资产审计“一盘棋”格局，探索推行“1+N”经济责任审计模式，实现经济责任审计项目与其他项目统筹整合，提升审计效率。全年制定《上城区党政主要领导干部经济责任审计操作规程》《上城区领导干部离任经济事项交接办法》等6项制度。配合省审计厅对原上城区委、区政府主要负责人开展经济责任审计。成立领导干部自然资源资产离任审计大数据应用研究课题组，对望江街道相关主要负责人进行自然资源资产离任（任中）审计，获取望江街道在大气、“五水共治”、垃圾分类等方面的考核标准及考核结果资料，梳理领导干部任期自然资源资产管理和生态环境保护方面的落实情况，通过现场查看、数据分析、抽查档案、信访投诉归集等方法，对环保案件管理、河道污水治理、垃圾分类等情况做重点审计，提出解决问题的可行性建议。

【专项审计】 2021年，区审计局完成老旧小区改造专项审计调查工作，调查了解审批制度改革推进、民工工资支付、项目质量安全等情况，提出相应建议意见，审计范围涉及23个改造项目，累计概算总投资10.26亿元，涵盖64个小区。开展医养护资金使用情况专项调查审计，针对发现的问题提出意见建议。加强对政府重大投资项目建设和管理情况的审计监督，跟踪审计2022年第19届亚运会竞赛场馆改造提升、德寿宫遗址保护展示工程暨南宋博物院（一期）建设、始版桥未来社区建设3个项目，发现问题并督促落实解决，涉及概算总投资35.26亿元。范家社区、三叉社区、御道股份经济合作社2019年度财务收支及资产管理状况的专项审计调查获杭州市优秀审计项目二等奖。

【审计督查整改】 2021年，区审计局落实审计查出问题整改长效机制，抓住审计查出问题确认及挂号、整改认定及销号、督促检查及追责等关键环节，进一步强化“挂账销号”意识。全年制定不同来源问题清单9张，涉及问题246个。以区委、区政府，区纪委区监委等单位联合督查为抓手，开展督查6次，涉及责任单位19家（次），针对拆迁安置、生态文明、财政收支、政府债务、招标管理、国有企业规范等方面问题，向整改不到位的单位提出意见建议，推进各单位完善规章制度、规范事项梳理、优化办事流程。

2021年6月10日，上城区经济责任审计联席会议第一次会议召开

（区审计局 供稿）

【内部审计】 2021年，区审计局以行政区划调整为契机，督促各单位加速融合，指导区教育局、区司法局、笕桥街道等25家单位制定完善内审制度50多项。采用“国家审计+内部审计”协同的方式对区机关事务中心、区综合行政执法局等25家单位开展国有房产管理情况专项内部审计调查。发动内审人员和社会审计力量，发现房产经营管理不到位、房产管理内部控制不健全等问题，将部分问题纳入国有房产专项审计调查报告，深化整改监督工作，实现优势互补、资源共享、重点单位全覆盖。组织全区26家机关企事业单位开展内部审计交流会，各单位就工作开展情况、下步工作打算等进行分享和交流，区审计局针对当前存在的问题进行疑难解答指导，全区内部审计工作质量和水平实现提升。年内，区审计局指导撰写的《开展风险导向的内部审计防范国有企业经营风险》获杭州市内部审计典型经验三等奖，《“统筹发展和安全”内审理论研究》获杭州市内部审计论文三等奖，《关于内部审计在统筹发展和安全发挥增值作用的探究》《新发展目标下的国有企业内部审计工作研究》获杭州市内部审计论文优秀奖。

【数字化审计】2021年，区审计局拓宽获取审计所需数据渠道，常态化开展数据的标准化转换和数据质量验证工作，持续研究数据需求与应用需求，提炼固化各行业大数据审计经验。构建财政资金审计管理系统，为财政同级审、部门预算等涉及财政资金相关的审计项目提供大数据审计支撑平台。完善“数据分析+现场核查”的数字化审计模式，加快“金审工程”（中国国家审计信息化建设项目）三期建设，逐步将审计工作从现场审计为主向后台数据分析和现场审计并重转变。配合省审计厅做好电子数据报关相关工作，牵头梳理审计重点及审计历史遗留问题，要求各单位进行自查并及时整改。与党政机关整体智治综合应用系统等互联对接，形成多跨协同及数据共享的在线应用场景，在“廉情码”政治生态监督管理平台基础上，对整改较慢的5家单位进行预警，预警事项13项。

（詹丹宁　管好好）

统　计

【概况】2021年，区统计局优化统计服务，完善统计工作机制，为区委、区政府决策提供数据信息支撑。加强走访核查，全年走访重点调查单位450多家、重点项目215个、调查户350户。完成2541家“四上”（规模以上工业、有资质的建筑业、房地产开发经营业、限额以上批发和零售业、限额以上住宿和餐饮业、规模以上服务业）法人单位的月度、季度、年度调查工作。提升统计人员统计法治专业水平，夯实基层统计工作基础，面向全区14个街道、201个社区（村）进行统计业务常态化全覆盖培训指导。推荐3家企业申报2020年度杭州市统计诚信单位。

【统计调查管理】2021年，区统计局开展工业、建筑业、批发零售业、住宿餐饮业、房地产业、服务业、能源、投资、劳动工资等方面常规统计调查，加强数据审核评估，做实全区基础数据，按时完成各专业统计报表。完成月度劳动力监测、城乡住户一体化等调查，数据质量均通过市统计局评估验收。全年完成平安调查、营商环境调查、居家养老调查等专项调查9项，收集老旧小区改造、居家养老服务等方面意见建议，撰写完成《疫情防控背景下民企发展之路——上城区民营企业发展环境调查报告》《上城区居家养老服务满意度民意调查报告》《上城区老旧小区改造民意调查报告》3篇调查报告。

【统计工作机制完善】2021年，区统计局完善六大类39项统计工作机制，从人员配备、经费保障、工作运行等方面，规范基层统计工作标准。推进统计网格化建设，印发《统计网格化管理工作实施意见》，明确各街道、部门职责，建立层次清晰的网格分级功能和网格常态运行机制，落实经费保障机制，制定网格评价体系。至年末，全区14个街道设立统计网格89个、统计驿站15个，开展培训学习等网格活动100多次，形成区级—街道—企业三层联动、互相促进的工作机制，不断夯实基层统计工作基础。

【统计基础工作】2021年，区统计局以迎接国家统计督察为契机，开展统计造假问题全面排查、全专业统计数据核查及统计执法检查工作。建立数据质量长效机制，对全区“四上”企业及项目开展“见人、见表、见数”统计数据核查。启动年度统计稽查工作，推进“双随机”抽查监管，对118家单位进行执法检查，立案12件，均按照要求在浙江政务服务网上进行登记。组织全区企事业单位统计人员线上、线下分批开展统计业务知识培训，增强基层统计人员业务水平，全年培训统计员22批次，进企业、街道培训90多次。强化统计名录管理，健全区、局、街道、社区三级联动机制，建立准规模以上（限额以上）单位后备库，落实名录库单位日常维护工作，组织力量开展名录库定期抽检，完善名录库建设。全年规模以上（限额以上）申报单位新增303家，退库280家。年内，通过评选，推荐3家企业申报2020年度杭州市统计诚信单位。

【统计服务优化】 2021年，区统计局以“统计联心、数为民用”为主题，在全区开展“服务群众、服务企业、服务基层、服务部门”主题服务行动。结合采购经理指数、房地产价格指数等指标情况，开展“点对点”服务企业30多次，为企业提供个性化发展报告，协同破解发展难题。利用数据资源优势，为新冠肺炎疫情防控、社区治理、教育资源布局等提供数据支撑，为“靶向”施策提供精准建议。全年报送统计专报9篇，其中《区统计局开展主题服务行动取得实效》《1—6月“15+7”考核监测情况》《我区GDP重点影响行业分析与招引方向建议》等5篇统计分析材料获区委、区政府主要领导批示。按月发布统计快报和统计月报，针对各项考核指标，按季度编发《主要经济指标考核完成情况领导服务手册》。

2021年5月30日，区统计局工作人员走访杭州茂启房地产开发有限公司商业商务用房兼容商品住宅（一期）项目　（区统计局 供稿）

完成《2020年统计公报》发布和《2020年统计年鉴》编印工作。加强“上城统计”微信、微博平台管理，扩大统计影响力，发布党政、综合、专业等原创信息236篇，其中市统计局录用102篇、省统计局录用21篇。与区发改经信局、区住建局、区综合行政执法局、各街道（平台）等考核责任部门联动，按新建、续建、竣工开业3个类别逐一核对项目，掌握项目最新动态，指导责任部门依规统计。

（屠碧岭）

中介服务业管理

【概况】 2021年，上城区将中介服务业列为优势产业，拓展法律、财会、咨询、专利服务等产业细分领域，扩大服务范围和服务半径，加强行业管理。全区中介服务业主要由律师、会计师和人力资源服务机构等构成，包括律师事务所127家、会计师事务所38家、人力资源服务机构143家。推动律师行业发展，全年全区律师办理案件6.74万件，律师人数及收入亿元以上律师事务所数均居全市第1位。加强辖区内会计人才培养，全年会计专业技术资格考试报名11584人。全区人力资源服务机构服务企业10万余家次，提供就业岗位50多万个，税收超3亿元。

（黎　颖）

【法律服务业】 2021年，上城区律师行业快速发展，律师队伍逐步壮大，律师人数及收入亿元以上律师事务所数均居全市第1位，为经济社会发展提供法治保障。至年末，全区有律师事务所127家，其中当年新成立22家，律师3515人，其中党员律师1419人；律师事务所党委1个、党总支7个、党支部83个，其中独立党支部72个、联合党支部11个。全年全区律师事务所收入26.39亿元，纳税金额2901.96万元。有收入1000万元以上律师事务所23家。全年全区律师办理案件6.74万件，其中刑事诉讼9103件、行政诉讼1033件、民事诉讼4.92万件、非诉案件6675件、法律援助1424件。服务党委政府、企业，担任7251家单位、企业的法律顾问，全年参与调解矛盾纠纷3224件，对5871家企业开展法治体检，化解涉疫涉企矛盾纠纷515件。

（耿俊霞）

【会计事务管理】 2021年，上城区有会计师事务所38家，纳税26097.36万元。辖区内会计从业人数5277人，其中执业注册会计师1524人。区财政局为促进会计事务发展，加强会计代理记账机构管理，强化会计师事务所年度报备审核，服务会计从业人员。按照财政部令第98号《会计基础工作规范》，通过"浙江省代理记账机构管理系统"进行受理审查，完成206家代理记账机构2021年度报备工作；提高对外事项办理审批时效，实现事项即时办理，全年新增会计代理记账资格审批27件、注销6件、信息变更12件。加强注册会计师行业行政监督，严格审核执业许可条件、工商注册等信息，完成辖区内中汇会计师事务所（特殊普通合伙）、立信会计师事务所（特殊普通合伙）浙江分所等36家会计师事务所年度报备工作，对辖区内前力（杭州）会计师事务所有限公司等13家"有照无证"会计师事务所开展专项整治工作，通过工商变更登记、工商注销手续等，前力（杭州）财务咨询有限公司、杭州佳跃财务咨询合伙企业（普通合伙）等11家企业整改到位，杭州展腾会计师事务所有限公司、杭州金税会计师事务所有限公司2家企业变更迁址。区财政局根据区委《关于打造一流人才生态城区的实施意见》，制定钱江商务人才的"会计评估"类评价标准。组织并进行辖区内会计人才培养，全年推荐省级高端会计人才（企业类）48人、市"科技创新"企业高端会计人才35人，其中通过省市评审64人，通过率77.1%。加强高级会计师评审申报资料初审，审核修改材料139份，评审通过97人，通过率69.8%。全年会计专业技术资格考试报名11584人，其中初级资格报名4672人、中级资格报名6568人、高级资格报名344人，全年会计人员信息审核服务次数1.62万人次。

（黄颖敏　王　静）

【劳务和人才服务】 2021年，上城区结合区情特点、产业格局新变化，推动人力资源服务业纳入区产业支持政策，在促进区域贡献、帮扶企业成长、推进服务品牌建设等方面给予政策支持，优化人才配置、促进劳动者就业。推出"HR共享汇"数字赋能改革项目。该项目为杭州市人力社保数字化改革"人力资源"板块唯一试点项目，依托智谷产业园平台，通过融合政府、社会组织、市场等服务力量，全方位优化供需双方的在线交流。全区有人力资源服务机构143家，服务企业10万余家（次），提供就业岗位50多万个，税收超3亿元。年内，浙江外企德科人力资源服务有限公司、浙江省对外服务有限公司等13家上城人力资源企业入围全省人力资源服务机构综合100强，其中浙江外企德科人力资源服务有限公司、杭州今元标矩科技有限公司、浙江省对外服务有限公司3家入围前10强；浙江省对外服务有限公司、杭州人瑞人力资源服务有限公司等6家企业入选省重点培育目录；

杭州智服人力资源有限公司、杭州优科达商业管理有限责任公司等10家机构入选省人力资源服务业育优扶优企业名录；浙江省对外服务有限公司、杭州融服人力资源服务有限公司等5家机构获评省星级企业；杭州江南人才服务有限公司、浙江红海力保商务服务有限公司等4家企业入选省劳务派遣100强。

（许楚楚）

邮政服务

【概况】 2021年，邮政上城区分公司承担国内和国际信函寄递、国内和国际包裹快递、报刊和图书等出版物发行、邮票发行、邮政汇兑、机要通信、邮政物流、电子商务、各类邮政代理等业务职责。公司下辖中山中路邮政支局、映霞街邮政支局、涌金门邮政所等邮政普遍服务营业网点32个，城东营业部、赛博营业部等寄递类营业网点29个。邮政上城区分公司持续推进电商特快业务和特快揽投部建设，围绕业务发展，推动网点整合，完善营销体系建设，全年公司完成业务收入1.39亿元。

【电商特快项目】 2021年，邮政上城区分公司持续推进电商特快业务。面对人员短缺、车辆调度紧张、集包卸车困难等问题，通过整合揽投部车辆、灵活运用社会资源、组建团队、快包人员叠加特快等方式，探索电商特快发展新路径。全年业务量近80万件，人均日收寄件量216件，实现业务收入近700万元，业务收入绝对值比2020年增加近500万元。

【特快揽投部建设推进】 2021年，邮政上城区分公司推进特快揽投部建设。加大网点布局建设，新建近江、复兴特快揽投部2个，优化九堡、彭埠、笕桥等特快揽投部5个，完善钱江新城、凤城等特快揽投部5个。优化网点经营管理机制，从人员数、道段数、营揽服务水平、售后服务质量逐一进行自我完善。创新运行模式，在现有政策下，合理优化道段作业结构，试点推出上午投下午营揽作业、“一对三”驻点等模式，提升服务水平。全年特快揽投部特快业务收入5001.54万元，比2020年增加近530万元，增长11.9%。

2021年邮政上城区分公司营业网点情况

表11

序号	类别	网点名称	地址
1		东宝路投递组	清泰南苑17幢底层商铺
2		赛博揽投部	丁群街46号
3		丁桥投递组	丁群街560号
4		东站投递组	东宁路60号
5		彭埠揽投部	东宁路60号
6	寄递网点	秋涛北路揽投部	东宁路60号
7		秋涛北路投递组	东宁路60号
8		城东揽投部	机场路240号
9		笕桥特快揽投部	机场路240号
10		笕桥投递组	机场路240号
11		九堡揽投部	鑫运时代3幢底商7号

续表11

序号	类别	网点名称	地址
12	寄递网点	九堡特快揽投部	鑫运时代3幢底商7号
13		南星桥揽投部	秋涛路37号秋江雅苑
14		南星桥投递组	秋涛路37号秋江雅苑
15		九堡投递组	商贸街12号
16		秋北特快揽投部	天聚府1楼
17		近江特快揽投部	东宝路47～51号
18		四季星座揽投部	东宝路47～51号
19		凤城特快揽投部	环城东路10-1号
20		城站揽投部	环城东路19号
21		城站投递组	环城东路19号
22		凤起路揽投部	环城东路19号
23		凤起路投递组	环城东路19号
24		建国北路揽投部	环城东路19号
25		建国北路特快揽投部	环城东路19号
26		钱江新城特快揽投部	之江路959号
27		钱江新城特快揽投二部	之江路960号
28		春江特快揽投部	钱江路106号
29		复兴特快揽投部	钱江路106号
1	邮政营业网点	杭州丁桥邮政支局	丁群路554～560号
2		杭州笕桥邮政支局	机场路240号
3		杭州九堡邮政所	商贸路12号
4		杭州江锦路邮政所	江锦路172号
5		杭州凯旋路邮政所	凯旋路73号
6		杭州双菱路路邮政所	双菱路72号
7		杭州新塘路邮政所	新塘路218号
8		杭州城东邮政支局	多立方公寓5幢102室
9		杭州火车东站支局	新塘路309号汽配城北门
10		杭州市钱江四苑邮政支局	钱江四苑11幢1层底商3号
11		杭州市浙大华家池邮政所	凯旋路268号
12		杭州市景芳邮政所	景昙路139号
13		杭州市钱江路邮政所	钱江路566号
14		杭州市夕照邮政所	夕照新村41-2号
15		杭州市景江花园邮政所	之江路959号
16		杭州市市民之家邮政所	新业路311号L座8号窗口
17		杭州市金堡街邮政所	金堡街247号
18		杭州市丁群街邮政所	丁群路39号

续表 11

序号	类别	网点名称	地址
19	邮政营业网点	杭州市中山中路支局	中山中路313号
20		杭州市映霞街支局	映霞街52号
21		杭州市涌金门邮政所	劳动路163号
22		杭州市庆春路支局	庆春路147号
23		杭州市三华园支局	凤起路308号
24		杭州市南星桥支局	二凉亭1号
25		杭州市复兴南苑邮政所	复兴南街133号
26		杭州市城站支局	环城东路10号
27		杭州市清泰街邮政所	清泰街501号
28		杭州市望江门邮政所	江城路502号
29		杭州市江城路邮政所	秋涛路37号春江揽投站内
30		杭州市凤起路邮政支局	凤起路58号
31		杭州市武林广场邮政所	体育场路356号
32		杭州市武林路邮政所	武林路406号

（郭　健）

电信服务

【概况】 2021年，电信上城分局承担区域内移动通信、互联网接入及应用、固定电话、ICT集成等综合信息服务，下设湖滨支局、景芳支局等26个综合支局，政务支局、大企业支局等10个政企支局和智云护航、DICT（DT云和大数据技术、IT信息技术和CT通信技术的融合）2个中心。服务区域东起彭埠街道，西至钱江一桥、玉皇山、南屏山、南山路、湖滨路、环城西路一线，南起之江中路，北至丁兰街道，服务面积123.17平方千米。至年末，全区宽带用户总数30.2万户，高清ITV用户总数20.3万户，税后业务收入6.9亿元。

【光网质量提升】 2021年，电信上城分局坚持新建5G通信基站为主，优化4G网络覆盖为辅的方针，持续优化网络建设。至年末，完成5G室外基站62个，包括湖滨步行街、西湖音乐喷泉等43个重点区域；完成5G室内基站53个，基本覆盖各大型商务楼宇及小区地下室；完成4G室外基站5个，修补个别信号盲区或死角。完成凯旋门商业中心、浙江万合酒店、杭州U乐城、名珏公寓4个以租代建工程。结合信号投诉热点区域，对高投诉区域进行立体维度的基站建设，解决多个高流量需求区域覆盖问题，注重机线协同、点面结合，实现光网质量提升。

【服务水平提升】 2021年，电信上城分局着力加强投诉管控，明确营业总监责任制，针对服务差错较多的网点，要求该网点店长及老员工做好以师带徒，认真执行业务受理规范，降低差错率。对宽带安装、维护测评不满意工单实行每日通报制度，以案例形式描述原因及存在的问题，逐个分析，进行整改，提高服务水平。

【疫情防控通信保障】 2021年，电信上城分局承担中央企业的社会责任，助力区政府做好新冠肺炎疫情防控，保障通信畅通。提供应急保障车，确保信号与网速稳定，支撑杭州娃哈哈双语学校全校师生开展核酸自查；接应凯旋街道精细化管理，组建保障团队开展上门服务，紧急开通楼道单元门视频监控，配合区政府在重要场所紧急安装监控宽带及天翼看家设备，满足街道指定隔离点隔离观察需求，提高疫情防控效率。增加宽带、ITV、固定电话等电信业务安装维护支撑力量，助力疫情防控。

2021年电信上城分局营业厅情况

表12

序号	网点名称	地址
1	上城湖滨支局营业厅	将军路32～40号
2	上城德耀元华华为专卖店	延安路179号
3	上城仙林支局营业厅	仙林桥直街27号
4	上城德耀延安路合作卖场	延安路372号
5	上城德耀延安路华为高级体验店	延安路382号
6	上城南星支局营业厅	复兴南街277～279号
7	上城望江支局营业厅	近江西路1号
8	上城天翔万泰城华为专卖店	望江东路332号
9	上城海潮支局营业厅	东宝路29号
10	上城小营支局营业厅	河坊街27号
11	上城长庆支局营业厅	长庆街18号
12	上城庆春支局营业厅	解放路116号
13	上城江城支局营业厅	江城路96号
14	上城紫阳支局营业厅	钱江路243号
15	上城清波支局营业厅	中河中路159号
16	上城二分局鹏讯五福专营店	钱潮路308号
17	上城二分局天翔三里亭营业厅	三里亭路1号
18	上城二分局鑫妍清江路营业厅	清江路179号
19	上城二分局天翔丁桥华为专营店	丁群路488号
20	上城二分局悦毅相婆路天翼卖场	相婆路东黄家社区二组
21	上城二分局佳颖五星国际苹果专营店	明月桥路115号中豪五星国际4幢底座17号
22	上城二分局德耀大唐城华为授权体验店	丁桥中太大唐城一楼底商
23	上城二分局起航大塘苑专营店	蕙兰雅路617号
24	上城二分局辰宇天虹苹果专营店	新塘路108号天虹购物中心B座1层B134a
25	上城二分局笕桥支局营业厅	机场路66-6号
26	上城二分局闸弄口支局营业厅	天城路204-1号
27	上城二分局景芳中心营业厅	凤起东路132号
28	上城二分局笕新支局营业厅	全福桥路463号

续表 12

序号	网点名称	地址
29	上城二分局凯旋支局景苑营业厅	昙花庵路196号
30	上城二分局向江来营业厅	严家弄向江来综合体1楼商铺
31	上城二分局丁兰支局营业厅	会林路52号商铺
32	上城二分局艮北支局营业厅	彭埠普德路28-1号
33	上城二分局明珠支局营业厅	丁群路202号
34	上城二分局长睦支局营业厅	丁桥蕙兰雅路670号
35	上城二分局凯旋支局营业厅	凯旋路329号
36	上城二分局彭埠支局营业厅	明月嘉苑三区19幢6～7号
37	上城二分局景芳支局营业厅	景御路173号
38	上城二分局四季青支局营业厅	江锦路185号
39	上城二分局采荷支局营业厅	庆春东路103号
40	上城二分局天运支局营业厅	天运路79号
41	上城二四季青支局钱江营业厅	静安花苑2幢底商
42	上城二分局惠佳久睦营业厅	长睦路268号
43	上城二分局起航东宸专营店	环站东路842号

（倪　薇　谢引引）

移动服务

【概况】 2021年，移动上城分公司坚持以客户服务为中心，发挥5G、云计算、大数据、物联网、BSN（区块链服务网络）等方面优势，推出基于宽带和互联网的多媒体融合信息服务。公司贯彻落实5G建设、信息惠民等工作，推动信息事业发展，深化社会民生建设，助力上城数字经济转型、智慧城市建设、规模化推进千兆小区建设等工作。公司下设杭海路营业厅、吴山营业厅等14个网点，以及九堡分局、秋涛分局、望江分局等10个分局。全年通信用户数超122万户，宽带用户数超23万户，开通5G基站超1400个，网络工程投资超1亿元，实现通信服务收入超13亿元。

年内，移动上城分公司获浙江移动庆祝中国共产党成立100周年“四个先锋”、浙江移动“四个服务”优秀书记项目、浙江移动政企市场突

2021年9月，移动上城分公司工作人员在解放路营业厅开展“十分满意客户服务日”现场接待活动　（移动上城分公司 供稿）

出贡献奖、浙江移动政企专线业务拓展奖、杭州移动宽带品质提升大会战优胜单位、杭州移动政企攻坚移动云领先奖、杭州移动用户服务优胜奖等荣誉。杭州火车东站5G覆盖场景入选中国移动通信集团5G标杆场景，杭州东站未来枢纽安全智控项目获全国绽放杯优胜奖。

【数字化改革支撑】 2021年，移动上城分公司以“数智化转型创先，高质量发展创优”为主线，聚焦数字化改革赋能，参与党政机关整体智治、数字政府、数字社会、数字文化、数字经济和数字法治应用建设，在民政、交通、电商等领域实现项目突破。参与建设全省最大“交通枢纽数字化改革应用”——杭州东站未来枢纽安全智控应用项目、全省首个直播电商数字治理平台——上城区市场监督管理局直播电商数字治理平台项目、全国首个“5G定位应用”——杭州东站警民分用实景三维系统建设项目、上城区最大“未来社区场景”——荷花塘未来社区数字化建设项目等70多个数字化改革项目，完善社会公共服务，助推数字化改革工作落地，赋能数字化应用场景。

【5G网络建设】 2021年，移动上城分公司将5G工程作为网络建设的“一号工程”，在5G网络建设持续发力，借力上城区“双站、三圈、三街”集聚效应，推动5G网络发挥社会信息流动的主动脉作用，带动上城区数字经济增长。加快建设“占得上、驻留稳、体验优”的5G精品网络，至年末，区域内完成基站建设6500多个，其中5G基站1400多个。制定网络作战地图，打造5G分流比示范街区——湖滨步行街，实现街区内5G网络广、深、厚覆盖全维度提升。持续推进交通枢纽、地铁等“窗口”场景5G能力建设，优化“双站”（杭州火车东站、城站火车站）5G网络覆盖，其中杭州火车东站5G覆盖场景入选中国移动通信集团5G标杆场景。

【F5G新基建】 2021年，移动上城分公司稳步推进F5G（第五代固定通信网络）建设，全面布局XGPON双千兆网络（以5G和千兆光网共同打造的基于固定和移动场景下的千兆网络的接入能力），推动光纤宽带网络优化升级，进一步提升家庭接入场景的用户感知，助力企业、教育、医疗等各行各业的数字化转型。完成所有OLT（光线路终端）上联链路优化改造升级，实现上城区全量小区具备千兆宽带业务接入能力，千兆宽带规模超4万户，在全区范围内打造千兆精品社区。以打造“光网社区”为目标，推进光纤入户，推动F5G为VR应用、商务直播、教育宽带、在线医疗、远程办公等场景提供高性能宽带服务，催生新业态、新模式，为智慧城市建设和数字经济发展贡献力量。

【重大通信服务保障】 2021年，移动上城分公司实施移动通信基站全天24小时后台监控，累计出动应急车和应急仓15车次、保障人员40多人次，为党政、民生、新冠肺炎疫情防控、应急等通信服务提供保障工作。开展亚运场馆通信网络注册中心、上城区体育中心亚运场馆、区内亚运酒店等网络建设，落实亚运网络保障。全流程跟踪亚运项目网络建设进度，严格把控项目审批、实施、验收、送审环节，输出关键性文档，确保合规高质量建设。克服历史机房、管道、桥架、电源等困难，开通全省首个亚运信息系统专网。协助2022年第19届亚运会组委会完成上城区体育中心亚运场馆验收，督促场馆方对未达标区域进行甩项整改，保障亚运网络有序建设。

2021年移动上城分公司营业厅情况

表13

序号	网点名称	地址
1	杭海路营业厅	杭海路223号兴业大厦1楼
2	吴山营业厅	延安南路50号（吴山广场公交站旁）
3	复兴南街营业厅	复兴南街178号北（复兴农贸市场旁）
4	解放路营业厅	解放路180号
5	婺江路营业厅	婺江路399号东铁大厦1楼
6	江城路营业厅	江城路609号
7	艮山西路营业厅	艮山西路210号
8	九堡营业厅	九堡东方商务园九盛路9号
9	丁桥营业厅	紫丁香街136~138号
10	金海城营业厅	杭海路878号金海城购物中心1楼A4号
11	景坛路营业厅	景昙路118号
12	衢江路营业厅	衢江路26-2号（三桥农贸市场对面）
13	笕桥营业厅	机场路258号同心里生活广场一楼W12~13号
14	解放东路营业厅	解放东路19号

（刘　元）

人力资源与社会保障

综　述

【概况】 2021年，上城区坚持数字化改革创新驱动，着力推动数字赋能、就业优先、人才兴业、保障增效、权益护航，有效应对新冠肺炎疫情影响，防范化解风险，筑牢民生底线，在就业、人才、社会保障、劳动关系等民生领域取得阶段性突破。全年全区城镇新增就业11.87万人，新增高技能人才5489人，实现失业人员再就业6625人，新增大学生创业企业800多家，无偿资助大学生创业项目571万元，发放创业担保贷款1.69亿元。全区养老保险参保64.99万人，工伤保险参保72.48万人，医疗保险、生育保险参保116.76万人。全年接待处置劳动保障监察投诉举报案件1644起，为劳动者追回薪酬待遇1143万余元。全年处理劳动争议案件4328件，涉及劳动者4603人，帮助劳动者维权1.59亿元，案件结案率96.7%。年内，区人力社保局获评浙江省“无欠薪”建设工作先进集体、浙江省实施妇女儿童发展规划成绩突出集体、杭州市平安创建先进集体、杭州市乡村振兴工作成绩突出集体等荣誉。

【人社领域数字化改革】 2021年，上城区推动人力资源和社会保障领域数字化改革，成功揭榜省级试点1个、市级试点4个，列入省级试点联动区项目2个。整合“自上而下”的框架设计与“自下而上”的人社应用场景，突出数字惠民广覆盖，上线“退休人员信息自查”“养老待遇资格核查”等惠民功能，打通社会保险、学历学位、住房信息、税务信息、工商信息“五项数据库”，实现人才政策兑付“直达企业、秒到人才”。推行区级“社保易窗”数字化网办模式，并在全市推广，率先实现“大学生创业经营场所房租补贴”亲清在线平台自动审核集中兑现，完成从“网上可办”转变到“网上主办”。全年完成网签电子劳动合同31.18万份，数量居全市前列。

【人力资源服务博览会在上城举行】 2021年10月26日，第9届2021中国（浙江）人力资源服务博览会在上城区举行。该届博览会以“共同富裕与人力资源服务”为主题，吸引全球近200家人力资源服务机构设展。大会联合浙江省对外服务有限公司、杭州今元标矩科技有限公司等10多家知名人力资源服务机构，围绕共同富裕前沿话题举办高峰论坛8场，在数智驱动、招才引智、创新平台等方面取得丰硕的研讨成果。依托互联网、VR虚拟全景等技术手段，实现“云展示”“云观展”“云论坛”“云对接”，线上人力资源服务博览会点击量近10万次。发布2021年浙江省人力资源服务企业信用等级评定星级企业和规范中小服务机构名单，树立诚信示范典型，营造人力资源诚信服务环境氛围。现场开展“人气主播逛人博”活动，网上直播浏览52万余人次，微博相关话题浏览量达1.80亿次，促进人力资源产品在线交易达成。

【劳动纠纷调处“最多跑一地”】2021年，上城区结合数字化改革进程，在劳动纠纷立案流程“云上”运行基础上，建设、完善数字化仲裁庭，探索简易类劳动纠纷案件“一网通办”新模式，申请、开庭、文书、送达全程以“不见面”方式完成。全年线上处理劳动争议案件907件，网办率31.8%。依托劳动争议统一服务窗口和联合调处区，做到“一站式接待、一揽子调处、一条龙服务”。遴选专职律师常驻，开展诉前调解，有效提升即接即办协商调解机制运转水平，成功调解劳动纠纷2657件，其中立案前调解成功1076件。在各街道实现多元化解中心与综合治理中心合署办公，实现劳动纠纷“一窗式”无差别受理。全年街道化解劳动纠纷案件928件，调解成功率80.4%。推动企业劳动争议调解组织建设，全区规模以上企业调解组织组建率100%。

【就业帮扶】2021年，上城区分别与对口帮扶的四川雅江县、剑阁县签订《劳务协作战略合作框架协议》，在全市率先互设劳务协作工作站，推送爱心岗位1300多个。组织杭州娃哈哈集团有限公司、杭州知味观食品有限公司、浙江诚信人才资源交流服务有限公司等9家杭州优质企业到广元市及其下属剑阁县开展专场招聘会，提供包吃、包住、包培训岗位1400多个，吸引当地求职人员近1500人，现场达成就业意向500多人，签订就业协议97人，有组织输入剑阁籍贫困劳动力2人。至年末，上城区有四川省就业人员7986人，其中广元市805人、甘孜藏族自治州11人。

（俞　蕾 田间清 潘晓雯 周佳君 李冬梅）

劳动就业和创业

【概况】2021年，上城区秉持就业优先战略，织密就业覆盖网，稳就业、保就业。全年全区城镇新增就业人数11.87万人，实现失业人员再就业6625人，发放创业担保贷款308笔、1.70亿元，发布岗位信息16.41万条，实施未来社区就业创业场景应用、数智就业、云聘职汇3个省市人力社保系统数字化改革试点项目，实现新一轮东西部对口协作良好开局。年内，组织“职在云‘上’、‘城’就未来”直播招聘空中宣讲会、“江河汇才，‘职’迎未

2021年10月26日，第9届2021中国（浙江）人力资源服务博览会在上城区举行

（区人力社保局 供稿）

来”2021年春季人力资源交流会、“‘职’在民企，‘就’有未来”民营企业专场招聘会、第17届“创业在上城”等招聘会151场。

【就业服务】 2021年，上城区聚焦传统就业岗位需求锐减、新业态新技能就业需求骤增、劳动力供需矛盾愈加突出等难题，以标准化、数字化、专业化方式提供便捷高效就业服务。开展稳定就业岗位补贴工作，发放稳定岗位补贴7813.72万元，惠及企业1.11万家、职工33.72万人。聚焦“一统三化九场景”小切入点，研究开发未来社区管理平台、重点群体线上线下服务套餐、“双创空间”改造提升、覆盖全年龄段的就业创业服务体系等内容，落地未来社区就业创业服务应用场景省级试点。涌金门社区、范家社区等8个社区被认定为第二批浙江省高质量就业社区。至年末，全区认定省级高质量就业社区15个、国家级充分就业社区2个。全年完成劳动力资源调查59.71万人，重点群体2.69万人，帮扶5.96万人次，人均帮扶2.21次。全年“浙就业”访问人数6.98万人次，驾驶舱配置人数998人，重点群体帮扶配置人数1000人，“浙政钉”App配置人数870人，涉及街道14个、社区199个（不含筹建社区），覆盖率100%。至年末，处理各类业务办件15.87万件（次）。全年发放高校毕业生就业补贴3139人次，金额604.6万元；用人单位招用就业困难人员用工补助和社保补贴1915人次，金额1139.10万元；享受就业困难人员自主创业补助和社保补贴236人次，金额96.55万元；发放就业困难人员灵活就业社保补贴1.01万人次，金额3505.82万元。

2021年10月30日，由区政府等单位主办、区人力社保局等单位承办的2021杭州创业马拉松比赛举行　（区人力社保局 供稿）

【创业服务】 2021年，上城区多途径优化创业服务。兑现创业园内（外）房租补贴、创业园主办方补贴等创业扶持资金48家（次）、115.03万元。对接服务小微企业，兑现小微企业新招用高校毕业生社保补贴2720人次、企业1226家（次），金额918.99万元；兑现创业带动就业补贴20家，金额7万元；兑现一次性创业补贴123人，金额61.46万元。加大创业担保贷款力度，简化贷款办理流程，缓解小微创业者融资瓶颈。发放贷款308笔、1.70亿元，发放贴息241笔、737.96万元。组织2021杭州创业马拉松比赛，以“团队赛+马拉松赛程”的形式，促进创业者和创业资源交流对接，展现创业创新活力。比赛吸引在杭知名企业、高等学府、创投机构、创业导师和政府创业服务人员五大组团241支队伍、近1000人参加。指导创业“陪跑空间”建设及运营，全区建成市级创业“陪跑空间”14个，其中省级创业孵化示范基地1个、市级创业孵化示范基地2个，入驻企业近400家。

【职业技能建设】 2021年，上城区鼓励在岗职工提升职业技能，稳定就业岗位，审核发放技能提升补贴1.28万人次、2255.25万元。推荐获评全国技术能手2人、“浙江工匠”7人、浙江省技术能手1人、省级技能大师工作室1个、市级技能大师工作室4个。至年末，建成省、市级技能大师工作室36个。组织技能竞赛10场，培养技能人才梯队，促进企业间同类技能人才交流，提升技术能力素养。

（李冬梅）

劳动关系和行政审批

【概况】2021年，上城区推行“和谐同行”能力提升三年行动计划，针对性开展用工调查，优化劳动用工诊断服务内容，覆盖企业10.1万家、用工人数51.6万人。梯次推进“浙江安薪”、超时加班问题集中化解、新业态欠薪专项治理等多领域专项行动，加强对新业态新就业群体的劳动权益保障。突出依法行政，创新劳动监察、调解、仲裁“三位一体”机制助推信访化解，行政复议案件发案量平均数比2020年降低41%。

【劳动保障监察】2021年，上城区深化“上城无欠薪”进程，推进在建工程建设项目“六项制度”（农民工工资保证金制度、农民工工资专用账户管理制度、委托银行代发工资制度、农民工实名制管理制度、按月足额支付工资制度、施工现场维权信息公示制度）落实，深入开展《保障农民工工资支付条例》等法律法规宣传，发放“杭州劳动保障监察温馨提醒”海报、“无欠薪杭州二维码”宣传材料2.5万份。落实劳动保障监察智慧监管，通过联合预警平台调处各类预警信息1322条，实时办结率100%。落实在建项目动态接入工资支付监管系统，构建工程建设领域全过程监控、全链条可溯的工资监管体系。全年快速处置投诉举报案件1644件，行政处理及行政处罚17件，为劳动者追回薪酬待遇1143.34万元，3家存在严重违法行为单位被列入黑名单。

【劳动人事争议仲裁】2021年7月，上城区成立区劳动人事争议仲裁院，组建区劳动人事争议仲裁委员会，负责区劳动人事争议调解仲裁工作。全年受理劳动人事争议案件4328件，涉及劳动者4603人，维权1.59亿元。其中，10人以上集体案件19件，涉及劳动者275人，涉及金额354万元。劳动人事争议仲裁结案4185件，结案率96.7%，网办率31.8%，结案率、网办率均突破往年同期最高水平。在“一窗受理”基础上，前移调处关口，完善“即街即办调解+仲裁确认”“调解不成即立案”工作模式，加快调处效能。全年成功调解劳动纠纷2657件，其中立案前调解成功1076件，各街道平台化解劳动纠纷案件928件，调解成功率80.4%。

【行政许可审批】2021年，上城区受理劳动行政审批工作。全年办理申请特殊工时审批795件、工伤认定1989件、劳务派遣经营许可58件、劳务派遣经营许可变更58件、劳务派遣经营许可延续22件、劳务派遣经营许可注销13件、集体合同（工资协议）备案30件、企业招用未成年工登记22件。

（凌华銮　周佳君
叶正东　刘晓青）

人才开发

【概况】2021年，上城区围绕行政区划调整，加速推进新上城人才体制机制、资源要素深度整合、融合。高质量编制“十四五”人才发展规划，推出人才新政“黄金二十条”，以及《关于深化金融人才管理改革试验区建设实施意见》《上城区引进海内外优秀高层次人才创业项目实施办法》《上城区高端商务人才认定实施办法》等配套细则及实施办法，全面启动“金靴”计划，加速推进一流人才生态城区建设。全年引育市级及以上领军人才和团队32人（个）；新认定杭州市高层次人才1287人、外籍人才210人，区高端商务人才40人、金融人才420人；新增大学生就业4.14万人，其中博士（后）学历159人；新增市级及以上院士专家工作站、博士后科研工作站、技能大师工作室11个；新落地杭州迪视医疗生物科技有限公司（市创客天下大赛第一名）等重点产业、人才项目68个。全区人才资源总量达35.96万人，列全市前列。

资料

“金靴计划”：是上城区引才品牌，针对不同领域人才分为四大计划，分别是：“金靴领跑”，针对院士专家等顶尖人才，意为经济社会发展中的先导力量领跑发展趋势；“金靴竞跑”，针对金融、商务等主导产业人才，意为经济社会发展中的中坚力量互竞互逐；“金靴奔跑”，针对海内外高层次创业人才，意为经济社会发展中的新兴力量厚植能量奔跑向前；“金靴起跑”，针对青年大学生，意为初入社会的青年人才踌躇满志鸣枪起跑。

【“金靴踏浪，江河汇才”品牌打造】2021年，上城区以杭州金融城、玉皇山南基金小镇为主平台，深化金融人才管理改革试验区建设，组建钱塘江金融港湾核心区（上城）党建发展联盟，筑牢全省金融产业和人才融合首位度。推进钱塘智慧城、电子机械功能区建设，加快拉动数字经济、智能制造“双引擎”，争创省级信息智能高新技术产业园。设计“尚人才，成未来”标志，拍摄人才宣传片《奔跑·赢未来》，打造具有上城辨识度的人才品牌。组织“上城区百名人才访寻红史”、“潮创杭州，致敬百年”潮·快闪、杭州创业马拉松、中国（浙江）人力资源博览会、“西湖对话”、钱学森故居“科学家精神培育基地”挂牌仪式等人才活动，吸引5000多名人才参加。各类人才活动获《人民日报》、新华社、*China Daily*、《浙江日报》等市级及以上重要媒体报道100多次，形成“金靴踏浪，江河汇才”工作品牌。全年区人才工作相关专报获省、市级主要领导批示5篇。

【创业创新“新生态”优化】2021年，上城区多渠道优化创业创新“新生态”，关心关爱人才。以数字化改革为引领，落实“数智组工”应用场景建设，优化升级“江河汇才”智慧人才服务系统，实现网页端、移动端App并行，实现省、市、区各级50多个服务事项线上“一指化”办理。整合归集5个人才创新创业服务综合体、19个人才服务驿站资源，打造“一站式”、全周期、立体式服务保障体系。组织1200多名人才参加杭商学堂、“巢凤计划”、玉皇山南金融学院、钱江商学院、“金靴奔跑计划”创业特训营等培训提升课程。实施人才关爱·提升计划，启用“上城人才码”集成服务，关注人才落户、子女入学、交通出行等“关键小事”，全年保障高层次人才住房需求1343人、子女入学357人，为965名高层次人才提供健康体检、疗休养、生日慰问等服务，落实春节留杭人才慰问工作，开展区领导人才走访慰问，提高人才幸福感、获得感和满足感。

（马天洋）

人力资源管理

【概况】2021年，上城区加强人才引进和培育，助力建设独具韵味的国际化现代化共同富裕典范城区。全年完成初、中、高级职称评审7408人，留学回国人员工作证审核1320人、人才居住证审核15901人，人才公寓、青年人才公寓资格认定111

人，组织高层次人才疗休养30人，高层次人才体检244人。开展企业经常性上门走访，精准对接人才需求，开展“一对一”服务100多次，帮助解决企业人才招聘、人才申报等实际困难50多项。组织开展企业党建、篮球赛等团建人才活动，各类服务覆盖人才数超过1000人。全年全区兑现拨付各项人才经费2.86亿元。

【高层次人才计划实施】 2021年，上城区实施高层次人才计划。新引育市高层次人才1311人，其中市D类以上人才203人。培育省级海外高层次人才等省市人才21人，其中市钱江特聘专家5人。新建省级以上创新平台4个，为浙江同富特美刻家居用品股份有限公司、杭州工商信托股份有限公司、杭州市运河综合保护开发建设集团有限责任公司、西子清洁能源装备制造股份有限公司博士后工作站。在全省率先制定高端商务人才认定实施办法、评审办法及实施细则——《上城区高端商务人才认定实施办法》《上城区高端商务人才评审办法》《上城区高端商务人才发展资助实施细则》。组织开展首届高端商务人才评审工作，吸引商务人才集聚、强化商务产业平台建设。组织开展首届钱江商学院培训班，培养商务人才。

【事业单位人事管理】 2021年末，上城区事业单位有在编事业人员（教育系统除外）3346人。全年管理岗位聘任112人，职称聘任3445人，编外特岗聘任3人，教师录用608人，事业人员调动497人，完成事业人员的职务晋升、转岗、工龄确认、工资停发和调转1792人。根据全省事业单位人事管理数字化改革要求，高标准推进省人事工资管理服务系统应用和事业单位“一件事”项目，落实事业人员的工资信息维护、基础数据完善、工资演算、工龄调整等相关工作，全区人事工资联动率达106%。

（田间清 岳志永 曹苡琼）

社会保障

【概况】 2021年，上城区确立线上智办、一窗受理、线下流转的社会保障服务格局，主动对接金融机构，扩容升级“社银合作”“医银合作”，建成“1公里社保办理圈”“15分钟医保快办圈”，“西湖益联保”参保服务实现“零跑直享”，完成“一站式结算”。推进困难群众因病致贫返贫问题专项治理，实现困难群众基本医疗保险、大病保险、医疗救助“三重保障”全覆盖，全区基本养老、医疗保险参保率稳定在99%以上，医保电子凭证结算率列全市第一。落实全区672名征地农转非存量指标人员100%参保，为区内126名重度残疾人、低保和低保边缘贫困户等人群完成城乡居民保险参保，织密社会保障兜底网。

【社会保险管理服务】 2021年，上城区聚焦“大社保”体系构建，发挥大社保兜住大民生的关键作用，区城乡居民和企业职工基本养老保险两项基金安全评估复评均获评A等级。推进全民参保计划，全区养老保险参保人数64.99万人，净增2.51万人；工伤保险参保人数72.48万人，净增2.83万人，全民参保率99.7%，居全市前列。强化社保“扶贫”，兜牢民生保障底线，逐户摸排全区低保户、低保边缘户参保情况126人，引导未参保人员自愿参保，实现重点群体100%覆盖。落实社保待遇，提高参保群众获得感。全区新增退休人员7143人，发放养老待遇2565.07万元；落实养老金待遇提高工作，完成7882名企退人员养老待遇预发转计发，职工退休人员年度人均增加135元。把握工伤保险待遇先行支付、核准支付原则，保障2651人工伤职工待遇，支付金额6274.57万元。推动社会保障数字化改革，打造全民参保新引擎，推进社保“网上办、掌上办、就近办、一次办”，为企业和群众提供贴心服务，巩固深化“社银合作”成果，全区75个银行网点可办高频事项43个，优化公共服务资源供给，建成“1公里社保办理圈”。

【医疗保障管理服务】2021年10月19日，杭州市上城区医疗保障管理服务中心（杭州市医疗保障管理服务中心上城分中心）经批准，机构规格由正科级升格为副处级，纳入区处级事业机构限额管理范围，机构类别为公益一类，全面做好基本医疗保险就医备案、医疗保险关系转移接续、医疗退休待遇审核、参保人员零星医药费审核报销等业务经办工作。全年全区医保参保人数116.76万人，有定点医药机构1046家。全年医保业务经办总量25.12万件，其中浙江政务服务网申报19.22万件、“浙里办”申报4.01万件，“掌上办”“网上办”比例92.5%。优化“西湖益联保”参保服务，实现“零跑直享”，完成“一站式结算”。全年全区“西湖益联保”参保人数53.86万人，参保率46.1%，列杭州市主城区第1位。其中，对辖区内6106名持证困难人员进行全额资助参保，资助金额91.59万元。推进困难群众因病致贫返贫问题专项治理，为11名困难人员化解2020年大额医药费27.86万元，实现困难群众基本医疗保险、大病保险、医疗救助“三重保障”全覆盖，全区户籍人口参保率稳定在99%以上，2021年参保率列杭州市主城区第1位。

【企业退休人员管理服务】2021年，上城区审核新增企业退休人员纳入社会化管理6418人，全区有纳入社会化管理企业退休人员22万人，其中市区属人员20.13万人，铁路、省部属、改制事业单位人员1.69万人，回杭人员1791人。以“老有善养、老有所乐、老有所为”为目标，夯实属地管理基础，优化提升服务质量，组织开展2021年度养老待遇资格认证，通过数字赋能，做到“寓认证于无形”，全年通过认证企业退休人员19.76万人，完成率100%。强化企业退休人员社会化管理服务和活动，组织文娱健身活动500多场，举办上城区企业退休人员庆祝中国共产党成立100周年歌诵大会、“喜迎亚运·幸福上城”休闲运动会等活动；春节、端午节、中秋节期间，慰问企业退休人员60万余人次，发放慰问金5.68亿元，其中通过“民生直达”平台发放率为99.8%。开展数智体检项目城区试点工作，完成第八轮企业退休人员健康体检，参检完成率（含放弃人员）100%。协助市退休人员管理服务中心开展“送清凉”、重阳节慰问、冬季慰问工作，慰问高龄、困难企业退休人员2085人，帮困救助1.15万人，总金额619.43万元。

（温佩华　胡　颖　沈艳红）

社会救助

【概况】2021年，上城区围绕“民政为民，民政爱民”的宗旨，按照新时代民政事业高质量发展要求，对标“重要窗口”和高水平打造精准保障标杆区的新目标，推进“1+8+X”新时代大救助体系建设，完善坡度式精准救助，增强困难群众获得感、幸福感和满意度。全年全区有在册困难家庭4422户、5907人。全年发放各类社会救助金8567.76万元，惠及困难群众9.69万人次。发放基本生活保障金5732.09万元，临时救助金733.79万元，“春风行动”（含“冬送温暖”“夏送清凉”活动）慰问金1429.18万元，节日临时生活补贴500.69万元，“农转非”（杭州市国家建设征地就地安置人员农转非）等特定对象生活补助46.94万元，慈善医疗救助等125.05万元。全区最低生活保障标准每人每月1102元，低保标准实现城乡一体化，提前实现浙江省“十四五”规划年最低生活保障13000元目标任务。

资料

“1+8+X”新时代大救助体系：以浙江省社会救助信息系统平台为支撑，统筹低保、特困、受灾、医疗、教育、住房、就业、临时救助8项基本救助资源，发挥多元社会力量参与救助。

【社会救助事项审批权限下放】2021年，上城区深化社会救助领域“放管服”改革，下放社会救助事项审批权限。简化社会救助审批流程，制定《上城区关于委托下放低保等社会救助事项审批权限下放的实施方案》。该方案于10月1日起试行，向第一批采荷、凯旋、闸弄口、四季青、笕桥、彭埠、丁兰、九堡8个街道下放社会救助事项审批权限，整体推进审批权下沉服务，将低保、低保边缘、特困，以及市、区临时救助3000元以下的小额审批权限下放到街道办事处审批，明确“救急难”与“小额临时救助”列入街道备用金支出，推动社会救助更快捷、精准。至年末，8个街道审批新增、变更、注销困难家庭共960户。

【社会救助“一件事”联办】2021年，上城区依托浙江政务服务网、“浙里办”App、“政务服务2.0”系统，推进社会救助“一件事”集成联办改革。“一件事”涉及最低生活保障对象认定及保障金给付、特困人员救助供养认定及保障金给付、临时救助对象认定及救助金给付、公租房承租资格确认、就业困难人员认定、医疗救助对象救助金给付等14个项目，通过联办，形成集救助、服务、保障于一体的多业务协同、多维度支持、多元素帮扶的社会救助整体智治新模式。探索并推行线上线下智慧救助服务联合体（助联体）建设，建成区级“上城区助联体”。全面推广“幸福码”应用，“幸福码”集成入户调查、探访关爱、幸福清单送达和主动发现等功能，可满足社会救助工作广覆盖、细认定、精救助等要求，使困难群众随时知晓救助信息，让工作人员更快、更高效地实现主动帮扶、精准救助。全年“幸福码”为全区4422户在册困难家庭送上“幸福清单”11991份。

【社会救助“救助+”多元化服务】2021年，上城区拓展“救助+”服务形式，利用数据赋能救助“一件事”联办，打造线上线下精准多元化救助。构建“资源统筹、部门联动、社会参与、平台支撑、数据共享”的服务型多元化救助机制，回应困难群众的新需求、新期待，实现救助资源与救助对象精准链接，使救助手法更加精细化，救助内容更加个性化，救助方式更加多元化，促进困难群众物质、精神“双富裕”，助力共同富裕典范城区建设。至年末，统筹社会机构44家，拓展个性化项目89个。其中：购买服务2个，落实走访服务5600多人次，并参与家境调查，多维度提升困难家庭“早发现、早干预、早救助”；公益创投11个，实施专业培训350场，并将“探访关爱”列入公益创投项目，引入社会组织——上城区福援启智服务中心开展探访关爱3166户，助推形成温暖型救助新模式；慈善组织参与38个，开展探访关爱、幸福清单送达、个性化服务4.82万人次。结合慈善组织，开展散居特困人员“敲门走访、代跑服务、助医行动，结对关爱”服务，落实特困人员每日“三清二保”（身体状况清、家庭现状清、困难需求清，确保平日有人照应、确保生病有人看护）。至年末，服务特困人员1.23万人次。年内，上城区特困人员“多元化”精准救助新模式获评省、市“十佳”案例，并向全市推广。

（邹树花）

【流浪乞讨人员救助管理】2021年，上城区守住“不发生一起因救助不到位造成流浪乞讨人员死亡”的工作底线，以开展专项整治和强化硬件保障为手段，坚持“自愿受助，无偿救助”原则，做好流浪乞讨人员救助管理工作。全年出动巡查1.86万人次，劝离流浪乞讨露宿人员3985人次，其中送救助站192人次，发放救助引导卡和宣传册1400多册，接受市区处置流浪乞讨人员应急联动平台任务167次。全年未发生流浪乞讨露宿人员意外伤亡事件。（周　剑）

社会福利事业

【慈善保障】2021年，上城区慈善总会以“精准帮扶，共同富裕”为目标，募集各类慈善资金2175.27万元。其中：“春风行动”募集慈善资金1364.96万元；慈善项目专项募集慈善资金810.31万元（含救灾应急响应募集资金177.94万元），定向慈善项目募集物资价值64万元（含救灾应急响应募集物资价值40多万元）。

【“春风行动”救助帮扶】2021年，上城区开展“春风行动”救助帮扶活动。春节前，走访慰问困难家庭4142户，发放“送温暖”慰问金1159.96万元。高温期间，向4037户困难家庭“送清凉”，发放慰问金269.22万元。开展机关党员干部和困难家庭结对帮扶，根据困难家庭变动情况及帮扶需求，及时调整结对名单，有1994户困难家庭得到帮扶。全年区慈善总会支出234万元，实施“慈善医疗救助”“低保边缘家庭教育救助”等各类帮扶救助项目。

【“中华慈善日”主题宣传活动】2021年9月3日，2021年杭州市“中华慈善日”主题宣传活动——“钱塘善潮”论坛在上城区举行。论坛以“数字公益×共同富裕”为主题，由区民政局、区慈善总会承办。论坛上，由市数据资源局、市民政局共同打造的“民生直达”慈善公益模块发布，推动杭州地区慈善领域的数字化改革。同时，公布市政府办公厅对2021年度杭州市慈善事业发展促进工作中成绩突出的集体和个人给予行政奖励的决定，上城区慈善总会、上城区尚善之家公益服务中心获2021年度杭州市慈善事业发展促进工作先进集体嘉奖表彰。

9月4日，“中华慈善日”主题宣传系列活动暨“上城·慈善夜”晚会在湖滨步行街举行。晚会主旋律为“榜样引领、山海协作和慈善创新”。会上，表彰第21次上城区“春风行动”慈善优秀企业2家、慈善先进企业20家、上城区“慈善爱心大使”10人，以及驰援河南水灾先进单位5家、先进个人5人；上城区与衢州开化县签约“山海协作助力共同富裕”战略合作协议书；发布“善小二”慈善创新项目，以打通慈善服务与群众百姓“最后一纳米”距离为目标，聚焦社区范围内的闲置物资和爱心资源，以无人机柜为原型开发智能交换系统，降低慈善门槛和丰富慈善资源，拓宽市民群众参与公益慈善渠道。首批终端平台设在浙江省示范慈善基地“尚善之家”和小营街道小营巷社区。

（陈　江）

城区建设

综　述

【概况】 2021年，上城区坚持高标准全速推进市对区考核、民生实事工程和重大项目，统筹城区规划、建设，一体化推进城区有机更新，全域提升城市品质内涵。结合“迎亚运”项目，推进辖区公共基础设施建设。加强住房建设与管理，推进人才公寓和蓝领公寓建设。推进城中村改造、老旧小区改造，加快安置房建设，推进民生保障。优化物业管理，增强居民居住幸福感。年内，绘制全区安置房开竣工和在建项目“一张图”，全面完成回迁安置4647户；实施迎亚运道路整治25条；完成扩绿100万平方米，建设绿道58千米；完成老旧小区改造56个、156万平方米，竣工既有住宅加装电梯153台；推进堵点治理8个、13处；新建停车场库11个、停车泊位8751个，其中公共泊位726个、配建泊位8025个。

【两个地块征迁“清零”】 2021年，上城区为保障安置房重点建设项目顺利开工，提升回迁安置速度，多措并举，倒排计划，部门联动，实现望江单元SC0401-R21/B-08地块和天城单元R21-42地块征迁“清零”。9月，08地块莫邪塘南村1幢最后1户居民腾空交房，望江街道实现全域征迁“清零”，为未来望江新城发展注入活力。该项目于2019年5月31日启动，涉及国有土地上住宅1118户、非住宅19户。9月30日，以国有土地房屋征收的公平性和强制性为原则，该项目的征收决定及剩余36户的征收补偿决定通过一审、二审司

海潮雅园三园安置房（2021年）　　（区住建局 供稿）

法程序审查，最终通过司法强制执行程序实现地块平稳“清零”。

（应然然）

【海绵城市建设】2021年，上城区系统化全域推进海绵城市建设。培育望江小营示范区和笕桥单元及笕桥生态公园单元示范区两大示范区，重点打造杭政储出〔2019〕41号地块住宅、商业商务及社会停车场库用房项目（新世界一期），望江单元SC0401-A33-17、18地块小学建设项目，李宁体育园，艮北新区单元JG1601-R22-11地块9班幼儿园4个典型示范项目。其中：杭政储出〔2019〕41号地块住宅、商业商务及社会停车场库用房项目（新世界一期）总建筑面积39.33万平方米；望江单元SC0401-A33-17、18地块42班小学建设项目项目总用地面积3万余平方米，总建筑面积7.78万平方米；李宁体育园总建设面积6.88万平方米；艮北新区单元JG1601-R22-11地块9班幼儿园建筑面积6720平方米。同时谋划系统化方案编制，做好中央补助资金项目等申报工作。至年末，完成6.5平方千米海绵城市建设区域范围。

（王　任）

【既有住宅电梯加装】2021年，上城区以“业主主体、社区主导、政府引导、各方支持”为原则，推进既有住宅电梯加装工作。部门、街道、社区各级党组织通过党建引领的“政府+市场+社会”三位一体工作机制，协同联动，破解“民意统一、部门审批、资金筹措、安全保障、维护管理”五大老旧小区加装电梯“关键小事”。整合电梯企业、设计单位、法律顾问、志愿者等力量，开展加装电梯咨询答疑、民意协调等工作，为居民提供“一站式”服务，推进电梯民主加装。探索创新加装方式，联合杭州西奥电梯有限公司、西子奥的斯电梯有限公司等电梯企业在荷花塘未来社区开展“租赁式”电梯试点，推进老旧小区电梯成片加装，并在九堡、凯旋、望江3个街道开展商品房小区电梯加装工作试点；以全市首个成立的姚招娣加装电梯工作室为引领，全区成立12支老旧小区加装电梯帮帮团志愿队伍，高效破解电梯加装民意统一难问题，为推广“杭州模式”加梯经验起到较好的社会效应。全年完成既有住宅加装电梯153台，累计加装526台。

（陈勇荣）

城区规划

【概况】2021年，上城区在城区规划工作中注重提升空间科学规划，强化要素统筹、征迁“清零”、高效审批等保障工作。在行政审批领域完成“两书合一”（建设项目用地预审与选址意见书合一）项目81宗、“书证合办”（建设用地规划许可证及划拨决定书合办）项目71宗，围绕省市县长工程项目跟踪服务，助推重大产业和民生项目建设；完成备塘路地下管廊工程用地规划验收“核验合一”，探索推进其他建设工程“核验合一”；完成土地复核验收61件，竣工规划核实74件，监督批前公示116件、批后告示59件，建设工程验线59件，违法建设认定58件；办理各类不动产登记业务3.02万件、不动产权籍调查130件。区级完成经营性用地出让7宗、376.2万平方米，出让金170.51亿元；完成经营性用地收储13宗、41.97万平方米，完成市对区任务的101%；工业用地出让1宗、1.03万平方米，出让金1252万元。

【国土空间规划】2021年，上城区实施艮北新区单元、城东新城单元、石桥单元、湖滨清波单元等重点区块单元控制性详细规划修编，初步划定上城区控制性详细规划单元，积极表达发展空间诉求，推动规划编制管理与行政治理范围在空间上的统一。将区域发展需求和各专项规划编制有机融合，助力规划方案更加科学可行。根据省、市相关文件精神，在开发边界划订工作基础上，修改完善全区城镇开发边界划定方案，提交“三区三线”三轮划定成果。开展上城区奥林匹克社区规划建设专项行动，建设奥林匹克运动小型化空间、实施“一个社区一个体育项目”计划目标数16个，完成12个；社区新建、改建慢行道目标数21个，完成19个；加快群众身边体育设施建设，在居民区内部道路交叉口和单元门口道路及进出小区主路完成安装减速带目标数4个；完成城乡公共体育设施提升工程目标数1个；乡镇（街道）级文体中心等群众身边体育健身设施目标数52个，完成48个。

【规划资源审批服务】2021年，上城规划资源分局提升“一窗受理、集成服务”综合效能，在减事项、减环节、减材料、减时间、减费用等环节上推进“一件事”全流程“最多跑一次”，进一步完善办事指南，精简办理材料，压缩办理时间，再造办理流程，加强“一地一码”等系统应用，推进“多证合一、核验合一”改革，完成“两书合一”项目81宗、“书证合办”项目71宗，围绕省市县长工程项目跟踪服务，助推重大产业和民生项目建设。建立“上门服务”“进社区宣讲”“定点集中办理”等便民常态化服务机制，打通老弱病残及行动不便等特殊人群无法到达现场办理的难点堵点。面对突发问题，按照业务类别、冲突方式、事发时段等情况分类，成立处置小组，修订完善纠纷处置预案，按照“导、疏、顺、解”（引导后台、疏散围观、温言顺和、解决疑难）四字原则，第一时间化解矛盾、解决纠纷、处理问题。全年上城规划资源分局行政审批窗口3次被评为月度“金牌窗口”，6次被评为月度“服务之星”；不动产登记窗口8次被评为“金牌窗口”，18人次被评为“服务之星”，11人次被评为“优秀导服”。

【农村乱占耕地建房专项整治行动】2021年，上城规划资源分局坚持“绿水青山至上”理念，开展农村乱占耕地建房专项整治行动，坚决守牢城市生态红线。采用会议、横幅、微信、宣传册等方式开展宣传，营造整治氛围，按照“一户一档、村不漏户、户不漏栅”原则，对占用耕地情况进行拉网式、地毯式排查。完成下发变化图斑3批60宗内业审核，其中合法57宗，未变化3宗，并登记造册，建立台账。开展专题政策宣讲20多次，上门入户政策讲解200多户、发放各类宣传材料4000多份。运用“卫片执法”“数图结合”“图实核对”等方式，对辖区内乱占耕地建房情况开展全天候跟踪，并结合耕地范围、农用地转为建设用地等核发审批资料进行分析。引进第三方测绘技术，安排专业技术人员实施“逢棚必进、逢棚必查、逢棚必纠”，对发现的问题立即整改，将其化解在萌芽状态。严格落实“一周一报”制度，全面掌握检查正反动态，设立举报电话，畅通投诉通道，推动监管工作常态化、长效化，形成政府、社会齐抓共管的监管态势。

【征迁“清零”推进】2021年，上城区围绕年度市重点“清零”任务和全区面上集体土地征迁“清零”任务，完成市重点项目“清零”10个；提前完成全区124个拆迁安置房项目初始登记。开展安置房办证问题梳理、办证意愿调查统计，解决回迁历史遗留问题96户，完成安置资格审核477户，完成集体回迁安置1761户。推进征地参保“人地对应”，健全联合审核机制，开展街道、部门分管负责人和经办人员参保相关政策培训。完成历史遗留项目征地费清理处置。全年对集体土地拆房工地巡查检查46次，发出提醒函3份，发现并整改问题4处，整改率100%；组织地质灾害巡查检查12次，发现滑坡及隐患点6处，出具巡查检查及隐患处置报告8份，辖区行业管理范围内未发生安全生产事故。

（陈苏瑶）

城市投资建设

【环机场区域环境提升改造推进】 2021年，上城区有序推进环机场区域环境提升改造工作。环机场区域主要包括笕桥街道笕新、横塘、俞章、同心、黄家5个社区，区域总面积5.54平方千米。整治内容包括农居立面整治、户前庭院整治、给水增压、燃气入户、电力和综合通信“上改下”、店招梳理、社区配套完善、村道拓宽等。通过形成内部环路，增加公共停车泊位，深化绿化美化，落实“五防五圈”（人防、物防、技防、心防、责任防；公共场所、小区、企业事业单位、校园、互联网）。至年末，同心、黄家社区基本完成整治工作，俞章社区完成约75%工程量，笕新社区完成约35%工程量，横塘社区于10月完成EPC招投标。

【望江地区回迁“预安置”】 2021年，望江指挥部（杭州望海潮建设有限公司）围绕望江地区5000多户在外过渡户的回迁需求，探索“预安置”模式。协同望江、紫阳街道动迁指挥部与居民深入沟通，提前做好户型匹配、房源选定、款项结算等工作，在安置房竣工交付前完成安置的准备工作，大幅度提升新建安置房的分房速度，减少安置户在外过渡时间。清江名潮院和海潮雅园二园、三园等安置小区有效缩短安置周期半年以上，当年完成近2000多套房源的预安置工作，以及200多套存量现房的再次安置工作，完成安置房办证1680套。

海潮雅园二园安置房（2021年）　（上城城投集团 供稿）

【海潮雅园二园、三园竣工】 2021年9月，海潮雅园二园、三园项目25幢住宅、2600多套安置房源同步竣工，为年内区内竣工规模最大的安置小区，均位于望江新城望南区块。海潮雅园二园总建筑面积25.6万平方米，三园总建筑面积17.5万平方米，建设主体为望江指挥部（杭州望海潮建设有限公司），施工单位分别为中铁十四局集团有限公司、龙元建设集团股份有限公司。项目整体风格以明快大气为主，墙身线脚简洁现代化，外立面与周边城市风貌融为一体，小区内整体景观从望江门人文风情、海潮寺文化及钱江潮中汲取灵感，将雕塑、景亭、景墙、绿化等植入文化元素，塑造独特人文色彩。项目在道路广场、人行道及花园等设计上，综合采用通行纵坡、缘石坡道、地面防滑等设施，方便特殊人群通行。在电子巡更、车辆管理等社区治理场景中，配备各类智能化设备150多套，健全智慧服务管理系统，打造智慧社区。3月，海潮雅园二园、三园项目获2020年下半年度杭州市建设工程“西湖杯”（结构优质奖）。

【兴隆社区安置房回迁】 2021年6月8日，兴隆社区通过“货币+现房+异地安置”组合模式，启动社区回迁安置项目选房工作。街道社区共同努力，业务主体通力合作，研究确立“以点带面、分类施策、同步推进”的回迁方案，全覆盖分批次安置，及时解决回迁过程中50多项问题，为回迁安置工作推进奠定基础。至6月14日，782户居民完成选房2121套，社区以100%选房率完成整体回迁安置工作。

（姜　雯　汤李郁）

【海潮路（映霞街—东宝路段）开通运行】 2021年8月28日，海潮路（映霞街—东宝路段）开通运行。该路段长度约300米，南起望江路，北至东宝路。海潮路是杭州城市道路路网建设的重要组成部分，为城市次干道，全长约600米，标准段宽度为30米，为双向六车道，设计车速为50千米/小时。望江指挥部（杭州望海潮建设有限公司）以疏通城市交通“微循环”为原则，改造扩建海潮路，加快城市有机更新，解决城市交通增长需求。道路开通后，串联起海潮寺、始版桥未来社区等城市地标，为沿线望江新园等小区居民，以及杭州市勇进实验学校（海潮路校区）、杭州市服装职业高级中学等学校师生提供出行便利。

（李晓莺　姜　雯　汤李郁）

【同协南路（源聚路—新塘路）开通】 2021年9月18日，同协南路（源聚路—新塘路）开通。至此，艮北新城南片区路网建设全面完成，形成区块内最重要的一横一纵（新塘路与同协南路）路网结构。该路段方便周边杭州市澎汇小学、杭州市澎扬中学学生、家长通行，缩短周边居民通往钱江新城二期和艮山快速路方向的时间，提高居民出行效率，解决多年城东片区居民出行“老大难”问题。道路定位为城市主干道，设计速度60千米/小时，道路红线宽60米。

【杭州汽车南站临时客运站整体搬迁】 2021年11月28日，杭州汽车南站临时客运站整体搬迁至秋涛路地铁1号线婺江路D出口处，并启用。该临时客运站总用地面积4346.26平方米，总建筑面积1849.17平方米，由车站大楼、到达服务用房、修车棚和行包房构成。搬迁后，实现长途汽车站与地铁站、公交站无缝衔接。

【艮北农贸市场开业】 2021年12月31日，由杭州上城区城市建设综合开发有限公司建设的艮北农贸市场开业。市场分2层，建筑面积1944.93平方米，设各类业态铺位59个。市场以“有文化、有温度、有生活、有责任”为运营理念，以“便利化、智慧化、人性化、特色化、规范化”的“五化市场”为建设标准，满足不同层次、各类饮食文化人群的需求，解决艮北周边邻里民生“菜篮子”问题。

【区城建开发公司境外债发行】 2021年8月5日，杭州上城区城市建设综合开发有限公

2021年11月28日，杭州汽车南站新临时过渡点启用

（上城城投集团 供稿）

司成功发行3年期境外债高级债券2亿美元。该次发行是自2018年以来连续第3轮成功发行，票面利率2.25%，巅峰订单认购超10倍，创下全国同期同评级平台美元债最低发行利率记录。

【望海潮公司30亿元企业债落地】 2021年4月15日，2021年杭州望海潮建设有限公司公司债券（第一期）成功发行，发行规模为8亿元，期限7年，发行利率4.35%，项目创近6个月来全国同评级、同期限企业债最低利率。6月3日，2021年杭州望海潮建设有限公司公司债券（第二期）成功发行，发行规模为7亿元，期限7年，票面利率4.00%，创近一年来全国同评级、同期限企业债最低利率，投资机构认购热烈，全场认购倍数3.56倍。至此，杭州望海潮建设有限公司综合运用竞争性销售、弹性发行等手段，完成公司30亿元企业债全部落地。

【望海潮公司发行公司债7亿元】 2021年6月21日，杭州望海潮建设有限公司“21望江01”公司债落地，发行规模7亿元，票面利率3.7%，3+2年期。项目自获批到簿记发行用时6个工作日，并继当月初企业债发行利率刷新全国同级别最低后再创公司债同级别全国最低。该次发行公司债除传统合作银行外，吸引多家知名非银行机构参与，深度激发市场活力。

【民北区块牛田单元R21-12地块出让】 2021年12月21日，民北区块牛田单元R21-12地块住宅用地成功出让，出让总价42.53亿元封顶价，出让面积6.79万平方米，楼面价2.85万元/平方米，溢价率9.81%。项目东至三官塘路，南至华家竹园路，西临绿地公园，北至红建路，是板块限价上涨后首宗地块，同时是上城首批执行杭州市“定品质地块”要求的地块之一。项目与周边地铁1号线七堡站、德胜快速路、花园城综合体、李宁体育园等相协同，为群众提供优质交通、医疗、教育、文体资源，为打造宜居、宜学、宜业新城加码助力。

（姜　雯　汤李郁）

【吴山广场地下空间一期项目地块出让】 2021年5月28日，吴山广场地下空间一期项目地块出让成功。该地块被阿里巴巴集团旗下杭州传富网络科技有限公司以2.83亿元竞得，楼面价7062.84元/平方米，溢价率43.6%。该项目将建设阿里新零售示范区，形成集新型商业、文化景观、交通枢纽于一体的超大型商业综合体。一期项目总面积约4.01万平方米，地下空间有3层，商业空间面积达2万余平方米，并将建设大量公共服务设施，与地铁7号线起始站接驳。该地块以推动吴山广场地下空间建设为切入点，全面重构吴山商圈空间布局，为新消费中心建设奠定基础。

（蒋成杰）

【笕桥单元土地出让与安置房建设转型】 2021年，杭州中宸城镇建设有限公司加快自身转型升级，推动土地出让向优质招商转型、安置房向安居房转型。1月，成功招引杭州世茂瑞盈置业有限公司，出让笕桥单元JG0601-R/B/S2-15地块，其自持8万平方米用于建设世茂广场，预计2024年竣工营业。该项目旨在打造与杭州历史文化底蕴一脉相承的生活方式地标，完善笕桥板块优质综合体匮乏、商业配套短板的弱项。年内，笕桥单元水墩苑二期安置房配套景观绿地工程获2020年度杭州市优秀园林绿化工程银奖。该项目是集绿色生态、活力健身、文化展示及市民生活于一体的城市休闲景观绿化，使安置房由“安置”转变成“安居”。

【荷花塘未来社区双中心项目推进】 2021年，采荷街道荷花塘未来社区双中心项目进一步推进。该项目位于杭州市采荷单元东部，东至秋涛路，南至解放路，西至新开河，北至杭海路，总建筑面积12451平方米，地上建筑面积9643平方米，地下建筑面积2808平方米，由杭州中宸城镇建设有限公司投资建设。项目规划建设文化中心、邻里中心、古海塘保护区、公园绿地工程。其中，文化中心地上建筑面积4950平方米，地下建筑面积1758平方米；邻里中心地上建筑面积4693平方米，地下建筑面积1050平方米。双中心项目作为采荷街道荷花塘未来社区试点先行项目，自2020年7月开工后，围绕争创拆改结合类未来社区试点省级样板，克服新冠肺炎疫情、海塘考古、地铁交叉作业等不利因素，推进项目建设。至年末，该项目的文化中心、邻里中心主体基本完成，古海塘公园进行景观工程收尾。

【21中宸城建PPN001债券发行】 2021年，杭州中宸城镇建设有限公司拓宽直接融资渠道，推进融资渠道向市场化转型。10月21日，公司注册申报银行间定向债务融资工具（PPN），注册额度6亿元；同步发行杭州中宸城镇建设有限公司2021年度第一期定向债务融资工具（简称21中宸城建PPN001债券）2亿元，票面利率3.7%，创2021年第四季度同级别同期限无担保定向债务融资工具最低发行利率，打通中国银行间市场融资渠道，公司市场化转型取得阶段性成果。

（王李均）

公共基础设施建设

【概况】 2021年，上城区深化路网体系建设，推进主次干道及支小路等项目建设，加快城市地下空间开发，拓展地下空间。挖掘公园绿地地下空间、学校操场地下空间，利用已征迁平整未开发地块及时建设临时停车场，缓解周边停车需求。深入开展交通治堵工作，对浙江大学医学院附属邵逸夫医院、钱江新城实验小学等治堵项目，结合数字交通技术，实行智能化治堵。

【城市道路建设】 2021年，上城区全面推进道路建设。全年主次干道路新建开工4条，共2795米，续建1条，长400米，主次干道路及支小路完工9条，共5395米；“断头路”开工3条，共1159米，其中完工祥宏路和九源路，共1255米。道路建成后，推进道路移交启用。其中，2019年及以前竣工市政道路各子项目完成移交率100%，2020年竣工市政道路各子项目完成移交率97.4%。年内，实施建国路、江城路、解放东路、钱江路等25条“迎亚运”地铁重建道路整治工程，总长度21千米，其中复兴路、城站路、运河东路、筑塘路、天城路、兴业街、莲花桥路7条道路完工，总长度3600米。

（陶倩微）

【停车场建设】 2021年，上城区全速推进辖区内公共停

荷花塘未来社区双中心项目（2021年） （上城城发集团 供稿）

车场建设。全年新建停车场库11个，可提供停车泊位8751个，其中公共泊位726个、配建泊位8025个。围绕民生工作，在老旧小区、医院等停车困难区域落实停车场3个，分别为郭东园巷临时公共停车场、东河环保公园地下公共停车库、省妇保医院南侧社会停车场，分别有公共停车泊位213个、163个、398个。竣工轨道交通换乘型停车场1个，为杭政储出〔2017〕95号商业商务用房项目停车场。该停车场靠近地铁1号线彭埠站C出口，可提供停车泊位921个，其中公共泊位80个。

（王　任）

【地下空间建设】 2021年，上城区完成地下空间建设新增量（完工）112.9万平方米，竣工项目42个；杭州湖滨银泰地下空间等9个项目入选第一届杭州市地下空间优秀典范项目。湖滨银泰地下空间项目包括3个停车场、4个地下商场、4条地下过街通道，地下部分整体打通，保证商业空间的完整性和步行网络的贯通性。其中银泰四期为地铁1号线龙翔桥站的上盖物业，项目建设中为保证地铁运营安全，实施逆作法，先完成地上主体结构及幕墙工程，再进行地下室的基础工程。引入AGV智能停车库，通过AGV停车机器人快速将汽车停放到位，有效缓解核心区域停车难问题，通过地下连通道设置降低路面交通压力。

（余　瑜）

【交通治堵】 2021年，上城区坚持以人为本、标本兼治、远近结合和体制机制创新的原则，多方面优化城市交通治堵工作。新建海潮路（海潮支路—甬江路）公交站、复兴路紫花路口公交站；改造章家坝公交站（南侧）、弄口七组公交站（北侧）、九乔街通盛路口公交站（九乔街南侧），其中章家坝公交站（南侧）、弄口七组公交站（北侧）为省级民生实事项目。年内，完成湖滨地区、四季青市场等堵点治理项目8个、13处。牵头完成秋石高架（石德立交段）北向南、秋涛南路高架（复兴立交段）北向南、秋涛南路高架（复兴立交段）南向北、秋涛南路高架（复兴立交西—紫花路）南向北4条快速路堵点治理，以及新风路（王家井路—天城路）北向南、解放东路（凯旋路东隧道口—秋涛路）西向东、机场路（同协路—相埠路）北向南、庆春路（武林路—延安路）西向东4条主干路拥堵路段治理。落实彭埠地铁站、九和路地铁站等地铁出入口非机动车停放点市级民生实事项目14个，新增停车泊位2350个；设置杭州市第一人民医院、湖滨银泰商业综合体、浙江省中医院3处临时上下客停车泊位；新建大学路社区微公交停靠站点。完成城市道路拥堵段改扩建任务——复兴路改扩建工程（水澄路—紫花路），由双向四车道转为双向六车道。

（沈羚君）

住房建设与管理

【概况】 2021年，上城区全力打造独具韵味的国际化现代化共同富裕典范城区，全面促进共同富裕与产城融合，从空间布局与资源要素上进一步加强住房保障力度。围绕"以满足新市民、青年人住房需求为主要出发点"理念，扩大保障性住房供给，缓解住房租赁市场结构性供给不足，吸引更多国内外企业和优秀人才到上城投资创业。推进人才优居工程，通过建设人才公寓和新建、改建蓝领公寓，满足高端人才、中层管理人员、技术员工等不同人群的生活需求，稳步推进保障房建设与管理工作。

【蓝领公寓建设】 2021年，上城区进一步加强蓝领公寓建设管理，推出《上城区蓝领公寓管理实施细则》，实行蓝领公寓管理上城标准。在确保完成3年筹建8300间、2021年筹建2300间总目标的基础上，落实在建项目进度督察、建设质量安全监督、消防安全检查、空气质量检测及租金评估监管等举措，确保建成交付的蓝领公寓安全、宜居、惠民。至年末，全区筹建蓝领公寓项目32个、房源1.05万间，交付项目19个、运营房源6672间，其中当年交付蓝领公寓项目8个、房源2953间，总筹建量及当年筹建量均居杭州市城区第1位，运营房源平均出租率88.3%，当年房源出租率91.7%，居全市前列。

【人才公寓建设】 2021年，上城区进一步加强人才保障，推进人才公寓建设。制定《上城区人才公寓管理办法》，落实房源配租及货币补贴双轨制保障，研判蓝领公寓管理与人才公寓管理共性政策，尝试将部分蓝领公寓作为人才公寓打通使用，推出区级青年人才公寓274间，供符合蓝领、青年人才双重标准人员申请入住。加强人才专项租赁住房建设，当年新开工项目4个，分别是位于九堡街道三卫社区的杭政储出〔2020〕25号地块人才专项租赁用项目、杭政储出〔2019〕64号地块人才专项租赁用项目和位于闸弄口街道天仙社区的杭政储出〔2019〕8号地块人才专项租赁用项目、位于紫阳街道新工社区的杭政储出〔2020〕56号地块人才专项租赁用项目，总建筑面积15.11万平方米，人才用房面积11.67万平方米，房源1643套、2740间。至年末，全区筹建人才专项租赁房项目7个，房源4652套（6964间），其中宁巢·明石公寓1469套（2090间）于2021年9月投入使用。

（吴　桢）

【安置房建设】 2021年，上城区新开工安置房项目1个、总套数768套，面积13.34万平方米；续建项目40个，总套数2.49万套，面积428万平方米；竣工项目16个、总套数1.05万套，面积161万平方米。年内，全区有9个安置房小区入选2021年全市首批“最美安置房”，分别是海潮雅园三园、坤塘悦府、杨公佳苑、三卫家园北苑、红五月嘉苑、衍新玉府、悦荣湾西区、新塘家园西区、新瑞名府，入围数量居全市第1位。（王　任　金小芳）

“三改一拆”

【违建防控及“无违建区”创建】 2021年，上城区以防违、控违、拆违及“无违建区”创建为抓手，结合“美丽杭州”创建暨“‘迎亚运’城市环境大整治、城市面貌大提升”工作，坚持“新违建‘零增长’、存量违建有序拆”原则，结合全面建设独具韵味的国际化现代化共同富裕典范城区的目标，助力提升城市面貌和品质，塑造发展新格局。对辖区内所有违法建筑及时开展再排查，依托浙江省违法建筑防控治理应用场景，完善全区违建信息管控平台及“一户一档”“一楼一档”“一企一档”档案，使全区违法建筑数据库全覆盖无遗漏、数据真实准确。成立专项整治工作领导小组，在违法建筑摸排过程中，重点梳理存在安全隐患的违法

彭埠街道新塘社区安置房——新塘名府（2021年）（区住建局 供稿）

紫阳街道北落马营社区永昌坝小区改造后面貌（2021年）

（紫阳街道 供稿）

建筑，结合各类专项整治，在对存量违建“有序拆除推进”过程中，对存在安全隐患的违法建筑实施拆除整改。以创建“无违建区”为工作主线，以屋顶阳光房、执法案件、环机场区域拆违综合整治等为抓手，开展各类专项整治和百日攻坚行动。各街道比学赶超，抓实工作。区拆违办周周有通报、月月有督查，从严从快拆除违法建筑。开展“社区违建‘清零’”行动，不断对标找差，提升创建质量和标准，提高群众防违、控违、拆违意识，形成全面防控和治理长效机制。全年全区拆除各类违法建筑1840处，建筑面积61.88万平方米，完成市定年度目标任务（41万平方米）的150.9%。

【省委巡视组反馈问题整改】2021年，上城区以落实省委巡视组反馈的瑞莱克斯大酒店违法建筑等3个问题整改为重点，开展针对性拆违整改工作。对紫阳街道瑞莱克斯大酒店3295平方米违建问题实施全部拆除措施，于春节前完成拆除。对望江街道置地国际电商基地违法建筑涉及7874.46平方米问题，根据专业机构鉴定评估，决定以安全的方式进行分类处置，查封其可使用空间，按照现状保留消防安全设施和通道、连廊、机房、电梯等附属设施，拆除全部对主体房屋产生较大安全隐患的违法建筑，拆除4806.41平方米，整改3068.05平方米。对原江干区剩余140万平方米的存量违建问题制定存量违建“三年‘清零’”工作计划，按年下达任务指标，计划2023年底前完成违建“清零”，其中2021年完成57.5万平方米的拆违任务。（傅佳雯）

【老旧小区改造】2021年，上城区实施老旧小区改造项目86个，改造面积291万平方米。年内，竣工56个小区、建筑面积156万平方米，其中市级目标37个民生实事项目均完成。7月20日，上城区发布《关于进一步提升全区老旧小区改造的通知》，提出上城老旧小区改造“十大”标准，明确上城老旧小区改造精品、品质、特色3个标准，以及项目资金和流程。10月15日，在小营街道成立由市区两级老旧小区改造办公室和社区、小区、物业共同参与的五方“红巷堡垒”老旧小区改造临时党支部。上城区老旧小区改造工作多次被省、市级媒体宣传报道。5月，上城区被评为省级旧城改造优秀区，新工社区等3个项目入选浙江省老旧小区改造典范案例。红梅社区等7个项目入选杭州市老旧小区改造工作最佳案例。北落马营、新工社区老旧小区改造项目被评为国家级示范案例。上城区被市建委确定为2021年度老旧小区改造工作考核优秀单位。

（朱振远）

【城中村改造】2021年，上城区通过建强机制聚合力、多措并举强调配、真情服务暖民心等举措，持续推进回迁安置等城中村改造工作。完成回迁安置4647户，居全市前列。其中：市级为民办实事任务完成2445户，完成率135%，居全市第1位；区级为民办实事任务完成3809户，完成率112%。在全市创新“预安置”模式，使安置时间缩短半年以上。相关做法受到《人民日报》、新华社、《光明日报》等近10家主流媒体报道。

（金小芳）

房地产开发

【概况】 2021年，上城区房地产业增加值202.6亿元，比2020年增长15.6%。全年开工房地产项目18个，总建筑面积303.65万平方米，造价127.3亿元。全区新建商品房批准预售面积65.2万平方米，其中住宅面积33.2万平方米、非住宅面积32万平方米。新建商品房销售面积208.28万平方米，增长36.9%。其中：住宅面积173.43万平米，销售均价42535元/平方米；非住宅面积34.85万平米，销售均价33093元/平方米。

【滨江集团斩获土地38宗】 2021年，杭州滨江集团股份有限公司（简称滨江集团）房地产新开工商品房面积464.82万平方米，签订商品房销售合同金额1691亿元。年内，滨江集团斩获土地38宗，总计容建筑面积470.23万平方米，其中杭州土地18宗，总计容建筑面积183.38万平方米。年内，滨江集团获全国民营企业500强，中国房地产100强企业融资能力前10、盈利性前10，长三角服务业企业100强（第70位）、浙江省100强民营企业（第54位）、浙江省服务业100强企业等荣誉。

【宋都集团房地产稳健经营】 2021年，杭州宋都房地产集团有限公司（简称宋都集团）房地产签订商品房销售合同金额182.4亿元。年内，宋都集团斩获余杭区崇贤新城沾桥D-2地块、衢州市常山县罗汉山地块、宣城宛陵湖南侧项目地块、临安中心城区单元01-ZX-01-140地块、临安天目医药港ZX11-G-15地块、富春77-2号地块、富春湾新城6号地块、宁波市奉化区泉溪江5-3号地块8宗土地，总建筑面积70.20万平方米，总价54.18亿元。年内，宋都集团获中国房地产100强企业（第78位）、中国房地产产品力优秀企业、中国房地产代建运营优秀企业、中国上市房企TOP100（第71位）、中国上市房企成长发展能力10强、中国房企稳健经营20强、中国房企品牌价值成长性15强、2021长三角城市群房地产公司品牌价值TOP10、2021中国房地产顾客满意度领先品牌、省“守合同重信用企业”等荣誉；宋都·济宸府售楼处获伦敦杰出地产大奖（OPAL）优秀奖；宋都·望林府项目在GBE地产设计大奖2021评选活动中获“最佳创新设计奖”；宋都·海语东方&纳沃设计“湾海新境样板”获美国TITAN全球地产大奖金奖、第6届REARD全球地产设计大奖金奖（居住类建筑）、浙江十大高端产品荣誉；杭州世纪中心获杭州市建设工程结构优质奖。

（周霞群）

【广宇集团房地产业务发展】 2021年，广宇集团股份有限公司（简称广宇集团）主营业务房地产业务稳健发展，全年房地产新开工商品房面积36.64万平方米，签订商品房销售合同金额62.55亿元。年内，广宇集团斩获土地4宗，分别是绍兴镜湖新区梅山东3号地块、余杭区塘栖小城市核心区地块34地块、新昌县七星街道新中路和演溪路交叉口东南侧地块、下沙元成单元JS02-03-R21-02地块。其中：绍兴镜湖新区梅山东3号地块建筑面积7.85万平方米，总价12亿元；余杭区塘栖小城市核心区地块34地块建筑面积4.72万平方米，总价9.18亿元（自持29%）；新昌县七星街道新中路和演溪路交叉口东南侧地块建筑面积12.39万平方米，总价11.85亿元；下沙元成单元JS02-03-R21-02地块，建筑面积9.7万平方米，总价12.47亿元。

（李　薇）

建筑业管理

【概况】 2021年，上城区推进建筑工业化建造、工程总承包模式、全过程咨询管理，建筑产业转型升级提速，建筑业向建设模式一体化、内容服务集成化、生产方式工业化的方向转变。全区有建筑企业648家，其中总承包企业175家，专业承包企业295家，监理、造价咨询企业80家，劳务企业98家，形成以总承包为龙头、专业承包为支撑、劳务分包为依托的行业发展体系。全区建筑业总产值888.7亿元，比2020年增长16%；其中省内总产值739.9亿元，增长15.7%。推进建筑业转型升级，全区新开工装配式项目41个，建筑面积501.62万平方米；全装修项目开工11个，面积121.15万平方米。全区7个项目申报采用工程总承包模式进行建设管理。加强建筑市场行为监管，严格规范项目建设行为，全年查处建筑施工违法发包、转包、分包及挂靠等违法市场行为和违法施工行为17起，罚款总额824.53万元。年内，上城区监管项目获评市结构优质项目22个、市标准化样板项目8个、“西湖杯奖”优质工程项目6个、“钱江杯”优质工程项目3个。

【装配式建筑和工程承包管理】 2021年，上城区通过优化政策、监管服务和协会引导等方式，开展建筑工业化工作。推进建筑业转型升级，全区新开工装配式项目41个，建筑面积501.62万平方米；全装修项目开工11个，面积121.15万平方米。推进绿色建筑及建筑节能工作，全区完成节能审查项目34个。其中：一星级项目7个，面积18.19万平方米；二星级项目16个，面积116.23万平方米；三星级项目4个，面积38.92万平方米；居住建筑兼容公共建筑项目7个，面积289.11万平方米。7个居住建筑兼容公共建筑项目中，有6个项目居住建筑部分二星级、公共建筑部分三星级，有1个项目居住建筑部分一星级、公共建筑部分三星级。年内，江干区人民医院及区公共卫生中心工程获国家优质工程奖，并获评省级绿色施工示范项目。杭政储出〔2020〕29号地块商业商务兼容社会停车场项目获三星级绿色建筑设计标识，该项目和牛田单元A33-01地块中学、A35-01地块科研综合楼项目、杭政储出〔2019〕58号地块商业商务用房（云商总部）项目、杭州九堡三卫村经济联合社商业综合用房项目被评为2021年度杭州市绿色建筑和建筑节能示范工程。杭州银行、杭州国际中心、望江单元SC0404-R21-04地块农转非居民拆迁安置房项目获二星级绿色建筑设计标识。

【建设工程招投标管理】 2021年，上城区有公开招标建设工程项目116个，中标金额50.32亿元，完成限额以下直接发包备案37个、限额以上非国有直接发包备案41个。制定《关于进一步加强对招标人主体责任进行监管的通知》和《上城区政府关于直接发包和邀请招标特殊项目的认定办法》，进一步规范全区建设工程招标投标活动。全年查处招投标主体业绩造假案例1件；约谈建设单位6家、招标代理机构2家；开展招投标专题培训1次，120多家单位、300多人参加培训。

（何淳健）

【建筑行业防欠薪管理】 2021年，上城区落实建筑领域保证农民工工资人工费用与其他工程款分账管理制度、人员实名制管理制度、按月足额支付工资制度、银行代发工资制度、施工现场维权信息公示制度、农民工工资保证金制度“六项制度”，加强建筑行业防欠薪管理。秉持根治欠薪的高压态势，采取随机检查方式，重点检查花样年对越天、中南春溪集轩、华侨城芳菲与城一期、华侨城芳菲与城二期、百郦玲珑府5个房地产开发类项目。依托“杭州市智慧工地系统平台”，动态检查建设项目实名制管理情况。对辖区范围内建筑项目进行横向到底、纵向到边的覆盖式检查，对在建项目进行全方位检查和指导。针对存在欠薪行为的项目实施约谈制度，联合区人力社保局及属地街道约谈重点项目单位，要求及时落实整改。

（包泽斌）

【工地环境整治】 2021年，区住建局联合各级部门和属地街道，持续开展线上线下全覆盖检查，加大对工地现场环境的检查力度，将环境秩序检查纳入每次各项层级检查和专项检查，压实工地各方主体责任。通过各类专项检查，形成环境治理高压态势，推进工地环境秩序治理工作。围绕2022年第19届亚运会，进一步开展工地文明施工工作，督促工地加强现场环境管控，加速推进建筑工地亚运围挡提升美化工作。通过重点区域工地“一对一”指导提升，逐步推广至全区所有在建工地施工，进一步提升杭州亚运城市氛围。

（田麒惠）

物业管理

【概况】 2021年，上城区以提升物业管理水平和民生幸福感为着力点，统筹协调、多方联动，探索物业管理新方法新路径。围绕“迎亚运·美丽杭州环境整治工作”“美好家园建设”“探索组建物管委员会”等工作改善住宅小区环境，填补小区自我管理空白，增强居民幸福感。通过智慧平台试点推广，连接物业企业、业委会、物业监管服务、业主之间的关系，破解物业管理建设中的薄弱环节，建立物业管理长效机制。创新亮点，通过平台数字化、业主自我管理、业主多方参与等形式，实现物业管理可持续发展。全年创建红色物业项目8个；入选杭州市“美好家园”住宅示范小区项目24个，其中康都紫轩小区列入住建部“加强物业管理，共建美好家园”典型案例；入选杭州市物业管理优秀住宅类项目2个，入选杭州市物业管理优秀非住宅项目1个。

【物业管理数字化改革】 2021年，上城区推进物业管理数字化改革，使全区住宅小区业主能及时了解小区信息、参与共同决策、联系物业企业、发表意见建议，依托“杭州市智慧物业和物业治理”平台，建立“1+3+N”的服务内容体系，打造多元物业服务的生态平台。年内，以小营、紫阳、四季青3个街道81个住宅小区为试点，完成物业企业、物业项目和业委会的基础数据信息录入与主管部门、街道社区和业委会“三个维度”考核测评。物业服务项目基础数据和实时动态的获取提高街道、社区在新冠肺炎疫情防控、物业项目监管考核、防汛抗台等方面的工作效率。

资料

“1+3+N”：智慧物业以“1+3+N”为主要内容，前端面向居民业主推出“杭州电子业主卡”，即住宅小区住户的电子证件，凭该卡可行使投票表决、维修基金及经营性收支查询等业主法定权利与义务，了解小区及社区各类信息通知，快捷连接报事报修、小区缴费等专业化物业服务；后端建立“物业企业”“业委会”“物业监管服务”3个子平台，并将陆续叠加各类生活服务、公共服务、政务服务应用场景。

【“美好家园”创建】2021年，上城区以提升居民生活品质为出发点和落脚点，改善并提升居民居住环境和生活品质，共建“美好家园”。年内，阳光海岸、景芳三区、花园府等24个住宅小区被评为市“美好家园”小区，曙光之城、康都紫轩、江新苑等8个住宅小区被评为省级“红色物业”小区。紫阳街道康都紫轩小区被评为全国“加强物业管理，共建美好家园”典型案例，为浙江省唯一商品房小区。

（陈勇荣）

城区绿化

【概况】2021年，上城区新增绿地100万平方米，其中新增公园绿地66万平方米、附属绿地34万平方米；完成南星单元秋涛路东侧街头绿地、丁桥单元中央水景公园等5000平方米以上公园绿地10处。实施绿道建设58千米，其中省级民生实事项目13千米、市级民生实事项目30千米。完成普德公园、顺福园、李宁体育园等新建和提升改造城市小公园10座。参加省级优质综合公园、示范路及居住区评比，其中丰收湖公园被评为“省级优质综合公园”，市民街被评为“省级绿化美化示范路”，玉润钱潮府、御东方园被评为“省级园林式居住区”。开展千桃园桃花节、黎明公园杜鹃花展、城东公园八仙花展、古树公园宋韵菊花展等惠民花事活动，获市民游客好评。参加各类花事竞赛，获各类奖项8个。全年完成义务植树尽责人数30万人次，建卡2886本，收缴认建认养费7950元。

2021年5月21日，上城区在城东公园举办八仙花展（区住建局 供稿）

【绿道建设】2021年，上城区进一步建设城市绿道，全年完成绿道建设58千米，其中：省级民生实事项目13千米，分别为皋亭山绿道沿山段和千桃园廉孝文化绿道；市级民生实事项目30千米，分别为桃花湖公园、李宁体育园、贴沙河绿道等17个项目。举办2021年上城区绿道“谈天论道”民意座谈会，为打造家门口的惠民绿道提供更多、更好的思路，推进上城区绿道规划、建设和运维。配合省市实施“智慧绿道”建设，协助市绿道办在高德地图上完成25条绿道的实名确认，同时完成市民生绿道录入系统和省智慧城建系统绿道录入工作。在绿道建设中注重智能设施的运用，在皋亭山景区绿道应用人脸识别监控、前端刷脸LED屏、智慧灯杆系统、智慧导览系统等智慧化设施，增加绿道管理智慧化、健身游玩智慧化体验。6月，响应浙江省第3届“绿道健走大赛”要求，开展绿道毅行活动，发动机关干部、市民群众参与线上线下活动，上城区获省第3届“绿道健走大赛”优秀组织奖。

【小公园建设】2021年，上城区打造一批高质量的家门口的小公园，进一步拓展社区居民的公共绿色空间，使居民享受“推窗可见绿，抬脚即进园”的美好生活。年内，全区新建和提升改造完成城市小公园10座，其中，李宁体育园、聚邻公园、望秋公园、普德公园、顺福园为新建公园，景湖公园、濮家公园、古树公园、近江公园、小营公园为提升改造公园。全年完成新建和改造公园总面积约12万平方米，超额完成年度民生实事项目目标。

场景布置花展《繁花生活路》(2021年)　　（区住建局 供稿）

【绿化养护】 2021年，上城区对全区1000多万平方米公共绿地实行网格化管理，以街道为单位进行分区管理，对公共绿地、属地街道管辖绿地进行检查考核。引进两家第三方巡查单位，明确检查内容及标准，进一步强化全域绿地监管力度。全年排查整改问题3.15万个，发放抄告单3235份、整改单及工作联系函36份，完成市抄告问题1933个、区自查问题2.78万个、企业自查问题1.07万个，“数字城管”抄告5.28万件，整改率均100%。完成各类绿化信访案卷处置回复489件。以开展业务培训为手段，提高养护水平。3月，组织邀请市“双最”（最佳、最差公园、景区、道路绿地、滨水绿地、高架绿化、施工养护期绿地）专家对全区“双最”绿地开展专业指导。5月，组织养护单位对全区月季花开展控花修剪。6月，开展“数字城管处置通”软件使用培训。10月，组织绿化养护企业到西湖区学习交流绿地精细化养护管理经验。

【古树名木保护】 2021年，上城区有古树89株，包括香樟、银杏、广玉兰、朴树、千年古银杏、古树公园古树群、万松岭路香樟古树群、全市唯一1株粗糠树等。年内，区住建局对其中20多株古树开展树枝修剪、树洞修补、松土施肥、病虫害防治、植被清理、营养土回填等保护性复壮措施，改善古树生长现状，提高古树名木生存质量。

【花事创作】 2021年，上城区开展各类花事创作活动，积极参与各类花事竞赛活动，在城区主要道路、公园等重要节点布置环境小品、花境、花坛。其中：位于湖滨步行街的《新貌贺岁》和位于庆春东路广场的《幸福丰年》2处“春节”花境小品与位于湖滨步行街的“十一”立体花坛《幸福湖滨》获市一等奖；“五一”自然花境作品中，位于机场路和秋涛路交叉口东南角的《彩韵秋涛》、位于东湖路市民公园内的《东湖香涧》获市一等奖；位于万松岭路与中河南路交叉口北侧绿地的《新生》获市三等奖；东湖路市民公园和小营公园2座“七一”主题花园分别获市一等奖、二等奖。庭院展示区花展《芍华归处》参展上海国际花展，获铂金奖。作品以清竹为屏障，形成半围合独立院落，收集老旧门窗、生活用具、农具等装饰院落，结合主题花卉芍药、美女樱的运用，配以竹、红枫、桂花、鸡爪槭及各类色叶灌木、时令草花，打造出一个步移景异、百花齐放的世外桃源。场景布置花展《繁花生活路》参展杭州市园林艺术精品展，获特等奖。该作品以古风步行街的花店外立面为主体，将户外窗景改造成室内花店及咖啡卡座场景，室内过道模拟步行街，通过对墙面的装修，打造花艺小店的商业氛围。立体花坛《蓝鲸的眼睛》参展中国昆明立体花坛大赛，获银奖。该作品整体为钢结构造型，内部填充优质营养土，按形态外植各色五色草，蓝鲸腹部安置可变换彩色LED灯带，地面花境采用昆明当地三角梅、观赏草和时令草花布置，配置雾森，营造白天色彩绚丽、夜晚灯光闪烁的意趣。

（胡　帆）

城区管理

综述

【城区环境整治】 2021年，区综合行政执法局牵头“美丽上城”创建暨“‘迎亚运’城市环境大整治、城市面貌大提升”长效管理行动，完善工作制度，落实六大机制（快速响应机制、自查督查机制、问题代整治机制、群众参与机制、考核通报机制、奖励约谈机制）、四大制度（通报分析制度、晒绩评比制度、定期会议制度、队伍建设制度），建强“专班统筹、分级协调、块抓条保”的工作格局，全区环境面貌有效提升。全年收到市专班下发各批次问题2.5万个，整改率100%。针对九堡社区环境脏乱、秩序杂乱、隐患多发等问题，用时23天完成九堡社区一、二、三区块及2个专业市场整治。针对四季青服装特色街区周边环境脏乱差等问题，通过软隔离、硬管控，推行“潮汐布阵、早晚出动，快速响应、随脏随清，回避人流、夜间作战”、24小时保洁等精细工作法则，实现街区更有序、道路更通畅、环境更靓丽。

【“五水共治”工作获省级荣誉】 2021年12月16日，区综合行政执法局获全省“五水共治”工作先进集体荣誉。完善“一河一口”“一河一策”制度，优化引水、排涝调度机制，做到水质量、水安全“双保障”，各级河长全面履职。8个市控以上考核断面水质达标率100%，全区63条河道中Ⅳ类及以上水质河道条数占85.1%。闸弄口街道、笕桥街道、钱塘智造小镇、区电子机械功能区工业园区“污水零直排”创建项目通过市级验收。以“水清流畅、岸绿景美、功能健全、人水和谐”为目标，完成建设省级“美丽河湖”2条、“水美乡镇”2个和“美丽池塘”10个。

【垃圾分类全覆盖】 2021年，上城区围绕“三定三服务”（居民小区定时定点投放、商业街区定线收运、属地街道定量考核；宣传指导分类服务、小区环境美化服务、企事业单位定制服务）和“桶长制”工作要求，全区772个小区、1490家公共机构和企业实现垃圾分类全覆盖。全年全区生活垃圾总量64.22万吨，比2019年减量2.5%。区综合行政执法局开展上门指导服务，完成21个省级高标准示范小区、158个省级示范预备小区创建工作。推进示范单位创建，创建示范机关单位53家、示范国有企业14家，推进全区772个小区实现“定时定点”投放工作全覆盖。落实“日通报、周排名、月分析、年考核”制度，做到14个街道每日检查全覆盖，全年发布通报190多期。围绕《浙江省生活垃圾管理条例》，强化入户宣传，加大垃圾分类违法行为的执法查处力度，全年立案查处违规行为3900多起，罚款46万余元。

【市容街貌提升】2021年，上城区推进湖滨商业步行街区、清河坊历史街区、钱江新城核心区3个保洁精细化示范区建设，在小营街道试点定岗、定时、定段、定人的“四定”环卫保洁力量属地化监督试点模式，逐步实现全域性保洁“墙到墙”、秩序“点对点”。针对出店经营、违法停车、渣土运输等12类重点难题，部署开展夏季重点领域百日大整治行动，针对地铁站口、人行天桥、过街通道等重点区域，开展综合秩序长效管理行动。全年区综合行政执法局办结行政处罚案件5.67万件，其中一般程序8856件，处罚金额2989.25万元。开展车容车貌、户外广告（招牌）、电子走字屏专项整治，拆除户外广告（招牌）1682块、F杆广告2600多块、电子走字屏1433块，查处违规张贴车贴车辆1510辆。

【城市运行保障】2021年，上城区推进排水管网“清道夫”、剿灭人行道“水老鼠”、无障碍设施专项整治等行动，修复人行道路面1.90万平方米，清疏雨污水井13万余座，清淤6500多立方米。实施“扶直”歪斜杆箱、消除城市“拦路虎”等特色专项行动，整改问题1630多个。落实勘测检测消除城市地下安全隐患工作，累计检测285.51千米，超额完成上级要求的255千米任务；排查整改问题38个，并加强巡查观测。完善排水设施管理工作机制，首创建设工地排水全流程管理模式，并在全市现场会分享交流该模式。提升防汛应急能力，推进完善应急预案，在全市率先绘制《上城区市政应急区域分布图》，通过定人、定岗、定物资、定装备，形成高效应急处置圈。完成节假日等重要节点保障和防汛防台等重点时段保障，打赢抗击台风“烟花”等应急保卫战，确保城市安全运行。开展瓶装燃气与管道燃气安全管理整治行动，全年发现销售、储存、使用“黑气”行为36起，收缴非法燃气钢瓶642只。

【城市管理智慧化建设】2021年，上城区依托数字化改革，重点在停车、垃圾分类、综合执法、安全监管等方面推进“智慧城管”建设。加快便捷泊车系统建设，完成解放路“抬头见泊位”场景应用，持续开展“先离场后付费”工作，全区接入所有社会收费停车场和点位880个、停车泊位28万余个，实现全覆盖。推行生活垃圾计量清运模式，在127辆垃圾清运车辆上安装车载称重设备，实时掌握垃圾产生量，促进垃圾分类智慧化监管。建设563路固定监控和64路移动车载监控，利用“非接触性执法”系统进行违法行为智能识别、违法过程全程记录，缓解执法矛盾冲突；推进数字集群系统建设，建立高效、安全、高质量的数字对讲机指挥调度系统，满足城管业务需求。探索推进智慧工地监管系统建设，完成地铁9号线三堡站建筑工地、景芳三堡单元（JG12）地块拆迁安置房建筑工地、杭州银行工地3个工地试点。

（孙毓文）

【“非接触性”执法平台应用】2021年，区综合行政执法局加强“非接触性”执法平台应用，以智能视频抓拍、智能感知告警、人证比对建库、人像比对抓拍、AI数据分析等手段，提升路面精细化管控水平，提高办案工作效率。全年“非接触性”执法平台处理各类案卷43.61万件。其中，派遣固定监控案卷15.63万件，交办处置智能感知案卷1817件，助力共享单车管理案卷1.94万件。6月，启用“智慧井盖”管理平台，至年末，该平台交办井盖报警案卷689件，案卷解决率100%。推进“数字城管”系统融合，实现统一受理、统一派遣、统一考核。全年受理“数字城管”案卷61万余件，其中区内处置47万余件，比2020年增加近15万件。

（金　晶）

【有奖举报系统开通】2021年，区综合行政执法局开通有奖举报系统，扩宽受理渠道，将居民关注的“违建、双减”等热点、难点问题中涉及的规划资源、教育、市场监管等部门纳入运行系统，对新增单位的问题类型、职责边界开展培训指导。对受理问题不允许延期、不允许缓办，涉及疑难问题落实属地责任制，按照“先处置，后确权”的原则，确保市民举报问题高效处置。全年受理公共服务平台案卷340件、有奖举报案卷8942件，均处理完成，市民满意率100%。

（祝婷婷）

市容管理

【概况】2021年，上城区践行“杭州模式”，按“三定三服务”和“桶长制”要求，提升垃圾分类工作成效，全区772个小区、1490家公共机构和企业实现垃圾分类全覆盖。通过“集中投放+定点督导+分片包干”，确保专管员配备到位，落实桶边督导，提升分类质量；对街道实行“日通报、周排名、月分析、年考核”制度，每周进行问题复核，向月度考核末尾的街道下发建议书；开展“消短板”比学赶超行动，强化街道自查自改、互学互促。结合小区“微更新”项目升级改造破旧垃圾房300多座。深化“清道夫再生资源回收体系”建设，合理布局回收网点、分拣中心建设，建成回收网点363个、分拣中心面积4.67万平方米。因地制宜推进易腐垃圾减量站点建设，全年建成投用15个。全年各类媒体对全区垃圾分类工作宣传报道4200多篇，其中省级以上媒体宣传报道1300多篇。

至年末，全区有主要保洁单位21家，保洁人员3600多人，负责全区道路街巷和公厕保洁工作。全年道路街巷保洁面积2150.49万平方米，管理公厕461座、厕位6324个。其中，上城市政集团有一线保洁人员730人，各类保洁器具配备齐全，承担全区114条道路（特级道路14条、一级道路56条、二级道路21条、三级道路23条）、470.07万平方米保洁任务，整体机械化保洁覆盖率100%。区综合行政执法局按照市环卫设施建设要求，推动已建成道路的环卫设施管理移交工作，接收各类道路（街巷）22条、面积30.66万平方米，均纳入长效保洁管理；验收公厕20座、厕位305个。常态化新冠肺炎疫情防控期间，针对钱江新城、凤起东路等重点区域，采用高能雾炮车空中消杀；针对区域道路、城市家具，采取“人机结合”无死角消杀，并配合卫健部门做好全区9个入境人员隔离点消杀保障。其中，上城市政集团每日清理城市家具5200多件，消杀面积1.25万平方米（驿站11个、公厕100座、新冠疫苗接种点1处、新冠病毒核酸检测点1处及上城区疫情防控隔离点1个）；子公司杭州路通环境科技有限公司获评全省城市市容环境卫生工作成绩突出单位。全年办结“两审批一备案”615件，其中：办理准运证276件，办结3800车次；办理处置证322件，不同意21件；办理（续批）临时处置场地备案17件。办理犬只审批3462件次，否决1606件次。

（袁雯菲　周雅仙　余丽燕）

【省市生活垃圾分类示范小区建设】2021年，上城区健全街道垃圾分类网格责任制，制定“一小区一方案”，开展撤桶并点、定时定投、宣传指导等软硬件提升工作，提升分类质量，完善分类设施，升级改造垃圾房300多座。其中，上城市政集团湖滨、清波、永昌坝、平如里、上羊市街物业项目部多措并举落实小区垃圾分类工作，垃圾分类入户宣传率100%，深化居民小区垃圾“定时定点”投放，采用数智一体分类回收等模式，提高垃圾分类准确率，实现垃圾分类全面化。打造垃圾分类工作特色亮点，创建湖滨街道、闸弄口街道两个省级高标准生活垃圾分类示范片区，创建凯旋街道凯华社区滨江华家池、四季青街道三堡社区三堡北苑、南星街道美政桥社区美政南苑、清波街道柳翠井巷社区惠民苑等21个省级高标准生活垃圾分类示范小区，新申报的158个市级生活垃圾分类示范小区全部通过验收。

（袁雯菲　余丽燕）

【再生资源回收体系构建】2021年，上城区加速推进垃圾分类链条闭环，全面构建再生资源回收体系，实现生活垃圾应减则减、低值可回收物应收尽收。根据“方便居民、充分利用、合理布局”原则，按照1个生活小区为基准单位设置1个回收网点的要求，利用社区用房、小区集置点、垃圾房改造用房等空间资源建设网点，实现再生资源回收服务全覆盖。以“固定+流动、线上+线下、小区+辖区”的规范化运行方式，确保网点规范化运营。至年末，建成回收网点363个。线上开通微信小程序预约、电话预约等功能，线下采用定时定点上门、居民自助交投等方式，实现线上、线下双线融通。推进“云秤”建设，完成回收网点的数据调试接入，通过推广使用电子云秤，有效融合网点回收减量数据信息，为垃圾分类智慧管理、科学决策提供基础数据库。各回收网点兼合资源回收、商业运作、宣传教育、便民服务等功能，开设居民休息室、儿童游乐区、便民小卖部、便民医疗站、快递代收点，将回收网点打造成为回收基地、宣传教育基地、便民基地。（袁雯菲）

四季青街道钱运社区再生资源回收网点（2021年）

（区综合行政执法局 供稿）

【道路街巷保洁】2021年，上城区道路街巷保洁面积2150.49万平方米。其中，道路保洁面积1513.08万平方米，街巷保洁面积637.41万平方米。按照“席地而坐、手摸无尘”的标准，加强道路保洁，在湖滨步行街、清河坊历史街区、钱江新城核心区创建上城区城市精细化保洁示范区域。湖滨步行街“一枝一叶”保洁模式和钱江新城“3+X”机械化保洁模式情况专报获市领导批示肯定。上城区通过深化实践“闸弄口一体化”保洁模式，加强街巷保洁，并按照“定人、定岗、定时”和“网格化、常态化、精细化”的高标准养护措施，提升街巷管理与养护水平。

【公厕提升改造】2021年，区综合行政执法局对辖区内

25座公厕进行提升改造，打造“有颜值、无障碍、无异味、无间断”的“一有三无”公厕。针对各公厕实际情况和不同人群需求，制定“一厕一方案”。运用“科技赋能”内部装修及设施设备更新，改善公厕内部气味重、光线暗等问题。以“设施无障碍、沟通无障碍”为目标，完成无障碍环境提升改造公厕10座。公厕无障碍间设置可折叠扶手、微斜镜面，降低取纸器、求助铃高度，并将洁具按钮设置为凸起，延长龙头杆件，新增生命监测器、烟雾监测器，提供盲文导向牌及智能语音提示装置等设备，满足残疾障碍人士的实际需求。同时落实公厕建设与管理衔接工作，接收、开放新建公厕20座、厕位305个。引导沿街社会企事业单位内部开放卫生间133座，主要区域基本形成“10分钟如厕圈”，解决“如厕难”问题。

【城管驿站品牌升级】 2021年8月9日，区综合行政执法局主编的《城管驿站建设与管理规范》（DB33/T 2355—2021）成功创建浙江省地方标准。该规范涵盖城管驿站基本要求、建设要求、运行管理、服务内容、评价和改进5个方面，于9月9日正式施行。上城区打造驿站体系，在建成全国首个集用餐、休息、学习、应急于一体的城管驿站基础上，融入党建共建、社会企业、志愿服务等力量，形成驿站“微心愿”、驿站志愿服务、驿站爱心日等服务品牌。完善建设体系，推进布局扩点、延伸服务半径，升级打造“mini小红车城管驿站”。全年全区70个城管驿站服务市民游客97.55万人次，接待全国各地考察团296个。打造红色城管驿站，7月19日，杭州城管驿站·弄潮党群服务站——全区首个“之江红驿”在钱塘江畔建成开放。全年全区打造红色城管驿站18个，成为全市百个红色城管驿站的重要组成部分。（周雅仙）

【户外广告安全管理】 2021年，上城区深化户外广告安全管理工作。5月起，按照《杭州市“迎亚运”市容市貌整治工作实施方案》要求，区综合行政执法局对未经审批广告牌、一店多招、三楼以上招牌、破损设施进行拆除，拆除3200多块。按照《杭州市户外广告和招牌指示牌管理条例》，检测户外广告400多块，针对30平方米以上户外广告，要求设置主体每年开展1次安全检测；针对其他户外广告、店招牌，要求签署安全责任承诺书，由设置主体承担安全管理主体责任。各属地执法中队在重点区域、主要道路、重要时间节点加强户外广告设施巡查力度，及时清除安全隐患。配合区应急管理局开展户外广告应急演练，增强应急反应能力。防汛抗台期间，应急处置户外广告170多块。

【道路暗区增亮工程】 2021年，区综合行政执法局针对

杭州城管驿站·弄潮党群服务站——全区首个“之江红驿”夜景（2021年）（区综合行政执法局 供稿）

市民反映集中，以及日常巡查、检查发现的茅廊巷、忠孝巷、钱杭小区、吴山路、候潮东路、清怡花园等地偏暗或灯具光线衰弱严重路段，确定暗区增亮民生实事工程项目22个。制定“一暗区一方案”，合理划分片区，建立项目监管人制度，每个片区明确1名监管员，开展每月一巡查，每月一例会，及时查改进度落后等问题8个，确保项目稳步推进。工程实施期间，收集群众意见建议6条，综合考虑灯杆现状、周边环境等因素，采取加长挑臂、增加附杆、双光源等方式进行改造，增强实际效果。开展增亮项目照度测试，组织居民代表参与现场体验和监督，确保改造后的道路照度全面达标。至年末，全部工程完成。

（刘　晓）

市政管理

【概况】2021年，区综合行政执法局发挥“1+1>2”融合效应，重新梳理职能，通过调整完善全区市政设施管理、街道及市场化养护监管考核办法等举措，推进年度各项工作，保障市政设施安全有效运行。全年全区管理养护市政道路962条（段），道路总面积1288万平方米，人行天桥6座，桥梁310座，地道5条，雨水管总长909千米，雨水检查井2.60万座，雨水口4.09万个，污水管121千米，污水检查井7097座，污水泵站54座，智能截流设备276座。

【市政建设管理融合推进】2021年，区综合行政执法局推进市政建设管理融合“半月谈”工作机制，完善、提升市政设施接收标准和效率，确保建设与管理无缝衔接。全年召开建设与管理衔接会议10次，新接收道路17条（段）、桥梁7座。针对临时保通道路（因工程施工，由建设单位临时建设保障行车通行道路），成立重点工程工作专班，开展协调、通报、约谈、查处、代整改管理，采取预养护、集中修缮、签署代管代养协议等举措，提升修复质量。8月27日，上城区作为临时保通道路精细化管理示范样本城区，成为全市现场会观摩点，拱墅、西湖等7个城区在钱江路学习交流。至年末，打造钱江路、新业路2条样板道路，实行“代整改”3次，保障设施完好。

【地下安全隐患消除】2021年，区综合行政执法局检测道路733条（段）、285.51千米，超额完成市城管局下达的255千米任务。检测排查出空洞6处、脱空5处，全部完成修复；对27处土体疏松处落实定期巡查制度。成立区勘测检测消除城市地下安全隐患工作专班，专人专职，根据“谁实施谁负责、谁管理谁负责”原则，细化各方职责，明确巡查和监测要求，健全成员单位例会、联络员定期联系、工作情况通报等制度，做到“横向沟通”无

2021年5月12日，道路检测人员对南复路进行地下安全隐患雷达检测
（张海强 摄）

障碍、“纵向对接”无距离，全面排查无遗漏，确保即查即改、立行立改，把隐患消除在萌芽中。全年出动各条线工作人员4078人次，交流巡查、抄告、临时抢修等信息1.07万条。加强对钱江新城、杭州东站枢纽的主次干路，地铁站点及盾构区间段、地下快速路等地下市政工程影响路段，绿化游步道、建成未移交道路等重点区域，以及深基坑围护项目等重点项目的风险管控，将管理手段与先进的科学检测相结合，邀请专业单位运用探地雷达等先进设备协助开展勘测检测工作，并进行专业数据分析，提高准确性。区住建局、上城规划资源分局、各街道等单位在职责范围内开展排查、检查整改等工作，制定“每月一统计”工作机制，列出问题清单，形成“发现、抄告、协调、处置、反馈”的问题整改闭合回路。

【“智慧工地”监管系统建设】2021年，上城区引入第三方，探索推进“智慧工地”监管系统建设工作，减少施工中对周边道路、桥梁、地下管网等市政设施的影响。运用地面/桥梁自动化监测预警、排水监测、扬尘监测、视频监控和应急广播等智能手段，通过统一规划、分期建设、整合资源、规范制度，建立一套成熟完善的智慧工地管理监管模式，加强工地监测和管理。至年末，完成地铁9号线三堡站建筑工地、景芳三堡单元（JG12）地块拆迁安置房建筑工地、杭州银行工地3个工地试点。

【建设工地排水全流程管理】2021年，上城区在全市首创建设工地排水全流程管理模式。制定建设工地建档建册、排水设施建设指导、审批办证服务指导、立案查处分类处置、日常监管落实长效、紧急情况应急处置“六步走”管理方案，组建领导小组，明确各方职责。按照“一工地一项目一档案”制度，建立全区建设工地基本台账，不定期为排水办证、建设施工等提供服务指导，保证建设工地排水规范化。加大执法查处力度，组建管理巡查队伍5组50人，划分五大管理区块，按照区域划定、人员设定、责任片区固定原则，开展“日查、周检、月评”网格化管控，及时发现并处置问题。全年区综合行政执法局在全区300多个工地规范建立档案，为180个工地开具行政指导意见书或现场行政指导，出动巡查人员900多人次，查出因未办理排水许可证被依法行政处罚的工地4个，处罚金额125万元。12月30日，全市现场会在上城区召开，上城区对相关经验做法进行交流。

【市政设施日常监管养护】2021年，上城区城市管理综合发展中心对辖区内13个道路标段、2个市政设施标段进行市场化养护和监管，按月度集中考核。坚持以“路长”制和“桥长”制为手段，高效开展道路、桥梁、排水等设施的日常巡查监管。落实精细化管理，督促养护单位落实日常巡查制度，重点道路一日一巡，其他道路两日一巡；重点大型桥梁一日一巡，小型桥梁三日一巡；泵站、生化池一日一巡，一周一次交叉巡查。以年、月、周、日不同周期，制定养护计划，实行每日一报。以标准先行，将道路、桥梁、排水的标准养护制作成教学视频，使规范易懂、易操作。加强巡查车辆管理，统一车辆颜色、标识、顶灯等。在全市率先开展石桥路试点“半柔性路面”，通过道路材料、施工工艺升级，提升道路抗车辙效果，延长路面使用寿命，提高行车安全性。

【市政专项行动】2021年，区综合行政执法局策划开展“扶直”歪斜杆箱、消除城市“拦路虎”、城市桥梁外挂线路整治专项排查等行动。全年整改不合理设置的石球问题1538处，移除石球5090个，及时修补移除后的路面缺口；整改歪斜杆箱131个；排查全区桥梁308座，发现并整改桥梁线缆外挂“蜘蛛网”32处。根据养护规律和要求，序时开展人行道“水老鼠”和无障碍设施专项整治行动，开展高频次、全方位、地毯式全覆盖徒步巡查，落实“一日一报”工作机制和“1+3+X”整改机制，累计查改问题646个。全年修缮人行道面积1.90万平方米。分3个批次开展道路集中修缮行动，提前完成之江路、延安路等43条（段）道路的集中修缮工作，有效解决人行道和车行道的网裂破损、沉降等问题，提高道路平整度，累计修复车行道20多万平方米、人行道约1500平方米，提升市政道路品质。

资料

“1+3+X”整改机制：一般问题1天内完成整改，复杂问题3天内完成整改，整条道路存在严重问题立即上报，由领导小组研究讨论后，列入城建计划，通过项目改造进行彻底整改。

（方水洁）

【市政应急养护】2021年，上城市政集团最大限度减少汛期与暴雨灾害带来的损失，确保人民生命和财产的安全。年内，下属子公司杭州路通市政园林工程有限公司主要负责辖区302条道路、73座桥梁（地道）、290千米排水管道养护。该集团落实消除道路各类病害工作，确保道路设施安全良好运行。全年修复沥青9.63万平方米、人行道2.39万平方米、平侧石9163米、路名牌361块，提升及修复窨井198座。对候潮东路、甬江路、解放路等12条道路分3批进行集中修缮，修复沥青路面2.42万平方米、人行道102平方米。推进市政管网长效养护，落实管网清淤、疏通工作，确保城市市政管网正常运行。全年检测管道80.68千米，疏通下水管446.56千米，机械化养护总量391.9米，疏挖检查窨井及雨水口3.82万个，清运淤泥2157.5立方米。该集团根据2020年防汛抗台工作经验和《防汛抗台工作预案》，组建6支应急抢险队伍，落实抢险应急工作，统一对城区内管养管网进行摸底检查，重点排查重点道路、人流集中区域、频繁积水区域。对于严重问题区域，制定“一点一方案”；对于存在轻微问题区域，养护班组加强养护疏通频率，汛期前做好疏通清淤工作。全年参与主要防汛应急工作9次，出动人员574人次、车辆119车次、水泵19台次，处理积水问题113处，积水面积8490平方米。年内，杭州路通市政园林工程有限公司获2021年杭州市城管系统抗雪防冻应急演练一等奖。

（余丽燕）

2021年4月7日，市政养护工人在东湖南路（金禾街—商杭街）开展道路集中修缮　（熊立升 摄）

【无障碍环境提升改造】2021年，上城区按时完成35条道路无障碍环境提升改造。其中，迎亚运道路修缮项目

（无障碍部分）14个，城市道路无障碍环境提升项目21个。通过专家明确各类无障碍设施修缮标准规范，邀请身体障碍人士体验排摸等举措，优化改造方案，确保道路无障碍修缮等重点攻坚行动有效实施，解决人行道走不通、不安全、不舒适、不平整和身体障碍人士出行难等问题。上城市政集团在完成整改2020年市残联对全区普查的1300多个问题的基础上，进行自查自改，对高银街、惠民路、银鼓路、延安路、西湖大道等主要道路进行无障碍设施改造，查改问题800多个，并完成30座公厕的无障碍设施改造。年内，区综合行政执法局配合市市政设施管理中心，完成5座天桥、1条地道的无障碍环境提升改造，提高特殊群体的出行便捷度。定安路地道成为市城管局“城管开放日”指定参观体验点位。

（方水洁　余丽燕）

【市政项目实施】 2021年，上城区实施区城建计划内外项目231个，涉及资金13.82亿元。其中：城建计划内改善类项目包括雨污分流、公厕提升、亮灯改造、二次供水改造、河道设施提升、市政设施提升、“迎亚运”道路修缮和应急项目八大类176个子项，总投资13.38亿元；城建计划外项目55个，涉及资金4400万元。至年末，完成省级民生实事章家坝公交站点和弄口七组公交站点提升改造；完成省市级民生实事二次供水改造项目23个，惠及居民1.50万户、4.90万人；超额完成市级民生实事地铁口非机动车泊位提升改造，新增地铁口非机动车停车泊位2350个，完成率170%；完成市区级民生实事“迎亚运”道路修缮及城市道路无障碍环境提升项目75个；完成区级民生实事公厕无障碍提升改造10座。

（张李圆）

【停车管理优化】 2021年，上城区核心区和一类区域停车泊位全部实行收费管理，取消核心区光复路37个不符合泊位设置条件的泊位，一级区域中河便道、紫金观巷84个停车泊位由免费改为收费。提高停车泊位利用率，新增十五奎巷、候潮路、栅园弄、闸弄口街道区域董家桥路等12个收费点位、565个停车泊位纳入收费管理。开展“僵尸车”整治，清理整治“僵尸车”76辆，拖离5辆。推行科技赋能停车管理模式。整体推进闸弄口街道区域一体化收费与ETC试点，三里亭区域462个道路停车泊位实行巡管员巡查制ETC收费；丁兰街道试行5G高杆视频收费系统，在一期试点107个停车泊位的基础上，增加200个停车泊位，打造主城区首个区域性视频模式智能停车管理场景；深化“先离场后付费”场景应用建设，全区对外收费社会停车场均开通“先离场后付费”，场景使用率55.5%，数据质量合格率96.8%，停车优惠形式电子化100%。至年末，区公用事业发展中心完成“先离场后付费”功能开

2021年4月21日，区综合行政执法局“贴心直通车”在彭埠街道世茂茂悦府小区开展二次供水改造现场咨询服务　（孙艳菲 摄）

通停车场库385个、停车泊位10.69万个。

【停车费催缴】 2021年，上城区制定《上城区道路停车欠费催缴专项治理工作方案》，对收费员设定每日完成要求及超额奖励机制，提升停车费应收尽收工作执行力。采取以路面收费员现场补缴提醒为主，发函和电话提醒为补充的方式开展催缴工作，对大额欠费不补缴的车辆，进行法律诉讼。全年通过法律诉讼、短信提醒、挂号信催缴和现场收费员人工催缴等方式，完成未缴费停车交易记录补缴数10.10万笔，补缴金额400.30万元。其中：聘请律师向未缴费金额高于5000元的车主进行信息调查，对多次电话联系后仍未补缴的车主提起诉讼；向欠费500元以上的车主进行发函催缴；委托电信部门向省内所有欠费车主发送短信14.81万条、催缴函297封。11月，安排律师对多名未缴费金额较高的车主进行信息调查。12月7日，对3名金额较高且电话多次联系后仍未补缴的车主提起立案诉讼。

（张　磊）

水利河道管理

【概况】 2021年，上城区秉持“六位一体”理念和“五化两好”标准，打造一流水环境。围绕“工程安全、管理高效、环境优美”目标，开展钱塘江堤塘管理保护工作，完成钱塘江禁渔和台风“烟花”防御工作。全区有河道63条、小微水体85个、闸泵站66座。河道全长169千米，水域面积261万平方米，水质Ⅳ类及以上占比年均值85.1%；海塘全长20.80千米（钱江一桥—九堡大桥东侧七号丁字坝），其中20.20千米设计防洪（潮）标准为100年一遇，600千米设计防洪（潮）标准为50年一遇，直接保护面积122平方千米。

资料

“六位一体”理念： 指“水安全保障、水质量提升、水循环完善、水生态恢复、水景观优美、水文化繁荣”的“六位一体”治水理念。

“五化两好”标准： 是上城区“美丽河湖”建设管理标准，“五化”指洁化、序化、绿化、亮化、文化；“两好”指设施好和配套好。

【“美丽河湖”建设】 2021年，上城区“美丽河湖”建设连续第3年纳入省级民生实事项目。区综合行政执法局结合河道综合保护建设、景观亮化工程，推进全区“美丽河湖”建设，成功打造上塘河片区（以“千年古水、桃源春醉”为特色）、新塘河（以“城心繁华、都市绿径”为特色）2条省级“美丽河湖”。至年末，全区有“美丽河湖”28条、74.66千米，其中省级“美丽河湖”24条、63.40千米。区综合行政执法局参与编制《城市河道无障碍环境工程建设标准》，进一步完善“美丽河湖”标准体系，为“幸福河湖”建设提供参考。

【上城区水文化研究】 2021年，上城区开展全区水文化研究与传承工作，投入专项资金20万元，委托专业单位开展上城区水文化普查调查工作，全区梳理水文化遗产187项，其中物质类水文化遗产175项（水利工程遗产146项、相关物质类水文化遗产29项）、非物质水文化遗产12项，汇总形成上城区水文化遗产普查登记表。编制《杭州市上城区水文化研究与传承报告》，提出对水文化遗产保护、传承的建议措施，促使上城区水文化遗产得到更好保护，延续传承上城区水文化脉络。

【首次河湖健康评价】 2021年，上城区根据《浙江省河湖健康及水生态健康评价指南（试行）》要求，以上塘河（上城区段）为样本，首次开展河湖健康评价工作。

委托专业单位，调查收集上塘河流域基础信息、河流水质及水生态监测数据等相关资料。在综合汇总现状水质和水生态调查分析的基础上，构建上塘河河流健康评价三级评价指标体系14个指标，对上塘河赋分，评定上塘河为二类河湖，河流健康状态为健康。针对上塘河在河流岸线生态性等方面的健康薄弱点，提出相应管理保护措施。

【节水工作推进】 2021年，区综合行政执法局会同街道，对单位和入住率70%以上的居民小区开展排查摸底，组织督促相应单位、小区参与节水创建活动；开展线上培训指导，将对照考核标准自查达到90分以上的单位、小区最大程度纳入申报创建范围，并有序完成线上申报工作。全区成立14支节水服务队，在各街道定期开展节水宣传活动，增强小区居民节水意识。年内，全区有5个生活小区被核准为省级节水型居民小区，有1个生活小区被核准为省级节水型居民小区标杆。按照2021年市城管局节水工作任务目标，调查、核定非居民用水户用水计划（定额）54户；加强对重点用水户、特殊用水行业用水户的监督管理，开展公共建筑用水器具抽查12家；对辖区内2个生活用水器具市场进行抽检，抽查结果显示在售用水器具中，节水型器具占比100%。按照年度节水宣传周主题，制定实施宣传工作计划，全年进社区、学校及单位开展节水宣传14次。

（陆玉华）

【河道养护】 2021年，上城市政集团落实河道日常保洁、设施维护、防汛等主要工作，有效落实河道长效养护工作。做好河道巡查，加强管理执法联动，针对侵占河道、设置泥浆管、偷倒渣土、排水口晴天排污等涉河违法、违章行为，及时上报管理部门，配合执法联合查处工作。年内，杭州路通市政园林工程有限公司管理养护贴沙河、新开河、新塘河3条河道，出动巡查人员1080人次、保洁人员4320人次，日常打捞河面漂浮物252.79吨，打捞清除地笼、渔网108个，维护生态浮岛2175处，维护驳坎挡墙4处，维护拦网修复650处。河道巡查发现问题2048个，均落实整改。

（余丽燕）

【钱塘江安全度汛】 2021年7月22日，针对第6号台风“烟花”影响，区防汛防台抗旱指挥部启动防台风四级应急响应。自7月23日开始，属地街道防潮巡防队对海塘的迎水坡、堤顶路面、背水坡、护塘地进行安全检查。7月24日20时，升级一级应急响应后，属地街道防潮巡防队转为应急巡防队，开展全天候巡查。至7月29日解除应急响应，巡查队徒步巡查海塘1235次，封锁下堤口，禁止渔民下堤坝，辖区内50艘渔船上岸停止作业。台风期间，全区水利工程完好，抢险物资充足，抢险队伍24小时待岗在位，成功确保辖

河道养护工人在贴沙河进行日常巡查养护（2021年）

（上城市政集团 供稿）

区安全度汛。全年属地街道防潮巡防队徒步巡查海塘2.88万人次。

【钱塘江渔业管理】2021年3月，上城区按要求落实辖区全部50条渔船停靠于九堡渔船码头，渔具同步上岸。3月1日至6月30日禁渔期间，依托3个沿江街道钱塘江综合管理队伍和属地派出所，群防群管群治，对钱塘江开展全覆盖巡查，重点解决夜间非法捕捞问题。全年全区出动巡查人员1205人次，劝阻下江钓鱼、捕鱼人员291人次，形成“发现非法捕捞—阻止捕捞拍照留证—通知辖区派出所”三步联动机制，简化程序更高效率打击非法捕捞风气。12月17日，上城区以“以水养鱼、以鱼净水”为宗旨，在钱塘江六堡海事码头举行2021年度增殖放流活动，加强水域生物多样性保护，改善水域水质和生态环境。活动放流鱼苗22万尾，放流鱼种主要为鲢鱼和鳙鱼。

（严培良）

综合执法

【概况】2021年，区综合行政执法局聚焦综合执法改革、执法规范化、街面秩序工作主线，夯实执法主业。全年办结行政处罚案件5.67万件，其中，环保类案件320件、垃圾分类案件1259件、河道排水案件123件、渣土类案件736件、燃气类案件33件，处罚金额2989.25万元。推进“大综合一体化”改革，深化改革基层实践，《上城区推进综合行政执法改革试点工作显成效》一文获省市领导批示肯定。强化法治政府建设，做好行政争议应对工作，规范合同法制审查。推进“双减”、流浪乞讨人员救助管理工作，全年检查校外培训机构430多次，拆除违规教育培训广告74处；协助核查长途客运车176辆、网约车1150多辆，教育驱赶“黄牛”180多人次，查处张贴印刷品广告行为3起，没收63人次派发的印刷品广告；劝导桥梁、隧道、地下通道等设施内的留宿人员103次，护送50多名流浪乞讨人员至救助管理机构。着力清除街面环境秩序乱象，实行街面秩序网格化管理，将每月序化类案件量纳入检查考核，为市容环境整洁有序提供有效执法支撑。推进地铁口非机动车停车泊位改造提升工程及燃气安全等民生安全工程，提升居民出行满意度，保障用气安全。加强在建工地综合治理，立案查处工程渣土类案件736件、夜间施工噪声类案件275件、排水类案件123件。开展人行道非机动车停放秩序治理和四季青服装特色街区环境秩序提升整治，提升城市品质。全年区综合行政执法局受理群众来电、来信、来访和咨询18007件，比2020年减少1809件，降低9.1%，处置率、反馈率均100%。

（肖国琪　朱丽娜）

【“大综合一体化”改革推进】2021年，上城区深化“大综合一体化”改革，组建区执法改革工作专班。12月24日，上城区综合行政执法指导办公室揭牌成立，围绕构建行政执法指挥协调体系、整合执法职责和执法队伍、强化监管执法一体化、创新数字化监管执法等核心内容，牵头起草《上城区推进“大综合一体化”行政执法改革实施方案》，健全完善全区行政执法统筹协调指挥机制。制定《上城区综合行政执法行政处罚集体讨论决定办法》等制度，统一全区执法办案要求和执法标准。全年承办跨领域跨条线执法案件17件，涉及生态、规资、住建、教育、林水等领域；向司法机关移送、通报、信息共享案件1件。履行新划转事项执法职责，拓展新执法领域，办理教育、房产、人防、农村环境卫生等新领域方面案件7件。7月31日开始，南星街道、凯旋街道以街道名义开展执法工作，实行“一支队伍、两块牌子”。至年末，南星街道和凯旋街道开展街道划转执法事项培训会29次，培训330人次，承办一般程序案件997件，街道“一支队伍管执法”工作初显成效。

【地铁出入口标准化管理试点】2021年，杭州市将地铁出入口非机动车停放点、停车泊位提升改造纳入民生实事项目。区综合行政执法局实地踏勘辖区各地铁出入口非机动车停放现状，选取龙翔桥、闸弄口、彭埠、九和路、九堡、新风6个站点、14个地铁出入口、1400个停车泊位作为地铁出入口标准化管理试点。坚持“一站一方案”，明确各站的任务分解指标、责任单位和责任人，利用地铁出入口周边闲置空地、绿化等场地最大化拓展非机动车停放空间，并采取硬化绿地、景观提升、施划标线等手段进行提升美化，将地铁出入口秩序纳入区级保序督察工作重点，加强长效管理。10月，上城区完成该14个地铁出入口非机动车停车场地梳理和拓展改造，新增停车泊位2350个，提前并超额完成目标任务，缓解地铁口非机动车停车难问题，提升群众出行满意度、幸福感。

【燃气安全管控】2021年，区综合行政执法局牵头组织公安、应急、市场监管、商务、运管、消防等力量，每月定期或在重大节假日关键节点，对辖区燃气站、餐饮店、企业、工地等燃气使用单位开展燃气安全联合执法检查。全年组织联合执法检查17次，开展集中整治行动7次，整改隐患35个。组织燃气安全培训会4次，召开“小散工程施工燃气设施保护工作会议”2次。保持燃气管线设施第三方破坏事故执法查处高压态势，发现一起、查处一起，全年立案查处33件。加大“黑气”打击力度，全年发现销售、储存、使用“黑气”行为36起，收缴非法燃气钢瓶642只。

【街面序化水平提升】2021年，区综合行政执法局制定《上城区综合行政执法局街面序化网格化管理实施办法》，实行街面秩序网格化管理，采取区域划定、人员限定、时间确定、责任固定管理模式，将巡查管理责任压实到人。整合督查队伍，印发《2021年上城区街面序化检查考核办法》，每月对全区主次道路、背街小巷、重要窗口环境秩序开展检查，平均每月检查发现序化问题250多个。同时，针对性开展“地铁口”“重大保障”“疫情防控”等专项督察。强化执法力度，向序化薄弱环节增派执法力量，集中整治出店经营乱占道，广告店招乱摆放，店前空地乱堆物，共享单车、机动车辆乱停放等违法乱象，将序化类案件量纳入检查考核，提升序化类问题立案率。年内，全区19个中队均获评浙江省综合行政执法文明规范公正基层队（所）。

2021年10月20日，闸弄口地铁站A口增设非机动车停车泊位

（张李圆 摄）

【数字化执法】2021年，上城区推进信息技术在行政执法中的运用，利用先进执法设备、技术推行“非接触”执法。结合“互联网+监管”“双随机”等工作机制，依托互联网手段开展检查任务，推进“掌上执法”和“综合查一次”工作，优化下放事项运行模式。根据不同管理对象，进行优化组合调整，完善执法App，实现检查全过程留痕、检查结果留据，提高执法效率，减少执法扰民。全年区综合行政执法局依托省行政执法监管平台开展行政检查752家（次），其中“掌上执法”检查745家（次）。制定“双随机”任务16项，任务完成率100%，事件处置3678件，处置率100%，总体开展情况较好。深化“最多查一次”项目，在南星中队原有基础上，探索综合行政执法“一巢通执”模式，做到全过程留痕，有方向、有记录、可督察，为数字化执法助力。

【城区管理法治建设】2021年，上城区做好行政争议应对工作，有效保障当事人权益。全年新增行政复议案件11件，办结9件；新增诉讼案件5件，办结4件；举行听证3件。规范开展合同法制审查，维护行政机关合法权益，全年对政府和部门合同合法性审查690件（次），备案4件。践行“谁执法谁普法”责任制，营造良好法治氛围。用好线上宣传阵地，借助“上城城管”微信、微博和城管门户网站专栏等新媒体矩阵，开设“普法讲坛”等栏目，开展法律规范宣传110多次。筑牢线下宣传阵地，依托城管驿站，结合“执法进社区”、宪法日活动等，开展法治成果展示活动，宣传发放法治图解等宣传品3000多件，解答群众法律咨询1000多人次。利用《上城城管动态》等内部刊物，宣传城市管理法律法规，营造执法队伍良好学法依法氛围。

【违法建设控制】2021年，区综合行政执法局履行违建案件查处职责，办理违建类普通程序案件101件、即查即拆案件190件。全区违建历史积案立案查处完毕并作出拆除决定的比例为81.5%。全年收到违建信访890件，其中885件通过分类处置，得到有效解决。聚焦重点场所，开展安全隐患排查整治，重点针对架空连廊、生产经营用房、电动自行车充电场所等持续开展安全隐患违法建设大排查、大整治。利用网格精准排查，督促7家涉及架空连廊单位（企业）落实安全生产主体责任，完成安全评估。按照《上城区住宅小区违建信息登记报告制度检查方案》，全年全区抽查住宅小区（每个街道10个小区）140个，发现问题307个，每月检查结果纳入区政府对各街道的城管目标考核，有效推进新增违建防控工作。

（肖国琪）

交通管理

【概况】2021年，上城交警大队围绕中国共产党成立100周年安保工作，按照“事故下降、畅通提升”第一目标要求，以电动自行车和黄牌货车治理为主线，开展面上秩序专项整治、交通隐患源头防控等行动，确保全区道路交通安全、畅通、有序。全年全区发生交通事故8.1万起，比2020年下降18.5%，事故亡人9人，减少30.8%；查处交通违法94.5万起，其中电动自行车违法77.9万起、黄牌货车违法4.7起，宣传教育16.8万人次。全区平均高峰延误指数1.35，下降0.93%。

【面上秩序专项整治】2021年，上城交警大队结合“美丽杭州”长效管理持续净化面上秩序，开展面上秩序专项整治，营造辖区和谐的交通环境。针对黄牌货车、工程运输车、电动自行车、“两客一危”（公路、旅游客运车辆及危化品车辆）、面包车等重点车辆开展集中整治，通过空地结合、动态查处，在全区形成严管氛围，开展集中行动100多次，与运输管理、综合行政执法、应急管理等部门开展联合执法150多次。围绕闯红灯、斑马线、网约车、黄牌货车、外卖员、快递员等“关键词”开展整治，溯源查处电动自行车闯红灯、货车闯禁等重点违法行为1653起。在5时至7时、20时30分至22时30分两个管控薄弱时段开展电动自行车闯红灯专项整治，日均查处150多起，大幅降低该时段的各类事故。

【交通隐患源头防控】 2021年，上城区通过开展源头治理，深化交通隐患源头防控工作。全区建成街道交通治理中心14个、社区交通治理站184个、企业交通治理站158个，全面铺开辖区所有企业在线责任防线，实现底数实时更新、事故实时通报、警示案例实时推送。上城交警大队联合市场监管、运输管理等部门对辖区“两客一危”、重点运输企业、平台企业开展滚动式走访检查，通过在线责任防线实时开展监管，逐家签订责任状，进一步压实主体责任。对每一起涉及运输车辆的交通事故进行溯源，并约谈相关运输企业，责令整改，发出整改通知书630张，行政处罚413起。上城交警大队主要干部带队，发动各队、室干部开展“走路行动”，对辖区道路逐条进行踏勘，从根源遏制事故发生，隐患治理率达98%。排查治理斑马线126条、渠化非机动车道263处，增设中央绿化隔离约1万米，完成20个停车点位、101个绿色停车泊位建设工作，并根据高峰、平峰、夜间3个时段不同的交通流量规律，完成辖区307个信号灯路口的配时优化方案。

【交通违法车辆查处】 2021年，上城交警大队针对多次违法电动自行车、黄牌和蓝牌货车、事故高发网约车，开展宣教和查处。通过“点对点”精准研判、“空对地”精准查处、“一对多”精准宣教，对电动自行车违法多发人员开展精准追处，并到当事人所在单位开展源头宣教、以案说法。对辖区黄牌、蓝牌货车通行线路、通行时间进行分析打点，精准分布视频巡查点位，按照“实时违法现场追回、溯源违法24小时追回”要求，通过空地结合对右转不停货车进行追处，查处右转不停违法车辆180辆次。针对辖区“享道出行”和“安安用车”两个网约车平台事故持续高发的情况，按照“见一辆拦一辆、拦一辆宣教一辆、宣教一辆违法‘清零’一辆”的原则进行管理，日均查处重点网约车100辆（次），对30多辆非现场违法车辆进行处罚。

【“守门行动”】 2021年，上城交警大队针对黄牌货车、电动自行车设置守门卡点，开展“守门行动”。在黄牌货车进城通道“必经路口”设置一级卡点5处，实行24小时值守；在高频通行路口设置二级卡点2处，实行重点时段值守。对黄牌货车逐一拦截登记，对闯禁、“三超一疲劳”（机动车超速行驶、客车超员、货运机动车超载和疲劳驾驶机动车违法行为）、违反“六定”等重点违法行为进行查处，开展防御性驾驶宣传教育，指导其在线申领通行证。早晚高峰时期，在电动自行车通勤密集的通道设置整治点10处，以早晨5时至7时、夜间20时至22时两个时段为重点开展电动自行车整治工作，通过路口集中拦一批、查一批、宣教一批，两个重点时段日均查处约600起。

资料

“六定”：即《杭州市工程运输车交通安全“六定”管理规定》。“六定”为定车、定人、定路、定道、定时、定速。“定车”即明确车辆及相关装置标准；“定人”即严格落实工程运输驾驶人备案登记和审核规定；

“定路”即设定通行线路；“定道”即规定工程运输车按照指定车道通行；“定时”即规定工程运输车通行时间；“定速”即固定工程运输车通行限速值。

（金凯儿）

交通运输管理

【概况】 2021年，上城区有客运企业18家，客运车955辆；客运站场3个，分别是九堡客运中心站、客运南站、四季青常青简易客运站；货运企业933家，其中，危险品运输企业8家，货运车12703辆；车辆维修企业424家；驾驶员培训企业16家，教学场地36个，教练车704辆，教练员824人。全年辖区范围内发生亡人事故3起，比2020年下降50%；死亡4人，下降33.3%。年内，上城交通执法大队联合区综合行政执法局、上城交警大队，会同区公安分局和属地街道分阶段开展联合执法活动，有效提高对大客车、“摩的”、城市快运、车容车貌、燃气等领域非法营运行为的执法力度和执法效能。

【“两客一危”安全专项检查】 2021年，上城交通执法大队结合“平安交通建设年”、“平安护航建党百年”、安全生产综合治理三年行动、安全隐患大排查大整治、道路运输重点营运车辆动态监控整治等工作要求，开展“两客一危”安全专项检查。通过召开辖区企业安全工作专题会议、运用现有系统线上随机抽查、安全管理网格组入企业检查等举措，确保辖区“两客一危”运输企业安全管理水平进一步提升，辖区客货运市场平稳健康有序发展。全年出动执法人员2234人次、检查企业655家（次），处罚安全相关案件845件，处罚金额199.69万元，其中运用《中华人民共和国安全生产法》处罚案件3件，罚款8万元，并联合杭州市交通运输管理服务中心吊销企业法人安全员管理资格证1起。

2021年8月7日，上城交通执法大队执法人员在东门宾馆周边开展大客车站外揽客专项整治　（上城交通执法大队 供稿）

【东门宾馆周边大客车站外揽客专项整治】 2021年5月22日起，上城交通执法大队联合彭埠街道、彭埠派出所、彭埠交警中队和彭埠行政执法队开展东门宾馆周边大客车站外揽客专项整治。采用滚动排班制，从7时至23时分段分组开展东门宾馆及周边重点区域站外揽客专项检查，同时与公安、交警、街道等部门配合，从票点、“黄牛”等源头和中转环节深入调查，有效阻断“黑车”产业链，从源头减少站外揽客的客源和站外组客点。借助交警和公安部门的路面监控系统提高非现场执法效能，将违法车辆纳入交警重点监管车辆平台，执法人员进驻上城交警大队指挥中心，通过交警的车辆预警平台实施重点车辆轨迹跟踪，现场指挥稽查中队进行重点车辆拦截，提高非现场案件的处理力度。全年处罚大客车站外组客55起，查获无证大客车1辆。

【四季青市场电动自行车非法营运专项整治】 2021年，上城交通执法大队四季青中队针对四季青市场开展电动自行车非法营运专项整治。全年会同交警、街道联合开展整治118次，出动执法人员316人次，查处非法营运电动自行车114辆（次）。执法时间为6时至9时和16时至19时。整治行动中，交警负责拦截非法营运电动自行车，对驾驶员进行训诫；交通执法部门调查车辆非法营运行为，并暂扣车辆。行动采取定点检查与路面巡察相结合、重点人员和一般人员相区分、便衣执法与制服执法相配合、现场整治与非现场执法相结合等方式，对通过“捉迷藏”“打游击”从事非法营运的电动自行车实施精准打击，形成震慑力。

【客运企业“快转运”监督指导】 2021年，上城区进一步落实客运企业“快转运”监督指导工作，确保辖区客运企业完成“隔离人员返程转运”任务。上城交通执法大队迅速召开专题会议，布置落实相关重点项目检查工作，安排大队各网格组开展入企检查。要求各网格组依照交通运输部印发的《2022年春运期间客货运场站和交通运输工具新冠肺炎情防控指南的通知》及“客运车辆检查技术状况表”等相关文件要求，查实查细，督促辖区客运企业严格落实疫情防控主体责任，落实疫情防控工作，从思想上重视、从细节上落实、从行动上倾斜支持“快转运”保障工作。

【行政相对人“执法体验日”活动】 2021年7—11月，上城交通执法大队连续开展15次行政相对人“执法体验日”活动，旨在提升辖区交通运输执法大队工作透明度，树立辖区交通运输执法大队优良执法形象，让行政相对人能深入了解交通运输相关法律法规，合理合法规范自身交通运输行为。活动组织600多名行政相对人参加，通过开展法律法规专案专人宣教培训，实现以案促治；引导当事人参加数字执法室体验活动，强化数字治理；开展当事人心理辅导工作，减少当事人对抗情绪，依法治标治本。

（王奕昀）

城站广场综合管理

【概况】 2021年，城站广场管委会强化新冠肺炎疫情防控、广场区域社会治安、交通运营管理、环境卫生、综合秩序管理等工作。全年城站火车站发送旅客680.48万人次，比2020年增加12.6%；到达旅客679.84万人次，增加17.1%；发送列车3.90万列，增加12.1%，其中，元旦、春运、清明节、劳动节、端午节、暑运、国庆、中秋假期分别发送到达旅客18.40万人次、105万人次、31万人次、66万人次、31.20万人次、211.90万人次、18.44万人次和45.84万人次。全年城站广场旅游咨询服务区服务旅客3.34万人。年内，城站火车站更新升级闸机系统60台，通行效率提升40%；无障碍垂直电梯地面、立面引导标识持续提升；城市大脑便捷泊车系统和网约车停放点不断更新和调整，广场服务水平进一步提升。

【火车站标志提升工作】 2021年，城站广场管委会在城站火车站及广场对部分功能区域做出调整后，对广场静态标识系统进行整治提升。整治提升主要涉及火车站候车层（2F）、出站层（B1F）、站台层（ZTF）、南售票厅的静态标识改造，拆除站房原有标识，安装所有新增静态标识供电线路等。涉改静态标识52处（块），使其具有发光功能，改造后，火车站的标识系统清晰亮丽，指向性更明确。

【广场秩序综合整治】2021年，城站广场管委会牵头协调“党建联盟”各职能部门以党建为引领，统筹力量，密切配合，对非法接拉客、非法组客及“摩的”等违法行为开展综合整治。成立一支专职“打牛队”，实行“一日一碰头、一周一会商”，研究“黄牛”违法活动规律、发展趋势和打击对策，确保打击行动取得实效。“打牛队”以“日常打+专项打”相结合方式，提升违法行为打击成效。对发现的非法接拉客人员视情况分类处罚，对初次查获人员实行当场处罚、教育训诫，组织学习相关法律法规；对屡教不改人员予以严厉打击，一经发现顶格处理。根据广场实时秩序情况，组织警力不定时对非法接拉客人员开展大规模集中打击。加强职能部门的沟通协调，建立长效联动打击整治机制，强化常态化治安管理，坚持“露头就打”，提升打击成效。综合整治行动开展后，出动人员3500人次，驱赶扰序人员814人次；抓获非法接拉客人员275人，其中拘留8人、处罚245人、教育训诫22人；处罚交通违法行为2920起；核查大客车193辆（次），核查出租车、网约车8252辆（次），查处非法运营车26辆。

【广场居无定所人员综合整治】2021年，城站广场管委会推进广场居无定所人员综合整治。组织城管、公安等职能部门联合出动执法人员，在白天、晚上、凌晨多时段对滞留露宿在候车大厅、进站大厅、出站大厅、地下室车库、出租车通道等重要区域的居无定所人员进行整治，对露宿点进行清理消毒。职能部门对相关人员进行信息采集登记，对其进行耐心劝导劝离，并告知其有困难可到救助管理机构寻求救助；对残疾人、未成年人、老年人和行动不便人员，护送其至救助管理机构，并履行书面交接手续；对愿意返乡的帮助购买车票送上火车。全年对流浪乞讨人员开展巡查救助，救助流浪露宿人员120多人，遣返450多人次。

【广场紧急救护能力提升】2021年，城站广场管委会多举措提升广场紧急救护能力。落实紧急救护人员保障，组织人员专门学习心脏复苏、自动体外除颤器使用、胸外按压、人工呼吸等紧急救护技术，有3人取得红十字救护员证书，组建救护团队。提升应急救护反应能力，设置广场紧急救护点，在广场8号岗亭配备1台心脏除颤仪，公布救护员联系方式，通过监控大屏实时掌握广场重点区域旅客动态。明确救护流程确保应对科学，通过多种方式向广场一线保安、协警、协管、辅警、环卫、物业等工作人员做好救护宣传，提高生命至上紧急救护意识，发现突发状况，通过迅速拨打120、对讲机沟通、微信工作群联系等方式第一时间启动紧急救护。

【广场排水设施系统运行保障】2021年，城站广场管委会结合区城市管理目标考核要求，将巡查、热线、维护工作有机结合起来，通过科学管理营造良好的环境，确保排水设施安全、完好和正常运行。邀请区综合行政执法局工作人员现场踏勘，提出意见和建议，组织开展排水设施的基础统计工作，对广场现有水泵、窨井、管线数量进行登记编号，做好广场窨井内安全防护网补缺工作。建立长效管理机制，制定月度、年度养护计划，对日常运行不当或养护不到位造成污水满溢、排水不畅的现象进行问责整改。开展“排水畅通惠城站”活动，加大对排水不畅、易积水区域的疏通、清理力度，落实排水设施维护维修工作。对广场商家提出要求，做到污水先净化后排放，要求大型餐饮单位安装隔油池，严禁广场内发生乱倒油污水现象。接听记录排水设施报修电话，及时做好应急响应，分析查明原因，重点关注反复出现的疑难问题，采取措施进行防范化解。

【城站广场疫情防控】 2021年，城站广场管委会通过提升宣传氛围、完善防控场地、加强保障力量、严格闭环转运等措施落实广场新冠肺炎疫情防控工作。在广场各主要区域增设提醒测温、亮码、戴口罩、保持一米距离指示牌和方向指引牌20个，大屏幕播放疫情防控标语动画，广播提醒旅客出示行程码、健康码，提升广场疫情防控宣传氛围。出站口外新设南北缓冲区，设置引导护栏，分两个区域检查行程码、健康码，加快旅客疏散。进出站口、出租车上客点等候区每隔一米设等候点位地标，有序引导旅客出示行程码、健康码，戴口罩后进出站。增设喊话提醒，提醒旅客戴口罩，出示行程码、健康码，保持一米距离。加强保障力量，设置行程码、健康码检查点，配强安保人员，协助火车站进行旅客测温、健康码核验；设老年人刷身份证ETC检查点，方便没有健康码的老年人刷身份证进出站。在广场重要区域增设固定岗检查健康码、戴口罩情况，巡逻提醒候车旅客规范佩戴口罩。制定《城站出入杭旅客管控工作实施方案》，严格落实24小时值班制度和“测温+亮码+戴口罩”常态化疫情防控要求，完善进出站异常码人员闭环处置，设置“两区一通道”实施重点旅客“点对点”转运，规范处置医疗垃圾，全方位消杀清扫和保洁，严格把好入杭离杭管控关，对铁路离杭和到杭旅客落实疫情防控工作，辅导登记防疫码相关信息，并做好核酸检测等。杭州电视台等媒体对城站广场管委会疫情防控工作进行专题报道。

【“洁美窗口”建设】 2021年，城站广场管委会以平时管控和集中整治相结合手段，持续推进“美丽杭州”“洁美窗口”建设。1月20日，召开2021年文明城市工作布置会，传达上城区2021年文明城市创建工作文件精神，部署2021年城站广场文明城市创建工作。开展客运站广场及车库环境卫生整治活动，从乘车环境、车库卫生、发车区域卫生等方面对客运站广场进行全面卫生清理，清运垃圾16桶。按照省文明城市指数测评和迎亚运窗口要求，细化检查项目，加强城站广场环境深度保洁，提高卫生环境和质量。保洁力量分3班无缝衔接，以自检与专检结合方式加强清洁保洁。开展“世界无烟日”宣传劝导活动，在城站广场重点区域张贴、悬挂禁烟标识，加强禁烟宣传，提升旅客健康意识。细化广场清扫保洁标准，做到定人定责，不留盲区，对绿化带内小件垃圾进行巡查清除。对12个排水沟实施管道梳理、破损盖板更换和墙面油污清洗，清理乱堆物品和淤泥5车。修复破损标志标识等基础设施12

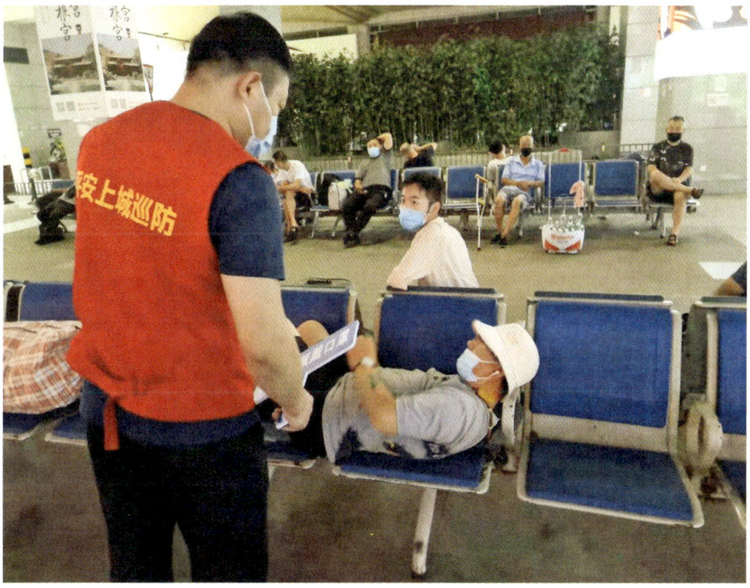

2021年8月13日，城站广场管委会开展文明劝导工作。图为劝导员提醒旅客规范佩戴口罩 （城站广场管委会 供稿）

处、座椅8张。对花坛、绿化带中的枯死植物进行清除和补种，面积50平方米。开展夏季“四害”防治行动，清理花坛、阴沟、明渠、角落内杂物淤泥垃圾，倾倒积水，喷洒消毒，铲除蚊蝇孳生土壤。对一、二层广场的地面、盲道、直梯、楼道、座椅、角落等顽渍污垢进行清除。对人流密集区、休息区、售票处、电梯扶手、控制面板、地下车库、出租车通道等候区、重点人员休息区等重点区域，落实每两小时巡回保洁消毒制度。

（许康勇）

杭州东站枢纽管理

【概况】 2021年，杭州东站枢纽管委会围绕独具韵味的国际化现代化共同富裕典范城区的建设目标，聚力打造“数智枢纽”“品质枢纽”“活力枢纽”“红色枢纽”，办好旅客的每一件“小事”。杭州东站枢纽党工委被评为浙江省先进基层党组织。全年铁路杭州东站到客、发客1.05亿人次，居长三角铁路客流第一位，日均到客、发客28.77万人次。在上海铁路局开展的2021年服务满意度测评工作中，铁路杭州东站总体满意度88.46分，列上海铁路局37个高铁普铁客运车站第1位。

【杭州东站公共服务标准化项目入选国家级标准化试点】 2021年3月，杭州东站枢纽管委会承担的试点项目——“浙江杭州东站公共服务标准化试点”入选国家第七批社会管理和公共服务综合标准化试点。“浙江杭州东站公共服务标准化试点”项目以打造“最安全、最快捷、最民生、最智慧、最国际、最杭州”的“未来枢纽”为目标，推进安保维稳加强、出行管理快捷、服务硬软件提升、数字化转型、国际化元素融入等方面建设，建立完善杭州东站枢纽服务标准化体系，为杭州亚运会交通运输服务提供标准支持。

【杭州东站旅客咨询服务中心获评“全国巾帼文明岗”】 2021年，杭州东站旅客咨询服务中心以“五心”工作法获评“全国巾帼文明岗”。杭州东站旅客咨询服务中心汇集党建共建、志愿服务、旅客问询、医疗救助、母婴服务等10多项实体功能，创设信心、匠心、决心、爱心、恒心“五心”模式，展现“巾帼工匠”精神，服务旅客美好出行。至年末，该中心有职工43人，其中女性职工占72%，服务旅客7156万人次。

【杭州东站枢纽管委会入选国家级文明单位培育名单】 2021年9月，杭州东站枢纽管委会入选新一轮（2021—2023年）国家级文明单位培育名单。杭州东站枢纽管委会坚持党建引领，持续打造“最温馨的国际化枢纽驿站”，枢纽治理实现从“十无车站”到“五优车站”，再到“未来枢纽”的层层蝶变，相关工作获省委、市委主要领导批示肯定，先后获全国文明车站、“全国巾帼文明岗”、省先进基层党组织、省“人民满意的公务员集体”、省文明单位、省“五一”劳动奖状等荣誉。年内，杭州东站枢纽管委会深入开展“社会主义核心价值观”“扫黄打非”“春运暖冬志愿打卡”等主题实践活动，营造健康向上、规范有序的文明环境。在东西广场、出租车通道、网约车通道LED显示屏集中宣传“迎亚运讲文明树新风”“疫情防控”“公筷公勺”“文明旅游”“尊老爱幼传统美德”等文明风尚，日均播放160多次，提升文明素质、引领典型示范。开展“学雷锋”志愿服务等活动，创建“文明东站”，完成各项文明迎检任务10次，参与迎检人员超过2000人次。

【杭州东站未来枢纽安全智控应用项目通过全省首批试点验收】 2021年，杭州东站枢纽管委会围绕大型公共复杂场所安全智控新课题，全面实施数字化改革，运用“数字孪生”的理念、方法，调动30个系统、2557项数据，实现风险精准感知、预案仿真推演、三维可视化指挥，提升枢纽智能化水平。至年末，实现智慧防疫、消防安全两大场景实战演练，出行安全、气象防灾、治安防控三大场景基本成型。10月，杭州东站未来枢纽安全智控应用项目通过全省“数字孪生”首批试点项目验收，省委改革办以专报形式将东站实践和改革构想上报省委、省政府主要领导。

2021年1月，杭州东站枢纽人大代表联络站获评杭州市“最美人大代表联络站”（杭州东站枢纽管委会 供稿）

【杭州东站人大代表联络站获评市“最美人大代表联络站”】2021年1月，杭州东站枢纽人大代表联络站获评杭州市“最美人大代表联络站”。杭州东站枢纽人大代表联络站于2020年3月15日成立，着力塑造“360直通车”运作机制品牌，结合杭州东站枢纽区域窗口型、开放型、专题型三大特点，创新实施“选民+旅客”“线上+线下”“坐诊+会诊”“问题+课题”“交办+协办”“问需+问效”六大工作模式，以及闭环流程化运作，组织代表参与区域重点工作的决策部署，面向责任单位事前问需、事后问效。联络站运行后，结合阶段重点工作、群众旅客反映的突出问题，以及辖区管理单位在区域治理过程中遇到的瓶颈问题，有效推动新冠肺炎疫情防控、杭州东站枢纽出租车通道环境改造提升、东站枢纽王家井过街天桥项目等工作。

（陈　玮）

环境保护

环境综合整治

【概况】 2021年，上城区以生态文明示范区建设为导向，以服务高质量发展为目标，通过“五气共治”、碧水行动、“清废净土”等工作，高标准开展环境综合整治。全年全区空气质量优良率为87.1%；$PM_{2.5}$年度平均值为25.4微克/立方米，比2020年下降6.3%；PM_{10}年度平均值为49.8微克/立方米，与2020年持平。市对区河道交接断面考核评价为优秀，市控以上河道断面和饮用水水源地水质达标率为100%，全区Ⅳ类以上水质河道占比85.1%。辐射、危废、饮用水水源地环境安全可控，全年未发生环境污染事件。

【大气污染防治】 2021年，上城区通过深化“五气共治”，推进全区大气污染防治。上城区加强统筹谋划，制定《上城区扬尘污染专项行动方案》《上城区大气污染源综合管控方案》等专项方案及季节性治理方案，建立健全扬尘污染整治网格化管理体系、规范化巡查机制和考核机制。对机动车维修行业开展VOCs（挥发性有机物）专项整治，关停VOCs排放企业1家，对191家被列入整治的非经营性单位食堂的餐饮油烟净化设施开展督察检查，完成民用燃气锅炉低氮改造98台，开展非道路移动机械巡查170多台（次），完成非道路移动设备的新能源替代10台，立案查处6台。开展迎亚运城市环境大整治、城市面貌大提升行动，出动人员485人次，检查道路、工地275次。强化巡查和预警，健全街道大气自动站三级预警联动机制，发挥“身边空气卫士”作用，应急处置率100%。年内，浙江农大空气质量国控站点$PM_{2.5}$为25.4微克/立方米，比2020年下降6.3%，空气质量优良率在全市12个国控站点中列第2位。

【水环境治理】 2021年，上城区通过深化碧水行动，推进全区水环境治理。上城区编制实施水生态环境“十四五”专项规划和年度水污染防治行动方案。落实重点断面排查分析，开展钱塘江闸口和七堡、运河顾家桥3个国控断面走航监测和排查分析，编制实施“一点一策”治理方案。加强贴沙河、钱塘江饮用水水源保护区执法监管。开展钱塘江巡河，发现并整改问题15处，完成年度钱塘江河长制述职报告。牵头推进区电子机械功能区、钱塘智慧城两个园区“污水零直排区”建设，持续开展提升改造。全覆盖开展辖区河道和小微水体水质监测，及时编制月度水质预警通报，第一时间制定、落实改善方案。年内，市控以上水质断面（8个）Ⅰ～Ⅲ类比例为100%，交接断面（4个）均达到或优于功能区要求，饮用水水源地达标率100%。

【“清废净土”行动】 2021年，上城区按照“清废净土”工作实施计划，启动受污染耕地源解析前期调查工作。通过调查，明确上城区有受污染耕地面积1345亩（89.67万平方米）。聚焦危废全过程管理，实施精细化管家服务，深入辖区100多家产废单位，提供“一对一”问题诊断咨询、隐患排查、规范管理、政策培训等管家式服务。开发上城区危险废物智管服务平台，摸清辖区产废单位底数，指导企业标准化管理危废“产、收、贮、运、处”等环节，将首批85家产废单位纳入该服务平台实施精密智管和精准服务。年内，全区建设并申报“无废细胞”45个，推动原杭州市红星化工厂区望江单元C2-01地块、原杭州晨光塑料化工有限公司地块、望江单元SC0404-R21-05地块（除杭州汽车南站临时安置区域外）3个场地土壤修复项目，监管危废转移4782起，较好完成年度“无废城市”建设指标任务。

2021年2月8日，上城生态环境分局检查杭州金昌辰宝汽车销售服务有限公司危废贮存场所（上城生态环境分局 供稿）

资料

“无废细胞”：根据《浙江省全域“无废城市”建设2021年重点工作任务》的规定，完成千个“无废城市”载体建设，具体体现为无废工厂、无废园区、无废学校、无废工地、无废乡村、无废镇街、无废医院、无废景区等，统称为“无废细胞”。

（吕淑萍）

环境安全监管

【概况】 2021年，上城区开展“百年华诞平安护航”和“绿剑执法”等环境安全监管专项行动，对辖区重点行业、重点污染源、重点信访件开展全覆盖执法。全年出动执法人员1000多人次，发现环境问题116个，立案查处环境违法案件16件，处罚款70多万元，有力打击环境违法犯罪行为，维护环境安全。巩固污染防治攻坚战成效，推进生态环保督察整改。结合“民呼我为”活动，优化环保审批服务。完善健全环境监测体系，全年完成官河、二号港2个新增市控断面水质自动站建设；实现14个街道空气监测站点考核全覆盖，实时监测臭氧和$PM_{2.5}$浓度；对杭州市第一人民医院、杭州远大生物制药有限公司2家重点排污单位实施在线监测并联网管控。

【督察迎检和整改推进】 2021年，上城区巩固污染防治攻坚战成效，推进生态环保督察整改。强化组织领导，成立由区委、区政府主要领导任组长的区生态环境保护督察迎检暨整改工作领导小组。开展两轮自查自纠及“回头看”，举一反三推动问题的自我发现和源头治理。按时办结并反馈省委生态环境保护督察交办信访件22件，整改完成同协路389号扬尘污染等市级生态环境曝光问题11个。

【环境执法监管】 2021年，上城区结合“百年华诞平安护航”等行动，对辖区重点行业、重点污染源、重点信访件开展全覆盖执法，出动执法人员1000多人次，发现环境问题116个，立案查处环境违法案件16件，处罚款70多万元。全年开展许可证专项执法检查监管69家；受理处置地铁施工噪声扰民等环境信访件854件；对浙江大学医学院附属第一医院、浙江大学医学院附属第二医院，杭州市肿瘤医院、浙江省农业科学院等240多家单位落实辐射日常监管。

【环保审批服务优化】 2021年，上城区结合“民呼我为”活动，优化环保审批服务。多次走访对接区电子机械功能区、钱塘智慧城、杭州市城投集团等相关建设主体，最大限度提供政策指导和环保审批“绿色通道”，加快推进江河汇综合体、未来社区（荷花塘项目）等市、区重点项目环评审批。主动走访服务景芳三堡单元江河汇城市综合体汇中区块西岸公园工程、空中客车中国研发中心等重点项目，为亚运工程、高新项目和生物医药与健康产业项目落地实施争创有利条件。全年完成建设项目环评审批和备案审查287家、辐射许可证发放和初审114个、排污许可证核发40家，审批夜间施工2699件（次）。

（吕淑萍）

五水共治

【概况】 2021年，上城区践行“绿水青山就是金山银山”理念，围绕“首夺大禹银鼎”目标，以水质改善为核心，统筹推进各项治水工作，加快建设匹配上城“独具韵味的国际化现代化共同富裕典范城区”定位的一流水环境。完成123个生活小区、186家公建单位及638个“六小行业”（小餐饮店、小食品店、小浴室、小美容美发、小歌舞厅、小旅店）雨污分流项目工程，高分通过市级验收；完成区电子机械功能区、钱塘智慧城2个工业园区“污水零直排”建设；23个老旧高层住宅小区二次供水设施改造项目完工通水。河湖水环境质量稳步提升，全年市对区市控以上断面监测Ⅲ类以上占比100%，全区河道Ⅳ类水质占比85.1%；成功创建新塘河、上塘河为省级“美丽河湖”。开展“找寻查控”专项行动，建立“督查、整改、交办、约谈、督办”机制，全年全区自查和市级交叉互查重点问题246个。其中，完成整改237个、落实举措9个；一般问题3063个，全部完成整改。围绕水景观、水文化，结合上城区特色，打造主题为“承载千古水文化，人水和谐上城家”的“上城区水文化传承与保护”一区一品，完成《上城区水文化遗产调查登记汇总表》《上城区水文化遗产调查报告》，形成上城区“水文化”发展规划初步设想。探索水环境治理的“流域共治”样板，以京杭大运河为载体，联合拱墅区、余杭区、临平区治水办共同签署《京杭运河流域共治协议书》。

【河长制深化】 2021年，上城区深化“5+X”全民河长制，进一步凸显党政河长集聚、辐射效应。7月，完成新一轮“五水共治”领导小组成员和区级河长调整工作，全区266名党政河长组成强大河长团队。编制完成河长巡河工作指导手册和河长小卡片，全年完成各级河长巡河1.52万次，实现巡河率、问题整改率100%。持续强化民间护水力量，形成“共知共治、爱水护水”治水新格局。成立民间护水联盟，首次向社会招募包括民间河长、“河（井）小二”、民间公益护水团队在内的民间护水人，充实民间治水力量。

【“五水共治”宣传】 2021年，上城区围绕“五水共治”工作特色，拓宽媒体宣传渠道，新设立“上城治水”公众号，立足全区开展“立体式宣传”。全年该公众号推送信息170条，阅读量4万次。在中央、省、市级媒体刊发报道25篇，其中小微水体（古井）治理、上塘河“美丽河湖”建设、大运河流域共治获中央电视台《新闻直播间》栏目及《杭州日报》头版报道。区“五水共治”群众满意度测评成绩大幅提升。区综合行政执法局获评省“五水共治”工作先进集体，区治水办获“浙江治水好新闻组织奖”。

（潘建强）

环境保护宣传与教育

【概况】 2021年，上城生态环境分局利用各类媒体平台，结合国际生物多样性日、浙江生态日等纪念日，发动辖区单位、街道、社区开展“6·5”世界环境日纪念、“6·30”浙江生态日暨生态环保宣传月活动等环境保护宣传教育活动。通过微信公众号，全年不定期发布环保科普宣传文章100多篇；在省、市媒体发表“五水共治”、生态环境整治、美丽建设等相关文章200多篇。巩固深化绿色系列创建辐射示范作用，创建市级“绿色学校”6所、市级“绿色医院”2家。根据市生态办委托第三方统计数据，上城区公众环境满意度总得分为86.8分。

2021年9月18日，区治水办联合区综合行政执法局开展首场民间护水联盟学习交流活动 （区政府办公室 供稿）

【“6·5”世界环境日纪念暨“生态环境随手拍”活动】 2021年“6·5”世界环境日期间，上城生态环境分局联合区治水办开展“生态环境随手拍”活动，面向社会征集生态环境一线工作场景、上城区标志性自然生态美景、反映人与自然和谐共生主题和社会各界参与生态文明建设的优秀摄影作品200多件，并通过“生态上城”微信公众号投票选出一等奖、二等奖、三等奖及优胜奖。活动微信访问量4700多人次，投票参与7000多人次，传播生态文明理念。

【“6·30”浙江生态日暨生态环保宣传月活动】 2021年6月，上城生态环境分局牵头开展“6·30”浙江生态日暨生态环保宣传月活动，在全区8个农贸市场开展“无废城市”主题宣传活动，发动街道、社区开展“保护生态，人与自然和谐共生”“垃圾分类让城市更文明”“限塑”“生物多样性”等主题宣传活动，向公众普及生态环保常识、相关法律法规等，倡导保护环境从身边做起，践行绿色消费，树立节能减排、保护环境的理念。

（吕淑萍）

科学技术

综 述

【概况】 2021年，上城区强化协同创新，做优大科创产业，全面实施创新驱动发展战略，在加快融合、加速提质的基础上，突出创新主体培育、平台提档赋能、科技人才提质、惠企政策落实等重点工作。全年区级财政投入科技经费8.16亿元，比2020年增长16.1%。全区有国家级高新技术企业592家，新增160家。新认定省级重点企业研究院1所、省级企业研究院3所、省级科技型中小企业301家、省级和市级高新技术企业研究开发中心32个、市“雏鹰计划”企业50家。杭州巨星科技股份有限公司和杭州锅炉集团股份有限公司入选2021年省高新技术100强企业，13家企业上榜“2021年杭州独角兽&准独角兽企业”榜单。4项科研成果在国家科学技术奖励中获奖，全区获省科学技术奖53项。立项省科技厅2022年度“尖兵”“领雁”研发攻关计划项目5个。组织申报市级及以上科技项目22个，立项11个。积极创建上城信息智能高新技术产业园区，完成健康服务与大数据产业创新服务综合体年度绩效考核。新认定省级科技企业孵化器2个、市级科技企业孵化器2个，省级众创空间2个，全区市级及以上孵化器（众创空间）增至37个。区科技创业中心获评2020年度国家级科技企业孵化器优秀（A类）单位。实现“揭榜挂帅”张榜项目146个，涉及金额3.43亿元，揭榜项目11个，涉及金额1520万元。立项省领军型团队1个、省外国专家工作站1个、“115”引进国（境）外智力计划项目14个，获评“西湖友谊奖”1人、市领军人才1人、“钱江友谊使者”1人。全年受理外国人来华工作许可业务678项，新增持证外籍人才217人，其中持A类工作证人才14人。2021年度上城区新上市企业数列全省第1位，其中5家为科技型企业。实施科技企业信贷风险池，全年“入池”企业5家，涉及资金2100万元，向700多家科技企业兑现科技扶持资金1.67亿元，其中区级资金近1亿元。年内，“上城科创e企通”被列入全省数字化改革科技创新“揭榜挂帅”应用场景建设先行试点。上城区获评2021年度杭州区县（市）创新发展专项考核优良单位。

【区科技创业中心获评国家级科技企业孵化器优秀(A类)单位】 2021年12月10日，科技部火炬中心通过前期网上填报、统计计算、专家打分等程序，发文公布国家级科技企业孵化器2020年度评价结果，上城区科技创业中心被评为国家级科技企业孵化器优秀（A类）单位。区科技创业中心聚焦战略新兴产业与前沿科技产业，重点引进生命科学、信息技术、人工智能等领域的初创型科技企业培育孵化，打造集聚高端创新人才创业的有效载体，为孵化企业搭建信息共享、交流互助平台，促进创新资源优化互补。加强企业服务，激发企业创新活力，提升创业效率，较好实现孵化器持续发展新模式。全年区科技创业中心新增孵化企业14家。杭州思康新医疗科技有限公司创始人陆海同获评“金靴奔跑计划”人才。

【“上城科创e企通”列入省科技创新“揭榜挂帅”应用场景试点】 2021年7月，“上城科创e企通”被列入全省科技创新“揭榜挂帅”应用场景建设先行试点，是当年杭州市唯一获省科技厅发文批复的数字化改革项目。上城区从科技企业总量偏少和科技企业全生命周期培育难度较大的现实问题出发，以数字化改革为引领，聚焦“科技企业培育一件事”，推进“上城科创e企通”应用场景建设。认真梳理重大需求、多跨场景应用、重大改革“三张清单”，全面分析政府和企业两端重大需求。以“省科技型中小企业一键申报”为切口，横向联动其他部门10万余条信息，建立智能化匹配、自动化推送、精准化引导的“一键智达”流程，力争变革自上而下的审批制度，重塑企业申报及验收流程。

（孙　璐）

科技发展计划管理

【概况】 2021年，上城区制定《关于进一步深化科技创新发展的若干意见》《上城区引进海内外优秀高层次人才创业项目实施办法》《项目评审认定办法》及《资金拨付细则（试行）》相关政策，夯实招才引智政策基础。梳理科技创新工作考核体系，在研究与试验发展经费（R&D）支出、新增高新技术企业数等重点科技创新考核指标上精准发力。梳理全区现有科技创新平台，分析科技创新平台发展现状、存在问题，针对性研究科技类平台管理办法和考核细则，提高科技创新平台运行绩效。全年全区有国家级高新技术企业592家，新增省级科技型中小企业301家、省级重点企业研究院1所、省级企业研究院3所、省级高新技术企业研究开发中心9个、市级高新技术研发中心23个、市“雏鹰计划”企业50家。4项科研成果在国家科学技术奖励中获奖，全区获省科学技术奖53项。立项省科技厅2022年度“尖兵”“领雁”研发攻关计划项目5个。组织申报市级及以上科技项目22个，立项11个。

【50家企业成为市“雏鹰计划”企业】 2021年9月27日，市科技局根据《杭州市“雏鹰计划”企业培育工程实施意见》有关规定，经企业申报，区科技局审核推荐，市科技局组织专家评审，公布认定846家企业名单。上城区所属的浙江毫微米科技有限公司、杭州中普数字技术有限公司、力普物流技术（杭州）有限公司、杭州缥缈峰科技有限公司等50家企业列入认定名单。至年末，全区有市“雏鹰计划”企业397家。

【5个项目列入“尖兵”“领雁”研发攻关计划项目】 2021年11月26日，省科技厅发布2022年度“尖兵”“领雁”研发攻关计划项目。上城区所属的杭州群核信息技术有限公司的“工业级云端CAD软件平台关键技术研究及应用”择优委托项目、杭州数创自动化控制技术有限公司的“现代包装印刷、涂装、

研磨等与数字化技术融合研究与应用”、浙江省邮电工程建设有限公司的“智能物流监管关键技术及一体化服务平台研发”、杭州万事利丝绸文化股份有限公司的“开放共享协作的生产服务生态体系研究及应用”、杭州安旭生物科技股份有限公司的“全自动核酸检测一体机及超高灵敏度单增李斯特菌检测试剂盒开发”5个竞争性项目通过评审，被列入2022年度“尖兵”“领雁”研发攻关计划。

（孙　璐）

科技创新

【概况】2021年，上城区积极创建上城信息智能高新技术产业园区，完成省科技厅组织的健康服务与大数据产业创新服务综合体年度绩效考核答辩，获评2021年度杭州区县（市）创新发展专项考核优良单位。全年新认定国家高新技术企业160家、省级科技型中小企业301家。新增市级及以上高新技术企业研究开发中心32个、省级企业研究院3所、省级重点企业研究院1所。新增省级科技企业孵化器2个、省级众创空间2个、市级科技企业孵化器2个，全区拥有创新创业载体37个。全年实现研究与试验发展经费（R&D）支出15.97亿元，比2020年增长12.7%。区科技创业中心获评2020年度国家级科技企业孵化器优秀（A类）单位。

【32个研发中心被认定为省市级高新技术企业研发中心】2021年8月24日，市科技局根据《杭州市企业高新技术研究开发中心管理办法》，经企业自主申报、专家评审、现场考察和推荐公示，杭州楠大环保科技有限公司的“楠大环保固废处理市级企业高新技术研究开发中心”、日昌升建筑新材料设计研究院有限公司的“日昌升建筑新材料设计市级企业高新技术研究开发中心”等23家企业的研发中心获认定。至年末，全区有市级企业高新技术研究开发中心167个。12月29日，省科技厅发文公布2021年省级高新技术企业研究开发中心认定结果，浙江高泰昊能科技有限公司的“浙江省高泰智慧储能应用技术高新技术企业研究开发中心”、杭州定川信息技术有限公司的“浙江省定川智慧水网高新技术企业研究开发中心”、浙江工程设计有限公司的“浙江省先进化工工程设计高新技术企业研究开发中心”等9家企业的研发中心名列其中。至年末，全区有省级高新技术企业研究开发中心88个。

【上城孵化器通过省、市级认定】2021年9月18日，市科技局根据《杭州市科技企业孵化器认定和管理办法》有关规定，经公开征集、各区县（市）科技局审核推荐、专家实地走访和评审、公示及行政决策，发文公布杭州市标准化科技企业孵化器名单。由杭州尚坤科技有限公司运营的“尚坤丁兰国际孵化器”和杭州德必文化创意有限公司运营的“东溪德必易园”被认定为2021年杭州市标准化科技企业孵化器。至年末，全区有市级科技企业孵化器10个。12月14日，省科技厅根据《浙江省人民政府办公厅关于加快培育发展科技型小微企业的若干意见》和《浙江省科技企业孵化器管理办法》，发文公布2021年度省级科技企业孵化器名单。杭州聚义科技有限公司运营的“九知创新中心”和浙江华滋科欣文旅发展有限公司运营的“华滋科欣孵化器”被认定为省级科技企业孵化器。至年末，全区有省级科技企业孵化器3个。

【2个众创空间通过省级备案】2021年12月15日，省科技厅根据《浙江省众创空间备案管理办法》，发文公布2021年度省级众创空间名单。由领航众创（杭州）企业管理有限公司运营的“领航众创空间”和杭州锐谷医

疗技术有限公司运营的“国际医疗创新中心”通过省级众创空间备案。至年末，全区有省级众创空间8个。

【上城区新增3所省级企业研究院】 2021年12月29日，省科技厅、省发展改革委员会、省经济和信息化厅按照《浙江省企业研究院管理办法》和《浙江省科学技术厅关于组织申报2021年省级企业研究院的通知》，在各区县（市）科技局牵头推荐的基础上，评审认定企业研究院203所。杭州柯林电气股份有限公司的“浙江省柯林智能感知与数字孪生技术企业研究院”、中科网联数据科技有限公司的“浙江省网联全媒体企业研究院”、杭州城市大数据运营有限公司的“浙江省城市大数据运营企业研究院”名列其中。至年末，全区省级企业研究院数量增至26所，其中有5所为省级重点企业研究院。

【2家企业入选省高新技术100强企业】 2021年，受浙江省高新技术企业协会委托，浙江省科技信息研究院组织开展高新技术企业创新能力评价工作。12月28日，通过多指标综合对比，评选出2021年浙江省高新技术企业创新能力100强。上城区所属的杭州巨星科技股份有限公司和杭州锅炉集团股份有限公司2家企业名列其中，分别位列榜单的第42位和46位。其中，杭州巨星科技股份有限公司上榜新材料技术行业10强榜单，位列第7位；杭州锅炉集团股份有限公司上榜新能源与节能行业10强榜单，列第3位。

【13家企业上榜“2021杭州独角兽&准独角兽企业”榜单】 2021年4月28日，中国投资发展促进会创投专委会、杭州市创业投资协会共同发布《2021杭州独角兽&准独角兽企业榜单》。榜单显示，杭州入选该榜单“独角兽企业”37家、“准独角兽企业”209家。其中，上城区杭州贝贝集团有限公司、杭州群核信息技术有限公司2家企业入选“独角兽企业”；杭州今元标矩科技有限公司、杭州联众医疗科技股份有限公司、杭州佰里科技有限公司、杭州多麦电子商务股份有限公司、杭州高浪控股股份有限公司、杭州贝嘟科技有限公司、杭州网兰科技有限公司、销冠网络科技有限公司、浙江同富特美刻家居用品股份有限公司、杭州城市大数据运营有限公司、浙江凌迪数字科技有限公司11家企业入选“准独角兽企业”。

【区科技创业中心新增7家国家高新技术企业】 2021年，区科技创业中心强化“民呼我为”服务行动，开展“走亲联心”服务行动100多次，联合区赋能创新创业服务中心为50多家企业开展政策辅导，着力激发企业创新活力。12月16日，全国高新技术企业认定管理工作领导小组办公室发文公布国家高新技术企业认定结果。杭州博易环境技术有限公司、杭州小时递科技有限公司、浙江天美源环境科技有限公司、杭州盛霓嘉洱网络科技有限公司、杭州小宝智能物联科技有限公司、杭州泉脉科技有限公司、原起科技（杭州）有限公司7家企业获评国家高新技术企业。至年末，区科技创业中心有国家高新技术企业29家。

（孙　璐）

科技服务与交流

【概况】 2021年，区科技局开展“民呼我为·创新赋能”专项行动，当好科技“店小二”，深化科技“三服务”。全年面向745家（次）众创空间和孵化器、省市研发中心和研究院、国家高新技术企业、研发投入企业等对象兑现科技扶持资金1.67亿元，其中区级资金9885万元、省市资金6823万元。承办省市科技活动周开幕式，相关活动被“学习强国”学习平台、《浙江日报》、《杭州日报》等主流媒体报道。承办第4届“绽放杯”5G应用征集大赛浙江分赛决赛，同步直播吸引近100万人次观看。举办“科技大风车”活动，培训企业600多家（次）。创建上城省级信息智能高新技术产业园区，建设光电智芯、先进制造、健康服务与大数据三大省级产业创新服务综合体，推进浙江大学钱塘智慧城光电联合研究中心等重大项目建设进程。

【“亲清直通车”政企恳谈会】2021年1月21日、29日，区科技局联合区工商联先后举办以“科技自立自强促发展”为主题的2021年度“亲清直通车”政企恳谈会。上城区通过搭建政企面对面沟通平台，推动惠企政策落实落地落细，打造政企连心新气象。会上，区科技局领导介绍上城区企业科技创新情况及企业科技创新相关扶持政策。企业家代表围绕加快科技自立自强、惠企政策、企业用地、人才招聘、上市政策支持与辅导等问题提出意见和建议。各部门就企业提出的问题建议和最新惠企政策进行解答。

【科技统计网络培训会】2021年1月26日，区科技局联合区统计局采用线上模式开展全区科技研发统计专项培训会。各园区、街道科技联络员、工业统计人员、服务业统计人员，以及纳入2020年度科技统计年报名单的企业统计人员108人通过“钉钉”群组收看培训直播。培训会上，区科技局介绍上城区相关科技政策，鼓励企业重视研发投入，并申报各级科技计划项目，要求企业规范研发经费的归集，单独建账、独立核算，与后期的科技企业资质、科技项目申报数据接轨。区统计局对科技统计年报的相关指标、申报流程、申报要点等进行系统培训，对做好年报填报工作提出具体要求。

2021年5月22日，上城区承办的浙江省暨杭州市科技活动周活动开幕式在钱江新城举行　（区科技局 供稿）

【上城区承办浙江省暨杭州市科技活动周开幕式】2021年5月22日，上城区承办的浙江省暨杭州市科技活动周开幕式在钱江新城举行。科技活动周以“百年回望：中国共产党领导科技发展”为主题，于5月22—28日举行。开幕式现场，54家企事业单位参加现场展示，涉及人工智能、工业互联网、生命健康等重点领域。上城区的蒲惠智造科技股份有限公司、杭州它人机器人技术有限公司、杭州万事利丝绸文化股份有限公司、双擎科技（杭州）有限公司、杭州优胜飞行科技有限公司等15家科技创新企业在开幕式亮相。该活动被“学习强国”学习平台、浙江卫视、《浙江日报》、《杭州日报》、杭州电视台综合频道等10多家媒体报道。

【长三角7个中心城区签署科技合作协议】2021年8月27日，6个地区生产总值万亿元以上城市的7个中心城区——上海市黄浦区、南京市鼓楼区、苏州市姑苏区、杭州市上城区、宁波市鄞州区、合肥市庐阳区和合肥市蜀山区在上海黄埔区组建成立长三角主要城市中心城区高质量发展联盟。该发展联盟是首个由长三角地区区级政府层面牵头组建的合作共同体，是首个以非毗邻地区为主体、以经济形态结构为主导的中心城区发展联盟。各联盟城区签署《长三角主要城市中心城区高质量发展联盟战略合作协议》，签约跨区域信用建设、科技创新、文化旅游、卫生健康、政务服务、创业创新、商务楼宇等级评定7个首批重点合作项目。区科技局与其他6个城区的科技局共同签署科技创新领域《2021C7科技领域签约项目战略协议书》，在"长三角科创护照"、科技资源共享、共建科技创新平台、加强科创人才培养、交流互访5个方面制定初步合作计划。

【上城区健康服务与大数据产业创新服务综合体完成省级考核答辩】 2021年11月3日，上城区健康服务与大数据产业创新服务综合体完成省科技厅组织的年度绩效考核答辩，区科技局、浙江天弘无垠企业管理有限公司（健康智谷）、浙江大学医学院附属第一医院中心实验室、杭州安旭生物科技股份有限公司的主要负责人参加答辩。现场，答辩专家听取该综合体2020年度工作汇报，并就关键共性技术攻关等"四张清单"主要数据进行核查。专家表示，要提高产业创新服务综合体的显现度，厘清功能模块，做实创新服务。

【大健康综合体科技创新政策专场培训】 2021年11月11日，区科技局联合市科技局举办大健康综合体科技创新政策专场培训。杭州市科技信息研究院负责人带队为大健康综合体企业进行专项培训。培训会上，杭州市科技信息研究院科技合作部重点解读杭州市技术合同认定登记实务，针对性分析医疗健康类案例。杭州市科技信息研究院发展战略研究部介绍各类杭州市科技创新政策及申报条件，并对申报流程进行辅导解读，政策内容涉及认定类、项目类、人才类、研发费用补助、创新券、金融类。区科技局介绍相关区级配套政策。培训结束后，现场进行互动答疑，帮助企业切实掌握政策内涵。

【"金靴奔跑"创业训练营】 2021年11月19日，2021年"金靴奔跑"创业训练营在杭州市青山湖科技城举行，吸引来自十域科技有限公司、杭州精导智能科技有限公司、浙江威明环境科技有限公司等30多家科技创业企业、科技企业和平台的负责人参加。该创业训练营为"金靴踏浪，江河汇才"上城区人才科技月系列活动之一，活动汇聚各领域精英人才，展示"江河汇才"最优生态，为上城区营造良好的创业创新氛围，丰富创业人才和科技人才学习教育模式，助推上下游产业链对接，助力上城未来科技发展及经济转型升级。

（孙　璐）

科技奖励与成果转化

【概况】 2021年，上城区促进科技成果转化，引育高端创新人才、高质量创业项目，培育科技创新主体。2021年度上城区新上市企业数列全省第1位，其中5家为科技型企业。全年培育省市级研发中心36个，省级"尖兵""领雁"研发攻关项目立项5项，实现"揭榜挂帅"张榜项目146个，涉及金额3.43亿元，揭榜项目11个，涉及金额1520万元。立项省领军型团队1个、省外国专家工作站1个、"115"引进国（境）外智力计划项目14个，获评"西湖友谊奖"1人、市领军人才1人、"钱江友谊使者"1人。全年受理外国人来华工作许可业务678项，新增持证外籍人才217人，其中持A类工作证人才14人。全年企业创新券发放额1255.10万元，使用额196.46万元。全年实现技术交易总额46亿元，比2020年增长24.3%，发明专利产业化项目177个。高新技术产业增加值77.33亿元，高新技术产业增加值占规模以上工业增加值的比重为89.4%。

【上城区获国家、省科学技术奖57项】2021年，上城区53项科技创新成果获省级奖项。其中，省自然科学奖二等奖2项，省技术发明奖一等奖1项，省科学技术进步奖50项（一等奖7项、二等奖21项、三等奖22项）。11月3日，国务院召开国家科学技术奖励大会，公布2020年度国家科学技术奖获奖项目名单。上城区获国家科学技术进步奖4项。其中，浙江勿忘农种业股份有限公司参与完成的“水稻遗传资源的创制保护和研究利用”项目获国家科学技术进步奖一等奖，浙江省农业科学院牵头完成的“特色浆果高品质保鲜与加工关键技术及产业化”项目获国家科学技术进步奖二等奖，杭州市水务集团有限公司参与完成的“城市供水管网水质安全保障关键技术及应用”项目获国家科学技术进步奖二等奖，浙江大学医学院附属妇产科医院参与完成的“发育源性疾病和遗传性出生缺陷的机制研究及临床精准防控”项目获国家科学技术进步奖二等奖。

【科技企业贷款风险池政策实施】2021年，上城区明确专人负责实施科技企业贷款风险池政策。科技企业贷款风险池为信贷风险补偿资金，实行市场化运作，不以盈利为目的，坚持“自主申请、择优推荐、风险共担”原则，为区内优质科技型企业提供低成本贷款，缓解融资难、融资贵问题。上城区及时了解、跟进企业贷款申请进度，全年“入池”杭州微智兆智能科技有限公司、杭州城市大数据运营有限公司、浙江中交通力工程设计有限公司、浙江逐旭智能科技有限公司、杭州沁霖生态科技有限公司5家企业，涉及资金2100万元。

【海内外优秀高层次人才创业项目引进办法公布】2021年11月22日，区委人才工作领导小组发文公布《上城区引进海内外优秀高层次人才创业项目实施办法》。该办法由对象条件、扶持政策、操作流程和其他事项4个部分组成，旨在进一步激发人才创新活力，打造上城区创业创新中心，推动创业创新高质量发展，引进各类符合上城区产业导向的海内外高层次创业人才到上城区创业发展，涵养优秀人才“蓄水池”。11月22日，区委人才工作领导小组发文公布《上城区引进海内外优秀高层次人才创业项目评审认定办法（试行）》，内容包括评审标准、操作流程两个部分。12月3日，区科技局发文公布《上城区引进海内外优秀高层次人才创业项目资金拨付细则（试行）》。该细则明确创业项目资助资金、房租补贴、贷款贴息、股权激励四类扶持政策的申请时间、对象、所需材料、拨付流程等内容。

（孙　璐）

知识产权保护

【概况】2021年，上城区通过细化政策服务、对接平台服务、创新主体服务等举措，优化营商环境，加强知识产权全链条保护工作。全区有效发明专利拥有量4322件，比2020年增长30.4%，新增发明专利授权947件；拥有知识产权贯标（贯彻实施企业知识产权管理国家标准）企业89家，国家、省、市级专利示范试点企业92家（次）；开展贯标企业卓越绩效评价39家。全年促成专利许可132件；商标及专利质押融资达15.6亿元，区知识产权质押融资工作开展情况在《中国质量报》《中国市场监管报》《杭州日报》等媒体刊登。

【知识产权政策宣传】2021年，上城区建立健全知识产权工作领导小组工作机制，修订《关于进一步深化上城区科技创新发展的若干意见》。强化知识产权知识及政策宣传，制作商标侵权专题警示教育片、知识产权公益宣传片、知识产权公益灯箱广告等宣传教育内容，走访企业130多家（次），组织知识产权宣传贯彻等培训9场次，发放宣传手册1000多份，受理咨询200多人次。

【商标品牌培育】 2021年末，上城区拥有注册商标20.6万件，其中驰名商标23件；浙江省商标品牌示范企业8家，品牌指导服务站6个。采取“1+N”（1个总站、N个分站）模式创新开展品牌指导服务站建设。7月，全市知识产权现场会在湖滨步行街召开，上城区向全市推广品牌指导服务站建设经验。11月，湖滨步行街代表杭州市迎接国家知识产权局实地检查，街区知识产权规范化保护工作得到国家知识产权局肯定。

【知识产权专项行动】 2021年，上城区开展相关知识产权专项行动，进一步保护知识产权。开展“西湖龙井”茶地理标志商标专项整治行动。行动期间，检查经营户415家（次），发放、张贴“西湖龙井”专用标识宣传页650多份，约谈企业8家（次），督促整改8家（次），书面责令整改2家，立案3件，责令下架违规印有“西湖龙井”标识的茶叶外包装、价格标签等商品120多份。开展“深化蓝天行动，规范知识产权代理”专项行动，对全区130多家知识产权代理机构进行全面排查，持续开展非正常专利申请撤回的督促引导工作，完成4批次1576件。开展以辖区专业市场、步行街（商贸区）等为重点区域的打击侵权专项整治行动，行动期间，处置各类问题线索近500件，区市场监管局立案查处涉嫌侵权行为108起，罚没款290多万元，规范店铺经营行为1400多家（次）。区公安分局刑事立案查办涉嫌侵权犯罪行为4起，查扣物品1.4万件。

（曹　琴）

科技企业选介

【概况】 2021年12月16日，根据《高新技术企业认定管理办法》和《高新技术企业认定管理工作指引》有关规定，科技部火炬中心公布2021年浙江省第一批9760家高新技术企业备案名单，上城区所属的浙江凌迪数字科技有限公司、龙邦建设股份有限公司、浙江国贸数字科技有限公司、杭州声能科技有限公司等160家新认定企业名列其中。至年末，全区有国家高新技术企业592家。

【浙江凌迪数字科技有限公司】 浙江凌迪数字科技有限公司成立于2015年，注册地址位于上城区钱江路639号1958室，是一家专注于3D柔性体仿真技术的科技公司。公司自主开发的3D柔性体仿真引擎是物理世界数字化的基础设施，在各个工业行业乃至元宇宙中都有巨大的商业价值。该公司基于3D仿真引擎自主开发出Style3D工业软件，致力于以3D数字化重构时尚产业。Style3D工业软件的开发打破国外长期垄断，赋能中国服装企业以创新科学技术和强大工业基础实现“弯道超车”。公司同步构建时尚产业链3D数字化服务平台，以最制约服装行业效率的研发设计环节为切入口，为服装企业提供从3D设计、推款审款、3D改版到直连生产和在线展销的全链路数字化转型赋能，以“设计软件+数字内容+协同平台”的方式助力数字时尚新生态的建设。至2021年末，公司成为以计算机图形学为基础的3D柔性体仿真的全球技术高地，形成以清华大学、浙江大学博士为主要力量的完整技术梯队，并获高瓴资本集团等国际一线资本机构的资助。12月16日，该公司被认定为国家高新技术企业。

【龙邦建设股份有限公司】 龙邦建设股份有限公司成立于1998年，注册地址位于上城区凤起东路203号中豪五福天地商业中心2幢18楼，是一家以建筑设计甲级为龙头，建材交易网为供应链平台，建筑总承包一级为主体的企业。该公司拥有住建部建筑设计甲级资质、EPC总承包资格、建筑总承包壹级资质、商务部境外承包工程资质、室内装饰设计施工双甲级等专业资质。公司以科技创新为主导，以质量兴业为宗旨，先后获中国行业100强、浙江省行业10强、浙江省AAA级“守合同重信用”企业、区政府质量奖等荣誉。重视科技创新，通过建立企业技术研发中心，开展技术创新研发活动，促进科技成果转化。至2021年末，龙邦建设股份有限公司完成装配式隔墙系统施工方法的研究、绿色施工技术在建筑装饰工程中应用的研究等科技成果转化，并拥有自主知识产权。12月16日，该公司被认定为国家高新技术企业。

【浙江国贸数字科技有限公司】 浙江国贸数字科技有限公司成立于2018年，系浙江省国际贸易集团成员企业，隶属于浙江省国资委，注册地址位于上城区东宁路599-1号。该公司是浙江省标准化战略重大试点专项承接单位、国家跨境电商标准化试点承接单位。公司依托电商产业和制造业优势，围绕跨境电商生态圈建设，以搭建孵化园区（麒麟阁）为载体，以架构“麒麟云”为依托，以“整合一个服务平台、构建六大支撑体系，提供全流程优质服务”为主要内容，着力搭建“一网、多点、全流程、多维度、全覆盖”和线上线下相结合的“智能化、连锁化、全球化”的跨境电商服务生态体系。通过整合优质全产业链资源，面向企业建立以全球开店、主体培育、品牌推广、人才支撑、全供应链、经营合规为核心的六大支撑体系，提供平台入驻及代运营、培训及人才输送、物流仓储、收结汇、数字营销等专业服务，形成跨境电商生态体系闭环。至2021年末，“麒麟计划”与全国100多个区县（市）达成战略合作，落地麒麟阁40多个，服务辐射全国华东、华南、华中、华北、中西部等区域，服务覆盖超500个产业带，服务覆盖企业数26万家以上。12月16日，该公司被认定为国家高新技术企业。

【杭州声能科技有限公司】 杭州声能科技有限公司成立于2019年，注册地位于上城区九盛路51号。该公司是一家以声学技术为核心，将核心技术跨界应用于茶、林、果等农业方向，集设计研发制造服务于一体的科技企业，其“农业靶标虫害防治系统”等核心产品在浙江、江苏、安徽、湖南、江西等多投产应用，获业内专家认可。公司与浙江大学生命科学学院联合创立病虫害防控研究中心。12月16日，杭州声能科技有限公司被认定为国家高新技术企业。

（孙　璐）

教 育

综 述

【概况】 2021年，上城区有各类学校（幼儿园）201所（不含高校、市属高中和国际学校等，下同），其中幼儿园107所、小学52所、初中19所、九年一贯制学校16所、十二年一贯制学校2所、普通高中1所、职业高中2所、特殊学校2所。新开办学校、幼儿园（含校区、园区）10所，新增学校占地面积19.56万平方米、建筑面积32万平方米，新增教学规模270个班。学校占地总面积与建筑总面积分别为217.21万平方米、205.89万平方米。在校（园）学生15.25万人，比2020年增加5494人。有教职员工1.51万人，其中在编教职员工9794人。教职员工中，有专任教师1.19万人、高级教师1002人、特级教师52人、正教授级教师17人。浙江省义务教育标准化学校比例与标准化学校建设均为100%。全年财政性教育经费支出42.50亿元，其中基本支

2021年上城区新开办学校、幼儿园（含校区、园区）基本信息

表14

序号	学校名称	学校规模（班级数/个）	占地面积（平方米）	建筑面积（平方米）
1	杭州市东润外国语学校	54	45408	66278
2	杭州市笕弘实验学校	45	35930	49990
3	杭州市钱学森学校	48	39866	99272
4	杭州市澎扬中学	30	24672	42014.7
5	杭州市丁蕙第二小学白鹤校区	36	25112	28190
6	杭州市笕成幼儿园	12	3932	5387.7
7	杭州市景和幼儿园凤起园区	12	4784	6803
8	杭州市东城幼儿园健美园区	9	4980	7049
9	杭州市澎汇幼儿园	12	4732	7176
10	杭州市钱江第二幼儿园观潮园区	12	6160	7770
总计	学校、幼儿园（含校区、园区）	270	195576	319930.4

出32.68亿元、项目支出9.82亿元，全年支出增加2.11亿元，增长5.2%。

上城教育围绕“优质均衡、人民满意的‘美好教育’引领区”建设目标，应对新冠肺炎疫情，落实省市区民生实事，构建高质量教育体系，加强教师队伍建设，探索高水平育人方式，优化教育服务，深化教育开放合作，全区教育事业发展持续领跑全省。年内，上城区先后获评国家信息化教学实验区、基础教育国家级优秀教学成果推广应用示范区、浙江省文明单位、浙江省艺术教育实验区、浙江省“数据驱动教育教学”试点区等荣誉；上城教育现代化指数居全省前列，学习型城市发展指数全省第一。杭州市娃哈哈幼儿园赞成园区、杭州市采荷第二幼儿园、杭州市建兰中学、杭州市胜利实验学校、杭州市崇文实验学校、浙江师范大学附属丁蕙实验小学、杭州采荷第三小学教育集团杭州市江锦小学、杭州市天杭实验学校获评浙江省首批现代化学校。

【学校基础建设】 2021年，上城区加大教育配套建设经费投入，投资17.30亿元，16个建设项目完成率100%。新开办学校10所，改扩建3所，新开办民办幼儿园1所。新增教学规模270个班，新增校舍建筑总面积34.30万平方米（含改扩建面积2.31万平方米）。新开办学校数居全市主城区第1位，提前完成省民生实事项目。推进学校建设品质，全区29个项目获“市建筑工程西湖杯”荣誉，杭州市杭州中学项目2次获评国家绿色建筑创新奖三等奖。全年新增绿化扩面提质学校43所、浙江省现代化学校8所、杭州市“绿色学校”7所。按照“名校就在家门口，名师就在我身边”思路，制定三年行动计划，推出教育“新共同体”十大模式，靶向探索名校孵化区域新一轮发展，提高基础教育优质覆盖率。“推进名校集群化，促进教育优质均衡发展”项目入选杭州市争当浙江高质量发展建设共同富裕示范区城市范例首批试点。

资料

教育“新共同体”十大模式：名校新校共同体、名人名校共同体、校企合作共同体、普优协同共同体、院校合作共同体、区域联合共同体、教师联盟共同体、集群联智共同体、公民互助共同体和跨学段校共同体。

【公办初中“提质强校”行动】 2021年，上城区开展公办初中“提质强校”行动，投入430万元用于设施设备、450万元用于校园美化、180万元用于教室灯光智能化升级改造。与浙江师范大学、华东师范大学基础教育研究所启动新一轮合作办学，投入1370万元，新招聘初中教师189人。其中，硕士研究生学历85人，占比45%；“双一流”大学毕业生35人。开展新一轮公办初中“提质强校”专家入校诊断与指导行动，组织20多名教育专家和全体教研员到14所公办初中开展调研。设立“一学院四基地”新教师培养区域链，开展“集中+分散”式的教师能力提升培训，区内交流教师361人，选派到省外支教教师22人。组织实施正校级干部暑期研修班研修活动，围绕“教好每一位学生，成就每一位教师”主题展开研讨。全面试行“X+1”晚自修模式，初中学生参与率92.3%。以“一校一诊断，一校一方案”为原则，整合优质智库资源，制定《提质强校三年行动计划》，从校园文化品牌、学生自主管理、教学优化提升、分层走班实践、资优学生培育、学校现代治理等方面细化发展路径。年内，杭州市夏衍初级中学等7所学校获评杭州市“绿色学校”，杭州市丁荷中学等11所学校通过浙江省健康促进学校铜奖验收。

> **资料**
>
> **“一学院四基地”：**“一学院”即上城区教育学院；“四基地”即湖滨点的上城区教育学院、凯旋点的杭州市钱江新城实验小学、丁蕙点的浙江师范大学附属丁蕙实验小学、九堡点的杭州市东城第二实验学校。
>
> **“X+1”晚自修模式：**“X”指放学后至晚餐前组织开展锻炼性、趣味性相结合的阳光体育活动或开设个性化兴趣拓展课程，满足学生多元需求；“1”指晚餐后组织学生在自主完成作业的基础上，可以进行自主研究性学习、小组共同体学习、适性辅导式等分层学习。

【课后服务】 2021年，上城区定期召开“双减”工作推进会，发布《双减，上城在行动》成果集，凝炼各校特色做法，加速推进“双减”成效升级。在杭州市率先推出“1+4”双减政策，提出“双减”到回归教育规律、回归“五育”并举的“双回”理念，实施小学“1+X+Y”（“1”指学校教师提供的基础性学业服务，“X”指由学校教师、志愿者、公益组织提供的拓展性课程，“Y”指由校外培训机构提供的非学科类拓展性课程）课后服务、初中“X+1”晚自修模式。开发“学后乐园”课后服务平台，通过数据归集和可视化呈现，实现政府部门、教育督导、学校等多级驾驶舱功能；教务员、巡课教师和上课教师等通过业务端，实现课后服务机构遴选、课程设置、选课排课与巡授课、评价监管、财务管理五大场景应用；服务端对接入“浙里办”App，面向家长提供选课退课、缴费、课程评价、每日孩子上课情况、错峰接送时间安排、重要信息推送等服务，实现“义务教育段全覆盖、所有学校全覆盖、有需求的学生全覆盖”3个100%覆盖。《推出1+X+Y新模式，打造“学后乐园”》案例成功入选杭州市考评办社会评价意见整改典型案例。自该模式实施后，全区有75.3%的小学生、92.3%的初中生参加课后服务。“学后乐园”课后服务系统向省教育厅作重大场景专题汇报，课后服务应用新增项目“浙里托管”试点情况受到专家肯定。

> **资料**
>
> **“1+4”双减政策：**“1”指由学校教师提供的基础性学业服务，“4”指由学校教师、志愿者、公益组织提供的4门拓展性课程。

【校外培训机构治理】 2021年，上城区集中开展校外培训机构治理工作。建成由区领导挂帅、部门街道合力、两级专班运行的“派单下指令、街道抓落实、督查强规范、日报晒成效”培训机构治理闭环机制。组建由137名党员组成的校外培训机构党建指导员、课程鉴定员、教学督导员“三大员”队伍，实施“三大员”督导机制，实现督查、指导、帮扶、协调“四位一体”。开展“双随

2021年9月6日，杭州市娃哈哈小学开展学后托管——玩·美“艺”周活动
（区教育局 供稿）

机、一公开”执法检查2批次，对民办机构开展现场检查56家，行政执法覆盖19项。开发启用培训机构预收费资金智慧监管平台“上安培”，实施“行业协会公益援助计划”，设立“转登专窗”，推出“线上跑零次+线下跑一次”便民服务等系列举措，全方位助力机构治理。全年排查校外机构1032家，平稳关停72家（次），整改问题270个，完成学科类培训机构“转登、转型、注销”182家，化解矛盾纠纷1400多件。“双减”工作得到教育部校外监管司肯定，获教育部网站、《浙江新闻网》、《杭州日报》等媒体报道。

【德育工作深化】 2021年，上城区坚持立德树人，推进中小幼德育教育一体化建设和党团队一体化建设，发挥全国首家思政教育研究院、红领巾学院、校内德育课程基地与校外研学实践体验基地作用，组织2万余名青少年参与红色研学活动。开展青少年学生法制教育，组织全区中小学生“学宪法讲宪法”演讲比赛、“阿普杯”普法活动及宪法主题艺术评展活动，增强宪法教育的实效性和针对性。统筹思政教育资源，指导协调各中小学校通过招聘、结构调整、区域交流等方式高标准配备思政课教师，建立中小学思政课教师轮训制度，提升中小学思政课教师素质。建立学校思政联盟协作体，举办思政论坛、赛课等活动，推进中小学思政教育一体化建设，形成区域特色的思政教育新品牌。

【《“立德树人”合力机制建设的上城实践》获评全国优秀案例】 2021年4月17日，全国“立德树人落实机制”优秀案例研讨会在浙江师范大学萧山校区召开。区教育局案例《共治·共创·共育——“立德树人”合力机制建设的上城实践》获评全国“立德树人”落实机制优秀案例。会上，来自全国31个省、市、自治区的50多名教育行政管理者、局长、校长就“如何构建完善立德树人落实机制”进行交流。区教育局领导汇报教育成果《共治·共创·共育——“立德树人”合力机制建设的上城实践》。会议采取线上线下相结合的形式召开，线下出席会议300人，线上直播观看超过300万人。

【教育数智改革】 2021年，上城区以数字赋能教育改革，升级教育服务，融通相邻片区资源，增大户籍生调剂自主选择度；推行区块“学区群”联招联调，满足群众“上好学”需求。开设暑托班，化解家长“看护难”问题；开展“招生直通车”进社区活动，把“美好教育”送到群众“家门口”。首创“长幼随学”制度，探索多孩家庭子女入学同校就读模式，为“三孩”政策提供教育配套服务。推行“入学跑零次”，家长网上报名便能完成入学全过程，全年为7000户家庭提供服务；实行教师资格认定“跑零次”，办理教师资格认定1524件。开发“之江汇”自主学习、数智学习平台“微学通”3.0版等系列教育平台，通过积木式模块化的后台搭建，简易、快速、“零成本”定制老年教育自主性学习场景，实现老年教育个性化、智能化。“星级家长执照”家长成长数字空间系统入选教育部家校社共育优秀实践案例，“尚学通”“幸福学堂”入选浙江省数字社会未来教育重点场景建设项目。区教育局与团区委联合建设“智护未来”未成年人关爱系统，该项目列入市数智群团第二批重点应用场景、省共青团数字化改革“揭榜挂帅”项目。年内，上城区创建为国家信息化教学实验区，新增省数字校园建设示范学校6所、市智慧教育示范学校12所、市第一批数字教育标杆学校2所、市智慧校园示范学校75所。

【“清廉学校”建设】 2021年，上城区推进“清廉学校”建设，结合党史学习教育、教育领域改革实践，发挥清廉文化育人功能，提升清廉教育的社会效应。围绕“百年党史人人学”“炙热初心时时忆”“红色基因代代传”“服务争先处处优”主线，系统开展“6个百”系列活动，打造党史教育“红色打卡点”193个，形成党史校校学、人人学、处处学的氛围。探索党建引领“美好教育”的上城路径，以联系社区、联系学校、联系师生“三联”构筑“同心圆”，以领办项目、领衔攻坚、领跑示范“三领”撬动“新发展”，以学习思想、学习业务、学习标杆“三学”培养“高素能”，以争创最强支部、争做合格党员、争当四有教师“三争”带头“树标杆”。5月，案例报告《三联三领走在前，三学三争创标杆》入选首批《浙江省中小学党建工作精品案例选编》。推出教育领域《关于全面从严治党专项督查工作实施意见（试行）》，成立专项督查小组，开展全面专项督查。全年完成对21个二级党组织的督查反馈，督促整改各类问题241个，确保整改到位。完成对20家单位的专项督查，听取专题汇报18个，个别谈话127人次，查阅相关账册300多份，发现问题线索140多个，形成相关专项督查报告。年内，浙江省杭州第十中学、杭州市丁荷小学等5所学校和杭州市彭博小学、杭州市勇进实验学校等8所学校的工作案例分别入选杭州市“清廉学校”示范点和优秀案例，入围数量位居全市第一。

资料

“6个百”系列活动：即“百年印记，红色同传”“百课思政，党史同学”“百年启真、童心同寻”“百歌争流，青春同唱”“百花齐放，师艺同献”“百名师生，与党同庆”活动。

【区教育高质量发展大会召开】2021年9月9日，上城区教育高质量发展大会在杭州市杭州中学召开。大会围绕“创优质、促均衡、惠民生”主题，谋划教育“十四五”发展，发布十大工程、十大智库（10位专家、学者组成的智囊库）、100个特级工作室等重要举措。发布实施《中共上城区委教育工作领导小组工作规则》《中共上城区委教育工作领导小组秘书组工作细则》，为高水平推进“美好教育”建设提供组织保障。大会以直播形式进行，全区各学校组织教职工集中全程收看。《浙江日报》《浙江教育报》《钱江晚报》《杭州日报》《都市快报》《每日商报》等媒体对大会进行报道，浙江教育科技频道、杭州综合频道、杭州少儿频道播出相关内容。

资料

教育十大工程：党建引领教育工程、新共同体建设工程、数智教育治理工程、两支队伍提升工程、品质校园建设工程、学生素养提升工程、教育评价改革工程、三提一规“双减”工程、星级家长服务工程、招生服务惠民工程。

【区教育评估与监测中心启用】2021年8月，上城区教育评估与监测中心启用。该中心以“领跑全省教育评价改革，领先全国教育评价改革”为目标，推进上城区教育评估与监测工作。中心开展的“学习质量调查”“学生综合素质评价”探索实践入选第6届中国教育创新成果公益博览会优秀成果、浙江省教育厅教育评价全省31个改革典型案例。“学习质量调查”研究成果在第8届全国数据驱动教育改进专题研讨会征文中，获特等奖1篇、一等奖2篇、二等奖2篇、三等奖7篇，区域获奖级别和篇数列全国首位。上城区作为浙江省数据驱动教育教学改进试点区，相关实践经验被省市教育专家认可，多次被省教研室作为样板推广，并应邀为湖北、南京、浙江等地分享经验，累计向全国40家省、市、区研修机构分享上城理念、经验和技术。年内，上城区评价改革创新探索被《浙江教育报》《杭州日报》《都市快报》等媒体报道。

（何　杭）

学前教育

【概况】 2021年，上城区有幼儿园107所，园区156个，其中区教育局办61所（106个园区）、其他部门办8所、集体办5所、民办33所。在园学生4.25万人，招生1.40万人，毕业生1.33万人，适龄幼儿入园率100%。有教职工6080人，其中在编教职员工1833人。有专任教师3406人、高级教师12人。学前教育优质覆盖率94.1%，比2020年提升1.0%，公办幼儿园覆盖率78.7%（含街道、社区、部门办幼儿园），普惠性幼儿园覆盖率94.1%，普惠率居杭州市主城区首位。新增幼儿园5所（含园区），新增学前教育资源班57个，新增占地面积与建筑面积分别为2.46万平方米和3.42万平方米；幼儿园占地总面积与建筑总面积分别为5.70万平方米和52.21万平方米。区教育局制定《上城区2021学年幼儿园“研训区域链”推进工作方案》，构建由1个中心、9个区域链、18个基地（园）组成的“1+9+18”区、链、园三级研训体系，助力幼儿教师专业成长；实施“幼儿园一日生活保教常规”视导，提升办园水平。年内，上城区成功创评省现代化幼儿园5所，新增省一级幼儿园2所、省二级幼儿园7所、市智慧教育示范校（幼儿园）6所。通过首批全国学前教育普及普惠区创建实地评估，学前教育补短提升工程获得省政府办公厅表彰。

【丁兰幼儿园获评全国足球特色幼儿园】2021年1月，杭州市丁兰幼儿园获评2020年度全国足球特色幼儿园。该幼儿园重视孩子的健康教育，在足球活动中培养幼儿的运动兴趣、运动能力和合作能力，增强幼儿体质。幼儿园开设足球特色课程，在该基础上形成足球班本课程，每周设置足球社团活动4次，与黄龙绿鹰足球俱乐部达成合作，并联合家长资源组建一支“老爸足球队”。“老爸足球队”配备有足球专业教练1人，具备足球教练资质证书的教师3人，具有足球专业教练资质的家长3人。该幼儿园组建有一支由10人组成的中班足球队和一支由13人组成的大班足球队。年内，学校先后开展足球嘉年华活动、“爸爸来助教”、教师足球PK赛等足球活动；获评浙江省幼儿体育大会暨浙江省第10届幼儿足球表演大赛总团体三等奖、杭州市幼儿“七彩童年”体艺展示活动之5V5足球比赛三等奖等荣誉。

【九欣幼儿园获全国象棋校际联赛金奖】 2021年12月9日，在由中国象棋协会等主办的2021年全国象棋校际联赛（网络）总决赛中，杭州市九欣幼儿园获金奖（全国团体第三名）。该幼儿园是杭州市“三棋进学校”试点单位，以培养幼儿兴趣开展中国象棋特色教育。自2009年开园后，杭州市九欣幼儿园以培养幼儿兴趣、习得礼仪为基点，开展中国象棋特色教育，组建象棋校队，每周开展活动1次；每班均配备1名有棋类教学教练证的教师，根据小班、中班、大班不同年龄段分段开展1周1次教学活动。学校每年开展象棋运动趣味赛，设幼儿赛、亲子赛、教师赛等，组织幼儿参加各类赛事，以赛促棋艺。该幼儿园连续5年（2017—2021年）获评杭州市棋类共建先进单位。

【“我行·我棒”阳光宝宝活动】 2021年6月29日，由市教育局主办，区教育局协办的杭州市区“我行·我棒”阳光宝宝——“‘目’浴阳光·‘睛’彩童年”活动在杭州市欣欣幼儿园望江园区举行。

该活动通过构筑、重现相关游戏情境，唤醒幼儿已有护眼经验，巩固和提升幼儿的爱眼意识和护眼能力。活动吸引来自上城区、拱墅区、西湖区、滨江区、西湖风景名胜区的近50名师生参加。入围决赛展示环节作品31件。入围作品以“爱眼护眼”为主题，涉及视频、绘画和手工作品等形式。经评委专家现场评审，最终评出一等奖10人、二等奖9人、三等奖12人。

【胜利幼儿园首届“阳光小V”足球文化节】 2021年4月29日，杭州市胜利幼儿园举办首届“‘阳光小V’足球文化节暨喜迎2022年第19届亚运会”活动。该活动以“魅力足球，足够精彩，童心迎亚运”为主题，以“阳光小V”足球文化节为载体，搭建多元、趣玩、健康的足球游戏文化平台，激发幼儿、教师、家长对足球文化活动的兴趣与关注。文化节融入足球元素，学校长廊展示有小朋友制作的足球卡通画、足球彩绘T恤及亲子制作的足球手工作品，足球明星模仿照等物件。活动现场开展足球表演赛、足球比赛、啦啦操表演赛、足球师生T台秀等。

（何　杭）

义务教育

【概况】 2021年，上城区有义务教育阶段学校89所，其中小学52所、初级中学19所、九年一贯制学校16所、十二年一贯制学校2所。新增学校（含校区）5所，新增教学规模213个班，新增学校占地面积与建筑面积分别为17.10万平方米和28.57万平方米。小学在校生7.82万人（含特殊教育学生164人），招生1.44万人，毕业1.09万人；初中在校生2.96万人（含特殊教育学生77人），招生1.04万人，毕业8194人。义务教育段有教职工1.43万人，其中，专任教师1.15万人、高级教师901人、特级教师46人，正教授级教师17人。年内，上城区实施区域“学习质量调查”工作，要求各中小学校推进“阳光运动一小时”近视防控工作，制定《上城区儿童青少年近视防控责任十大清单》。推进心理健康教育工作，引进浙江省心理卫生协会医教结合模式，打造校园心理健康服务站48个。开展“减负提质”专项督导，推进减作业、增睡眠，减补习、增运动，减刷题、增实践的“三减三增”行动，保障学生身心健康发展。为孩子健康睡眠推出的相关举措入选教育部“睡眠管理”典型案例，11所学校通过浙江省健康促进学校铜奖验收。修订完善《学生综合素质报告单》，实施“一单·一袋·多维述评”，使学生素养提升看得见。推进公办初中“提质强校”工程，20位智库专家到14所公办初中指导，提供“一校一方案”，为公办初中提升教育优质均衡发展提供专业支撑。坚持德育、智育、体育、美育、劳育“五育”并举，开展各级各类科技体艺活动，全年在科技类比赛中获国家级奖项4项、省级奖项160多项、市级奖项140多项；在省、市级体育比赛中获团体冠军2项、前三甲10项。年内，上城区先后获浙江省艺术教育实验区、浙江省青少年校园足球试点区、浙江省2021年中小学生艺术节优秀组织奖、杭州市“天堂儿歌”优秀组织奖等荣誉。

【2所学校获评全国中华优秀传统文化传承学校】 2021年11月10日，教育部公示第三批全国中小学中华优秀传统文化传承学校名单，杭州市清河实验学校和杭州市采荷中学上榜。杭州市清河实验学校以“杭州文化”为切口，选择非遗项目杭州曲艺“小热昏”作为学校传统文化特色项目。2017年9月，该学校成为首个“杭州市地方戏曲曲艺教学实践基地”，随后

被评为“教育戏剧联盟学校”。学校打造“小热昏”社团，聘请专业演员进学校开设“小热昏”课程，组织学生到杭州滑稽艺术剧院观摩舞台训练和表演。学校将“小热昏”节目带进社区展示和交流，让杭州曲艺通过学生展示融入社区文化，先后获杭州市中小学生艺术节曲艺比赛一等奖、杭州市少儿曲艺展演金奖等奖项。杭州市采荷中学坚持将陶艺教育与中国优秀传统文化教育相结合、陶艺教育与素质教育相结合、陶艺教育与校园文化建设相结合的“三结合”原则，打造特色陶艺教育项目。先后开展茶具制作课程、创设与陶艺相关的假日小队、组织“采荷陶韵”校园陶艺大赛等实践活动。上城区各校借助多样化公益载体，发挥社会资源优势，探索传统文化融入课程体系新路径，传承与创新并举，为打造区域“传统文化进校园”提供范式。

【4所学校成为省首批云上名校】 2021年6月18日，浙江省教育技术中心“名校上云”工程启动，杭州市胜利小学、杭州市濮家小学、杭州市采荷第二小学和杭州市建兰中学在“浙里办”App上线，成为浙江省首批云上名校。“名校上云”是学校数字化改革的重要探索步骤，是推进互联网学校建设的重要举措。首批“名校上云”学校围绕“为学生的卓越发展而奠基”“让每个学生有一棵不断生长的知识树”“线上线下相融合，云上教研共成长”“校社融通新样态，五育融合创未来”“交流融合世界，互动连通未来”“云上名校新劳动，项目研究小达人”6个主题，为全省师生提供数字化教与学服务。至年末，该4所学校综合运用数字化技术、数字化思维、数字化认知，开展校际联盟、教研直播等活动99次，推出名师金课、项目学习、家长课堂等在线教学服务，传播学校教育理念，扩大学校品牌影响力，推进优质数字资源的辐射共享。

【基础教育国家级优秀教学成果推广会在上城举行】 2021年3月25—26日，由中国教育学会主办，上海市教委教研室、区教育局承办的《提升中小学作业设计质量的实践研究》成果推广应用开幕式暨培训会在上城区教育学院举行。活动采用线上线下相结合方式开展。来自全国23个基础教育国家级优秀教学成果推广应用示范区的领导、项目组负责人和上城区各学科教研员、骨干老师200多人出席线下会议。各示范区推广该成果的其他教科研人员、示范校领导、骨干教师和其他相关教师参加线上会议。培训会开展主题培训、作业改革、方案交流、分组讨论和成果展示等活动，进一步理解成果推广应用工作的特质与本质，加强基础教育国家级优秀教学成果推广应用示范区建设。

【公办初中“提质强校”专家入校诊断与指导行动】 2021年9月16—28日，上城区开展新一轮公办初中“提质强校”专家入校诊断与指导行动。该行动邀请上海、重庆、浙江三地高校教授、教育研究机构专家、学校校长、特级教师等20多人到杭州市夏衍初级中学等14所公办初中展开调研，通过听取校长汇报、进课堂听常态课、与师生座谈、专家诊断与建议等方式，为每一所公办初中把脉指导，提供“一校一方案”，为助推公办初中提升教育优质均衡发展提供专业支撑。行动期间，听取校长汇报14场，师生座谈66场，师生参与约1500人次，开展驻班听课、走班巡课70多节，提出学校建议近200条，形成“问诊式专家把脉”“针对性的综合施策”“项目化的问题解决”教育专业诊断指导模式。

【省青少年人工智能教育研究院成立】 2021年3月27日，浙江省青少年人工智能教育研究院成立大会在区教育学院召开。该研究院由浙江工业大学和区教育学院联合发起，以机制共商、资源共享、课程共建、人才共育、服务共推5项举措为基础，旨在对接新一代人工智能国家战略，为中小学创设更多的人工智能教育应用场景，创新浙江省人工智能应用和人才培养相结合机制，打造浙江青少年人工智能教育高地。上城区与浙江工业大学教育科学与技术学院建立战略合作关系，推动区域人工智能教育及教育信息化发展，推进教育技术相关理论研究、信息化应用与人才培养创新。会上，浙江工业大学上城区教育信息化实践基地揭牌成立，杭州市胜利实验学校、杭州天地实验小学、杭州市胜利小学和杭州市建兰中学4所学校成为中小学人工智能教育试点学校。

【2所学校入选省教育机器人教学示范校】 2021年3月24日，浙江省教育厅发布《关于省级教育机器人试点示范学校评审结果的公示》，杭州市开元中学和杭州天地实验小学完成示范建设任务并通过验收，拟确定为浙江省教育机器人教学示范校。杭州市开元中学把机器人课程作为学校教育的重要组成部分。学校将机器人拓展课程研发、教学实施、师资培训、课题研究等列入各部门重要工作，并把机器人课程学习纳入教师绩效评价和学生的学业评价。学校配有专业的指导教师，有自编教材。学校校本课程“与机器人之初”被评为上城区精品课程，机器人教学论文获省中小学信息技术教学论文一等奖。杭州天地实验小学是浙江省教育机器人示范基地，于2018年成立人工智能文化创新实验室，哈尔滨工业大学多智能体实验室、中国人工智能学会文化艺术专委会作为实验室参与建设单位，为课程开展、教材研发打下基础。学校开发编写的《智能机器人文化创新》校本课程教材涵盖机器人动作设定、机器人运动衔接、机器人编程、电影编剧、电影剪辑、电影后期制作等知识，将人工智能技术与影视制作相结合，为学生的文化艺术创作开辟新领域。

【省Pepper机器人应用成果展示活动在上城举行】 2021年3月25日，浙江省Pepper机器人应用成果展示活动在杭州市胜利实验学校举行。省民政厅、省政府外事办公室、软银机器人中国公司、钱江海关、省阳光教育基金会等部门有关负责人出席活动。全省设区市教育局、项目学校代表150人参加活动。2019年，日本软银集团与浙江省共同启动实施“‘AI+机器人’未来英才培育计划”，2000台日本软银集团Pepper机器人走进浙江269所学校，助力各项目学校探索基于人工智能的教育教学改革，培养学生创新兴趣和创新能力。自“‘AI+机器人’未来英才培育计划”实施后，各项目学校陆续开展人工智能与教育教学融合的多样化探索，通过开发课程、开办社团、组织竞赛、开展研究等形式，为培养高层次创新型AI人才奠定基础。活动现场，5个优秀区域、10所优秀学校、25组优秀课程案例、56组学生作品获表彰。其中，区教育局获评Pepper机器人教育教学应用优秀区域并作经验报告，杭州市胜利实验学校被评为优秀学校，余国罡获评优秀教师，陈林熹等5名学生的作品被评为优秀学生作品。

【首届全国“读写教室”研讨会在上城举行】 2021年4月22—23日，首届全国“读写教室”研讨会在杭州市天长小学礼堂举行，线上“天长微课堂”直播间同步播放。该活动围绕“读写教室模式下不同阅读策略的研究”主题，展现当前“读写教室”研究的实践样式。在“读写教室”里，教师从知识的提供者转变为学生学习的促进者，学生从被动的受教者转变为主动的学习者；教室从学生学习知识的地方，升级为使学生逐渐树立读写自信心，成为独立、成熟的读写者的平台。研讨会分为“读写教室”研究的“天长经验”“南方经验”“北方经验”三大部分，其中“天长经验”以学校整体校园环境作为儿童读写能力发展的重要场景，打造“读写教室”的学校样式。走在“读写教学”研究前沿的联盟学校分别带来“读写教室”理论分享、课堂教学展示、专家评课、观点报告，以及以“读写教室”推进的“区域样式”为特色的案例展示。

【全市首支校级曲棍球队成立】2021年4月29日，杭州师范大学附属第一小学学校“杭狮天马”曲棍球队成立，是杭州市第一支学校曲棍球队。为帮助学生在体育锻炼中享受乐趣、增强体质、健全人格、锤炼意志，杭州师范大学附属第一小学组织三年级学生参与曲棍球学习，每周开设1节曲棍球课，实现100%全员覆盖，选拔部分优秀的学生成立“杭狮天马”曲棍球队。球队聘请国家队退役运动员担任专职教练，由40名三到五年级学生组成。年内，该曲棍球队与张能庆公益服务站联合开展“曲棍球队进社区，助力亚运宣传”系列普及活动8场。

【全省首个“儿童议事厅”成立】2021年5月19日，彭埠街道和杭州市澎致小学在杨柳郡社区成立“杨柳郡儿童议事厅”。该议事厅是浙江省首个“儿童议事厅”。上城区以“共治、共享、共育，促进家校社共同生长”为总体目标，致力实践探索家校社合力机制，将儿童纳入公共事务的决策体系中，提升学生发现和解决生活中实际问题的能力，从而参与基层社会治理。“儿童议事厅”围绕重要主题提议案，让孩子做社区与学校的“小主人”。议案征集主要面向三至五年级的学生，以小组合作为组织形式，借助问卷调查、考察、数据分析等方法，启发孩子去发现、思考如何让“大家庭”变得更好，培养其社会责任感，关心身边人、关注身边事。同时，“儿童议事厅”站在儿童视角来提升社区与学校治理体系管理品质，通过家校社协同教育，尽最大努力满足儿童的健康成长需求。至年末，“杨柳郡儿童议事厅”提交《丰富社区课程，乐享双减时光》《学“网红”外婆做公益》《关于增设杨柳郡社区运动设施的建议》等提案32个，其中8个被评为优秀议案。

【首届人教版小学数学数字化教学观摩研讨会在上城举行】2021年9月27日，首届人教版小学数学数字化教学观摩研讨会在杭州采荷第三小学教育集团笕正校区举行。该研讨会聚焦“信息技术与小学数学课堂教学的深度融合”主题，旨在引领和推动中小学数学数字化教学创新与核心素养提升的实践探索，挖掘数字化教学优秀案例，推进中小学数字化教学普遍化、常态化的应用。全国各地教

2021年4月29日，杭州市第一支学校曲棍球队在杭州师范大学附属第一小学成立。图为曲棍球队队员在训练　（区教育局 供稿）

育专家学者、省市区教研员及一线教师等32.55万人次参与线上会议，300多人参加现场大会。研讨会上，教育专家学者、教研员及一线教师们分别展示2个专家报告、6个专题研究发言、7节数字化教学创新课的观摩及互动评课。人民教育出版社小学数学编辑室负责人作《“双减”政策下信息技术与小学数学课程融合的思考》主题报告。

【少先队夏衍小学大队获评省成绩突出少先队集体】2021年11月11日，中国少年先锋队杭州市夏衍小学大队获评浙江省成绩突出少先队集体。中国少年先锋队杭州市夏衍小学大队是一支体制健全、注重改革、勇于创新、科研型的少先队基层组织。学校大队部建立完善规范的管理机制，聚焦政治启蒙和价值观塑造主责主业，坚持全童入队，实施分批入队。学校大队部重视红领巾学院建设，以庆祝中国共产党成立100周年为契机，结合区级活动，开展“四史教育”、社会主义核心价值观教育、“争做新时代好队员”、“红领巾心向党”、“红领巾相约中国梦”等活动。学校钱塘江传说馆被认定为杭州市“红领巾e站1013”阵地。

（何　杭）

普通高中和职业高中教育

【概况】2021年，上城区有区属普通高中1所（杭州市夏衍中学）、职业高中2所（杭州市服装职业高级中学、杭州市建设职业学校）。区属普通高中在校生1134人，招生415人，毕业327人（含杭州国泰教育集团、娃哈哈双语学校高中部）。区属职业高中在校生1211人，招生318人，毕业514人。普通高中中，有教职工105人，专任教师98人，高级教师47人。职业高中中，有教职工135人，专任教师121人，高级教师37人。上城区深入推进教育部“1+X”（学历证书+若干职业技能等级证书）制度试点工作，完成国家级重点项目“杭州市建设职业学校智能建造岗位技能产教融合实训基地建设”主体建设。开展东西部教育合作，接收四川广元剑阁职业高级中学30名学生到杭州进行6个月的赴校入企“职业教育与职业培训”，并开展全市首次跨东西部学校的“1+X”建筑类专业证书考核。

【高考与升学情况】2021年，杭州市夏衍中学普通高中学考各学科总合格率99.9%，总AB率40.1%，分别比2020年提高0.05%和3.12%。256人参加高考，特控线上线人数6人，一段上线人数210人，高考一段上线率82.0%，提高3.32%。杭州市建设职业学校毕业生337人，升学312人，升学率92.6%。其中，中高职一体化五年学制学生195人，升学183人，升学率93.8%。183人中成功升入浙江建设职业技术学院145人，升入杭州科技职业技术学院38人。单招单考中，校提前自主招生26人；参加高职考73人，100%上线录取，其中本科上线8人。在校班级中，工美专业提前自主招生录取3人；参加考试26人，本科上线2人，投档线100%上线。建筑方向提前自主招生15人；参加考试13人，本科上线6人，投档线100%上线。本科上线6名学生分别被浙江理工大学、浙江科技学院、浙江广厦职业技术大学录取。实习班86人中投档上线42人，提前自主招生8人，6人就业，升入成人高校30人。

【夏衍中学获中华经典诵写讲大赛省级一等奖】2021年2月，杭州市夏衍中学在由教育部、国家语言文字工作委员会举办的第三届中华经典诵写讲大赛上获浙江赛区中学生组一等奖，并选送国家参评。参赛作品为《七月的火炬》，参赛选手均为广电特色班学生。学生在教师的带领下利用课余时间分析、练习稿件并参与录制。杭州市夏衍中学每年举办诗词大会，通过开展经典诵读、讲解等活动，挖掘与诠释中华经典文化的内涵及现实意义，引领学生更好地熟悉诗词歌赋，亲近中华经典，更加深入地领悟中华思想理念，传承中华传统美德，弘扬中华人文精神。

【“永远跟党走·妙笔丹青绘百米长卷”主题活动】 2021年10月10日，“永远跟党走·妙笔丹青绘百米长卷”主题活动在杭州市建设职业学校举行。活动由共青团中央宣传部、全国少工委办公室主办，杭州建设职业学校等6家单位协办。共青团中央中国青少年新媒体协会、浙江省团委相关领导出席活动，学校100名选手及选手家长受邀参加活动。活动设置特邀嘉宾表演、领导致辞、嘉宾代表题字、选手创作、评委点评等环节。100名学生，进行现场限时创作，以书画为媒，谱写壮阔史诗，描绘英雄故事，传递红色薪火。

【“1+X+O”职业技能提升工程】 2021年，杭州市建设职业学校结合学校建筑类专业特色，推进教育部“1+X”制度试点工作，在全省率先开展建筑类“1+X+O”职业技能提升工程。搭实“BIM中心”，打造职业教育专技师资团队。全年投入资金70.70万元，用于实训基地软件配置和场地建设。“BIM中心”拥有全市规模最大的持证教师队伍，持有BIM职业技能等级证书师资31人。做优“1+X”鉴定，提升学生职业素养。自“1+X”制度试点工作后，创建建筑类考点9项，数量居全市中职建筑类第一。组织初级证书考试4次，其中2次通过率100%，为全省第一。除“1+X”外，建立“Other”提升模块，做强“Other”拓展考核，提升学生行业竞争力。全年开展学生室内设计能力等实用性行业技能证书培训200多次。

【“服装设计与工艺”专业品牌建设】 2021年，杭州市服装职业高级中学“服装设计与工艺”专业以浙江省和杭州市品牌专业建设为目标，按照顶层规划，完善机制建设和课程改革，重视教学常规，开展教学研究，提升教学质量和教师的专业能力。年内，组织学生参加第5届中国服装创意设计与工艺教师技能大赛，获合体小礼服创意立裁设计铜奖2人、服装拓展设计优秀奖1人。在杭州市第13届“我是动漫王”中小学漫画创意大赛中，该校学生获（高中组）三等奖1人；在杭州市第17届“品味书香，诵读经典”中小学生读书征文活动中，获（高中组）一等奖、二等奖、三等奖各1人。

（何　杭）

社会教育

【概况】 2021年，上城区社区学院有教职工54人、兼职文教干部206人、志愿者4604人。教职工中，有专任教师49人、高级教师18人。区社区学院开发有关智能手机的“玩转手机，智慧生活”系列课程3节，新编“基础班”“提高班”“强化班”教材，制作相应微课24节。开设培训班200多个，送教进社区300多次，受益市民1万余人。在杭州市智能技术应用视频、教材及案例评选活动中，上城区4个视频、2个案例、2本教材获奖。“幸福家课堂”获评全国、浙江省“终身学习品牌项目”。“星级家长执照”家长成长数字学习空间系统获评浙江省教育领域数字化改革第一批创新试点项目。开发的系列“清廉线上课程”获评杭州市教育系统第二批”清廉学校”优秀案例（课程）。联合开展“上城云播”，参与区域宋韵文化直播课堂打造，多次接受省市电视台专题采访。协调全域社区教育布局，联动开展学习活动3000多场次，参与15万余人次，受益老年市民1.3万人。年内，全区获评杭州市“终身学习品牌项目”2个、市示范社区学习共同体8个、市年度最佳社区学习共同体1个、市社区教育进农村文化礼堂学习品牌1个；全国、浙江省“百姓学习之星”1人，市“百姓学习之星”2人。

【全民终身学习活动周】 2021年11月15—21日，上城区举办全民终身学习活动周暨第18届终身教育节。活动以“慧心护航强体魄，数智社教谱新篇”为主题，开展非遗体验、社区教育特展、线上竞答、未成年人保护知识展等活动。开幕式现场为2021年终身学习品牌、市民终身学习体验基地、社区好老师、百姓学习之星、社区教育优秀志愿者等全国及省、市荣誉获得者颁奖。学习活动周期间，上城区社教委成员单位、街道分院、社区市民学校、辖区单位、市民终身学习体验基地、匠心工作室、示范性学习型社团等组织开展学习体验活动221场，参与活动8万余人次。

【2家单位入选省数字社会未来教育重点场景先行建设单位】 2021年10月22日和12月27日，浙江省第一批和第二批数字社会未来教育重点场景先行建设单位先后公布，上城区杨柳郡社区、荷花塘社区上榜。区教育局作为指导单位，与杨柳郡社区合作打造“尚学通”项目。该项目以“家校政社”融通共建为目标，以“亲社区”为理念，在杭州市澎致小学和杨柳郡社区架起桥梁，成立浙江省首个“儿童议事厅”参与社区治理，在社区服务中心建立儿童议事厅办事点，依托“云尚杨柳”小程序建立“未来教育”栏目，整合社校资源，学校新型教学空间向社区居民开放，让学校课程走进社区。区教育局与荷花塘社区共创共建未来社区教育场景“幸福学堂”。该项目融通杭州市采荷第二小学和荷花塘社区的优质资源，通过打造物理空间和虚拟空间、开发新生态课程和混合评价系统，建立家校政社协同育人新模式。

【上城区学习型城市发展指数全省第一】 2021年12月24日，以“数字化改革与终身教育发展”为主题的首届终身教育西湖国际论坛在浙江开放大学举行。论坛发布《浙江省县级学习型城市发展与评价指数报告》，上城区学习型城市发展指数为2.026，居全省首位，是全省唯一一个发展指数超过2的区县（市）。上城区优化上城终身教育与终身学习服务体系，学分银行成果数超过36万个，占常住人口的27%；发布“微学通3.0”，提供个性化学习的平台支持，区域参与在线学习人数超70万人次；推进社区教育与职业教育的融合，设立技能培训点和鉴定站15个，开展育婴员、养老等特色职业技能培训。

2021年11月19日，2021年上城区全民终身学习活动周暨第18届终身教育节开幕式在钱江新城城市阳台（露天广场）举行

（区教育局 供稿）

【小区开放日主题活动】2021年8月28日，区教育局在全区14个街道开展“名校就在家门口，名师就在我身边”小区开放日主题活动。该活动由所在街道社区1所学校主要承办，以“民呼我为，同心教育，共育美好”为主题，通过专家讲座、游戏互动、面对面答疑等方式，向群众讲解家庭教育、招生政策、“双减”新政等内容。

（何 杭）

特殊教育

【概况】2021年，上城区有特殊教育学校2所（杭州市杨绫子学校、杭州市艮山路学校），有班级27个（不包括与普通幼儿园、学校合作开设的学前卫星班2个，小学卫星班3个），其中，小学班14个，初中班8个，高中班5个。有在校学生303人，新招学生52人，毕业生61人。有教职工109人，其中，专任教师101人，高级教师5人，特级教师1人。学校占地总面积1.76万平方米，建筑总面积1.26万平方米。年内，上城区定期组织线上线下教研活动，开展新教师志愿服务特殊教育体验活动，邀请高校及浙江省儿童保健院等专家到基层学校提供专业支持，指导学校资源教室工作及提供个案服务。推进智慧大脑融合教育课程建设，开展随班就读学生数学学习能力评估标准的实践研究，利用大数据实现个性化的教育教学服务。

【杨绫子学校获省基础教育成果特等奖】2021年12月，杭州市杨绫子学校《培智劳动：杨绫子二十年探索与实践》成果获2021年浙江省基础教育成果特等奖。20年间，该学校坚持“尊重生命，以爱育人”的办学理念，把培智劳动教育贯穿智障学生培养全过程，构建学前至职高十五年一贯制一体化劳动教育课程体系，搭建多元化劳动教育平台，开发智能劳动教育质量检测系统——“杨绫大脑”。编写涵盖学前到职高的劳动教育课程操作指南、课程评价手册和省编教材30多本，录制劳动“微课”视频300多个，建成培智学校劳动教育校本课程资源库。各类资源成为培智学校劳动教育开展的重要材料，在全国范围内共享，惠及各兄弟院校，携手共建智力障碍学生美好劳动教育模式。杭州市杨绫子学校的劳动育人模式与成果吸引来自美国、日本及北京、上海、广东、西藏、贵州、新疆等省、市、自治区的400多批次特殊教育同行到学校参观学习，获《每日新闻》、《人民日报》、《参考消息》、《香港文汇报》、新华社、中央电视台等媒体报道。

【第4届亚残运会倒计时1周年活动】2021年10月9日，由2022年第4届亚残运会组委会主办，杭州市杨绫子学校协办的2022年第4届亚残运会倒计时1周年活动在杭州市杨绫子学校举行。活动设置开幕式、亚残运会主题画展、吉祥物“飞飞”主题艺术展、现场主题连轴画、亚运项目友谊赛、爱心项目体验等环节，以杭州市杨凌子学校与杭州胜利实验学校学生携手表演的诗朗诵《生命的绽放》开场，展现“阳光、和谐、自强、共享”的办赛理念，营造扶残助残、残健融合的社会氛围。省、市、区各级相关领导及杭州籍残奥会冠军代表、全国助残先进个人、残疾人群众代表、亚残运会竞赛场馆负责人、志愿者等300多人参加活动，共同见证亚残运会开幕式导演团队、火炬形象揭晓时刻。该活动被《浙江日报》、《钱江晚报》、凤凰网等媒体报道。

【杭州市首届康复教学活动】2021年3月31日，杭州市首届康复教学研修活动在杭州市杨绫子学校举行。活动以“跨专业学习、多领域合作、共谋儿童康复教学”为主题，由市基础教育研究室主办，涵盖9节康复课堂展示、观察员纵横分析、专家点评等内容。活动邀请杭州各区县（市）特殊教育教研员、特殊教育大组成员及杭州市、省内其他地区、黑龙江、重庆等地的教师代表、特殊教育工作者100多人到学校观摩。同时，该特教研讨活动以网络直播形式进行，吸引750多名教师参与网上研讨。

【“小红车公益亭‘心’期三”周年庆】 2021年11月11日，杭州市艮山路学校与杭州市公共自行车交通服务有限公司、闸弄口社区举办合作共建公益项目“小红车公益亭‘心’期三”周年庆活动。杭州市公共自行车交通服务有限公司于2020年把3007号亭更名为“杭州市艮山路学校”，定期向杭州市艮山路学校开放面积为3平方米左右的“小红车公益亭”，为该校特殊教育学子提供与社会融合的独特课堂，可锻炼学生烘焙技能，提高人际交往技巧，增加实战经验。当天，项目组开展周年庆活动，设计“砸金蛋”、购物和销售等环节，让孩子们在体验快乐购物的同时增加社交经验和技巧。杭州市公共自行车交通服务有限公司负责人为学生颁发金牌销售员、文明礼仪星、“爱心志工”等荣誉证书。

（何 杭）

家庭教育

【概况】 2021年，上城区把家庭教育视作学校教育成功的起点和基础，从区、学校、社区等层面推进家庭教育。区教育局向全区家长发出倡议书，倡导每周设立1个“家庭日”，希望家长能更好地陪伴孩子成长。通过成立“星级家长俱乐部”、召开家庭教育领导小组工作会议、开展上城区“小区开放日”轮值活动、组织“家庭日”亲子活动、发布上城数智学习平台“微学通”3.0版等方式，推进家庭教育。年内，“星级家长执照”工程建设入选全国家校社协同推进家庭教育实践的“十张答卷”之一，获评浙江省教育领域数字化改革第一批创新试点项目，并作为数字社会领域场景接入“数智上城”门户。《杭州上城区做优“星级家长执照”引领党史学习教育亲子互动新风尚》入选杭州市党史教育专报。至年末，“星级家长执照”注册家长17万余人，发放星级证书3万份；线上线下开设课程6549门，学习人数183万余人次。

【“星级家长执照”工程入选全国家庭教育实践案例】 2021年12月20日，上城区“星级家长执照”工程入选全国家校社协同推进家庭教育实践的“十张答卷”之一。中国网整版刊发介绍“星级家长执照”工程。该工程于2017年启动，面向0~15岁孩子的家长开展全方位、多形式的教育活动，累计参与人数超200万人次。至2021年，

2021年11月11日，特殊教育学子在“小红车公益亭”锻炼烘焙技能

（区教育局 供稿）

“星级家长执照”工程打造成全流程、自主式新时代家庭教育数字化学习的范式，是提升区域家庭教育指导服务的综合性项目，引导家庭教育回归育人本位，引导家长科学实施家庭教育、进行家校社协作。6月，“星级家长执照”工程获评浙江省教育领域数字化改革第一批创新试点项目，并作为数字社会领域场景接入“数智上城”门户。12月，该工程纳入数字社会区县优秀门户。11月21日，区教育局主要负责人受教育部基础教育教学指导委员会家庭教育指导专业委员会家校社共育实践案例发布会邀请，在线做《扩大广度，拓展深度，“星级家长执照工程”开创家庭教育新局面》经验介绍，向全国推广分享“星级家长执照”工程的实践经验。

【“星级家长俱乐部”成立】2021年5月21日，上城区“星级家长俱乐部”成立仪式在杭州市时代小学举行。上城区致力于培养“乐学习、明责任、善倾听、常陪伴”的家长，通过成立“星级家长俱乐部”，推出“星级家长执照”“每周一天家庭日”等举措，形成家庭、学校、社会协同育人新局面。现场，来自各学校的星级家长代表共同宣讲《上城区星级家长俱乐部章程》，承诺“将秉承‘美好教育’的发展理念，积极学习，用心陪伴。家校携手，做新时代好家长，育新时代好少年”。活动邀请中国教育学会家庭教育专业委员会首批讲座专家陈钱林为现场的俱乐部家长团队进行“三自教育育儿女”专题讲座。陈钱林从“自律育人”“自学育人”“自立育人”3个主题要点，建议家长从家风建设入手，树立家规，帮助孩子培养习惯、立志自强。

【东城实验学校第一届家长节】2021年11月19—26日，杭州师范大学东城实验学校举办第一届家长节。家长节以人人参与家校共育为目的，开展“家长进课堂”、“家长上讲堂”、亲子嘉年华、班级圆桌会、“合力微论坛”等活动，吸引1600多名家长线上线下共同参与。家长节期间，学校举办为期两天的课堂开放日，邀请六至九年级学生的家长走进班级随堂听课。推出“家长上讲堂”活动，让学有专长的家长为学生上课。开展班级圆桌会，圆桌会由学生主持，教师、家长成为平等交流者，就家庭教育、学校教育所关心的问题进行讨论、交流。

【名师家庭教育智慧分享】2021年4月26日，杭州市建兰中学邀请西湖大学教授、副校长许田为家长带来题为“家庭中如何参与孩子教育”的主题讲座。许田以1张《大象为什么不走》的照片，阐述家庭教育对孩子的意义和影响。随后从抗日战争时期国立西南联合大学的成功教育中谈学习动力的重要性，从斯坦福大学教授们的故事中谈恒心和兴趣，从朋友罗斯博格的创业史中谈冒险精神。该讲座是自杭州市建兰中学家长学校开讲后规模最大、参加人数最多的一次讲座，吸引近900名家长参加。

（何　杭）

校外教育

【概况】2021年，上城区校外教育体系由区青少年活动中心及科技（中学和小学各1个）、艺术（中学和小学各1个）、体育（中学和小学各1个）、国防、国学、生存、农事、图书11个素质教育基地组成。全年举办或承办各类主题性教育活动17场，参与学生28.43万人次。年内，上城区在完善校外培训机构长效监管机制的基础上，建立校外教育“1+3”管理体系，开展新一轮校外培训机构治理工作。《杭州市上城区基于社会场馆资源应用的家校社协同育人实践》入选浙江省“双减”区域典型案例。《上城区“百分百”打造课后服务“五心”工程》被杭州市“双减”专报刊发。杭州师范大学附属第一小学课后服务工作、杭州市胜利小学“学后乐园”相关内容分别在中国教育电视台、中央电视台播出。杭州市采荷第二小学“双减”案例获评浙江省十个案例之一。

资料

“1+3”管理体系：“1”即创新建立“综合管理办法”，进行系统规划管理；“3”即升格建立“审批新规”严控源头、制定“负面清单”严管过程、优化“星级评定”严定结果。

【校外培训机构治理“十大举措”推出】 2021年5月27日，上城区召开校外培训机构工作会议，在杭州市率先推出校外培训机构治理“十大举措”，开启新一轮校外培训机构治理工作。“十大举措”为实施一项党建工作全覆盖计划，开展一次消防安全隐患大排查大整治行动，组织一次校外培训全面调研、座谈工作，建立一支校外培训机构专业督学队伍，实施一批校外培训机构智慧化监管举措，选树一批校外培训机构规范办学、转型升级示范标杆，制定一份校外培训机构设立审批新规，梳理一张校外培训机构负面清单，完善一份星级培训机构评定办法，制定一个校外培训机构综合性管理办法。区教育局在全市率先成立“双减”工作领导小组并发布“双减1+4”系列文件，形成“街道吹哨、部门报到、协会援助”的培训机构矛盾化解“上城模式”。依托“派单下指令、街道抓落实、日报晒成效、督查强规范”工作闭环机制，牵头专班派发工作交办单41件，14个街道对属地培训机构开展10多轮巡查和约谈，处置各类问题90多个，整改安全隐患等40多处。编发区“双减”工作简报107期，教育部、省教育厅、市教育局刊发工作经验40多篇，“双减”宣传得分获全省第二名、全市第一名。建立校外培训机构治理月度联合督查机制并纳入“平安护航”行动考核，联合区文广旅体局、区科技局等8家部门开展联合检查50多次，检查机构3517家（次），发现问题83个，全部完成整改。指导校外培训机构行业协会建成全省首个“校外培训行业公益援助库”，纳入援助机构50家，建立公益课程单10万余课时，成功援助机构34家，并推动14家非正常停业机构实现销号。推进学科类校外培训机构资金监管，全区58家机构的504门课程被100%纳入平台资金监管，入库资金652万元。

【校外培训机构“三大员”工作机制启动】 2021年9月26日，区教育局举行校外培训机构“三大员”工作启动仪式，在全省率先推出校外培训机构党建指导员、课程鉴定员、教学督导员“三大员”工作机制。首批聘任137名中小学教师和教研员为“三大员”，助力校外培训机构治理。10月1—3日，“三大员”出动1091人次，对487家学科类培训机构开展精细化专业化监管，实现学科类培训机构明察暗访100%覆盖。同时，对非学科类培训机构的办学资质、安全防控等开展检查。“三大员”工作机制提升校外培训机构治理效能，助推“双减”工作进一步落实，相关做法被《浙江日报》《钱江晚报》《浙江教育报》《杭州日报》《都市快报》等媒体报道。

【营利性学科类校外培训机构转型登记完成】 2021年10月12日，杭州彩童培训学校有限公司成功变更公司经营范围、业务和公司名称，成为“双减”政策实施后杭州市首家由学科类转型为非学科类的培训机构，转型成专门开展文化艺术类培训的校外培训机构。区教育局向全区255家学科类培训机构宣传动员转型登记政策，全面摸底排查意向，联合相关部门成立转型登记办理专班，设立“转登专窗”，推出“线上跑零次+线下跑一次”便民举措，“一站式”完成转型登记业务。12月20日，上城区全面完成营利性学科类校外培训机构转型登记工作。

【培训机构预收费资金监管平台“上安培”启用】 2021年12月16日，上城区校外培训机构预收费资金监管平台“上安培”启用。家长可通过微信搜索“上安培”直接进入平台，选择适合孩子的课程，一次性缴费不能超过3个月费用，所缴费用直接锁定在银行监管专户。完成授课后，由机构发起销课确认，经家长确认后，银行端进行“一课一销”划扣，多路径确保预付学费安全。年内，全区32家机构、39门课程经审批后入驻“上安培”。

【“信用+培训机构”案例获评市十大信用典型案例】 2021年5月7日，区教育局的信用案例《信用场景赋能教育治理，信用应用助力教育创新》入选“杭州市十大信用典型案例”。区教育局落实国家和省市区关于社会信用体系建设要求，聚焦培训机构审批、监管、治理等关键环节，深入推进“信用+培训机构”场景应用建设，推动信用与营商环境提升、数字社会治理、惠民便企方面深度融合，形成以信用为核心的培训机构生态闭环。打造以信用嵌入事前审批、信用融入事中监管、信用引入事后治理的信用“三入”模式，真正把“信用+”的“软约束”打造成“硬抓手”，推动校外培训机构成为学校教育的有益补充，形成校内外协同育人的良好局面。

【采荷第二小学教育集团案例入选省“双减”优秀案例】 2021年12月10日，浙江省教育厅公布首批义务教育阶段“双减”优秀实践案例，杭州采荷第二小学教育集团《乐学课程体系下的学后托管私人订制》成为其中的十大案例之一。杭州采荷第二小学教育集团打造“132私人订制”模式，即建立“1生一表”，精准掌握学生课后需求；架构“3位一体”，立体推进“家校社”融通协作；做实“2项管理”，借助“数智”平台和“数据驱动”手段，提升学后服务质量管理精准度。深入开展“1+X”学后托管工作，在开设基础托管基础上，定制100多个学后拓展性课程，向学生提供“菜单式”托管服务。定制课程分“长短课”的量身订制、“走班式”的学习订制、“四段式”的时间订制、从“抢课”到“选课”的课程订制、从“体验”到“进阶”的自由订制等形式，满足学生和家长的个性化需求。“家校社”融通优质资源助力，推动青少年活动中心实践项目、街道社区“非遗”项目、非学科类优质课程等进学校，扩充课后服务资源50多个，家长累计志愿服务300多人次，促进课后服务提质增效。

【“淘活动”平台2.0版本上线】 2021年，区青少年活动中心改版升级“淘活动”平台项目，丰富学生课外活动。“淘活动”平台2.0版本于春假和五一期间首次运行，推出由杭州博物馆、杭州方回春堂集团有限公司、杭州市民卡城南服务厅等113家单位组织的“赏石研学”“小小郎中”“小小志愿者 助力迎亚运”等活动。至年末，该平台设计亲子活动项目1000多个，为区域学生课外活动开辟新天地，为家长高质量陪伴保驾护航。

【科技亲子活动】 2021年3月，区青少年活动中心以“成长需要陪伴”“身教重于言传”教育理念，组织开展“每周一天家庭日，幸福快乐伴成长——上城区校园科技行‘亲子系列赛’活动”，鼓励家长和孩子一起参与科技活动，形成科技教育的家校合力，促进青少年科技教育的良性循环。该活动获杭州电视台明珠频道、《每日商报》、《钱江晚报》、浙江新闻、杭州网等新闻媒体报道。全年区青少年活动中心开展系列活动6次，参与家庭超过1200多户。

（何 杭）

教育国际化

【概况】 2021年，上城区探索新冠肺炎疫情影响下的教育国际化新路径，推进国际理解教育向常态化、内涵化发展。全区新增杭州市教育国际化示范校10所、国际理解教育特色品牌项目6个；新缔结姐妹学校2所，“千校结好”结对总量239对。全年境外来访教师31人，因公出访教师5人，到迪拜中国学校、肯尼亚阳光学校任教教师9人。至年末，全区中小学聘有外籍教师51人，有境外学习研修经历的中小学专任教师946人。

【中德合作项目可持续发展教育基地授牌签约】 2021年1月11日，中德合作项目可持续发展教育基地授牌签约仪式在江干区教育发展研究院举行。在区域国际理解教育·可持续发展教育联盟种子学校代表的见证下，江干区教育发展研究院与浙江省教育行政干部·中小学教师培训中心、德国汉斯赛德尔基金会签订“中德合作项目可持续发展教育”合作协议，

2021年1月11日，浙江省中德合作项目可持续发展教育基地授牌签约仪式举行 （区教育局 供稿）

成为浙江省中德合作项目基地，区内杭州师范大学东城实验学校、杭州市南肖埠小学、杭州市丁兰第二小学、杭州市丁兰第三小学、杭州市采荷第三小学、杭州市采荷第二小学、杭州市夏衍第二小学、杭州师范大学东城第二小学、杭州春芽实验学校、杭州市茅以升实验学校、杭州市丁兰实验中学11所中小学校被授予“浙江省国际理解教育可持续发展教育联盟基地的种子学校”称号。

【优秀教师海外学校任教获外交部肯定】 2021年7月20日，外交部干部司、驻外使领馆阳光学校总校向上城区发出表扬信，肯定尹红岩、何轶雯两名教师在驻外工作期间的突出表现，用实际行动诠释“最美逆行”。尹红岩，杭州市笕弘实验学校副校长，曾获浙江省小学语文青年教师录像课评比一等奖。参与编写《新共同体：区域推进基础教育优质均衡发展的江干范式》等著作；受聘浙江省中小学作文专业委员会第三届常务理事。2019年8月，尹红岩被选派驻菲律宾使领馆阳光学校任教两年，承担“阳光学校”全部教学和管理工作，涉及小学一至六年级及学前班，总计完成教学课时2220节，平均周课时为28节，以“真、实、简、活”的语文课堂教学风格，开展中国传统文化教育，引导学生爱国情怀。何轶雯，杭州市勇进实验学校教师，曾被提名“最美杭州人”，入围杭州最美“十佳教师”，被评为上城区首届“十佳”班主任、杭州市教坛新秀、杭州市优秀教师、杭州市杰出教育工作者和杭州市“三八红旗手”，担任浙江省领雁工程、杭州市新农村语文骨干

教师培训班导师等工作。2019年，何铁雯参加外交部援非活动，任全球“阳光学校”教师班长。在肯尼亚工作两年期间，首创全球阳光教师教学研究共同体，救助贫民窟的儿童，帮助海外华人华侨，推广中国文化，铺设“一带一路”文化教育之路。区教育局推进教育国际化，从“师生交流、教师培养、课程建设、资源共享”等维度加强教育对外交流与合作。至年末，先后选派19名教师到美国、肯尼亚、菲律宾等国家的“阳光学校”和迪拜的中国学校开展驻外教学活动，传播和输送“上城经验”，助推区域教育国际化、现代化发展。

【凯旋教育集团举办国际文化节】2021年12月28日，杭州凯旋教育集团杭州市南肖埠小学举办第9届国际文化节暨上城区课程联盟2021年学术年会，共同探讨如何创新国际理解教育新样态，助力推进教育现代化，实现高水平建设优质均衡、人民满意的“美好教育”引领区，高质量发展建设共同富裕典范城区。活动聚焦“宋韵文化，世界表达”主题，以线上线下、双线混融的方式同步进行，从学生区域、学校、教师、学生等层面，多层次、宽领域、全方位展示出上城教育国际化的新思路、新模式、新样态。省市区各级领导参加活动，在线观摩人数24.7万人。（何　杭）

教育科学研究

【概况】2021年，上城区组建6个科研“区块链共同体”，打造块状式校际科研生态图，促进并实现区域各基层学校教科研的均衡发展。策划并实施区教科研骨干培训项目，从理论、实践层面，开展科室建设、活动组织、课题管理等方面的系统化、实操性的研修活动。全年承担省市大型教育教学论坛、教育科研活动18场，在省市会议上介绍区域教育和科研经验20次。年内，上城区与华东师范大学基础教育改革与发展研究所共同发起成立全国中小学“思维课堂”教学研究联盟；与德国汉斯塞德尔基金会合作，发起成立国际理解·可持续发展教育联盟；依托华东师范大学基础教育改革与发展研究所儿童哲学项目、儿童哲学教育联盟，开展区域儿童哲学教育实践研究。全年完成省市级各类课题立项140项，其中省教育科学规划课题16项、省“双减专项”课题8项、市第4届教育科学规划重大课题4项、市教育科研课题102项、市“双减专项”课题10项。全年获市第4届重大课题4项；市教育科研优秀成果评审一等奖10项，获奖数量列全市第一，有9个课题成果被推荐参加省级评审；教学论文获市一等奖及以上58篇。全年获浙江省教育科学研究优秀成果8项，其中一等奖5项、三等奖3项。上城区获评浙江省学校教学管理实验区。

【“镜面式研修”教学成果专家论证会】2021年3月16日，杭州市天杭实验学校“镜面式研修：新入职教师校本培养十年探索”教学成果专家论证会在杭州市天杭实验学校召开。论证会邀请浙江省教育学会、浙江省教学科学研究院、浙江省教育厅教研室相关负责人等组成的专家组出席。该校自2008年后以校本研修为突破口，创新打造各学段、各学科教师专业化提升工程，总结出校本培养新样式——“镜面式研修”。“镜面”，即以他人为镜，取长补短；以规范标准为镜，对标提升；以问题为镜，不断反思。“镜面式研修”更注重专业成长的实操性标准，体现校本性（基于学校教师专业行为存在的问题，提供的镜面标准简单易学）和师本性（从教师工作情境出发，针对正在或即将进行的教学行为，及时提供镜面标准，并学以致用）。“镜面式研修”基于不同层次教师的自我成长需求，借助镜面微课、镜面案例、镜面实践、镜面沙龙4种学习载体，通过“给镜面、比镜面、做镜面”3个步骤，为教师专业成长找到一个“公式”——教师成长=经验+反思。专家指出，杭州市天杭实验学校“镜面式研修”满足新教师发展需求，突出研修主体能动性，是扎实有效且富有创新精神的青年教师培养实践。

【建兰中学获评省教育科研先进集体】 2021年1月12日，杭州市建兰中学获评2019—2020年度浙江省教育科研先进集体。杭州市建兰中学以“建兰大脑”为抓手，借助全校师生的智慧，开启课题引领学校科研的高速通道。2019年9月1日至2021年8月31日，《小兰书童：依托学校大脑陪伴初中学子成长的新探索》获杭州市第6届基础教育教学成果一等奖，《学校大脑：促进初中生健康成长的载体设计与实践研究》获浙江省教育科学研究优秀成果一等奖，《建兰大脑：依托AI技术实现学校变革的行动与创新》一书由浙江教育出版社出版。“学校大脑：初中学校‘减负提质’新学习中枢建构研究”获中国教育学会年度教育科研重点规划课题立项，获中国教育技术协会“十四五”规划重点课题立项，并入围国家社科基金重大课题实验项目。2020年，全校有130项科研成果形成，包括学校荣誉，课程开发，专著出版、成果推介、文章发表，论文、案例获奖，课题立项、课题结题、成果获奖。

【上城区承办市小班化教育研讨会】 2021年11月5日，由区教育局承办的市小班化教育研讨会在杭州市娃哈哈小学举行。该研讨会围绕“五育融合，深度学习”主题，进行小班教育的课堂展示、经验交流和学术研讨，旨在进一步推进小班化教育研究进程，深化课程改革，促进小班化教育课堂教学方式的转变。来自各市、区的教育局、教研室、教育学院的领导出席，迪拜中国学校、杭州市娃哈哈小学结对学校等4万余人观摩线上直播。

（何　杭）

师资管理

【概况】 2021年，上城区新招聘教师610人，其中研究生学历218人，占比35.7%；高级职称教师27人、省特级教师3人、省教坛新秀2人、省“春蚕奖”1人、市级名师2人。上城区完善“五阶段五梯队”人才培养体系，依托“一新两锐”培养工程和各类工作室工作坊项目，配套相应的培养、考核和奖励政策支持，加大名优教师培养力度。新评选正高级教师7人，占全市新评选正高级教师总数的16.3%；新认定杭州市高层次人才66人；入选“浙派名师培养对象”“杭州市中小学名师名校长培养工程”34人；获评省教坛新秀4人，推荐参评市教坛新秀97人；获评市杰出教育工作者、市优秀校长、市优秀教师、市优秀教育工作者、市优秀班主任74人。加强区域内教师交流工作，以向“三缺两新”方向流动为主导，统筹各类学校和教师的不同需求，推进教师校际交流。全年交流教师361人，其中校级干部29人、骨干教师152人。开展教育帮扶工作，新组建35个跨省、市域名校集群帮扶共同体，新选派到省外支教教师22人，其中援派非洲肯尼亚1人、青海德令哈市3人、新疆阿克苏市6人、四川剑阁县和雅江县12人，吸收200多名帮扶地区的优秀教师纳入上城区特级教师工作坊培养体系，发挥上城教育资源和人才优势的辐射功能。年内，区教育局获评杭州市东西部扶贫协作工作成绩突出集体。

资料

“五阶段五梯队”人才培养体系：“五阶段”指将全体教师纳入体系，

教龄3年以内的教师参加“新苗奖”评选，教龄4～10年对应“新秀奖”，教龄11～17年对应“能手奖”，教龄18～24年对应“风华奖”，教龄25年以上对应“红烛奖”。评选每3年一轮重新认定。“五梯队”指以教育家型教师为“顶端”、省特级教师为“尖端”、区特级教师为“高端”、区学科带头人为“中坚”、“五阶段”获奖教师为基础的“五级人才梯队”。

“一新两锐”培养工程：“一新”指新教师在接受3年的基础性培训后，其中优秀的进入为期2年的新教师高阶培训；“两锐”指优秀的新教师参加高阶培训后，可以进入新锐教师培养工程，骨干教师可以进入精锐教师培养工程。

“三缺两新”：“三缺”即编制满员学校向空缺学校，岗位设置中、高级专业技术职务满岗学校向空缺学校，名优骨干教师、成熟型教师相对集中学校向缺少学校；“两新”即老学校向新学校，老城区向九堡、丁桥等新城区方向流动，原则上随迁人事关系的流动过程时间为3年。

【区教育学院成为国家级“培训专业化”实践基地】2021年1月，上城区教育学院成为浙江省唯一一个国家级教师培训管理者发展研究中心首批“培训专业化”实践基地。该研究中心在全国范围内面向区县教师发展机构。区教育学院对标“较高的发展愿景、稳定的核心团队、丰富的培训经验、专业的指导能力、前沿的信息化理念、显性的研修成果”6个条件，经自主申请、专家推荐、中心学术委员会审议，最终被确定为“培训专业化”实践基地。12月22—23日，由教育部教师工作司联合国儿童基金会驻华办事处主办，国家级教师培训管理者发展研究中心、华东师范大学教师发展学院承办的“教育部—联合国儿童基金会县级教师发展机构专业化建设项目启动会暨首届砥石论坛”在线上召开。作为首批“培训专业化”实践基地，上城区教育学院负责人在论坛上作题为《用“制度之力”推进“教师发展之治”》的专题报告。

【上城区入选省教师教育创新实验区建设项目】2021年7月13日，上城区教育学院“分层分类教师培训课程体系重构的新上城实践”项目入选浙江省教师教育创新实验区建设项目（首批117个项目中仅4个项目由区县教师培训机构承担，其他由师范院校承担）。上城区教育学院作为杭州市唯一一家项目入选的县级教师培训机构，依托省教师教育创新实验区建设项目，提升区域教师培训管理水平，推动教师专业发展体系建设，促进先进地区与欠发达地区的交流互动，助力教育公平等方面发展。

【师德专题教育活动】2021年7月6日，上城区教育系统启动以“传承红色精神、谱写育人新篇”为主题的师德专题教育活动。各中小学校、幼儿园全体教师收看“杭州市上城区教育系统庆祝中国共产党成立100周年主题活动”暨2021年师德培训启动大会视频，并结合党史学习教育畅谈感想。8月，各校开展“五个一”活动，即开展一次优秀教师表扬、组建一支“8090”青年教师理论宣讲队伍、组织一场优秀教师事迹宣讲、观看一批师德典范影视剧（纪录片）、举行一次青年教师师德主题交流活动，以优秀事迹激发带动更多教师不忘初心，砥砺前行。

【上城教师获省中小学班主任基本功大赛一等奖】2021年10月20日，第10届浙江省中小学班主任基本功大赛在杭州举行总结表彰会。大赛由省教育厅、省中小学班主任基本功大赛组委会主办，浙江教育报刊总社承办，省教育学会德育分会协办。大赛分为育人故事、带班育人方略、主题班会及情景模拟4个方面对教师进行考核。上城区3名教师代表杭州市参赛，均获省一等奖，其中杭州市天长小学教师虞佳获小学组省一等奖，杭州市建兰中学教师钟罂婧、杭州市夏衍初级中学教师汪晓东获初中组省一等奖。上城区完善“星级班主任”助力体系，成立“班主任工作室联盟”，推出德育名师系列公益讲座，并以班主任基本功大赛为平台，通过专题式、分层式、赛训式等研修方式，为不同成长阶段的育人者提供相应专业支撑，促进教师实现专业成长。

【支教帮扶】 2021年，上城区响应国家和省、市扶贫发展战略，通过选派支教教师、创新“互联网+”教育帮扶等形式，与青海德令哈市、新疆阿克苏市、四川雅江县等地区开展教育帮扶工作。新组建跨省、市域名校集群帮扶共同体35个，新选派到省外支教教师22人，吸纳200多名帮扶地区的优秀教师纳入上城区特级教师工作坊培养体系，推进“教育共富”。11月，上城名师名校长团队分别到德令哈市、雅江县开展援教活动。援教期间，开展教育座谈、示范课、专题讲座等活动，走访慰问援青教师，与雅江县教育协作学校举行签约仪式等活动。12月22日，区教育局获评杭州市东西部扶贫协作工作成绩突出集体。

（何　杭）

教学保障

【概况】 2021年，上城区新开办中小学、幼儿园项目13个（3所九年一贯制、1所初中、2所小学、7所幼儿园，含3个改扩建项目），开工项目4个（1所初中、3所幼儿园）；建成智能“阳光厨房”149个，实现校园食堂操作环节透明化、可视化，将安全隐患消除在源头；创建特色项目27个，其中上报省2021年新型教学空间建设项目26个。获评浙江省“基于学习方式变革的新型教学空间范例”培育对象1个（杭州市濮家小学阳光工场），申报省优秀教学空间3个（杭州市濮家小学阳光工场、杭州市澎致小学STEAM五坊一空间、杭州市澎博小学数理空间）。制定区域教育领域数字化改革实施方案，推进之江汇上城教育广场和未来社区混合式教育场景的建设与应用工作。教育数据服务中心项目、大数据驱动区域精准教学和常态化课堂教学观察室的融合项目顺利推进；区“学后乐园”课后服务系统设计选型开展试点。智慧教育之江汇平台落地试运行，建设网络同步课程24门、互动教研系统学校6所、常态化课堂教学观察室33间。课题“区校一体化数字资源有效供给服务机制研究”获浙江省教育信息化课题立项。优化“上城区教育易耗品领用平台”，该举措以《杭州上城：易耗品“小材料”做出清廉“大文章”》为题在省纪委省监委网站上刊登报道，并由区财政局向全区推广。

【儿童青少年近视防控责任十大清单】 2021年1月5日，上城区教育局制定上城区儿童青少年近视防控责任十大清单。十大清单涉及管理机制、保障机制、学生建档、书写姿势、护眼行动、作业时长、家校共育、家长监督、周末安排、榜样示范10个方面，并设置具体做法，落实责任主体。3月26日，区教育系统召开近视防控工作推进会，全区中小幼学校、区教育局机关和相关直属部门参会。会上，学校代表进行近视防控工作经验交流、近视防控责任书签约、近视防控工作表态发言。

【开学视导工作】 2021年3月1—5日，上城区教育局20个开学视导小组深入全区62

2021年5月20日，“食育中国5·20（杭州）论坛”在杭州市清河实验学校举行
（区教育局 供稿）

所中小学、幼儿园，督查师生开学各项工作部署、校园防控安全落实、学期教育教学组织、作风建设工作实施、教师减负工作落实等情况。开学视导小组由教育局机关干部、服务型机构负责人、责任督学、学科研究员80名工作人员组成。该视导活动通过校园走访、随堂听课、校（园）长汇报、师生座谈等方式，掌握学校开学情况，及时发现制约学校发展的问题，并为学校出谋划策，提出切实可行的意见建议。

【健康睡眠相关举措获教育部推选】 2021年4月2日，教育部召开新闻发布会，介绍中小学生课外读物进校园管理、睡眠管理有关文件。上城区为孩子健康睡眠推出的相关举措被教育部推选为“睡眠管理”方面11个典型案例之一。上城区为打造公平而有质量的教育，于2018年推出《关于进一步改进与加强中小学作业管理工作的指导意见》（试行稿）。通过优化作业内容布置、强化作业批改质量和建立过重作业负担监管制度等措施，破解学生学业负担过重挤占睡眠时间的矛盾。上城区严格要求小学一、二年级不留书面家庭作业，小学其他年级每天完成书面作业总时间不超过1小时，初中生每天作业时间控制在2小时之内，小学生在21时前、初中生在22时前仍没有完成作业的，可以选择不完成剩下的作业，确保充足睡眠。

【“食育中国5·20(杭州)论坛”举行】 2021年5月20日，“食育中国5·20（杭州）论坛”在杭州市清河实验学校举行。该活动由北京市于若木慈善基金会、上城区政府和北京华彬文化基金会联合举办，与会代表200多人聚焦“食育中国与青少年营养健康”主题，进行交流分享、建言献策。上城区通过构建科学的食育课程体系、设计丰富的食育实践活动、落实严格的食品安全监管等举措，让学生“吃出健康”，以食育为抓手推动中国青少年营养健康事业发展。该活动邀请中国疾病预防控制中心营养与健康所专家为上城区近100多名学校教师进行食育课程培训，来自北京的食育老师为杭州市清河实验学校四年级学生开展食育公开课。

【多孩“长幼随学”入园入学举措推出】 2021年9月11日，上城区在“招生服务惠民工程”中创新性探索多孩“长幼随学”入园入学新举措，即多孩家庭子女入园、入学可考虑幼子同校就读，或根据家长意愿安排长子转学至调配学校同校就读。该入学政策减轻家庭接送负担，促进多孩融洽相处。《都市快报》、《钱江晚报》、腾讯新闻网、橙市互动平台对该举措进行专题报道。全年有324人申请参加该举措，最终为多孩家庭提供服务284人。

【校园食品安全检查】 2021年11月30日，区教育局、区市场监管局联合开展食品安全监督检查专项行动，保障校园食品安全。专项行动重点检查食材进货渠道、采购凭证、出库登记表，查验食品经营许可证、食堂从业人员健康证及新冠肺炎疫情防控落实情况。受检企业现场均全面落实食品安全和疫情防控相关要求。11月29日至12月3日，区教育局组织杭州市高银巷小学等学校对杭州市营养午餐中心、杭州千盅速餐饮有限公司、杭州鼎香餐饮管理服务有限公司实地开展“飞行临检”，3家营养午餐供应企业现场管理规范，食品安全卫生有保障。

【“平安校园”建设】 2021年6月2日，区教育局召开区教育系统“平安校园”建设推进会暨“平安护航建党百年”动员大会。6月29日，由区教育局领导班子带队，机关工作人员组成的9个检查组对上城区各中小学校、幼儿园及培训机构的近期和年度校园安全重点工作部署落实情况进行实地抽查检查。专项检查发现各校能全面落实“平安护航建党百年”安全工作要求，各项校园日常安全工作走深走实，师生安全宣传学习入脑入心，台账管理有序有效，并均做好暑期校园安全谋划部署。

（何　杭）

杭州市钱学森学校内景（2021年）　　（区教育局 供稿）

【杭州市钱学森学校竣工】 2021年8月，位于望江新城的杭州市钱学森学校项目竣工。该项目用地面积约4万平方米，总建筑面积约10万平方米，为48班九年一贯制学校，班额45人。其中，小学30班，初中18班。学校建设内容包括教学楼、蒋英综合楼、钱学森综合楼、教学实验室、图书馆、报告厅、风雨操场、食堂餐厅及两层地下室等，并设有钱学森纪念馆，对钱学森的生平事迹和科学贡献进行介绍和纪念。该项目于3月获“2020年下半年度杭州市建设工程‘西湖杯’（结构优质奖）”。9月，杭州市钱学森学校投入使用。

（姜　雯　汤李郁）

文化

综述

【概况】2021年，上城区文化资源优势进一步放大，辖区内有区文化中心、区文化馆、区文化馆惠民路馆、区图书馆、区非遗展示馆、区非遗展示馆艺术分馆暨刘江艺术馆、杭州海塘遗址博物馆、龚自珍纪念馆、夏衍旧居、大华书场等文化场馆。其中区文化馆、区图书馆均为国家一级馆。5月，区图书馆通过全省第一批“满意图书馆”认定。新建杭州书房9家，增至17家，举办各类社区级以上文化惠民活动3200多场。推进“文化基因解码工程”，全省试点成效显著。高质量举办2021宋韵文化节，文化节九大板块中有4个重要活动落地上城区。辖区企业非凡响（浙江）影视文化有限公司申报的电视剧《白色城堡》入选2021年杭州市文艺精品工程扶持项目。

位于彭埠街道党群服务中心的彭博书房（2021年）

（区文广旅体局 供稿）

【“文化基因解码工程”建设】2021年，上城区推进“文化基因解码工程”建设。全年梳理文化元素757个，遴选确定重点解码元素38个，科学解码“德寿宫遗址”等宋韵文化元素20个，基本形成上城文化基因“一表一文一册一库”（文化基因调查表、文化基因解码报告、文化基因解码图册、文化基因电子数据库）。8月4—5日，在省“文化基因解码工程”暨文化标识建设工作推进会上，上城区作为杭州市唯一代表，作先进典型代表发言。

【文化基因解码图册《宋韵咏续》编印】2021年9月，上城区编印文化基因解码图册

《宋韵咏续》1000多份，展示重点文化元素的核心基因内涵。《宋韵咏续》作者为颜瑾和关佳晶，全册分“文化基因解码重点元素”“宋韵文化重点元素”“宋韵文化元素转化利用项目库”3个篇章。该图册以“德寿宫遗址”“南宋官窑”等20个宋韵文化重点元素为主要内容，介绍其基本类型、项目区位、产生年代等基本信息，图文并茂，以点带面剖析宋韵文化内涵外延，系统展示宋韵文化精髓和特点。

（郑晋霞）

精神文明建设

【概况】 2021年，上城区精神文明建设工作以习近平新时代中国特色社会主义思想为指导，以庆祝中国共产党成立100周年为主线，以培育和践行社会主义核心价值观为根本，以全国文明典范城市创建为抓手，结合“迎亚运”工作，加强公民思想道德建设，拓展新时代文明实践内涵，推动群众性精神文明创建，为全面建设独具韵味的国际化现代化共同富裕典范城区提供坚强的思想保证和强大的精神动力。

【社会主义核心价值观宣传教育】 2021年，上城区深化社会主义核心价值观宣传教育。开展庆祝中国共产党成立100周年和社会主义核心价值观氛围宣传活动，在湖滨步行街、河坊街、鼓楼、凯益荟公益文化街区等重点区域设置宣传小品80多处，在市民中心周边、鲲鹏路、望江东路、小营红巷、运新社区等主要场所安装道旗1300多面，制作分发海报6万张，制作发布《一则家风，一世传承》《古礼新承，文明上城》《载党史之列车，追你我中国梦》等大型公益广告墙绘15处，其中《一则家风，一世传承》获评市墙景美化活动最佳视觉效果作品。丰富志愿服务活动，全年开展“百团进社区”学雷锋志愿服务、“杭州市民日”便民服务、“献礼建党100周年文明进社区百场志愿服务”等新时代文明实践志愿活动5000多场，覆盖20多万人次。建强志愿服务特色品牌，推进社会主义核心价值观践行，“看笕蓝天”笕桥退役军人社区关爱服务项目获评全国学雷锋志愿服务“100个最佳志愿服务项目”、浙江省第2届志愿服务大赛金奖，“盲人看电影”志愿服务项目获评省志愿服务大赛银奖，凯旋街道南肖埠社区获评2021年度浙江省最美志愿服务社区。

【公民思想道德建设】 2021年，上城区推进“最美”人物三级推选工作，常态化开展“身边好人”、上城区道德模范（“最美上城人”）等典型推荐评选活动，全年全区有45人次（集体）获评全国、省、市各级“最美”荣誉先进典型，涌现出全国新时代好少年肖立沣、全国“最美家庭”张能庆家庭、第7届浙江省道德模范雷鸣、第16届杭州市道德模范（平民英雄）戚宝兴、“浙江好人”俞林亚等先进典型。加强和改进未成年人思想道德建设，选树100名2021年度区“美德少年”（新时代好少年），其中两名学生获评市“美德少年”（新时代好少年）、两名学生获提名奖。牵头组织“扣好人生扣子，争当时代新人”主题教育实践活动；组织参与“童声朗朗献给党”杭州市第11届新童谣大赛、杭州市第15届“天堂儿歌”演唱和创作大赛，开展青少年文明礼仪接力棒、清明祭英烈、“童心向党”、向国旗敬礼、“寻访红色足迹，传承红色基因——上城红星少年说”中学生宣讲比赛等青少年德育活动。深化爱国主义教育基地、“第二课堂”活动基地和社区青少年俱乐部建设，新增区级爱国主义教育基地2个。

【群众性精神文明创建】 2021年，上城区健全国家、省、市各级迎检工作指挥体系，完善联合会商机制，落实区领导带队督查、专班定期督查、新闻媒体重点督查、区域和条线自查的“立体式”督查机制，推动文明创建常态化。推进住宅小区、农贸市场、道路交通秩序等文明创建专项治理行动，纾解热点、难点问题。开展文明交通专项行动，动员机关单位、社区、文明单位参与交通路口文明劝导志愿服务，服务时长超过2万小时，通过“美丽浙江”抖音号直播上城区“礼让斑马线”的文明风范。开展“公筷行动”“光瓶行动”“厉行节约”等专项行动，多部门联动加强日常暗访与定时明察，把使用公筷公勺、厉行节约变成市民普遍的生活习惯。开展社区文明劝导专项行动，发动社区居民从清洁居家环境做起，倡导“文明养宠、规范停车、垃圾分类、爱护绿化、爱护公共设施”等文明习惯。推进打造“国内最清洁城市”工作，新创建打造“国内最清洁城市”示范点14个。开展新一轮文明单位培育工作，新认定区级文明单位30家，通过复评的区级文明单位199家。强化过程管理和协调指导，发挥文明单位示范带动作用，引导各级文明单位参与“‘3·5’学雷锋日”“公民爱心日”“我为年夜饭添道菜”等文明实践活动。

【新时代文明实践阵地建设】2021年，上城区推进新时代文明实践阵地建设。制定并试行三级新时代文明实践阵地建设标准，推进新时代文明实践所、新时代文明实践站建设全覆盖，全区建成新时代文明实践所14个、新时代文明实践站195个、新时代文明实践点46个。盘活杭州书房、青少年“第二课堂”、科普教育基地、垃圾分类小站等阵地资源，打造“15分钟新时代文明实践暖心街区”，开展“一条街，一家人”互助共享文明实践活动，推出“一把爱心伞，一个歇脚处，一杯暖心水，一个工具箱，一个募捐箱，一个医疗包”等便民微公益项目。全区有闸弄口、采荷、凯旋、四季青、彭埠、丁兰6个街道及杭州东站枢纽周边120多家商家加入互助共享文明实践行动。开发线上新时代文明实践“云中心”项目，进行应用场景建设，推出文明实践九大功能板块，构建从“身边”到“指尖”的文明实践新生态。完善“邻里E家”等未来社区宣传文化多跨场景应用，通过大数据分析群众需求，使文明实践活动更加贴近基层实际。深化基层宣传文化阵地建设，实现农村文化礼堂建设全覆盖，推进第五批社区文化家园建设，全区建成社区文化家园181家，覆盖率94.8%，其中新建27个，杨柳郡社区文化家园获评市五星级社区文化家园。杨柳郡未来社区邻里文化建设项目获浙江省宣传思想文化工作创新奖。

（王　蕾）

群众文化活动

【文化惠民活动】2021年，上城区面向辖区部分居民及企业、学校、军队、养老院等场所的人群开展文化惠民服务需求调查，收集有效表单1755份，科学制定文化惠民活动方案。全年开展文化巡演、展览讲座、文艺培训等社区级以上文化活动3200多场，惠及群众30万余人次。联合街道、社区、企业开展送福送春联、新春团建、展览展示等“迎新春”文化活动100多场，送出福字春联100多件。以“宋韵”为主线，设计推出“北宫德寿”“南山生辉”等“走读上城”主题线路10条，开展“走读上城”活动20场，惠及人群600多人次。打造“云上城事”文旅云惠民活动，开播“宋人雅生活”“追寻宋代青瓷之美”“琴有独钟到宋朝”“千年繁华话海塘”“皋亭山下，南宋的眼泪”5期线上活动，惠及15万余人次。年内，区文化馆通过举办主题展览、专题讲座、文化艺术培训班、“文化巡演进万家”

等文化惠民活动，活跃群众文化生活，公众参与80多万人次。开设公共文化免费培训52门课程，其中，春季班设线下16门课程，暑期班设线下4门课程、线上8门课程，秋季班设线下17门课程、线上7门课程，近5万人次受益。组织线上线下摄影讲座12场，5000多人次受惠。

【“文化走亲”活动】 2021年，上城区以“线上+线下”形式与各地开展“文化走亲”活动，加强上城区与各地文化交流，促进特色文化资源共享，在文化交流中互相学习、共同进步，共同推进文化事业繁荣发展。其中，线下到东阳市、浦江县、桐乡市、奉化区、上虞区、北仑区、象山县、绍兴市、苍南县、洞头区、滨江区、四川剑阁县、四川广元市利州区等地开展书画、摄影、文艺演出等形式的“文化走亲”活动17场，并接待慈溪市、东阳市、建德市、拱墅区、滨江区、四川雅江县到上城区开展“文化走亲”活动6场；线上举办鄞州区、北仑区摄影类“文化走亲”活动2场。

【上城区直属文艺团队精品团队节目展演】 2021年7月22日，上城区直属文艺团队精品团队节目展演活动在杭州市工人文化宫举行，馆直属文艺团队的近300名群众代表参与演出。活动围绕“品宋韵”“迎亚运”“颂百年”主题，由区文化馆直属文艺团队自发编排精品文艺节目，通过丰富多元的艺术表现形式，凸显群众赞美祖国、讴歌新时代、弘扬社会主义核心价值观的精神风貌，展现上城区群众文化事业的蓬勃景象。展演中，代表节目有排舞《红船向未来》、时装秀《宋韵最杭州》、亚运主题歌曲《亲爱的亚细亚》、表演唱《今天我退休了》等。

2021年8月3日，区文广旅体局开展“北宫德寿”路线“走读上城”活动。图为活动后在杭州市方志馆合影 （区文广旅体局 供稿）

【丝路国家青少年国际摄影大展浙江分赛区颁奖仪式暨获奖作品展】 2021年12月3日，由省文化馆、区文广旅体局（区文物局）主办，区文化馆承办的2020—2021年丝路国家青少年国际摄影大展浙江分赛区颁奖仪式暨获奖作品展览开幕仪式在杭州采荷第三小学教育集团举行。省文化馆、区文广旅体局有关领导，省优秀组织奖单位代表、优秀指导老师代表及各类获奖代表等出席活动。活动自6月征稿启动后，通过“线上+线下”方式征集到摄影、短视频作品6801件（组）。浙江分赛区评选出105件（组）作品参加全国总决赛。最终，获评“丝路大展三十佳”5件（组），有46件（组）作品入展，获奖总数居全国第1位，实现总决赛“四连冠”。获奖作品展持续至2022年1月7日。

【浙江省首届数字绘画展】 2021年11月30日至12月8日，由省美术家协会、省文化馆、区文广旅体局主办，区文化馆承办的浙江省首届数字绘画展在区文化馆惠民路馆展出。绘画展主题为“庆祝中国共产党成立100周年，助力浙江省数字化改革，用数字绘画讴歌时代，以数字化创作礼赞生活”。自8月启动征稿后，收到投稿作品1377件。经专家评选，评出入选作品100件，其中学术提名作品30件。展览获50多家媒体报道，线上流览量10万余次，线下观众1000多人次。

【上城区第20届歌手大赛】2021年5月，由区文广旅体局主办、区文化馆、区音乐家协会承办的“携手庆百年·宋韵醉杭州”上城区第20届歌手大赛暨杭州市第26届“三江”歌手大赛上城区选拔赛举行。有1000多人参加比赛。经过海选、初赛，入围决赛181人。最终，由专家评委评选出中老年组金奖1项、银奖2项、铜奖3项、优秀奖3项，少年组金奖1项、银奖2项、铜奖3项、优秀奖9项，青年民族美声组金奖1项、银奖2项、铜奖3项、优秀奖4项，青年流行组金奖1项、银奖2项、铜奖3项、优秀奖2项。该比赛开拓宣传模式，全程使用闪传、抖音平台同步直播赛事现场情况，获浏览量80万余次。

（王厚琦）

【首届“海塘小筑手”夏令营】2021年7月28日至8月1日，杭州海塘遗址博物馆以“谱写上城新征程，争做海塘小筑手”为主题，举办首届“海塘小筑手”小小讲解员夏令营活动。夏令营期间，15名来自杭州师范大学东城小学的小小讲解员接受语言训练、礼仪训练、知识面拓展训练和讲解考核，同时通过“非遗”手工体验、到中国水利博物馆参观等方式，提升综合能力。

2021年3月29日，“春风浩荡，百年荣光”庆祝中国共产党成立100周年系列群众性文化展演活动暨杭州（江干）第8届皋亭观桃节开幕式举行

（上城城发集团 供稿）

【杭州首届海塘论坛】2021年12月3日，由市园林文物局、区政府主办，区委宣传部、区文广旅体局、市考古研究所、市文物遗产与历史建筑保护中心联合承办的杭州首届海塘论坛暨杭州世界遗产联盟第四次会议在杭州海塘遗址博物馆举行。活动通过线上线下结合的方式开展，邀请北京大学、清华大学、海宁市博物馆、杭州市考古研究所专家参加。论坛发布《钱塘江海塘遗址保护倡议书》，在持续发挥杭州海塘遗址博物馆总平台作用的基础上，加强对钱塘江海塘的保护利用和海塘价值文化的挖掘研究，与同盟单位资源共享、工作共促、成果共推。论坛上，出版发布《遇见海塘》立体书，该书以立体漫画的形式生动呈现与海塘相关的小故事。

（姚　倩）

【皋亭山“百年”系列群众性文化展演】2021年3月29日至7月31日，庆祝中国共产党成立100周年系列群众性文化展演活动暨杭州（江干）第8届皋亭观桃节在皋亭山千桃园举行。开幕式现场，举行“党史‘六进’”“书香换花香”活动仪式。该活动以“春风浩荡，百年荣光”为主题，开展“百年回眸”书法摄影征集、“百年传承”征文、“百年乐章”交响音乐党课、“百年循迹”毅行等系列“百年”活动，吸引3.5万人参加。其中“百年回眸”书法摄影征集和“百年传承”征文在3月20日至6月20日期间征集到书法、绘画、摄影、手工艺品、老物件等作品180多件，在丁兰街道党群服务中心、“智慧丁兰”公众号专题展出；“百年乐章”交响音乐党课于6月29日在西子音乐厅举行，推出诗歌朗诵《红船，从南湖起航》、舞蹈《斗牛小萌娃》、原创情景剧《美好家园》、合唱《没有共产党就没有新中国》等节目；“百年循迹”毅行于4月16日举行，活动以“再走奋斗百年路，启航丁兰新征程”为主题，路线全程8千米，从皋亭山景区文化绿道出发，经过千桃园上盘山骑行道，最后回到皋亭山景区游客服务中心。观桃节活动期间，景区推出以千桃园的自然风光为背景的宋服快闪走秀活动，在非遗直播间展示粘土桃花塑技艺等。

（朱秀元）

文化艺术创作

【《亲爱的亚细亚》入选亚运会全球音乐作品征集“首批十首优秀歌曲”】 2021年3月，上城区原创歌曲《亲爱的亚细亚》入选杭州2022年第19届亚运会全球音乐作品征集“首批十首优秀歌曲”，并参加录制《走近亚运》栏目，向全球宣传推广。2022年第19届亚运会组委会自2020年6月23日启动杭州亚运会音乐作品全球征集活动后，总部赛区、抖音分赛区、网易云音乐分赛区、高校分赛区四大赛区线上线下同步征集，海内外专业音乐人、全国11所专业音乐院校师生、音乐爱好者踊跃参与。截至2021年3月，征集到作品2102件。经过选拔，选出30首优秀音乐作品，并评出“亚运好声音，西子来传韵”杭州亚运会“首批十首优秀歌曲”作品。《亲爱的亚细亚》由区文化馆馆长王厚琦作曲、词作家施翔作词。该歌曲为2022年第19届亚运会精心打造，以深厚的情怀、浓郁的爱意、宏大的视角、奔放的热情、动感十足的曲风，表达和传递亚洲儿女共聚一堂，奋勇争先的时代精神。

【《宋韵醉杭州》原创歌曲专辑发行】 2021年3月，《宋韵醉杭州》原创歌曲专辑出版发行。《宋韵醉杭州》专辑由区委宣传部、区文广旅体局、区文化馆和区音乐家协会出品，浙江文艺音像出版社出版。该专辑收录以上城区非遗、风景、人文等为主题的原创音乐作品13首，展示上城区优秀音乐作品的艺术魅力，增加上城区原创音乐传唱度。收录曲目分别为《风雅颂天城》《宋韵杭曲》《春日行》《河坊街上，琅格琅珰》《河坊月》《西湖印象》《南山路218号》《钱潮恋歌》《上城至尚》《宋韵流芳吴山下》《宋韵小唱》《我和南宋有个约会》《我是药堂一门徒》。

（王厚琦）

宋韵文化传承

【概况】 2021年，上城区围绕文化强区建设，深入实施“宋韵文化传世工程”，挂牌成立宋韵文化研究传承中心。发挥专家智库作用，围绕宋韵文化的内涵、当代价值、转化应用等重点开展专项课题研究，提炼《弘扬宋韵文化要把握价值观》等研究报告10篇，累计完成15.8万字课题成果。聚焦南宋皇城大遗址综合保护工程，以传世精品标准推动德寿宫遗址保护展示工程暨南宋博物院（一期）建设。发挥辖区影视产业集聚优势，推进凤凰山南影视基地建设，聚焦宋代人文风貌、历史典故开展文艺精品创作，电影《济公之降龙降世》全国上映，文旅真人秀节目《还有诗和远方2》“气韵·杭州篇”获好评。坚持政府引导、企业主导，鼓励企业从宋韵文化中汲取营养和灵感，实现创造性转化、创新性发展。毛戈平“气蕴东方”宋韵美妆、万事利·宋庭印象丝巾、特美刻·宋盏、平加扇艺·宋画团扇等“宋潮”IP逐步壮大。加速宋韵文化与文化产业、旅游产业有机融合，推动南宋临安城遗址及官窑遗址入选全国“百年百大考古发现”，开辟“南宋有约”等主题旅游精品线路5条、南宋书房等文化体验点10多处。举办首届宋韵文化节，推出“宋韵最杭州”主题晚会、“宋风物语非遗（文创）大观园”、“宋之韵”主题灯光秀、“遇见南宋”沉浸式街头快闪等活动。联合中央和省、市主流媒体及新媒体平台，推出“宋韵最杭州，活力新上城”“我在上城追宋‘潮’”“杭州宋韵，最是‘上乘’”“2021宋韵文化节”等主题报道637篇，让文化变“无形”为“有感”。

（张玉瑛）

【宋韵文化节】 2021年10月29日至11月10日，“宋韵最杭州”首届宋韵文化节举行。宋韵文化节以清河坊历史街区、钱江新城、湖滨步行街等为主要展示空间，开展全方位、多视觉、多样化的宋韵文化主题活动，活动内容主要包括“7个‘一’、2场会、N个系列活动”，即：一场开幕式主题晚会、一场主题灯光秀、一场悦读节、一场宋画展、一届杭式生活节、一届陆游诗歌节、一场宋韵研究成果发布会，两个研讨会，以及N个系列活动，推出宋代琴棋书画、焚香茶道、篆刻博雅等文化体验。开幕式在钱江新城城市阳台举行。开幕式上，举行宋韵文化研究传承中心揭牌仪式，举办“宋韵最杭州”主题晚会、“宋风物语非遗（文创）大观园”等系列活动。其中，“宋韵最杭州”主题晚会以南宋诗词为贯穿，以宋时三大发明为呈现主体，展示千年宋韵的创造性转化、创新性发展，展现新时代浙江、杭州的发展成就和人民的幸福美好生活。

（李家琴）

2021年10月29日，宋韵文化研究传承中心在宋韵文化节开幕式上揭牌成立（区文广旅体局 供稿）

【《宋风物语》入选2月“浙版好书”榜】 2021年2月26日，省委宣传部发布2月“浙版好书”书单，《宋风物语》入选人文社科类“浙版好书”。《宋风物语》由杭州出版社出版发行，于2020年10月第一次印刷，全书22.7万字。该书以南宋历史文化旅游线为纽带，讲述南宋文化故事，绘制一张经典上城的“文化长卷”。该书以见物、见事、见人的写作手法，围绕“游今话古，循迹千年”“宋韵尤芳，巷陌寻雅”“格物致知，大器精诚”“雅俗交会，南宋遗珍”“克己复礼，书香满堂”“宫苑探秘，宋风归来”6个篇章，介绍德寿宫等6条南宋旅游线，讲述更为细致、更为贴合日常生活的南宋故事与印记，体现上城区域内自然人文景点荟萃造就的“天人一色”、市民生活的“俗”与文人墨客的“雅”会聚形成的“雅俗共赏”、商贩的复古气息和商业的现代气质相结合的“古今融合”三大历史文化特点。

【“2021宋韵杭式生活节”雅集活动】 2021年5月19日，“2021宋韵杭式生活节”雅集活动在杭州孔庙开幕。活动由市委宣传部、市文化广电旅游局、市园林文物局、区政府主办，市文化和旅游推广中心、杭州图书馆、杭州市文化馆、杭州艺术学校、杭州市文物遗产与历史建筑保护中心、区文广旅体局、都市快报社、清波街道承办。活动设置“以画遣兴”“簪花留春”“品茶论道”“飨宴之礼”等十大板块，集结宋韵生活美学精粹，打造出宋风美学展示、杭式雅生活体验、宋文化元素解码、宋韵文化研究和爱好者交流、文化旅游消费新场景等多维空间，使市民、游客在活动中可观赏、可体验、可消费。活动持续至5月21日。

【2021清河坊遇裳·花朝节】 2021年3月26—28日，2021清河坊遇裳·花朝节在清河坊举行。活动由区融媒体中心、清波街道主办，推出“花朝节古风集市”“花神选举”“歌舞表演”“花神诗词朗诵”“国风歌曲欣赏”等板块，使游客在感受传统民族服饰之美的同时，了解中国历史传统文化。活动设置古风集市，销售展出各类古风手作小饰品、国风头饰、配饰、汉服、古风小道具、古风小玩偶，还原中国古代文人市集的高雅氛围。活动现场，年轻男女身着汉服，按传统节俗行献香、献花、献爵等礼仪，面向花朵吟诵歌颂百花的诗词，为春天祈福，再现古老的花朝祈福仪式。活动还通过直播方式在网络上推出相关短视频，推动国风文化的发掘与传承。

【2021杭州国际工艺周】 2021年5月28日至6月1日，由区委、区政府，市文化创意产业发展中心主办的“当宋韵遇见波西米亚”2021杭州国际工艺周在杭州创意设计中心举行，有10多个国家、3000多件作品参展。工艺周首次聚焦陶瓷和玻璃两种主题材料，以打造沉浸式美术陈列、体验式空间等方式，让展览空间变成一座限时开启的玻璃与陶瓷艺术馆。活动现场设置“宋韵文化”展区，展示南宋官窑瓷器，与中国匠人大学合作打造一个集品茶、闻香、赏物于一体，可以参与体验、互动的宋韵空间。同日，苏州奥瑞琪商务咨询有限公司与杭州文化会展有限公司战略合作签约、“中国匠人大学传美驿站”与杭州创意设计中心签约，项目落地上城，为推动杭州建设“国际文化创意中心”进程助力。

【2021悦读宋韵节】 2021年10月30日，2021悦读宋韵节在浙江图书馆启动。启动仪式现场，“宋版传续，文脉郁衍”宋刻本展揭幕，全国首张“宋韵书单”发布。“宋韵书单”包括《宋朝简史》《两宋王朝史》《东京梦华录》《南宋皇城记忆》等15本宋韵专著。该书单由读者线上投票，经资深宋史研究学者审定，最终形成。启动仪式后，北京大学博雅讲席教授、人文社会科学研究院院长邓小南通过视频，以“转型时代：宋代政治文化面面观”为主题进行“宋学大讲堂”第一讲的讲座。讲座从“演进”的角度观察两宋，从政治和文化方面分析该段中国历史上重要的转型时代。10月30日至11月1日，“宋版传续，文脉郁衍宋刻本展”在浙江图书馆举行，展区展出自浙江图书馆与国家图书馆、上海图书馆、南京图书馆及私人藏书家联合推出的20册宋刻本。悦读宋韵节期间，上城区开展以“宋韵流传，书香上城”为主题的系列讲座10场，并于11月9日在湖滨步行街举办首场阅读沙龙活动“宋韵咏流传”，将宋韵文化的传播与传承送进基层。（张玉瑛）

【河坊街开街20周年主题活动暨宋韵文化项目发布会】 2021年10月17日，杭州河坊街开街20周年主题活动暨宋韵文化项目发布会在清河坊历史街区举行。活动通过街区商户、游客、专家学者、周边市民等亲历者的视角展现清河坊历史街区20年的发展历程与共同富裕建设成果。活动现场发布清河坊历史街区宋韵文化传承展示五大工程，即宋韵研学游工程、宋韵文创汇工程、宋韵微展厅工程、宋韵文艺精品工程及宋韵品牌传播工程。通过挖掘区域历史文化资源，整合人文景观和文旅体验展示空间，联动相关文化企业和研究机构，多角度、多业态、多渠道向游客讲述千年文化，品味百味宋韵。发布会现场推出“宋韵”系列文创盲盒和“宋韵@亚运”系列纪念品；启动“千百乡村传统匠人孵化基地”项目，鼓励更多工艺大师带动匠人提升发扬浙江乡村传统技艺。

（方　汇　潘煜戈　张玉瑛）

文化设施建设

【概况】2021年，上城区注重辖区文化设施建设，推动已有文化设施品质提升。区文化馆在第五次全国文化馆评估定级中被评为国家一级文化馆。区文化馆惠民路馆改造提升全面完成，并对外开放。区图书馆通过全省第一批“满意图书馆”认定。杭州海塘遗址博物馆获评浙江省科普教育基地等荣誉。推进杭州书房建设，满足读者需求，“最天使”文创书城、南宋书房等9家书房通过评选，挂牌成为杭州书房。

【上城区新增杭州书房9家】2021年，上城区推进杭州书房建设，全年建成开放杭州书房9家，增加文化设施面积8400平方米。新增的9家杭州书房分别为“植书+”职工书屋、尚蓝书房、最天使文创书城、南宋书房、彭博书房、钱运阅读汇馆、花园书房、钱唐农园书房、先锋书吧，分别位于湖滨街道仁和路2-12号、紫阳街道秋涛路205号、紫阳街道中山南路77号、清波街道中山中路6号、彭埠街道普德路131号、四季青街道越秀维多利商务中心B座、笕桥街道明月桥路379号、彭埠街道艮山东路与五号港路交叉口、九堡街道杭乔路211号。至年末，全区建成杭州书房17家。全年在杭州书房开展展览讲座、亲子课堂、文艺培训、非遗体验等文化活动200多场，逐步满足市民群众、少年儿童日益精品化、差异化的阅读需求。

【区图书馆流通业务提升】2021年，区图书馆采编、入藏业务流程进一步规范，成立采编和验收小组，改进馆藏质量。全年新增图书8600多种、2.6万册，馆藏增至19.58万种、55.79万册。年内，征订2022年报纸100多种、杂志390多种。编辑完成新书推荐4期，推送各类当季新书40多种。推出主题推荐、新书推荐10期。全年区图书馆总流通人次134.1万人次，图书借还人次8.71万人次，图书借还册次119.63万册次。

【图书借阅服务提升】2021年，区图书馆提升图书借阅服务，丰富读者借阅体验。打破馆际边际，以“悦读”服务进社区和线上“一键借阅”模式，提升线上借阅资源扩容功能，使图书服务触手可及。9月23日免邮日当天，“一键借阅”首页主推上城区图书馆宋韵图书30种、130多册，后台备选准备300多册，当天点单350册。自8月“一键借阅”开通后至年末，区图书馆借出图书2000多册。“悦读”服务进社区活动推出新书现场借阅服务，全年开展该活动7场，750人参与，借出图书5000多册次。开展“书香迎新，阅暖上城”主题活动，先后开展借阅服务6场，累计借阅超过1万册次。6月，区图书馆率先完成长三角地区社保卡借阅服务一卡通服务项目，持卡人可凭电子社保卡完成开卡及免押金借阅图书，在支付宝、微信、各大银行手机银行App选择“电子社保卡”服务，点击生成二维码即可在馆内自助借还书机上完成借阅。图书借阅智慧化服务方式消除地域、时间限制，受到市民读者认可和欢迎。

资料

免邮日：由杭州图书馆推出，每月23日为免邮日。免邮日当天，“一键借阅”首页各城区图书馆轮流推荐书籍。

【全民阅读推广品质提升】2021年，上城区围绕“宋韵书香”“书香砥砺悦初心，百年奋进正当时”两大主题，将倡导全民阅读和展现南宋风貌进行有机结合。推出“图书馆奇妙夜”“图书馆文化雅集”“漂流书架”等线下活动，以及“文海拾贝”“荐书赠书”等线上活动，营造浓厚的全民阅读氛围，引领阅读新风尚，全年开展活动400多场。结合节气文化推出袁明华、陈磊、王海明等知名作家沙龙及非遗体验、图书馆雅集活动；结合宋韵文化，组织“宋韵流传，书香上城”系列活动，制作名家讲座、研学走读、主题阅读分享、生活美学体验4个类别活动菜单供各街道点单，输送陈华胜、姜青青等知名宋史研究学者进基层开展宋韵阅读活动14场，服务读者1000多人次。10月，组织长三角阅读马拉松挑战赛（上城赛区），区图书馆获赛事优秀组织奖。选送作品《家乡的红色足迹》《我最爱的颜色》分别获“童心向党·2021魅力声音寻找家乡的红色印记”浙江省少年儿童音频征集活动学龄前组铜星奖和小学组铜星奖。“宋韵流传，书香上城”系列活动受到业界关注，被纳入浙江省首届悦读宋韵节主活动板块，获天目新闻、《都市快报》等媒体报道。

（蒋　颖）

2021年10月22日，区图书馆送新书借阅进社区活动在十五奎巷社区举行

（区文广旅体局 供稿）

【流动博物馆进校园活动】2021年4—11月，上城区2021年“学习夏衍精神，争做钱塘好少年，庆祝建党百年”青少年“第二课堂”系列活动开幕。活动设有“夏衍杯童心向党·礼赞百年”书画大赛、图片展及快乐竞赛活动。图片巡展结合快乐竞赛活动举行，包含夏衍文化、文物保护、党史学习教育等板块，以流动博物馆形式进入杭州市天杭实验学校、杭州市夏衍小学、杭州市景华小学等学校，向学生进行全面的党史和文博知识普及。其间，流动博物馆进校园活动开展20场，受益学生约6万人。

（姚　倩）

文化市场管理

【概况】2021年，区文广旅体局围绕“打造宋韵文化新高地”目标，以实现服务群众为主体，按照“繁荣发展市场，规范管理市场，热情服务市场”的工作思路，培育文体产业，规范市场秩序，促进文体市场的健康发展。

持续推进“最多跑一次”改革，全面优化政务服务，全年接待来人来电1.61万人次，办理群众事项1040件，实现办结率、回访率、满意率“三率”保持领先。“跑零次”事项占100%，受到群众称赞，获评“金牌窗口”“服务之星”各2次，收到群众赠送锦旗5面、表扬信10多封。全年无行政复议和行政诉讼案件。年内，区文广旅体局管辖企业893家。其中，互联网上网服务营业场所96个，娱乐场所77个，广播电视节目制作经营单位209家，艺术品经营单位82家，文艺表演团体22个，演出经纪机构42家，演出场所8个，网络文化经营单位66家，地面卫星接收设施经营单位3家，互联网视听节目经营单位2家，高危险性体育项目（游泳、攀岩）经营单位89家，旅行社196家，旅行社分社1家。

【文化经营单位网上登记统计申报】 2021年1—3月，区文广旅体局对全区所辖文艺表演团体、演出场所、演出经纪机构、娱乐场所（歌舞、游艺）、经营性互联网文化经营单位、互联网上网服务营业场所、艺术品经营机构、广播电视节目制作经营单位8类文化经营单位开展2021年度登记统计、网上申报工作。发放、收集年度报表403份，完成网上申报403家。经统计，全区文化从业人员5253人，文化经营面积9.58万平方米，文化资产总额10.03亿元，营业收入27.82亿元、利润6.67亿元。

【行业主管企业普法培训】
2021年，区文广旅体局根据区依法治区普法教育工作要求，对全区所辖演出场所、演出经纪机构、娱乐场所、经营性互联网文化经营单位、互联网上网服务营业场所、艺术品经营机构、广播电视节目制作经营单位、高危险性体育经营项目（游泳、攀岩）8类文化经营单位开展普法培训。培训内容主要涉及法律法规学习、安全生产管理、网络监管、禁毒、新冠肺炎疫情防控等方面，培训邀请区治安、禁毒、网警、消防、交警、卫健等部门，以及浙江省轻工业品质量检验研究院等机构相关工作人员进行授课。全年完成普法宣教8期，参会320人，发放普法资料320份，上报普法总结8份。完成320份经营单位资料的收集、整理、审核工作。年内，区文广旅体局主管的企业未进入杭州市严重失信名单。

【游艺经营场所电子标识专项整治】 2021年3月11日，区文广旅体局根据《文化和旅游部办公厅关于启用游戏游艺设备内容审核系统做好游戏游艺设备电子标识管理工作的通知》及省市相关文件精神，在全区范围内开展游戏游艺电子标识专项整治工作。对正常开展经营活动的5个游艺娱乐场所、392台游戏游艺设备的电子标识进行审核、技术识别、张贴等工作。通过整治，游戏游艺设备管理工作水平进一步提高，游艺娱乐场所经营秩序更规范。

（朱　仕）

【艺术品市场专项整治行动】
2021年10月10—20日，区文化市场行政执法大队开展艺术品市场专项整治行动，进一步加强对艺术品经营活动的管理，规范经营行为。执法人员对全区正常经营的50多个艺术品经营场所逐一进行检查，重点对场所是否按规定进行备案，艺术品进货渠道是否正规合法、售卖是否明码标价、是否含有禁止性内容等进行检查。通过检查，各场所均已备案，未发现艺术品存在违规情况，检查结果良好。

【游泳场所专项检查】 2021年7—8月，区文化市场行政执法大队在前期召开游泳场所管理专题工作会议的基础上，对辖区所有游泳场所进行专项检查，确保各场所安全，合法合规经营。执法队员分成4个小组，检查游泳场所60多个，发现未按规定配备救生员的3个，未按规定落实《体育场所开放条件与技术要求》安全制度的3个（未按规定悬挂各类指示牌1个，未按规定公示证照1个，未按规定统一着装1个）。检查中对违规行为现场开具责令改正通知书，对其他不合规行为进行现场指导和纠正。

2021年9—10月，上城区开展"护苗·开学季""扫黄打非"进校园巡展活动。图为9月23日，学生在"护苗·绿书签"倡议板上签字

（区委宣传部 供稿）

【暑期文化市场专项整治】2021年8月19—21日，区文化市场行政执法大队对辖区内的文化市场开展暑期专项整治。整治主要以网吧、歌舞娱乐场所、出版物市场为主，重点检查网吧、娱乐场所是否有接纳未成年人和超时经营行为；检查各场所的安全措施是否到位、消防设施是否完善、安全通道是否畅通、安全台账是否及时登记；检查各场所是否落实"健康码+测温"进场管理制度及其他相关防控制度。与区新闻出版局联合对出版物市场、图书展销会开展监管，严厉查处宣扬淫秽色情、凶杀暴力、低俗封建等危害未成年人身心健康的有害出版物。经过整治行动，发现大部分场所都能遵守相关规定，小部分场所新冠肺炎疫情防控措施、营业日志登记制度未落实完善，个别娱乐场所的消防通道有杂物堆积，个别网吧存在吸烟现象，执法人员当场要求场所负责人对问题进行整改。

（陶党其）

【新闻出版和电影管理】2021年，上城区实现新闻出版和电影管理32个事项全程网办"最多跑零次"。使用政务2.0系统办理收件，全年受理行政审批、备案事项200件，印刷管理平台审核印刷委托500多件。聘请法律顾问，提高区新闻出版局依法行政和依法管理水平。结合新冠肺炎疫情防控落实影院及出版物市场大排查，全年开展集中检查4次。开展2021年扫黄打非"护苗""净网""固边""清源""秋风"等专项整治行动，完善长效管理机制，没收非法出版物365件。上城区"扫黄打非"工作领导小组办公室被评为市成绩突出集体，两个"扫黄打非"基层点分别获评省级进基层示范标兵和市级先进基层点。高质量完成版本资源征集和版权登记，完成上级下达的中华版本征集指标任务，全年移交办理各类版本1.77万件，数量居杭州各区县（市）前列。落实版权登记的宣传引导工作，全年区内企业、个人在国家版权局、省版权局登记6000多件。制定《2021年上城区推进使用正版软件工作计划》《上城区正版软件工作管理办法》，推进软件正版化工作规范化、标准化。

（杨 帆）

文物与历史建筑保护

【概况】2021年末，上城区有各级文物保护单位（点）102家/处（区管54家/处、景区管理48家/处），其中区管文物保护单位（点）中，有全国重点文物保护单位9家、省级文物保护单位10家、市级文物保护单位（点）35家/处。全区有市政府公布的历史建筑8批、182处（不含景区管理）。

（孟　蕾　潘海燕）

【“朱智故居（中国社区建设展示中心）保护利用”获评市级案例】 2021年3月，在2020年杭州市“十佳文物保护利用案例”征集评选活动中，上城区推荐的“朱智故居（中国社区建设展示中心）保护利用”获杭州市“最佳文物建筑保护利用案例”。朱智故居是杭州保存较为完好的晚清至民国时期规模较大的建筑群。为弥补中国城市居民委员会和社区建设无专门展示场馆的空白，2008年11月，上城区启动朱智故居修复工程，市区两级政府耗资1.3亿元建成中国社区建设展示中心。2015年，租下原被一家土特产公司使用的朱智故居的中轴线部分，并对其进行加固、修复，作为“新中国第一居委会”——上羊市街社区的办公和居民活动用房。2019年，中国社区建设展示中心对展馆进行全方位升级改造，并于“新中国第一居委会”成立70周年之际——2019年10月23日，以全新面貌对外开放，集中展示中国基层民主和社区治理的成果，以及社区建设的发展史和“新中国第一个居委会”——上羊市街居民委员会建立的历程。

【思澄堂修缮竣工】 2021年10月，市级文物保护单位思澄堂修缮竣工。该建筑始建于1924年，是典型的中国式建筑。修缮前，思澄堂屋面多处漏水；挑檐檩条多处腐朽、霉变，铁件锈蚀严重，局部檐口挡条变形明显；外墙砖多处风化；部分墙体出现开裂和渗水；部分承重木梁内部遭虫蛀；电线电缆存在老化等安全隐患。2020年9月，上城区获市园林文物局行政许可决定书。2021年3月，上城区按照“不改变文物原状”和最少干预的原则，组织施工单位进场开工修缮。修缮主要对建筑整体进行加固，摘掉“部分C级”危楼的“帽子”、解决老旧屋面渗水问题、修复外立面墙砖风化破损渗水问题，更换安全隐患木梁、更新老化线路、增设消防系统、升级排水系统、改善整体环境，融入更多历史元素。同时，在解放路沿线的围墙石柱、辅楼立面，增加思澄堂历史文化砖雕，提升文物形象。

（孟　蕾）

【南宋临安城遗址及官窑遗址入选“百年百大考古发现”】 2021年10月18日，第3届中国考古学大会公布“百年百大考古发现”，杭州南宋临安城遗址及官窑遗址入选“百年百大考古发现”。南宋临安城是南宋政治、经济和文化中心。2001年，经批准公布为第五批全国重点文物保护单位。南宋临安城包括宫城和外城，形成独具特色的南宫北城的城市布局。自20世纪50年代后，经过几代考古工作者的努力，发现包括皇城、德寿宫、太庙、中央官署、御街、皇后宅第、地方官署、官窑、寺庙等在内的大量与南宋临安城有关的重要遗址，使临安城遗址轮廓逐渐清晰，同时深入研究出土文物，取得丰硕成果。其中，太庙（1995年）、临安府治（2000年）、老虎洞南宋官窑址（2001年）、恭圣仁烈皇后宅（2001年）、御街（2004年）5项考古发现先后入选“全国十大考古新发现”，紫城巷南宋临安城供水系统遗存于2015年被发现；南宋临安城遗址入选“2015年度浙江重要考古发现”。杭州南宋官窑遗址是南宋时期专门烧造御用之瓷的官方窑场，有两处遗址发现——郊坛下遗址和老虎洞遗址。郊坛下遗址于1956年由省文物管理委员会进行首次局部发掘，在窑址南部清理出龙窑1座，出土瓷片若干。1985年10月至1986年1月，南宋临安城考古队对遗址正式发掘，发现窑炉1座、作坊遗址1处，出土瓷片和窑具3万余件。作坊遗址中包括房基3座、练泥池1个、辘轳坑2个、釉料缸2个、堆积1座，以及素烧坯堆、排水沟、道路等遗迹。老虎洞遗址于1996年意外被发现，位于杭州城南凤凰山与九华山之间的山岙中。1998年5—12月，市文物考古所对窑址北区进行首次大规模考古发掘，发现元、南宋、北宋3个时期的地层叠压关系，清理龙窑1座、小型素烧炉3座及作坊遗址1处，并出土大量瓷片。1999年10月至2001年3月，市文物考古所对窑址南区进行第二次大规模考古发掘，全面考察研究老虎洞窑址。南宋层发现采矿坑、澄泥池、房基、道路等遗迹，并清理瓷片堆积坑20多处，出土大量南宋瓷片及窑具；元代层发现房基、素烧炉等遗迹，出土大量元代瓷片及窑具。

（许红霞）

【德寿宫遗址保护展示工程暨南宋博物院(一期)项目推进】德寿宫遗址保护展示工程暨南宋博物院（一期）项目是上城区打造宋韵文化传承展示中心的核心工程之一，系杭州首个规模性展示南宋历史文化的重要载体，将成为新时代宋韵IP的标识性建筑地标。2021年，该项目的中西区项目施工推进，建设内容以遗址综合保护及展示为主，用地面积2.14万平方米，总建筑面积1.23万平方米，建筑高度18.6米。该项目总体建筑布局以综合文献和考古推测的德寿宫原有格局为依据，延续德寿宫“南宫北苑”的格局，主要通过中区保护厅棚、西区保护厅棚两组主要建筑来标识展示德寿宫两宫并列的特征。12月28日，德寿宫遗址保护展示工程暨南宋博物院（一期）主大殿（中区）上梁，钢结构保护棚全面结顶。

【历史建筑“智慧消防”建设】2021年，上城区保障全区历史建筑消防安全，注重长效管理，推进历史建筑“智慧消防”建设三年计划，实施历史建筑消防管理智慧化，增强历史建筑自我管理能力。区住建局与辖区历史建筑保护责任人、产权人沟通，宣传消防管理智慧化建设的目的和意义，鼓励有条件的单位开展“智慧消防”建设。至年末，有14家历史建筑保护单位完成“智慧消防”建设，为计划任务数的77.8%；剩余4家预计2022年完成。

【历史建筑测绘建档】2021年末，上城区有历史建筑8批、182处（不含景区管理）。6月，上城区启动历史建筑测绘建档工作，通过公开招投标，确定测绘单位为杭州市勘测设计研究院有限公司。11月，全面完成测绘建档工作。该项工作以《历史建筑档案建设规范》（T/ZS 0108—2020）和《历史建筑测绘质量成果规范》（T/ZS 0109—2020）为测绘建档标准，按照“一处一标志”“一幢一册”和“一处一档”要求进行现场测绘，将测绘成果提交审核，审核后对照反馈意见进行修改，修改完成后进行整理建档。针对上城

2021年12月28日，德寿宫遗址保护展示工程暨南宋博物院（一期）主大殿（中区）上梁，钢结构保护棚全面结顶

（上城城投集团 供稿）

区历史建筑产权情况复杂的实际情况，区住建局专门成立测绘协调小组，由各单位、指挥部及属地街道、社区共同参与，逐个沟通、多次上门，做好业主工作，力争完成每处历史建筑的测绘建档工作。通过现场测绘、拍照、系统整理，形成测绘图纸、图像信息、档案表、点云数据等资料。

（潘海燕）

非物质文化遗产保护和利用

【概况】 2021年末，上城有各级非遗代表性项目186项。其中：人类非物质文化遗产代表作名录1项；国家级非物质文化遗产5项、省级非物质文化遗产23项。全区非遗代表性传承人109人。有各类非遗生产性保护基地、研究基地、宣传展示基地等36个。其中，国家级非物质文化遗产保护研究基地1个、国家级非物质文化遗产生产性保护示范基地1个、非遗特色学校6所、教学传承基地3个。在2021年度浙江省非物质文化遗产保护发展指数评估中，上城区在全省各县（市、区）排名第九。组织开展第一批上城区非物质文化遗产代表性项目申报和评审工作、启动第七批杭州市非物质文化遗产代表性项目推荐申报工作；制定民生类政策《加强非物质文化遗产保护扶持的实施意见》。上城区推荐申报的朱军岷、王君琴、程晓冬、王萍4名传承人被浙江省文化和旅游厅确定为第六批浙江省非物质文化遗产代表性传承人，数量居全市第一。鼓励辖区非物质文化遗产企业开发非遗衍生品；4家企业产品入选第三批浙江省优秀非遗旅游商品100强名单，数量列全省各区县第一。4家企业产品分别是中国篆刻技艺的“书怀”便携印章、中国传统蚕桑丝织技艺的丝织提花+双面异色定位印花围巾（越影）、振兴祥中式服装制作技艺的真丝手绣旗袍系列、杭州知味观传统点心制作技艺的知味小笼。在“韵味杭州·游礼相伴”2021杭州市伴手礼创意设计大赛中，上城区3件作品获综合类奖项，8件作品入选宋韵文化伴手礼和特色红色文化伴手礼。深化非遗体验与传承、促进文旅融合，推出非遗主题旅游线路3条，4家单位入选第二批杭州市非遗体验点培育名单，2家饭（酒）店列入杭州市非遗特色酒店培育名单。探索非遗研学游、体验游，举办“非遗六进”等活动300多场次，36个非遗代表性项目的代表性传承人进入学校授课。推出宋韵非遗IP，举办“宋风物语非遗（文创）大观园”活动。科学评估非物质文化遗产保护和传承状况，利用数字多媒体等现代化技术手段，记录代表性传承人掌握的非遗知识和技艺。深化非物质文化传播效果，上城非遗项目登上中国国际电视台《这里是中国》、浙江卫视《美好的星城》、央视财经频道《一锤定音》《向往的国潮》等节目；8个非遗代表性项目被北京少儿杂志《故事漫画家》约稿。特色非遗项目矩阵成为上城文化的重要展示窗口。

【区非物质文化遗产馆建设】 2021年9月，区非物质文化遗产馆经过调整，重新亮相。该馆坐落于打铜巷27~29号，占地面积约1000平方米，分为上下两层，是一个集非遗宣传、展示、体验及产业引导、产品研发和利用、线上展销于一体的场馆。调整后的区非物质文化遗产馆承载7个主题的展览空间，即以各级非遗代表性传承人的活态展示展演为主的非遗巷子，以及亚运主题区、宋韵美学生活区、古琴艺术互动体验区3个周期性主题展示空间和中医药艾灸理疗场馆、紫阳书院惠民培训场馆、手工艺场馆3个体验培训场馆，结合数字化媒体播放，着重突出展览、培训、互动，以实物、图文、视频等方式全方位展示上城区非遗资源和非遗保护成果。该馆致力于推动非物质文化遗产创造性转化，通过纵向深化文化体验，横向拓展旅游业态，以“特色非遗+旅游”为载体，讲好上城故事。全年举办各类非遗体验活动100多场次。年内，该馆入选第二批杭州市非物质文化遗产体验点培育名单，其“非遗保护巾帼队”被授予上城区“巾帼文明岗”称号。全年该馆接待观展人数近3万人次。

【上城区参展“百年百艺·薪火相传”中国传统工艺邀请展】 2021年6月12日至7月11日，由文化和旅游部、上海市政府主办的“百年百艺·薪火相传”中国传统工艺邀请展在上海宝山国际民间艺术博览馆举行。人类非物质文化遗产代表作名录、国家级非物质文化遗产蚕丝织造（杭罗织造技艺）国家级非物质文化遗产代表性项目代表性传承人邵官兴的“杭罗中式服装”“杭罗衬衫”“杭罗旗袍”“三潭印月丝巾”，国家级非物质文化遗产铜雕技艺国家级非物质文化遗产代表性传承人朱炳仁的《千浪卷雪》铜雕摆件，省级非物质文化遗产代表性传承人朱军岷的“木幻生金系列”，省级非物质文化遗产杭州刺绣省级非物质文化遗产代表性传承人陈水琴的《白灵献瑞台屏》、省级非物质文化遗产代表性传承人金家虹的《丝路锦绣》等作品入选并代表浙江省参展。

【“宋风物语非遗（文创）大观园”活动】 2021年10月29日至11月1日，宋韵文化节之“宋风物语非遗（文创）大观园”活动在钱江新城举行。活动由省委宣传部，杭州市委、市政府，绍兴市委、市政府主办，上城区委、区政府，市委宣传部，市文化广电旅游局，市园文局，西湖西溪管委会，绍兴市委宣传部，绍兴市文广旅体局承办。活动坚持“政府主导、社会参与、全域开展、群众受惠”的办节理念，邀请杭州、绍兴两地的非遗传承人和区部分文创企业代表参加，将手作体验与舞台展演融为一体。活动设有六大区域80个展位。其中：一区设有区非遗手作展位6个，二区设有区非遗代表性项目展位42个，三区设置为百姓非遗大舞台，四区设有上城、绍兴展位18个，五区设有极具宋韵特色的国家、省、市级非遗特殊展位6个，六区设有上城区文化创意展位8个。活动吸引2万余人参观，线上线下营业额突破200万元。

【非遗项目、传承人记录与评估】 2021年，上城区科学评估非物质文化遗产保护和传承状况，利用数字多媒体等现代化技术手段，全面、真实、系统地记录代表性传承人掌握的非物质文化遗产知识和技艺，为后人传承、研究、宣传、利用非物质文化遗产留下资料。年内，完成省级非遗代表性项目潘永泰棉花弹制技艺拍摄记录工作，并启动省级非物质文化遗产代

2021年10月29日至11月1日，宋韵文化节之“宋风物语非遗（文创）大观园”活动在钱江新城举行。图为10月29日的“小热昏”表演现场

（区委宣传部 供稿）

表性项目代表性传承人唐军杭州金银饰艺拍摄记录工程。开展杭罗织造技艺“3+N”保护行动，科学评估保护单位履职情况，完成杭罗织造技艺国家级代表性传承人邵官兴（于9月26日在杭州因病逝世，享年67岁）抢救性记录拍摄工作。开展省级及以上代表性项目和代表性传承人评估工作，省非遗保护中心调研组详细记录项目变迁、存续、传承、传播等情况，了解上城区对各级非遗项目保护和发展的相关政策及举措。经评估，吴山庙会、皋亭山传说、钱塘江传说均合格。梳理现有钱塘江传说故事，配合省非遗保护中心做好钱塘江传说视频摄制资料收集工作。配合市非遗保护中心开展传统体育类非遗项目调研，完成辖区内体育类项目的资料征集工作。挖掘辖区有保护价值的非遗线索，开展非遗普查记录工作。

【非遗体验与传承】 2021年，上城区加强非遗体验与传承，促进文化旅游融合。区非遗中心与浙江省中旅集团公司、春之声旅行社等联合推出“寻城记”和“南宋十二时辰”研学，通过“重返千年临安”、品非遗风雅南宋事，在区非遗展示馆开展体验非遗活动。推出“寻迹宋韵、遇见非遗”南宋有约传承之旅、“沧海桑田一日游”、“皋亭文化之旅”3条非遗主题旅游线路，其中“寻迹宋韵、遇见非遗”南宋有约传承之旅纳入首批杭州非遗主题旅游线路。深化非遗体验点培育，创建首批市级非遗体验点4个，为杭州胡庆余堂中药博物馆、浙江朱炳仁铜雕艺术博物馆、吴越人家·一新坊、杭州海塘遗址博物馆非遗体验厅；区非物质文化遗产展示中心、南宋修内司官窑烧制技艺体验中心、会安阁、上城区传统戏服制作技艺体验中心入选第二批杭州市非物质文化遗产体验点培育名单；暄和·仁和饭店、暄和·吴山居列入首批杭州市非遗特色酒店培育名单。利用“文化和自然遗产日”等节假日，探索研学游、体验游、休闲游、民俗游、购物游、展会游等新方式，全年开展300多场次非遗体验活动。年内，由区委组织部指导，区文广旅体局主办、区非遗中心承办的小区开放日——“传承进社区·非遗零距离”活动覆盖全区14个街道。区36个非遗代表性项目代表性传承人到浙江科技学院、杭州市饮马井巷小学、杭州市美术职业学校、杭州市胜利小学等学校普及非遗知识。

【非遗传播】 2021年，上城区利用现代媒介，深化非遗传播效果。由中国国际电视台策划、区非遗中心全程参与的上城非遗纪录片《铜雕技艺》《杭州刺绣》《杭州剪纸》于12月29日登上中国国际电视台西班牙语频道《这里是中国》和《纪录片》节目。上城区国家级非遗项目方回春堂传统膏方制作技艺、市级非遗项目传统戏服制作技艺在浙江卫视综艺节目《美好的星城》中亮相，以研学形式带领观众了解该非遗项目。国家级非遗项目铜雕技艺登上全国首档非遗真人秀微综艺节目《向往的国潮》，该节目开创性地将非物质文化遗产和国潮、趣味综艺相结合。1月20日，方回春堂传统膏方制作技艺在中央电视台《新闻直播间》栏目以《浙江杭州·师傅正在澳洲，16味料药食同源》为题播出。2月11日，朱炳仁携作品《飞天神牛金福》《五牛积福》参加中央电视台春节特别节目《一年又一年》；次日，大型铜五牛首次登上中央电视台春晚舞台。4月26日，朱炳仁雕塑《春风化雨》在中央广播电视总台揭幕。4月27日，朱炳仁巨幅熔铜彩色壁画《万泉归海》《清香自远》亮相博鳌亚洲论坛，并被该论坛永久收藏，陈列在中心大堂。6月14日，中央电视台综合频道特别节目《端午至味》采访杭罗织造技艺传承人并播出；10月31日，朱炳仁重庆铜屋在中央电视台《第一时间》栏目亮相；11月播出的中央电视台财经频道《一槌定音》栏目中，省级非遗代表性项目南宋官窑烧制技艺代表性传承人金益荣受邀到现场，从技艺角度讲述南宋官窑的由来和釉色特点。11月30日，中央电视台纪录频道播出纪录片《世界遗产漫步》，杭州平加扇艺亮相《漫步世外桃源——杭州篇》。

（许柳雅）

档案工作

【概况】 2021年，区档案馆贯彻落实习近平总书记对档案工作的重要指示精神，聚焦档案“四好两服务”，围绕红色档案资源服务庆祝中国共产党成立100周年和党史学习教育，制定档案事业发展“十四五”规划实施意见，贯彻实施新修订《中华人民共和国档案法》，统筹落实行政区划调整档案管理的处置、档案馆新馆建设、基层档案调研和新冠肺炎疫情防控等相关工作。加强档案人才队伍建设，提升业务能力素质，区档案馆青年干部温从凌代表上城区参加全市党办系统档案业务能力提升比学赶超活动，上城区获冠军。全年区档案馆接待群众利用档案4866人次。其中，窗口查档现场服务3106人次，在浙江档案服务网服务群众1758人次、提供信函查档服务2次。接收原江干区政府办公室、原上城区政协办公室、原上城区妇联等24家单位的文书、照片等实体档案2.04万卷、6.23万件，数字档案1009GB。完成脱贫攻坚和新冠肺炎疫情防控两类专题档案的收集和数字化整理，整理完成文书档案7146件、照片档案779张。

资料

“四好两服务”：把蕴含党的初心使命的红色档案保管好、利用好，把新时代党领导人民推进实现中华民族伟大复兴的奋斗历史记录好、留存好，更好地服务党和国家工作大局、服务人民群众。

【行政区划调整档案管理和处置】 2021年6月，上城区推进行政区划调整档案管理和处置工作，确保档案不散、管理不乱、服务不断、工作不停。区档案局制定《关于行政区划优化调整中加强档案管理规范档案处置的实施意见》，明确各立档单位档案的归属和流向。6月，组织全区各立档单位领导和档案员开展行政区划调整档案工作培训，熟悉工作任务和手续流程。7月，组织骨干审核各立档单位档案管理和处置具体工作方案，规范两区融合后的档案接收流程和进馆标准，做好档案进馆接收工作。9—10月，区档案馆集中45天时间，对全区75家立档单位档案处置工作落实情况进行走访调研，摸清底数，厘清思路，明晰下阶段档案工作的方向。9月，调研论文《上城区档案工作在行政区划优化调整后的思考和对策》被《杭州档案》2021年第3期刊登。

【档案事业发展“十四五”规划实施意见制定】 2021年11月，依据全国及省市档案事业发展“十四五”规划，结合基层单位档案管理情况调研，区档案局制定《杭州市上城区贯彻落实“十四五”档案事业发展规划的实施意见》，提出“提升档案治理效能，理顺党管档案体制机制；推动档案整体智治，把档案‘管理好’；健全档案资源建设，把档案‘接收好’；实施服务强馆战略，把档案‘开放好、利用好’；提高档案传播影响价值，把档案‘宣传好’；筑牢档案安全防线，把档案‘保护好’”6个方面重点任务，全方位推进档案事业。该实施意见为之后5年（2021—2025年）全区档案事业发展提供决策依据，推动“十四五”档案事业高质量发展。

【档案宣传活动】2021年6月，区档案局、区档案馆围绕庆祝中国共产党成立100周年、党史学习教育、新修订《中华人民共和国档案法》的实施等主题，开展系列宣传活动。以“档案话百年”为主题，开展国际档案日线上线下宣传活动，在“杭州上城档案”微信公众号上开展系列宣传活动，集中展示上城区馆藏的红色档案；邀请档案学专家宣讲新《中华人民共和国档案法》；联合金钱巷社区，开展“百年百姓百档”家庭档案宣传活动和档案咨询服务。结合党史学习教育，发挥“江南红巷”资源优势，挖掘馆藏、室藏红色档案，编辑《跟着档案去旅行》节目上城选点及档案素材，创作庆祝中国共产党成立100周年《潮起钱塘》短视频，报送毛泽东起草的《关于在全国开展以“除四害”为中心的爱国卫生运动的通知》手稿、选民证等红色文物故事。年内，红色文物故事《红色文物故事：“新中国第一个居民委员会”题词》《红色文物故事：选民证》《红色文物故事：毛主席起草的〈关于在全国开展以“除四害”为中心的爱国卫生运动的通知〉手稿》被“学习强国”学习平台录用，相关文化宣传活动报道被浙江在线、浙江档案网录用。

【档案执法检查】2021年10—12月，区档案局推进“互联网+监管”，开展“双随机、一公开”执法检查。通过档案执法监督检查，促进档案工作“收、管、存、用”规范化，确保档案实体和档案信息安全。严格落实档案监管责任，先后对区档案馆开展履职监督检查，对全区75家立档单位进行档案管理情况检查，对望江指挥部、闸弄口街道等7家单位的档案服务外包承揽企业档案工作情况进行检查，并发出年度档案执法年检工作情况通报，公示执法结果。

2021年6月11日，区档案馆在小营街道金钱巷社区开展国际档案日宣传活动

（区档案馆 供稿）

【档案数字化工作】2021年，区档案馆贯彻落实省数字化改革总体部署，推动档案数字化工作。梳理档案行政监管和档案接收利用的核心业务，优化完善档案行政监管体系、档案智慧服务体系、档案数据治理体系。推进传统载体档案数字化、数据化进程和成果分享利用，整合优化两区信息化档案系统和数据资源，加强开发高效协同的档案公共服务应用场景，健全完善“三网四库”综合档案管理。“浙里办”掌上查档率持续上升，浙江档案服务网服务群众1758人次，接收24家单位的数字档案达1009GB。

资料

“三网四库”：互联网、政务网、局域网，收、管、存、用4个数据库。

（刘吴昌）

上城区社会科学界联合会

【概况】 2021年，区社科联组织融合全区社科工作者围绕上城建设献智献策。突出宋韵文化研究，开展“宋韵文化与旅游融合发展研究”“挖掘传承宋韵文化精神特质的几点思考”“宋韵文化与上城区城市文化品牌传播战略”等课题研究13项。撰写的文章《准确把握“宋韵文化”内涵打造文化研究工程的精品力作》在省委党校《决策内刊》发布，得到省委领导批示肯定。开展民生课题研究，课题“隔代教养的现状、问题及对策研究”得到市社科联课题立项，研究成果引起媒体关注和热议。与浙江省新四军历史研究会合作开展党史学习教育，签署上城区红色文化建设合作备忘录，开展红色文化宣讲、红色棋类活动。落实省市社科力量助力教育“双减”工作，编撰儿童读本《江南有条钱塘江》，开展“建党百年，走进百校”红色宣讲活动。扶持申报的杭州西湖国学馆“《诗经》启蒙互动系列读本”项目，被省社科联立项为省社科普及重大课题。年内，区社科联被省社科联评为区县级社科联优秀单位，上城区社科普及工作在全省社科系统社科普及培训会上交流发言。

2021年9月28日，区委宣传部与省新四军历史研究会签署上城区红色文化建设合作备忘录 （区委宣传部 供稿）

【宋韵文化社科普及品牌打造】 2021年，区社科联以钱塘江文化研究会骨干专家为主，适时补充省、市宋韵文化专家，依托基层直播阵地空间，开展“智者面对面——尚城社科直播间”宋韵主题直播访谈活动10场，每场平均10万余人次收看。邀请胡坚、安蓉泉、李杰、陈荣高、徐吉军等专家走进直播间分享宋韵文化，打造线上宋韵文化学术活动品牌。与“西湖之声”电台合作，开辟《夜听宋韵》专题栏目，于每周五晚播出，并在省市社科联官方微信公众号、“学习强国”浙江学习平台、群团集市平台同步推发。配合宋韵文化节，开展“宋韵千年、中国气派”线上小程序答题活动，完成“都城繁华”“诗词之韵”“古物至巧”3期专场答题。

【上城区承办市社科普及周启动仪式】 2021年，区社科联在市社科联指导下，以“传承红色基因，担当历史使命”为主题，承办2021年杭州市社科普及周暨上城区社科普及周启动仪式。启动仪式在主会场和分会场同时进行。其中：活动主会场在小营巷党群服务中心进行，开展“红巷新声”、红色故事等情景宣讲；活动分会场在中共杭州小组纪念馆进行，邀请市政府参事和市咨询委有关委员、浙江省新四军历史研究会宣讲团团长、小营巷社区党委书记，围绕“传承红色基因，推动共同富裕”主题开展直播访谈活动。

（崔　然）

上城区文学艺术界联合会

【概况】2021年，区文联坚持以习近平新时代中国特色社会主义思想和习近平总书记有关文艺工作的系列重要讲话为指导，学习贯彻省委文化工作会议等精神，坚持文艺工作为人民服务、为社会主义服务“二为”方向和百花齐放、百家争鸣“双百”方针，深入开展文艺活动、文艺创作、文艺志愿服务等，为推动上城文艺事业高质量发展提供文艺滋养。

【上城区舞蹈家协会成立】2021年3月31日，上城区舞蹈家协会成立暨第一次会员代表大会在杭州艺苑艺海楼召开。会议审议通过《杭州市上城区舞蹈家协会章程》《杭州市上城区舞蹈家协会第一届理事会理事选举办法》，选举产生上城区舞蹈家协会第一届理事会理事，以及主席1人、副主席10人、秘书长1人、副秘书长7人，并聘请名誉主席1人、名誉顾问2人。至年末，上城区舞蹈家协会有个人会员118人、团体会员4个，主要由舞蹈专业院团表演者、理论创作者组成，整体涵盖舞蹈理论研究、舞蹈表演、教育培训、活动执行、媒体推广等人才。年内，区舞蹈家协会举办庆祝中国共产党成立100周年——“南宋古都，舞动上城”文艺演出活动，承办“艺心向党，舞蹈名家进校园”走进杭州市建兰中学艺术主题专场活动。区舞蹈家协会选送优秀文艺作品参加各类活动、比赛。其中，在“未来舞蹈家”与亚运对话暨第4届杭州市少儿舞蹈展演活动中获金奖2个、银奖2个；在第18届韩国首尔国际舞蹈比赛中获金奖2个、银奖2个；在第3届“浙江风格，江南舞韵”舞蹈作品展演中获综合最高奖及作品表演奖；在第5届全国“小荷风采”少儿舞蹈展演活动中获金奖，在2021“新松计划”浙江省青年舞蹈演员大赛中获金奖2个、银奖1个、铜奖3个。

【全媒体短视频栏目《宋·读》上线】2021年10月26日，区文联会同“FM89杭州之声”，推出全媒体短视频栏目《宋·读》，邀请金波、雷鸣、陈曼冬、张海龙等10名文化界人士，以诵读、解析宋诗宋词的形式传承弘扬宋韵文化。该栏目每周一期，分别在“上城发布”和“杭州之声”的微信公众号、抖音等平台推出，全年推出10期，点击量达17万余次。

【“春水如蓝”钱塘江诗路影像展】2021年4月15—25日，“春水如蓝”钱塘江诗路影像展在浙江展览馆举行。影像展聚焦新时代背景下的钱塘江流域环境生态、人民生活，以及时代变迁，分为“江影流光”“见山望水”“勇立潮头”“田野行走”“诗意栖息”5个单元。展览展陈形式新颖独特，集原版老照片、静态图像、纪录短片、影像装置、声音风景、场景交互、手工书展、田野笔记于一体，在展现钱塘江诗画气质与文化胸襟的同时，为钱塘江留存一份时代影像档案。

【“人民心中的中国印”肖像印特展】2021年7月5日，“人民心中的中国印”肖像印特展在中国民间艺术产业示范基地梓府举行开幕式。肖像印特展展出中国工艺美术大师钱高潮团队出品的200多方肖像印，“山花奖”获得者袁洪滨的大型丝绵画作品《开国大典》和《千里江山图》，以及中国工艺美术大师、西泠印社社员朱炳仁特制的两件特大铜玺。现场还展出“百姓图腾”印100方、“百语吉祥”印100方，以及毛主席诗词手稿石刻作品30方。该展览于7月5—15日免费对公众开放，吸引5000多人次参观。

【“翰墨庆百年，丹青绘华章”百米书卷创作活动】 2021年3月23日，“翰墨庆百年，丹青绘华章”百米书卷创作活动在湖滨步行街举行。宋涛、高法根、陈进、赵军、沈正宏、王龙、陈继生、沈苏安、丁建华、王兵等近100名上城书法家在现场挥毫泼墨、即兴创作。该幅百米书卷被区政府永久收藏。区委宣传部、区政协有关领导出席活动，为书法家颁发收藏证书。

2021年3月23日，“翰墨庆百年，丹青绘华章”百米书卷创作活动在湖滨步行街举行 （区委宣传部 供稿）

【“百年筑梦，灼彩华章”上城区美术作品展】 2021年9月16日至10月7日，“百年筑梦，灼彩华章”上城区美术作品展在区文化馆惠民路馆和清波街道党群服务中心展厅同步举行。展览前期，经过筹备和发动、征集选拔，选出入展作品100幅，并评出“优秀创作奖”作品20幅。展出的作品包含红色革命、廉政文化、绿水青山、幸福生活、同心抗疫等10个主题，以丰富而贴近基层的方式，展现上城区美术专业队伍的学术水平、创作水平，为人民群众奉上视觉文化大餐。展览期间，吸引线下7000多人次、线上4万余人次参观。

【临安遗韵·南宋铭刻传拓器物展】 2021年11月27日至12月25日，上城区举办临安遗韵·南宋铭刻传拓器物展。展览分拓片宋印展区和出土器物展区，分别在浣花斋美术馆和杭州市文物科技保护中心展出。展览中，传拓部分展出南宋纪年铭刻拓本40件，内容涵盖摩崖石刻、碑刻、墓志、城砖、文房器、茶器、符牌、印章等；出土器物部分展出由杭州文物考古所整理的南宋出土文物（含修复件）40多件。展览全面展示在中国历史上有“内容广泛，蕴含丰富”之赞誉的南宋文化。

（赵 晨）

卫生与健康

综 述

【概况】 2021年末，上城区有医疗卫生机构677家（含省市医疗机构，不含停业医疗机构、筹建机构）。其中，医院50家，社区卫生服务中心（站）125个，门诊部213个，诊所、卫生所及医务室277个。有床位2.03万张，其中医院床位1.98万张。有各类专业卫生技术人员3.85万人，其中执业（助理）医师1.41万人、注册护士1.84万人。

【基层医疗卫生健康服务设施建设】 2021年，上城区抓好新冠肺炎疫情防控，推进区域融合发展，抢抓机遇“补短板，增长板”，打造全生命周期健康服务创新区。加快社区基础硬件建设，投入9300多万元，提升改造辖区8个社区卫生服务站；实现14家基层医疗机构设置传染病规范化专用诊室和隔离观察室全覆盖。推进优质资源均衡布局，浙江广济眼科医院、浙江大学医学院附属第二医院城东院区健康管理中心、浙江大学医学院附属口腔医院华家池总院3家省级医疗机构落户上城。推进城市医联体建设，加入长三角

2021年上城区卫生机构情况和卫生技术人员情况

表15

卫生机构名称	年末实有数	卫生技术人员类别	年末实有数（人）
卫生机构	677家	卫生技术人员	38485
医院	50家	执业医师	13717
门诊部	213个	执业助理医师	421
社区卫生服务中心（站）	125个	注册护士	18379
诊所（含卫生所、医务室）	277个	—	—
疾病预防控制中心	2个	—	—
卫生监督所	2个	—	—
妇幼保健院（所、站）	2个	—	—
其他卫生机构	6家	—	—

卫生健康发展联盟，实施“家有良医百千万”工程。抓实健康城区建设，“健康浙江”考核连续3年获优秀等次，培育各类“健康细胞”2114个。打造杨柳郡未来社区健康场景上城样板，初步形成未来健康屋、智能诊室、集成化验室、云药房、智能中医等功能智能集成一体化服务。“数字卫监”领跑全省，自主研发“一码报”防疫应用、“尚医美”智慧监管应用、宾馆消毒保洁智能化监管等系统并在全省推广交流；“两慢病”（高血压和糖尿病）健康管理平台纳入全市“揭榜挂帅”项目。打造“生育友好型”和“老年友好型”城区范例，全面推进托育照护服务，超额完成市级民生实事项目，全年新增婴幼儿照护服务机构6家、托位250个，新建成长驿站23个。上城区推进医养结合能力提升，实现“护理站”植入社区站点，并作为全市唯一试点区，探索将医养结合服务纳入基本公共卫生考核项目。

资料

数字卫监：利用数字化、信息化建设将智能监管、执法办案、预警处置等与现场执法各个流程环节以数据模块形式进行固定，推进卫生监督信息化建设，实现从传统工作模式向信息化工作模式转变，使综合监管过程更为科学、高效、公开、透明。在日常的卫生监督工作中，执法人员通过移动执法终端，实现卫生行政许可、行政处罚、巡回监督的信息实时更新录入，进一步提高工作效率，规范执法行为。

【卫生科研】2021年，区卫生健康局加强医学继续教育和科研工作，开展继续教育与业务培训，全面提升医师队伍素质。全年各社区卫生服务中心新增医师19人；派到上级医院进修培训35人；通过社区护士岗位培训55人；参加全科医师转岗培训13人、全科医生继续医学教育140人；邀请浙江大学医学院附属第二医院专家为社区卫生服务中心开展远程视频讲座6次，内容包含“院感管理”“休克的急救处理培训”“PICC置管后并发症的护理”等；完成辖区内781名考生的2021年执业医师资格考试报名工作；完成2021年中高级继续教育合格证申领和审验工作，其中539人参加西医类继续教育学分审验与申领，146人参加2021年中医类继续教育学分审验。全年区管医疗卫生机构立项科研项目12项，获取科技专利6项，在各种刊物发表文章21篇。

（仲　玥）

医政医管

【概况】2021年，上城区医疗卫生管理工作以新冠肺炎疫情防控为重点，坚持日常诊疗和疫情防控同步进行，围绕“健康上城”战略开展各项工作，加强医疗质量安

杭州贝沫托育有限公司内景（2021年）　（区卫生健康局 供稿）

全控制。继续与浙江大学医学院附属第二医院、浙江大学医学院附属邵逸夫医院开展战略合作，通过进修、培训、讲座等学习模式，提高基层医务人员技术水平，实现优质资源下沉。

【医疗质量管理规范化】2021年，区卫生健康局结合医疗质控检查，依托上城区16个医疗质量分质控中心，对辖区各街道社区卫生服务中心和民营医疗机构开展督查。重点检查感染控制与监测、无菌原则及消毒隔离技术规范执行情况、手卫生管理、水处理与医疗废物管理等。对辖区内有血液透析室、新生儿病房、产房、口腔科、内镜室等重要风险点的医疗机构，开展全面院感风险排查，筑牢医疗安全防护底线。加强第一类精神药品、麻醉药品管理，全年对2家新办理精神药品和麻醉药品印鉴卡的医疗机构进行工作场地现场审查；开展精神药品、麻醉药品处方权调剂权考核10场，按照管理规范对9家医疗机构的过期药品进行销毁，对9家医疗机构的药品使用管理情况进行督查。

【医疗机构年度校验】2021年3月，区卫生健康局按照《医疗机构管理条例》《医疗机构基本标准》《医疗机构校验管理办法》，开展2020—2021年度医疗机构校验。校验采用分批校验模式，按照类别和街道分布，利用信息化手段为相对人进行“一对一”讲解。组织专家团队对全区医疗机构进行现场检查，加强对辖区医疗机构依法执业、医疗质量、医疗安全的监督管理。经审核，通过校验458家，因改建、扩建、迁建等原因报停19家，新开设39家，医疗机构校验情况在《上城报》公示，并报杭州市卫生健康委员会备案。

【医疗对口帮扶】2021年，上城区通过医疗帮扶、结对共建、人才交流，携手对口地区推动乡村振兴。7月、9月，区卫生健康局分别组队到四川省甘孜藏族自治州雅江县、剑阁县两地实地调研走访，与两地县卫生健康局签订战略合作框架协议书，建立“局级—局属单位”两级帮扶工作体系。全区四季青街道社区卫生服务中心、南星街道社区卫生服务中心等7个社区卫生服务中心分别与剑阁县、雅江县两地7家医院建立结对帮扶关系，浙江大学医学院附属邵逸夫医院、杭州市第一人民医院与剑阁县中医院、剑阁县人民医院签订对口帮扶协议。全年全区选派卫生专业技术人员12人参加东西部帮扶协作。其中，帮扶期1年半的2人、7个月的4人、1个月的6人。全年接收剑阁县卫生专业技术人员12人至浙江大学医学院附属邵逸夫医院、杭州市第一人民医院、杭州市第三人民医院等三级医院进行跟班学习，接收雅江县口腔专业人员1人到杭州口腔医院跟班学习。举办两地医疗管理干部能力提升培训班，2批次、80名管理干部及骨干人才参与培训。全年上城赴雅江医疗队收治患者632人次，完成手术106台，其中急诊手术26台；开展核酸检测、疫苗接种不良反应急救相关的全员授课培训16场、疑难病案讨论2场，开展教学查房4场。全年上城赴剑阁医疗队完成门急诊1300多人次，开展手术11台，手术示教10场，新建临床专科1个，下乡34次、义诊1次，受益100多人次，教学查房16次，组织院内讲座19次，培训人数360多人次。通过帮扶，雅江县中藏医院内科病区下半年业务比2020年同期提升15%，医院实现年医疗业务增长20%。上城区医疗队东西部协作宣传报道在《人民日报》发表1篇、省级刊物发表6篇、市县级媒体发表28篇。

【基层医疗卫生体系建设】2021年，上城区推进医联体建设，深化省市区三级合作联动，邀请省市级医院专家到基层坐诊，深化医联体内双向转诊。丁兰街道社区卫生服务中心、笕桥街道社区卫生服务中心和杭州市中医院开展杭州市医疗资源双循环实践。推进杭州市医疗卫生长三角一体化工作，成立长三角地区主要城市中心城区高质量发展联盟，对联盟之间的优势学科进行项目储备，并成立长三角主要城市中心城区医疗资源品牌项目库，探索推进学科合作交流、专家巡回医疗等形式合作交流。

（仲　玥）

疾病预防控制与卫生应急

【概况】 2021年，上城区疾病预防控制工作围绕“外防输入、内防反弹”的防控策略，以新冠肺炎疫情防控为重点，以融合发展为抓手，加快推进民生工作，完善重大疫情防控机制，有效开展传染病防控和慢性病管控，承接并高效高质推动国家人体生物监测项目、结直肠癌筛查项目、重点人群口腔健康状况监测项目等国家、省、市级重点项目10项。

【免疫规划】 2021年，上城区完成“九苗”（卡介苗、乙肝、脊灰疫苗、百白破、麻疹、麻腮风、甲肝、流脑、乙脑）接种20.78万剂次。全年上报、调查处置AEFI（疑似预防接种异常反应）1232例，其中一般反应992例、异常反应111例、偶合症98例、心因性反应31例；调查处置急性乙肝、百日咳、AFP病例（急性弛缓性麻痹病例）、疑似麻疹风疹等免疫相关传染病92例；处置学校水痘疫情1起。10月27日、29日，上城区分别在南星、彭埠街道对适龄儿童开展现场调查，各苗接种率均符合要求。10月23日，完成70岁以上老年人免费流感疫苗接种任务。11月6日，实现全区民生流感疫苗“清零”，共接种疫苗19675人，完成率105.8%。

【结核病防治管理】 2021年，上城区登记结核病人498例，其中肺结核病人396例、单纯性结核性胸膜炎31例、肺外结核71例。肺结核病人中，病原学阳性病人227例、病原学阴性病人169例，治疗成功率91.7%。全年全区学校及培训机构发生肺结核疫情7起，均得到有效控制。3月23日，区疾病预防控制中心联合浙江省杭州第二中学开展“世界防治结核病日”校园宣传活动，参与师生500人次。3月24日，联合闸弄口街道社区卫生服务中心，在闸弄口街道雷锋广场开展“终结结核流行，自由健康呼吸”系列宣传活动，参与群众500多人，发放宣传册500多份。全年面向各街道社区卫生服务中心开展结核病防控管理培训2场，推动上城区结核病患者健康管理服务项目有效开展，规范结核病人健康管理；完成一年2次对省市区医疗机构的结核病漏报检查工作和一年4次基本公共卫生季度督导检查。

【艾滋病和性病防治】 2021年，上城区管理HIV/AIDS病人1141例，抗病毒治疗1053例，治疗率92.3%。累计阳性告知及流调HIV确诊病例274例。提供自愿咨询检测（VCT）1535人次，确诊阳性62人。定期对辖区看守所在押的有高危行为的犯人进行HIV抗体检测，检测827例，均为阴性。对7853名外来务工人员进行HIV抗体检测，均为阴性。对3002名男性老年人和1020名女性高危人群进行HIV抗体检测，均为阴性。在浙江省杭州第二中学、浙江省杭州第四中学、杭州市建设职业学校开展“开学第一课”艾滋病知识培训活动，覆盖1000多人。至年末，现住址为上城区的报告性病病例数3007例，报告发病率267.44/10万人。其中，男性报告病例数1155例，报告发病率194.30/10万人；女性报告病例数1852例，报告发病率349.49/10万人，报告病例数男女性别比0.62∶1。

【地方病防治】2021年，上城区疟疾输入性病例1例，为境外输入恶性疟；辖区医疗机构报告疟疾病例0例，处置率100%。采集孕妇家庭盐样108份，其中非碘盐24份、碘盐84份，合格碘盐79份；对223份学生家庭盐样进行检测，其中非碘盐68份、碘盐155份，合格碘盐132份，检碘盐覆盖率72.2%，合格碘盐食用率62.8%。对223名8～10岁儿童进行尿样采集，尿碘中位数200.0微克/升。对223名学生甲状腺进行B超检查，其中甲状腺肿大7人，甲状腺肿大率3.1%。采集孕妇尿样108份，尿碘中位数137.5微克/升，孕妇补碘率94.4%。

【慢性非传染性疾病防控】2021年，上城区落实社区慢性病综合防控措施，全区医疗卫生机构慢性病监测信息化工作稳步推进。区卫生健康局每季度对14个街道社区卫生服务中心慢性非传染性疾病综合防治工作开展督查、整改和指导。开展社区卫生服务中心门诊慢性病报卡信息化建设工作，在清波、小营、紫阳、望江、湖滨、南星6个社区卫生服务中心规范开展门诊慢性病电子化报卡工作，其他8个社区卫生服务中心根据信息化建设推进情况逐步开展该项工作。全年全区发现并建档高血压患者10.56万人，高血压患者规范管理人数7.57万人，规范管理率71.6%，控制率68.4%；发现并建档糖尿病患者3.55万人，糖尿病患者规范管理人数2.5万人，规范管理率70.4%，控制率59.6%。高血压高危人群登记管理数2.45万例，健康管理率2.6%；糖尿病高危人群登记管理数2.34万例，健康管理率3.0%，高危人群管理率比2020年提升20%，完成“健康浙江”考核目标。全年全区肿瘤报告发病率530.60人/10万人，糖尿病报告发病率431.05人/10万人，急性冠心病事件报告发病率94.51人/10万人，脑卒中报告发病率288.93人/10万人。年内，粗出生率7.94‰，粗死亡率5.73‰，自然增长率2.21‰。全年全区居民期望寿命85.36岁，其中男性83.04岁、女性87.76岁。全年全区居民重大慢性病过早死亡概率7.9%。

【实验室生物安全管理】2021年，区卫生健康局对辖区内病原微生物实验室设立单位的生物安全管理人员开展全区病原微生物实验室生物安全风险评估工作培训。依据市疾病预防控制中心《业务技术措施要点》要求，于10月末前完成2021年度实验室生物安全自查工作及实验室生物安全风险评估报告，完成全区病原微生物实验室生物安全风险评估工作培训，分析区域存在的主要问题和风险及应重点监督的单位和环节等，覆盖率100%，于11月末前提交自查报告。12月，区疾病预防控制中心在HIV初筛实验室进行模拟处置实验室暴露的生物安全演练，完成在浙江省病原微生物实验室管理信息网上的生物安全实验室地址、人员等备案更新工作，续办霍乱、艾滋、新冠肺炎、禽流感样本转运证，新办布鲁氏菌属样本转运证。

【伤害监测】2021年6—7月，上城区承接杭州市电动自行车骑乘人员佩戴安全头盔现况调查项目。项目围绕目标人群问卷调查、电动自行车骑乘人员非参与式观察、重点人群焦点访谈3个方面开展。区疾病预防控制中心成立技术指导小组，依托街道、交警、实习生等外部力量协助完成该项目。调查期间，完成目标人群问卷752份，完成辖区秋涛路与凤起东路口、机场路与机场路辅街路口等8个路口为期一周的非参与式观察工作，完成电动自行车组、其他道路使用者组、交警组3种类型的焦点访谈工作。全年全区报告伤害监测个案2195例。

【消毒质量监测】2021年，上城区开展消毒质量监测，抽查医疗机构11家，其中区级医院1家、社区卫生服务中心10个。监测项目包括各医疗机构供应室、口腔科、病房等重点科室的空气、物体表面、医务人员手卫生、自备医疗用水（口腔科漱口水、手机喷水）、使用中消毒剂、医院污水等指标，采集样品125件，合格119件，总合格率95.2%。抽查辖区内100人以上托幼机构10家，监测项目包括室内空气、工作人员手卫生、环境物体表面、食（饮）具等。采集样品255件，合格254件，总合格率99.6%。选择1家养老院、1家婴儿洗浴室、1家宾馆和1家美发店作为重点场所监测对象，监测项目为公共用品用具，采样40件，合格38件，合格率95%，不合格项目主要为棉织品。

【医疗废物处置现状调查】 2021年，上城区开展医疗废物集中处置和污水处理情况调查，覆盖辖区各级各类医疗卫生机构127家，其中疾病预防控制机构2家、区级医院1家、社区卫生服务中心14个、社区卫生服务站97个、民营医院13家。全区全部医疗机构的医疗废物均由大地维康医疗环保有限公司回收集中处置，集中处置率100%，未发现医疗废物不处置或自行处置情况。127家医疗机构均配备污水处理设备，污水处理方法以氯化法、二氧化氯法为主，污水处理率100%。127家医疗机构均开展定期监测。上城区对12家医疗卫生机构进行采样检测，采样12件，合格9件，合格率75%。

【职业卫生监测】 2021年，上城区完成家具生产、汽车维修、印刷、水泥制造、建筑用石头五大类60家企业用人单位职业病防治基本情况调查和工作场所职业病危害因素浓度（强度）监测。区疾病预防控制中心对1家建材企业、2家印刷企业、3家汽修企业开展现场职业危害情况调查，同时对场所存在的矽尘、锰及其无机化合物、苯、甲苯、乙苯、正己烷、噪声等职业病危害因素进行监测，采用美国EPA、英国COSHH模型、新加坡半定量风险评估等方法进行风险评估。选取自动扶梯及升降机制造、金属切削机床制造、木质家具制造、金属门窗制造4个行业的重点工种或岗位劳动者60人，通过网络问卷调查等方式了解劳动者对自身岗位主要职业危害、防护知识的知晓情况和工作相关的肌肉骨骼系统疾病、精神疾病等患病情况。对全区截至2020年末报告的职业性尘肺病患者进行随访和回顾性调查，完成35名尘肺病病例随访，完成7例间皮瘤病例的信息收集工作，完成4例白血病病例肿瘤随访登记工作。

【学校卫生监测】 2021年，上城区对辖区107所中小学校（校区）、10.80万名在校中小学生开展体检，体检率100%，现场督导覆盖率100%。对10所常见病监测点学校的2715名学生开展近视调查，筛查出近视学生1511人，总体近视率为55.7%。对区教育局抽取的21家检测单位开展幼托机构、校外培训机构和学校的采光照明“双随机”检测工作，检测发现校外培训机构教学环境项目整体合格率低、教室设计不规范、对天然采光重视度不高等问题。检查人员现场指出问题，要求相关机构积极整改。

【食源性疾病监测】 2021年，上城辖区省市级医疗机构和14个街道社区卫生服务中心均有食源性病例报告。上城区设置浙江大学医学院附属邵逸夫医院和杭州市第一人民医院为病原学监测点医院，采集613例病例粪便样本进行食源性致病菌检测，检出阳性菌株104例，阳性检出率17.0%。杭州市第一人民医院和杭州市妇产科医院按照要求开展单核细胞增生李斯特氏菌监测工作，全年上报2例符合监测病例定义的病例信息（采集阳性生物样本2例）。

【结直肠癌筛查项目】2021年，上城区推进年度重点人群结直肠癌筛查项目。项目实施过程中，区卫生健康局通过动员部署和技术培训，促使街道与社区医院紧密协作，完成年度工作任务。全区筛查任务数35000人，完成问卷调查和粪便潜血试验37635人，完成率107.5%；完成5174例筛查阳性对象的规范随访和动员，规范随访率95.2%；完成结肠镜检查1946人，肠镜依从率35.8%。

【重点人群口腔健康状况监测项目】2021年，上城区被列为重点人群口腔健康状况监测项目点，区卫生健康局制定《上城区重点人群口腔健康监测项目实施方案》，抽取3岁、5岁儿童（来自幼儿园）、12岁学生（来自中学），35~44岁、65~74岁成年人（来自社区）5个年龄组进行调查和口腔检查。区技术组于9月30日、10月11日分别组织检查员、调查员参加培训，明确工作流程和要求，设计制作宣传横幅，联系口腔诊所开展幼儿园口腔知识科普讲座。街道社区梳理目标人群并提前预约，满足居民、学生、幼儿及幼儿家长的时间需求，区技术组全程督导，确保工作质量。该项目完成现场问卷填写、口腔检查630例，完成问卷网络录入624份。作为浙江省现场点代表，上城区接受国家项目组督导，得到专家组较高评价。

【居民健康素养和烟草使用监测调查】2021年，区卫生健康局对上城区700名15~69岁常住居民具备健康素养水平和烟草使用情况开展调查。调查结果显示：全年全区居民具备健康素养的总体水平为41.9%。具备基本知识和理念、健康生活方式与行为、健康基本技能素养的比例分别为52.7%、42.9%和33.7%。具备六类健康素养的比例由高到低分别为：安全与急救素养、科学健康观素养、健康信息素养、慢性病防治素养、传染病防治素养、基本医疗素养。6月，省疾控中心到杭州市夏衍初级中学进行青少年烟草流行监测项目预调查。9—11月，区卫生健康局完成全区6个监测点学校26个班级888名初中、高中学生青少年烟草流行网上问卷调查。

（仲　玥）

卫生健康综合执法

【概况】2021年，上城区加快推进卫生健康综合行政执法工作，坚持以人民健康为中心，落实常态化新冠肺炎疫情防控督查，强化卫生监督工作，严厉查处医疗卫生、公共卫生等领域违法违规行为。年内，区卫生健康综合行政执法队获年度全市亚运保障卫生监督应急演练三等奖、全市“迎亚运、强技能”卫生监督技能竞赛团体第二名及3项个人奖；“尚医美”项目获区数字化改革应用场景谋划暨“三张清单”梳理大比武第三名；“智慧卫监”被选为第一批揭榜挂帅中榜项目。全年全区查处违法行为903起，罚没金额702万元。

【“双随机”抽检】2021年，根据省、市、区考核要求，上城区卫生健康综合行政执法队开展“双随机、一公开”工作。全年完成国家“双随机”、浙江省“双随机”检查713家，立案259件，罚没金额69.76万元。完成“双随机”任务抽取44项，“双随机”事项覆盖18项，覆盖率100%，应用信用规则率100%。

【医疗卫生行业综合监管】2021年，上城区完善医疗卫生行业综合监管。全年巡查医美机构505家（次），立案查处126起，罚款419万余元。开展消毒隔离监测69家（次），采集样品1213件，立案13起，罚款1.80万元。开展消毒产品、抗抑菌制剂专项整治，检查医疗卫生机构10家，立案1起，罚款1400元。开展放射职业卫生、医疗废物处置等专项行动，检查157家（次），立案79起，罚款80.68万元。

【医疗卫生领域“证照分离”改革推进】 2021年，上城区医疗卫生领域“证照分离”改革实现100%“掌上办”与“网上办”。全年全区核准医护人员执业许可8216人次、医疗机构898家（次），公共场所卫生许可818件，放射卫生许可145件。办结病媒生物防制服务单位备案6家，医疗广告审查187家（次），职业病危害申报34家（次），放射诊疗预评价审核35家、竣工验收39家。年内，区卫生健康行政服务中心窗口收到锦旗10面，表扬件2件，获评“服务之星”1人次。

资料

“证照分离”：指市场准入领域的“先照后证”，商户只需到市场监管部门领取一个营业执照，即可从事一般性的生产经营活动，如从事需要行业许可的生产经营活动，再到相关审批部门办理许可手续即可。

【数字化卫生监督执法工作推进】 2021年，上城区持续完善数字化卫生监督执法工作，多个项目领跑全省。在全省首创“医护人员资质人脸识别查验系统”，解决现场执法持证人提供书面资料不及时、查验效率低等问题。开发“医疗机构预检分诊（发热）门诊规范化智能图像分析系统”，对医疗机构预检分诊（发热）门诊的规范化运行进行线上监管和预警查处，同时扩展到医疗机构公共场所消毒间（供应室）及医疗废物暂存处等监管领域。打造“尚医美”数字监管系统，实现医疗美容全过程监管与服务，将126家医疗美容机构纳入“尚医美”系统，查处违法案件13件，罚款17.2万元。创新“住宿场所二次供水智慧在线监测系统”，对宾馆二次供水实现线上监管。打造“住宿场所消毒保洁智能追溯系统”，通过将“卫康码”与系统相结合，实现消毒全过程在线监管。全年有27家2022年第19届亚运会接待单位安装使用该系统。研发“医美手术室安全智能监管系统”，通过在重点部位安装在线监控和人脸识别系统，实现手术室关键环节在线监管可追溯、可预警。该系统在全区医疗机构手术室陆续铺开。

【学校卫生监管】 2021年，上城区卫生健康综合行政执法队深入开展校园卫生健康行动，把好“校园卫生安全关”。围绕传染病防控、饮用水卫生、教学与生活环境卫生监测等重点内容，加强学校卫生监督管理，全年出动卫生监督员80人次，检查学校26所，立案7所。中高考期间，对辖区5所高考考点学校、6所中考考点学校，以及考点学校周边23个住宿场所开展卫生监督检查，检查内容包括突发公共卫生事件应急预案、新冠肺炎疫情防控、考场通风消毒、备用考场设置、饮用水安全、考生健康排查与监测、病媒生物防制等方面，对其中1个违反相关规定的住宿场所进行立案查处，给予警告并罚款1000元。

（仲　玥）

基层卫生和妇幼保健

【概况】 2021年，上城区进一步落实基本公共卫生服务项目，推进基层公共卫生服务均等化、普惠化、便捷化。深化医养护家庭医生签约服务内涵，全年完成医养护一体化签约41.5万人，转诊51.92万人次，建立家庭病床1443张。以杨柳郡社区作为先行试点，探索实施未来社区健康场景建设。

【基本公共卫生服务项目推进】 2021年，上城区规范实施基本公共卫生服务项目。全年全区累计建立电子健康档案108.1万份，建档率94.4%，档案动态使用率79.0%，电子健康档案向个人开放率74.3%。预防接种建证建卡率100%，入托和入学预防接种证查验率100%；早孕建册1.02万人，建册率98.4%，产后访视1.02万人，访视率98.3%，系统管理1.02万人，系统管理率97.6%；新生儿访视1.03万人，访视率98.6%。0～6岁儿童系统管理6.48万人，系统管理率97.6%；眼保健和视力检查覆盖率97.4%。65岁及以上老年人城乡社区规范健康管理服务9.2万人，管理服务率60.1%。管理高血压患者10.70万人，规范管理7.74万人，高血压患者规范管理率72.4%。管理人群血压控制率72.6%；管理糖尿病患者3.67万人，规范管理2.59万人，糖尿病患者规范管理率70.7%，管理人群血糖控制率60.0%。登记在册确诊严重精神障碍患者5497人，规范管理率92.3%，稳定率100%。管理肺结核患者348人，管理率92.3%，患者规则服药率96.8%。登记传染病病例数511例，传染病疫情报告率和及时率100%。65岁以上老年人中医药健康管理10.87万人，管理率71.0%；0～36月龄儿童接受中医药健康管理服务2.07万人，管理率81.3%。

【医养护一体化签约服务】

2021年，上城区以提质扩面为核心，做细做实家庭医生签约服务工作。全年全区签约41.5万人，65岁以上老年人、高血压患者、糖尿病患者、孕产妇、0～6岁儿童、结核病患者、严重精神障碍患者、残疾人、失独家庭、特困人群10类重点人群签约覆盖率86.7%，建立家庭病床1443张，开具慢性病长处方68.87万张。全年为2495名辖区居民提供居家医疗服务，上门服务3.95万人次。在2021年杭州市签约服务绩效评价中，上城区签约居民知晓率93.4%、签约服务满意率98.7%。

【“优质服务基层行”活动】

2021年，上城区以“优质服务基层行”活动为契机，组织各街道社区卫生服务中心对照标准开展自评，针对薄弱环节进行整改提升。经省市专家现场评估，小营街道社区卫生服务中心、采荷街道社区卫生服务中心达到国家推荐标准，清波街道社区卫生服务中心、南星街道社区卫生服务中心、闸弄口街道社区卫生服务中心、凯旋街道社区卫生服务中心、四季青街道社区卫生服务中心、彭埠街道社区卫生服务中心通过“优质服务基层行”活动推荐标准单位“回头看”。

【“两慢病”数智健康管理】

2021年，上城区作为杭州市“两慢病”数智医防融合的试点区，以凯旋街道社区卫生服务中心为试点，打造“全域集成、个性指导、社区联动、闭环管理”的全周期数智健康管理新模式。8月13日，市发改委、市卫健委组织数字社会系统首批揭榜擂台赛，上城区在“慢性病数智医防融合”揭榜场景中获第一名。9月22日，在市卫健委举办的数“智”卫生健康应用场景设计技能竞赛中，上城区“一张‘数智处方’，开启未来健康”场景获第一名。推进基层医疗机构“两慢病”一体化门诊标准化建设，小营街道社区卫生服务中心、采荷街道社区卫生服务中心、四季青街道社区卫生服务中心、九堡街道社区卫生服务中心完成“两慢病”一体化门诊建设，通过优化诊前、诊中、诊后服务流程，促进诊疗和健康管理有序融合。

【未来社区健康场景建设】

2021年，上城区以杨柳郡社区为先行试点，以区域全民健康信息平台为支撑，建设升级版社区卫生服务站——智慧健康站，设有未来健康屋、智能诊室、集成化验室等智能化场所。通过“线上+线下”，“共性+个性”，“纵向+横向”，实现社区居民与名医名院"零距离"、家庭医生健康管理闭环，开展老年慢病数字健康新服务，打造面向居民的"知健康、享健康、保健康"三大核心应用场景。加强人才培养，与浙江大学医学院附属邵逸夫医院合作，共建"未来健康数智共建联盟""未来健康人才培训基地"，以全科能力及互联网医疗为导向，提升未来社区健康场景服务人员水平。

（仲　玥）

2021年11月5日，居民在未来健康屋进行诊前自助血压测量

（区卫生健康局 供稿）

人口监测与家庭发展

【概况】 2021年，上城区贯彻落实"三孩"生育政策，推进"最多跑一次"改革及婚育联办，生育登记、再生育审批全面推行"网上办""掌上办"，"浙里办"App开通"三孩"生育登记。全年全区生育登记5793例，其中婚育联办614例、"三孩"生育登记99例，再生育审批57例。审核计划生育奖特别扶助金等发放4628人次，发放各类补助金2544.5万元。生育情况审核8批337人次，流动人口积分落户、就学审核7874例。制定《上城区完善计划生育特殊家庭扶助制度实施办法》。宣传贯彻落实浙江省母婴设施建设标准，全年新建或提升母婴室6个。

【计生特殊家庭生活扶助】 2021年，上城区对计划生育扶助对象申报信息实行社区、街道、区逐级核查制度，确保扶助对象不缺、不漏、不错。全年审核奖励扶助81人，特别扶助2146人，生活护理补助511人，市、区公益金补助76户，发放独生子女父母奖励费1814人。落实以特殊家庭联系人制度、家庭医生签约服务、优先便利医疗服务为主要内容的计生特殊家庭"三个全覆盖"工作，向所有特别扶助人员发放"计划生育家庭就医绿色通道证"，宣传家庭医生签约服务政策。全年发放失独人员门诊助医补助456人，提供家政服务179户、居家医疗服务132户，慰问计生困难家庭371户，发放特别扶助资金2544.5万元。

【3岁以下婴幼儿照护服务】 2021年，上城区将婴幼儿照护服务纳入《上城区国民经济和社会发展第十四个五年规划和二〇三五年远景目标》和《上城区卫生健康事业发展"十四五"规划》，规划建立以家庭为基础、社区为依托、机构为补充的服务体系，打造"1+14+N"的区、街道、社区三级婴幼儿照护服务模式。完善激励政策，制定托育机构和成长驿站建设的财政长效补助配套政策，促进托育行业健康发展。扩大照护服务机构覆盖，推进多元化服务建设，全年全区新增婴幼儿照护服务机构6家，新增托位250个，分别完成市区两级民生实事项目任务的231.5%和201.6%。新建婴幼儿成长驿站23个，其中示范型14个；开展托育机

2021年5月28日，杭州市妇产科医院医生在四季青街道钱运社区成长驿站讲授家庭养育知识 （区卫生健康局 供稿）

构从业人员培训6场，以及“为爱护航、助力养育”家长养育巡回讲座56场。开展全区首届婴幼儿照护微视频大赛，开发“医心医育，育见幸福”养育视频号和“五万份营养计划”。探索医育结合服务模式，在闸弄口街道海贝托育园探索建立医育结合照护工作室，提升辖区5万户孕产妇家庭和0～3岁家庭的家庭养育技能。11月30日，区卫生健康局推出《上城区3岁以下婴幼儿托育机构登记评估标准（试行）》，对全区备案托育机构开展等级评估，促进行业自律。

（仲　玥）

卫生健康信息化

【概况】 2021年，上城区围绕全省数字化改革“1+5+2”和浙江省卫生健康数字化改革“1314”两个重点，强化数字化理念，深化数字化认知，用好数字化手段，将数字化改革贯穿于常态化新冠肺炎疫情防控、检验检查互认共享、未来社区建设等工作领域，助推基层卫生事业发展，实现辖区卫生健康整体智治、高效协同。

资料

全省数字化改革“1+5+2”：“1”是一体化的智能公共数据平台，该平台作为智慧化平台的中枢，将支撑各个层次的应用创新；“5”是党政机关综合智力治理、数字政府、数字经济、数字社会、数字法治5个综合应用；“2”是建构理论体系和制度规范体系。

浙江省卫生健康数字化改革“1314”：指建成1朵安全、可靠、高效的浙江“健康云”，重点推进常态化疫情防控综合集成应用、“互联网+医疗健康”公共服务应用和“一老一小”数字健康新服务三大项目，打造1个全省统一的卫生健康协同工作门户，迭代升级面向卫生健康行政部门、面向医疗卫生机构、面向医务人员、面向群众的4类卫生健康数字化服务应用，夯实卫生健康数字化基础支撑，创新卫生健康“掌上”办公、“掌上”办事、“掌上”治理，持续放大卫生健康数字化改革整体效应。

【“一码报”疫情防控监督平台】 2021年8月18日，上城区“一码报”疫情防控监督平台上线，实现涉疫问题在线举报，发挥群众力量，参与新冠肺炎疫情防控，联防联控。该平台在全区40类公共场所全面铺开推广，全区28家部门、14个街道协同应用。9月，“一码报”疫情防控监督平台升级上线到（返）杭自主申报功能；10月，“一码报”疫情防控监管平台上架“浙里办”。该平台全年处理辖区内上报涉疫问题和自我申报工作500多个，服务端浏览量1.5万次。实现群众发现问题“一码发送”，主管责任单位“一键查收”，监督整改落实“一呼即应”，问题整改反馈“一目了然”的工作闭环。

【医学检查检验结果互认共享】2021年，上城区区属15家基层医疗机构（14个社区卫生服务中心和1个区妇女儿童健康服务中心）检验检查信息与杭州市检验检查结果互认共享智控平台对接。通过对接，实现区与市互认平台实时交互，实现检查检验报告智能推送、预警提醒、快速调阅、结果互认和报告引用“一站响应”。

【医保电子凭证应用全覆盖】2021年10月，上城区区属14个社区卫生服务中心实现电子医保凭证应用全覆盖。医保参保人只需在支付宝领取医保电子凭证，即可在上城区各社区卫生服务中心就医使用，看病、结算无需再带实体卡，出示手机里的医保二维码就可以直接进行医保支付。至年末，医保电子凭证结算54.8万人次，结算率27.9%。

【未来社区健康场景应用】2021年，区卫生健康局探索建设未来社区健康场景应用，以“江医生健康服务平台”为载体，探索社区健康管理线上到线下（O2O）模式，打造未来社区“30分钟健康应答圈”。对接区数据资源局，实现数据与社区数据驾驶窗、区域健康信息平台、HIS系统（医院信息系统的简称）互联互通，通过数字化改革工作推进，杭州市健康档案系统、杭州市签约服务系统、区域健康信息平台的数据在智能全科诊室被协同应用，实现数据“多跨”展示，打造智能化品质健康管理服务的未来社区健康场景。

（仲　玥）

爱国卫生与健康促进

【概况】2021年，上城区爱国卫生运动委员会办公室（简称区爱卫办）、“健康上城”建设领导小组办公室（简称区健康办）在“健康中国”战略背景下，以“健康中国”行动、“健康浙江”行动为重点，全面推进实施“健康杭州、健康上城”战略。推动开展“健康上城”行动，探索与城市发展相适应的爱国卫生工作机制，高质量推进一流的国际化现代城区建设，改善居住生活环境，提高人民健康水平，提升群众健康素养。

【国家卫生城市复评成果巩固】2021年，上城区推进国家卫生城市复评成果巩固工作。全年召开迎检部署推进会6次。4月，完成省级明查问题整改22个，通过省级复审。6—7月，迎接国家暗访和省级控烟检查，区爱卫办及时部署、积极巡查、督导跟进，查摆整改问题320多个。10—11月，在浙江省爱国卫生运动委员会组织的国家卫生城市排名暗访中，上城区积极筹备迎检，为杭州市排名全省第一贡献上城力量。

【病媒生物防制】2021年，上城区开展病媒生物防制工作。开展季节性除“四害”专项行动，先后印发夏季、秋季、冬季除“四害”文件。3月，召开春季灭鼠工作部署会，组织进社区灭鼠公益宣传活动15场，发放粘鼠板6000张、宣传海报5000多张。6月，召开区爱国卫生工作专题会议，部署各街道外环境消杀、除“四害”服务招标工作。加强“四害”防制物资保障，市、区配套补助各街道公共环境经费240多万元，区专项资金投入25万余元，采购一批除“四害”药物发放各街道，满足老旧小区居民的“四害”防制需求。

【“健康上城”建设】2021年，区健康办根据《省委、省政府健康浙江建设领导小组办公室关于印发2021年健康浙江考核评分细则的通知》，协调各“健康上城”建设领导小组成员单位，完成4轮自评。以年度综合考评为抓手，对2021年度“健康上城”建设领导小组成员单位进行考评打分，考评结果纳入全区综合目标考核。自2018年开展“健康浙江”建设考核后，上城区连续3年考核优秀，为省委省政府“健康浙江”建设领导小组办公室通报的第一批累计3年（2018—2020年）考核等次为优秀的单位之一，被省委、省政府评为“健康浙江”建设先进区。区卫生健康局被评为“健康浙江”建设先进集体。

【“健康细胞工程”建设】2021年，上城区全面推进“健康细胞工程”建设。全年培育各类“健康细胞”2159个，其中杭州市健康单位40家、健康促进学校24所（金牌1所、银牌5所、铜牌18所）、健康促进医院2家（实现辖区二级以上省级健康促进医院建设全覆盖）、健康家庭2043户、健康达人50人，入选市级健康达人1人，超额完成区政府工作报告中培育“健康细胞”1570个的目标任务。区卫生健康局组建“一对一”督查专班，采用座谈和实地走访相结合形式，指导单位找准切入点，将健康创建工作与实际业务、单位文化有机结合。邀请省市专家分类别开展创建培训2场，培训110多人，“健康细胞”创建培训、指导覆盖率均100%。

【居民健康素养提升】2021年，上城区实施居民健康素养和烟草行为监测项目，安排省、市、区医疗机构健康教育讲师95人，走进社区、企业和单位开展巡讲700多场。8月31日，启动2021年度上城区居民健康素养与健康行为监测工作，2021年度上城区健康素养水平为41.86%，比2020年提升2.25%。

（仲　玥）

中医中药工作

【概况】2021年，上城区提升基层中医药服务能力建设，加强中医药监督管理。全年全区有中医门诊部68个、中西医结合门诊部2个，中医诊所111个、中西医结合诊所25个。医疗机构中医类别执业医师（含助理医师）1717人，其中中医类执业医师1367人、中西医结合类执业医师187人、中医全科执业医师137人、中西医结合全科执业医师26人。全年基层医疗机构开展中医诊疗服务199.3万人次，业务收入6835万元。

【中医药监督管理】2021年，区卫生健康局依托上城区中医药质量控制分中心平台，对辖区各街道社区卫生服务中心和民营医院开展一年2次的中医药质量检查工作，保障医疗安全，提高医疗质量。全年对27家医疗机构开展中医药服务与质量控制检查，检查内容包括组织架构、管理制度、中医临床科室建设、实践操作4个方面，对疾病中医诊断和处方开具、中药采购、索证、储存及帖均费用控制进行规范和把控。

【“全国基层中医药工作先进单位”复审】2021年10月20日，上城区代表杭州市接受全国基层中医药工作先进单位复审。专家组通过听取汇报、查阅台账资料、现场检查等方式对上城区中医药工作开展情况进行审查。经复审，专家组对上城区中医药工作取得的成绩给予肯定。上城区以“全国基层中医药工作先进单位”复审为契机，进一步提升基层单位中医药服务能力，形成具有中医药特色的推广模式和长效机制。至年末，14个基层单位均能够按照中医药适宜技术操作规范开展8项技术。

【中医药文化弘扬与传承】2021年，上城区发扬中医药健康养生文化，提升群众中医药健康素养，营造良好中医药事业发展氛围。全区有5个特色“名中医名诊室”在全市具有一定影响力，分别是南星街道社区卫生服务中心的中医妇科（由国家级名中医裘笑梅之子王金生创立，后由其嫡系传人罗杏娟引领）、紫阳街道社区卫生服务中心的针灸推拿科、采荷街道社区卫生服务中心的心脏康复中心、四季青街道社区卫生服务中心的肢体康复科和彭埠街道社区卫生服务中心的中医骨伤科。组织参加杭州市中医适宜技术竞赛，获团体二等奖。结合《中华人民共和国中医药法》实施4周年，上城区各基层医疗卫生服务机构及社会办中医诊所、中医门诊部利用微信公众号、电子屏、宣传海报等形式开展宣传活动，活动期间，开展义诊8场，受益2.76万人次。发挥中医药特色优势，落实上城区中医药学术水平和服务能力传承工作，全年传统医学师承备案72人，参加传统医学师承考核39人，其中7人通过考核，取得传统医学师承出师证书；参加浙江省中医全科医生转岗培训9人。组织开展2021年杭州市中医护理优秀人才、青年中医骨干跟师项目选拔，选送医生4人、护士3人参加该项目。选拔、推荐中医护理优秀人才1人作为2021年浙江省中医护理优秀人才培养对象。（仲　玥）

精神心理卫生

【概况】 2021年，上城区精神卫生综合管理工作和社会心理服务体系建设工作稳步推进。强化精神卫生工作组织保障、经费保障、救助保障，落实辖区精神障碍患者精准管理，依托网格力量，严密排查，及时纳入管理。对接省市医院，做好转介，确保时效；强化部门协同，畅通信息，形成合力。全面推动社会心理服务体系建设，依托上城区社会心理服务体系三级平台，完善新冠肺炎疫情心理服务网络，做好各类人群的心理健康宣教和重点人群心理干预服务。

【严重精神障碍患者管理】 2021年末，全区在册严重精神障碍患者5497人，检出率4.80‰，规范管理患者人数5496人，规范管理率100%。年内，开展部门联合排查3次，排查40.40万人，确诊259人，均纳入社区管理。落实严重精神障碍患者发病报告158份，其中发到辖区外111份，落实辖区内47份。开展多部门联动应急处置严重精神障碍患者72人次，所有处置有效及时，未发生严重精神障碍患者肇事肇祸事件。实施精神卫生门诊“一站式”减免服务，开设精神科免费服药门诊，全年享受该服务949人，发放减免款42.8万元。落实严重精神障碍患者监护补助和看护补贴政策，落实监护补助Ⅱ类患者72人，落实看护补贴29人，发放奖补金23.64万元。对公安干警、社区干部、患者家属、全科医生、精神障碍患者防治人员等开展培训27场，受益1877人次。

【社会心理服务体系建设】 2021年，上城区形成区、街道、社区全面覆盖的三级心理服务平台区，运行并开展心理科普、咨询、评估、疏导和干预等服务，推进各类人群心理健康教育。全年开展宣传172场、培训83场，提供心理咨询服务1342人次。全年对心理咨询师、社会工作师、人民调解员、律师、社工及志愿者等队伍开展培训1260多人次。开展世界精神卫生日、世界预防自杀日等主题宣传活动74场，发放面向各类人群的心理健康宣传折页及核心知识知晓率手册5000多份。关注行业重点人群，推出“健康心驿”系列活动，面向外卖员、直播达人等不同职业人群开展主题活动，受益400多人次。关爱未成年人心理健康，开展“童心卫明”心理健康公益科普系列活动，推出“线下课堂+线上直播”家长课堂，吸引1000多名家长和教

2021年10月9日，心理专家为快递小哥提供“一对一”心理咨询服务
（区卫生健康局 供稿）

师参与。组建和完善上城区心理救援队和心理咨询队，推出上城区新冠肺炎疫情心理援助热线。至年末，接听心理援助热线1452人次，处理由社区、街道转介的心理疏导450人次。

（仲 玥）

新冠肺炎疫情防控

【概况】 2021年，上城区以“外防输入，内防反弹”为总要求，深化“源头查控+硬核隔离+精密智控”工作机制，落实新冠肺炎疫情防控工作。建立常态化疫情防控区级突发疫情指挥长制度，制定“1510”疫情处置响应机制，形成“一呼即应、一应即动、一动即成”的快速应急响应体系。梳理优化常态化新冠肺炎疫情防控工作机制，制定并印发《关于进一步明确和优化常态化疫情防控机制的通知》《秋冬季新冠肺炎疫情防控应急预案和监测预警工作方案》《“冷链”物防应急处置工作方案》《上城区大规模新冠病毒核酸应急检测工作方案》等应急预案，组织开展应急演练，确保全域防控举措依法规范，防控步调一致、精准高效。设置疫情防控“资金池”，将应急物资储备资金纳入年度预算，开通政府采购“绿色通道”，全天候提供财政业务支撑。建立防疫物资“储备库”，按照分级储备、统一调配的原则，全区建立区级储备库3个、各街道分级储备库14个。全区构建“一办三组九专班十四个现场指挥部”运行体系，确保全区新冠肺炎疫情防控工作落实有力、落地有效。

资料

“1510”疫情处置响应机制： 1分钟内响应（接受指令）、5分钟内启动运转（明确举措、部署工作）、10分钟内情况反馈（专人到达现场处置并掌握实际情况）。

“一办三组九专班十四个现场指挥部”运行体系： “一办”即区新冠肺炎疫情防控工作领导小组办公室；“三组”即综合协调组、督查组、值班值守组；“九专班”即精密智控、医疗和人员管控、冷链食品物防、疫苗接种、核酸检测、流调溯源、区域协查管控、铁路新冠肺炎疫情防控、健康码扫码核验工作专班；“十四个现场指挥部”即14个街道疫情防控现场指挥部。

（徐 伟）

【集中隔离管控模式完善】 2021年，按照两个街道负责一个集中隔离医学观察点的原则，区卫生健康局指派院感专家入驻，配备隔离点卫生健康指导员，安排区疾控中心常态化巡检，采取“人防+物防+技防”管用举措，压实24小时不间断管控链条。以杭州多瑙河酒店为样板制定标准化集中隔离点模式，其管理思路获省疾病预防控制中心专家团队肯定，实现集中隔离医学观察点“一体管理”“深度融合”。全年全区设集中隔离医学观察点8个，分属清波、紫阳、闸弄口、笕桥、彭埠5个街道；设综合检测服务点2个、入境人员专用集中隔离医学观察点2个，可用房间1493间。12月6日杭州新冠肺炎疫情防控期间，24小时内快速筹备启用6个集中隔离医学观察点，峰值情况下同时开设15个集中隔离医学观察点，投入工作人员400多人，驻点医务人员70多人，落实14天内集中管控和居家管控。完善新型冠状病毒肺炎病例及密切接触者转运应急预案，针对转运流程、人员防护、设备消毒等环节开展专业培训，配备配齐医务人员防护用品，保障一线医务人员身心健康。

【入境转运工作】 2021年，区卫生健康局突出“一航班一车次一方案”，以“区疾控中心驻点+巡回指导”的方式，制定“车辆定点+人员定岗+防护定位”的入境转运流程定位模式，并在全区推广，现场接机工作得到市领导肯定。12月10日，协调20辆机场转运大巴和13辆区内专用转运车辆，实现新冠肺炎病例的密接、次密接人员集中管控。自2020年6月国际客运航班复航后，至2021年末，上城区接收航班受控任务178批次，转运入境人员1167车次。

【流调溯源工作】 2021年，上城区建立以区卫生健康局、区公安分局、社区为主的区域协查管控专班，组建社区流行病学调查网格化工作小组200支，其中区卫生健康局储备流行病学调查人员5支、83人（区疾病预防控制中心55人、各社区卫生服务中心28人）。上城区以“疾控首席流调+公安协查+中心组长”跟进制和“区域协查+社区三人小组”重点人员核查制为基础，建立快速应急响应机制，提高流调溯源精准性和快速性。年内，严格落实新冠肺炎疫情密切接触者、次密接者的排查管控，以及数据核查、居家上门采样等工作。

【新冠疫苗接种工作推进】 2021年，上城区在全省首创方舱接种模式，通过划分“七大核心区域”、设置“最小工作单元”、“两级协同”全程保障，实现“集约、高效、安全”的接种目标。该模式在全省新冠疫苗接种工作电视电话会议上被肯定并在全省推广，获中央广播电视总台《新闻联播》栏目采访报道。上城区开启“一街一方案”，打造“多点开花”格局，构建“以社区卫生服务中心为基础、省市公立医院为依托、民营医疗机构为补充”的疫苗接种服务保障体系，获省领导批示肯定。各街道社区卫生服务中心通过开设夜门诊、学生专场、延长服务时间等方式推进疫苗接种。6月5日、27日，上城区分别提前3天实现辖区人口40%第一剂次、第二剂次接种覆盖率的阶段性目标。9月25日，完成12～17岁接种任务目标。至年末，上城区医疗机构内工作人员完成新冠疫苗接种9616人。全区完成新冠疫苗接种291.7万剂次，其中完成加强免疫21.02万剂次、3～11岁9.10万剂次、60岁以上15.18万剂次、80岁以上6034剂次。

【核酸检测“应检尽检，日检日清”】 2021年，区卫生健康局聚焦场所、环境、人员三大关键环节，坚持人物同防，全面开展新冠病毒核酸检测“应检尽检，日检日清”。全年开展各类核酸监测441批次2.8万份；各社区卫生服务中心和各街道分层分级开展实操演练17次，建立储备库3+14个（区级3个+街道14个），储备物资39种243.5万件。按照“一街道一策”专班运作，全区设216个采样点822个采样台，系统上下储备采样员1612人，应急采样队伍42支；区委组织部、区委直属机关工委牵头，各街道充实力量，培训储备采样助手1562人、信息登记员1559人、转运人员571人，培训各级各类人员6000多人。8月11日，针对国内部分省份建筑工地人员局部聚集性新冠肺炎疫情，紧急动员部署，在8小时内完成辖区在岗建筑工人核酸检测3.7万人。12月6—26日，完成杭州新冠肺炎疫情封控管控区采样检测4.6万人次，各街道扩面核酸检测9.9万人次，20天全区累计完成核酸检测30.3万人次。

【医疗机构新冠肺炎疫情防控】2021年，上城区持续做好全区医疗机构就医流程和住院病房管理和督查。加强医疗机构“三道门”管理，严格执行所有进入医院人员查验“健康码”、测体温、戴口罩等管理要求，加强预检分诊和门诊筛查，对有发热、干咳、乏力、嗅觉味觉减退、鼻塞、流涕、咽痛、结膜炎、肌痛、腹泻十大症状者进行闭环管理，联系120救护车转运。开展各级各类医疗机构预检分诊网格化督查，每月防控督查率达100%；开展医疗机构预检分诊异常情况闭环管理信息报备，全年报备信息379条。同时，推出互联网诊疗等方式推广开展网上诊疗服务，减少交叉感染。4月，区卫生健康局组织专业队伍参加杭州市大规模人群新冠肺炎病毒核酸检测比武，提升医务人员操作技能和风险意识。定期对医疗机构内工作人员、住院病人、陪护人员等开展核酸检测工作，全年开展核酸检测46万余人次。

【中医药参与疫情防控】2021年，区卫生健康局加强对全体医护人员在中医药应对新冠肺炎疫情防控方面的培训，提升对中医药有效防治新冠病毒的认识。望江街道社区卫生服务中心根据《关于印发新型冠状病毒肺炎诊疗方案的通知》中中医预防治疗内容，制定预防新冠病毒中药协定方，并应用到日常诊疗中。区卫生健康局指导居家健康观察和集中隔离医学观察对象以及重点岗位医护人员使用中药饮片或中成药预防新冠病毒。全年通过中成药、中药汤剂、中药颗粒剂、中药茶饮、穴位按摩、艾灸等中医药技术，为医务人员、隔离观察对象和社区居民开展中医药预防保健服务5.16万人次。

（仲　玥）

体 育

综 述

【概况】 2021年，上城区围绕2022年第19届亚运会（亚残运会），以“办好一个会，提升一座城”理念，坚持项目带动、品牌引领、数智赋能，推动全民健身和文体事业发展。全区拥有三级以上社会体育指导员3951人，每千人拥有社会体育指导员3人，达到2021年“健康浙江”考核拥有社会体育指导员每千人2.6人的标准。整合提升体育社会组织，全区有体育社会团体38个，其中AAAAA体育社会团体3个、AAAA体育社会团体5个、AAA体育社会团体12个。

【体育产业发展推进】 2021年，上城区多举措推动区体育产业发展。根据省市相关文件要求，开展体育产业项目申报，经审核把关，推荐上报橙狮体育（浙江）有限公司、浙江蕙红体育文化策划有限公司为省体育产业发展资金项目。开展体育产业和校外培训机构调查。采取电话调查、实地调查、问卷调查等方式，对全区所有体育企业、校外培训组织、协会等80多家单位开展全面调查。通过调查，摸清全区体育产业底数和校外培训机构情况，了解掌握体育产业和培训行业的现状、规模、特点，建立区体育产业机构名录库，为宏观管理提供决策依据，推进上城体育产业有序发展。

【省级体育现代化区创建考核评估完成】 2021年，区文广旅体局牵头落实省级体育现代化区创建各项指标考核。以专班化运作落实组织保障。局级层面成立5人专班小组，横向对接区级各部门，完成台账佐证材料整理。杭州高塔竞速赛、“大宋108”越野赛入库年度《浙江省重点培育品牌体育赛事名录库》；皋亭山旅游休闲基地被评为省级运动休闲旅游示范基地、精品线路、优秀项目。高质量完成“健康浙江”考核，加强对重点扣分指标的梳理，提出应对举措。11月，上城区完成省级体育现代化区创建各项指标考核，5项必备指标合格，群众体育现代化、竞技体育现代化、体育产业现代化、体育文化现代化、体育治理现代化、体育组织保障现代化6项考核指标90分以上。

【亚运城市行动】 2021年，上城区高标准开展亚运城市行动。组建区亚运城市行动领导小组，设领导小组办公室，实行专班化运作，明确任务分工，倒排时间节点，层层压实责任。全面梳理亚运城市行动责任清单，围绕“健康城区”打造行动、城区国际化推进行动等八大行动内容，拆分形成52个专项、186个子项目，有序推进工作。组织开展亚运进学校、进社区（村）、进社团、进机关（企业）“亚运四进”活动，逐项分解城市侧亚运景观布置工作等任务，细化列入区“拥江发展”考核办法，形成53项考核任务和200多项指标。由区领导牵头推进，各责任单位主要领导主抓落实，确保考核任务顺利完成。在八大行动中，重点开展“与亚运同行”系列健身活动。全年开展区级、街道级、社区级20人以上全民健身培训服务（含科学健身指导活动）315场次，为市民提供多元化科学健身指导载体。

（傅　蝶）

群众体育

【概况】2021年，上城区坚持品牌引领，以“亚运四进”活动为载体，开展各类全民健身活动，营造全民健身新气象。举办钱塘江国际冲浪对抗赛、杭州高塔竞速赛、“大宋108”越野赛等具有国际、国内影响力的品牌赛事活动10多项。开展“弄潮”系列赛事活动100场以上，群众参与人数10万余人次。坚持数智赋能，推进体育数字化改革，挖掘全民健身新潜能。策划荷花塘、杨柳郡等未来社区文旅体应用场景方案。九堡体育中心推动“全民智享运动”入选浙江省改革办“竞跑者”推广案例，上城区“体育场馆智慧化一站式服务”应用场景入选市级数字社会建设首轮“揭榜挂帅”目录，“浙里体培”等应用场景纳入国家体育总局公共体育场馆开放使用综合试点项目。

【体育场馆公益性开放推进】2021年，上城区按照浙江省政府《浙江省公共体育设施管理办法》精神，落实上城区体育中心、九堡阿里体育中心、丁兰文体中心等公共体育场馆（设施）向社会免费或低收费开放，发挥公共体育场馆的社会功能。全年免费或低收费开放公共体育场馆（设施）6处，惠及人群110万余人次。全年对全区各街道社区健身设施巡检1300处、维护382处。

【杭州高塔竞速赛】2021年10月17日，“民间亚运会”第二站赛事——2021长三角高塔竞速赛·杭州站在钱江新城开启。该赛事由市体育局、区政府主办，区委宣传部、区文广旅体局、区商务局承办，杭州世东体育活动策划有限公司运营，《都市快报》为赛事战略合作媒体，杭州市体育彩票管理中心为公益特别支持单位。高塔竞速赛全程60层楼、250米高，有1647级台阶，设有男子组、女子组和家庭组3个组别，700人参加。经过角逐，施爱爱、龚素敏分别以8分41秒、12分14秒获男子组、女子组冠军，其中男子组破纪录（上一届为8分51秒），毕诺家庭以25分34秒获家庭组冠军。

【“奔跑吧，杭州”2021城市定向挑战赛】2021年7月17日，由市体育局主办的主题为“全民健身·相约杭州”的“奔跑吧，杭州”2021城市定向挑战赛在上城区、钱塘区举行。有1500多组参赛队伍，3000多名选手参赛。上城赛区有1000组亲子家庭参赛。开幕式上，杭州市丁兰第二幼儿园和杭州市天杭实验学校师生安排体操《斗牛小萌娃》、动感操《炫舞青春》等趣味表演。上城区设6条任务线路、11个点位，将趣味健身挑战项目串联到比赛任务中，使选手在互动中感受钱塘江文化和南宋风雅生活，推动亚运文化与宋韵文化融会交流，擦亮南宋文化品牌。

（傅　蝶）

竞技体育

【概况】 2021年末，上城区有区体育特色学校47所、区业余训练基地13个、市队联办项目学校23所。有国家级和省级体育后备人才训练基地5个。其中，国家级2个，为定安路游泳馆、上城区羽毛球训练基地；省级3个，为杭州师范大学东城实验学校排球训练基地、杭州市景芳中学女足训练基地、杭州市江城中学射击训练基地。年内，上城区开展各类体育活动，并组队参加省市相关赛事，获优秀成绩。

【体育与教育融合推动竞技体育发展】 2021年，上城区通过深化体育与教育融合，注重多渠道培养储备体育人才，促进竞技体育发展。将体质健康纳入居民健康体检，并进行推广，居民个人体质健康建档率不低于60%。推动体育与教育融合，使优质体育活动深入学校，实现“人人有体育项目、班班有体育活动、校校有体育特色”。依托青少年业余训练布局补助经费扶持机制，通过对业训训练、竞赛成绩、梯队建设等综合评估，加大对区青少年业余体校、体育传统项目学校、社会业余训练基地“三大平台”的支持力度，累计扶持95万余元，发挥政策扶持导向作用。年内，区文广旅体局组队参加杭州市中小学生田径运动会、击剑、羽毛球等项目比赛，在全国羽毛球基地训练比赛中，上城区获金奖、铜奖各1项，有2名运动员进入羽毛球国家少年队。落实运动员省、市注册工作，全年完成省、市学生运动员新注册1100多人，为田径、游泳、乒乓球、羽毛球等20多个竞技项目储备后备人才。

2021年10月10—17日，上城区“胄道杯”弄潮篮球联赛在九堡阿里体育中心5楼篮球馆举行 （区文广旅体局 供稿）

【“胄道杯”弄潮篮球联赛】 2021年10月10—17日，上城区“胄道杯”弄潮篮球联赛在九堡阿里体育中心5楼篮球馆举行。来自街道、社区、机关、企业等各领域的篮球爱好者组成32支代表队、近500名运动员参加。比赛分64场进行，分为街道组和社会组。其中，区机关联队以49∶40的比分赢得首场胜利。该赛事同步线上赛事扩容直播，加入技术统计系统，每名选手的比赛数据由技统人员实时传送到云端，选手能方便快捷地通过小程序了解个人得分、篮板等数据及排名。

（傅 蝶）

体育设施建设

【概况】 2021年，上城区合理布局区、街道、社区（村）三级公共体育场地设施体系，加快普惠性体育场地设施建设，构建群众身边的全民健身设施网络，实现“10分钟健身圈”。区内大型公共体育设施建设、重点体育设施建设有序推进，全区“一园六中心”[李宁体育园和区体育中心、区全民健身中心、定安路体育中心、九堡文体中心、丁兰文体中心、杭州市全民健身中心（属地上城）] 大型文体场馆布局体系构建基本完成。基层健身苑（点）建设和管理工作推进。全区学校室外体育场设施全部面向社会免费开放，非新冠肺炎疫情期间开放率100%。全年新建绿道58千米，新增体育场地面积50万平方米以上。全区有体育设施2703处，201个社区（村）全民健身路径100%覆盖。全年改建体育设施60多处，“10分钟品质健身圈”初步形成。全年完成省市区三级民生实事项目12个，建成街道社区级百姓健身房3家、社区多功能运动场3个、体育公园2座、笼式足球场4个；全年维修保护和专管员巡查全民健身苑点2000多次，维修600多件。区文广旅体局参与新建小区体育场地配套建设审核工作，依据省居民住宅区公共文化设施配套标准，参加建设项目审查10次，完成3处新建小区体育场地配套建设的审核工作，确保新建小区、老旧小区改造中体育场地面积的需求。

【全民健身阵地建设】 2021年，上城区以2022年第19届亚运会为契机，聚焦拓展群众身边健身空间，推进全民健身阵地建设。至年末，完成上城区体育中心亚运场馆7个大项52个子项目改造；基本完成总建筑面积5.56万平方米的上城区全民健身中心（2022杭州亚运女子水球训练馆）装修项目。推进重点体育设施建设，总投入2.38亿元的九堡文体中心和总投入1.2亿元的丁兰体育中心相继建成开放；新建成的李宁体育园向公众亮相。推出《上城区全民健身设施管理办法》，健全责任主体、经费投入、设施改建和更新报废等长效管理机制。全区新建绿道58千米，建成体育场地设施2703处，人均体育场地面积达到1.99平方米。实现社区体育设施全覆盖，形成“10分钟健身圈”。

【亚运会场馆建设】 2021年，上城区聚焦亚运效应，推进亚运场馆建设。坚持“以一流标准建设一流场馆”原则，突出“绿色、智能、节俭、文明”的建设理念，严把工程质量关、安全关、进度关，推进上城区体育中心体育场及全民健身中心水球训练馆建设工作。3月，上城区体育中心体育场室内装修、足球场草坪、球场灯光等主体工程完工。10月，在2022年第19届亚运会组委会场馆建设部、竞赛部、信息技术部等6家部门的联合检验下，该场馆通过赛事功能验收，整个场馆改造提升全面完成，基本具备亚运办赛条件。上城区全民健身中心五至八层为亚运会水球训练馆及其配套用房，面积9657平方米。水球训练馆于7月启动内部装修，至年末，完成85%的室内装修工程量。

（傅　蝶）

【李宁体育园竣工】 2021年6月18日，杭州李宁体育园在上城区艮北新城竣工。该体育园由杭州上城区城市建设综合开发有限公司、中建国际投资（浙江）有限公司、中建八局浙江建设有限公司、非凡中国控股有限公司合作投资建造，是公益性亚运体育主题公园，系杭州首座PPP（政府和社会资本合作）模式的全民健身体育公园，入选全国海绵城市杭州示范项目。该项目总投资超8亿元，总用地面积5.79万平方米，总体空间结构为“一环一心六片区”。“一环”为环绕公园800米架空跑道；“一心”为主建筑文体中心；“六片区”为滨河漫步区、广场休闲区、运动文化区、亲水游览区、景观绿化区和停车区，其中运动区块涵盖羽毛球、乒乓球、排球、篮球、足球、游泳、体操、击剑、攀岩、蹦床等运动项目。体育园还设有图书阅览室、小剧场、青少年活动中心及老年活动中心等区块。

（姜　雯　汤李郁）

民政事务管理

【婚姻登记服务】 2021年，上城区办理内地居民结婚登记6331件、离婚申请2705件、离婚登记1865件，补办婚姻登记证7701本，婚姻登记合格率100%。出具无婚姻登记记录证明11件，接待婚姻问题来电来访咨询5.81万人次。其中，办理跨区域结婚登记3245件、跨区域离婚登记758件，跨区域补领婚姻登记证554本，各类跨区域的婚姻登记占总登记量的28.7%。

【婚姻家庭辅导】 2021年，区民政局无偿为婚姻当事人提供婚前辅导、婚姻家庭与心理咨询、法律咨询、离婚劝导和调解等婚姻家庭辅导服务。全年为579对婚姻当事人提供婚姻家庭辅导，其中婚前辅导451件、婚姻关系辅导26件、家庭关系辅导2件、离婚调适辅导100件，其中经辅导后选择和好或暂缓离婚67件，离婚调解成功率67%。辅导对象对家庭辅导员的服务满意度100%。

【婚俗改革】 2021年，区民政局聚焦历史文化传承，以倡导婚事简办为目标，复刻南宋结婚仪式，打造“宋韵婚典”集体婚礼品牌。10月24日，举办第2届“缘定上城·御见幸福”宋韵婚典，有11对新人参加集体婚礼。区民政局联合浙江省婚姻家庭协会和区社区学院，合力构筑省内第一个婚姻家庭辅导师培训基地，吸引全省有志于婚姻家庭辅导服务的社会人才到该基地学习技能。该基地位于上城区清泰街严衙弄7幢，占地面积4150平

2021年10月24日，上城区举办第2届“缘定上城·御见幸福”宋韵婚典
（区民政局 供稿）

方米，由区政府主办、区教育局主管，倡导终身学习，践行终身教育。4月，完成首批人才培训班，49人结业。倡导公益文化助力移风易俗，依托“尚善之家”公益平台和慈善辐射功能，创设婚俗文化慈善项目载体，拓宽社会力量参与渠道，推进婚俗改革。强化宣传引导，以区婚姻登记服务中心为宣传平台，采取制作宣传制品、印发倡议书等形式，引导新人抵制高额彩礼、奢华婚礼等行为。

（童　磊）

【殡葬管理】 2021年，上城区围绕市殡葬改革相关要求和考核目标，落实各项殡葬事务，以及惠民殡葬和生态安葬奖补政策。全年投入惠民殡葬经费169万元，实施指定陵园生态节地安葬奖补制度，全年奖补金额17.55万元。实施骨灰洒江生态节地安葬71例，奖补金额14.2万元，开展“一件事”系统办理联办事项5380多条。清明、冬至期间，公墓无烟率达到100%，群众文明治丧成为新风尚。加大推行殡葬移风易俗与殡葬改革宣传工作力度，倡导文明祭祀新风，文明殡葬新风氛围浓厚。落实清明、冬至期间南山陵园、丁兰元宝山公墓、华侨陵园、龙居寺公墓群众祭扫高峰安全保障工作，区交警、市场监管、综合执法、卫健、消防、环保等部门通力合作，保障措施完善，群众祭扫安全顺利、秩序良好。

（周　剑）

【区划勘界】 2021年4月，区民政局根据省政府《关于调整杭州市部分行政区划的通知》文件精神，全面开展上城区行政区划勘界工作。勘界工作以原法定界线为基础，按照核定法定线、勘定习惯线、解决争议线的原则，勘定行政区域界线6条，界线全长83.61千米，设置界桩点位17个（不包含AB桩），实埋界桩8个，全域界线清晰稳定。根据省、市统一部署，完成检查验收、签订边界线协议书、按程序上报勘界成果数据、汇总勘界档案及行政区划图更新等工作。新区域版图以结构优化推动资源优化配置，推进区域协调发展。

【地名管理与服务】 2021年，区民政局贯彻落实杭州市《地名管理规范》，审核上报道路、桥梁、公园命名19处，居住区、建筑物命名37处，编制门牌5300多个，设置各类地名标牌1.32万块。建立、健全清理整治不规范地名管理法治化、科学化、标准化长效机制，通过联合区住建、市场监管等部门，多次开展联合检查，做细、做实政策宣传，巩固清理整治不规范地名工作成果。深化地名服务“最多跑一次”改革，优化地名窗口服务，发放门牌证6500多件，群众满意回访率100%。加快推进地名数字化，完善地名地址数据库，归集地名门牌数据44.31万条，并进行图属关联定位。全区地名数据上图率100%，门牌数据上图率99.2%。

【地名文化传承保护】 2021年，区民政局探索多样地名文化宣传形式，推进地名文化传承保护工作。开展“品地名故事，学百年党史”红色地名宣传活动7期。落实“跟着地名游上城”系列宣传，在“上城民政”微信公众号连载相关内容40多期，并组织“宋韵地名文化故事进社区”活动，制作视频《“跟着地名游上城——小营巷”》。推进地名文化遗产保护，挖掘各类地名文化资源，完成市第三批地名文化遗产保护名录申报项目8个，分别是江干、六部桥、皮市巷、钱塘、王家井、相婆弄、小营巷、宣家埠。年内，完成《中华人民共和国标准地名词典》《浙江省标准地名志》《浙江省标准地名词典》《浙江省标准地名词典・下卷・自然地理实体类》《浙江省标准地名词典・下卷・文物保护单位类》等编校工作。

（周燕敏）

社区建设

【社会工作站建设】 2021年7月，上城区完成全区14个街道社会工作站建设，在全市率先实现全覆盖，其中湖滨、清波、南星、望江、凯旋、彭埠、笕桥、九堡8个街道社会工作站通过省级民生实事项目评估。上城区依托14个街道社会工作站和84个特色社区工作室，在青少年教育、拥军优抚、基层协商自治、社区治理和志愿者培育等社会工作专业领域形成服务品牌。

【社工专业化水平提升】 2021年，上城区聚焦社工队伍能力建设，提升社工专业化水平。10月，以突出本土化、专业化、职业化为亮点，完成年度专职社工招聘工作，招聘专职社工250人。至年末，全区有专职社区工作者2997人，具备本科及以上学历占74.9%，其中获社会工作师（含助理）职称1573人、被评定为全市社会工作督导助理31人。强化培训辅导，将专职社区工作者培训纳入全区干部教育培训规划，依托上城区“社工学院”，每年至少进行一次轮训，提升社区专职工作者的专业能力及实际解决问题的能力。至年末，开展相关培训3期，培训社工4000多人次。开展“社工达人营”项目，7名社工入选杭州市社会工作督导助理百人名单，入选人数连续第3年居全市第一。4月，紫薇原点社会工作发展中心理事长王学梦通过全国高级社会工作师评审委员会评审，标志着上城区社会工作专业人才初、中、高三级梯队正式形成。紫阳街道社工吴晨晨获杭州市“社工好故事”演讲比赛三等奖。

【社区工作者节】 2021年10月27日，由区民政局主办，紫阳街道承办的上城区社区工作者节暨新中国第一个居民委员会邻里节活动在中国社区建设展示中心举行。活动以“治融尚城、共赴亚运”为主题，通过活动形式展现上城区新时代社区工作者风采，宣传“优秀社工”事迹。活动现场，上城区100多名优秀社工受到表彰肯定，《上城区“五社联动”共建共同富裕现代化基本单元十大专项行动方案》发布，由浙江大学、复旦大学、浙江工商大学、浙江树人大学、杭州市委党校等高校的专家教授组成的上城区社区治理专家智库正式成立。

【“三型社区”建设】 2021年，上城区根据社区建设新要求，着力改善社区软硬件环境，加快基础设施建设，完善服务管理手段，指导街道做好撤村建居工作，做好“三型社区”（示范社区、国际化社区和田园社区）申报工作，以提高社区服务群众、自我管理、民主自治为目标，提升社区治理和服务能力。年内，清波街道劳动路社区入选杭州市国际化社区示范点，彭埠街道御道社区、九堡街道八堡社区入选杭州市撤村建居示范点。

2021年11月2日，杭州市“社工好故事”演讲比赛在区文化中心举行
（区民政局 供稿）

【智慧社区建设】2021年7月，上城区作为杭州市唯一代表入选省级“智慧社区”试点。上城区按照《浙江省民政厅关于开展智慧社区试点工作的通知》要求，围绕“智慧社区”建设目标、重点任务及省民政厅专家评审意见开展试点工作。8月，上城区“一表通”应用场景与“云上皋城”综合平台均入选全市第二批“社区智治”试点单位名单。至年末，上城区有“邻里E家”、“AI小清”、“零报表”、“一站式”数字治理新模式、“一表通”、“云上皋城”6个项目入选全市“社区智治”试点，数量列全市第一。

（赵雨静）

【共同富裕基本单元研究】2021年8月28日，上城区与浙江工商大学联合主办的共同富裕基本单元建设启动仪式在彭埠街道杨柳郡社区邻里客厅举行。启动仪式上，中国社区建设展示中心“共同富裕基本单元研究中心”揭牌成立。年内，中国社区建设展示中心链接高校资源，以杨柳郡社区实践基地为样本开展课题研究，受到新华社、《光明日报》、《浙江日报》等各级媒体宣传20多篇次。推进中国城市街道与居民委员会档案史料（2001—2010）梳理编研。“基于‘邻里治理’的未来社区场景化创新研究——以始版桥为例”课题获2021年浙江省民政政策理论研究成果三等奖。拓展基层社会治理研究联盟，发挥展示中心连接社区的桥梁作用，推动7所高校研究力量与基层实践无缝对接，促成浙江工商大学对杨柳郡未来社区建立深入研究关系。

2021年8月28日，共同富裕基本单元建设启动仪式在彭埠街道杨柳郡社区邻里客厅举行。图为两名研究员（实务导师）接受聘书

（中国社区建设展示中心 供稿）

主导编印《社区民主协商议事规则》和《居民协商议事实务手册》。

【社区建设人才培育】2021年，中国社区建设展示中心围绕新时代基层治理体系和治理能力现代化建设，建成具有社区建设理论造诣及丰富实践经验的24人授课专家团队。先后承办上城区第二期社区社会工作领军人才高级研修班、高级社会工作师考前培训班、社会工作督导人才培训班等班次近20个，直接受益学员近500人；承接完成清波、小营和南星等街道专职社区工作者培训，直接受益学员400多人，有效提升社区工作者的社区治理能力和工作水平。

【中国社区建设展示中心获评首批长三角红色博物馆联盟成员单位】2021年，中国社区建设展示中心结合展馆特色，在讲解接待时将展馆内容和百年党史进行整合融通，宣传党领导下基层民主自治取得的成绩，以浸润式观感体验引导党员干部传承红色基因，坚定理想信念，增强党性修养。在常态化新冠肺炎疫情防控下，全年接待服务参观团队221批5282人，协助区委组织部、区委宣传部等拍摄党史宣传片10多场次。年内，展示中心先后被评为首批长三角红色博物馆联盟成员单位、浙江省党员教育培训基地、杭州市党员干部教育培训基地等。

（王斌华）

社会组织管理

【概况】 2021年，上城区坚持以党建为引领，以社会联动为抓手，深化公益党建联盟，开展新冠肺炎疫情防控、公益资助和亚运服务等活动，引导社会组织参与基层社会治理。至年末，全区注册登记社会组织1106个（社会团体273个、民办非企业单位826家、基金会7个），备案社区社会组织4118个，每万人拥有社会组织40个。其中，AAAAA级社会组织32个、AAAA级社会组织39个、AAA级社会组织83个，省级品牌社会组织6个、市级品牌社会组织14个。有市级品牌项目12个，省级社会组织领军人才8人、市级社会组织领军人才9人。

【社会组织培育】 2021年，上城区围绕“发展、培育、服务、治理”4个方面推动社区社会组织提质增效，助力形成共建、共治、共享的基层社会治理新格局。坚持党建引领高标准发展、政策护航高质量培育、数字赋能高作用发挥、管理规范高水平治理，深化公益党建联盟，拓展公益党建路径，创新社会组织培育孵化模式，优化社会联动路径，凝聚多方力量共同参与社会组织培育和社区治理，有效提升社会组织服务供给水平和参与治理能力，推进基层社会治理体系和治理能力现代化建设。9月，上城区社会组织优秀案例《上城区“四力”助推社会组织提质升级》入选省级社区社会组织参与基层社会治理十大优秀案例。

【街道级社会组织服务中心实体化运行】 2021年，上城区夯实社区社会组织发展基础，发挥基层党群服务中心的阵地作用，打造区、街道、社区三级社会组织服务中心实体平台，构建“1+14+X”社会组织和党组织“双孵化”平台。10月25日，发布“双孵化”市级地方标准——《社区社会组织“双孵化”服务规范》。年内，全区投入街道社会组织服务中心运营资金736万元，平均每个街道配备专职两新党务社工不少于3人。14个街道社会组织服务中心100%实体化运作，全部达到AAA级以上，其中AAAAA级7个、AAAA级4个、AAA级3个。凯旋街道社会组织服务中心成为中共中央组织部在浙江省唯一的社会组织党建工作直接联系点，其党建实践及经验入选全国优秀党建案例；小营街道社会组织党群服务中心获评全省首批社会组织党群服务中心示范点。

【社会组织规范化管理】 2021年，上城区加强辖区社会组织规范化管理。开展打击整治非法社会组织专项工作，深化打击整治成果，先后开展联合执法8次，查获非法社会组织2个，非法社会组织活动明显减少。区民政局、区教育局和区市场监管局组成转登办理工作小组，对营利性学科类校外培训机构转登工作实施“线上跑零次+线下跑一次”便民举措，打通线上申请递交通道，设立线下培训机构转登专窗，由专窗工作人员“集成服务”，“一站式”为不同需求的培训机构完成转登、变更、注销等业务办理，办理效率、质量、满意度都得到保障。至年末，上城区有序完成培训机构转登工作，其中民办非企业单位成立登记的培训学校12所。

【公益项目资助】 2021年，上城区以区社会组织发展基金会为平台，统筹区、街道两级公益创投专项经费，推进公益创投进一步常态化、专业化和规范化。区社会组织发展基金会通过需求征集、项目申报、项目优化、专家评审等环节，合计投入公益服务资金698万元，资助公益服务项目92个，形成“‘和谐邻里，联动共治’示范型‘幸福邻里坊’提升服务项目”“‘览宋韵上城，展钱塘风采’文化进社区项目”等品牌服务项目，提升全区社区服务供给水平。

（黄　炜）

民族和宗教工作

【概况】 2021年，区民族宗教事务局以习近平总书记关于民族宗教工作系列讲话论述精神为指引，坚持管理与服务相结合，深化民族和宗教界代表人士教育引领，引导民族和宗教界人士与党同心同德、同向同行。开展全区宗教领域安全风险普查及安全隐患大排查大整治专项行动，保平安、守底线。推进平安宗教活动场所创建，开展宗教场所“五进”、民族团结进步“七进”等活动，深化民族团结进步阵地建设，加强“双百村结对帮扶”工作力度，为民族和宗教界人士搭建参政议政、交流互融的组织平台，巩固全区民族团结、宗教和谐、社会稳定良好局面。

【上城区佛教协会成立】 2021年11月19日，上城区佛教协会成立大会暨第一次会员代表大会召开，区委统战部领导、区佛教协会会员、居士代表等110多人参加会议。会议审议通过《杭州市上城区佛教协会章程（草案）》《杭州市上城区佛教协会选举办法（草案）》，选举产生第一届理事会班子成员15人，推选出会长1人、常务副会长1人、副会长2人、秘书长1人。会上，举行区佛教协会现场揭牌仪式及“云帆计划在上城”公益捐赠资金交接仪式，区佛教协会将前期通过在全区佛教信众中宣传发动募集到的9.41万元捐献给区红十字会“云帆计划在上城”公益项目。区佛教协会通过宣传党的宗教政策，引导全区佛教界人士爱国爱教、正信正行，加强各佛教活动场所的协调联系，更好发挥党委政府、主管部门和佛教界的桥梁纽带作用。

【上城区民族团结促进会成立】 2021年10月22日，上城区民族团结促进会成立大会暨第一次会员代表大会召开。市民族宗教事务局、区委统战部、结对民族村代表、各街道统战委员等110多人参加会议。会议审议通过《杭州市上城区民族团结促进会章程（草案）》《杭州市上城区民族团结促进会选举办法（草案）》，选举产生第一届理事会成员17人，推选出会长1人、副会长15人、秘书长1人。大会以“铸牢中华民族共同体意识，助力高质量发展建设共同富裕示范区”为主题开展活动，邀请丽水景宁畲族自治县东坑镇新和村、松阳县象溪镇象溪圩村代表分享民族乡村振兴“双百村结对行动”取得的成果。会上，笕桥街道就基层推进中华民族共有精神家园建设工程进行经验交流分享。区民族团结促进会致力于发挥平台桥梁纽带作用，传承弘扬中华优秀传统文化、推进民族团结阵地品牌建设。至年末，有会员211人。

【民族乡村振兴“双百村结对行动”帮扶】 2021年，区民族宗教事务局推进民族乡村振兴“双百村结对行动”帮扶，注重把握补短板、增收入、推自主、提设施“四个基点”，利用当地绿色农业资源，通过创新帮扶模式、开展线下线上帮扶及慰问帮困助学等，激发乡村自我发展及重塑民族特色文化现代性功能，助推乡村经济发展。全年到“双百村结对”地区——丽水景宁畲族自治县东坑镇新和村、松阳县象溪镇象溪圩村开展帮扶工作3次，为促进当地结对民族村集体经济发展提供帮扶资金60万元。

【宗教领域安全维护】 2021年，区民族宗教事务局落实上级新冠肺炎疫情防控要求，落实全区涉宗场所安全保障。全年组织开展涉宗场所疫情期间有序开放和安全生产巡查检查100多次，联合属地街道出动800多人次，实现全区宗教教职人员“零感染”。联合区住建、市场监管、消防救援等部门组成联合工作督查组，对全区宗教活动场所规范管理、建筑安全、食品安全、消防安全等方面开展检查。推进平安宗教活动场所创建，思澄堂被命名为2020年度省级平安宗教活动场所，思澄堂、杭州清真寺被命名为2020年度市级平安示范单位，大资福庙、杭州清真寺被命名为2021年度浙江省宗教活动场所消防安全标准化管理“百优争创”活动优秀单位。

【全区基层统战（民族宗教）干部培训班】 2021年11月30日至12月3日，区民族宗教事务局在桐庐世贸大酒店举办全区基层统战（民族宗教）干部培训班，全区宗教工作三级网络相关责任人70多人参加。培训设置“宗教政策法规和平安创建”、《中国共产党统一战线工作条例》学习等课程，邀请省社会主义学院、市民族宗教局、市委党校专家进行授课；邀请区委统战部有关领导就如何进一步推进新时代基层侨务和新阶层统战工作进行深刻分析，对当前宗教工作面临的基本形势和做好基层宗教工作的重点进行解读；邀请市委党校党史党建教研部讲师传达习近平总书记关于宗教工作的重要论述精神。望江街道、南星街道、紫阳街道、四季青街道、笕桥街道和笕桥街道水墩社区相关负责人分别就基层民族和宗教工作经验开展交流。

（王琳莉）

养老服务

【概况】 2021年末，上城区有60岁及以上老年人22.71万人，占户籍总人口的26.2%，其中80周岁及以上4.15万人、90周岁及以上8029人、100周岁及以上272人。全区有养老机构35家，养老床位4948张；有居家养老服务照料中心168个、示范型居家养老服务中心22个；有社区食堂44个、助餐点10个。全年为老年人办理、申领老年优待证6035张，为80周岁以上高龄老年人发放高龄津贴2823.67万元。开展家庭照护者培训1591人，养老护理员等级培训252人。开展弘扬养老孝老敬老传统、宣传倡导老年健康文化和政策的活动，全面营造“老年友好”氛围。理顺浙江老年电视大学上城分校运作模式，创新推动老年文化教育。落实老年意外险投保工作，受益老人4.51万人，有效保障老年人生活品质。年内，中央电视台新闻频道在《奋斗百年路，启航新征程·今日中国》栏目报道上城区康养体系建设成果，体现全区养老服务事业、产业快速协同发展的美好场景。《人民日报》对上城区居家养老服务的工作做法予以报道和肯定。

【康养联合体建设】 2021年，上城区通过提前谋划、整合优势资源，采取以示范型居家养老服务中心建设为核心载体，以点带面，辐射周边，同步推进街道康养联合体建设。联合周边医疗卫生机构、社会力量等康养资源，按照“有设施、有器材、有队伍、有标准、有数据”的“五有”标准，因地制宜建设不同模式、不同路径的康养联合体，为失能失智和失能高风险老年人提供康复护理、康复训练和生活照护等服务。至年末，建成清波街道居家养老服务中心（光复路24号）、小营街道居家养老服务中心（清吟街108号）、闸弄口街道怡福居家养老服务中心（闸弄口横路32号）、丁兰街道兰孝居居家养老服务中心（绿园弄51号）。

【困难老年人家庭适老化改造】 2021年，上城区实施困难老年人家庭适老化改造。按照“就高不就低”原则，将适老化改造标准从省级标准6000

元统一调整至1万元。聚焦刚性需求，打造“一户一方案”，按照“边施工边验收”模式，完成困难老年人家庭适老化改造218户，并于9月完成项目验收，超额完成省、市民生实事项目150户的目标任务。该做法获浙江新闻、《杭州日报》、浙江之声、杭州新闻等省、市媒体报道。

【社区康养驿站提升】 2021年，上城区提升一批社区级居家养老服务中心，统一名称为社区康养驿站。全年纳入社区康养驿站建设的分别是湖滨街道岳王路社区，清波街道劳动路社区，小营街道葵巷、紫金社区，望江街道耀华社区，南星街道水澄桥、玉皇山、海月桥社区，紫阳街道候潮门、甬江社区的10个社区级照料中心。社区康养驿站具备居家上门服务、专业日托服务、养老顾问服务和社区助餐服务四大基础功能及X项社区特色养老服务，为居家养老提供服务支撑，“一站式”解决老人养老难题。

（陶晓洁）

【居家养老服务完善】 2021年，上城区完善居家养老服务。全年实施高龄普惠照料服务3.43万人，享受失能失智照料服务2389人，充值44.51万人次，发放养老服务电子津贴（重阳分）4326.25万分。养老服务电子津贴作为老年人享受政府提供服务的电子权益，依托杭州市“互联网+养老”系统平台，以“重阳分”形式按月发放至老年人社保卡（市民卡）养老服务专户中，用于购买基本生活照料、助餐、助浴、助洁、助行、代办等养老相关服务。年内，对原江干区户籍、且常住原江干区的80周岁（含）以上老年人及60周岁（含）以上至79周岁（含）持有效期内“杭州市最低生活保障家庭证”“杭州市最低生活保障边缘家庭证”“特困人员救助供养证”老年人1.53万人提供家用电器维修服务；对原江干区90周岁（含）以上老人生日开展慰问服务项目，生日祝福慰问90周岁及以上高龄老人3194人。全年全区5.37万名70周岁及以上的空巢、独居、孤寡老人，80周岁及以上的高龄老人，享受政府养老服务补贴的老人享受“智慧养老”服务。制作并发放老年优待证6035本。发放高龄津贴2823.67万元，惠及46.19万人次。

（闻雅娟）

【医养结合服务体系构建】 2021年，上城区整合优化资源，架构“省市医院+14个社区卫生服务中心+医养结合机构+日间照料中心”的服务网络，实现居家、社区和机构医养结合闭环服务。依托省、市医院和“尚医生学院”，完成全国医养结合人才能力提升培训50人次。四季青街道社区卫生服务中心、南星街道社区卫生服务中心全年收治安宁疗护患者58例，居家11例。全区完成老年人心理健康状况需求评估1300多人。在闸弄口街道试点开发新型医养结合评估系统，实现民政养老与台湾耕莘医院多病种专项评估的系统整合，率先实现“护理站”植入社区卫生服务站点，并作为全市唯一试点区，探索将医养结合服务纳入基本公共卫生考核项目。全年提供居家医疗服务2495人，累计上门服务3.95万人次，为全区188个日间照料中心提供健康服务2500多次，医养结合工作案例报送省卫健委，获评优秀案例，高分通过市对区医养签约工作考核。1月、5月和9月，分3次开展医养结合机构医疗乱象集中整治和服务质量提升行动，对辖区12家医养结合机构开展全覆盖督导。依托紧密型医养联合体，通过日常业务指导、上下转诊、技能培训，8家医养结合机构与4家市级医院实现双向转诊、会诊500多人次。

【敬老爱老宣传普及】 2021年，上城区开展“最美”敬老爱老先进选树，全面启动

“敬老文明号”创建。清波街道柳翠井巷社区获评“全国示范性老年友好型社区”，采荷街道、丁兰街道皋城村获评市“最美敬老爱老示范街道（村）”，于再秒等7人获评市“最美敬老”系列人物，丁兰街道皋城村等6个社区被命名为杭州市老年友好型社区，杭州仁馨老年病医院、杭州城东医院等9家医疗机构及14个街道社区卫生服务中心被评为上城区老年友善医疗机构。组织开展老年健康宣传周、敬老月活动191场，参加人数1500多人次，服务老人9000多人次，走访慰问全区百岁老人。

【老年人文化教育】2021年，上城区开展老年人文化教育，丰富老年人文化生活。丰富“乐龄学堂”“九养上城”“微学通”“幸福e家”等品牌课程内涵，开设防诈骗课程，提升老年人防范新型电信网络诈骗意识和能力；开设智能技术运用等免费课程，教导老年人学用智能手机等电子设备，跨越“数字鸿沟”；开发“玩转手机，智慧生活”系列课程，制作微课程24节。依托区社区学院、区老年电视大学开设36类课程105个教学班，全年开课755次，服务4.94万人次，线上观看1.73万人次。全年开设培训班200多个，送教进社区300多次，受益老年人1万余人次。在杭州市智能技术应用视频、教材及案例评选活动中，全区获奖视频、案例8个。

（仲　玥）

退役军人事务

【概况】2021年，区退役军人事务局围绕打造“崇军优抚、军地共建”样板区目标，开展“一颗红星跟党走”上城老兵庆祝中国共产党成立100周年系列活动600多场；在八一建军节、春节等节点全覆盖走访慰问退役军人及优抚对象5.6万余人次及驻军部队，开展崇军拥军主题活动400多场。争创全国示范型退役军人服务站、省级“新时代枫桥式”退役军人服务站、市级“新时代枫桥式”退役军人服务站，高标准组织全省享受抚恤补助待遇的优抚对象年度确认试点工作；承接全省“浙里崇军”、全市“老兵码”场景化应用试点工作，打造“红星助梦”就业创业、“红星有我”崇军拥军、“红星之家”志愿服务系列品牌。年内，区退役军人事务局先后获评《中国退役军人》杂志宣传工作成绩突出单位、全国示范型退役军人服务中心、浙江省退役军人全生命周期管理保障工作成绩突出集体、2021年度浙江省退役军人服务保障体系先进单位等荣誉。区退役军人事务局受到杭州市“全国双拥模范城”创建工作行政嘉奖；全省优抚对象年度确认试点工作获省领导批示。推选的“非急救院后转运服

2021年，上城区在“崇军志愿服务点”开辟“老兵码”通道。图为退役军人享受优惠优先服务

（区退役军人事务局 供稿）

务”军创项目获浙江省第2届“建行杯”退役军人创业创新大赛一等奖、杭州市第2届退役军人创业创新大赛一等奖；“看笕蓝天”笕桥退役军人社区关爱服务项目获浙江省最佳志愿服务项目；“保家生态养殖”军创项目获杭州市第2届退役军人创业创新大赛二等奖。

【退役军人全生命周期管理保障】2021年，上城区贯彻落实中央和省委、省政府关于退役军人工作的决策部署，以数字化改革为牵引，归集服务保障、就业创业、社会志愿崇军等各类服务，推进退役军人全生命周期管理保障工作。拟制《上城区退役军人服务保障体系能力提升方案》，建成街道、社区退役军人服务站211个，创建全国示范型退役军人服务站10个、全省“新时代枫桥式”退役军人服务站8个、全市“新时代枫桥式”退役军人服务站27个；接待退役军人事务部褒扬优抚司、国家退役军人服务中心和全国近20家兄弟单位调研考察。制定《上城区军队转业干部、退役士兵、随军（随调）家属安置办法（试行）》，打造军转干部实训品牌，建立储备人才“信息库”。搭建退役军人未就业信息数据库，为退役军人提供就业创业咨询服务1500多人次、专属岗位500多个、其他岗位6000多个，实现退役军人退役返乡、就业帮扶、创业指导“一站式”智慧服务。探索“新时代枫桥式”退役军人服务站“云上工作法”，建立重大节日走访慰问及常态化入户走访“大数据+铁脚板”工作机制，推广在退役军人立功受奖、入伍退伍、重大节日、重病住院、家庭受灾、因病去世、生活困难、权益维护、就业创业受阻、心理情感受挫10个重要节点开展服务的“十时联”工作制度，打造“红星之家”“老兵帮帮团”“老班长之家”“强哥工作室”“老娘舅”等自治品牌，服务站工作由“无差别排摸”到“有重点走访”转变，推动退役军人全生命周期服务管理落地见效。年内，解决退役军人就医、就业、养老等“关键小事”262件。12月，区退役军人事务局获评浙江省退役军人全生命周期管理保障工作成绩突出集体。

【上城老兵庆祝中国共产党成立100周年系列活动】2021年7月，上城区组织全区退役军人开展“一颗红星跟党走”上城老兵庆祝中国共产党成立100周年系列活动，展示退役军人“一朝戎装在身、红心永远向党”的良好风貌，营造崇军拥军浓厚氛围。上城区发挥区、街道、社区三级退役军人服务中心（站）党史学习教育阵地作用，设计学习宣传栏，打造“学史自习室”，建立每周“知史学习日”、每月“请进来走上台”等学习制度，组织辖区退役军人党员全员参加，分享心得体会。开展“沿着红色足迹学党史”参观见学主题活动，整合杭州笕桥抗战纪念馆、小营巷等辖区红色资源设立现场教学点，分批组织退役军人参观见学、开展党史教育活动200多场。发挥“老兵宣讲团”红色资源优势，邀请退役军人进机关、进学校、进社区分享入党初心故事。建军节期间，“庆八一·崇军荣光我来说”直播活动在湖滨步行街“湖上直播间”开播，邀请抗美援朝及抗战老兵宣讲党史，当天播放量破40万人次。开展“老兵永远跟党走”党史学习教育主题活动，联合区委党史研究室在微信朋友圈举办党史学习教育知识竞赛，参与答题人数6万余人；征集展现退役军人在党的领导下奋进新时代良好精神风貌的诗歌、文章、摄影、绘画、书法等作品50多件。

【崇军拥军】2021年，区退役军人事务局依托三级服务保障体系，整合部门、街道、社会组织等力量，立体式推进崇军拥军工作。在建军节、春节、新兵入伍等节点组织各类欢庆仪式，全覆盖走访慰问退役军人及优抚对象及驻军部队，开展崇军拥军主题活动400多场，12人获评省、市、区“最美退役军人”。在继续设立崇军志愿服务点的基础上，打造三花国际、庆春银泰、天虹购物中心、中豪五星国际、太平门直街、九堡金堡街、皋亭山景区、清波街铁冶路拥军小广场8个崇军拥军服务示范街区，为退役军人提供崇军周优惠、崇军便民等服务1.2万人次、优惠6万余元。12月，区退役军人事务局受到杭州市“全国双拥模范城”创建工作行政嘉奖。

【优抚对象年度确认全省试点工作】 2021年，上城区根据《浙江省享受抚恤补助待遇的优抚对象年度确认工作试点方案》，组织享受抚恤补助待遇的优抚对象年度确认全省试点工作。成立由分管区领导担任组长的试点工作领导小组，召开专题任务部署会，确保试点工作有序展开。拟制《上城区开展“全省享受抚恤补助待遇的优抚对象年度确认工作试点”实施方案》，区、街道（社区）选调215名服务保障业务骨干组建试点工作专班。拨付专项经费，做到“一个专项、一组团队、一套方案、一抓到底”，确保试点工作高效组织。制定印发操作手册，总结推广“二三三”工作法，确保试点工作精准规范。依托街道（社区）退役军人服务站，并采取悬挂横幅、张贴海报、公众号发布、发送短信、电话联系、入户宣传等形式广泛宣传，确保不漏一户、不漏一人。依托全省优抚信息管理系统，精确梳理涉及14个街道184个社区（村）9类优抚对象分布情况，采取“集团、联片、轮作”等形式，科学调配力量，精准调度设备。建立试点工作“钉钉”群，交流分享工作经验，每日通报工作进度，形成“亮晒”“赛马”机制，实时发现解决难题。针对优抚对象因上班、重病卧床等原因无法正常组织确认的情况，工作人员及时调整举措，主动联系家属，上门服务确认；针对优抚对象人在外地一时无法返回的情况，采取两人成组，利用视频连线，组织线上确认；针对优抚对象住院的情况，主动联系医院完善防疫措施，入院完成确认，确保试点工作进度不减、对象不漏。同步完成帮扶解困，为483名残疾退役军人上门办证送证，为53名优抚对象申请安装假肢矫形器并配送辅助器具，为1名烈属向省市退役军人事务部门申请确认时隔41年的烈士身份。年内，上城区完成1286名优抚对象年度确认，形成一个实施方案、一套操作规范、一组确认数据、一份试点报告和一本试点图册的“五个一”试点成果，为全省全面开展年度确认工作提供易操作、可复制、能推广的“上城做法”。上城试点工作通过省退役军人事务厅考核验收，获省领导批示肯定。

资料

“二三三”工作法：

“二”指提供上门、到站两种服务；第一个“三”指规范对接联系、身份亮明、数据采集；第二个“三”指确认基本信息、生活状况、困难需求。

（吴诗佳）

志愿服务

【概况】 2021年末，上城区有注册志愿者25.02万人，形成上城区晴雨公益服务中心、鼓楼微笑志愿服务队、“外语1+1”志愿服务帮帮团、凤凰公益志愿服务队、东哥东姐义警队等志愿服务队伍1257支，发起志愿服务项目1.52万个。推进志愿者服务能力建设，发布上城志愿者新logo——“尚城V蜂”，启动“亚运青年V站”，成立全市首支“平安青骑”志愿服务队，开展各类专项志愿培训与服务。全年建立区级“亚运青年V站”10个、社区级“志愿者之家”197个，通过建立区、街道、社区三级志愿服务队伍架构实现志愿服务全覆盖。全年围绕新冠肺炎疫情防控、未来社区建设、交通文明劝导等开展志愿服务345.03万小时。其中，在新冠肺炎疫情防控方面，组建20支战“疫”青年突击队，投身隔离点管控、场所消杀、核酸检测等领域，服务时长超2万小时；募集各类防疫物资3万余件，总计价值95.81万元。年内，区晴雨公益服务中心秘书长赖裕伊获浙江省红十字志愿者“五星级”奖章。

【“平安青骑”志愿服务队成立】2021年9月，团区委利用外卖员、快递骑手流动度大、范围面广、机动性强的特性，组建由344人组成的全市首支“平安青骑”志愿服务队，打造集示范员、宣传员、劝导员、督察员、信息员“五员角色”于一体的城市治理志愿模式。同步建立区级“青骑”服务驿站10个、社区级“青骑”服务驿站195个。全年在湖滨商圈“最美人墙”、杭州东站枢纽、城站“微笑亭”集结“青骑”参与交通文明劝导和咨询引导服务4.23万人次，志愿服务时数超1200小时。

【“尚城V蜂”发布】2021年10月1日，上城志愿者新logo——“尚城V蜂”发布。“V”是volunteer（志愿者）和voice（声音）的缩写，寓意上城志愿者以“爱‘上’志愿，‘城’现青春”为新口号，用青春担当唱响青年之声。国庆期间，团区委统筹校地合作共建单位和区域“同心圆”单位资源优势，招募来自高校、社会组织、企业白领、留学生、外卖员等各领域城市志愿者，在湖滨商圈和杭州东站枢纽、城站交通枢纽等重点区域及全区90多个公共领域服务岗位持续开展“最美人墙”、“暖心1+1”、平安巡防、免费茶水、旅游咨询、单车治理、双语讲解、垃圾不落地、应急帮扶等志愿服务活动，服务市民、游客224万余人次，参与志愿服务1万余人次，志愿服务时数超9万小时。

2021年7月8日，团区委组织志愿者在杭州东站枢纽“微笑亭”开展咨询引导志愿服务。图为工作人员合影（团区委 供稿）

【志愿服务助力未来社区建设】2021年，团区委聚焦未来社区建设工作，整合资源，在青年社交需求、便民服务项目提供、亚运氛围营造上推陈出新，结合市“双百双进”活动引流高校资源下沉社区一线。重点筛选杨柳郡园·好街内10家重点商铺作为首批志愿服务爱心商户，在提供各类特色便民服务的同时，结合暑期青少年托管行动，开展“小小职业体验师”亲子互动活动。落地“志愿者之家”，即全市首个未来社区级的“亚运V站”场地建设，融入亚运元素、奥运社区特色和运动精神，集红十字急救箱、便民工具箱、公益伞等便民物品于一体的志愿积分应用场景。联合区委宣传部、杭州同心博爱公益服务中心，在“志愿者之家”二层平台广场设置“乐享亚运”景观标志，引入迎亚运文化宣传，每周开展1场社区趣味运动会，丰富文化体育场景。依托“云尚杨柳”智慧平台，线上发布“上城地图童心童画”“暑期夏令营全民迎亚运”等系列主题活动，提升未来社区创建的青年支持率、参与率和满意率。

【留杭过年青少年服务保障】春节期间，团区委创新推出“年八条”，对接“团建同心圆”、社会组织等30多家单位，向留杭青年送上年货礼包100多份、“福”字春联200多幅、各类消费券1000多张等，覆盖留杭青年200多人。联动区卫生健康局组织青年“江医生”发起新冠肺炎知识科普主题直播，累计观看人数3800多人次。发动辖区28名青年志愿者为1015名“小候鸟”开展“把爱带回家”春节返乡安全专题知识讲座。利用微信、微博平台发布“开讲啦”云团课、“平安自护课堂”、“青春悦读”等图文、视频。依托“走青连心三服务”“固定走青日”等形式走访30多家单位，慰问青年550多人次。

资料

“年八条”：为鼓励青年留杭过年，团区委推出年货送到家、年券免费领、年俗来共享、年趣不停歇、年福上门来、年安不打烊、年乐天天有、年情时时在8条举措。

【学雷锋志愿服务】2021年3月5日，江干区“三五”学雷锋志愿服务献礼中国共产党成立100周年活动暨“百团进社区”行动启动仪式举行，同步启动“三五”学雷锋志愿服务月活动。活动现场聘任12名年度“公益导师”，授牌12个“新时代文明实践特色志愿服务项目”。辖区文明单位、“团建同心圆”单位、社会组织等20多家单位组织团员青年到现场开展理发、义诊、普法教育、反诈宣传等10多种公益便民志愿服务。全年全区集中开展志愿服务活动100多场。

【迎亚运志愿服务能力提升暨精品志愿服务项目交流培训会】2021年5月28日，“亚运有我，志愿同行”上城区迎亚运志愿服务能力提升暨精品志愿服务项目交流培训会举行，130多人参加培训会。会上，“无烟西湖”“机甲战队——为高龄老人护航”两个优秀志愿服务项目开展路演。中国志愿服务联合会理事、广东省社工与志愿者合作促进会为在场全体志愿者开展“以亚运为背景下的大型志愿服务赛会经验分享及志愿服务项目孵化及品牌打造”为主题的志愿讲座。培训会为全区志愿者、志愿服务组织搭建一个开放、高效的沟通对接平台，推动辖区志愿公益服务品牌化、常态化、项目化发展。

【火车东站亚运城市志愿者培训演练】2021年7月10日，团区委在杭州东站枢纽开展“亚运有我，志愿先行”亚运城市志愿者培训演练。培训号召志愿者参与亚运志愿服务和东站综合治理，动员志愿者担起“头雁引领”作用，提高志愿服务本领，推进上城亚运志愿服务东站样板的提升改造。7月22日，团区委联合区公安分局团委、杭州东站枢纽管委会团工委与杭州东哥东姐义警队共同开展“学手语、迎亚运，助力杭州火车东站无障碍环境建设”活动。第8届全国残运会开幕式手语翻译主持人毛董莱为杭州东站枢纽区域“东哥东姐”义警队、青年文明号集体及其他志愿者队伍开展“亚运手语”讲座，示范志愿服务中常用的工作用语，梳理编制不同场景的对话情形。年内，团区委联合杭州东站枢纽管委会，践行“民呼我为”部署，依托“智慧团建”“志愿汇”等大数据平台，落实志愿服务供需对接；常态化招募骨干志愿者80多人，开展新冠疫情防控宣传、秩序维护、应急救援等11项“暖心1+1”志愿互助举措，日均服务旅客1万余人次。

（华依文）

湖滨街道

【概况】 湖滨街道南起西湖大道，北至庆春路，东及中河，西邻西湖。2021年，街道面积1.6平方千米，下辖涌金门、青年路、东平巷、岳王路、东坡路、吴山路6个社区。有户籍人口2.89万人、流动人口9341人。区域内省市行政事业单位、大型商场超市、三甲医院、星级酒店、商务楼宇汇聚。全年街道财政总收入25.32亿元，比2020年增长27.6%。完成一般公共预算收入11.73亿元，增长32.71%。社会消费品零售总额164.5亿元，增长12.5%。湖滨街道立足主导产业，坚持转型驱动，推进产业招商、平台招商、楼宇招商工作，着力增强区域经济核心竞争力，各项经济指标运行平稳。年内，街道聚焦群众反映的急、难、愁、盼问题，梳理形成街道“我为群众办实事”民生项目清单，并跟踪落实，涉及老旧小区改造、养老托育、爱心驿站、“五水共治”、消防安全、文化服务六大板块16个项目。成立全省首个新就业形态联合工会，为辖区新就业群体提供培训讲座、法律救助、心理咨询、技能培训、岗位练兵等服务。集结晴雨公益组织、商圈联盟单位、挂包党员干部、新就业群体代表等180人成立党员志愿者服务队，建立到驿站、到社区双向报到机制，设置“先锋报到码”，引导志愿者参与“美丽杭州”创建、文明行车引导、垃圾分类宣讲等活动。推行“党组织建在驿站上”举措，全年建成“尚小驿”8个。

【湖滨街道入选市数字生活新服务特色街道创建名单】 2021年，湖滨街道深化数字赋能，提升基层管理服务水平。将“多表合一”应用升级为“一表通”应用，打造“平安一件事”“畅行一件事”“消费一件事”应用场景，使湖滨步行街区周边停车场库运行效率提升2倍，大型活动人员疏散效率提高40%以上。其中，“平安一件事”应用场景以商业综合体店铺检查、填表为切入口，以基层减负为突破口，提升基层治理效率，成为全市、全省数字化改革重点推广场景，在全市“一表通”推广大会上代表上城区交流发言。“会思考的街区”平台、独居老人关爱场景分别被评为“数智杭州”首页、“数字法制”优秀场景。11月19日，湖滨街道获评浙江省数字生活新服务特色镇（街道）。

【吴山路、岳王路社区老旧小区改造】 2021年，湖滨街道在吴山路社区、岳王路社区实施老旧小区综合改造提升工程，总建筑面积近10万平方米，涉及光复路、枝头巷、邮电路、宋浇造巷、延定巷、祖庙巷、延庆里、岳王路、平海路、宏农里10个小区，惠及居民1547户。街道通过全方位实施外立面修复、屋顶补漏、强弱电线“上改下”、楼道整治、绿化提升、停车位规整序化、电动自行车充电桩增设、电梯加装、养老设施完善等工程，提升人居环境和小区面貌。新增社区康养驿站1个、婴幼儿成长驿站1个、社区老年食堂1个、退役军人服务站7个，规范提升星级“残疾人之家”1家，加装电梯3台，预留加装电梯点位17个。针对老旧小区缺乏专业物业公司管理的情况，街道同步谋划小区整治提升与长效管理，启动准物业服务改革试点，引进杭州路通物业管理服务有限公司提供专业物业管理服务。组建党员志愿服务队，带领党员群众参与小区日常自治服务，实现建设与管理有效衔接。

【跨越“数字鸿沟”志愿服务项目】 2021年，湖滨街道联合区晴雨公益服务中心打造跨越“数字鸿沟”志愿服务项目，帮助老年人群体融入智慧生活。通过对社区老年居民开展调研，梳理形成便民服务、生活缴费、出行、健康码等方面的25个主要需求，建立“1+N+X”工作模式（制作1本绘本、培养N个核心志愿者团队、服务X名有学习需求的老人），整合社会、高校志愿者资源，并引导老年志愿者“以老助老”，共同指导老人正确操作智能手机。全年帮助辖区1267名65岁以上老人学会使用智能手机的常用功能，在东平巷社区、青年路社区孵化3支智能手机老年教学团队，完成制作老人方便携带的《智能化生活适应指导手册》绘本。8月25日，“老来智在，助力长者跨越‘数字鸿沟’”志愿服务项目入选全国2021年“金晖行动——智慧助老”志愿服务示范项目。

【“湖滨晴雨”工作室获评市“最美基层立法联系点”】 2021年10月21日，市十三届人大常委会第七十四次主任会议认定“湖滨晴雨”工作室为2021年杭州市“最美基层立法联系点”。“湖滨晴雨”工作室被确定为杭州市人大常委会基层立法联系点后，先后参与文明行为、畜禽居宰、流动人口、生活垃圾、居家养老、燃气管理、物业管理等27个地方法律草案的意见建议征询活动，收到意见建议1049条。在审议通过的《杭州市西湖龙井茶保护管理条例》《杭州市警务辅助人员管理规定》《杭州市钱塘江综合保护与发展条例》等法规中，工作室提出的67条意见建议被吸收采纳。工作室在做好组织征求对市人大常委会立法规划、立法计划草案的意见建议，协助市人大常委会到联系点开展专题调研的同时，拓展立法联系点功能，以立法意见建议征询为契机，开展普法宣教活动30多场，加强居民群众对立法意图和草案内容的理解与吸收。

【全省首个新就业形态联合工会成立】 2021年9月10日，全省首个新就业形态联合工会在湖滨街道成立。街道打破传统组织隶属和行业产业等界限，整合区域内出行、外卖、即时配送等各类新业态、新就业群体资源，在市职工服务中心“爱心驿家”内打造湖滨新就业形态联合工会，吸纳辖区10家新业态平台企业的新就业形态劳动者6000多人，提供培训讲座、法律救助、心理咨询、技能培训、岗位练兵等服务，惠及职工群众60万人次。成立湖滨街道新业态新就业群体联合党总支，以市职工服务中心“爱心驿家”为主阵地，以1000米为组织半径，按照“1+6”模式在辖区6个社区成立功能型党支部，实现党组织全覆盖，推动“党建带工建、工建促党建”。通过强化思想引领、丰富精神文化生活、开展知识讲座、举办技能培训、实施“互联网+”工会普惠服务等形式，推进“五个家”建设（“思想·家”“品质·家”“服务·家”“风采·家”“智慧·家”），提升工会服务水平。组建湖滨街道新业态新就业群体党员志愿者服务队、湖滨新就业形态联合工会志愿者服务队，开展文明劝导、平安宣传等活动。

【平安建设宣传教育】2021年，湖滨街道多形式、全方位开展平安建设宣传教育。线上依托微博、微信公众号等平台，向社会普及平安建设知识，扩大宣传教育覆盖面和影响力。线下组织网格员、志愿者开展扫楼走访入户宣传，介绍“平安三率”（平安建设群众安全感满意率、群众参与率和电信网络诈骗犯罪防范知识知晓率）调查电话，分发“平安建设一封信”7000份，张贴海报205张，悬挂横幅20条，引导居民共建“平安湖滨”。在湖滨步行街开设“平安集市”，设置普法宣传、反诈咨询、反家暴维权等互动区域，志愿者现场宣传《中华人民共和国反家庭暴力法》《中华人民共和国禁毒法》等法律知识，发放宣传折页195份，助力减少家庭邻里纠纷，增强群众知法、守法、用法意识。会同市司法局、西湖明珠电视台开展“和你在一起——‘和事佬’进社区”公益活动，提供法律咨询、平安宣传、口腔检查等服务，发放宣传品298份，为34人次提供便民服务。举办普法反诈讲座，邀请东坡路社区民警及国信证券股份有限公司庆春路营业部职工以案释法，播放反诈短视频，发放宣传品104份。

【湖滨街道获评省生活垃圾分类示范片区】2021年，湖滨街道创新方式方法，开展垃圾分类工作。做好撤桶入巷、撤桶并点工作，将辖区159个投放点合并为52个，建设回收站（网）点13个、特殊垃圾堆放点9个，落实“定时定点”、守桶督导措施，同步配套分类设施、更新标识标贴、统一桶房宣传。建立有害垃圾清运专线，明确每月1日、15日为统一清运时间。购置8桶清运车5辆，打造商业街“定时定点”日常收运音乐线6条，每日收运垃圾2次。结合区塑料制品回收线路，在湖滨银泰商业综合体设置塑料可回收试点，平均每日回收塑料废弃物7～8桶。联合区综合行政执法局湖滨中队，重点对分类成效不足、考核排名落后的企事业单位开展宣传督导，促进问题整改，检查指导单位205家（次），开具整改通知书95份。12月30日，湖滨街道获评2021年度浙江省生活垃圾分类示范片区，见仁里小区、积善坊巷小区获评2021年度浙江省高标准生活垃圾分类示范小区。

【基层红十字工作】2021年，湖滨街道依托“两驿一基地”（红十字爱馨驿站、红十字急救培训E站、红十字青少年应急救护培训基地）推动实现红十字会“救”在身边。在湖滨步行街打造红十字爱馨驿站，组织志愿者轮流值班，为市民游客提供紧急救助服务260多次。使用心肺复苏人体模特、生命救护机器人等设备普及救护知识，全年参与互动体验人数2000多人次。联合华语之声传媒（杭州）有限公司推出红十字《人间有爱》访谈节目，邀请救护师资、造血干细胞捐献者、志愿者等参与直播42期，吸引观众160万余人次。建立红十字急救培训E站，配备红十字应急救护一体机、海姆立克和心肺复苏模拟训练仪器4台，集成应急救护培训、可视化终端、远程监控管理、移动端服务与“救在身边”软件功能，提升职工、群众的急救能力水平，新增580多人次取得救护员证。实行“教考分离”红十字应急救护培训新模式，开展知识普及培训1209人次、救护员培训625人次。在杭州市惠兴中学推进红十字青少年应急救护培训基地建设，传播红十字文化精神、传授应急救护技能，帮助青少年学习急救知识、学会尊重生命。全年该基地开展应急救护普及培训、地震逃生演练等活动8场次，吸引2000多名师生及家长参与。

【“最美人墙”志愿服务】 2021年元旦期间，由区晴雨公益服务中心与浙江交通职业技术学院的人武部、路桥学院路远志愿服务队、智慧交通学院分团委志愿服务活动中心联合招募的200多名士官学员志愿者、青年大学生志愿者、社会青年志愿者在湖滨步行街筑起“最美人墙”，护航节日期间秩序安全，志愿服务总时数2000多小时，总引导人数28.7万人次，劝导不文明人员2989人，整理共享单车2512辆，劝导外卖电动车逆行人员456人，帮助走散孩子找到家人6人次、帮助走失老人找到家人3人次，提供游客问路咨询服务7456人次，帮助残疾人25人、扭伤游客3人，捡到手机2部、钱包1个，均找到失主归还。“最美人墙”志愿服务工作获《杭州日报》、浙江新闻客户端、《浙江日报》、《钱江晚报》等媒体报道。

【步行街无障碍环境改造】 2021年，湖滨步行街聚焦残疾人群体对无障碍环境的现实需求，参考国内外相关标准、技术，以“畅享街区”“全龄优化”为原则，设计打造人性化设施设备，应用信息无障碍网络智慧技术。街区设置无障碍驿站1个、无障碍卫生间1座、无障碍通道10处，实现无障碍环境全域覆盖。打造智慧导视系统，借助无障碍显示屏，实现人机互动，在智慧灯杆及其他智能终端上设置语音播报、屏幕提示等功能，安装紧急呼叫按钮，引导有需求人员安全便捷出行。引进“手语姐姐”团队，为市民、游客提供志愿手语翻译服务，提升街区友好度。8月6日，“杭州湖滨步行街区无障碍环境改造”项目入选全国无障碍环境建设优秀典型案例。

【群团集市建设】 2021年，湖滨街道推进群团集市建设。成立街道“数智群团”工作领导小组，围绕注册量、访问量、信息发布量、浏览量等核心考核指标，坚持目标导向、问题导向，综合运用各种资源和手段，推广群团集市。线上借助微信公众号、微信群、QQ群等载体，扩大宣传范围；线下通过发放宣传单、摆放易拉宝等形式引导注册，结合新冠肺炎疫情防控排查、新冠疫苗接种和企业走访、党团活动等工作，联合企业工会、社区联合工会推进扫码注册。落实集体入会、基金帮扶、群团集市、线上24小时服务等举措，全年群团集市建设组织64个，注册人员12994人，开展活动27次。

【“尚小驿”建设】 2021年，湖滨街道以“人来人往方便、开放使用率高”为原则，整合辖区资源，在道路沿线打造8个集党建宣传、关爱一线、便民服务、文明引导等

湖滨街道“尚小驿”东坡站室内环境（2021年） （湖滨街道 供稿）

功能于一体的“尚小驿”，为快递员、外卖员、网约车司机等新就业群体提供喝水热饭、充电休息、医疗应急、学习分享等服务。全年开展帮扶慰问活动5次，举办心理咨询、安全讲座、亲子活动8次，参与人数1200多人次。发挥湖滨“湖尚红盟”作用，在驿站场地、内部设施、管理运维中体现党建力量，打造报到墙、风采墙、心愿墙，设置“先锋报到码”，建立到驿站、到社区双向报到机制，引导新就业群体中的党员主动亮明身份，在助力基层治理中展现先锋担当作用。

【东坡路社区老年颐养食堂打造】 2021年，湖滨街道针对居民老龄化程度高、老年人“吃饭难”问题，联合东坡路社区在向阳新村打造面积约40平方米的老年颐养食堂，打通老人就餐“最后一公里”。该项目继承湖滨“百”字号民生服务传统，由社区落实小区配套用房，共建单位提供资源，“润万家”社会组织实施运作，在居民集中的网格增设移动微型助餐点，提供覆盖全社区、方便可及的助餐服务。社区党建品牌“东坡商社联盟”成员单位杭州梅地亚宾馆、杭州工联大厦股份有限公司积极参与，单位主要负责人与社区党委签订物资捐助协议，为该老年颐养食堂提供电视机、空调、消毒柜、桌椅等硬件设施。9月8日，东坡路社区老年颐养食堂举行揭牌仪式，全年服务老人1200多人次。

（杨　斌）

【“最多查一次”应用场景建设】 2021年，湖滨街道开发“最多查一次”应用场景。通过大数据分析，汇总餐饮设施基础信息登记、沿街店铺走访调查、餐饮行业综合检查等表单，手机端填报数据和电脑端相通，实现表单电子化保存、商户现场手机签名等功能，协助网格员一次性完成商户食品安全、消防安全检查等条线数据填报。

（黎　颖）

清波街道

【概况】 清波街道东起中河高架，南倚吴山，西临南山路，北抵西湖大道，境内曾设过南宋至清代的临安府、杭州府署、元朝的江浙中书省和明清时期的浙江布政司署。辖区有柳浪闻莺公园、吴山天风、杭州碑林、于谦故居、胡庆余堂中药博物馆、潘天寿纪念馆、浙江省革命烈士纪念馆、凤凰寺、南山路文化艺术特色街区、清河坊历史街区、南宋御街等杭州著名特色景区、博物馆（纪念馆）和街区。2021年，街道面积2.2平方千米，下辖清河坊、定安路、劳动路、清波门、柳翠井巷5个社区。有户籍人口3.09万人、流动人口6208人。全年街道税收收入14.97亿元，地方财政收入7.01亿元。年内，街道成立全市首个“宋韵红盟”，建成“西湖边最美”街道党群服务中心，全域立体推进小区综合党委建设。依托吴山地下空间开发，引入阿里银泰数字新零售示范项目，引领产业集聚。清河坊步行街入围第一批国家级夜间文化和旅游消费集聚区名单、首批省级旅游休闲街区名单。推进“民呼我为”和党建引领“三方协同”治理特色应用场景建设，升级全市首个数字社工“小清”2.0版，建立“数字清波”综合驾驶舱管理服务平台，完善清河坊“全场景引流+新消费体验+智慧化管理”街区数字化管理手段。推进“平安清波”建设，成立综合信息指挥室，完善24小时消防安全巡查及应急响应机制，提升老旧小区消防基础。打造全域化公共法律服务体系，构建“1+5+N”两级多元调解格局，创建首批省级“枫桥式”司法所。健全景区式城市综合管理模式，完成老旧小区提升改造14.27万平方米，打造市级示范型婴幼儿成长驿站1个，创建省级示范型居家养老服务中心1个。做强宋韵文化人文智库，统筹南宋书房、“直播清河坊”等文化阵地，挖掘街巷文化、非遗文化等特色资源，打造“宋韵文化走读区”。

资料

“1+5+N”两级多元调解格局：指以街道调解委员会为主体，5个社区调委会为基础，各尚法工作室、警民联调工作室为延伸的调解格局。

2021年11月10日，“宋韵红盟”成立仪式暨清波街道宋韵系列品牌发布会在鼓楼小广场举行　（清波街道 供稿）

【柳翠井巷社区获评全国示范性老年友好型社区】 2021年10月19日，国家卫健委、全国老龄办公布2021年全国示范性老年友好型社区名单，清波街道柳翠井巷社区入选。柳翠井巷社区探索党建引领、协商共治、社会联动、服务优质的居家养老新模式，通过提升场馆环境、适老化措施、康复器具等配套设施，打造“线上+线下”闭环式为老服务环境，整合并发动周边社区、社工、社会组织、公益团队等资源，发展邻里关爱服务，营造为老服务新环境。依托街道级居家养老服务中心，建立柳翠井巷社区为老服务中心。该服务中心面积800平方米，配备康复辅具、训练器材、体检设备、影音设备、日托床位等设施，为老年人提供以康复护理服务、托养服务、生活服务、家庭支持服务、社会工作及心理疏导、康复辅具租赁服务6项服务为主的“6+X”服务。全年社区举办银发守护、认知干预团体辅导等为老主题活动100多场，服务老人约2000人次，其他常规服务（含助餐）1.6万人次。

【清波司法所获评省级“枫桥式”司法所】 2021年1月5日，清波司法所被省司法厅评为浙江省“枫桥式”司法所。清波街道树立“忠、勇、严、实、新”司法行政职业精神，提升基层司法所建设水平。健全、规范调解队伍建设，构建“1+5+N”两级多元调解格局。完善“四所一室联动”（司法所、派出所、市场监管所、律师事务所和尚法工作室）机制，及时扼制风险隐患。全面实践街道合法性审查工作，建立合法性审查机制，规范审查事项流程。深化公共法律服务体系建设，开展“律所进社区”专项行动，全覆盖走访辖区小商户1000多家，助力复工复产。构建“皇城小镇”综合普法平台，打造“旅游+普法”“文化+普法”“公益+普法”的综合普法平台。全年开展普法培训40多场，集中入户宣传70多次。

【清河坊步行街获评省级高品质步行街】 2021年1月，省商务厅等11家部门联合公布浙江省高品质步行街名单，清河坊步行街上榜。清波街道围绕历史有根、文化有脉、商业有魂、经营有道、品牌有名、数字引领的提升思路，通过挖掘文化内涵、升级业态、打造“智慧大脑”，实现“历史与现代交相辉映”，重塑街区竞争优势。通过在鼓楼等5个小广场和河坊街、南宋御街2条主街上升级文化景观、城市家具、店招店牌、灯光照明、无障碍设施五大系统，打造南宋书房、上城区非物质文化遗产展示中心等10个互动式文旅体验点，分区规划业态，形成格局互补的特色业态板块，初步形成数字化营销新矩阵。

【清波街道获评杭州市社区教育进文化礼堂优秀组织单位】2021年1月，清波街道获评2020年杭州市社区教育进文化礼堂（家园）活动优秀组织单位。街道整合社区教育和辖区文化资源，着眼优秀文化传承，突出文化家园建设的共享性和开放性，通过统筹中国美术学院、西湖国学馆等专业文化机构和院校，挖掘合作资源，把社区教育融入文化家园建设，成立街道社区教育融入文化家园建设工作领导小组，形成社区特色文化家园5个，扩大“学创遗艺医食戏”文化集群（学校、文创企业、非遗传承人、艺术机构、中医药馆、传统餐饮老字号、戏曲文化组织）的“活动圈”，建立文化联盟，打造富有清波特色的社区文化家园。2020年，开展各类活动125次，参与人数6000多人次。

【退役军人服务站建设】2021年1月11日，清波街道退役军人服务站被评为全国首批示范型退役军人服务站。清波街道开展军地共建工作，以尊重、倾听、帮扶、沟通为服务理念，实施“标准化、多元化、全域化”建设，构建“横向到边、纵向到底、覆盖全员”的退役军人服务保障体系。整合志愿力量成立服务队，引导辖区党员模范、优秀退役军人和军人家属参与拥军志愿服务，通过创建“老兵志愿服务队”“红星志愿服务队”“兵妈妈志愿服务队”和“军嫂志愿服务队”等特色团队，完善服务体系。整合辖区浙江百诚集团有限公司、杭州银西百货有限公司等20多家优秀企业资源，建立“崇军志愿服务点”，涵盖超市、餐饮、住宿、医药等行业，定向服务退役军人和军属，提供购物折扣、餐饮优惠，以及家装设计、牙科护理等服务45项。8月，开展为期1个月的“红色拥军服务月”线下活动，在收集到的需求基础上设置集体生日、走访慰问、研学参观、公益服务四大类“微心愿”，由4支志愿服务队认领，为军人军属、优抚对象提供服务。

【南山路社会工作站升级】2021年3月，清波街道升级打造南山路社会工作站。街道利用该工作站临近西湖的区位优势，坚持以民政工作为主线，以社会工作为专业支撑，以社区共治、智慧赋能和特色服务为抓手，着力提升治理力、专业度、智慧化和文化味。依托社区社会组织服务中心、社会组织党群服务中心，吸纳爱馨互助会等一批社会组织入驻，将社会工作和党建、社会组织活动有效融合。发挥智慧赋能作用，在社会工作站模块加入可视化数据驾驶舱，将其发展成为智能社工系统数据驾驶舱的重要部分。引入“文化筑魂”理念，组织专家、社工、社区能人和社会组织成员等，建立社区文化联盟，搭建社区文化教育平台。

【“小清智能AI呼出系统”推进人口普查入户调查工作】2021年5月14日，经杭州市人口普查办公室评选，“清波街道运用‘小清智能AI呼出系统’推进人口普查入户调查工作项目”获评杭州市第七次人口普查特色工作项目。该项目通过运用AI小清语音呼出系统，实现入户调查前有效引导居民支持和配合普查工作，提高入户调查效率。第七次人口普查期间，“小清智能AI呼出系统”累计拨打电话1.83万个，服务覆盖全街道。

【数字化赋能为企服务】2021年，清波街道落实数字化赋能为企服务。依托城市大脑平台，打通“亲清在线、智慧清河坊、智慧管家、经济观察室”四大智能模块，将分散数据汇聚起来，实现共享通道数据资源纵向贯通、横向互联，形成支撑“一网统管”的基础数据资源池。优化企业税收风险监控体系，全方位修正功能设置、操作程序、信息关联等模块，自动进行数据比对分析，识别潜在税收风险疑点，以预警形式推送到相关科室进行风险排查及应对，系统后续落实风险跟踪和评价管理，提升重点行业风险管控效能。根据社会零售总额、三大产业增加值等49个实时数据指标，开发出迁入迁出、“小清”经济、税收异常等预警模型指标，实现咨询应答、政策解释、助企帮困等功能。全年走访企业2000多家，覆盖五大主导产业989家，帮助解决问题180多个。

【张能庆公益服务站“无烟西湖”项目获省级大赛金奖】2021年5月28日，清波街道张能庆公益服务站的“迎亚运·益起来——倡导无烟西湖项目”在浙江省青年志愿服务项目大赛中获评金奖。该项目依托志愿者招募，发动热心市民，化身“无烟西湖”的宣传者和小区和谐环境的塑造者，助力提升城市形象。张能庆公益服务站成立于2013年，至2021年有在册志愿者6000多人。“无烟西湖”项目于2019年9月设立，同时成立“文明游湖，拒绝游烟”志愿服务队，开展现场劝导吸烟人士灭掉手上香烟活动。至年末，该项目举办专题活动80多期，在西湖景区及周边劝导1万余人次，为游客减少二手烟伤害，拾起烟蒂20万余个，发放“无烟西湖”宣传品1万余份，有效提升西湖景区旅游环境质量。

【“爱值守”数字系统建立】2021年6月，清波街道建立垃圾分类数字化宣教与执法系统——“爱值守”数字系统。街道依托“爱值守”数字系统，通过循环语音播报，提示居民正确投放垃圾，提高分类准确率，减轻垃圾分类专管员工作量；系统电子眼24小时记录分类情况，填补人工值守管理时段空缺，追溯通报居民垃圾错时投放、分类质量低等问题。街道利用该系统实时收集分类数据，通过分析分类参与率、投放频次、分类正确率等数据，掌握各小区各投递点位分类情况，为执法和统筹垃圾分类管理工作提供准确依据，提高一线管理效率和居民分类质量。落实线上线下一体化衔接，安排“站桶”专员59人，辅助二次分拣和人工指导。引入行政执法管理小区垃圾分类，依托“爱值守”数字系统落实执法取证，开展“执法进小区”、警示宣传，做到奖惩同向，提升居民分类守法意识。年内，“爱值守”数字系统在街道23个小区使用，利用宣传教育显示屏精准曝光垃圾乱投放等行为记录513次，小区分类合格率提升17.7%，居民参与率超99%。

【“无废街区”打造】2021年，清波街道依托党建引领、居民自治，通过强化科学管理、分级指导、智慧辅助等举措，打造“无废街区”，实现垃圾分类覆盖率、居民知晓率、资源化利用率和无害化处理率4个100%。做好垃圾分类管理顶层设计，建立多层次考核培训和沟通协调机制，压实主管单位责任，强化属地自查自纠，提升动态问题管理力度，查处垃圾分类质量不合格餐饮商铺40多家。以基层党组织、党员为主导，推行党建引领分类模式，打造垃圾分类工作新闭环，建立居民分类档案，做到“一户一档”，开展成果验收“大比拼”，提升家庭自主分类质量，辖内居民分类参与率100%。深化第三方垃圾分类前端运营外包服务，覆盖准物业小区27个，试点大件垃圾预约专线等特色服务。借助“爱值守”智能系统，形成语音播报、前端抓拍、数据传输、实景宣传教育等完整功能，推动“零接触”取证执法。

【大件垃圾预约上门清运模式实行】 2021年1月25日，清波街道结合辖区老旧小区无电梯、老年人住户占比高等特点，按照“贴心便民”服务理念，针对困扰居民的“退役”家具“下楼”问题，建立大件垃圾堆放的特色管理办法，实行大件垃圾预约上门清运模式。在新民村小区试点，以垃圾分类第三方运营为依托，为废弃家具、物流木制包装等大件垃圾“量身定制”专项预约服务，由回收专员上门回收，做到“电话预约，立马上门”。自该机制建立后，全年街道大件垃圾回收处置率提升30%，低价值物品回收率提高60%，有效提高回收物的循环利用，逐步实现垃圾“减量化、无害化、资源化”。

【“三字诀”落实古井保护】 2021年7月，清波街道针对辖区文物保护单位千年古井——郭婆井等水井，以“巡、治、美”三字诀落实古井保护，守护水质，惠及周边百姓。组建以周边居民为主体的“民间井长”巡查队，开展常态化巡查，定期查看古井水质，针对发现水质浑浊等情况第一时间告知街道和社区，及时制止破坏水质的不文明行为，确保水质清冽。聘请专家团队对郭婆井进行定期检查，通过抽水、清淤、清洗、净化、修补等措施，常态化保持水质清冽。结合“美丽杭州”建设，在古井周边种植樟树、桂花树、茶树等景观树，并搭设休憩椅等设备，为居民游客打造“亲水”平台，营造“亲水”氛围。

【宋韵文化品牌建设】 2021年，清波街道着眼传承复兴，突出共享开放，聚焦融合发展，挖掘宋韵文化新魅力，激发宋韵文化新活力，厚植宋韵文化新动力。11月，街道发布宋韵IP形象“小清”、文化统战“尚城宋韵·同心地图”、清波廉韵体验线等一批宋韵特色工作品牌，展示具有地区特色和符合现代生活品质需求的特色宋韵文化。通过核心人才带动、项目开发等方式，与辖区院校、文化龙头企业开展战略合作，集聚高端文化人才、南宋文化研究者、非遗传承人等35人，参与打造宋韵文化智库。统筹辖区文化企事业单位和社会组织，创设宋韵文化走读路线、鼓楼宋韵国风音乐角，打造集“报、台、网、微、抖、号、端”于一体的微融媒体矩阵。全年打造活动传播阵地25处，新媒体传播平台9个。突出文化惠民覆盖面广、参与性强等特点，与中国美术学院合办“美美讲堂”项目，参与承办宋韵杭式生活节，擦亮宋韵文化惠民品牌。

2021年6月8日，清波街道在党群服务中心举办端午非遗活动。图为点茶技艺展示（清波街道 供稿）

【宋韵文化新标识打造】 2021年，清波街道依托河坊街开街20周年契机，通过三大举措强化宋韵文化的系统性构建、品牌性培育、融合性发展，多维传承展示宋韵文化精华，营造雅致和谐、崇文向善、包容开放的宋韵杭式生活。通过挖掘区域历史文化资源，整合人文景观和文旅体验展示空间，联动相关文化企业和研究机构，打造宋韵研学游、宋韵文创汇、宋韵微展厅、宋韵文艺精品和宋韵品牌传播“五大工程”，多角度、多业态、多渠道向市民、游客展现千年宋韵文化，守护“宋韵特色”根脉。联合街区老字号、创作团队等，挖掘宋韵特色文化文创产品，策划“宋韵@亚运”等主题，借助当下流行的“盲盒”模式，将宋韵文化创意从艺术欣赏向旅游纪念、日常生活转型，打造城市文化新名片。依托清河坊宋韵市集等场所建立孵化基地，提供优惠政策吸引乡村匠人入驻，鼓励更多工艺大师带动匠人提升发扬乡村传统技艺，助推传统戏剧、曲艺、非遗技艺、文化产品等乡土文化发展，提升创作水平，夯实宋韵文化技艺发展基础。

【清波街道老年学堂成立】2021年9月13日，清波街道老年学堂揭牌成立，成为上城区老年电视大学的新增教学点。清波街道老年学堂结合居民文化需求，开设老年人喜爱的衍纸制作、旅游文化、经典诵读3个兴趣班，第一期招募学员110人。学员招收面向社会，通过艺资师资下沉，提供家门口的专业艺术课程，让普通居民零距离享受高雅艺术熏陶，进一步实现地区老年人老有所学，老有所乐。

【“红色印记”研学之旅打造】2021年3月26日，清波街道推出清波版“红色印记”研学之旅攻略手册，挖掘辖区红色资源及其背后的红色故事，打造“家门口”的红色印记研学打卡点和“红色之旅”。“红色印记”研学之旅分为“红色革命党史”“红色文化传承”“街区党群服务”3个系列，挖掘浙江革命烈士纪念馆、胡庆余堂、于谦故居、西湖博物馆、杭州孔庙、清波街道党群服务中心、南宋皇城小镇党群服务中心、城隍阁、三茅观遗址（于谦读书处）、于子三烈士墓10个打卡点，采用“线上+线下”相结合的打卡形式，为庆祝中国共产党成立100周年营造氛围，推动党史学习教育活动。全年“红色印记”研学之旅吸引1000多人次参与。

（蒋成杰）

小营街道

【概况】 小营街道东临贴沙河，西濒中河，南接望江路，北至庆春路。2021年，街道总面积2.7平方千米，下辖小营巷、金钱巷、西牌楼、紫金、马市街、大学路、葵巷、老浙大、长明寺巷、茅廊巷、梅花碑、姚园寺巷12个社区。有常住人口7.33万人、流动人口2.79万人。全年街道完成财政总收入38.17亿元，地方财政收入17.86亿元，其中地方财政收入比2020年增长56.5%，以完成率144.9%超额完成全年预算指标，增幅和完成率均排名全区街道第一。全年新增国家高新技术企业9家、省科技型中小企业数17家、上市企业3家。引进总部企业2家、亿元项目11个，总部经济新增营业收入169.21亿元，有经常性税收亿元楼宇2幢。浙江大学医学院附属第二医院眼科中心开业，广宇集团中纬地块健康产业总部楼宇完成主体结构建设。

【基层队伍素质提升】 2021年，小营街道激发比学赶超干事热情，开展创先争优“揭榜挂帅”、中层干部竞争上岗、年轻干部座谈会等活动，提升基层队伍素质。制定《小营街道编外用工管理考核办法（试行）》《小营街道编外用工工资待遇管理办法（试行）》《关于实行多层次、年薪制编外用工制度的方案》《小营街道干部职工量化考核办法（试行）》等制度，做到人员管理更规范、干部选拔更科学、梯队建设更合理。凝聚群团力量，街道总工会新建独立工会和联合工会73个，发展会员750人。小营街道妇女联合会完成12个社区妇联执行委员增补，“她时代·智慧妈妈学堂”等项目获评上城区“终身学习品牌项目”。3月，街道依托“红巷社工学堂”，开展“政策民情双通关，全能服务大比武”，聚焦“一专多能，全岗都通”，组织180多名社工完成线上“全岗通”考试，新晋社工全部完成师徒结对。培养社工“领军人才”，打造“1+4”社会工作室（1个街道级、4个社区级），以“一核双社N次方”工作模式开展项目服务，形成“党建+社会组织+社会工作”专业发展与服务新格局。1月13日，小营街道社工站在全区街道社工站品牌特色服务大比武中获二等奖。

资料

“一核双社N次方”工作模式：“一核”指坚持党的领导为核心，以党建工作为引领，以专业服务彰显专业价值，通过专业化服务平台、专业化工作队伍、专业化社会组织、专业化服务项目等系列品牌打造，提升专业社会工作参与基层社会治理能力。“双社”指街道社会工作站和社区社会工作室联动。坚持以点带面、点面结合，以街道社会工作站为专业枢纽平台，以社区社会工作室为特色服务支点，联动共治，发挥专业社会工作在解决社会问题、维持社会秩序、促进社会和谐等方面的作用。“N次方”指以N名督导、N类人群、N个领域齐头并进的方式，拓展和延伸社会工作的专业服务形式、内容和领域，推动杭州社会工作职业化、专业化和本土化。

【社区数字治理模式探索】2021年，小营街道探索社区数字治理模式，加快“数智社区”建设进度，依托街道“营时代数字驾驶舱”，实现党建、民生、综治各领域指数“一口接入”。推行“社区议事会”，引导民事民议、民事民办、民事民管，形成社区共管共治模式，形成“一社一议事”品牌，全年参与民生项目165件。以“互联网+”助力，与中国科学技术大学长三角信息智能创新研究院联合打造“多彩公益圈”数智家平台，实现“三社”（以社区为平台、社会组织为载体、社工为骨干）向“五社”（以社区为平台、社会工作者为支撑、社区社会组织为载体、社区志愿者为辅助、社区公益慈善资源为补充）跨越。该平台启动后，导入社会大数据5000多条，链接社会资源300多家，开展社区融入类、专题宣传活动179场，撬动公益资金63万元，受益群众超1万人。

【亲清政商关系构建】2021年，小营街道细化“事前密集联系走访、事中及时化解处置、事后跟进增强粘性”的三维服务模式，构建亲清政商关系，为企业发展提供保障。街道根据不同企业类别配备专人负责跟进日常情况，遇到问题及时了解并解决，需要部门支持的立即上报领导，争取第一时间了解企业动态。全年街道走访企业850多家（次），服务企业2600多家（次），收集并解决浙江省二轻集团有限责任公司企业员工集体户口落户、承租国有房产的“三免三减半”等问题70多个，问题解决率95%以上。

【营税互动平台打造】2021年，小营街道聚焦协税护税，深化税源管理，系统谋划“楼宇—企业—税收”协同发展机制。3月，成立小营街道协税护税工作领导小组，打造营税互动平台。该平台涵盖辖区全部纳税企业4300多家，对上市企业、重点国资单位、行业龙头企业等进行分类，开展相应服务。年内，建立404家30万元以上税源企业信息库和27幢楼宇物业信息库，街道工作人员优化资源匹配度，分组挂包，每月定期联系走访，深入了解企业发展需求，第一时间解决企业关切问题。

【小营巷、西牌楼社区老旧小区改造】2021年，小营街道开展小营巷社区和西牌楼社区断河头小区老旧小区提升改造。街道成立老旧小区改造专班，分别在小营巷社区和西牌楼社区驻点，联动项目施工方、设计方等单位实施周例会、月考评制度。每周例会分析改造共性问题并提出指导意见，先后召开例会30多次，解决问题120多个。10月，小营巷社区老旧小区改造项目完成，改造房屋55幢，面积16.08万平方米，涉及居民2704户，拆除保笼3375个，更换雨棚1.22万个，安装晾衣架2247个。西牌楼社区于4月启动老旧小区改造，主要涉及断河头以西房屋27幢、单元64个、居民1573户，改造面积7.6万平方米，拆除保笼314户，拆除雨棚621户。

【环境面貌提升】2021年，小营街道开展“美丽杭州”和“迎亚运”环境面貌大比武活动，促进环境面貌提升。全年办结市级督查问题2295个，自查整改问题6773个。自创“四定一表一流程”监督管理办法，实施全域化保洁属地监督，破解环卫保洁难题。出动辖区环境秩序整治人员9553人次，清理卫生死角935处，清理垃圾1356车（三轮车）；发放产权单位问题抄告单450多份；拆除街面违规店招1300多处，整治出店经营现象1500多次，开具责令整改单830份；劝离居无定所人员480多人次，清理其露宿点36处。

资料

“四定一表一流程”监督管理办法：“四定”指定段、定人、定岗、定时；“一表”指四定表；“一流程”指属地街道社区督查流程。

【民生服务优化】2021年，小营街道精准优化民生服务。打造清吟街108号省级示范型居家养老服务中心，并招标引入浙江中大德宜健康管理有限公司运营。该中心总面积1893.26平方米，是集医、食、托、护、娱、学于一体的省级示范型居家养老服务中心。年内，为180名老人提供居家养老服务，服务时长3000多小时。开设6条为老服务专线，全年走访慰问老年人6500多人次，发放慰问品价值22.9万元。制作“敬老孝亲营联卡”，将街道挂包领导、街道联络员、社区书记和福利委员的联系方式印制在卡上，实现百岁老人“点对点”专人服务。完成60户困难家庭的适老化改造，安装卫生间扶手、床边起身扶手、防滑地垫、洗澡椅、恒温淋浴水龙头、适老化床头柜、衣柜、智能监测设备等设施，满意度100%。对辖区400多户在册困难家庭开展入户调查，动态掌握困难家庭情况，精准识别困难需求，采取定向结对慰问，关注低保家庭用厨安全，改善低保家庭厨房环境。推进“暖厨计划”，报名范围基本涵盖所有低保困难家庭。年内，通过自主报名、上门实地勘察等方式，街道完成低保困难家庭厨房改造6户，待改造3户。

【小营公园景观新地标打造】2021年，小营街道打造小营公园景观新地标，完成“一脉、两带、四坊、八巷、多园”布局。“一脉”为泛博物文化游线；“两带”为红色旅游带、多彩生活服务带；“四坊”为康养坊、红色坊、藏书坊、名士坊；“八巷”为小营巷、银枪班巷、皮市巷、大塔儿巷、小塔儿巷、雨巷、觉苑寺巷；多园为多个小营邻里生活园。街道在尽量不破坏原有景观框架的前提下，全面提升公园绿化建设，丰富红色元素，打造红色场景浮雕墙及党旗雕塑，将红色文化呈景路边、汇景成园，使小营公园成为周边居民党员新的红色打卡地，使“敢为天下先，甘做孺子牛”的红巷精神传承有新的平台和载体。

【定时定点垃圾分类全覆盖】2021年，小营街道以推行“承包+认领”垃圾房辅助细分模式为契机，推进生活垃圾源头资源利用和减量管理，实现生活小区定时定点全覆盖，对低价值可回收物进行细分，回收并再生利用，实现垃圾“减量化、资源化、无害化”目标。加强执法处罚指导力度，发现问题180多个，其中，现场责令整改问题140多个，开具责令整改通知单及处罚通知单42张，处罚金额1.35万元。至年末，完成创建市级示范小区22个、示范社区1个。

【安全生产基础管理】2021年，小营街道加强安全生产基础管理。建立健全平安创建工作领导小组组织机构，先后与辖区96家重点企事业单位签订社会治安综合治理责任书，与2122家沿街店铺签订消防、安全生产责任书。针对街道下辖381个餐饮场所，聘请第三方外包服务公司对餐饮场所进行专业检查，制定“红、黄、绿”三色预警分级标准。“红色”为高危火险等级，由街道将违法行为线索抄送至区消防、派出所、城管等职能部门，并跟进整改结果；“黄色”为较大火险等级，由街道消安办负责督促整改；“绿色”为一般火险等级，由属地社区负责日常巡检。全年向公安、消防等职能部门抄送隐患问题135个，立案处罚21起，督促整改隐患问题268个。全年未发生安全生产事故。

【消防安全专项治理】2021年，小营街道开展辖区消防安全专项治理。年内，完成12个社区智慧消防全覆盖，结合“微更新”改造推进3个老旧小区消防安全综合治理工程，安装联网烟感591只，智能充电桩688个，实现充电降费5000个插口。按照区域性微型消防站标准完成街道3个中心微型消防站升级，联动处置火警41起。针对高层建筑、危化单位、餐饮场所开展专项整治，处置隐患855处，整改车库、地下空间违规住人31处。采取淘汰老旧充电桩改造联网模式，落实电动车充电智慧化管理，街道225个非机动车车库均覆盖智能充电桩，共计446个充电桩4088个插口，全年完成100处131口的联网改造，指标完成率100%。

2021年8月9日，小营街道在街道“最美工作室”开展“百年征程路，剪纸颂党恩”剪纸活动（小营街道 供稿）

【党建共建品牌打造】2021年，小营街道以中国共产党成立100周年、习近平总书记复信小营巷社区党委10周年和钱学森诞辰110周年等为契机，完成钱学森故居改造提升、小营红巷馆打造和小营公园提升工程，串联中共杭州小组纪念馆、毛主席视察小营巷纪念馆、小营巷红色主题公园、红巷生活馆、全国爱国卫生运动纪念馆、同心筑、钱学森故居、龚自珍纪念馆、郁达夫故居、中共杭州小组建立旧址纪念碑、中国社会主义青年团杭州支部建立旧址纪念碑、杭州近代教育史陈列馆（求是书院）12处红色资源，打造全景式“红色小营”VR地图，入选市委组织部“十大精品现场教学基地”之一。与省委组织部、市财政局等60多家单位开展共建，打造“红墙门生活共同体”“多彩公益圈”等极具小营辨识度的党建共建品牌，形成小营红巷全域党建联盟品牌，入选全市优秀党建联盟案例。6月28日，小营巷社区党委获评全国先进基层党组织。深化“营新荟”特色品牌，全年重点打造紫金社区党群服务中心、长明寺巷党群服务中心、金钱巷社区党群服务中心、大学路新村小区服务驿站、马市街社区党群服务中心、梅花碑社区党群服务中心、小营街道党群服务中心、小香驿站8个“尚小驿”服务阵地。实现小区综合党委全覆盖，永宁院皮市巷小区、万安东苑小区入选杭州市“睦邻”小区党建示范点。

【小营街道微融媒体中心挂牌成立】 2021年12月，小营街道微融媒体中心挂牌成立。该微融媒体中心纵向协调街道上下资源，横向联合杭州彩虹鱼康养护理站有限公司等辖区企事业单位，重构“策、采、编、审、发、追、评”一体化全媒体业务流程，织密“一张情报网”。下设综合组、新闻组、视频组等小组，并邀请热心居民担任“营记者”，为中心提供线索和资料，发挥中心影响力，讲述身边群众喜闻乐见的事迹。至年末，小营街道微融媒体中心围绕小营“红色”“健康”“最美”三大主题，讲好红色故事，推进健康讲堂，扩大“最美”辐射，报送各类视频109个。

（王　芹）

望江街道

【概况】 望江街道东临钱塘江、南至望江路、西接贴沙河、北傍清江路。2021年，街道面积4.1平方千米，下辖大通桥、始版桥、兴隆、莫邪塘、清泰门、婺江、耀华、近江东园、近江西园、在水一方、徐家埠11个社区。有户籍人口6.89万人、流动人口3.92万人。作为全省首批未来社区省委书记唯一联系点和市委改革试点项目——杭港高端服务业示范区所在地，望江街道围绕建设“一流的国际化望江新城”总目标，有序推进各项工作。全年街道税收15.22亿元，比2020年增长8.5%；地方财政收入7.3亿元，增长4.4%。实到外资总额、“152”省、市、县长工程项目开工数、制造业投资增速均列全区第一。引进浙江凌迪数字科技有限公司、锐力体育（浙江）有限公司杭州分公司、里定（杭州）健康科技有限公司、浙江凌众股权投资管理有限公司等企业165家。望江新城入选“杭州城市明日封面”。完成莫南二期最后一户排危腾空交房，实现全域征迁任务“清零”。在全市首创“预安置”模式，将安置周期缩短半年以上，在全区率先完成618户在外过渡5年以上住户预安置。纵深推进“美丽上城”攻坚行动，长效化落实27个在建工地“五位一体”综合管理，全域化完成省级“美丽河湖”创建，先后获评省“五水共治”优秀街道、市垃圾分类优胜街道。全年完成拆违面积1.14万平方米，拆除存量违法建筑75处，完成徐家埠社区“无违建社区”创建。推进望江新园39幢建筑外立面提升改造和清泰门社区27万平方米老旧小区改造工作，惠及居民6500多户，天福花园（铁路）项目获评市级老旧小区改造典型案例；完成江韵园等4个小区二次供水改造，惠及居民1700多户；全域完成社区服务中心无障碍设施改造，打造全区首个智慧居家养老体验中心、示范型青少年成长驿站，完成房屋适老化改造20户、加装电梯16台，徐家埠社区获评2021年杭州市老年友好型社区。完成近江片区11个小区消防供水管网整改；首创高层住宅小区“智慧消防”系统，率先在169台电梯中加装电动车轿厢阻止系统，辖区总体火情下降23%。全年受理电信网络诈骗案件数下降26.3%、治安案件下降37.8%。

【望江新城入选“杭州城市明日封面”】 2021年1月7日，望江新城在“城市明日封面——2021年杭州最值得期待板块”评选中入选“杭州城市明日封面”。望江街道以打造未来社区新样板、长三角地区新枢纽、展现杭州发展的新窗口和“一带一路”交流的新客厅四个“新”为目标定位，推动杭州新世界、国家（杭州）短视频基地等7个“152”省、市、县长工程项目落地，推进始版桥未来社区和杭港高端服务业示范区建设。以交通、教育、产业为建设重点，提升并改变望江新城，实现金融科技城、国际交流港、健康宜居城的功能定位。

【望江街道商会获评全国“四好”商会】 2021年1月，望江街道商会获评2019—2020年度全国“四好”（政治引领好、队伍建设好、服务发展好、自律规范好）商会，为全区首家。望江街道商会有会员企业34家，覆盖会员企业416家。2009—2020年，街道以打造杭港高端服务业示范区为契机，以望江街道商会为基础，借力杭港两地商会和机构，以“杭港合作高地、企业互动驿站”为目标，搭建两地展示、服务、交流的平台，使民营经济找到发展新机遇。先后承办香港资本市场论坛、侨界创业投资国际高峰论坛分会场、杭港资本项目对接会、亚洲金融论坛分会场等大型活动5场，接待香港交易所、中国香港（地区）商会等参观（团）30多批、500多人次。打造全省首个“企推推”民企线上平台，以“万企跨区域交流，云上‘零距离’互动”为特色，凝聚非公有制经济人士力量，助推香港与长三角商会资源深度融合，扩展基层商会服务的广度与深度，打造线上服务新模式——“公众号+群聊+直播”，吸引互动观众超20万人次。组织辖区会员企业为“春风行动”、新冠肺炎疫情防控捐款240多万元，助推辖区户外休闲椅安装等7个民生实事项目实施落地，参与湖北恩施土家族苗族自治州、贵州雷山县等地结对帮扶，捐赠帮扶资金40多万元。

【亲清直通车基层站点望江站成立】 2021年8月20日，亲清直通车基层站点望江站揭牌成立。该站点由望江街道商会承办，为浙江省工商联首批试点项目，同时是上城区唯一的基层街道站点。望江站位于中豪望江国际，依托650平方米的上城区数字统战体验馆暨望江统战之家阵地，合并打造具有多功能报告厅、直播间等七大功能区域的交流展示实体空间，通过线上线下联动的方式，以创新“1+2+N”为企服务新模式，搭起面对面交流、心贴心服务的载体和平台，以构建亲清政商关系，促进地区民营经济高质量发展，助力浙江省共同富裕示范区建设。至年末，承办政企圆桌座谈会1场，为辖区36家商会企业提供人才政策、统计法规等培训服务4次。

> **资料**
>
> **“1+2+N”为企服务新模式：** 指创建1个服务企业的基层站点，依托望江街道商会、数字统战平台，提供学习培训、定期座谈、联谊活动、主动走访等N项服务，助推地区经济发展。

【省级“美丽河湖”全域化创建】 2021年9月29日，新塘河通过省级“美丽河湖”验收。至此，望江辖区内新开河、贴沙河和新塘河全面完成省级“美丽河湖”创建工作。街道贯彻河长制六大制度，配齐配强街道、社区、民间三级河长队伍，深入推进定时、定人、定点的“实名看护”制度，通过多频次巡查，确保所有河道纳入全面管控，构建起立体式执法、网格化巡查的治水体系。全年组织河长巡查650多次。坚持水岸同治、源头治理，以问题为导向、分类处理为原则，开展雨污分流改造工作，覆盖全域生活小区58个、公建单位47家、“六小行业”单位170多家，形成长效管理机制，完成“污水零直排区”创建。宣传、发动群众自愿参与治水、护河行动，全年发送“五水共治”宣传短信11.92万条；坚持听民声、顺民意，通过走访座谈、问卷调查等形式，征集“美丽河湖”创建意见建议，将亲水休闲、健身锻炼等需求纳入实施计划，贯通新塘河望江段1400米沿河游步道。

资料

河长制六大制度：即《杭州市上城区望江街道河长会议制度（试行）》《杭州市上城区望江街道河长制工作信息报送规定（试行）》《杭州市上城区望江街道河长制信息化管理规定及信息共享制度（试行）》《杭州市上城区望江街道河长制督查及问责激励办法（试行）》《杭州市上城区望江街道“五水共治”暨河长制长效考核实施办法（试行）》《杭州市上城区望江街道河长制建立验收办法（试行）》。

2021年9月29日，新塘河通过省级“美丽河湖”验收

（望江街道 供稿）

【望江街道在全市首创“征迁预安置”模式】2021年，望江街道为破解望江新城回迁安置难题，在全市首创“征迁预安置”模式。该模式打破原有安置房交付后再选房的模式，参考商品房期房选房模式，在房屋交付前，事先通过样板房、户型图等让居民选房，将房屋交付验收工作和选房流程同步进行，房屋竣工交付时，居民即可拿到新房钥匙。通过提前选房，让居民了解安置房的户型结构，减少交付后选房的顾虑，同时减少居民在外过渡租房等开销。运用该模式后，街道将房屋安置周期缩短180天以上，大幅提升群众回迁安置速度。

【望江街道全域征迁“清零”】2021年，望江街道把握“一股合力”干到底、“一把尺子”量到底、“一个中心”守到底的“三个一”原则，实现全域征迁“清零”。自2015年启动全域征迁后，街道通过部门联动、团队作战、挂图作战、倒排工期，70天实现望江新城核心区块13个项目全面拆平，80天实现“三城一广场”（近江海鲜城、杭州礼品城、华东家具城、近江商业广场）10万平方米专业市场全面腾空，5天实现杭州近江食品市场全面签约“清零”。推动“依法征迁、阳光征迁”，提前测算好货币安置、异地安置、回迁安置“三笔账”，并把房源公示在现场，把补偿公布在网上，确保每个环节、每个细节公平公开、依法依规，实现征迁全程“零群访”。坚持“以群众为中心”原则，通过包干入户、一线驻点、开门接访为征迁群众破难解忧，解决诉求2000多项。9月30日，街道完成莫南二期最后一户排危腾空交房，实现全域征迁任务“清零”，望江地区全域拆迁房屋1.2万户，腾挪土地1.67平方千米。

【中国美术学院社会美育精品项目落户望江街道】 2021年11月26日，中国美术学院社会美育精品项目“艺术启智，崇德尚美——中国美育兴华年”启动仪式在杭州市党群服务中心举行。该项目是中国美术学院继续教育学院在“十四五”规划期间打造中国社会美育大平台的重要内容。启动仪式后，望江街道党群服务中心作为项目发起方和实施方，将携手中国美术学院，以学院名师为中心，通过项目进驻、师资力量输入等方式，开展“慧美”讲堂、“幸福学堂”、少儿学习聚落、“普惠共享”社区美育学堂、社会美育核心现场等公益活动，用美育惠利人民，为弘扬和推广美学教育，提升全民美学素养进行积极尝试。

【AED全域化铺设】 2021年，望江街道持续探索用社会资本解决社会问题，满足民生需求。街道联合辖区杭州畅捷电子商务有限公司、杭州近江股份经济合作社、娃哈哈三捷教育发展基金会等10家企事业单位成立“望江红十字公益联盟”，募集资金40万元，定向用于23台AED设备采购。12月9日，街道完成学校、工地、市场、住宅区等人员密集场所的AED铺设工作，在全市率先实现AED全域化铺设。同时，完善30个应急救护点，打造“8分钟医护圈”，打通红十字惠民“最后一公里”。至年末，望江街道红十字会开展各类救护培训400多场，指导8000多名志愿者熟练掌握心肺复苏术和AED急救方法。

望江街道耀华社区康养驿站内景（2021年）　　（望江街道 供稿）

【耀华社区康养驿站投入使用】 2021年10月，望江街道耀华社区康养驿站投入使用。该驿站为上城区首个居家养老智能体验中心，由浙江省唯康为老服务发展中心运营。全站分上下两层，面积约205平方米，设置多样化智能场景、智能机器人、智慧鞋柜、智慧魔镜、智慧药箱、智能测量设备、智能养老床等一整套智能、便捷的居家环境体验项目，其中特色体验项目——“小病快问线上平台远程医疗”有300多名执业医生实时在线，一分钟内即可接通问诊，为老人就医提供方便。该驿站依托智慧养老服务信息化平台，以平台热线、“一键通”智能救助终端、远程健康医疗为纽带，推进实现优质高端居家服务。针对周边1000多名老人，提供生活照料、助餐服务、专业照顾、家庭支持、上门康复、休闲娱乐、法律咨询、精神慰藉、辅具租赁等服务项目，构建“家门口”的居家养老智能服务体系。至年末，开展相关活动20场次，服务老人1000多人次。

【近江片区小区消防供水管网整改完成】 2021年，望江街道为确保辖区消防供水安全稳定，推进近江片区小区消防供水管网实施整改。12月20日，整改工程完成，新增、维修泵组30套，新铺消防供水管1.20万米，开挖市政道路8条、600米，整改小区道路20条、2000米。整改工程于2020年5月启动，建筑面积4.51万平方米，涉及房屋189幢、居民8985户、维修泵房2个。依托多元联动机制，围绕问题源头，通过隐患分段检测、分级标注，问题逐条比对、逐项拆分，难点分析等举措，科学制定整改规划，合理推进隐患整治。通过整改，近江片区消防供水压力不足等隐患消除，辐射望江西园、近江二园、近江三园、近江四园等老旧小区11个。

【电动自行车安全保障】 2021年，望江街道建立电动自行车整治闭环机制，通过组建电动自行车自查自纠小分队、安装电动自行车感应系统、推动充电桩降费等措施，全方位保障电动自行车安全。至年末，辖区内建设完成672处、6542个智能充电端口，其中实现优化降费充电端口5864个，覆盖小区42个，覆盖率近90%；完成安装电动自行车感应系统电梯197台。年内，街道电动自行车安全保障做法获浙江电视台新闻频道、浙江卫视“中国蓝”等媒体报道。

【“红苗学社”获评全市党群服务最优项目】 2021年5月28日，望江街道党群服务中心“红苗学社”项目作为上城区唯一入选项目，参加全市党群服务最优项目打擂比武活动。经过现场展示、现场投票、线上投票等环节，“红苗学社”被评为“全市党群服务最优项目”。“红苗学社”是“望江红云”基层党建综合体的特色品牌，定位为“家门口的青少年宫”。该学社推出“四点半课堂”、假日小队活动、青少年成长计划三大特色体系课程，成为望江街道青少年发展领域的一张社会名片。至年末，“红苗学社”开展活动130多场，吸引青少年8000多人。

（李晓莺）

南星街道

【概况】 南星街道东北连万松岭、凤山桥，以飞云江路为中轴线，与紫阳街道毗邻，东南沿钱塘江中心线与滨江区相望，西北沿玉皇山、凤凰山，与西湖区交接。辖区内有闸口白塔、梵天寺经幢、施家山吴汉月墓、慈云岭石窟造像、老虎洞窑址、天龙寺、千佛洞、南宋皇城遗址8家国家级文物保护单位及于子三墓、宋京郊坛下官窑址、中河南端古桥、古泉群等省市级文物保护点。2021年，街道总面积4.31平方千米，下辖美政桥、海月桥、馒头山、玉皇山、紫花埠、复兴街、水澄桥、白塔岭8个社区。有户籍人口约3.50万人、在册流动人口1.98万人。全年街道财政总收入21.23亿元，一般公共预算收入10.03亿元，引进落户企业近130家，经济总量保持在全区前列。街道推进“全省基层社会治理最优街道”创建工作、基层社会治理体系和治理能力现代化工作，相关工作经验被中央政法委员会肯定。年内，街道所辖社区先后获全国民主法治示范社区、浙江省城乡社区治理和服务突出集体、浙江省文化示范社区等荣誉。

【馒头山社区获评全国民主法治示范社区】 2021年3月，司法部、民政部印发通知，命名上城区南星街道馒头山社区等1045个村（社区）为第八批全国民主法治示范村（社区）。馒头山社区以“做强做大社区党委、做精做专居民自治、做优做实公共服务”为目标，发挥党组织基层社会治理的“主心骨”作用，使自治、法治、德治“三治融合”在社区落地生根，实现基层治理资源的交汇。升级打造邻里中心街坊会客厅，重构迎客厅、百通岗、议事坊、休闲斋四大核心区块，为居民搭建议事协商平台。组建由共建单位、党员小组长、民情观察员及民间意见领袖多方参与的社区议事小组，以民主协商方式共同处理社区治理过程中遇到的各类问题。全年开展法治宣传活动200多场，服务居民1万余人次。

【南星街道获评市平安创建先进集体】 2021年4月23日，南星街道在全市平安创建表彰大会获评2020年度杭州市平安创建先进集体。街道通过创新推行“组团式矛盾纠纷联合化解”、“333333”消防治理、“律所进社区、下网格”、“九力合一”平安工作机制，从群众最关心、反映最强烈的问题着手，全面排查和整治影响平安建设的突出问题和风险隐患，提升基层社会治理水平，增强辖区居民幸福感、获得感、安全感。全年检查单位2200多家（次），发现并整改安全隐患560多处，整改率99.5%。

资料

“组团式矛盾纠纷联合化解”： 即“1+8+N”阵地“组团”，指1个中心统筹调处、8个社区定点调处、N个现场巡回调处，使矛盾纠纷化解“最多跑一地”真正落到实处。

“333333”消防治理”： 按照街道平安督查队伍、社区网格排查队伍、物业日常巡查队伍3支队伍强排查，每日安全巡查、每周安全夜查、每月安全督查3种检查抓落实，即时整改、清单交办、挂牌督办3项机制促整改，分片管理、月度例会、联动响应3项制度强管理，应急管理服务站建设、智慧消防平台建设、老旧小区消防基础设施建设3项建设保平安，线上宣传、线下宣传、培训宣传3项宣传造声势的工作方式加强消防治理。

“律所进社区、下网格”： 以律师事务所进社区试点工作为抓手，依托专属律师事务所资源优势，延伸人民调解、法律援助、法治宣传、社区矫正、律师服务5项工作，打造老百姓身边的法律顾问。

“九力合一”平安工作机制： 指周密性部署、精确性反制、滚动式培训、签约式督办、立体式宣传、网格化走访、联动式处置、节点式通报、靠前式督查。

【新时代枫桥式退役军人服务站建设】 2021年1月，南星街道退役军人服务站获评浙江省首批新时代枫桥式退役军人服务站，为全区唯一一个街道级退役军人服务站。该退役军人服务站成立于2020年3月，一楼为退役军人“一站式”服务窗口，二楼为面积200多平方米的活动场地，设有综合区、活动区、体验区、运动区、宣传区、文艺区、先锋区七大区域。该服务站以街道级退役军人服务站为点，以白塔岭、馒头山和水澄桥3个社区为依托，逐步辐射街道8个社区退役军人服务站，结合“最多跑一次”“互联网+”等创新经验，建构覆盖广泛、高效便捷的“街道—社区”两级退役军人服务体。全年开展拥军共融活动54场、政策宣导活动10场，吸引2583人次参加。

【社会组织党群服务中心省级示范点创建】 2021年2月，浙江省第三批社会组织党群服务中心示范点名单公布，南星街道社会组织党群服务中心成功创建省级社会组织党群服务中心示范点。该中心位于梵天寺路54号馒头山邻里中心，占地约3240平方米，通过打造街坊会客厅，重构迎客厅、百通岗、议事坊、休闲斋四大核心区块，在全区率先打造“3+X”社区为民惠民服务综合体，形成社区党建引领、居委会共治、社会组织服务的“共享共治”品牌。中心依托乐活家园、文化礼堂与馒头山文化公园，集主题宣教、体育文娱、休闲游戏、书画养生、市民讲堂、幼托服务等功能于一体，实现公共服务就近提供、市场力量对接服务、群众团队培育扶持、邻里关系交流融合、社会工作创新发展五大优势，推动形成政府引导、市场运作、社会介入的新型社会化治理和服务模式。南星街道社会组织党群服务中心致力于社会组织及社会组织党组织的培育孵化，通过设置党群活动区、茶歇区、议事区、展陈区等，为社会组织党建工作搭建良性增能服务平台，通过开展“党建引领服务”公益联盟等党建共融类活动，培育社会组织。至年末，南星街道社会组织服务中心管辖备案类社会组织183个、注册类社会组织30个，社会组织成员1500多人。

【“乐活南星·数智治理”四层协同综合应用平台打造】2021年4月23日，南星街道“乐活南星·数智治理”四层协同综合应用平台上线，该平台是南星街道推进数字化改革的创新探索。平台显示有街道的三维地图，可清晰看到辖区每一幢楼宇和每一条道路，辖区内的人口情况、社区安防设备、智慧交通、生活服务等内容。街道借力数字化手段，以海月桥社区海月花园小区为试点，解决高空抛物追溯、消防通道堵塞、高龄独居老人走失等老旧小区基层治理中面临的痛点、难点问题。街道对标未来社区“三化九场景”要求，以打造老旧小区版“未来社区”为目标，通过构建“1+4+N”数字化协同体系，激活“街道、社区、物业、居民”四级协同善治“乘数效应”，实现基层治理一核多翼、一网统管、一屏联动，走出一条符合实际、智慧管用、富有特色的基层社会治理新路子，打造浙江省数字化基层治理典范。

【公共自行车“普法加油站”启用】2021年12月1日，杭州市首个公共自行车“普法加油站”在南星街道海月桥社区启用，首批普法宣传“小红车”挂牌上路。“普法加油站”是南星街道开展法治化综合改革试点，加强法治宣传教育，营造良好法治氛围的重要探索。自6月开展法治化综合改革试点后，南星街道聚焦基层法治建设难点、痛点和堵点，坚持红色法治、清单法治和综合法治“三治联动”，人民调解、法律援助、法治宣传、社区矫正、律师服务“五位一体”协同推进落实法治化综合改革试点各项任务目标，推动街道法治全方位、系统性、重塑性变革。“普法加油站”拓展法律服务受众面，从面向辖区居民延伸到学生、家长、路人及游客等人群，更好地发挥普法辐射作用，营造人人尚法的良好法治环境。

【“幸福小屋”打造】2021年9月9日，由南星街道联合浙江幸福里公益基金会、凤凰公益社会工作服务中心打造的“幸福小屋”在馒头山社区举行挂牌仪式。该小屋位于凤山新村217号楼，面积70平方米，设置党建宣传区域、学习区域、休息区域，并安排专职志愿者轮流值守。该小屋以加强社区治理为宗旨，以促进社会力量参与为模式，围绕“关爱陪伴、温情守护、助力睦邻”目标，面向辖区长者提供多种形式的幸福热线、暖心陪聊、登门看望、生日聚会、长者课堂等关爱服务。至年末，“幸福小屋”组织集体生日会3场，上门看望老人96人次，暖心陪聊服务738人次，幸福热心电话联系1457人次。

【抗疫心理服务热线推出】2021年12月17日，南星街道依托“益星荟”品牌，整合心理健康服务资源，面向街道社工开展心理健康知识宣讲、团体心理健康辅导，为社区心理危机预防、预警、干预等工作给予指导和支持。依托上城区心耀社会工作服务中心、上城区汇泉为老服务中心专业优势，面向居民及社工开通抗疫心理服务热线。线上每日安排2名专业心理师轮流接线，线下每周固定2天开展现场咨询，为社会公众化解因新冠肺炎疫情产生的情绪问题，提供心理干预、心理疏导、心理陪伴等专业化服务。至年末，累计服务280人次，开展咨询32场。

【凤凰山南影视基地作品《问天》播出】 2021年12月17日，上城区凤凰山南影视基地企业——杭州佳平影业有限公司与浙江影视（集团）有限公司、晴辉（北京）国际文化传媒有限公司、横店影视制作有限公司、浙江晴辉影业有限公司、浙江佳禾影视传媒有限公司、航天宏图信息技术股份有限公司等联合出品的全景展现新时代航天事业电视剧《问天》在中央电视台综合频道黄金时段播出。《问天》入选中共中央宣传部庆祝中国共产党成立100周年重点献礼剧目。该剧以艺术化形式，展现中国航天事业发展的真实历程和科研工作者的艰苦奋斗，歌颂并致敬中国航空人的拼搏精神。

【沿江党群服务驿站启用】 2021年9月30日，南星街道开展沿江党群服务驿站启用仪式暨“南星红盟”迎国庆活动，宣布沿江党群服务驿站启用。沿江党群服务驿站有两个，分别为“之江红驿·市民林驿”和“之江红驿·白塔驿”，位于市民林和白塔公园附近。“市民林驿”面积24.5平方米，突出宋韵文化和迎亚运文化，除驿站基本配备外，为妇女儿童提供母婴室、针线包、儿童阅读等个性化服务，为户外工作者提供冰箱及微波炉服务设施。在新冠肺炎疫情防控关键时期，“市民林驿”成为全区首个战时核酸采样点的沿江党群服务驿站。“白塔驿”面积24平方米，驿站内特别介绍钱塘江大桥及铁路南星桥站衍生的工匠精神和火车头精神。两个驿站为党员、群众、市民、游客提供参观学习、休闲阅读、应急保障等“共性+个性”服务项目。至年末，服务人群10万余人次，开展“暖南行动”等活动20多场。

2021年9月30日，南星街道沿江党群服务驿站启用。图为“之江红驿·白塔驿”驿站（南星街道 供稿）

【水澄桥社区康养驿站启用】 2021年10月22日，南星街道水澄桥社区康养驿站启用。该驿站位于上城区化仙桥路36号，总面积200平方米。街道及水澄桥社区对接辖区资源，携手社区卫生服务站、杭州在水一方养老服务集团、凤凰公益社会工作服务中心、浙江泰隆商业银行、亲民社会工作服务中心等单位与社会组织，以社区康养驿站为平台，开展日间照料、居家服务、便民公益、防诈骗等活动，开设包括科技、网络、智能设备、烘焙在内的老年电视大学课程，满足社区老年居民多样化的养老需求，构建健康养老服务网络。康养驿站分两层，设有书画室、康复训练室、心理咨询室、活动区、多功能区、阅览区等，由杭州在水一方养老服务集团承接运营。驿站以突出“专业化照护”为重点，为辖区老人提供生活服务、康复护理服务、家庭支持服务、康复辅助器具租赁服务等“一站式”服务，为老年群体打造“没有围墙的养老院”，解决老人养老难题。至年末，服务老人713人次，举办便民服务、读书会、游园会、迎新活动等11场。

【中央媒体采访团调研“智·和”同心荟】 2021年9月16日，中共中央统战部带领《人民日报》、新华社、《光明日报》、中国新闻社、《人民政协报》、《团结报》等中央媒体采访团到南星街道“智·和”同心荟采访调研新的社会阶层人士统战工作。作为全国新的社会阶层人士统战工作实践创新基地，“智·和”同心荟创新引入NGO组织（非政府组织），由“智·和”同心荟服务中心负责运营，经过4年实践，形成“红盟引领”“智荟新联”“智和众创”“智财合聚”“同心公益”五大工作模块，举办各类活动3000多场，服务新的社会阶层人士超过6万人次，实现“变统战成员朋友圈为统战工作圈、化统战成员为统战力量”。

【儿童社会工作专门委员会成立暨“和娃娃童读馆”开馆】 2021年8月17日，上城区首个儿童社会工作专门委员会成立暨南星街道社区公益教育空间“和娃娃童读馆”开馆仪式在南星街道白塔岭社区云弄54号举行。该儿童社会工作专门委员会探索“研习一体”、专业领航、多元力量聚力的儿童专业服务，聚财、聚智、聚心、聚力，创新服务载体，提供童书免费借阅、亲子阅读等服务，受益3000多人次。“和娃娃童读馆”面积90多平方米，将空间分成孩童自由阅读区、家庭互动区、小组活动区等功能区，配套适宜0～16岁年龄段阅读的优质童书3000多册。街道通过深化“校企地”党建共建模式，引入浙江理工大学、“紫薇原点”社会工作发展中心，组成“家庭+学校+社区+专业机构”服务联盟，为“和娃娃童读馆”开设专业儿童心理咨询服务，帮助解决儿童适应困难、自闭、注意力不集中、厌学、多动等行为及亲子关系等方面的问题，强化环境、家庭、社区等在儿童健康促进和保护中的社会支持，探索出具有“南星特色”的儿童社会工作方式。

【首届“星”青年成长营结营】 2021年8月24日，南星街道在街道党群服务中心举行首届“星”青年成长营结营仪式。该成长营以提升青年参与基层社会治理能力、推动年轻干部队伍建设为出发点，以业务技能、实践能力、创新能力培养为侧重点，围绕“学习—实践—服务”“三位一体”体验式培养模式，开展专题学习、实践调研、课题调研和团体活动，激发青年主动性和创新性，提高年轻干部解决问题、服务居民的能力水平。首届“星”青年成长营于2020年5月23日开营，聘任街道党工委组织委员、宣统委员、办事处副主任为梦想导师，吸引24名学员参加。结营仪式上，街道领导、成长营梦想导师为学员颁发结业证书。

【海月花园“微更新”项目获评典型案例】 2021年5月8日，经过前期区县自评、网络评选和专家评审等程序，南星街道海月花园“微更新”项目从60个项目中脱颖而出，被评为2020年度杭州市老旧小区综合改造提升工作典型案例。该项目针对小区停车位紧张、现代设施不足等实际问题，以“创建整合提升未来社区，打造数字化基层治理典范”为核心，以

“建筑景观建设、数字化建设”双维度为改造模式，从建筑类、景观类、智能类三大方面，构建“街道—社区—小区（物业）—居民”四级数字化管理体系，初步确定未来交通、未来教育、未来邻里等七大类综合应用和一键挪车、重点关怀、高空抛物监测等34项数字化服务内容，全面推进南星街道数字化进程。该项目在助力海月花园小区成为安全、宜居、便捷的智慧小区的同时，丰富城市大脑末端神经建设的总体布局，夯实“基层数字化”末端基础。

【“阳光老年助餐车”在南星街道上线】 2021年1月21日，“阳光老年助餐车”作为全市首个红色助餐车在南星街道民安苑小区中心广场上线。南星街道为帮助不方便做饭的老年人解决吃饭问题，在前期打造老年食堂“一轴两翼”助餐体系基础上，根据居民实际需求，引入第三方社会组织——上城区润万家社区服务中心，试点“阳光老年助餐车”项目，通过助餐车的服务模式，“点对点”服务，使小区老年人及退役军人不出社区就能品尝到物美价廉的菜肴。1月21—23日“阳光老年助餐车”试营业期间，所有居民均可享受七折优惠。正式营业后，餐车针对老年人推出分年龄段打折优惠，60~79岁享受八折优惠，80岁以上享受七折优惠，每周一至周六中午时段均可就餐。至年末，该餐车服务10952人次，营业收入18.84万元。

（夏昌方）

紫阳街道

【概况】 紫阳街道位于上城区南部，地处南宋皇城遗址，东临钱塘江，南连万松岭、飞云江路，西连紫阳山，北靠望江路。2021年，街道面积3.49平方千米，下辖上羊市街、彩霞岭、十五奎巷、太庙、候潮门、北落马营、新工、海潮、木场巷、凤凰、春江、甬江12个社区。有常住户2.78万户，户籍人口8.32万人、流动人口2.84万人。全年街道实现税收收入15.87亿元，比2020年增长15.5%；一般公共预算收入7.35亿元，增长16.2%。持续推动“1+6”产业体系迭代升级，引进企业114家，其中符合区五大主导产业注册资金1000万元以上的项目54个、亿元以上项目12个，先后引进总部企业浙江爱普恒和贸易有限公司、中建路桥集团第一工程有限公司。2021年，街道先后获评2020年度杭州市高水平推进城乡生活垃圾治理工作先进集体，杭州市第七次全国人口普查集体嘉奖。

【“侨胞之家”成立】 2021年11月18日，紫阳街道在新中国第一个居民委员会诞生地——上羊市街社区内成立集展陈、交友、互动、联谊和议事等功能于一体的“侨胞之家”，为进一步挖掘辖区侨界资源，保障和服务中心大局奠定坚实组织基础。街道通过建立“侨胞之家”，将侨务工作主动融入街道“大党建”格局之中，并以“睦邻”为切入点，办好“文化兴侨”活动，丰富西湖健走队、甬江金色艺术团等活动载体。有序开展侨法宣传活动，将“侨胞之家”的建设与“邻里之家”“和合家园”等“睦邻”品牌相融合。用好“同心圆桌会”等活动品牌，将涉及提升归侨侨眷的居住生活品质的老旧小区“微更新”、加装电梯等民生实事办好、办实。

【街道国有资产监督】 2021年，人大紫阳街道工委落实资产家底“一年一盘点”、资产变动“一物一报备”、资产管理“一类一督查”、疑难问题“一事一方案”“四个一”机制，在全区率先将国有资产管理工作纳入人大监督之下。引入专业“外脑”团队，挑选有基层管理及街道、社区治理经验的议事会成员，组建专项监督小组，对固定资产进行一年一次盘点。将街道资产管理系统与人大紫阳街道工委官网联网，实时监督街道资产变动情况，“线上+线下”双管齐下摸清家底。制定资产管理督查年度和季度计划，由专项监督小组通过查验部分报销凭证、账本报表、文件资料依据等，分门别类推进专项督查。通过“三重一大”会议，常态化参与研究街道资产日常管理。通过主任接待代表、人大代表进社区等活动“一事一方案”助推解决房产空置率较高和承租户延缴、缺缴租金等问题，为加强街道资产监管工作出力献策。

【社区治理体系建设】 2021年，紫阳街道12个社区结合社区实际和经验，100%建立各具特色的议事协商机制，形成层次清晰、权责明晰的治理体系。完成社会组织“一站六室”（街道社会工作站和上羊市街、木场巷、新工、凤凰、彩霞岭、海潮6个社区的社会工作室）阵地建设。建立“民意小圆桌”民情直通联动机制，听取民情、收集民意420多条，解决问题400多个。该机制获2021杭州生活品质总点评年度事件奖项。12月7日，上羊市街社区“民主协商，多方协同，民意小圆桌推进社区微治理提质增效”案例入选2021年全区“党建引领小区治理十佳金点子”。升级打造“红色业联体”2.0版本，为业联体运作接上“智脑”，改变以往新型小区登门难、参与难、治理难的局面。新工社区参与区智慧试点建设，建立微脑系统。社区居民自发成立“凤凰早班车”“古井自治队”等自治团队，打造居民自治品牌。

【老旧小区综合改造】 2021年，紫阳街道持续开展老旧小区综合改造工作，全年完成改造建筑面积54.5万平方米，涉及上羊市街、彩霞岭、木场巷3个社区，惠及居民近8000户。完成屋顶补漏10万余平方米，地下管网改造提升3000多米。拓宽翻新道路4万多平方米，新增机动车停车位280多个、非机动车停放点60多处。新增社区公共服务用房2处、1460平方米，完善养老、幼托、便民服务等社区配套设施15处。更新小区景观节点、“口袋公园”37个，增加活动场地3000平方米，晾晒设施200多处。发掘社区文脉、营造旧俗新貌，因地制宜完成商店招牌提升，塑造独具历史风韵的特色街区3个。加装电梯5台，其中云雀苑小区创新增设1台贯通10多米高度差的共享电梯，方便老年人、幼儿出行。对改造完成的准物业小区统一引入专业物业服务公司，做到改造一个管好一个。对标未来社区建设，重点营创彩霞岭平安里共同富裕示范区，针对新老小区之间环境、管理水平、居民生活幸福感差距大的现状，以拆除围墙、统一立面、统一物业管理的方式打破居民之间的“心墙”。北落马营社区老旧小区改造项目针对社区人口居住密度大、居民活动空间小、配套设施陈旧缺损，停车矛盾突出、安全隐患严重等问题实施整治。该改造案例获2020

改造后的紫阳街道上羊市街袁井巷小区（2021年）（紫阳街道 供稿）

年度杭州市老旧小区综合改造提升工作典型案例，北落马营社区公园入选住房和城乡建设部《城市居住社区活动场地设施建设示范案例集》。

【房屋回迁安置】 2021年6月，紫阳街道全面开展房屋回迁安置攻坚战。面对征迁难点，街道提前研究制定安置通道、安置流程等成批安置政策，报区政府决策并一贯到底，坚持政策透明、谈判阳光、安置公平，化解178户历史遗留问题。8—11月，街道坚持公平、公正、公开原则，按计划有序开展征迁项目预安置工作，至年末，完成回迁安置1090户，其中预安置1043户，安置房源1140套、房屋面积10.5万平方米，完成集体土地南星A-R21-03地块等14个项目预安置“清零”工作，全面完成紫阳地块全部国有土地居民的回迁，超额完成省委巡视要求5年以上在外过渡户“清零”目标，为目标任务的1.43倍。

【违法涉水行为排查整改】 2021年11月15日，紫阳街道联合紫阳执法中队及各社区书记、卫生委员对辖区内的“六小行业”是否存在违法涉水行为，进行重点排查。在摸排当中，发现有洗车店存在雨污混接、个别小餐饮店和小食品店向雨水井乱倒污水问题。现场执法人员对店家进行宣传教育，告知其雨污混接会造成河道污染、生态破坏及影响污水管理。紫阳街道严查违法涉水行为，在排查中发现问题5个，及时整改完成5个，做好“五水共治”工作，巩固“零直排”成果。

【赛丽丽园小区消防问题整改完成】 2021年，紫阳街道针对赛丽丽园小区开发商、物业、业主之间意见不统一，小区消防通道与规划备案图纸不符、存在安全隐患需整改等问题，发挥业联体“三驾马车”作用，第一时间成立工作专班，设立整治专项办公室及接访组、处置组、保障组，指导社区启动“业联体”红色三方运行机制，结合建立小区综合党委契机，发起小区消防车道整治专项议事课题，由小区综合党委召集业委会、物业服务企业、社会组织、小区居民、挂包部门等代表，召开消防整改议事“圆桌会”，通报消防部门整改通知，共同协商整改方案和工作流程，明确各方整改责任，保障整改工作的进度安排。6—9月，赛丽丽园小区完成消防通道隐患整改，制定跟踪反馈机制、民间监督机制、小区自治机制“三机制”，持续推动“美丽社区”建设。

【十五奎巷社区垃圾分类宣传】 2021年5月20日，紫阳街道办事处联合紫阳执法中队在十五奎巷社区开展沿街商铺垃圾分类宣传和双随机检查行动。执法队员逐户检查垃圾桶，向居民发放《浙江省生活垃圾管理条例》，向商户解读《浙江省生活垃圾管理条例》的有关内容，讲解垃圾分类的具体新要求，纠正商户对垃圾投放的一些错误观念，强化沿街商铺的垃圾分类意识，引导养成主动分类习惯，把垃圾分类意识不断引向深入，推动生活垃圾减量化、资源化、无害化。后期，紫阳街道持续开展垃圾分类新条例普及，让商户更科学、牢固掌握垃圾分类方法。

【人力社保服务提升】 2021年，紫阳街道围绕“民生为本、人才优先”工作主线，聚焦就业创业、社会保障、劳动关系等主责主业，加强人力社保队伍建设，提升人力社保服务水平，提高人力社保工作成效。全年推出就业岗位近1500个，帮助55家企业招工500人以上，服务失业人员2000多人，未出现“零就业”家庭。发放个人创业担保贷款20笔，贷款金额920万元，吸纳小微企业重点人群创业贷款320万元，为重点失业人员提供就业创业帮扶救助1400人次。解决劳动纠纷105起，处理“110联动”94起、“12345”市长热线104起、重大突发事件10多起。帮助500多名外来务工人员讨回工资500多万元。办理企业退休人员丧事料理申报533人，发放节日慰问金5.88万人次，合计5482.80万元；帮扶救助困难企业退休人员1501人，发放帮扶救助金88.24万元；上门慰问困难高龄企业退休人员206人，组织退休人员参加文娱健身活动2万余人次。

【“吟潮驿”党群服务驿站投入使用】 2021年，紫阳街道立足沿江周边居民群众实际需求，发挥“紫阳红盟汇”党建联盟作用，共同建设之江红驿——“吟潮驿”党群服务驿站。“吟潮驿”位于之江路754号（江堤上），占地面积240平方米，是一座集参观学习、互动体验、阅读交流、文娱休闲、便民服务于一体的功能型党群服务驿站。该驿站以“吟古今、立潮头”为主题，围绕“吟诵时代先锋”“吟咏共同富裕”“吟读书香紫阳”“吟味千年宋韵”主线，开设展示、互动、阅读、体验、便民、休闲6个功能区域，采取社会组织进驻和志愿者轮值形式开展日常运行维护。11月1日，该驿站投入使用。至年末，开展便民服务、绿色毅行、法律宣讲、亚运宣传、门球体验等活动20多场，服务群众2000多人次。

【“睦邻”小区党建示范点创建】 2021年，紫阳街道以木场巷社区海潮雅园一园小区为试点，探索实践“睦邻党建”，开展“睦邻”小区党建示范点创建，共建、共享“最美安置小区”。木场巷社区坚持党建引领，立足“老邻”创美“新居”，探索实践“睦邻党建”，打造“‘木’邻雅园”品牌，运用“三邻工作法”，助力择房安置，激活多元治理，优化精准服务，响应居民群众对美好生活的新向往，建设宜居、优学、厚得、安养、上善的“最美安置小区”。经11月申报，海潮雅园小区成功创建全市睦邻小区党建示范点。

资料

“三邻工作法”：三邻即“邻里通、邻里帮、邻里汇”。其中：“邻里通”指邻里间信息互通、工作联通、监督贯通；“邻里帮”指三方协同平台、守望互助平台、小区党建联盟；“邻里汇”指汇集部门资源、企业资源、辖区单位资源、社会组织资源、志愿者资源。

【紫阳街道微融媒体中心建设】 2021年，紫阳街道微融媒体中心建设以“引导群众，服务群众”为中心，以“一次采集，多种生成，多元发布”为工作目标，从“融”字上做文章，夯实基层宣传阵地。成立以街道党工委书记任组长、宣统委员任副组长的中心建设工作领导小组，培养挖掘基层优秀人员加入到中心工作中。中心下设采编制作、新媒体运营、对外宣传协调等5个小组，依托上羊市街“侨胞之家”、海潮儿童成长驿站、“尚城1157·利星”商业综合体“最天使”直播间，形成“一核三星”格局。与浙江日报社、杭州日报社等建立微融媒体合作，通过主流平台加强紫阳街道的宣传影响。围绕街道重大项目工程与重要工作部署，及时推送街道权威信息，落实三重审核与重大社会舆情应急响应制度。以“民呼我为”活动为契机，通过主播直播、短视频平台、网络招募等形式，强化中心服务属性。年内，中心策划“挖掘上羊市街社区铜像背后的红色记忆”、新工社区“肖公桥”感恩报恩故事、“共富看上城——木场巷社区：城中村化蛹成蝶，筑就高品质家园”等主题宣传工作。

【全市首座“拆墙见绿”公园开放】 2021年10月30日，杭州首座“拆墙见绿”公园——江吟公园在紫阳街道甬江社区开放。江吟公园位于紫阳街道甬江社区，南起吟潮路，北至甬江路，长235米。经过改造，江吟巷附近有5500多平方米绿地，榉树、樟树和桂花等常绿乔木生长其中，但在之前很长一段时间里，江吟巷巷口矗立一堵高2米多、长200多米的围墙，给附近居民带来较差的体验感。9月27日，市、区绿化管理部门协调杭州市钱江新城投资集团有限公司拆除围墙后，在这片绿地上重新梳理绿化、铺装园路、配备景观小品和景观照明，对老化、缺失苗木地被进行补种，对3座凉亭及内部坐凳进行油漆重做，更换铁艺防腐木靠背椅子，修复损坏的路灯，最后形成江吟公园。

（万哲昱）

闸弄口街道

【概况】 闸弄口街道南起艮山西路，西接沪杭铁路，与拱墅区相邻，东、北分别与彭埠街道、笕桥街道接壤。2021年，街道面积约5平方千米，下辖天杭、闸弄口、濮家联合、万家花园、三里亭、闻皇庙、红梅、春晖、天仙、京惠、董家、兰苑、天运、麦苗、蓝天15个社区、2个股份经济合作社。有户籍人口6.29万人、在册流动人口4.34万人。全年街道财政总收入6.20亿元，比2020年增长18.7%，社会消费品零售总额145.58亿元，总部营业收入271.87亿元，固定资产投资总额增长率、总部新增营业收入均列全区第一。招商引资项目63个，其中落地注册资金1000万元以上项目42个。年内，街道先后获评全国首个军地联合康养试点、省先进基层党组织、省抗击新冠肺炎疫情先进集体、省第三批社区治理和服务创新实验区、垃圾分类示范片区等国家和省市级荣誉9项；10人获评省城乡社区千名抗疫人物、市优秀共产党员、市党建“双强”、市抗击新冠肺炎疫情先进个人等省市级先锋模范。街道疫情防控、“一表通”、“一核三坊”、党建共建“同心圆”、环境整治等工作获省、市领导批示肯定28次，被中央电视台、《人民日报》、《浙江日报》等省级以上媒体报道300多次。

【“一表通”数智赋能基层减负】 2021年，上城区围绕“数智杭州”总目标，以深化推进党建引领基层治理“六和”工程为契机，聚焦基层减负、数字赋能、协同增效，基于集综治工作、市场监管、综合执法、便民服务于一体的“基层治理四平台”数据，在闸弄口街道试点先行，系统建设街道驾驶舱，并在全区推广，在全市率先实现社区“一表通”，为数字赋能基层减负和治理增效提供实践样本。闸弄口街道以“一个入口”汇集数据，打破网格、条线壁垒，汇集整合社区原有基础数据，承接梳理上级平台业务下沉数据，依托网格社工工作手机，开发数据录入端口，设置使用人员密钥权限，做到常态走访、动态更新，并与原有基础数据碰撞对接，建立“一表通”数据仓。以“一套标准”归类整合，以杭州市统一地址库为基础，以标准地址关联人、房、企、事等治理要素，通过要素标签、数据汇集、地址库统一、录入格式、表格生成“五个标准化”，实现系统自动归类整合。以“一键导出”生成报表，设定五大治理要素、8项基本信息、320个特定种类标签，按照报表基本核心要素和提交频次，设置33张“高频表格”自动一键导出，实现社工减负最大化；对于“低频表格”，科室、社区可根据标签、字段检索后，自动生成导出表格，满足不同类型表格需求，省去各科室每月17小时催报时间，为社区每月释放78小时填表时间。至年末，录入走访信息9.86万条，活动记录1292场，更新人口信息7.77万条，更新场所信息876处。年内，“一表通”数智赋能基层减负相关做法被中央办公厅《督查工作交流》刊录，获《人民日报》、新华社等国家级媒体报道32次。

【“小脑+手脚”警网协同机制建设】 2021年3月，闸弄口街道落实省、市、区委关于加快推进社会治理现代化决策部署，建立以街道数字驾驶舱为“小脑”、综合执法力量为“手脚”的警网协同机制。运用该机制，街道探索实践全要素、全过程、全闭环“三全”智慧治理闭环体系。打造“全要素”治理平台，整合“小脑”端口，划拨专项预算300万元，建设和完善数字驾驶舱“小脑”；整合“手脚”力量，梳理整合直属中队、派出所、安监站、城市管理序化大队等力量，组建一支49人的联勤、联防、联动、联治基层综合管理队伍（简称综管大队）；整合指挥体系，由综合信息指挥室驻点，负责统一调度和综合协调。优化“全过程”治理手段，建立“安全闸”感知体系，集成402台监控设备、122部网格员手机、20台执法设备数据，通过驾驶舱人工及智能预警分析，掌握辖区实时治理情况，分析研判重点关注区域、多发事件类型、治理薄弱环节；建立职能部门、综管大队“双脑”联动机制，创立“三班二循环”工作制度，即将49人的综管大队划分为3个班，将24小时分成2个换班区间，每个换班区间为12小时，3个班轮流上班，非警务类警情和“基层治理四平台”流转事件由综管大队处置，重大案事件由各职能部门联合处置。建立“全闭环”治理机制，街道综合信息指挥室统筹事件流转，安排人员在规定时间内到场联合处置，形成综管力量为主、部门条线协同、社区联合治理的综合治理机制；设立“指挥中心—综管中队—综管队员”三级管理体系，明确任务清单、岗位职责、工作标准，建立“日复盘、周例会、月考评”赛马机制；推行“一员多用、多网合一”应用模式，将综管大队分成机动、治安、消防3个中队，创立“3+2+8”（3个中队、2个片区、8个巡区）融合的“小脑+手脚”治理模式，通过细分工作领域提供专业化保障，形成“日常保障分队伍、大事要事一盘棋”的模式。

【闸弄口街道微融媒体中心启用】 2021年9月1日，闸弄口街道微融媒体中心在上城区微融媒体建设推进现场会暨第二批街道微融媒体中心集中挂牌仪式上挂牌启用。闸弄口街道微融媒体中心通过媒介、资源、人才的融合，坚持用户思维，打造老街文化IP，同时将宣传工作纳入街道综合幸福指数“e网评”，首创“宣传四力”（创作力、参与力、影响力、创新力）考核体系，使考核指数从多到少，奋斗指数由低到高，激发积极性、能动性。该中心以“美人之美，美美与共”为理念，以“逻辑集中，物理分散”小组工作法破解社区文教干部人员分散、普遍“偏科”难题，搭建“街巷闸谈”“闸们的视界”等6个小组。邀请有专长的居民和街道文联补充中心力量。至年末，该中心创作视频703个，其中311个视频被“学习强国”各级学习平台录用，多个视频被“学习强国”全国学习平台首页推荐。

【全方位、全周期康养服务体系建设】 2021年，闸弄口街道探索全方位、全周期康养服务体系建设。整合辖区资源，实现居家、社区和机构三级联动，优化升级社区医疗、专业康复、生活照料等6项体验，确保服务人群“零遗漏”。街道与省军区第九离职干部休养所、市建委等6家单位开展共建合作，争取建设经费900多万元，争取场地使用权近1万平米，有效破解老旧街道养老场地匮乏难题；依托街道城市大脑数字驾驶舱和“一表通”场景，通过大数据测算街道康养服务需求2.63万人次，通过距离、人流量等分析，建成符合省级示范有生活服务、有康复护理服务、有托养服务、有家庭支持服务、有社会工作（心理疏导）服务、有康复辅助器具租赁服务的“六有”标准的片区康养服务综合体10个，设置养老驿站22个，小微机构、康复护理站3个。“一表通”打破各级数据壁垒，形成街道级养老数据仓，抓取老人生日、健康状态、可享受政策等数据字段，提供精准服务，全年落实高龄补贴182.5万元，惠及老人3万人次，办理60周岁以上老年优待证680人。开通“一表通”手机端、微信等渠道，全年服务老年人1.15万人次，服务时间2.37万小时。实施家庭养老照护床位项目，配备具有离床感应、体征监测等功能智能设备11套，实行24小时动态管理和远程监护。依托互联网诊疗，为老年人智慧建档7273人次，开展在线问诊496人次，实现“互联网+养老大数据平台+App+终端设备”智能化服务升级。引进杭州市上城区夕阳红居家养老服务中心、杭州市上城区公羊会养老服务中心等4个社会组织运营社区居家养老服务点，全年开展老年大学、文娱、体育等活动635场，受益老年人2万余人次。年内，退役军人事务部及省有关领导先后到街道考察调研康养服务工作，中央电视台《今日中国·浙江篇》对该工作进行直播报道。

【助老打车暖心车站启用】2021年11月12日，杭州市首批助老打车暖心车站在闸弄口街道落成启用。当日，中国人口福利基金会和高德地图共同发布《老年人出行现状调查报告》。报告综合10个主要城市老年人的问卷调查数据和高德地图数据，反映老年人出行情况。75%的受访老人日常出门距离在5000米以内，21%的受访老人日常出门范围不超过1000米。上城区在闸弄口街道打造首批助老打车暖心车站6个，覆盖万家花园、兰苑、京惠3个社区、4500多名老年人。暖心车站贴有二维码，老年人出行时可以扫描暖心车站上的二维码，一键呼叫附近出租车。同时，暖心车站支持高德地图、支付宝、微信等老年人最常用的App进行扫码。行程结束后，老年人可以使用线上支付或现金支付。杭州市向老年人发放助老就医出行补贴200元/年，老年人可以到高德地图搜索“助老就医出行补贴”按季度领取。

闸弄口街道海贝托育园内景（2021年）　　（闸弄口街道 供稿）

【海贝托育园成为市“儿童之家”示范点】2021年3月，闸弄口街道投资建成杭州市闸弄口街道海贝托育园。该园为街道首所公益性普惠托育园，是区“医育融合”阳光宝贝照护试点园及区托育师资队伍示范基地。海贝托育园位于濮家东村15-4号，占地面积520平方米，有户外运动场地480平方米，设有托大班2个、托小班1个，教职工14人，主要为3岁以下婴幼儿提供全日制、半日制和计时制照护服务，满足辖区居民不同的照护需求。园区携手闸弄口社区卫生服务中心，成立上城区阳光宝贝照护工作室，试点“医育融合”的托育新模式，开展“四个一”（一套生长发育检测、一系列专家讲座、一个签约家庭医生、一套儿童健康手册）服务，组织签约医师团队每月定期到园为园区婴幼儿进行巡诊与健康评价，对照护人员进行急救知识培训等，提高医生与教师的配合、互补能力，最大限度地保护婴幼儿。至年末，该托育园先后接待国家卫健委、国家发改委及省内外考察团考察调研学习16次，获省市主流媒体报道12次，群众点赞10万余次。11月，杭州市闸弄口街道海贝托育园获评市“儿童之家”示范点。

【平安服务体系构建】 2021年，闸弄口街道建立“街道人大工委—代表联络站—学校网点”三级服务保障圈，招募人大代表、党员、群众等志愿力量152人，构建平安服务体系。全年开展消防安全、食品安全专项检查24次，破解校园周边道路拥堵、环境提升、中考保障、新冠肺炎疫情防控等难事8件。首创“一码安”场景，为辖区每家商店制作“数字身份证”，由网格社工分片区对商铺进行检查，系统自动赋分。其中，赋分60分以下店铺为“红码”，60～80分为“黄码”，80分以上为“绿码”。若商家出现营业执照缺失、售卖过期食品等重点问题，该信息将第一时间被推送给相关执法部门，执法部门立即上门处置。街道以“1个街道数字化综合管理中心+15个社区+N个网格”的网格分层模式，联合各部门实现“网格化+数字化”多跨协同管理，让居民消费“码上知”，商铺问题“码上改”，巡查整改“码上管”，打造良好商铺管理生态闭环。街道运用“小脑+手脚”机制对校外培训机构进行协同管理，“一表单”集成教育、市场监管、城管、消防等条线检查事项。同时上线“码上行动”模块，调动人大代表、居民议事会成员、效能督查员共同监督“双减”政策落地情况，征集各界人士意见建议。至年末，街道推进学科类校外培训机构转型5家，关停注销7家。全年通过“小脑+手脚”警网协同机制开展治安检查、安全防范、火灾隐患排查整治等检查3200多次。

【“闸们家”党群服务中心建设】 2021年5月6日，闸弄口街道“闸们家”党群服务中心启用。该中心位于铭苑路与紫安弄交叉口，建筑面积2500多平方米，致力于建设以“闸们家”为主题，以服务“闸们街坊”为目标，为全年龄段党员群众提供集党群、政务、邻里等服务于一体的开放式功能型党群服务综合体。街道通过“阵地共建、功能共融、多元共治、服务共享”工作机制，形成“一核三区十五馆”（以“闸们家”党群服务中心为核心，将其划分为3个服务区，设15个场馆）的功能性场地布局。开展以“闸们家”党群服务中心为核心，同频提升“聚落红星”党群服务中心、社区及会安阁、雷锋公园、宁巢人才公寓等N个红色服务点功能，联动X个社会组织、共建单位党组织开展共建共享的“1+N+X”辐射型组织联建，以“同心共向、同筑共建、同频共振”为目标打造“5分钟党群服务圈”。依托党群服务中心阵地资源，以“社会组织参与、阵地功能整合、共建项目带动、品牌活动支撑”的运维思路，项目化打造接地气、重实效、有温度的特色品牌活动。全年开展固定主题党日、“党建引领基层治理”、“数字化改革”等主题活动515场。12月31日，“闸们家”党群服务中心获评浙江省“最有创意党群服务中心”。

【招商举措创新】 2021年，闸弄口街道探索招商新举措，改善招商资源有限问题。通过“主要领导带队招商、分管领导跟踪对接、招商团队具体落实”三级联动模式，优化以商招商、专业招商、走出去招商等模式。派人主动上门对接企业，及时了解企业的发展动态，将信息、资源、数据与需求“点对点”匹配，构建“亲清政商”关系。坚持从“企业所需、政府所能”两个维度出发，全程跟进、全情服务，将企业的事放在心上、落在手上、体现在结果上。5月，街道签约华数（杭州）上城科技有限公司。全年街道深入对接招商项目65个，完成项目落地42个，其中总部项目2个、亿元项目8个，涉及投资总额超过40亿元。

【安琪儿市场拆除收尾工作完成】 2021年12月20—29日，闸弄口街道完成安琪儿市场拆除收尾工作。安琪儿市场建于1998年，占地面积5.33万平方米，其中联营租用闸弄口村集体土地6700多平方米。市场一、二楼为经营区，面积5.05万平方米；三、四楼为仓储区，仓储面积1.60万平方米。市场一楼有摊位2133个，经营户1733户，主要经营各类服装、鞋类、箱包、五金、日化、小家电、饰品等商品批发、零售业务；二楼整体出租给杭州安琪儿精品灯具城有限公司（2021年1月到期），经营各式精品灯具，有摊位182个、经营户178户。安琪儿市场自2018年末启动征迁工作后，闸弄口街道配合杭州市城东新城建设投资有限公司对该市场开展权属资料调查、房屋丈量核实、评估结果核对等基础性工作。街道成立工作专班，20名党员干部下沉一线开展征迁工作，通过每周召开对接洽谈会，及时掌握有效信息，累计开展谈判30多轮。12月19日，杭州市城东新城建设投资有限公司主要领导会同街道领导再次与市场产权方协调拆迁事宜，最终达成一致意见，于12月29日完成安琪儿市场的全部拆除工作。

（朱　妮）

凯旋街道

【概况】 凯旋街道东起钱潮路，南接庆春东路，西邻贴沙河，北至艮山西路，毗邻钱江新城、城东新城。辖区内有浙江大学华家池校区、杭州逸仙钱币纪念馆、浙江省家电市场、杭州华东家电市场等杭州著名的高校、纪念馆和专业市场。2021年，街道面积约4平方千米，下辖景湖、景华、景苑、景芳、景新、景秀、景昙、华家池、金兰池、南肖埠、金秋花园、凯西、庆春门、庆和、凯华15个社区。有户籍人口4.50万人、流动人口3.32万人。全年街道实现财政总收入12.2亿元，比2020年增长38.9%，增幅全区第三；社会消费品零售总额36.32亿元，增长8.7%；数字经济增加值总额2.5亿元，增长13.7%。街道综合行政执法改革试点工作、“三美凯旋”环境整治、“凯益荟”激发社会组织动能、老旧小区改建、新冠肺炎疫情防控等工作得到省市领导批示肯定。年内，街道获评第七次人口普查市级先进集体、2021年杭州市美丽建设突出贡献集体。南肖埠社区获评浙江省“最美志愿服务村（社区）”、杭州市“最美新时代文明实践志愿服务基层站（点）”。滨江华家池公寓获评2021年度浙江省高标准生活垃圾分类示范小区，南一、南二小区及景芳三区获评2021年杭州市“美好家园”住宅小区。“凯益荟”党委获评浙江省先进基层党组织，“凯益荟”社会组织服务中心项目入选“首批全国工会联系引导社会组织服务职工优秀项目”。

【墨西哥中国中心创业平台发展】 2021年11月，凯旋街道多举措推动墨西哥中国中心创业平台发展。街道结合上城区区域产业格局新特点，系统性研究产业规划，精准设计招商方案，全年联系各类科技人才项目2000多个，上门拜访80多次，邀请创业人才和团队到该中心考察50多次，引进高层次人才

8人。帮助中心推进与北京大学高等信息技术高等研究院、工业和信息化部电子第五研究所、之江实验室、墨西哥国家农牧业理事会、杭州电子科技大学等20多所科研院所、高校、协会的产学研商合作，全年引进落地项目45个。协助中心举办北美科技路演、投资人圆桌会议、国际留学生创业沙龙等活动30多场。

【“清廉家风润万家”活动】2021年8月，凯旋街道推进“清廉家风润万家”活动。街道以“清廉家园”为主题，利用公园、走廊步道、绿化小品、篱笆栅栏、楼道墙绘等现有建筑景观及空间场所，植入具有“清廉”内涵的文化元素，打造南肖埠社区廉政步道、景昙社区“昙议清廉亭”、景华廉政文化廊、景苑清廉家风园等六大“清廉家园”场景。组建一支58人参与的清廉宣教队伍，发挥老党员、妇女干部、青少年志愿者、社区监察联络员等群体的作用，宣传清廉文化。整合市纪委机关党委“双千”结对（千个市直机关党支部结对千个城市社区、行业系统基层党组织）宣教力量为8个社区党组织开展廉政党课，通过廉环漫画社、诵廉诗社、书廉宣传教育队等方式发挥清廉文化效应。组织15个社区结合各自资源特色，以单独或单位联合的方式举办与清廉家风有关的主题活动，创作与百年党史、优秀家风、清廉文化有关的书画、诗词作品20多件，评出优秀“清廉最美家庭”15个。

【南肖埠社区老旧小区提升改造】2021年1月，凯旋街道推进南肖埠社区老旧小区提升改造。采用“改造前有民意调查、改造中有居民参与、改造后有居民监督”的居民全程参与模式，向小区内884户居民发放调查问卷收集意见，以居民需求为导向确立重点改造项目。成立民间督查小组做好工程监督工作，邀请居民代表和群众监督员参与现场验收及后续管理。梳理新老监控128个，利用物联网、云计算等信息技术，结合烟感报警系统，以凯联勤中心为基点打造智慧基层治理平台，实现风险防控智能化。摒弃以往贴通知、挂横幅的宣传形式，改为在楼道内安装多媒体显示屏58个。优化垃圾分类点位8个，引入再生资源回收点1个，居民可通过电话、微信小程序预约的形式享受可回收物上门收集服务。依托社会组织运营管理，将车库楼顶改造成绿色菜园并分配给居民打理，提高居民参与创建绿色小区的积极性。

【省生活垃圾分类示范片区创建】2021年2月，凯旋街道成功创建2020年度浙江省生活垃圾分类示范片区。街道加强基础设施建设，建设社区垃圾房148个，并配备标准垃圾桶、拉环、洗手池、“桶长”责任人等宣传标识牌；收编15家流动拾荒商贩为企业所用，通过“小蓝车+网点预约回收”模式打造街道“1+15+22”（1个分拣中心、15个社区、22个可回收网点）可回收体系。建立党员包干垃圾房制度，动员楼道党员开展垃圾分类宣传培训，打造宣教点3个，开展回收宣传活动30多场；成立垃圾分类等自治性社会组织11个，常态化开展垃圾分类宣传劝导活动，并通过评选“垃圾分类免检户”“五好家庭”等荣誉实现居民自治。打造四类（可回收物、餐厨垃圾、有害垃圾、其他垃圾）减量站，通过四类减量站视频联网，实时查看垃圾处置情况并及时汇总减量数据。全年四类减量站减量垃圾1275.41吨；对接花鸟市场、张公馆等大型专业市场、餐饮单位配置减量机，引导就地减量，年减量率60%以上。

【智慧养老服务】2021年4月，凯旋街道升级智慧养老服务。为提升老年人智能服务体验，推出应急式救护、“安全守护你我他”等立体式智慧课程。面向老年人常态化开展智能手机、常用App和互联网产品等课程教学，在15个社区落实专业人员和配套课程，点对点开展智能产品辅导，结合社区社工、大学生志愿者和照料中心人员入户走访进行上门教学，全年组织老年人参与学习1130人次。升级智慧养老手机终端，为4685名70岁以上独居老人和80岁以上老人提供实时定位、一键呼叫、社会组织联合寻回等服务。于秋冬季开展两轮用电安全和防寒保暖电话问候，关怀老人2149人，收集并解决老年人问题需求信息93条。为1942名60岁以上行动不便、低保和80岁以上孤寡、独居、空巢老人安装“智慧烟感系统”，并接入街道综合指挥平台进行实时监控，确保突发情况第一时间响应。

【“第三张床”居家养老途径创新】 2021年7月，凯旋街道作为上城区“养老照护床位搬进家门”试点，推出“第三张床”居家养老服务。“第三张床”指社区养老服务中心中短期托养床位、养老机构的集中照料床位之外的养老家庭照护床位。街道组成一支街道居家养老专班，人员由街道公共服务办公室人员、网格员、专业人士等87人组成。全年该专班排摸年龄满60周岁且能力评估达到中、重度失能或80周岁及以上的老年人3240人，收集22名有建床位意向老年人的信息，签约建床率100%。引入专业化机构——夕阳红居家养老服务中心，以照护床位为中心，因地制宜配置照护服务所需的康复器具、辅助设备，安装离床感应、体征监测、紧急呼叫等基本智能设备，并提供含电子信息化、生活照料、生活护理、健康管理、医疗护理和康复服务、精神慰藉和文化娱乐服务6个方面的每月30小时的服务套餐。将家庭养老照护床位的服务质量纳入对第三方专业机构的日常监督和年度考核，安排专人点对点对居家养老床位进行跟踪，每7天开展一次上门回访，回访中收集改进意见，对合理意见进行跟踪落实。

2021年8月1日，凯旋街道第4届凯尚e家“小候鸟”夏令营结营仪式在街道总工会楼宇服务站举行 （凯旋街道 供稿）

【暑期“托管难”问题破解】 2021年8月，凯旋街道通过共建共享保障服务阵地、智慧赋能开通线上渠道、推出“四大主题”夏令营等方式破解学生暑期“托管难”问题。街道围绕“同心、数智、暖心、活力、三美”五大主题，梳理整合街道、社区两级共建资源62项，形成以凯益荟公益文化街区为核心、15个社区党群服务中心为阵地的“一核心多点位”的青少年暑期活动基地阵线，吸引公益联盟单位10多家、社区志愿者100多人次参与。街道作为浙江省群团改革试点单位，依托杭州市“群团集市”平台，开发上线“凯旋少年宫”应用小程序，通过线上选课、线下参与、“一键呼叫”校外辅导员的方式，让暑期校外实践活动更便捷智能。全年通过线上报名参与活动700多人次。推出凯尚e家“小候鸟”夏令营、“暑期周周乐”夏令营、“我有我的young”职业规划夏令营和“凯旋小警营”学警护苗成长夏令营四大主题夏令营，策划开展青少年暑期实践活动121项，受益青少年1300多人次。

【“凯益荟”10周年“公益伙伴日”活动】 2021年10月25日，“金靴领跑，荟萃凯旋”——“凯益荟”社会组织服务中心成立10周年“公益伙伴日”活动在凯旋街道党群服务中心举行。作为中共中央组织部在浙江省的社会组织党建工作直接联系点、杭州市首个社会组织孵化器党委，“凯益荟”是上城区的一张“金名片”，力争打造全省乃至全国社会组织党建工作的风向标。10年间，“凯益荟”助力辖区社会组织建设，在化解社会矛盾，促进基层稳定；丰富居民生活，繁荣社区文化；调动居民参与，激发社区活力；参与社会治理，促进政府转型等方面发挥积极作用。活动现场，《社区社会组织“双孵化”服务规范》发布，成为杭州地方标准。该规范明确社区社会组织规范化建设、培育发展、督导评估等方面的要求，为促进党组织与社会组织双覆盖双管理，推动社会组织积极承接公共服务、参与社会治理提供组织保障。现场成立“美好凯旋”社区发展基金会，进一步赋能社会组织。

【全市首个“居民说”频道搭建】 2021年12月，凯旋街道在景昙、南肖埠、景芳、金秋花园等社区试点组建居民代表工作室，发起“居民说”项目，在“华语之声”App开辟“凯旋街道居民说”栏目，以主播在线播报的形式实现居民代表履职。街道面向社区居民开展主播招募活动，经甄选，进入面试环节的主播有50多人，最终25人通过面试。街道邀请专业人员及街道宣传骨干对主播开展摄影、采编、播报、音频剪辑、短视频剪辑等方面的培训3场，重点展示社区动态、居民生活、好人好事、建言献策等方面内容，同时引导居民主播对挖掘出的社区自治工作难点、亮点进行成果展示。至年末，审核发布稿件40多篇，并通过街道微信公众号展现优秀主播风采，致力将该栏目打造成以声音为载体，反映居民自治成果、诉说社区感人故事、传递社区正能量的媒体平台。

【就业服务水平提升】 2021年8月，凯旋街道努力提升辖区就业服务水平。以网格为单位，对辖区358名劳动年龄段内失业人员、就业困难人员、高校毕业生、退役军人等重点群体开展需求调查，动态掌握情况，分析原因。针对就业困难人员制定“一对一”帮扶计划，针对帮扶对象自身特点，提供个性化服务。先后以“职业心理健康与压力管理培训”“面试技巧”“疫情期间的择业心理”“青少年职业生涯规划”为主题，组织开展职业培训18场、大型招聘会2场、小型招聘会5场。成立就业创业指导站，连续两年参与上城区公益创业投资项目，下发创业投资资金16万元。运用职业生涯规划、心理咨询、社会工作法等专业手段推进就业创业指导工作。创立“凯创园”，为有创业意向的人员提供创业信息和创业场所。至年末，“凯创园”入驻企业60家，孵化企业32家，带动就业110人，开展创业沙龙活动3次。

【楼顶上的“微农”项目推出】 2021年11月，凯旋街道创新推出楼顶上的“微农”项目，推动邻里联治。街道与同心圆单位杭州种业集团合作打造“微农”项目，利用南肖埠社区和凯西社区闲置车库楼顶和办公楼顶开辟占地约100平方米的“蔬语花香”和“一米农场”绿地，种植番茄、五彩椒、包心菜、芹菜等近10种优质作物，解决小区内居民占用绿化私自种菜的问题。利用智慧化手段对该绿地进行管理，安装苗情监测系统、小型气象站系统、水肥一体化系统、自动滴灌系统等智能化设备，居民可通过微信小程序获取植物的实时生长状况、不同阶段的植物保护建议等信息。智能化设备安装后，绿地植物成活率提升20%。组织居民以志愿服务积分兑换等方式认领菜园，体验作物种植与收获过程，将部分作物采摘后通过老年食堂烹煮再送至孤寡老人家中，通过该模式提高居民群众的参与性，扩大“微农”项目的社会效益。至年末，“微农”项目参与人数150多人次。

【新业态组织党建覆盖加强】2021年9月，凯旋街道加强新业态组织党建覆盖，通过各级系统平台进行拉网式排查，在12家平台企业、335名从业人员中排摸出4名党员纳入属地管理；指导企业发展同步嵌入“党建基因”，确保新业态、新就业群体党建工作健康发展。以“尚小驿”服务中心、驿站、微站三级阵地为支点，以“凯@家”蓝领驿站为主阵地，打造集“住、学、健、食、乐”功能于一体的链式服务综合体。依托15个社区党群服务中心设置“尚小驿”服务区，配备有免费充电、免费开水、免费Wi-Fi、免费休息、急救医疗、共享雨伞、书籍报刊、公共微波炉、公共打气、免费咨询的“十个有”配套服务，解决新就业群体实际困难。针对交通安全事故频发问题，开展新骑手入职培训、老骑手定期复训，联合区红十字会、张瑞旭委员工作室设立5万元“小哥见义勇为关爱基金”，提升交通安全性；组建“骑士机动队”应急志愿服务队，鼓励骑手、快递员成为城市应急管理的重要力量。

（韩　真）

采荷街道

【概况】采荷街道北起庆春东路，南至清江路，西邻贴沙河，东自北而南，临新塘路、杭海路和钱江路。2021年，街道面积5.5平方千米，下辖健风、红菱、洁莲、芙蓉、双菱、人民、新凯苑、荷花塘、青荷苑、绿茗、商教苑、夕照、静怡、江汀、常青苑、钱杭16个社区。有户籍人口8.03万人、流动人口3.62万人。全年街道财政总收入9.78亿元，比2020年增长21.8%；地方一般公共预算收入4.75亿元，增长17.0%，任务完成率108%。新引进招商引资项目120个，其中，亿元项目7个、外资项目1个、总部项目2个。实现总部营业收入20.57亿元。新增上市企业1家、拟上市企业1家、省科技型中小企业8家，3家企业被认定为省高新技术企业研究发展中心。制定年度《采荷街道党风廉政建设主体责任清单》和《班子成员党风廉政建设责任制分工》。编印《小荷说廉》读本3辑，发放1200多册。主办全国首届未来学校新形态研讨会，探索未来社区未来教育。街道食品安全委员会办公室通过省四星级食安办创建。推进观音塘、采荷东区等13个老旧小区改造，加装电梯20台，54个生活小区实现垃圾“定时定投”。成功创建省级高标准生活垃圾分类示范小区2个、市级示范小区10个。成功申报国家级博爱家园（城市）试点项目，成为中央文明委员会“救在身边”项目基层联系点。《荷悦邻里未来社区公约》获省未来社区“微设计·新场景”系列竞赛“最佳人气奖”。街道获评杭州市最美敬老爱老助老示范街道。“护养教”功能型成长驿站建设获省政协领导批示肯定。“社区合伙人”项目通过省级城乡治理和服务创新实验区中期评估。社区社会组织服务中心获评杭州市品牌社会组织。“五水共治”考核列全区第一方阵，采莲湖进入市级小微水体治理样板候选水体。

【采荷街道获评市最美敬老爱老助老示范街道】2021年，采荷街道创新“颐和之家”融合式养老模式，推进为老服务“颐和”工程。街道对老年人的年龄、经济状况、自理能力3项指标进行评价，组织街道机关干部、社区工作者、社区党员与孤寡、困难老人结对，帮助解决日常生活困难，全年走访慰问老人1000多人次。开设道德讲堂，制作宣传橱窗、板报，营造“敬老、爱老、助老”新风，树立孝亲助老典型。建成红菱小区、观音塘小区、商教苑社区三大片区日间照料中心，为老年人提供就餐、康复保健、休闲娱乐、精神慰藉、紧急援助等服务。引导社区成立互助小组，促进邻里互助、志愿者帮助、辖区单位共助。至年末，街道有老年食堂4个，专业化老人公寓3套，床位200多张，老年人参与的文体团队90多支。10月8日，采荷街道获评杭州市最美敬老爱老助老示范街道。

【青荷苑社区环境提升】2021年，采荷街道从硬件和软件着手，推进青荷苑社区环境提升。青荷苑社区东临采荷支路，南靠解放东路，是采荷街道荷花塘未来社区的重要组成部分。在社区硬环境提升上，街道拆除违法建筑140多处，翻新雨篷3500多处，整治花架1019处，更新保笼3000多个，规整强弱电、水务等配套管线1.07万米，一次性美化墙体、平整道路、提升绿化、改造公园、优化交通、整修楼道、完善安防设施。在社区软环境提升上，街道围绕“一老一小”“服务+治理”模式，打造“荷悦生活”小程序、“金牌管家”驾驶舱，建设学校和社区融通智慧教育场景、“暖心一码通”智慧邻里场景、“荷安365”智慧治理场景和智慧健康场景。拓展2000平方米服务空间，深化“统荷体·物居业三方联动”基层治理新模式。“晓荷书房”与采荷教育集团探索校社融合、融享、融媒、融通的未来学校“四位一体”新样态。荷乐颐养园整合医疗资源，建设未来社区智慧健康管理体系，提供低价、普惠的基础性高品质服务。

采荷街道青荷苑社区“晓荷书房”（2021年）　　（采荷街道 供稿）

【“金牌管家”服务管理小区】2021年，采荷街道成立“金牌管家”物业联合党支部，辖区14个社区的36个老旧小区统一由“金牌管家”进行管理。街道以月例会、条线周例会方式，定期专题研究“金牌管家”协同推进治理工作，按照“科技减人增效、规模提质增效、标准规范增效”的思路，解决老旧小区准物业“低、散、小”与群众高品质生活需求的突出矛盾。制定公共保洁、应急保障等基础服务职责10类，健全运行管理机制7项；发布《老旧小区城市服务白皮书》，形成老旧小区物业管理服务标准；整合设立社区服务便民点60多个，为群众提供暖心服务。数字赋能推动“线上线下”融合融通，线上打造“1个联合指挥中心+1个综合服务平台+N个应用场景落地”的“1+1+N”智慧管理路径；线下打造服务驿站，打通传统物业与公共服务的边界。年内，“金牌管家”收到群众赠送锦旗15面、感谢信6封，群众满意度96.3%。

【公共资源交易规范化】 2021年，采荷街道健全完善《限额以下公共资源交易细则》，对工程类、货物类等各类项目交易做出具体规定。将开标、评标现场划分标识、划分区域。利用电子评价体系，收集评价形成红黑榜，供相关单位参考。利用开标、评标室的电子监管系统进行线上直播，投标人通过网站实时查看开标情况，监管部门通过远程实时观看开标、评标过程。组建街道限额以下公共资源交易管理员队伍，作为评审专家参加项目评标工作，交易工作有序规范进行。至年末，实施项目45个，成交金额1794.45万元。

【“护养教”功能型婴幼儿成长驿站成立】 2021年8月，采荷街道以钱杭社区、常青苑社区为中心，辐射钱杭、常青苑、健风、红菱、江汀、静怡等社区居民，在钱杭社区成立首个“护养教”功能型婴幼儿成长驿站。该驿站面积120平方米，设母婴室、阅读区、活动区、辅食制作区。“护”即街道社区卫生服务中心落实婴幼儿“一人一档”，进行儿童健康监测，全程跟踪成长数据，指导科学合理用药、疫苗接种等，并由签约医生不定期开展健康讲座。“养”即引入杭州东方未来教育集团旗下幼托机构，由该幼托机构教育专家每月开展辅食制作培训，为婴幼儿提供均衡膳食菜单和制作方法；组织主题分享活动、亲子运动会，实现健康养护；为0～3岁婴幼儿家庭普及育儿知识，促使家长树立科学育儿理念。“教”即坚持“生活即教育”“玩中学”的理念，开发潜能，培养兴趣，均衡发展婴幼儿的身体动作、语言沟通、认知能力等，使婴幼儿在成长驿站的互动和游戏中学习成长，帮助婴幼儿克服分离焦虑，提前适应幼儿园生活。至年末，街道建成钱杭社区“荷你益启”婴幼儿成长驿站（示范型）、常青苑社区婴幼儿成长驿站（基础型），受益家庭200户，服务0～3岁婴幼儿450多人。

【街道级巾帼反诈先锋志愿队成立】 2021年3月12日，采荷街道第一片区巾帼反诈先锋志愿队在街道阳光家园红色礼堂成立。成立仪式上，授聘首批巾帼反诈先锋志愿者40人。街道整合巾帼志愿服务团队资源，提高巾帼志愿者反诈意识，通过党组织生活会、认领楼道单元等方式，宣传防诈知识，加强反诈工作。将创想公益、老钱工作室、夕阳残红志愿服务队等社会组织负责人纳入队伍，把社会组织作为反诈宣教窗口。至年末，采荷街道巾帼反诈先锋志愿队吸纳女性党支部书记（支委）、社区社团女性负责人50多人，网络诈骗违法犯罪案件数量增速环比下降29.6%。

【“无诈市场”打造】 2021年，采荷街道会同中国服装第一街区管委会打造“无诈市场”。制定《采荷街道社会治安综合治理工作专项考核办法》，通过案件通报、月度例会，督促市场管理方履行防诈反诈主体责任。根据各市场发案情况，确定低、中、高风险级别，开展针对性强、精准度高的网络投资诈骗、刷单诈骗等5类案例宣传，播放防范视频，组织填写防范诈骗知识答卷。与市场各摊主签订反诈宣传防范责任书，对因宣传防范不力导致发案的实行评优评先“一票否决制”，对实绩突出的摊位实行“一事一奖”制，营造全民反诈氛围。全年有效劝阻案件5起，挽损金额227万元。

【服装街区环境提升】 2021年，采荷街道服装街22个市场、望江街道8个市场、常青经济股份合作社和杭州尚宸智汇科技服务有限公司联合成立攻坚共治联盟，共同推进服装街区环境提升“五大攻坚”行动。采荷街道利用公交数据大脑，及时掌握街区居民出行特点及需求，制定《服装街区公交综合配套方案》，原有1607路、1006路2条社区微公交线路高峰时段班次间隔由15分钟缩短至10分钟；新增公交线路5条，直达环北小商品市场、九堡区域、城站、火车东站，日均客流量4000多人次。在杭海路段两侧设置机动车停车泊位，供送货车辆停放。试点电子围栏管理模式，在服装街区外围新增非机动车停车区域10处，处罚车辆违停行为1万余起，处理非法“摩的”车辆140辆，处罚电动自行车违法1.4万起。开展垃圾桶撤桶入室整治行动，召开沿街商铺垃圾分类“桶长制”培训会，实现街区1.4万家商铺分类培训全覆盖。改造升级市场垃圾房4个，实行垃圾统收统运，日清运量2吨。加强市场主体责任，对不严格履行“门前新三包”（环境整洁、市容有序、设施完好）的责任主体实施通报，并责令整改。

【中国服装第一街“数智街区”打造】 中国服装第一街经营面积45万平方米，有专业市场22个、摊位1.5万个，市场从业人员近5万人，拥有各类经营品牌5000多个，其中优秀自主品牌2000多个。2021年，采荷街道打造中国服装第一街“数智街区”。建成“一舱、一端、八大模块”数字化治理平台，“一舱”是街区层面数字驾驶舱，“一端”为集事件处置、综合服务功能的手机端小程序，“八大模块”涵盖人流量、消防、交通等内容。该平台上线以来，中国服装第一街纠纷调解数、交通拥堵指数分别比2020年下降25%、20%。街道协同公安、城管、运管、市场监管等队伍，建立集民生服务、执法支撑等功能于一体的综合管理大队，通过手机端小程序上传巡查发现问题，反馈问题完成情况，实现问题处理轨迹可视化和双向闭环处理数字化。问题处置时间缩短38%，处置率100%。推进法律服务进市场，依托“中国服装第一街老李调解工作室”推进网上云调解，化解街区矛盾。全年成功调解案件107件，涉及金额500多万元。

【采莲湖水体治理】 2021年，采荷街道深化“湖长”制工作体系和全民治水体系，实行“制度治水”“项目治水”“宣传治水”。采莲湖位于洁莲社区采荷公园内，水域面积7000平方米。街道依托“金牌管家”管理服务平台，通过截污控源、水岸同治、激活水系、生态修复，实现采莲湖水体长效治理。实施清淤工程，坚持巡湖制度，对向湖内非法倾倒、排放现象实施即查即改。安装使用水面垃圾自动收集器，通过24小时运行实现静水状态下100平方米范围的垃圾即现即收。实施生态景观提升项目，提高小微水体的自净能力。会同杭州采荷中学教育集团、杭州市采荷第一小学、杭州采荷幼儿园开展“亲水进校园，护水共宣传”主题活动，加强治水宣传。至年末，采莲湖水质稳定在Ⅲ类以上。

【国家级博爱家园（城市）试点项目申报】 2021年，采荷街道成功申报国家级博爱家园（城市）试点项目，成为中央文明委员会“救在身边”项目基层联系点。街道以芙蓉社区为轴心，带动周边社区形成博爱大家园。投资100多万元建成1800多平方米的急救理论学习区、实践操作区、考核区和红十字名师工作室。建成“救在身边”平台，以“线上+线下”相结合模式开展相关工作，线上学习急救理论，线下进行实操和考核，面向居民和单位开展救护知识普及活动60多场次，受益4500多人，取得救护证600多人，物业管家100%持救护员证。配备自动体外除颤器（AED）一体机36台，救护员42人。联络“社区合伙人”新华99博爱超市等商铺、机构，建成红十字会员、志愿者的急救培训招募点、积分兑换点、会员服务体验点。向居民发放“七彩芙蓉花”积分8850分，用于兑换新华99博爱超市、杭州和瑞物业有限公司及周边商家兑换系统的商品和家政服务。在爱心义卖点为四川凉山彝族自治州布拖县阿姑村幼教点募集资金40万元。组建“红叔红姨”党员群众服务队，签订红十字会遗体捐献志愿书10份。组织“讲好红会故事，传播红会声音”活动进社区、进工地、进学校、进街区、进同心圆单位，多维度共建共享“博爱家园”。

【采荷微融媒体中心成立】2021年12月，采荷街道“荷悦人家”微融媒体中心挂牌成立。街道通过打造以“荷悦邻里”实践站、“荷悦之声”微频道、“荷悦生活”文化e家为一体的微融媒体中心，建设走心、入心、暖心的传播窗口。该中心以“荷悦邻里”实践站联通社会化资源，以“荷悦之声”微频道融汇身边大小事，以“荷悦生活”文化e家助力以文化人、以文育人。打通信息沟通“最后一公里”，倾听群众、引导群众、服务群众，讲好采荷故事，传递社会正能量。至年末，“荷悦人家”微融媒体中心发布微报道、微讲堂、微故事、微心愿等信息500多条。

（何　冰）

四季青街道

【概况】四季青街道东以铁路滴水线往南至钱塘江，与彭埠街道相接；南以钱塘江与萧山区、滨江区为界；西以清江路、钱江路、解放路、新业路、新塘路、庆春东路、秋涛北路、凤起路、景西路，与采荷和凯旋街道交界；北以秋涛北路一弄、景芳路、钱潮路、严家路、运河东路、盛运街、筑塘路、运河东路、运新路、塘工局路至昙花庵路铁路涵洞，与凯旋街道和彭埠街道相连。2021年，街道面积9平方千米，下辖三叉、五福、三堡、水湘、钱江苑、钱塘、城星、运新、江锦、钱运、钱景11个社区。有户籍人口5.82万人、流动人口5.72万人。全年街道财政总收入64.5亿元，比2020年增长24.5%，其中经常性收入49.7亿元，增长34.4%。拥有千万级税收楼宇项目46个，其中亿元税收楼宇13幢。上榜“招商赛马榜”亿元以上项目21个，总投资80.04亿元。杭州市园林绿化股份有限公司、永安期货股份有限公司在上海证券交易所上市。全年固定资产投资、金融产业增加值、产业投资促进等规模、增幅均列全区第一方阵。奥迪全国销售总部、三峡集团能源投资区域板块等总部项目18个，以及M-STAND咖啡等首店23家入驻街道。世邦魏理仕（上海）管理咨询有限公司杭州分公司入驻街道，至此，仲量联行测量师事务所（上海）有限公司杭州分公司、第一太平戴维斯物业顾问（上海）有限公司杭州分公司、上海高力国际物业服务有限公司浙江分公司、北京世邦魏理仕物业管理服务有限公司杭州分公司、戴德梁行房地产咨询（上海）有限公司杭州分公司国际房地产顾问“五大行”，以及普华永道中天会计师事务所（特殊普通合伙）杭州分所、德勤会计师事务所杭州分所、毕马威华振会计师事务所（特殊普通合伙）杭州分所、安永华明会计师事务所（特殊普通合伙）杭州分所“四大所”均入驻街道。辖区新认定国家高新技术企业13家。建成全区首个示范型婴幼儿成长驿站，建设一体化“幸福养老一条街”，实现“四季惠民”救助项目“亲清在线”网上兑付，打造太平门直街、庆春商圈、砂之船等崇军拥军服务示范街区。推行社区“大党委”共治体系，健全小区综合党委，固化“红色代办”等服务机制，新建全时段在线小区服务站12个。中央商务区党群服务中心入选全省“百个数字赋能、集成服务示范党群服务中心”。街道试点市级智慧物业管理服务，获评市级“美好家园”2个、优秀物业管理项目2个。创建省级“美丽河湖”、市级“美丽池塘”及小微水体治理样板。年末，街道快速处置钱江国际时代广场新冠肺炎疫情，建立标准化楼宇疫情应急处置闭环，先后被评为浙江省、杭州市抗击新冠肺炎疫情先进集体。

【景芳小区提升改造】 2021年，四季青街道探索社区、物业、业委会“三方协同”治理模式破解基层治理难题，拆除景芳东区遗留近30年的违法建筑，完成小区提升改造。街道运转“街道吹哨、部门报到”机制，实行“汇总上报——例会协商——跟踪督办——进度反馈”问题整改闭环，实现问题高效处置。打破传统管理模式，加强基层楼道长、志愿者、热心居民等监督力量，结合日常走访巡查、小区开放日等形式，发现问题80多个，处置率100%。聚焦群众关注的非机动车停车棚建设等五大类问题，征集改造意见37条，按轻重程度分类处置，按期完成整改。以“优环境”巩固老旧小区改造成果，增设1900平方米钱景公园、机动车位、绿化微景观、“口袋公园”等配套设施，打造600平方米怡闲、怡康、怡智、怡惠、怡学、怡养、怡乐的“幸福养老一条街”，惠及老年人3000多人次。

【三叉花苑安置房交付结算】 2021年5—7月，四季青街道结合基层组织换届选拔优秀年轻干部，开展三叉社区民情大走访，集中攻坚破难，完成三叉花苑安置房交付结算工作。街道党工委书记牵头成立工作专班，以党工委副书记、办事处主任为领头人，组建5个工作组，共60多人，通过前线驻点方式推进交付结算工作。街道按照“回迁在前、平衡在后”的工作方针，梳理2009—2021年的协议、会议纪要等材料，召开群众通报会40多场、户主代表会议8场。针对不同利益诉求群体引发的信访问题，通过综合研判，分阶段、分类别制定风险预案，保障结算交付有序进行。投入4000多万元，完成安置房外立面、地下室、公共部位三大类30多项改造提升工作，夯实结算基础。6月，完成回迁交付结算178户。

【街道环境长效治理】 2021年，四季青街道巩固环境整治成果，聚焦“美丽河湖”建设、垃圾治理体系更新、人居生态环境提升等重点领域，高标准推进“美丽大花园”建设。创新打造“美丽新城”固定活动日，即在每周四动员“10+社区、50+小区、80+楼宇”对“五边一下”（墙边、房边、河边、路边、桥边、树下）环境问题进行专项整治，全年引导辖区群众参与环境卫生整治活动45次，覆盖8321人次，清理卫生死角3291个，现场处理问题1.01万个。年内，完成区域环境提升指标，建成

四季青街道景芳东区“幸福养老一条街”（2021年）

（四季青街道 供稿）

省级高标准生活垃圾分类示范小区2个、市级示范小区10个、再生资源回收网点2个，超额完成指标任务。街道3次上榜全市“美丽杭州”创建优胜乡镇街道，获评“美丽杭州”建设先进集体、杭州市“五水共治”（河长制）“二十佳”镇街等荣誉，碧水商务区建设、“美丽大花园”建设等6项工作获市领导批示肯定。

【四季青街道营商环境优化】2021年，四季青街道深化“店小二”全生命周期企业服务，聚焦党建聚力、数智赋能、标准输出，优化营商环境。成立华联UDC楼宇党建联盟、明珠国际楼宇党建联盟，建成平安金融中心·党群会客厅、华联UDC·党群驿站等阵地，开展“四季红城迎亚运，献礼百年篮相聚”等共建活动50场。参与起草的《城市和社区可持续发展商务区GB/T 40759—2021本地实施指南》发布，商务区科学管理经验成为全国样板。打造CBD商会“商享”联盟交流平台，开展“总裁说经赢之策”和“拓思路·共成长”访企互学等合作交流活动20多场。围绕建设消费中心的总体目标，落地M-STAND咖啡、帕尔马之水等首店23家。改进完善“数智新城”智慧为企服务平台，调试优化现有应用场景智能抓取和分析功能，实现“一站（街道企业发展中心）数智招商、一机（手机）走访服务、一网（冒烟指数监测网）研判管理”。年内，该平台为企服务先进案例获《人民日报》等中央、省、市媒体多次专题报道。

【街道版数字驾驶舱建设】2021年，四季青街道深化数字化改革赋能基层治理，以“基层治理四平台”、楼宇平安“一表通”为基础，探索实践“数智楼宇”场景应用建设，运用V字模型梳理搭建为企服务、党建在线、平安楼宇3项应用，初步实现为企服务“一站数智招商”可触可读，党建在线“一机走访服务”有需必应，平安楼宇“一网研判管理”防患未然。街道推进街道数字驾驶舱建设，提升公共数据池数据和企业地址信息的精准性、全面性和有效性，提高场景应用实战性，“企业冒烟”成为唯一入选杭州市数字政府场景的街道级项目。推进人流监测管控平台建设，加强人流监测平台数据精准性，强化核心商圈、城市阳台等热门地点的数据积累，为重点区域人流管控决策提供依据和数据支持，为亚运会期间钱江新城的服务提供基础保障。推进17个“智慧安防”小区建设，规范电动自行车及房屋管理，安装电梯梯阻260部，车库智能烟感器1262只、智能充电桩1991个。

> **资料**
>
> “企业冒烟”：依托数字驾驶舱，以基层治理“四平台”网格数据为基础，对接公安110警情、市场监管“96315”投诉、劳动监察投诉、“12345”投诉等信息资源，运行线上“数据联席”，将警情或投诉进行派单、处置、回复、评价全闭环管理，楼宇综合服务员提前早介入、快处置。

【四季青街道微融媒体中心成立】2021年12月1日，四季青街道微融媒体中心挂牌成立。街道通过锚定“统”“融”“活”3个支点，做好“统”的文章，谋划大宣传格局；打响“融”的品牌，唱响主旋律声音；发挥“活”的优势，用好社情民意直通车，构筑集新闻线索素材收集、新媒体策划报道、权威信息发布、基层政务服务等功能于一体的街道级微融媒体中心。街道从各条线抽调4名骨干人员，建立微融媒信息专班，集中办公，同轴共转落实采写、投送、编辑、审核、发稿无缝对接。同时，统筹街道各办公室（中心）、各社区原有的30人微融媒宣传队伍，为街道全方位信息输出提供支撑保障。至年末，街道向区上报相关信息369篇，被中央省市录用90条。

【崇军拥军服务示范街区建设】2021年6月，四季青街道建成全市首条崇军拥军服务示范街（位于三叉社区），钱江新城崇军商圈获退役军人事务部认可。四季青街道以精准服务为重点，通过完善服务系统、打造服务网络、提升服务力度，实现崇军拥军工作服务举措创新、服务内涵多元、服务质量提档，退役军人幸福感、获得感、满意度提升。联动杭州全程商业零售有限公司、杭州银泰世纪百货有限公司等商业载体，通过前期走访、宣传发动，超80%商圈商户（200多家）加入崇军志愿服务点，服务内容涵盖医疗教育、娱乐健身、购物餐饮等10多项，退役军人凭退伍证或“老兵码”即可享受专属优惠、等位优先等服务。至年末，崇军拥军服务示范街区服务退役军人7200多人次。

【全区首个示范型婴幼儿成长驿站成立】2021年，四季青街道完成钱运社区示范型成长驿站建设，建成全区首个示范型婴幼儿成长驿站。成长驿站为0~3岁婴幼儿开辟公益型、专属型、学娱型成长空间，为新手家长提供学习成长平台。该驿站于6月启用，面积约200平方米，设有儿童游乐区、阅读区、亲子活动区、辅食制作区、母婴室等功能区块，引入第三方专业社会组织团队，融合优质资源，围绕“良好的健康”“充足的营养”“回应性照护”“安全保障”和“早期学习机会”五大主题，定期开展公益课程，每月开展育儿技能指导、亲子游戏陪伴、儿童健康照护等多元服务。至年末，钱运社区示范型成长驿站开展各类活动35场次，覆盖婴幼儿600多人次。

【江锦社区入选省第二批高质量就业社区名单】2021年5月，四季青街道江锦社区入选浙江省第二批高质量就业社区（村）名单。江锦社区位于钱江新城核心区，由和谐嘉园东苑、南苑、北苑住宅小区组成，辖区总面积约80万平方米。街道开辟江锦社区就业服务功能区块，配备专职工作人员2人，利用业务信息系统平台，掌握就业人员基本情况，开展不同就业人群画像，提供精准化就业服务，全面落实扶持政策、开展就业服务培训和帮扶，探索促进就业新思路、新途径，建设浙江省高质量就业社区。江锦社区有常住人口6532人，其中劳动年龄段内有劳动能力和就业愿望的有2610人，就业率99.4%；全年登记失业人员、困难人员100人，再就业率81%；全社区持有国家职业资格证书人数370人，持证率14.2%，创业人数231人，创业率8.9%。

【四季青街道安全体验馆启用】2021年6月，上城区最大规模综合性安全体验馆在四季青街道开馆启用。该馆位于太平门直街486号，场馆面积500多平方米，投入资金近200万元，涉及居家安全、交通安全、消防安全及社会行为安全四大板块、16个体验项目。体验馆通过多媒体视频播放、实物展示、灾害状况实景模拟、互动体验等形式，制作“高层逃生”“垂直电梯逃生”“火场烟雾逃生”“地铁应急逃生”等交互式体验场景，科普逃生自救、防灾减灾等应急救援常识，成为集应急科普、装备展示与体验、应急文化传播等功能于一体的综合性公共应急安全教育中心。至年末，接待参观体验、应急演练等活动77场、4000多人。

【“红色代办”服务机制】2021年，四季青街道推行“红色代办”服务机制，从运新、钱塘2个社区试点推广到11个社区44个小区68个网格，100%覆盖社区居民事务办理，实现社区服务不打烊、“三办”服务机制（困难群众代办、四端平台导办、在职人员约办）落实处、代办员队伍全覆盖，新建全时段在线小区服务站12个，服务群众2万余人次。街道按照老弱幼残等人群精准画像，定制涵盖民生、经济、安居等个性服务清单30项，拓展教育、公安等事项630个，实现每日上午8时至晚上20时社区服务“不打烊”。落实“委托、受理、代办、回复、上报、回访”六步运转机制，深化大厅端、自助端、电脑端、移动端“四端导办”，在职人员在线约办等服务，做到基层情况“一口清”、服务代办“一条龙”。全年代办老年卡、生育登记卡等589张，申领智慧养老手机305部，为6548人申领杭州健康码。

（范珊珊）

笕桥街道

【概况】 笕桥街道位于上城区北部，东起备塘路，南接天成路、源聚路一带，西邻石桥路，与拱墅区交界，北至石大线，与临平区交界，毗邻杭州东站枢纽。2021年，街道辖区面积19.7平方千米，下辖枸桔弄、花园、草庄、白石、笕桥、农科院、机场、范家、水墩、笕新、浜河、黄家、同心、横塘、俞章、黎明、天新、东港、明桂、金色黎明20个社区。有户籍人口6.86万人、流动人口12.14万人。区域内有杭州笕桥机场、杭州东站枢纽、浙江省农业科学院、杭州市疾病预防控制中心等重要单位。全年财政总收入25.95亿元，其中经常性财政收入11.56亿元，首次突破10亿元大关。年内，辖区企业杭州万事利丝绸文化股份有限公司在深圳证券交易所上市，西子联合控股有限公司被评为2021年度浙江省民营企业200强，浙宝大厦被认定为省级小微园区。创建省、市垃圾分类示范小区9个，推进生活小区垃圾定时定投46个。创建全国首批示范性退役军人服务中心（站）、全省百个红色退役军人服务站，“看笕蓝天”服务项目获评全省志愿服务项目大赛金奖，街道社会组织党群服务中心获评全省社会组织党群服务中心示范点。聚焦村社干部全职业周期一体化管理，开发村社干部全景式管理1.0平台，成为全区村社干部管理数字化改革试点。

【社区（经合社）组织换届“回头看”】 2021年6月，笕桥街道运用“问、测、看、清”四字法，提前完成20个社区、4个经合社的组织换届“回头看”工作。街道成立3个由纪检、组织干部带队的专项考察工作组，访谈社区（经合社）党员干部480多人，收集意见建议118条。创新随机抽样选取参加测评人员方式，分街道（经合社）领导、离任老干部、楼道长等10个层面对新班子及成员进行满意度测评，参加测评1200多人，新班子综合得分满意度测评平均达到98.91分。通过每日看动态、定期看报表、实地看现场等方式，近距离观察掌握新班子工作实绩，查看分析各类信息2400多条，相关条线工作排名靠后的5个社区均落实整改。重点关注、深入了解“一肩挑”人员、公共服务站站长及新进班子成员等人员的实际情况，核对干部信息1040条，补齐社区（经合社）书记档案资料80多份，对部分综合表现欠佳的干部进行组织谈话，巩固换届成果。

【村社干部数字化管理】 2021年，笕桥街道围绕建强高素质专业化村社干部队伍目标，打造村社干部全景式数智管理系统，推动村社干部管理工作由感性化向数字化跃迁，实现村社干部全周期数智化闭环管理。村社干部全景式数智管理系统依托综合集成的村社干部信息数据库，打造“数字驾驶舱”“班子画像”两张全景式数据大屏。创新打造底线管理、“班子画像”、“个人画像”三大核心模块。底线管理以“明底线促实干”为导向，以重大事项报告、出入境报备、巡查报告、纪律处分、信访举报、日常监督等机制为支撑，最终以图表形式输出“风险提示”，实现风险的量化、日常化、可视化管理。“班子画像”“个人画像”以人为中心，坚持定性与定量相结合、一时与一贯相衔接、考人与考事相统一，对村社班子及个人进行立体画像，全面准确评价班子及个人综合表现。至年末，系统“干部名册”模块上线全区2449名村社干部信息，形成信息子集2000多条。

【电信网络诈骗集中整治】2021年4—12月，笕桥街道以打击治理电信网络诈骗工作为重点，开展电信网络诈骗集中整治，健全打击防范电信网络诈骗新机制，构建治理电信网络诈骗新生态。建立反诈专班，抽调9名工作人员开展实体化办公。加强考核引领，建立比学赶超机制和领导督导制。开展“无诈社区”建设，完成街道所有社区反诈场景建设，成立反诈宣传志愿者队伍20支。发挥“大水漫灌+精准滴灌”组合拳作用，建立反诈宣传微信群861个，覆盖人员12.15万人，占街道常住人口和流动人口总数的63.6%，在微信群内发布反诈预警、案例等。开展反诈宣传、培训讲座580多场次；实施靶向宣传，依托各类平台预警信息开展预警反制，完成紧急、高中低危级别共1.96万人次防骗预警。整治期间，区域电信网络诈骗警情比2020年下降26.9%。

【浙宝智能装备制造产业园被认定为省级小微园区】浙宝智能装备制造产业园于2011年投资1.5亿元建设，由浙宝电气（杭州）集团有限公司建设、杭州浙宝企业管理有限公司负责运营，园区位于上城区俞章路88号，占地面积8880平方米，总建筑面积3.7万平方米。该产业园是以引进高新技术产业为主、发展总部经济为目标的综合科技园区，突出“高新科技、产业示范”特点，重点发展输配电设备制造、交通安全保障设备制造及配套等产业，依托专业化管理团队，建设科技孵化器、加速器、产业园，并成立投资基金，吸引高科技企业和海外留学归国科技人员到园区从事科研和创业活动，探索“创业孵化产业加速风险投资”的科技产业化新路径。2021年12月21日，经区县（市）、市、省三级小微企业园工作联席会议办公室逐级审核，省级有关部门联审、网上公示等程序，浙宝智能装备制造产业园被审核认定为第八批省级小微企业园。

【老街区块剩余居民回迁安置】2021年，笕桥街道推进老街区块剩余居民回迁安置工作。笕桥老街区块剩余居民涉及54户，至2021年，在外过渡5年，为该区块国有土地征收范围内最后一批在外过渡群体。街道以“尊重历史、结合实际、统筹全局”为原则，克服“征收拖延时间长、历史遗留问题多、户型搭配困难大”等因素，通过现场设点、电话沟通等方式进行回迁意愿及意见征求，收集按份共有家庭住房分配、家庭人口多要求适量多扩面等个性问题10个，制定“一户一策”方案，同时解决历史遗留问题4个、重点问题5个。街道分别于10月23日、11月13日开展居户及公房、自管房选房工作，共计选房65套。

【省农业科学院老旧小区改造】2021年，笕桥街道持续推进省农业科学院东、西区老旧小区改造工作。该老旧小区改造项目涉及房屋18幢、696户，建筑面积约5.04万平方米。自2020年11月改造工作启动后，街道在“空间扩展、功能优化、特色文化”上补齐短板，以“打通消防生命通道、推进闲置空间拓展、营造精致文化公园”为主线，通过“五个全面拆”促进小区整体面貌和消防安全质量得到提升。年内，全面拆除外墙立面破旧雨棚100多处、辅房14间、天井21户、保笼52个、凌空飞线40条约800米。在功能布局优化方面，小区新增改造停车位21个，增加适老设施及休息点4处，完成电梯加装1台；在丰富特色文化方面，结合省农业科学院百年历史打造“时光印记、社区光荣榜、农耕变迁”等宅间文化主题微公园及运动健身空间3个。7月，街道全面完成省农业科学院东、西区老旧小区改造工作并通过验收，提前4个月完成改造。

【横塘社区综合整治】 2021年，笕桥街道启动“千年横塘共同富裕示范窗口”建设。7月，召开环机场区域横塘社区综合整治工作动员会，按照“东整西拆”启动综合整治。其中：河东拆迁区块通过拆违整治、配套提升、产业优化等举措，打造都市版“美丽乡村”；河西拆迁区块通过控规调整、整体拆迁、安置房新建、留用地落地等举措，打造高品质未来社区。7月7—8日，河东拆违区块完成608户丈量工作，丈量率100%。10月，完成拆违工作，并启动区域内整治。8月3日，河西拆迁区块完成119户房屋丈量。12月16—18日，完成119户签约。12月19日，完成回迁编号抽取。

【校外培训机构协同共管治理】 2021年9月，笕桥街道探索建设具有笕桥特色的校外培训机构协同共管治理模式，推进落实“双减”政策。街道成立工作专班，制定工作方案，定期召开专班工作会议，以会议指示为引领，明确属地责任，加强与各有关部门统筹联动。依托社区网格化管理，建立校外培训机构街道、社区、网格的“1+X”立体管理模式，对校外培训机构进行全覆盖排查，确保全数登记在册。强化街道、社区重点时间节点巡查力度，发挥社区居民等群体日常监督作用。全年出动巡查人员1150多人次，开展检查357次，整改学科类培训机构14家，其中停办9家，成功转型5家。

【“遇笕书屋”打造】 2021年，笕桥街道发挥文化驾驶舱等数字设备平台功能，开展丰富网络惠民文化服务。11月，以数字赋能为基准手段，围绕数字化场馆、服务、项目3个维度进行“城东记忆”数字化场景设计、建设与运营，打造阅读氛围浓厚、人文关怀充分、文化内涵丰富的沉浸式数字图书馆——“遇笕书屋”。“遇笕书屋”选址笕桥老街入口，总投入约90万元，建筑面积约600平方米，拥有阅览座位100个，馆藏图书5万余册、报刊近100种。书屋布局古色古香，分上下两层，一层设有吧台服务区、形象展示墙、庭院打卡区，二层设有青少年阅读室、古籍文献区、数字多功能厅等。同时配备文化驾驶舱、喜马拉雅听书等衍生数智设备，通过无线网络全覆盖，实现读者数字化、智能化、沉浸式的阅读视听新模式。

笕桥街道“遇笕书屋”（2021年） （笕桥街道 供稿）

【"笕直播"平台建设】 2021年7月23日，笕桥街道打造专属于笕桥党员群众的笕桥频道——"笕直播"平台。该平台以"直播+应用场景"赋能模式，设置"笕学堂""笕文化""笕生活""笕行动"四大栏目，内容涵盖人物访谈、大咖讲座、网红播报、情景表演、现场教学等，用喜闻乐见的方式向党员群众传递红色精神、传递笕桥文化、传递美好生活。同时，街道与省、市5家单位建立党群联盟关系，打造"农耕文化传播实践基地""媒介素养实践基地""中医药健康服务基地""中医药传统文化传播基地"4个共建基地。年内，通过"笕直播"平台，开设"红色笕桥，家园情怀""传承城市基因，打响宋韵品牌""心理战'疫'——如何做好疫情下的心理建设"等主题直播5次，吸引观众3000多人次。

【退役军人服务示范窗口打造】 2021年，笕桥街道通过优化体系建设、聚焦社会融合、发挥示范引领3项举措提升退役军人服务保障体系建设质量。以街道退役军人服务站为核心，20个社区退役军人服务站为基点，全面落实各站点人员配置，形成"1+20+N"服务全覆盖。加强与团区委、区总工会等部门协同联动，定期为退役军人提供公益相亲交友会、专场招聘会等服务。依托"红星之家"，挖掘辖区退役军人骨干，以"红星宣讲团""红星志愿队"等队伍为辖区退役军人搭建平台，组织退役军人参与各项志愿服务活动。至年末，组织公益活动60多场，开展爱国主题讲座宣传50多场，服务群众1万余人次。街道退役军人服务站获评2021年全国首批示范型退役军人服务中心（站），"看笕蓝天"项目获评2021年度全国学雷锋志愿服务"四个100"活动最佳志愿服务项目。

【小区党群服务驿站建设】 2021年，笕桥街道贯彻落实《上城区推进新时代城市基层党建聚力赋能社区治理十大行动工作方案》，立足街道社区类型多样的实际情况，成功打造"来一道""乡聚"等党建品牌，建成钱塘白石嘉苑、晟世黎明嘉苑一期等小区党群服务驿站36个，建立社区党建联盟29个，其中钱塘白石嘉苑和水墩苑一期小区获评杭州市"睦邻"小区党建示范点。钱塘白石嘉苑以小区党建牵引，优化"四个治理圈层"设置，建立"白石议事堂"，先后解决小区立面阳台维护、顶楼晾晒等难点问题，并深化小区"乡聚"治理品牌，打造党群服务驿站5个。水墩苑小区打造"来一道"党建品牌，探索建立"街道—5G党建联盟片区—社区—小区—楼栋"五级治理体系，以楼栋为单元，建立功能多样、特色鲜明的党群服务驿站11个。由小区党员、骨干建立"小区楼栋服务团"，每幢楼栋由1名党员负责，与社区、物业组成"小区圆桌会"成员，进行议事协商，做到"自己的地方自己管"。

【安置房架空层党群服务驿站打造】 2021年7月23日，杭州市党群服务最优项目打擂比武（第一片区）活动在笕桥街道党群服务中心举行。活动吸引来自上城区、拱墅区、西湖区、高新区（滨江）4个城区携带16个项目参加。经过现场投票和场外2.3万人线上投票，笕桥街道打造的安置房架空层党群服务驿站获评杭州市街道类"优秀项目"奖。2016—2021年，笕桥街道创新运用安置房架空层空间，将零散、闲置的架空层进行统一规划布局，高质量打造党群服务驿站。街道先后建成安置房架空层党群服务驿站22个，总面积约2900平方米，含阅读馆、评书馆、健身馆、非遗馆等13种类型。党群服务驿站采取街道主导、社区自转、校社合作、第三方引入等运营合作模式，相继开展学雷锋、庆祝中国共产党成立100周年、迎亚运等主题活动，为党员群众提供健身、书画学习、古法艾灸等服务。年内，白石社区“乡聚”党群驿站被评为市级示范型党群服务驿站。

（冯慧敏）

彭埠街道

【概况】彭埠街道位于杭州市东部，东毗九堡街道，南接钱塘江，西邻闸弄口街道，北连笕桥街道，京杭大运河穿境而过。区域内有杭州东站枢纽、杭州市地铁集团有限责任公司七堡基地、中铁第四勘察设计院集团有限公司杭州分院、杭州创意设计中心、杭州通达建筑工程公司等单位。辖区新塘严家弄、杨家桥分别是近代著名文学家、戏剧家夏衍和清代著名学者、藏书家翟灏出生地。2021年，街道面积14.76平方千米，下辖五堡、六堡、七堡、红五月、普福、建华、兴隆、御道、云峰、皋塘、章家坝、新塘、杨家桥、王家井、明月桥、茶亭苑、普新、建和、杨柳郡、建隆、新风21个社区。有户籍人口7.63万人，流动人口9.86万人。全年街道实现财政总收入35.6亿元，经常性收入13.3亿元，比2020年增长15.8%；实现楼宇经常性税收超5亿元，杭州之翼综合体成为亿元楼宇；招商引资1亿元以上产业项目16个，总部型项目营业收入124亿元，可实际利用外资1.5亿美元。引进浙江汇都电子商务有限公司等重点项目落地。完成兴隆、新塘、皋塘社区共2228户回迁安置。城东区域超1万平方米房屋实现腾空拆除。推进老旧小区提升改造、运河沿线整治、环站南路项目建设。做实垃圾源头减量，生活小区垃圾分类定时定点投放实现全域覆盖，城市面貌持续改善。教育、医疗、养老、托幼、文体等公共服务提升，“15分钟优享服务圈”初步成型。以街道普新中心为核心，打造街道首个跨社区、片区级服务综合体。有效处置港龙城和部分房地产项目、教育“双减”、长租公寓等方面的风险隐患。挖掘提炼彭埠文化内涵，成立街道微融媒体中心和“彭湃新声”宣讲队，开辟城市青年音乐角，打造“这里是彭埠”文旅IP、罗家老宅“一家一园二馆”，“1+2+8”微协商体系和六步协商法机制逐步完善。年内，建和社区获评第五批全省扫黄打非进基层示范标兵。

【“一亿美金加速器”项目发布会】2021年，彭埠街道推动杭州枢纽商务区建设，集聚数字贸易、数字经济发展动力，构建数字贸易产业最优生态圈，着力打造“中国（杭州）全球数字贸易枢纽”。3月19日，彭埠街道联合浙江国贸数字科技有限公司举办“一亿美金加速器”项目发布会。该项目是针对中国制造业品牌出海的全方位加速成长计划。项目通过整合行业全链路中顶尖的服务资源，在品牌塑造、销售增长、团队培育、资金筹划、供应链整合等数字贸易业务核心发展要素上对企业进行全面赋能和优化，快速实现企业的销售发展和资本增值，实现企业腾飞发展，共同开启“亿”级新征程，合力打造数字贸易产业新高地。发布会现场，彭埠街道与浙江国贸数字科技有限公司等10多家企业签约，标志着“一亿美金加速器”项目正式落地。

【两大总部项目签约落地彭埠】2021年，彭埠街道把招商引资、招才引智作为街道经济发展的“一号工程”，采取敲门招商、中介招商、以商引商形式，逐步吸引区域性、功能性总部落地。10月28日，街道与浙江汇都电子商务有限公司董事长毛戈平签署项目合作备忘录，共同谋划产业发展蓝图，达成优势互补、资源共享、合作共赢的战略规划。浙江汇都电子商务有限公司作为毛戈平化妆品股份有限公司电商板块业务主体，搭建起数字经济高速发展平台，吸引行业人才加入，带动整个产业链伙伴企业共享红利。至年末，电商平台落地彭埠街道，后期将加快打造企业总部，拟开发建设集团总部大楼。11月5日，亨玛集团亚太总部项目作为浙江省重大项目在中国国际进口博览会签约，拟落地彭埠街道。卢森堡亨玛集团是专业投资CBD（中央商务区）及相关产业的集团公司，总部设在卢森堡，致力于生物科技、生物医药、智慧种植及智慧农业设备的研发生产，旗下拥有处于世界一流水平的CBD研发中心和位于柬埔寨的高科技种植基地。该集团首期拟投入3000万美元，在杭州成立亚太总部和研发中心。项目落地后，预估未来5年产值总额达到10亿美元。

2021年10月28日，彭埠街道与浙江汇都电子商务有限公司签署项目合作备忘录　（彭埠街道 供稿）

【钱唐汽车后备箱公益集市开张】 2021年3月27日，区委宣传部、区文广旅体局、彭埠街道联合主办的“文明新时代·美丽新彭埠”——钱唐汽车后备箱公益集市启动暨彭埠首批打卡地发布会在彭埠街道的钱唐农园内举行。彭埠街道坚持文化引领，推动以文化人的重要所在，贯彻“以文促融”理念，发挥文化、文创、文旅叠加效应，推动商旅文联动发展，努力打造成为杭州都市文化新高地。现场发布包含彭埠老街（新时代文明实践中心）、罗家老宅、钱唐农园、杭州东站枢纽、长三角人才枢纽、夏衍影视文化街区6处彭埠首批打卡地，将彭埠传统文化、地域特色与时代特征相结合，以时尚、新式、寓教于乐的方式呈现。现场开展一场以“倡导建设节约型城市、共享环保绿色理念”为初衷的汽车后备箱公益集市。集市上物物交换、义卖所得的所有善款都通过杭州市慈善总会捐赠给杭州市儿童福利院孤残儿童。集市结束后，在钱唐农园推出“寻找好朋友”“渲染春天（扎染）”“一棵幸福树（认领种桃树）”“小小厨神”和“野餐篮装点”5项亲子活动。

【“中国故事名家走进彭埠”活动】 2021年5月20—21日，彭埠街道小白菜文学社会同山海经杂志社开展“中国故事名家走进彭埠”活动。邀请中国民间文艺家协会故事委员会副主任郁林兴、《上海故事》主编方红艳、《故事会》原常务副主编吴伦等中国故事名家和省内外知名作家以“领略美丽彭埠，抒写发展新篇”为主题，同游“彭埠十景”，挖掘传播彭埠文化。活动期间，名家、作家深入挖掘“埠文化、菜文化、钱塘江文化”，先后走访彭埠老街、夏衍旧居、运河影视街区、罗家老宅、运河公园、彭埠大桥、毛主席视察海塘处（七堡）、七堡码头、江南围垦地、钱唐农园等地，感受历史人文，体验现代繁华。活动结束后，作家先后发表有关彭埠的文章10多篇。

资料

“彭埠十景”： 临江观潮（钱塘江潮）、碧河穿舟（运河彭埠段）、古塘寻踪（七堡大王庙及古海塘）、商市搜物（东站小商品市场圈）、老街忆旧（彭埠老街）、新城找宝（彭埠地铁站商业群）、老宅学艺（罗家老宅）、旧居悟理（夏衍旧居）、枢纽探舞（杭州东站枢纽）、叠桥流车（彭埠大桥）。

【彭埠城市青年音乐角启用】 2021年10月25日，彭埠城市青年音乐角在杨柳郡社区启用，并举行启动仪式。音乐角启动仪式以“IN乐杨柳，遇见未来”为主题，由区委宣传部、区文广旅体局联合主办，彭埠街道承办，由一支成员平均年龄为25岁的“澎爱young”乐队以一曲经典串烧《未来，你好》揭开序幕。活动还设有迎亚运电音篮球表演和机器人表演《这里是彭埠》。彭埠街道致力于推动文化、文明、文旅、文创、文艺“五位一体”发展。打造音乐角，旨在为青年人提供展示空间，为音乐人搭建梦想舞台，用潮范儿打造独具彭埠特色的文化阵地，用亲民便民的烟火气，为市民带来更多文化新福利。启动仪式为活动第一站，随后音乐角围绕“未来”主题，将钱唐农园、罗家老宅、彭埠老街、长三角人才杭州枢纽、运河·映巷等彭埠地标连点成线，开启城市青年音乐角“动力火车”，在城市各个角落分享彭埠共富故事，传播上城时尚文化。

【社区回迁安置】 2021年，彭埠街道推进兴隆社区（艮北区块）、新塘社区回迁安置工作。兴隆社区是彭埠街道在外过渡持续时间最长的社区，自2007年起兴隆社区经历4次征迁，过渡最长的已达14年。由于政策变化大、房源缺口多、社区经济长期处于真空状态等因素，积累诸多极难化解的疑难问题。该次回迁安置工作于2020年11月启动，兴隆社区回迁安置指挥部有效破解利益群体多方、群众诉求多元、外部环境多变等难题，于2021年春节前先行完成过渡时间超过10年的89户拆迁户的回迁安置工作。6月15日，兴隆社区以100%选房率有序完成整体回迁安置，涉及房源2121套。新塘社区回迁安置涉及住户1311户，其中居户769户、农户542户，是全区历年居户回迁体量最大的社区。自2021年5月14日回迁安置工作启动后，街道成立村民监督小组，代表全体征迁户对安置房项目从开工到竣工进行全程监督，让征迁户真正参与到安置房建设的常态化管理。通过努力，成功破解时间跨度长、农居混杂种类多、涉及建设主体多、房源不成体系、多社区同步回迁统筹难度大等难题，于10月中旬以100%选房率完成居户、农户选房工作。

【建和社区获评省“扫黄打非”进基层示范标兵】 2021年9月13日，建和社区获评浙江省第五批“扫黄打非”进基层示范标兵。彭埠街道建和社区以“强禾心、集和力，争禾盛、建和谐”的“建和精神”为指引，创新“小禾护苗专员”等数智赋能举措，融合基层治理平台、新时代文明实践站、社区文化家园等载体，打响“禾苗品牌”，助力“扫黄打非”行动新突破。采用人机共管模式，自主开发智能AI机器人“小禾”，成为社区“扫黄打非”行动的护苗专员。“小禾”平均每天可自动拨打近1000通语音电话，10天左右可将社区住户电话都拨打一遍。“小禾”借助智能电话语言知识库，实现“一对多”智能互动，打破传统宣传模式的局限和短板，开展24小时个性化宣传，点对点推送“扫黄打非”知识宣传，提高“扫黄打非”知晓率，扩大宣传覆盖面，同时为社工减负。

【工地“千里眼”安装全覆盖】 2021年4月6日，彭埠街道实现辖区符合建设标准的42个工地“千里眼”安装全覆盖。“千里眼”针对城市化建设管理需求，从突破信息壁垒搭平台、再造政务流程建标准、拓展智慧应用促治理入手，实现工地环境、督促整改、竣工验收等全方面监管，对周边相关道路地面沉降及塌陷等风险提前研判、及时预警，推动街道实现工程项目全生命周期监管。“千里眼”对接区住建局、区公安分局、区城管局等相关职能部门，把各部门57项日常监管责任统一纳入街道平台，同步完成“智慧工地”应用场景内人员管理、劳务纠纷、警情分析、生产安全、绿色环境、健康防控6个基础模块建设，完成线上线下整个项目建设。新冠肺炎疫情防控期间，“千里眼”可以通过高清网络摄像机，应用视频AI技术同步抓实新冠肺炎疫情防控工作和重点人员登记工作，实现人“码”合一，红码和黄码人员进入工地实现自动报警。

【御道社区人民调委会获评全国模范人民调委会】 2021年1月，御道社区人民调委会获评全国模范人民调委会。御道社区人民调委会于2005年成立并率先在全市建立首个社区人民调解“110”，通过贯彻落实“五分钟到达”的调解工作机制，辖区矛盾纠纷化解工作成效显著。该调委会邀请律师、民警、乡贤等力量成立“御事有道”调解队，探索新形势下矛盾隐患排查、社会治安防控新思路；成立“彭益警”议事厅、工地警民联调分中心、平安大巡防、反诈讲师团等阵地和机制，实现多元化矛盾化解、全时空守护平安、“零距离”服务群众的目标和共建共治共享的基层治理模式，在辖区树立模范调委会样板。2005—2020年，该调委会累计成功调解各类矛盾纠纷400多起，涉及金额近1000万元，实现“矛盾不上交、服务不缺位”。

（王云良）

九堡街道

【概况】 九堡街道位于上城区东部，东临钱塘区，南濒钱塘江，西与彭埠街道、笕桥街道相接，北与临平区乔司街道为界，南北最长距离7.8千米，东西最宽距离5.1千米。2021年，街道面积15.8平方千米，下辖杨公、八堡、牛田、蚕桑、格畈、九塘、新江花园、金海、红苹果、魅力城、九华、兴安、蓝桥、丽红、和华、金雅苑、江涛、九堡、三卫、湘江、景蓝21个社区，以及宣家埠、三村2个行政村。有常住人口7.28万人、流动人口15.97万人。辖区内有标志性文化名片杭州海塘遗址博物馆、阿里体育中心。全年街道财政总收入43.4亿元，其中经常性收入38.4亿元。年内，街道获评浙江省“五水共治”（河长制）工作考核优秀乡镇（街道），入选第三批市级基层统战工作典型范例名单。街道人民调解委员会和事佬服务调解工作室被评为浙江省金牌人民调解工作室。街道食品安全委员会办公室成功创建省四星级食安办。街道社会组织服务中心被评为杭州市运营党群服务中心（驿站）社会组织20佳。九堡司法所被评为杭州市模范司法所。丰收湖被评为市级“美丽河湖”。九堡创业陪跑空间被评为杭州市示范单位。七章公园“直播达人·同心荟”被评为2021年市级精品“同心荟”。

【杨公北苑新房交付】 2021年，九堡街道开展“征迁清零、安置提速”行动，解决杨公社区历史遗留问题——杨公北苑新房未完成交付。7月，街道抽调200多名骨干人员，组建专项组逐一破解五类公房（公房、房改房、经济适用房、廉租房、公租房）重复享受、过渡费退还、有房无户等重点、难点问题。街道围绕时间节点、任务目标，按照“有房必分、剩余区块必拆”的指导思想，做好相关人群的接待和思想引导工作。通过社区两委班子带头一批、体制内带头一批、基层骨干引导一批，集中力量打开交付突破口。工作组压实责任，分解任务到天、到组。7月25—27日，杨公社区杨公北苑261户、397套新房完成交付，交付率98%。

【“小脑+手脚”基层治理体系创新】 2021年，九堡街道针对基层治理矛盾多元、问题复杂、调度迟缓、标准不一等现实问题，在全市首创镇街版“小脑+手脚”基层治理体系。“小脑+手脚”基层治理体系是以街道综合指挥中心为“小脑”，以综合执法力量为“手脚”，建立起的一套可满足复杂地区深度治理、可实现条块集成高效行政的“小脑灵敏、手脚灵活、处置灵动”全新体系。街道围绕综合指挥中心“小脑”建设，从规范队伍管理、精减指挥流程、智慧治理入手，推动“小脑”派单电子化作业，同时每周定期开展数据分析研判，确保指挥能效提高。至年末，街道综合指挥中心派单29350件，其中，公安类12753件、城管类10082件、交警类1669件、城建类19件，视频空巡发现的城管、交警类4827件。1分钟响应率达93%，5分钟到达率达99%；现场处结率达90%。“小脑+手脚”治理体系接待全国、省市区调研69次，被列入省委政法委“省清单2.0”及全省数字法治“一本账”培育项目，被公安部《公安内参》头条、省委《浙江信息》进行专题报道。

【群众纠纷调解】 九堡街道和事佬调解服务中心前身是九堡和事佬工作室，2010—2021年，工作室秉持“一心为民、和善谦卑”的调解理念成功化解辖区各类大小纠纷2000多起，涉及协议金额近2亿元。2019年8月，该工作室注册登记为九堡街道和事佬调解服务中心（民办非企业社会组织），调解力量更强，调解专业化、社会化水平更高，并承接九堡街道政府购买人民调解服务项目。该中心成立后，街道配套建立劳动争议、婚姻家庭等专项纠纷化解工作室，承担即接即办、协调办事等矛盾调处功能。服务中心配备3名专职调解员，同时引入街道法律顾问、公共法律服务站专职律师、杭州滴水公益社会组织心理咨询师等社会专业人士参与调解工作。2021年，和事佬调解服务中心化解矛盾110多起。12月23日，街道人民调解委员会和事佬服务调解工作室被评为省级金牌人民调解工作室。

【“领潮九堡”党建品牌打造】 2021年，九堡街道以中国共产党成立100周年、党史学习教育为契机，提炼形成“红、勤、勇、拼、创、领”6种文化精神，发布以“领头潮、奔竞潮、汇合潮”为主要内涵的“领潮九堡”党建品牌。街道先后举办庆祝中国共产党成立100周年大会上重要讲话精神专题读书会、“百年风华貌，领潮勇担当”庆祝中国共产党成立100周年表彰大会，以及“行走的党史课”“舞台上的党史课”“云端的党史课”三大课堂等活动。至年末，组织理论宣讲30多场、“红色记忆”探访活动30多场、红色文化活动70多场，颁发“光荣在党50周年”纪念章206枚，走访慰问在册党员250人，推选市先进基层党组织1个、区级“两优一先”（优秀党员、党务工作者、先进基层党组织）12人（个），评选街道“两优一先”80个，推荐最强党支部7个、最强“领头雁”8人。

【“潮涌·九堡”社创中心】 2021年，“潮涌·九堡”社创中心入驻社会组织10个，培育支持社区社会组织69个，实施公益创投项目18个。该社创中心是九堡街道于2020年末重点打造的社会创业中心平台，占地面积2400平方米。街道整合社会组织服务中心、社会工作站、钱塘创业陪跑空间、“领潮益家”慈善公益体验馆等资源，投入60万元引进第三方组织运营，发挥平台资源链接、培育、督导和评估等作用。

全年开展“领潮益家”慈善公益体验、海豚心理热线、“舒克贝塔”妈妈亲子教育工作坊等服务项目，组织少儿街舞、成人书法、葫芦丝培训等民生服务活动327场，服务3万余人次。其中：杭州市上城区九堡钱塘创业陪跑空间入驻小微企业20家，孵化网络传媒、电子商务等企业48家，带动就业300多人，创业项目涉及网络传媒、电子商务、品牌管理、公益服务等，被认定为第一批杭州市创业孵化示范基地；九堡街道社会组织服务中心以总分第三名的成绩入选杭州市运营党群服务中心（驿站）社会组织20佳。

九堡街道“潮涌·九堡”社创中心内景（2021年）（九堡街道 供稿）

【人大代表联络站“930”机制建设】2021年，九堡街道在重点民营企业巨星科技股份有限公司设立由6名人大代表、5名居民议事会议成员和1名联络员组成的人大代表联络站，建立完善“九必保、三服务、零距离”的“930”机制，加强人大代表与企业之间的常态化联系。联络站通过“亲人式”走访，围绕企业关心的“大事”、职工提出的“小事”和社会民生的“要事”，邀请职工代表和相关部门代表开展协商座谈，推动巨星科技股份有限公司职工宿舍配套设施完善、凤凰谷巴士优化运营等事项得到落实。至年末，该联络站接待选民400多人次，当场解答问题150多个，协调解决事项370多个。

资料

“930”机制：即“九必保、三服务、零距离”机制。“九必保”是在基础运行上，着力保场地、保人员、保规章；在站点活动上，着力保时间、保主题、保宣传；在长效管理上，着力保需求、保经费、保台账。“三服务”指服务企业、服务员工、服务社会。“零距离”实现选民接待“零距离”、代表助力“零距离”、实事项目“零距离”。

【九堡街道微融媒体中心启用】2021年9月1日，上城区举行微融媒体建设推进现场会暨第二批街道微融媒体中心集中挂牌仪式，九堡街道微融媒体中心正式挂牌启用。九堡街道以社会治理作为九堡微融媒体中心建设服务人民群众的落脚点，积极探索融媒体系与社会治理深度融合。通过打造1个全领域、全时段的线索收集平台，设立新闻发布站等2个立体化、智治化站点，铸造前端队伍、中端队伍、后端队伍3支全链条信息制造队伍，建立健全信息报送机制、制作运转机制、审核发布机制等4项机制打造处置闭环，全力推进“以融媒促治理”，为区融媒体中心建设贡献九堡力量。至年末，向中央、省、市、区各级媒体发稿1500多篇，向区上报相关信息727篇。

【丰收湖获评市级“美丽河湖”】2021年12月29日，丰收湖通过市级现场考核验收，成为杭州市首批市级“美丽河湖”。丰收湖公园占地13.67万平方米，其中中央湖区面积6万平方米，呈现出“一岛一城，一心双轴，两区三片”的格局，绿化面积5.67万平方米，总投资4.5亿元，是一座集智慧科技、四季花卉和海塘遗址于一体的现代风格城市CBD中央湖景公园。公园里种植有很多灌木和乔木，倒影在水中水景交融。2020年7月开园至2021年末，接纳游客45万余人次。（赵心怡）

丁兰街道

【概况】丁兰街道位于上城区东北部，东临临平区，西接拱墅区，南连沪杭高铁和笕桥机场，北靠皋亭山，距市中心约10千米，是由杭州市委、市政府定位的城北新城核心区。丁兰街道原名丁桥镇，于2014年撤镇建街。2021年，街道面积16.97平方千米，下辖同协苑、赵家苑、丁兰、后珠苑、丁桥苑、长睦苑、大唐苑、蕙兰、明珠、美辰、勤丰、白马庄、三义苑、长虹、枫景园、东林桥、河西、华鹤、华亭、建塘苑、五会港、华睦、兰茵、桃花湖24个社区，皋城、沿山2个行政村，有经济合作社8个。有户籍人口8.33万人、流动人口9.76万人。全年街道财政总收入11.8亿元，比2020年增长17.5%，其中经常性税收5.9亿元、房地产税收5.9亿元；主要行业增加值71.9亿元，增长12.4%，其中服务业增加值58.5亿元，增长13.2%；社会消费品零售总额45.6亿元，增长14.7%；引进重大产业项目10个，其中总部项目1个、亿元以上项目7个，亿元以上项目总投资10.5亿元，储备重大在谈项目15个。营商环境不断优化，线上线下发放各类惠企补助3000多万元，解决实际问题147个，为107家企业牵线投融资3.1亿元。围绕“美丽杭州”迎亚运环境整治，推进临丁路综合提升等基础设施建设，完成银鼎商贸城征迁“清零”；序时开展市容市貌、无证摊贩等专项整治。实施回迁安置小区电梯加装工程，竣工56台，在建54台。深化垃圾分类成果，完成12个示范社区创建。聚焦“斩污清流”攻坚战，持久巩固“污水零直排区”建设成果。深入挖掘宋韵文化、孝爱文化，举办皋亭观桃节、登皋节等品牌文旅活动。

【“云上皋城”入选市第二批“社区智治”试点单位】2021年，丁兰街道皋城村作为现代农村，以“共建、共治、共享”为治理理念，探索基层智能化治理，从传统村庄治理向智能化转型。皋城村结合自身实际，优化农村基层治理新模式，开发“云上皋城”基层治理综合服务平台，使各项管理现代化、各类数据精准化、数据采集同步化。该服务平台涵盖党建引领、村务管理、便民服务、“三务”公开、健康养老等智能治理模块，依托“魅力皋城”“云上皋城”等平台框架，探索深化农村治理模式，逐步形成“线上+线下”“村委牵头+群众参与”的新型农村智慧治理体系。6月，丁兰街道皋城村“云上皋城”入选杭州市第二批“社区智治”试点单位。

【退役军人服务创新优化】2021年，丁兰街道梳理开展军人“入伍、服役、退役、就业、优抚”等全流程服务，勤丰社区、皋城村、沿山村成功创建省级“新时代枫桥式退役军人服务站”。1月11日，丁兰街道退役军人服务站被浙江省退役军人事务厅授予“全国示范型退役军人服务中心（站）”称号。全年街道开展“一颗红星跟党走”系列活动39场，开展环境整治、纠纷调解等志愿服务300多场，并对退役军人开展走访慰问，发放各类慰问补助150多万元。开展老兵服务数字化建设，“老兵码”申请率76%，发动申请崇军志愿服务点215家，形成以皋亭山景区为核心的丁兰特色“崇军志愿服务圈”。全年接待山东省退役军人事务厅等参观团22批、400多人次，其中退役军人事务部调研组于7月7日到丁兰街道调研“云上新时代”枫桥式服务站“码上管理”工作，对退役军人“码上管理”工作平台数字化建设工作给予肯定。

【丁兰街道公共服务中心升级打造】 2021年，丁兰街道公共服务中心围绕政务服务2.0新应用，实施升级打造，拓展人力资源和社会保障、社会医疗保险等高频事项48项。3月11日，启用绿园弄公共服务分中心，入驻“失业一件事”、低保续保等公共服务事项33项；基于大数据归集分析，拓展老年人优待证、残疾人证等“主动代办”服务。3月18日，街道公共服务中心被列入全省首批公共服务示范大厅创建名单，并于24日代表全区参加国务院办公厅调研优化政务服务工作。全年该中心办理各类事项17.79万件，其中“一网通办”办件3812件、自助端办件3.90万件、大厅办件和代办办件13.51万件。

【高质量就业社区创建】 2021年，丁兰街道发挥党建引领凝聚合力，将高质量就业作为“民呼我为”重要实践，促使各社区推进高质量就业社区创建工作。与辖区杭州市中医院丁桥分院、杭州市丁荷小学和杭州市丁荷幼儿园3家同心圆单位建立招聘合作关系，与30多家单位签订发布用工信息委托书。实施动态管理精准匹配，通过网格走访，建立含失业人员60人、就业困难人员117人及相关人员“一人一档”的跟踪服务电子台账。根据台账，为失业、就业困难人员提供“一对一”送政策、送服务、送岗位、送培训服务，开发就业岗位600多个，推荐就业100多人次。通过公共服务下沉社区，推进政务服务数字化改革，优化就业创业办理流程、减免办理材料、统一办理依据，协助居民办理各类补贴，提供便捷、高效、贴心服务。5月31日，丁兰街道赵家苑社区以总体就业率99.5%入选省第二批高质量就业社区（村）名单。

【兰孝居居家养老服务中心创建省级示范】 兰孝居居家养老服务中心位于丁兰街道绿园弄51号，总面积5594平方米，于2020年10月建成，委托杭州绿康医院运营管理，是集机构养老、社区养老、居家养老于一体的综合型长者服务中心。中心设置床位75张，有4层，一层是社区食堂、超市、便民服务区；三层是老年大学、日托区、配套功能区；四、五层是护理生活区、高龄生活区。2021年，丁兰街道围绕示范型居家养老服务中心“六大功能”要求，提升打造集生活服务、康复护理服务、托养服务、家庭支持服务、社会工作及心理疏导服务、康复器具租赁六大服务功能于一体的居家养老服务中心，

2021年12月1日，丁兰街道公共服务中心大服务管家开展帮办代办服务
（丁兰街道 供稿）

增设管理人员5人、护理员7人，设置康复器具24件。6月，兰孝居居家养老服务中心成功创建省级示范型居家养老服务中心。全年该中心服务老年人2.5万人次，开展中大型活动15场次。

【全市首个产业园嵌入式企业发展服务中心成立】 2021年8月5日，全市首个产业园嵌入式企业发展服务中心揭牌暨丁兰智慧小镇“为企便民”公交服务专线开通仪式在丁兰街道西子智慧产业园内举行。该中心通过“一口受理、一网通办”，打造产业园区嵌入式为企服务中心，丁兰智慧小镇进入深化“放管服”、推进园区为企服务、留住人才的崭新时代。该中心按照场地共享、资源嵌入、功能整合和多元运作的运行模式，将中国科学院资本数字经济创新中心、西子智慧产业园招商服务中心功能与企业发展服务中心服务有机结合，以合署办公模式，推动企业参观、咨询洽谈、事项申报、注册落地等各类服务集成贯通，实现企业办事“最多跑一次、最多跑一地、难题一地解”。至年末，该中心实现西子智慧产业园内走访全覆盖，办理场地意见表109份，服务企业300多家，推动企业落地37家。

【上塘河片区通过省级“美丽河湖”建设验收】 2021年，丁兰街道践行“绿水青山就是金山银山”理念，将“美丽河湖”建设作为推进“五水共治”的重点，从目标、标准、措施等维度，构建较为完善的“美丽河湖”标准化体系，创新一体化治理模式，采用“设计—治理—养护”一体化的模式，提升治理成效。落实河长责任制，深化“5+2”特色河长制，开展河长固定活动日，推进“美丽河湖”建设。9月29日，杭州市城市水设施和河道保护管理中心组织省、市专家，对上城区上塘河片区省级“美丽河湖”参评河道进行现场验收。通过现场踏看、听取汇报、台账检查、专家评审等环节，一致认为上城区上塘河片区符合省级“美丽河湖”建设标准，同意通过市级现场验收。至此，丁兰街道辖区内河道基本实现全域化省级“美丽河湖”创建。

资料

“5+2”特色河长制：“5”即“五长”，指区级河长、街道河长、社区河长、民间河长、河道“警长”；“2”即“两员”，指河道观察员和河道保洁员。

【丁兰街道商业环境优化】 2021年，丁兰街道持续优化营商环境，辖区内西子智慧产业园、中科院资本数字经济创新中心、启迪（杭州·丁兰）国际创新港、尚坤丁兰国际四大产业平台均初具规模，形成小微企业集聚，数字经济产业集群的格局。9月30日，浙江君尚旅业集团有限公司旗下五星级标准酒店——丁兰君尚云郦酒店开业庆典仪式举行。10月15日，上城区首家龙湖天街——杭州丁桥天街正式开业，截至当日22时，客流量达16万人次。开业3天，客流量突破60万人次。丁兰君尚云郦酒店与杭州丁桥天街位于丁兰智慧小镇核心区域，与西子智慧产业园属同一区块，与桃花湖公园、皋亭山、千桃园等名胜景区为邻。依托优越的地理势能，将购物、出行、生活等场景浓缩成“一站式”城市配套整体，满足消费者多元化的生活体验。酒店和天街的建成开业，丰富丁兰区域内的商业环境，激活丁兰板块的消费活力。

【“零碳工厂”峰会】 2021年11月19日，西子航空“零碳工厂”启动仪式暨“零碳工厂”峰会在丁兰街道西子智慧产业园举行。来自政府、高校、行业的专家及全国各地的杭锅集团客户等出席活动，共同探讨“碳达峰、碳中和”目标下政策指引、能源技术、商业模式等方面的创新路径。峰会旨在助力产业高质量发展，加快零碳战略实施步伐，为产业界提供一个开放对话、深入讨论、有效沟通、寻求战略合作的新机遇。中国工程院院士岑可法为峰会致开幕词。国际欧亚科学院院士、中国城市科学研究会理事长仇保兴做“城市共性三领域减碳路径分析”主题演讲，介绍城市碳中和战略中交通、建筑、废弃物处理与市政三大模块的内容。会上，浙江大学和杭锅集团联手发起“零碳工厂”倡议，联合行业单位共同签署《“零碳工厂”倡议书》，倡议旨在倡导相关零碳行业企事业单位、高校、专家学者，向社会普及“零碳工厂”理念，构建绿色、可持续发展的产业新生态。三峡电能有限公司与杭锅集团签订战略合作协议，双方将在能源领域开展全面合作，优势互补，未来将重点在“零碳工厂”“零碳园区”的打造，光伏、储能及综合能源领域协同发展。

【“临上兰星”跨区党建联盟成立】 2021年10月20日，“临上兰星”跨区党建联盟成立暨上塘河流域共治护河行动启动仪式在丁兰街道党群服务中心举行。仪式上，丁兰街道与临平区星桥街道签订跨区党建联盟共建协议，开展跨区域、跨流域党建联盟共建共治。双方以上塘河支流学堂港整治提升为切入点，开展河道清淤、河岸修复提升、“污水零直排”改造等工作，促进流域河道水环境质量持续改善，发布跨区党建联盟“上塘河流域共治项目”，协调引导党建联盟成员单位及党员志愿者积极参与“五水共治”，通过护河巡河活动，聚力打造上塘河流域沿线景观示范带和生态涵养区。

（沈建莉）

人物

脱贫攻坚先进人物

徐荣培 男，1970年8月出生，中国民主促进会会员，杭州特美刻实业有限公司董事长。他关注社会公益事业，参与市政府发起的“联乡结村”“企村结对帮扶”活动，是互助网络平台公益联盟、壹基金公益健行活动公益合作伙伴。2011年起，每年为上城区“春风行动”捐款；先后参与浙江大学企业总裁研修班百万助学计划，为贫困山区孩子捐款，到贵州雷山县、四川阿坝藏族羌族自治州、杭州师范大学附属阿克苏市高级中学、淳安县石林镇、湖北恩施土家族苗族自治州等地捐资助学、扶贫救困、订购帮销。开展“同心·共富”助力民族村活动，为村级经济社会发展送去智力服务，为留守儿童送去关心问候。2019年，他的公司被市工商联评为“热心参与东西部扶贫民营企业”。新冠肺炎疫情防控期间，公司出资近100万元购买疫情防控急需的医用防护口罩及捐赠价值近200万元的保温杯（壶），被评为上城区抗击疫情“爱心企业”、上城区抗击新冠肺炎疫情爱心奉献奖。2021年5月，徐荣培被民进中央评为民进全国社会服务暨脱贫攻坚工作先进个人。

蔡　节 男，1981年10月出生，中国农工民主党党员，杭州坤泽实业股份有限公司董事长。他心系社会公益，参与脱贫攻坚工作。2019年，他带领公司参与省工商联“千企结千村，消灭薄弱村”工作，为龙游县小南海镇雅塘村农产品帮扶消薄10万元；参加贵州大方县“母亲微笑”行动，为贫困家庭的唇腭裂儿童提供免费救助治疗；与湖北恩施土家族苗族自治州沙地乡秋木村“名誉村长”协商村企结对帮扶，参与消费扶贫。2020年，他参与“杭情施意，同心逐梦”东西部扶贫协作项目组，向恩施土家族苗族自治州捐赠AED 3台，帮助当地提升急救能力；出资10万元认购淳安县威坪镇茶合村大米5000斤，助力威坪镇消薄增收；支持扶贫电商事业成长，出资购买河北省承德市承德县（国家级贫困县）农产品近1万元。2021年，他出资近万元认购茶合村猕猴桃160盒，助力威坪镇农业复工复产；作为帮扶示范单位的荣誉代表出席“浙川消费帮扶，助力乡村振兴”暨2021—2022上城区帮扶产品推介会，认购帮扶产品50万元，助力乡村振兴。2021年8月，蔡节被农工党中央评为农工党中央全国脱贫攻坚先进个人。

刘金虎 男，1981年9月出生，中国农工民主党党员，杭州市上城区湖滨街道社区卫生服务中心副主任中医师。2020年2月，他随杭州援黔工作队到贵州雷山县，挂任雷山县人民医院康复科副主任，分管临床治疗及中医康复技术工作，进行为期18个月的援黔之行。其间，他用爱心、耐心、责任心架起医患的心灵之桥，给予患者信心，用专业技术帮助病人早日康复；开展“传、帮、带”活动，定期开展知识讲座，讨论疑难病例，提高科室业务水平，为医院打造优秀队伍。定期随同医院工作队深入各个乡镇的村寨，为村民义诊，为乡镇卫生院医生进行专业培训，帮助建强乡镇卫生院、中医科室，做到“未病先防，既病防变，瘥后防发”，让老百姓知道有些疾病在家门口就能得到有效治疗，避免拖病不治、病重就医现象发生，及时把中医药适宜技术应用到实处。在西江成立“刘金虎工作室”，该工作室成为杭黔两地东西部协作的一个窗口，是杭州医疗专家支医入乡的一个阵地。2021年8月，刘金虎被农工党中央评为农工党中央全国脱贫攻坚先进个人。

寿国先 男，1964年10月出生，中国农工民主党党员，龙邦装潢股份有限公司董事长。他发挥模范带头作用，投身扶贫事业。2020年6月，他随杭州市代表团，到四川凉山州喜德县与喜德县贫困村开展结对帮扶，并向喜德县巴久乡巴久村、洛巴村所有学校的贫困学生捐赠学习用品和帮扶资金10万余元。实地走访慰问贫困户，与群众面对面交流、与村干部面对面座谈，了解各村的实际情况和发展需求，帮助当地村民做到稳岗就业增收脱贫。喜德县于2020年12月脱贫。同年，他带领企业向“农工党杭州市委会红十字同心·前进专项基金”捐赠100万元，该资金定向用于购买救护车3辆，分别捐赠给贵州省大方县三元乡卫生院、黔东南苗族侗族自治州榕江县和湖北恩施土家族苗族自治州巴东县中医院。他还帮助贵州省从江县第一民族中学购买价值10万元的测温门禁设备一套。他获评农工党市委会2020年“助脱贫、保抗疫”先进个人、中国农工民主党浙江省委员会2020年社会服务工作先进个人。2021年8月，寿国先被农工党中央评为农工党中央全国脱贫攻坚先进个人。

郑君辉 女，1971年4月出生，中国致公党党员，杭州师范大学东城第二小学校长。自2015年起，她带领团队主动担当城市优质学校的社会责任，与贵州毕节第十九小学、毕节朱昌小学签订定点帮扶协议，与西藏达萨第二小学、新疆阿克苏市第四小学等7所西部地区学校结对签订三年定点帮扶协议。利用自身资源，为四川省绵阳市北川羌族自治县黄江义务教育学校争取到“浙江援川专项资金”60万元，用于该校食堂建设；每年为当地贫困孩子捐赠学习用品、书籍、衣物等必需品。她倡议杭州师范大学东城第二小学的孩子与当地孩子通过书信结对，并借力互联网，利用“空中课堂”召开两地云队课。杭州师范大学东城第二小学的项目化学习在新疆阿克苏市第四小学落地生花，新疆阿克苏市第四小学成为当地品牌学校。杭州师范大学东城第二小学先后与省内外60多所学校结成友好学校，并定期对友好学校开展指导。她多次到新疆等地，向当地中小学校长进行课改经验分享，带去前沿的教育教学改革理论与学校实践经验。她作为全国教师网的特聘专家，被邀请到建德等地参加浙江省百人千场送教活动，做好教学示范引领。2021年9月，郑君辉被致公党中央评为致公党中央全国脱贫攻坚先进个人。

洪文英 女，1967年4月出生，中国致公党党员，杭州市植保土肥总站农业技术推广研究员。她是助农增收的“引路人”，时常到生产基地“技术走亲”，现场为农民群众提出的问题“问诊把脉”，每年开展农业技术培训20多次，每周进行实用技术现场指导2～3次。她破解瓜类蔓枯病防治难题，帮助20多个生产基地、400多户种植户挽回产量损失；解决困扰果桑产业发展的菌核病防治难题；推动农产品地理标志登记保护和绿色食品认证。她连续两年到贵州黔东南苗族侗族自治州、湖北恩施土家族苗族自治州开展农业技术帮扶工作。2019年在黔东南苗族侗族自治州对口帮扶期间，她指导当地做好古茶树、香禾糯等传统农业资源和人文资源的保护与利用，以农文旅融合发展等形式扩大影响力，打造精品黔货。2020年在恩施土家族苗族自治州期间，走访各类农业企业，指导当地立足资源禀赋优势，探索农业产业跨界扩容升级转型的新路子，完成《聚恩施州特色资源优势引领农文旅一体化发展的对策建议》等调研报告。针对两地贫困山区信息化程度不高等不利情况，她在走村入户时，带去农业技术与生产提质增效的好办法，给当地主要种植作物做集体“会诊”，边调查，边现场解答各种生产实际问题，提供可行的综合防治建议。2021年9月，洪文英被致公党中央评为致公党中央全国脱贫攻坚先进个人。

（严　琰）

一等功现役军人及省、市“最美退役军人”

马　东　男，1980年2月出生，1999年入伍，安徽宿州人，中共党员，空军某部飞行员。他思想作风过硬、能力素质全面，始终保持“搏击长空心向党、飞行万里不迷航”的坚定信念，视使命如生命、把岗位当战位，以身许党报国，矢志强军打赢。他曾立二等功1次、三等功4次，获评优秀共产党员、备战打仗先进个人、强军先锋人物荣誉。2021年，马东成功处置重大空中特情，最大限度挽救武器装备、国家财产，保护人民群众生命安全，为飞行安全作出重大贡献。2021年2月，马东立一等功，被授予“空军功勋飞行员金质荣誉勋章”。

陈　春　男，1986年2月出生，2005年入伍，重庆大足人，中共党员，空军某部飞行员。他始终视责任重于泰山、视使命高于生命，秉持“为党和人民战斗飞行”的初心，把忠诚使命、献身飞行事业当做毕生追求，只争朝夕精武强能，矢志为祖国统一事业不懈奋斗。曾立三等功1次，获评优秀共产党员荣誉。2021年，陈春成功处置重大空中特情，最大限度挽救武器装备、国家财产，保护人民群众生命安全，为飞行安全作出重大贡献。2021年2月，陈春立一等功，被授予“空军功勋飞行员金质荣誉勋章”。

罗万甘　男，1973年7月出生，中共党员，壮族，转业干部，杭州市上城区看守所二级警长。2008年，他转业到公安队伍。他创新发明“防癫痫咬嘴”和“阿甘保暖帽”，其中“阿甘防癫痫咬嘴”获国家外观设计专利。13年来，他收获感谢信500多封。曾立个人三等功3次，获杭州市优秀共产党员、浙江省G20杭州峰会工作先进个人、杭州市公安机关优秀军转民警等荣誉。2021年9月30日，罗万甘被评为浙江省“最美退役军人”。

来立敏　男，1971年11月出生，1993年12月退役，中共党员，四季青街道五福社区党委书记、主任，街道股份经济合作社董事长，街道退役军人服务站站长。他在社区建设、城市管理、新冠肺炎疫情防控等重点工作中，当好“领头雁”，五福社区连续数年获四季青街道先进集体。五福天星龙大厦、新城时代广场、五福新天地一期和二期、成就大厦四大留用地项目在短短几年间年租金超过1亿元，股民分红从人均5400多元增至人均17000多元。在2017年的社区剩余区块征收工作中，他带领党员、群众完成征收工作农户、企业、小产权房、国有居民“四步走”“4个100%”的任务，该项目成为2018年主城区首个整村全面“清零”项目。他探索社区兜底网格党建途径，吸收退役军人进班子，整合辖区社区组织“五邻益站”、小微企业等资源，联合区市场监管局建立首个杭州市“小个专”党支部，有效提升社区党组织服务。他时刻关心关注辖区退役军人日常生活，及时帮助解决退役军人的困难和诉求，打造“庆春崇军商圈”“太平门崇军一条街”。曾获江干区模范社工、江干区社工督导、江干区创先争优优秀共产党员、江干区劳动模范等荣誉。2021年7月29日，来立敏被评为杭州市“最美退役军人”。

（吴诗佳）

道德模范选介

雷　鸣　男，1975年4月出生，中共党员，杭州人民广播电台“杭州之声”主持人。2010年，雷鸣偶然为视障朋友解说一场电影，以此为契机，开启无障碍观影志愿服务之路。为使盲人朋友通过声音感觉到更加丰富的电影讯息，他反复观看每一场电影，认真撰写讲稿并多次演练。2010—2021年，他撰写电影解说稿130多万字，讲解电影100多场，总时长15000多分钟，惠及盲人3000多人次。他还牵头打造一支由300多名志愿者组成的“无障碍观影”志愿服务团队，成立“小蝌蚪助盲服务社”，将原创的电影解说发布到“喜马拉雅”等媒体，让更多盲人朋友“听”到电影。他的事迹被《人民日报》等媒体报道，先后获“全国助残先进个人”“最美杭州人”等荣誉。2021年2月，雷鸣被评为“浙江好人”（助人为乐）；3月，入选“中国好人榜”。8月，雷鸣获评浙江省道德模范。

（郭　佳）

张秀芳　女，1971年10月出生，杭州上城区市政工程集团有限公司下属杭州路通市政工程园林有限公司停车巡管员。2021年中秋节期间，她被临时调到岳王路石贯子巷收费点工作，偶然发现一名状态很不好的孕妇。她凭借曾经学习的护理知识，感觉孕妇可能随时要生产，面对该紧急情况，她沉着冷静，就地取材快速搭起“临时产房”，婴儿顺利出生。她为孕妇路边接生的事迹被《人民日报》、光明网官方新媒体平台报道30多次，获网友点赞近200万次。2021年12月，张秀芳入选“中国好人榜”。

（余丽燕）

颜瑶卿　女，1976年3月出生，中国国民党革命委员会党员，杭州市胜利幼儿园名师工作室带头人。她专注“生命力”教育，原创的教学活动设计与论文连续5届获全国一等奖，她带领的团队3次获“全国最佳团队组织奖”。她到全国30多个城市巡回讲学200多次，到新疆阿克苏市等20多个地区开展支教。作为省政协委员，她为学前“教育普惠”帮扶发声，积极建言资政。在送文化、卫生、科技、教育、法律、体育“六送下乡”活动中，她成立缙云名师工作室、武义名师工作室，助力当地县城幼儿园和100多所乡村幼儿园建设。曾获省政协履职突出委员、省“巾帼建功标兵”等荣誉。2021年4月，颜瑶卿被评为“浙江好人”（敬业奉献）。

丁光明　男，汉族，1949年3月出生，国家级非遗代表性项目“胡庆余堂中药文化”代表性传承人。丁光明1966年进入胡庆余堂工作，从事手工泛丸制作50多年，恪守胡庆余堂的“戒欺”祖训，始终将用料精准、工艺精湛视为本分。他始终坚持良心制丸，用足用好材料，绝不缩短工时，保证药丸质量和药效。他将工作创新与诚信挂钩，经过摸索和总结改进工艺，减时提质，将泛丸制作时间缩短到45分钟。2021年12月，丁光明被评为“浙江好人”（诚实守信）。

俞林亚 女，1977年1月出生，中共党员，杭州市杨绫子学校党支部书记、校长。1996年毕业后至今，她深耕特殊教育一线25年。她熟悉全校每个孩子，得知一名学生家庭困难交不出伙食费，她个人帮助缴费，后又多方募捐为全校30多名困难家庭学生解决生活费。她向企业推荐毕业生，为50多名学生找到合适的工作。她根据学生的认知结构、学习水平、动机意志等差异情况，探索智力障碍学生个别化教学，合理运用视觉化、生活化、个别化的综合教学方法和手段，让学生在充满爱与快乐的教学环境中成长，提高他们的综合能力。学校硬件设施、专业课程、教学理念均充分满足特殊孩子的需求。她曾获浙江省特级教师、浙江省“巾帼建功标兵”、全国首届培智学校青年教师基本功大赛一等奖等荣誉。2021年12月，俞林亚被评为“浙江好人”（敬业奉献）。

（郭　佳）

徐　铭 女，1983年8月出生，上城区采荷街道绿茗社区居民，浙江大学医学院附属第一医院护士。卢某某患尿毒症，曾在浙江大学医学院附属第一医院治疗，因多年未愈，起意报复。2021年1月22日中午，卢某某带着自制爆燃装置、菜刀、松香水等物，窜到浙江大学医学院附属第一医院庆春院区6号楼，向血液净化中心护士台方向掷入一枚已经点燃的自制爆燃装置，并持刀跑向旁边的血透治疗区，砍向在场的护士和病人。当班的徐铭等医护人员不顾个人安危，沉着冷静处置事件并奋力灭火，勇敢地与正在砍人的卢某某英勇搏斗，及时制止其进一步的犯罪行为，最大限度地减少该事件造成的损害和不利影响，保护在场病人的安全。在处置过程中，徐铭置个人安危于不顾，在奋勇处置时遇爆燃装置爆炸致全身深二度烧伤达30%，腿部被玻璃碎片炸伤。11月22日，浙江省召开见义勇为先进人物记功奖励暨见义勇为工作会议，徐铭被评为2021年度全省见义勇为先进人物，被省政府记一等功。

（许红霞）

韦长春 男，1963年7月至2020年2月18日，中共党员，生前任杭州市江干区信访局工会主席、四级调研员。他从军28年，曾3次立三等功。2010年转业后，他深耕信访工作。他常说：“我们做信访工作，要和医生一样，有时去治愈，常常去帮助，总是去安慰。”2020年新冠肺炎疫情发生后，他积极参加丁兰街道建塘社区、赵家苑社区防疫指导工作。疫情防控期间，他牵头解决和答复丁兰街道580件关于新冠肺炎的信访件，耐心细致地向居民讲解防疫政策，向社区提供治理方面的意见建议。因多年积劳成疾且连日坚守疫情一线，2020年2月18日，他在家突发心梗，经抢救无效不幸去世。先后获浙江省优秀共产党员、“浙江省五一劳动奖章”、“浙江好人”等荣誉。2021年1月，韦长春被评为第16届杭州市道德模范（平民英雄）。

（黄睿清）

戚宝兴 男，1952年1月出生，中共党员，戚宝兴公益服务中心负责人。1983年至今无偿为杭城居民义务服务。2012年，戚宝兴和家人成立戚宝兴公益服务中心，为群众提供清洗家电、理发、消杀“四害”、修磨剪刀等便民服务。当前有骨干志愿者150多人。新冠肺炎疫情防控期间，戚宝兴个人捐款10万元，带领队员捐赠防护眼镜、消毒液等防疫物资，为200多名市民、援鄂医护家庭疏通维修管道，为3000多名坚守在防疫一线的工作人员免费理发。先后获"全国五一劳动奖章"及浙江省优秀共产党员、"浙江好人"等荣誉。2021年1月，戚宝兴被评为第16届杭州市道德模范（平民英雄）。

陆　群　女，1967年12月出生，中共党员，浙江大学医学院附属第二医院感染管理科主任。2020年1月24日后，陆群作为国家卫健委抽调的抗击新冠肺炎疫情专家，协助10家医院进行感染防控工作，指导建筑布局、流程设计和人员培训，开展重症救治。3月，她被授予"全国卫生健康系统新冠肺炎疫情防控工作先进个人"称号。2021年1月，陆群被评为第16届杭州市道德模范（平民英雄）。　　（郭　佳）

省、市级优秀医师

齐声莲　女，1982年1月出生，籍贯安徽怀宁县。杭州市上城区小营街道社区卫生服务中心主治医师。她从事社区常见病、多发病的诊疗工作，擅长骨质疏松、高血压、糖尿病等慢性病治疗和营养健康指导，是社区骨质疏松防治首席管理医生。她从事社区卫生服务工作17年，开展签约服务7年，真正做到把患者放在心里，在中心2020年度签约服务考核中排名第一。2021年签约人数1315人。齐声莲作为居民身边的家庭医生，新冠肺炎疫情爆发后，第一时间投身到抗疫一线。2021年1月、2月，齐声莲担任集中隔离医学观察点医疗组组长，曾接触新冠病毒核酸阳性和双抗阳性隔离对象。隔离点工作结束后，她投身到居家隔离医学观察上门访视及大规模采样任务中。2021年5月19日，齐声莲获评浙江省优秀家庭医生。

卢跃棣　男，1969年5月出生，籍贯浙江东阳市。杭州市上城区采荷街道社区卫生服务中心主任医师，杭州市高级人才、杭州师范大学医学院兼职教授、中国心脏联盟心血管疾病预防与康复专业委员会浙江联盟委员、浙江省预防医学会高血压专业委员会基层学组委员、浙江省康复医学会心脏介入与心衰专委会委员。他从事社区家庭医生工作20年，主要承担心血管疾病的诊疗工作，是采荷社区心脏康复的发起人，每周固定坐诊心脏康复门诊，负责心脏康复评估、制定方案、复评等，是首席高血压医师。自筹资金成立浙江省首个专门从事心脏康复社区适宜技术推广的民非公益组织——泽大心脏康复指导中心，该中心累计组织相关活动20多场，受益群众1万多人。2021年5月19日，卢跃棣获评浙江省优秀家庭医生。

刘金虎　男，1981年9月出生，籍贯安徽宿州市。杭州市上城区湖滨街道社区卫生服务中心副主任中医师。2021年8月19日，刘金虎获评杭州市"最美医师"。（详见"人物"类目"全国脱贫攻坚先进人物"分目）

叶　盛　男，1977年11月出生，籍贯浙江温州市。杭州市上城区四季青街道社区卫生服务中心主治医师。毕业于浙江大学临床医学专业，从业20多年，熟悉掌握全科诊疗规范，能运用全科思维诊疗模式解决问题。在2018年首届中国医师节·"最美家庭医生"评选活动中获"中国最美家庭医生"优秀奖，在2019年杭州市敬老爱老助老"最美"系列先进选树活动中被评为"最美敬老签约医生"。2021年8月19日，叶盛获评杭州市"最美医师"。

刘利民　女，1979年1月出生，籍贯浙江杭州市。杭州市上城区清波街道社区卫生服务中心副主任医师。2011年取得骨干师资的资格及浙江中医药大学护教双师资格，是清波街道社区卫生服务中心冠心病及全科首席医生，是中国中医药信息研究会全科分会理事，杭州市全科医学会委员。她从事临床一线工作20年，医术精湛，医德高尚，深受辖区内居民的认同。2020年医养护签约人数1780人次，各项考核成绩在整个中心名列前茅。新冠肺炎疫情期间，参加居家隔离访视，为清波街道新冠肺炎疫情防控贡献力量。2021年8月19日，刘利民获评杭州市“最美医师”。

张　腊　女，1978年2月出生，籍贯江苏盐城市。杭州市上城区采荷街道社区卫生服务中心主治医师。2021年签约2218人，签约人数持续增长。签约居民糖尿病患者血糖控制率大于70%，签约满意度超过95%。她利用慕课、丁香园等平台学习，不断提升自身医学素养，使患者多年的病情得到根本改善，多次收到锦旗和表扬信。开设微信公众号“Docdor张腊”，用生动故事和有效信息服务患者。开设糖尿病患者俱乐部，引导签约居民养成良好生活习惯。新冠肺炎疫情期间，坚持上门为采荷老年公寓送医送药，该事迹被“中国全科医学教育平台”报道。2020年，在区家庭医生工作室的考核中名列前茅。2021年8月19日，张腊获评杭州市“最美医师”。

殷方龙　男，1981年3月出生，籍贯山东青岛市。杭州市上城区紫阳街道社区卫生服务中心主治医师。自2020年1月25日起，参与辖区新冠肺炎疫情高风险地区人员排查，完成辖区相关居民居家医学观察工作。他作为隔离点医疗组组长，夜以继日，投入集中隔离点工作。自2020年3月22日起，他负责统筹协调安排上城区第二集中隔离点医疗工作，25天扎根隔离点。自2020年5月起，开展驻企复工复产及学校复课指导，对辖区12家规模以上企业、160多家小企业，以及4所学校和幼儿园的新冠肺炎疫情防控工作进行检查、监督、指导。2021年8月19日，殷方龙获评杭州市“最美医师”。

丁慧慧　女，1985年11月出生，籍贯浙江绍兴市。杭州市上城区凯旋街道社区卫生服务中心主治医师。毕业于温州医科大学预防医学系预防医学专业。作为凯旋街道社区卫生服务中心预防保健科科长，负责免疫规划、传染病管理、结核病管理、妇幼健康管理等基本公共卫生工作，在新冠肺炎疫情防控中她发挥公共卫生医师专长，承担密接人员处置、核酸采样、点位培训等任务。曾获“江干天使仁心奖”、杭州市卫健委青年岗位能手及江干区“最美接种医生”“凯旋天使”等荣誉。2021年8月19日，丁慧慧获评杭州市“最美医师”。

姚　英　女，1983年9月出生，籍贯浙江诸暨市。杭州市上城区疾病预防控制中心主管医师。新冠肺炎疫情期间，对新冠确诊病例及阳性检测者开展调查，审核组员新冠流行病调查报告及个案约260多份，到省、市医疗机构发热门诊督导10多次，参与制定企业、学校及幼托机构复工复学新冠肺炎疫情防控方案4个，参与重要考试和大型集会保障工作7次，对学校及幼托机构新冠肺炎疫情及重点传染病防控培训5次。2021年8月19日，姚英获评杭州市“最美医师”。

徐　玲　女，1989年8月出生，籍贯浙江杭州市。杭州市上城区疾病预防控制中心主管医师。负责急性传染病、地方病防治和突发公共卫生事件应急等工作。2017年，她参与杭州登革热暴发疫情处置。2019年，参与杭州市首例输入性寨卡病毒感染病例处置。2020—2021年，从事新冠肺炎疫情防控一线工作。2021年8月19日，徐玲获评杭州市“最美医师”。

（仲 玥）

工匠人物

韩晨洪 男，1976年6月出生，中共党员，浙江米家汽车销售服务有限公司技术总监。他从事汽车维修与养护20多年，是杭州市汽车维修行业领军人物、世界技能大赛汽车技术项目教练组成员。曾获第5届全国交通运输行业职业技能竞赛“汽车综合故障诊断与排除”项目全国第一名、全国“五一劳动奖章”、交通运输部全国技术能手、浙江省劳动模范、杭州市首席技师、杭州市C类高层次人才、“杭州工匠”等荣誉。2021年4月，韩晨洪被浙江省总工会认定为“浙江工匠”。

张伟信 男，1987年9月出生，杭州朵馨服饰有限公司技术部总监。他职业高中毕业后到杭州成为一名普通的外来务工人员。2018年3月，加入杭州朵馨服饰有限公司任技术部总监。他痴迷服装制版技术，拜师学艺，追求技术进步。先后获评全国服装行业技术能手、浙江省首席技师、浙江省青年岗位能手等。2016年，获浙江省职业技能大赛省级一类大赛服装设计定制工第一名。2018年，被评为杭州市高层次C类人才。2019年，获国家纺织服装制版师考评员资质。2021年4月，张伟信被浙江省总工会认定为“浙江工匠”。

冯冠君 男，1988年1月出生，中共党员，电梯维修高级技师，杭州容安特种设备职业技能培训有限公司基地运营部部长。先后担任中国特种设备协会教学专家库成员、浙江省特种设备科学研究院外聘专家。2014—2021年，发表电梯专业技术论文5篇，获软件著作权6项、实用新型专利8件。2015年，参加全国首届电梯安装工职业技能竞赛获个人优胜一等奖，带领团队获团体一等奖，获评操作技术能手、“育人标兵”。2019年，成立杭州市冯冠君电梯维修技能大师工作室并任领衔人，成为杭州市高层次D类人才。2017—2019年，承担浙江省精准扶贫项目工作，先后授课培训浙江省内贫困地区、云贵川地区的贫困学生（学员）近200人次。2021年4月，冯冠君被浙江省总工会认定为“浙江工匠”。

吕民华 男，1976年6月出生，中共党员，中国工会第十七次全国代表大会代表，杭州娃哈哈集团有限公司高级技师。参加工作28年来，立足于平凡岗位，参与各项技术革新和技术改进，从一名普通的车床操作工，逐步成长为技术能手。先后获实用新型专利2件，杭州市职工“五小”技术创新奖2次。2017年，被临安市聘请为“送安全、送管理、送技术”服务特聘专家。2018年，组建杭州市车工技术服务队，担任队长，线上、线下为企业提供技术帮扶。2019年，被杭州工匠学院聘请为特聘教授。曾获全国技术能手、“浙江工匠”、“杭州工匠”、杭州市技术能手、杭州市首席技师、杭州市“五一劳动奖章”等荣誉。2021年4月，吕民华被浙江省总工会认定为“浙江工匠”。

夏 明 男，1988年2月出生，中共党员，杭州娃哈哈集团有限公司数控车床操作员，高级技师。2016年7月，参加浙江省数控车比赛，获第二名。参与设计、制作工装夹具，其中高位高速码垛机技术获中国轻工业联合会科技进步二等奖，果奶装箱机技术获中国乳制品工业协会技术创新二等奖。2018年5月，改进唇膜加工工艺，节约紫铜原材料和加工时间，为公司节约20多万元。曾获浙江省技术能手、杭州市首席技师等荣誉。2021年4月，夏明被浙江省总工会认定为“浙江工匠”。

房　翔　男，1972年1月，杭州佳丽摄影艺术有限公司创始人、中国人像摄影十杰、中国人像摄影学会副主席、杭州婚庆摄影行业副会长、杭州摄影家协会副主席。2014年10月，获奥地利国际摄影超级巡回大赛金奖，是拿到该赛事大奖的首名中国人，之后获奥地利国际摄影超级巡回大赛金奖11次和第15届奥地利国际摄影超级巡回大赛全场总冠军。2016年，创办房翔肖像视觉分馆“逆光飞翔”。2020年，与杭州市拱墅区职业高级中学合作，创立佳丽摄影班，累计培养摄影人才500多人。2021年4月，房翔被浙江省总工会认定为“浙江工匠”。

叶玉莺　女，1978年9月出生，杭州饮食服务有限集团公司杭州知味观中点部主管，中式面点高级技师。1997年6月至今，任职杭州知味观总店，多次被公司评为“优秀员工”，并拜非物质文化传承人、中国烹饪大师赵杏云为师，深入学习技艺，推广中国美食；多次到国外参加美食文化交流活动，展示面点技术绝活，还在电视节目中演示面点技艺，传播面点文化。2003年，获第4届“劲霸杯”杭州新人王点心比赛银奖、第5届全国烹饪比赛“个人点心金奖”、“满汉全席”电视擂台赛金奖。2004年，获第5届全国烹饪大赛“优秀面点师”、中国美食节“五丰冷食杯”首届长三角面点大赛金奖；参加台湾中华美食展，获杭州盛宴展纪念奖。2005年，参加“龙禧杯”市级中西面点师技能大赛获金奖，被评为杭州市技术能手。2007年，获第8届中国杭州美食节“西湖第一宴”大赛暨第2届全国饭店系统服务技能大赛华东地区选拔赛“面点金奖”、杭州饮食服务集团公司“蓝带”厨师奖。2008年，获全国饭店业包子大赛个人及团体赛金奖，以及“中国烹饪大师”称号；到联合国总部参加联合国中国（杭州）美食节，受到市政府办公厅表彰。2016年，参加G20杭州峰会楼外楼各国领导夫人午宴接待工作，被市委、市政府评为服务保障G20杭州峰会先进个人。2021年4月，叶玉莺被浙江省总工会认定为“浙江工匠”。

陈小波　男，1976年6月出生，浙江省工艺美术大师、高级工艺美术师，中国工艺美术协会高级会员，浙江旅游职业学院客座教授。师从中国工艺美术大师毛正聪，潜心钻研陶瓷艺术设计和创作20年。在传承青瓷传统烧造技艺的基础上，推进技术革新，将3D建模数控技术运用到陶瓷艺术设计中，其作品先后在中国（浙江）工艺美术精品博览会获金奖5次，在中国（杭州）工艺美术精品博览会获金奖6次。作品《善意》《青木盖罐》《贯耳尊》《吉祥如意尊》分别被浙江省博物馆、浙江省人民大会堂、杭州市工艺美术博物馆、龙泉青瓷博物馆收藏陈列，并在国内外多个青瓷主题展中展出。取得或申请外观专利保护的作品17件。2021年9月，陈小波被杭州市政府认定为“杭州工匠”。

金家虹　女，1969年12月，中国民主促进会会员，杭州传统工艺领军人才。从艺30多年来，致力于杭州刺绣传统针法的收集、研究，精品创作和传承普及工作。2006年，被浙江省政府授予“浙江省工艺美术大师”称号。2012年，被中国工艺美术学会授予“中国首届刺绣艺术大师”称号，被浙江省文联授予“浙江省优秀民间文艺人才”称号。2013年，被浙江省文化厅授予“浙江省抽纱刺绣十大名师”“杭州刺绣省级非物质文化遗产传承人”称号。2008年，创办杭州上城区映山静水刺绣馆，该馆于2017年被认定为杭州市非物质文化遗产生产性保护示范基地。她培养的后备人才中，有8人独立创作作品并参展获奖，2人为杭州市工艺美术大师、区级非遗代表性传承人。2021年9月，金家虹被杭州市政府认定为“杭州工匠”。

陈郁涛 男，1976年8月出生，浙江奥达通汽车销售有限公司钣喷技术总监，陈郁涛省级大师工作室领办人，享受杭州市政府津贴等荣誉。长期立足一线，在行业内推行水性漆及小钣喷快速维修技术，在节能减排、创新增收中探索练习，创新多个维修工艺，每年为公司减排VOCs近1000升，连续3届被聘为世界技能大赛汽车油漆项目专家教练。指导的中国队选手杨金龙、蒋应成分别获第43届、44届世界技能大赛汽车喷漆项目的金牌。在浙江省交通职业技术学院、杭州技术学院兼职讲师，实训、指导学生、行业技术人员1000多人次。2017年2月，被中华全国总工会授予“全国五一劳动奖章”。2019年10月，获评浙江省首席技师。2020年，获评浙江省高技能领军人才。2021年9月，陈郁涛被杭州市政府认定为“杭州工匠”。

王晨云 女，1975年10月出生，杭州水韵琴丝文化艺术有限公司高级工艺美术师。在继承传统技法的基础上大胆创新，形成别具一格的艺术风格，具有全面、扎实的刺绣功底，艺术思路宽广。曾获评第6届浙江省工艺美术大师、浙江省最美文化志愿者。2013年，配合浙江省女子监狱“丝绸文化建设品牌”建设，被聘为传统手工艺课特聘教师。2014年，配合省文化馆免费开放服务项目（传统手工艺）教学活动，被聘为区传习刺绣课教师。作品《牡丹》获第4届中国（浙江）工艺美术精品博览会特等奖，《牡丹亭》获第7届中国（浙江）工艺美术精品博览会金奖，《人间四月天》获第8届中国（浙江）工艺美术精品博览会金奖。2021年9月，王晨云被上城工匠认定工作领导小组认定为“上城工匠”。

陈何胜 男，1977年9月出生，杭州饮食服务集团有限公司杭州知味观总店经理、总店行政总厨。先后获全国技术能手、第6届全国饭店业职业技能竞赛全国总决赛中式烹调师项目金奖等荣誉；他入选浙江省“百千万”高技能领军人才培养工程第三层次优秀技能人才培养项目。参与“两宋文化节”、“G20菜肴”品鉴、知味杭州亚洲美食节、知味中国中国（杭州）国际美食博览会等活动，为杭帮菜传承发展与知味观品牌知名度传播贡献力量。成立陈何胜中式烹调技能大师工作室，培养高级工9人。参与杭帮菜传承人计划，每年挑选1人收为徒弟，“一对一”传授技艺，当前传授技艺30人。对接“一带一路”、国家脱贫攻坚对口项目，为南非、湖北恩施土家族苗族自治州、贵州黔东南苗族侗族自治州等地培养中式烹调技能人才300多人。2021年9月，陈何胜被上城工匠认定工作领导小组认定为“上城工匠”。

熊华平 男，1976年12月出生，杭州坐标服饰有限公司技术部经理。他指导部门技术员工完成平面结构图制版和纸样制作及标准的工业生产样板制作。不断创新工艺品质，利用新手法，对一线员工进行培训指导，使产品品质更优质，工人操作更简单。根据羽绒服款式，通过样板工艺的控制流程在样板结构设计中利用单格充绒手法工艺，制定羽绒服缝制操作规范，解决羽绒服跑绒现象，提升羽绒服品质。制定服装工艺结构的制作规范要求，为批量生产解决技术难题。先后获评全国十佳服装制版师、浙江省技术能手、全省企业岗位大练兵技能大比武活动全省性职业技能大赛服装制作工第三名。2021年9月，熊华平被上城工匠认定工作领导小组认定为

“上城工匠”。

游晓婷　女，1985年3月出生，杭州乐加文化艺术品有限公司艺术总监。是杭州市工艺美术大师，杭州市高层次E类人才，2019年浙江省“五个一批”新峰计划人才，2021年杭州市高层次人才特殊支持计划培养类人才，浙江省民间文艺家协会会员，上城区社区好老师。她成立的杭扇工作室先后被评为杭州市优秀特色休闲示范点、杭州最具品质体验点、上城区吴山技能大师工作室。五柳雅扇被评为上城区第一批非物质文化遗产项目。她掌握扇艺多种技法和工艺设计，将现代艺术和传统工艺相结合，表现手法灵活独特，在传承的基础上大胆创新，多件作品获国家省市奖项。她还将宋代文人画融入杭扇，开发出一系列宋韵题材的作品和南宋主题的制扇课程。积极参加公益活动，长期开展非遗进校园、进社区活动，带徒传承。2019年，在中意文化交流活动中代表上城参与外事接待活动，现场表演杭扇技艺。2020年，代表杭州非遗参加中希文化交融活动，向世界展示中国传统文化。多篇论文在省市刊物发表，多件作品被国家一类博物馆收藏。多次参加杭州美术节、南宋文化节等活动，助力上城文化建设。2021年9月，游晓婷被上城工匠认定工作领导小组认定为“上城工匠”。

李红伟　男，1981年4月出生，杭州端居文化艺术有限公司设计总监。拥有国家外观设计专利7件、新型实用专利1件，获评首届浙江省园林景观设计技能竞赛第一名、“浙江金蓝领”、“浙江建设工匠”。他在工作期间培训学员近300人，学员通过设计手绘学习，提升考研、留学和就业竞争力，数十人以专业优异成绩考上园林景观专业研究生，4名学员留学美国、英国等国家的一流大学。2018年9月，参加温州市园林景观设计大赛，获第一名，被授予温州市“瓯越工匠”和“技术能手”称号。2019年，获第3届“杭州工匠”提名奖。同年9月，他设计并施工制作的江干区劳模工匠文化绿道“9·26”主题雕塑和劳模工匠文化绿道获市总工会和市民认可，并获评“全国首条劳模工匠文化绿道贡献奖”。2021年9月，李红伟被上城工匠认定工作领导小组认定为“上城工匠”。

葛晓刚　男，1971年6月出生，浙江杭州湾建筑集团有限公司总经理。由他带领的创新工作室发展成有高级工程师10人、一级建造师27人的高技能人才团队，该团队于2017年11月获中国建设工程鲁班奖，被住房和城乡建设部授予新技术应用示范项目。主持的《复合土钉支护结构工程应用研究》《钢结构柱脚精细化施工关键技术》《高层建筑大体积混凝土基础裂缝控制与施工技术研究》3个省级科研项目通过评审，具有一定的应用推广价值。先后获评浙江省劳动模范称号、浙江省优秀项目经理称号、杭州市C类人才。他带的徒弟在2020年获浙江省景观设计技能大赛第一名。2021年9月，葛晓刚被上城工匠认定工作领导小组认定为“上城工匠”。

吴恒锦　男，1973年3月出生，浙江省工业设备安装集团有限公司电气设备安装调试高级技师，吴恒锦省级技能大师工作室领办人。入行29年来，长期奋战在施工技术一线，从事电气安装调试工作。在他主持下，解决大型电动机运行转向与机械设备转向差异问题，提高试车过程电机转向的准确率，降低更换线缆的工作量。在发电机调试项目同期系统检查时，采用同一电源进行核相，确保发电机一次并网成功，降低高压核相的风险。他注重传帮带，徒弟周磊、翁佳灵分别获浙江省建设行业2020年电工职业技能竞赛冠军和亚军。他先后获评全省建设行业职业技能竞赛工程电气设备安装调试工竞赛第一名、“浙江金蓝领”、浙江省技术能手、“浙江建设工匠”。2021年9月，吴恒锦被上城工匠认定工作领导小组认定为“上城工匠”。

鲍海凇　女，1976年9月出生，杭州市澎汇小学校长。是浙江省特级教师，浙江省教坛新秀，2016浙江省教育年度影响力人物，全国青年教师教学艺术大赛、浙江省教师基本功大赛及省市教科研成果评比一等奖获得者。从教26年，潜心于小学语文教学的实践研究与改革创新，开发阅读“导航”课程，打造新时代以学为主的留白课堂，全面践行轻负高质，教学成果显著。曾在各级各类活动中公开教学、讲座200多场，承担国家级和省市级课题10多项，撰写的论文获奖或发表40多篇，先后出版个人专著及参编教材6部。2021年9月，鲍海凇被上城工匠认定工作领导小组认定为“上城工匠”。

卢跃棣　男，1969年5月出生，上城区采荷街道社区卫生服务中心社区心脏康复中心负责人。2021年9月，卢跃棣被上城工匠认定工作领导小组认定为“上城工匠”。（详见“人物”类目“省、市级优秀医师”分目）

阮文龙　男，1964年9月出生，杭州亚龙雕塑艺术有限公司总经理、雕塑制作总工程师。在制作工艺上，在传承和弘扬传统工艺的基础上，在研发、创新、手工艺制作、打磨、锻造、安装等方面取得新突破。做好雕塑艺术“传、帮、带”，先后培养10多名策划、设计、生产、制作、维保等人才。近20年来，他为城市雕塑事业坚持在工作一线，数百件雕塑作品遍布全国各大城市。先后获评首届全国残联“自强创业之星”、浙江省职工经济技术创新能手，第11届浙江省政协履职优秀委员。2021年9月，阮文龙被上城工匠认定工作领导小组认定为“上城工匠”。

（张博涵）

其他先进人物选介

俞富康　男，1969年10月出生，中共党员，杭州西湖美术院院长。他是望江街道新乡贤联谊会理事、中国书画院院士、文化部中国书画艺术界联合会理事、中央国家机关书法家协会会员、杭州西湖美术院院长、国家一级美术师，以及中国教育电视台《水墨丹青》《名家讲堂》栏目组签约艺术家。作为地区的新乡贤，他发挥个人特长和作用，承办杭州西湖美术节，传承和发扬宋韵文化。2001年至2021年获“21世纪亚洲华人书画艺术500杰”、中国当代创新人才奖、百名人民艺术家、中国百位杰出画家、慈善贡献奖、中国时代艺术家、文艺大师、中国百强书画新闻人物、中国书画艺术公益大使、中华学术之星、世博中国题贺艺术家、当代最具学术价值与潜力书画家、建国文艺大师等荣誉。2021年4月28日，俞富康被中央新影老故事频道《筑梦空间》栏目组评为“建党百年时代人物”。

（李云桃）

肖立沣　男，2009年1月出生，杭州市杭州中学学生。生于嘉兴南湖，从小耳濡目染红色文化，积极传承红色基因，主动加入“红船小讲解”志愿者，参与“红领巾重走一大路”“红船少年在行动”等活动，为市民、游客讲好红色故事。他兴趣广泛，热爱书法、游泳、滑雪、吉他、编程等，积极参加全国和省市比赛并取得佳绩。善于用所学知识解决实际问题，细心观察研究，并设计“带刺花枝修剪器”，获国家知识产权专利。2021年12月，肖立沣获评全国新时代好少年。

（郭　佳）

附　录

2021年区级主要机构及负责人

中国共产党杭州市上城区第十届委员会（2021年1—3月）

书　记：陈　瑾（女）
副书记：金承涛
　　　　王　歆
常　委：金晓东
　　　　来剑波
　　　　范卫东
　　　　宣　寅（女）
　　　　李　军
　　　　丁熠锋（至2021年1月）
　　　　刘少平
委　员：（按姓氏笔画为序）
　　　　毛学庆
　　　　毛素云（女）
　　　　石荣祥
　　　　占仁义
　　　　叶　榕
　　　　朱黎明
　　　　孙　勇
　　　　孙　锦
　　　　杨盛强
　　　　张淦华
　　　　金水根
　　　　周忠诚
　　　　周朝星
　　　　赵　楠（女）
　　　　洪梦君（女）
　　　　袁建强
　　　　黄涌泉
　　　　裘华君
候补委员：（按姓氏笔画为序）
　　　　杜秀芬（女）
　　　　杨　东
　　　　邹紫娟（女）
　　　　沈武洪
　　　　项海刚
　　　　钟　黎（女）
　　　　姚　杰

中国共产党杭州市江干区第十届委员会（2021年1—3月）

书　记：滕　勇
副书记：冯　晶
　　　　王文硕（女）
常　委：邵雪荣

沈燕俊
赵欣浩
王卫安
许莺燕（女）
惠海涛
包亚斌

委　员：（按姓氏笔画为序）
于广滨
王跃强
朱　红（女）
江波均（女）
沈　斌
陈　尧
陈柏林
范国良
范朝辉
周红星
郑国良
练　敏（女）
项伟荣
胡秋腾
施红星
徐　真
徐　晖
黄爱芳（女）
楼军民
楼建平
蔡建云

候补委员：（按姓氏笔画为序）
王永斌
朱红梅（女）
金炜竑
徐文明

中国共产党杭州市上城区委员会（行政区划调整过渡期，2021年3—12月）

书　记：刘　颖（2021年3—11月）
章　燕（女）（2021年11月起）

副书记：章　燕（女）（2021年3—11月）
惠海涛（2021年11月起）
王文硕（女）

常　委：范卫东
赵欣浩（2021年3—11月）
宣　寅（女）（2021年3—11月）
李　军
范朝辉
孟晓斌（2021年3—11月）
黄利文（2021年11月起）
何亦星（2021年11月起）
毛素云（女）（2021年11月起）
牟　剑（2021年11月起）

委　员：（按姓氏笔画为序）
于广滨（至2021年11月）
王跃强（至2021年11月）
毛学庆（至2021年11月）
石荣祥
占仁义
叶　榕（至2021年11月）
包亚斌（至2021年11月）
朱　红（女）（至2021年11月）
刘少平（至2021年11月）
江波均（女）
孙　勇（至2021年11月）
孙　锦
杨盛强
来剑波（至2021年11月）
沈　斌
张淦华（至2021年11月）
陈　尧（至2021年11月）
陈柏林（至2021年6月）
范国良（至2021年11月）
金水根（至2021年11月）
周红星
周朝星（至2021年11月）
郑国良（至2021年6月）
练　敏（女）
胡秋腾（至2021年11月）

施红星（至2021年11月）
洪梦君（女）
袁建强（至2021年11月）
徐　晖（至2021年11月）
黄爱芳（女）
黄涌泉（至2021年11月）
裘华君
蔡建云（至2021年11月）
候补委员：（按姓氏笔画为序）
王永斌
朱红梅（女）
杨　东
邹紫娟（女）
沈武洪
金炜竑
项海刚
钟　黎（女）
姚　杰
徐文明

中国共产党杭州市上城区第一届委员会（2021年12月起）

书　记：章　燕（女）
副书记：惠海涛
王文硕（女）
常　委：黄利文
范卫东
李　军
范朝辉
何亦星
毛素云（女）
牟　剑
委　员：（按姓氏笔画为序）
丁炜锋
马志清（女）
孔德君（女）
石荣祥
占仁义
田国刚
冯　磊
江波均（女）
孙　锦
杨盛强
沈　斌
张哲明
陆忠明
陈天武
陈永权
陈春晓（女）
陈敏雅（女）
周红星
周骆斌
郑冬雅（女）
练　敏（女）
赵丹晨（女）
洪梦君（女）
姚洪华
徐文明
黄爱芳（女）
蒋晓斌
候补委员：（按姓氏笔画为序）
王红兵
朱　红（女）
沈　瑛（女）
张建文
张海华
陈凌军
赵　鹏

中国共产党杭州市上城区第十届纪律检查委员会（2021年1—3月）

书　记：金晓东（至2021年3月）
副书记：毛明秀（女）
徐振航
常　委：田　涛
戚晓峰

杭州市上城区监察委员会（2021年1—3月）

主　任：金晓东（至2021年3月）
副主任：毛明秀（女）
　　　　徐振航

中国共产党杭州市江干区第十届纪律检查委员会（2021年1—3月）

书　记：赵欣浩（至2021年3月）
副书记：项伟荣（至2021年3月）
　　　　王早晖
常　委：朱　虹（女）
　　　　汪锦国
　　　　刘　佳（女）

杭州市江干区监察委员会（2021年1—3月）

主　任：赵欣浩（至2021年3月）
副主任：项伟荣（至2021年3月）
　　　　王早晖

中国共产党杭州市上城区纪律检查委员会（行政区划调整过渡期，2021年3—12月）

书　记：赵欣浩（2021年3—11月）
　　　　黄利文（2021年11月起）
副书记：毛明秀（女）
　　　　王早晖
常　委：刘　佳（女）
　　　　田　涛
　　　　朱　虹（女）
　　　　诸葛蓓（女）

杭州市上城区监察委员会（2021年3—12月）

主　任：赵欣浩（2021年3—5月候选人）
副主任：毛明秀（女）
　　　　王早晖

中国共产党杭州市上城区第一届纪律检查委员会（2021年12月起）

书　记：黄利文
副书记：毛明秀（女）
　　　　王早晖
常　委：刘　佳（女）
　　　　田　涛
　　　　朱　虹（女）
　　　　诸葛蓓（女）

杭州市上城区监察委员会（2021年12月起）

主　任：黄利文（候选人）
副主任：毛明秀（女）
　　　　王早晖

区委工作部门

区委办公室

主　任：周朝星（至2021年5月，原上城）
　　　　邱　宾（至2021年5月，原江干）
　　　　祝红雨（2021年5—12月）
　　　　陈永权（2021年12月起）

区委组织部

部　长：李　军（至2021年3月，原上城）
　　　　邵雪荣（至2021年3月，原江干）
　　　　李　军（2021年3月起）

区委宣传部

部　长：范卫东（至2021年5月，原上城）
　　　　许莺燕（女）（至2021年5月，原江干）
　　　　范卫东（2021年5月起）

区委统战部

部　长：来剑波（至2021年5月，原上城）
　　　　王卫安（至2021年5月，原江干）
　　　　宣　寅（女）（2021年5—12月）
　　　　牟　剑（2021年12月起）

区委政法委

书　记：王　歆（至2021年5月，原上城）
　　　　王文硕（女）（至2021年5月，原江干）
　　　　王文硕（女）（2021年5月起）

区委改革办

主　任：龚军成（至2021年5月，原上城）
　　　　洪东斌（至2021年5月，原江干）
　　　　余向平（2021年5月起）

区委编办

主　任：金水根（至2021年5月，原上城）
　　　　赵　阳（女）（至2021年5月，原江干）
　　　　赵　阳（女）（2021年5月起）

区委直属机关工委

书　记：李　军（至2021年5月，原上城）
　　　　邵雪荣（至2021年5月，原江干）
　　　　李　军（2021年5月起）

区委巡察办

主　任：沈如兴（至2021年5月，原上城）
　　　　刘　佳（女）（至2021年5月，原江干）
　　　　刘　佳（女）（2021年5月起）

区信访局

局　长：张建文（至2021年5月，原上城）
　　　　陈天武（至2021年5月，原江干）
　　　　张建文（2021年5月起）

区委老干部局

局　长：陈慧芳（女）（至2021年5月，原上城）
　　　　罗昌武（至2021年5月，原江干）
　　　　陈慧芳（女）（2021年5月起）

区档案馆

馆　长：余德利（至2021年5月，原上城）
　　　　章　俊（至2021年5月，原江干）
　　　　李顺华（2021年5月起）

区党群服务中心

主　任：陈海红（女）（至2021年5月，原江干）
　　　　陈海红（女）（2021年5月起）

区委党史研究室

主　任：李晋楠（女）（至2021年5月，原上城）
　　　　沈洪亮（至2021年5月，原江干）
　　　　钟　黎（女）（2021年5月起）

杭州市上城区第十五届人民代表大会常务委员会（2021年1—3月）

党组书记：袁建强
主　任：袁建强（至2021年3月）
副主任：管光尧（至2021年3月）
　　　　韦　云（女）（至2021年3月）
　　　　沈　民（至2021年3月）
　　　　顾敏达（至2021年3月）
　　　　朱荷芳（女）（至2021年3月）

杭州市江干区第十五届人民代表大会常务委员会（2021年1—3月）

党组书记：蔡建云
主　任：蔡建云（至2021年3月）
副主任：周志宏（至2021年3月）
　　　　王卫荣（至2021年3月）
　　　　陈　华（至2021年3月）
　　　　洪　明（至2021年3月）
　　　　孙伟明（至2021年3月）
　　　　干海和（女）（至2021年3月）

杭州市上城区人民代表大会常务委员会（2021年3—12月）

党组书记：占仁义
主　任：占仁义（2021年3—5月候选人）
副主任：来剑波（2021年3—5月候选人）
　　　　韦　云（女）（2021年3—5月候选人）
　　　　顾敏达（2021年3—5月候选人）
　　　　朱荷芳（女）（2021年3—5月候选人）
　　　　干海和（女）（2021年3—5月候选人）
　　　　施红星（2021年3—5月候选人）

区人大常委会工作部门

区人大常委会办公室

主　任：邬晓华（至2021年5月，原上城）
　　　　袁继港（至2021年5月，原江干）
　　　　龚军成（2021年5月起）

区人大常委会代表工委

主　任：李光勋（至2021年5月，原上城）
　　　　王　弘（女）（至2021年5月，原江干）
　　　　王　弘（女）（2021年5月起）

区人大常委会监察法司工委

主　任：谢根福（至2021年5月，原上城）
　　　　吴正航（至2021年5月，原江干）
　　　　吴正航（2021年5月起）

区人大常委会教科文卫和民宗侨工委

主　任：戈海光（2021年1—3月，原上城）
　　　　余晓川（2021年3—5月，原上城）
　　　　朱　吉（女）（至2021年5月，原江干）
　　　　朱　吉（女）（2021年5月起）

区人大常委会财经工委

主　任：顾　蕾（女）（至2021年5月，原上城）
　　　　何铁饶（至2021年5月，原江干）
　　　　许联辉（2021年5月起）

区人大常委会城建环保工委

主　任：梅建群（至2021年5月，原上城）
　　　　高旭平（至2021年5月，原江干）
　　　　金炜竑（2021年5月起）

区人大常委会社会建设工委

主　任：蔡伟利（女）（至2021年5月，原上城）
　　　　干黎生（至2021年5月，原江干）
　　　　蔡伟利（女）（2021年5月起）

杭州市上城区人民政府（2021年1—3月）

党组书记：金承涛
区　长：金承涛（至2021年3月）
副区长：丁熠锋（至2021年1月）
　　　　王　歆（2021年2—3月）
　　　　叶　榕（至2021年3月）
　　　　薛鸿翔（至2021年3月）
　　　　张宏光（至2021年3月）
　　　　朱黎明（至2021年3月）
　　　　毛素云（女）（至2021年3月）
　　　　孟晓斌（至2021年3月）

杭州市江干区人民政府（2021年1—3月）

党组书记：冯　晶（至2021年3月）
区　长：冯　晶（至2021年3月）
副区长：沈燕俊（至2021年3月）
　　　　范朝辉（至2021年3月）
　　　　王跃强（至2021年3月）
　　　　袁雁飞（女）（至2021年3月）
　　　　史建峰（至2021年3月）
　　　　田国刚（至2021年3月）
　　　　施红星（至2021年3月）

杭州市上城区人民政府（2021年3—12月）

党组书记：章　燕（女）（2021年5—12月）
　　　　惠海涛（2021年12月起）
区　长：章　燕（女）
　（2021年3—5月候选人，至2021年12月）
代区长：惠海涛（2021年12月起）
副区长：范朝辉（2021年3—5月候选人）
　　　　何亦星（2021年12月候选人）
　　　　毛素云（女）（2021年3—5月候选人）
　　　　薛鸿翔（2021年3—5月候选人）
　　　　史建峰（2021年3—5月候选人）
　　　　田国刚（2021年3—5月候选人）
　　　　孔德君（女）（2021年12月候选人）
　　　　裘华君（2021年3—5月候选人）
　　　　周骆斌（2021年11月候选人）

区政府工作部门

区政府办公室

主　任：杨盛强（至2021年5月，原上城）
　　　　陈　尧（至2021年5月，原江干）
　　　　杨盛强（2021年5月起）

区发改经信局

党委书记、局长：孙　锦
　　　　（至2021年5月，原上城）
　　　吕红娟（女）（至2021年5月，原江干）
党委书记：孙　锦（2021年5月起）
局　长：贾元元（女）（2021年5月起）

区教育局

党委书记、局长：项海刚
　　　　（至2021年5月，原上城）
　　　　徐　晖（至2021年5月，原江干）
　　　　项海刚（2021年5月起）

区科技局
党委书记、局长：杨　东
（至2021年5月，原上城）
张　健（女）（至2021年5月，原江干）
洪东斌（2021年5月起）
区公安分局
党委书记、局长：张宏光
（至2021年5月，原上城）
田国刚（至2021年5月，原江干）
田国刚（2021年5月起）
区民政局
党委书记、局长：陈宏萍（女）
（至2021年5月，原上城）
赵海霞（女）（至2021年5月，原江干）
赵海霞（女）（2021年5月起）
区司法局
党委书记：高燕东（至2021年5月，原上城）
局　长：徐志忠（至2021年5月，原上城）
党委书记、局长：戴敏珠（女）
（至2021年5月，原江干）
戴敏珠（女）（2021年5月起）
区财政局
党委书记、局长：石荣祥
（至2021年5月，原上城）
徐文明（至2021年5月，原江干）
石荣祥（2021年5月起）
区人力社保局
党委书记、局长：周　莹（女）
（至2021年5月，原上城）
朱　红（女）（至2021年5月，原江干）
朱　红（女）（2021年5月起）
区住建局
党委书记、局长：赵　鹏
（至2021年5月，原上城）
楼建平（至2021年3月，原江干）
赵　鹏（2021年5月起）
区商务局
党组书记、局长：许联辉
（至2021年5月，原上城）
党委书记、局长：沈　瑛（女）
（至2021年5月，原江干）
沈　瑛（女）（2021年5月起）
区文广旅体局
党组书记：赵　楠（女）
（至2021年5月，原上城）
局　长：夏海琴（女）（至2021年5月，原江干）
党组书记、局长：薛迓冰（女）（2021年5月起）
区卫生健康局
党委书记、局长：杜秀芬（女）
（至2021年5月，原上城）
党委书记：陈德钢（至2021年5月，原江干）
局　长：李　红（女）（至2021年3月，原江干）
党委书记、局长：陈永权（2021年5—12月）
区退役军人事务局
党组书记、局长：李中富
（至2021年5月，原上城）
王永斌（至2021年5月，原江干）
王永斌（2021年5月起）
区应急管理局
党委书记、局长：楼复进
（至2021年5月，原上城）
吴庆峰（至2021年5月，原江干）
徐争光（2021年5月起）
区审计局
党组书记、局长：林文杰
（至2021年6月，原上城）
党组书记：盛永华（至2021年6月，原江干）
局　长：蔡　瑾（女）（至2021年6月，原江干）
党组书记、局长：林文杰（2021年6月起）
区市场监管局
党委书记、局长：毛学庆
（至2021年5月，原上城）
胡春久（女）（至2021年5月，原江干）
吕红娟（女）（2021年5月起）
区金融办
党组书记：许国祥（至2021年5月，原上城）
主　任：欧阳杰（至2021年5月，原上城）

党组书记、主任：王红兵

（至2021年5月，原江干）

党组书记：王红兵（2021年5月起）

主　任：欧阳杰（2021年5月起）

区统计局

党组书记：胡建宏（女）

（至2021年5月，原上城）

局　长：杨　帆（女）（至2021年3月，原上城）

党组书记、局长：周　展

（至2021年5月，原江干）

党组书记：邱　宾（2021年5—10月）

局　长：蔡　瑾（女）（2021年5月起）

区综合行政执法局

党委书记、局长：许　铭

（至2021年5月，原上城区城管局）

金炜竑（至2021年5月，原江干区城管局）

许　铭（2021年5月起）

区数据资源局

党组书记：余照萍（女）

（至2021年5月，原江干）

局　长：余晓川（2021年1—3月，原上城）

余向平（2021年3—5月，原上城）

党组书记、局长：余照萍（女）（2021年5月起）

区投资促进局

党组书记：钟　黎（女）

（至2021年5月，原上城）

局　长：贾元元（女）（至2021年5月，原上城）

党组书记、局长：冯　磊

（至2021年5月，原江干）

冯　磊（2021年5月起）

区审管办

党组书记：丁熠锋（2021年1—2月，原上城）

王　歆（2021年2—5月，原上城）

沈燕俊（至2021年5月，原江干）

范朝辉（2021年5月起）

主　任：余向平（至2021年5月，原上城）

徐争光（至2021年5月，原江干）

陈一春（2021年5月起）

政协杭州市上城区第五届委员会（2021年1—3月）

党组书记：占仁义（至2021年3月）

主　席：占仁义（至2021年3月）

副主席：袁巧玲（女）（至2021年3月）

陈少华（至2021年3月）

马　彦（至2021年3月）

俞　朔（至2021年3月）

周常生（至2021年3月）

秘书长：姚　杰

政协杭州市江干区第五届委员会（2021年1—3月）

党组书记：黄爱芳（女）（至2021年3月）

主　席：黄爱芳（女）（至2021年3月）

副主席：黄国兴（至2021年3月）

杨渭贤（至2021年3月）

步汉英（女）（至2021年3月）

于广滨（至2021年3月）

秘书长：陈剑华

政协杭州市上城区委员会（2021年3—12月）

党组书记：黄爱芳（女）

主　席：黄爱芳（女）（2021年3—5月候选人）

副主席：叶　榕（2021年3—5月候选人）

楼玉宇（女）（2021年3—5月候选人）

洪　明（2021年3—5月候选人）

步汉英（女）（2021年3—5月候选人）

于广滨（2021年3—5月候选人）

范国良（2021年3—5月候选人）

秘书长：王良约

区政协机关

区政协办公室

主　任：苗丹丹（女）（至2021年5月，原上城）

王良约（至2021年5月，原江干）

苗丹丹（女）（2021年5月起）

区政协提案委

主　任：胡　勇（至2021年5月，原上城）
　　　　张新华（女）（至2021年5月，原江干）
　　　　张淦华（2021年5月起）

区政协经科委

主　任：吴　坚（至2021年5月，原上城）
　　　　汪孟华（至2021年5月，原江干）
　　　　汪孟华（2021年5月起）

区政协城建委

主　任：陈伟刚（至2021年5月，原上城）
　　　　陈　军（至2021年5月，原江干）
　　　　陈　军（2021年5月起）

区政协社法委

主　任：徐俊明（至2021年5月，原上城）
　　　　王　雁（女）（至2021年5月，原江干）
　　　　王　雁（女）（2021年5月起）

区政协教文卫体委

主　任：陆　峰（女）（至2021年5月，原上城）
　　　　朱大淼（至2021年5月，原江干）
　　　　陆　峰（女）（2021年5月起）

区政协委员工委

主　任：周焕泽（至2021年5月，原上城）
　　　　瞿　伟（女）（至2021年5月，原江干）
　　　　瞿　伟（女）（2021年5月起）

区法院

党组书记、院长：陆忠明
　　　　（至2021年3月，原上城）
　　　　楼军民（至2021年3月，原江干）
　　　　陆忠明（2021年3月起）

区检察院

党组书记、检察长：孙　勇
　　　　（至2021年3月，原上城）
　　　　江波均（女）（至2021年3月，原江干）
　　　　江波均（女）（2021年3月起）

区群团机关

区总工会

主　席：管光尧（至2021年5月，原上城）
　　　　陈　华（至2021年5月，原江干）
　　　　干海和（女）（2021年5月起）
党组书记：张淦华（至2021年5月，原上城）
　　　　陈春晓（女）（至2021年5月，原江干）
　　　　陈春晓（女）（2021年5月起）

团区委

书　记：刘婷婷（女）（至2021年5月，原上城）
　　　　钱　玲（女）（至2021年5月，原江干）
　　　　赵丹晨（女）（2021年9月起）

区妇联

党组书记、主席：朱乐娟（女）
　　　　（至2021年5月，原上城）
　　　　练　敏（女）（至2021年5月，原江干）
　　　　练　敏（女）（2021年5月起）

区科协

党组书记、主席：陈　伟
　　　　（至2021年5月，原上城）
主　席：张　健（女）（至2021年5月，原江干）

区残联

党组书记、理事长：吴诗兵
　　　　（至2021年5月，原上城）
　　　　邹　倩（女）（至2021年5月，原江干）
　　　　邹　倩（女）（2021年5月起）

区工商联

党组书记：邓海鹰（女）
　　　　（至2021年5月，原上城）
　　　　盛露青（至2021年5月，原江干）
　　　　毛学庆（2021年5月起）
主　席：严　莺（女）（至2021年5月，原上城）
　　　　盛露青（至2021年5月，原江干）
　　　　严　莺（女）（2021年5月起）

区红十字会

会　长：毛素云（女）（至2021年5月，原上城）
　　　　袁雁飞（女）（至2021年5月，原江干）
　　　　毛素云（女）（2021年5月起）

党组书记：杨艳萍（女）
（至2021年5月，原上城）
张秋萍（女）
（至2021年5月，原江干）
张愉珍（女）（2021年5月起）

街　道

湖滨街道

党工委书记：孔兴桥（至2021年5月，原上城）
孔兴桥（2021年5月起）
办事处主任：陈永权（至2021年5月，原上城）
周邱忆（女）（2021年12月起）
人大工委主任：严民强（至2021年5月，原上城）
严民强（2021年5月起）

清波街道

党工委书记：周忠诚（至2021年3月，原上城）
蒋晓斌（2021年5月起）
办事处主任：芮佳南（至2021年5月，原上城）
芮佳南（2021年5月起）
人大工委主任：陈兴义（至2021年5月，原上城）
邬晓华（2021年5月起）

小营街道

党工委书记：陆　霞（女）
（至2021年5月，原上城）
办事处主任：方　金（至2021年5月，原上城）
方　金（2021年5月起）
人大工委主任：陆建华（至2021年5月，原上城）
陆建华（2021年5月起）

望江街道

党工委书记：裘华君（至2021年5月，原上城）
丁炜锋（2021年5月起）
办事处主任：丁炜锋（至2021年5月，原上城）
人大工委主任：胡筱飞（至2021年5月，原上城）
周焕泽（2021年5月起）

南星街道

党工委书记：洪梦君（女）
（至2021年5月，原上城）
洪梦君（女）（2021年5月起）
办事处主任：杨凯量（至2021年5月，原上城）
杨凯量（2021年5月起）
人大工委主任：陈　钢（至2021年5月，原上城）
陈　钢（2021年5月起）

紫阳街道

党工委书记：黄涌泉（至2021年5月，原上城）
周骆斌（2021年5月起）
办事处主任：蒋晓伟（至2021年5月，原上城）
人大工委主任：林国平（至2021年5月，原上城）
李晋楠（女）（2021年5月起）

闸弄口街道

党工委书记：郑冬雅（女）
（至2021年5月，原江干）
郑冬雅（女）（2021年5月起）
办事处主任：倪学英（至2021年5月，原江干）
倪学英（2021年5月起）
人大工委主任：曹林标（至2021年5月，原江干）
徐　晖（2021年5月起）

凯旋街道

党工委书记：周红星（至2021年5月，原江干）
周红星（2021年5月起）
办事处主任：孙维维（女）
（至2021年5月，原江干）
孙维维（女）（2021年5月起）
人大工委主任：刘幼杭（至2021年5月，原江干）
胡春久（女）（2021年5月起）

采荷街道

党工委书记：范国良（至2021年5月，原江干）
马志清（女）（2021年5月起）
办事处主任：马志清（女）
（至2021年5月，原江干）
徐振航（2021年5月起）
人大工委主任：范　军（至2021年5月，原江干）
陈德钢（2021年5月起）

四季青街道

党工委书记：沈　斌（至2021年5月，原江干）
沈　斌（2021年5月起）
办事处主任：孙　强（至2021年5月，原江干）
孙　强（2021年5月起）

人大工委主任：黄建德（至2021年5月，原江干）
娄　政（2021年5月起）

笕桥街道

党工委书记：张哲明（至2021年5月，原江干）
张哲明（2021年5月起）
办事处主任：万志勇（至2021年5月，原江干）
万志勇（2021年5月起）
人大工委主任：王　铃（至2021年5月，原江干）
干黎生（2021年5月起）

彭埠街道

党工委书记：惠海涛（至2021年5月，原江干）
惠海涛（2021年5—12月）
办事处主任：叶更生（至2021年5月，原江干）
陈汇锋（2021年12月起）
人大工委主任：滕义勇（至2021年5月，原江干）
陈　尧（2021年5月起）

九堡街道

党工委书记：何烨锋（至2021年5月，原江干）
姚洪华（2021年5月起）
办事处主任：陈国清（至2021年5月，原江干）
陈国清（2021年5月起）
人大工委主任：卢永良（至2021年5月，原江干）
袁继港（2021年5月起）

丁兰街道

党工委书记：徐文明（2021年5月起）
办事处主任：徐振玮（至2021年5月，原江干）
徐振玮（2021年5月起）
人大工委主任：成建国（至2021年5月，原江干）
成建国（2021年5月起）

区其他机构

城站广场

党组书记、管委会主任：吕朝阳
（至2021年5月，原上城）
吕朝阳（2021年5月起）

钱塘智慧城

党工委书记、管委会主任：陈柏林
（至2021年5月，原江干）
倪受南（2021年12月起）

东站枢纽

党工委书记、管委会主任：王　剑
（至2021年5月，原江干）
王　剑（2021年5月起）

电子机械功能区

党工委书记、管委会主任：倪受南
（至2021年5月，原上城）
倪受南（2021年5—12月）

南宋皇城小镇

联合党委书记、管委会主任：周忠诚
（至2021年3月，原上城）
蒋晓斌（2021年5月起）

社区建设展示中心

主　任：李　敏（女）（至2021年5月，原上城）
李　敏（女）（2021年5月起）

山南基金小镇

联合党委书记：宣　寅（女）
（至2021年4月，原上城）
孟晓斌（2021年4—5月，原上城）
管委会主任：蒋晓斌（至2021年5月，原上城）
杨　东（2021年5月起）

望江新城

联合党委书记、望江指挥部总指挥：裘华君
（至2021年5月，原上城）
联合党委书记：丁炜锋（2021年5月起）
望江指挥部总指挥：丁炜锋（2021年5—12月）

湖滨指挥部

党组书记、总指挥：孔兴桥
（至2021年5月，原上城）
孔兴桥（2021年5—12月）

运河江干指挥部办公室

党组书记：周传耀（至2021年5月，原江干）
主　任：付选央（至2021年5月，原江干）
付选央（2021年5—12月）

上投集团

党委书记、董事长：陈凌军
（2021年5月，原上城）
董事长：陈凌军（2021年5—12月）

清河坊资产管理公司
董事长：游文程（至2021年5月，原上城）
　　　　游文程（2021年5—12月）

望海潮建设公司
董事长：朱　波（至2021年5月，原上城）
　　　　朱　波（2021年5—12月）

玉皇山南建设公司
董事长：杨　华（至2021年5月，原上城）
　　　　杨　华（2021年5—12月）

基金小镇经营管理公司
董事长：费军伟（至2021年5月，原上城）
　　　　费军伟（2021年5—12月）

路通市政园林工程有限公司
董事长：包兴旺（至2021年5月，原上城）
　　　　包兴旺（2021年5—12月）

杭州中宸城镇建设有限公司
党组书记、董事长：俞友武
（至2021年5月，原江干）
董事长：俞友武（2021年5—12月）

区城市建设开发有限公司
董事长：王　勇（至2021年5月，原江干）
　　　　王　勇（2021年5—12月）

区农居建管中心（拆迁安置办公室）
党组书记：娄　政（至2021年5月，原江干）

皋亭山景区建设管理委员会
党工委书记：郑特科（至2021年5月，原江干）

区政府建设投资项目管理服务中心
党组书记：范朝辉（2021年12月起）
主　任：鲁　军（2021年12月起）

上城资本集团
董事长：游文程（2021年12月起）

上城国投集团
党委书记、董事长：陈凌军（2021年12月起）

上城城投集团
党委书记、董事长：王　勇（2021年12月起）

上城城发集团
党委书记、董事长：朱　波（2021年12月起）

上城市政集团
党委书记、董事长：俞友武（2021年12月起）

（谢迪沁）

市直属单位

上城区税务局
党委书记、局长：朱剑波
（至2021年6月，原上城）
吴莹子（女）（2021年6月起）

上城规划资源分局
党组书记、局长：胡一彬
（2021年1—5月，原上城）
戴志芳（2021年1—5月，原江干）
戴志芳（2021年5月起）

上城生态环境分局
局　长：邵煜琦（2021年1—8月，原江干）
许皖菁（女）（2021年1—8月，原上城）
党组书记、局长：邵煜琦（2021年8月起）

上城交警大队
党委书记、大队长：徐小军
（至2021年8月，原上城）
张身康（至2021年8月，原江干）
徐小军（2021年8月起）

上城消防救援大队
党委书记：费春林（原上城）
葛更春（至2021年1月，原江干）
童　惠（2021年1—12月，原江干）
大队长：姜洪尔（原上城）
李　征（原江干）

上城交通执法大队
党组书记、大队长：邬忠良
（2021年1—9月，原上城）
朱勇源（2021年10—12月，原上城）
赵立军（原江干）

（市直属单位）

2021年上城区国民经济和社会发展统计公报

2021年，上城区深入贯彻落实党中央和省、市委决策部署，立足新发展阶段，贯彻新发展理念，融入新发展格局，全区社会经济延续稳中向好、进中提质的良好态势，为全面建设独具韵味的国际化现代化共同富裕典范城区的新征程打下坚实基础。

一、综合

（一）经济总量

初步核算，2021年实现生产总值2417.51亿元，按可比价格计算，比上年增长7.2%。其中，第二产业增加值604.66亿元，增长5.1%；第三产业增加值1812.85亿元，增长7.8%。按常住人口计算，人均地区生产总值181767元，按可比价计算，增长5.5%。三次产业增加值结构为0∶25∶75。（经最终核实，2020年上城区生产总值现价总量为2198.99亿元，按可比价格计算，比上年增长3.0%，三次产业增加值结构为0∶25.1∶74.9）。

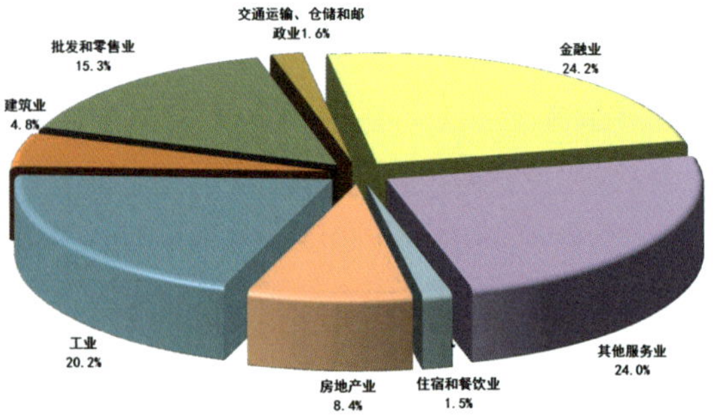

图1　2021年上城区生产总值分行业占比情况

（二）财政收支

2021年完成财政总收入377.79亿元，增长5.7%，一般公共预算收入201.38亿元，增长7.6%。财政总支出140.78亿元，增长4.4%，剔除省市补助支出21.43亿元后净支出为119.35亿元，增长9.6%。

（三）人口

据2021年全区5‰人口变动抽样调查推算，年末全区常住人口133.50万人。公安部门登记户籍人口86.61万人，比上年末增加2.66万人，其中男性42.50万人、女性44.11万人。按户籍人口分的男女性别比为96.4∶100（男/女）。全年出生6770人，按户籍人口计算的出生率7.94‰，死亡率6.24‰，人口自然增长率1.70‰。

户籍人口按街道分布情况

表16

街道	社区、村个数（个）	人口数（人）
清波街道	5	30975
湖滨街道	6	28887
小营街道	12	73344
南星街道	8	34964
紫阳街道	12	83084
望江街道	11	68905
凯旋街道	15	45069
采荷街道	16	80362
闸弄口街道	15	63562
四季青街道	11	57912
彭埠街道	21	75754
笕桥街道	20	67642
丁兰街道	26	82960
九堡街道	23	72693
合计	201	866113

户籍人口按年龄段分布情况

表17

年龄段	人数（人）	占总量比重（%）
18岁以下	157771	18.2
18~34岁	163382	18.9
35~59岁	317836	36.7
60岁以上	227124	26.2
合计	866113	100%

二、劳动就业、人民生活、社会保障

（一）劳动就业

全年城镇登记失业率2.3%，新增城镇就业岗位11.87万个，实现失业人员再就业6625人，帮扶就业困难人员就业2652人。在就业年龄段内有就业能力（就业愿望）的残疾人就业率100%。

（二）人民生活

2021年全区居民人均可支配收入为76652元，增长8.4%。

（三）社会保障、社会福利

2021年末，全区参加基本养老保险人数达65.00万人，比上年末净增2.51万人。基本养老保险参保率和基本医疗保险户籍人口参保率均巩固在99%以上。当年纳入社会化管理服务的企业退休人员22.00万人。发放失业保险待遇17327.64万元，涉及14.63万人次。

截至2021年，全区拥有居家养老服务照料中心190家，其中：当年新增1家，新增养老床位362张，每百人拥有养老床位数3.89张。拥有区级残疾人康复机构13个，残疾人护理补贴率100%。新增3岁以下婴幼儿托育服务托位250个、成长驿站23家。完善“坡度式”精准救助体系，当年发放各类社会救助金8567.76万元。

三、城市建设、环境保护和安全生产

（一）征地拆迁

2021年，完成市重点项目“清零”8个，住户54户，企业15家；深入推进环机场区域综合整治，完成拆违61.9万平方米，横塘社区综合整治全速启动，同心、黄家区块整治工程进入扫尾，笕新、俞章区块整治稳步推进。全区完成收储经营性用地10宗427亩，出让5宗390亩。

（二）基础设施

2021年，开工续建钱江东路等道路29条、20公里以上，竣工复兴路等道路18条、7公里以上。打造绿色品质空间，新增绿化100万平方米，新建绿道58公里，新建提升小公园10座，新建杭州书房9家，建成街道社区级百姓健身房2家、社区多功能运动场3个、笼式足球篮球场3片。新增文体设施115处、科普设施场馆13处，扩容文体活动空间54.4万平方米。新增公共停车泊位1883个。开展亚运场馆“最后一公里”体验区建设及无障碍环境建设，完成35条城市道路、10座公厕无障碍设施提升。

（三）安居工程

2021年，实现安置房开工13.5万平方米、竣工161万平方米、交付110万平方米，完成回迁安置4647户。创新预安置模式，完成安置合计1643户，木场巷社区、大通桥社区和始版桥社区回迁安置平稳顺利。融合未来社区理念，打造旧改精品，开工小区86个、290万平方米，竣工小区56个、156万平方米，被评为省旧改优秀示范区。加快保障性住房建设，续建蓝领公寓2986套；新开工建设公租房、人才专项租赁住房18.5万平方米。推进既有多层住宅加装电梯项目，完工153台，正在施工113台。

（四）环境整治

2021年，健全环境监测体系，完成2个新增市控断面水质自动站建设，实现14个街道空气监测站点全覆盖。“五气共治”全面深化，完成109台民用燃气锅炉低氮改造。“五水共治”增质增效，8个市控以上考核断面水质达标率100%，IV类以上水质河道占比年均值达到85.1%，完成23个小区二次供水改造。巩固提升“污水零直排”建设，推动2个街道、2个工业园区污水零直排创建。推进“无废城市”创建，审批监管危废转移4782起。全面落实垃圾分类，推进源头减量和无害化利用处置，生活垃圾总量同比减量2.5%，建成回收网点363个，分类准确率达到85%以上。

（五）安全生产

全区发生各类生产安全事故6起，死亡4人，事故数同比减少6起，下降50.0%；死亡人数同比减少1人，下降20.0%。深入推进重大隐患整改闭环机制,发现并整改隐患10580处。升级改造建成30个示范型、65个规范型社区微型消防站（应急管理服务站）。

（六）平安创建

2021年，全区权益维护提质增效，劳动仲裁立案3092件，结案率96.7%，调解率85.8%。构建多元化大调解格局，化解矛盾纠纷16403件，成功率98.1%。切实做好涉稳问题防范化解，化解问题21件，化解率91.3%。完善“党建+信访”工作体系聚力赋能信访攻坚十大机制，累计化解高难度积案194件。开展各类法律援助便民服务，受理法律帮助案件1367件，挽回经济损失3205万元。

四、行业发展

（一）工业

全年实现工业增加值487.81亿元，按可比价格计算，增长5.6%。其中，规模以上工业实现增加值466.65亿元，增长6.5%；其中：高新技术制造业实现增加值77.33亿元，同比增长12.5%；高端装备制造业实现增加值49.20亿元，同比增长11.9%；战略性新兴产业实现增加值35.87亿元，同比增长8.6%。全区规模以上工业实现利润总额83.50亿元，增长2.3%；实现利税总额371.23亿元，增长6.2%。

（二）建筑业

全区实现建筑业增加值116.95亿元，增长3.3%，占GDP总量的4.8%。

（三）固定资产投资、房地产业

全区固定资产投资下降8.3%，其中房地产投资下降11.9%，项目投资增长8.4%。项目投资中：交通投资同比增长48.8%，民间项目投资同比增长41.2%，制造业投资同比增长7.6%，生态环保、城市更新和水利设施投资同比增长4.1%。

全年实现房地产业增加值202.58亿元，按可比价格计算增长15.6%。房地产企业实现房屋施工面积1703.76万平方米，增长16.7%；完成竣工面积288.56万平方米，增长84.3%；实现商品房销售面积208.28万平方米，增长36.9%；实现商品房销售额860.07亿元，增长38.7%。

（四）国内贸易

全年批发零售业实现增加值369.94亿元，增长12.5%；住宿餐饮业实现增加值36.78亿元，增长11.5%。限额以上批发零售业企业法人实现商品销售额9763.63亿元，增长30.8%；限额以上住宿餐饮业企业法人实现营业额98.98亿元，增长25.6%。

全年实现社会消费品零售总额976.86亿元，增长10.6%。在限额以上企业法人零售额中，汽车类实现零售额145.66亿元，增长14.1%；石油制品类实现零售额64.38亿元，增长30.7%；粮油食品类实现零售额56.91亿元，增长1.8%；化妆品类实现零售额40.04亿元，增长55.2%。

（五）招商引资、外经外贸

全年实际利用外资6.27亿美元，引进总部类项目（含功能性总部）94家，亿元项目165家。全区竣工投产楼宇（项目）250个，实现楼宇税收151.85亿元，亿元楼宇38幢。完成进出口总额633.08亿元，增长11.3%，其中：出口额361.80亿元，增长19.8%。

五、社会事业

（一）科技

全年区本级科学技术经费支出81561万元，占本级财政支出6.8%。新认定国家高新技术企业160家，新认定省级科技型中小企业301家，新增市级以上高新技术研究开发中心32家、省级企业研究院3家、省级重点企业研究院1家。企事业单位申报市级以上科技项目22项，其中立项11项。全区有效发明专利4322件，新增发明专利授权947件。拥有创新创业载体37家，面积32.6万平方米，新增省级科技孵化器2家、省级众创空间2家、市级科技企业孵化器2家。

（二）教育

2021年末，全区共有各级各类学校（幼儿园）201所，其中小学52所，初级中学19所，九年一贯制学校16所，十二年一贯制学校2所，普通高中1所，职业高中2所，特殊教育学校2所，幼儿园107所。全区在校学生（幼儿）152813人，其中义务教育段中小学生107640人、高中生2345人、在园幼儿42525人、特殊教育学生303人，在编教职工9794人。全年实施学校建设项目33个，新开办小学（幼儿园）13所，新增省一级幼儿园2所。浙江省义务教育标准化学校比例达100%。公共教育支出占财政支出比重（含省市补助）25.6%。

（三）文体

2021年末，全区拥有各类群众性艺术表演团体673个，文化馆2个，公共图书馆1个，图书馆藏书18.02万种，共计52.64万册。新（改）建成基层文体设施场所45处。全年向基层配送文化演出（戏）792场，举办各类文体活动3402场，放映电影40场。全年共出动文化市场检查3236人次，检查文化、新闻出版、广电、体育经营场所5118家次，查处违法经营点32个，举报查处率、结案率均达100%。

（四）卫生

2021年末，全区拥有综合医院21家，专科医院18个，区属疾病预防控制中心和卫生监督所各2家，门诊部213个，诊所181个，卫生站69个，医务室27个，社区卫生服务中心14个，社区卫生服务站111个。拥有各类专业卫生技术人员38485人，其中执业（助理）医师14138人，注册护士18379人。全区围绕“外防输入、内防反弹”的防控策略，严格落实“1510”快速应急响应机制，实现14家基层医疗机构设置传染病规范化专用诊室和隔离观察室全覆盖；全力推进新冠疫苗接种，累计完成新冠疫苗接种295万剂次。

公报注释：

1.本公报数据为初步统计数。

2.本公报中生产总值和各产业增加值绝对数按现行价格计算，增长速度按不变价格计算；三次产业划分执行国家统计局2018年修定的《三次产业划分规定》。

3.本公报中的“增长（减少、下降）”除特别说明外，均指与2020年比较。

4.本公报中的数据来源除区统计局外，还来自区财政局、区人力社保局、区残联、区公安分局、区发改经信局、区民政局、区住建局、区教育局、区商务局、区文广旅体局、区卫生健康局、区应急管理局、区科技局、区市场监管局、区投资促进局、区综合行政执法局等相关部门。

（区统计局）

先进集体

2021年度上城区各部门（单位）获国家和部级先进集体荣誉

表18

获奖单位	先进荣誉（称号）	颁奖单位	颁奖时间
上城区	中国楼宇经济高质量发展标杆范例	中国国际服务贸易交易会中国楼宇经济北京论坛	2021年9月
小营街道小营巷社区	全国先进基层党组织	中共中央委员会	2021年6月
玉皇山南基金小镇政协委员会客厅	全国杰出委员工作室（站）	中国人民政治协商会议全国委员会	2021年7月
区司法局	2016—2020年全国普法工作先进单位	中共中央宣传部、司法部、全国普法办	2021年12月
“湖滨晴雨”工作室	2020年度舆情信息工作优秀单位	中共中央宣传部	2021年3月
区融媒体中心	作品《郑欣：让街区会思考》在2021年第3期全国县级融媒体中心双月赛中获二等奖	中共中央宣传部新闻局、中共中央宣传部宣传舆情研究中心、中共中央宣传部“学习强国”学习平台	2021年8月
区精神文明建设指导服务中心	“盲人看电影”志愿服务项目入选2020年度全国学雷锋志愿服务“四个100”最佳志愿服务项目	中共中央宣传部、中央文明办等	2021年3月
农工党上城区基层委员会四支部	农工党中央脱贫攻坚先进集体	中国农工民主党中央委员会	2021年8月
区公安分局四季青派出所	全国公安机关“我为群众办实事”成绩突出集体	公安部	2021年7月
区民政局	第四批全国社区治理和服务创新实验区	民政部	2021年12月
清河坊历史街区	首批国家级夜间文化和旅游消费集聚区	文化和旅游部	2021年11月
区文化馆	第五次全国一级文化馆	文化和旅游部	2021年11月
区文广旅体局	2017—2020年度全国群众体育先进单位	国家体育总局	2021年9月
清波街道柳翠井巷社区	2021年全国示范性老年友好型社区名单	国家卫生健康委、全国老龄办	2021年10月
南星街道社区卫生服务中心、闸弄口街道社区卫生服务中心、彭埠街道社区卫生服务中心	2020年“优质服务行”活动中表现突出、成效显著机构	国家卫生健康委办公厅、国家中医药局办公室	2021年2月
区退役军人事务局	2021年度《中国退役军人》杂志宣传工作先进单位	退役军人事务部办公厅	2021年10月
区公共服务办、清波街道退役军人服务站、丁兰街道退役军人服务站	全国示范型退役军人服务中心（站）	浙江省退役军人事务厅	2021年1月
区总工会	2020年度工会财务会计工作先进单位	中华全国总工会	2021年8月
紫阳街道社区卫生服务中心	全国五四红旗团支部	共青团中央委员会	2021年5月

续表18

获奖单位	先进荣誉（称号）	颁奖单位	颁奖时间
四季青街道钱运社区	浙江省首批青春行动社区	共青团中央委员会社会联络部	2021年7月
区法院民事审判庭、杭州火车东站枢纽旅客咨询服务中心	全国“巾帼文明岗”	中华全国妇女联合会	2021年3月
区税务局纳税服务科（办税服务厅）	全国“巾帼建功”先进集体	中华全国妇女联合会	2021年3月
区工商联	2020—2021年度“五好”县级工商联、2021年度民营企业调查点工作先进基层单位	全国工商业联合会	2021年12月
望江街道商会	2019—2020年度全国“四好”商会	全国工商业联合会	2021年1月
区科协	2021年度全国科普日优秀组织单位	中国科学技术协会	2021年11月
钱学森故居	中国科协科学家精神培育基地试点	中国科学技术协会办公厅	2021年4月
湖滨步行街区、弯湾·爱生活残疾人社会融合共享体	全国无障碍环境建设优秀典型案例	中国残联无障碍环境建设推进办公室等	2021年7月
区红十字会	2021年度中国红十字总会报刊宣传先进集体一等奖	中国红十字会总会办公室	2021年10月
区法院“1·26”专案组	全国扫黑除恶专项斗争先进集体	全国扫黑除恶专项斗争领导小组	2021年3月
区法院	2021年度司法宣传和通联工作先进单位	人民法院新闻传媒总社	2021年12月
区法院第八检察部	2019—2020年度全国“青少年维权岗”	全国创建“青少年维权岗”活动领导小组	2021年7月
区检察院	2021年度全国检察宣传先进单位	检察日报社	2021年9月
区公共资源交易中心	2021年度全国创新创优服务先进单位	第8届全国公共资源交易年会组委会、公共资源网	2021年12月
凯旋街道凯益荟社会组织党群服务中心	2021年度百个两新党建优秀案例	全国党建研究会非公专委会	2021年12月
丁兰街道	《不曾忘记》获第3届“玉琮杯”清廉微电影微视频大赛微电影类入围奖	第3届“玉琮杯”清廉微电影微视频大赛组委会	2021年11月
弯湾托管中心	第7届慈孝文化节之2021年度慈孝团体奖	中国新闻社	2021年9月
玉皇山南基金小镇财通证券投资者教育基地	国家级投资者教育基地	中国证监会	2021年9月
玉皇山南基金小镇	最受欢迎基金小镇	《中国基金报》	2021年11月
杭州娃哈哈集团有限公司	第19届全国质量奖	中国质量协会	2021年12月

2021年度上城区各部门（单位）获省级和省属部门先进集体荣誉

表19

获奖单位	先进荣誉（称号）	颁奖单位	颁奖时间
上城区	“健康浙江”建设（2018—2020年）先进县（市、区）	中共浙江省委、浙江省人民政府	2021年12月
上城区	新塘河、上塘河片区获评浙江省“美丽河湖”	浙江省水利厅、浙江省“美丽浙江”建设领导小组河长制办公室	2021年12月
区检察院、区教育局、杭州东站枢纽管委会、景新社区、景芳社区、庆春门社区、浙江华日实业投资有限公司	浙江省文明单位	中共浙江省委、浙江省人民政府	2021年1月
区综合行政执法局	全省“五水共治”先进集体	中共浙江省委、浙江省人民政府	2021年12月
江干区委改革办	2020年度改革创新工作中成绩突出集体	中共浙江省委、浙江省人民政府	2021年5月
上羊市街社区、杭州东站枢纽管委会、凯益荟党委、万事利集团有限公司党委	浙江省先进基层党组织	中共浙江省委	2021年7月
区人大机关	2020年全省人大信息工作成绩突出单位	浙江省人大常委会办公厅、浙江省人大常委会研究室	2021年1月
区人大常委会	浙江省人大工作研究会第八次理论研讨会优秀论文三等奖	浙江省人大常委会办公厅、浙江省人大工作研究会	2021年11月
区法院	2020年度全省法院信息工作三等奖	浙江省高级人民法院办公室	2021年3月
区法院立案庭（诉讼服务中心）、刑事审判庭	集体二等功	浙江省高级人民法院	2021年1月
区检察院第一检察部	集体二等功	浙江省人民检察院	2021年2月
区检察院	2021年度全省检察机关创新成果奖	浙江省人民检察院	2021年12月
区检察院	2021年度全省检察机关精品案例（检察技术辅助检察办案类）	浙江省人民检察院	2021年12月
区检察院	全省检察机关首批个人品牌工作室	浙江省人民检察院	2021年12月
区融媒体中心	“江干发布”获2020年度“之江号”矩阵县（市、区）级政务新媒体第二名	中共浙江省委宣传部、浙江省人民政府办公厅、中共浙江省委网信办	2021年2月
凤凰御元艺术基地、杭州创意设计中心、新禾联创数字时尚产业园	2019—2020年度浙江省重点文化产业园区	中共浙江省委宣传部	2021年1月
凤凰山南影视街区	2020年度浙江省文化创意街区	中共浙江省委宣传部	2021年1月
思美传媒股份有限公司、杭州佳平影业有限公司	2019—2020年度浙江省重点文化企业	中共浙江省委宣传部	2021年1月
区委统战部	全省统战系统先进集体	中共浙江省委统战部	2021年12月
区委编办	浙江省事业单位改革成效突出集体	浙江省事业单位改革领导小组	2021年12月

续表 19

获奖单位	先进荣誉（称号）	颁奖单位	颁奖时间
区信访局	2020年度浙江省无信访积案（市、区）	浙江省信访工作领导小组	2021年2月
区委老干部局	全省老干部工作先进集体	中共浙江省委老干部局	2021年12月
清波街道离退休干部党支部	浙江省标准化离退休干部党支部	中共浙江省委老干部局	2021年2月
民革上城区基层委员会	2021年度民革全省组织工作先进集体	民革浙江省委员会	2021年1月
民革江干区基层委员会	2020年省组织工作、宣传思想工作先进集体	民革浙江省委员会	2021年1月
民革上城区基层委员会三支部、四支部	省级示范支部	民革浙江省委员会	2021年1月
民建上城区基层委员会	浙江民进为全面建成小康社会作贡献成绩突出集体	民建浙江省委员会	2021年11月
民进上城区基层委员会	民进浙江省优秀基层组织	民进浙江省委员会	2021年4月
农工党上城区基层委员会	农工党浙江省2021年度社会服务先进集体	农工党浙江省委员会	2021年12月
农工党上城区基层委员会四支部	农工党浙江省2021年度组织工作先进集体	农工党浙江省委员会	2021年12月
九三学社上城区基层委员会	九三学社浙江省社会服务先进集体、组织建设先进集体	九三学社浙江省委员会	2021年11月
区融媒体中心	新媒体类作品《应对台风“烟花”，上城在行动！专题直播》在全省防台宣传报道评选活动中被评为优秀作品	浙江省新闻工作者协会	2021年8月
区融媒体中心	《家门口的“江医生”》获“寻红色印记·看美好窗口”融媒体作品征集暨全省融媒体易地蹲点采访活动优秀作品奖	浙江省新闻工作者协会、浙江政务短视频联盟	2021年9月
区社科联	2021年度浙江省区县级社科联优秀单位	浙江省社会科学联合会	2022年1月
区社科联	“‘云上社科普及’矩阵”主题活动入选2020年度浙江省社科普及创新项目	浙江省社会科学联合会	2021年4月
区公安分局预审大队	全省政法系统执法办案成绩突出集体	浙江省委政法委	2021年1月
上城区公安分局、江干区公安分局	2020年度全省公安机关执法质量考评优秀单位	浙江省公安厅	2021年1月
区公安分局扫黑专业队	扫黑除恶专项行动先进集体	浙江省公安厅	2021年2月
区公安分局“3·24”案件处置工作组	集体二等功	浙江省公安厅	2021年4月
区公安分局觅天使、镇街版“小脑+手脚”	全省公安数改典型案例“好应用”	浙江省公安厅	2021年11月
区司法局清波司法所	浙江省“枫桥式”司法所	浙江省司法厅	2021年1月
区财政局	《浙江财政年鉴（2021卷）》组稿工作先进单位	浙江省财政厅	2021年12月

续表19

获奖单位	先进荣誉（称号）	颁奖单位	颁奖时间
区税务局纳税服务科（办税服务厅）	全省税务系统先进集体	国家税务总局浙江省税务局	2021年12月
区税务局	全省纳税宣传辅导优质作品一等奖	国家税务总局浙江省税务局办公室	2021年12月
区劳动人事争议仲裁院	2020年度全省劳动人事争议“互联网+调解仲裁”成绩突出仲裁院	浙江省人力资源和社会保障厅	2021年1月
区妇女联合会、区人力社保局	浙江省实施妇女儿童发展规划成绩突出集体	浙江省人民政府妇女儿童工作委员会	2021年5月
区文广旅体局	九堡阿里体育中心推动“全民智享运动”入选浙江省委改革办“竞跑者”推广案例	浙江省委改革办	2021年5月
区文广旅体局	“十三五”浙江省竞技体育“突出贡献奖”	浙江省体育局	2021年1月
区文广旅体局	“十三五”浙江省场地设施建设“突出贡献奖”	浙江省体育局	2021年4月
区文广旅体局	丁兰街道“孝文化”、彭埠街道“民间游戏”复核通过“浙江省民间文化艺术之乡”	浙江省文化和旅游厅	2021年8月
笕桥街道	浙江省文化强镇	浙江省文化和旅游厅	2021年12月
紫阳街道上羊市街社区、彭埠街道杨柳郡社区	2021年度浙江省文化示范村（社区）	浙江省文化和旅游厅	2021年12月
湖滨街道文化站、小营街道文化站、南星街道文化站、凯旋街道文化体育指导站、采荷街道文化体育指导站、闸弄口街道文化体育指导站、彭埠街道文化站、笕桥街道文化体育指导站、丁兰街道文化体育指导站、九堡街道文化体育指导站	特级综合文化站	浙江省文化和旅游厅	2021年12月
清波街道文化站、紫阳街道文化站、望江街道文化站、四季青街道文化体育指导站	一级综合文化站	浙江省文化和旅游厅	2021年12月
区图书馆	全省第一批“满意图书馆”达标	浙江省文化和旅游厅办公室	2021年4月
区文广旅体局	浙江省社会科学普及基地	浙江省社会科学界联合会	2021年4月
区文广旅体局	浙江省终身学习体验基地	浙江省社区教育指导中心办公室	2021年10月
区文广旅体局	长三角市民终身学习体验基地	上海市学习型社会建设服务指导中心办公室、江苏省社会教育服务指导中心办公室、浙江省社区教育指导中心办公室、安徽省社区教育研究指导中心办公室	2021年11月

续表 19

获奖单位	先进荣誉（称号）	颁奖单位	颁奖时间
区卫生和计划生育监督所	2020年度全省卫生行政执法效能监测一等奖	浙江省卫生健康委员会	2021年2月
区卫生和计划生育监督所	2020年度市场监管执法工作成绩突出集体	浙江省打击侵犯知识产权和制售假冒伪劣商品工作领导小组办公室	2021年2月
区退役军人事务局	浙江省退役军人全生命周期管理保障工作成绩突出集体	浙江省退役军人事务厅	2021年12月
区退役军人服务中心	浙江省退役军人服务保障体系建设先进单位、2021年浙江省新时代枫桥式退役军人服务中心	中共浙江省委退役军人事务工作领导小组办公室	2021年12月
闸弄口街道退役军人服务站、丁兰街道勤丰社区退役军人服务站、丁兰街道皋城村退役军人服务站、丁兰街道沿山村退役军人服务站	新时代“枫桥式”退役军人服务站	中共浙江省委退役军人事务工作领导小组办公室	2021年12月
区市场监管局	2016—2020年度法治宣传教育表现突出单位	浙江省市场监督管理局	2021年12月
九堡市场监督管理所	“亮剑2021”消费安全综合执法行动十大典型案例	浙江省市场监督管理局	2021年7月
区城管局	创建《城管驿站管理规范》（DB33/T2355—2021）省级标准	浙江省市场监督管理局	2021年8月
江干区综合行政执法局	“以技能通关锻造全能型执法队伍”项目获2020年度全省综合行政执法改革“最佳实践”项目	浙江省综合行政执法指导办公室	2021年1月
浙江省杭州四季青中学	浙江省教育系统最美志愿服务组织	浙江省教育工会	2021年5月
杭州市建兰中学团委	浙江省成绩突出团委	共青团浙江省委员会	2021年7月
少先队杭州市夏衍小学大队	2021年浙江省成绩突出少先队集体	共青团浙江省委员会、省教育厅、省少工委	2021年11月
团区委	名校学子浙江行优秀社会实践基地	共青团浙江省委员会	2021年7月
丁兰街道蕙兰社区儿童之家	2020年度“浙江省示范型儿童之家”	浙江省妇女联合会、浙江省民政厅	2021年2月
四季青街道钱运社区儿童之家	2021年度“浙江省示范型儿童之家”	浙江省妇女联合会、浙江省民政厅	2021年11月
区残疾人工作委员会	“十三五”期间浙江省残疾人工作成绩突出先进集体	浙江省人民政府、浙江省人民政府残疾人工作委员会	2021年8月
区工商联	2019—2020年度浙江省“五优”县级工商联	浙江省工商业联合会	2021年1月
区工商联	2020年度全省工商联系统先进单位	浙江省工商业联合会	2021年1月

续表19

获奖单位	先进荣誉（称号）	颁奖单位	颁奖时间
区工商联	《一站受理“码”上兑付——创建“尚小二”涉企政策服务平台》被评为2020年度全省工商联服务“两个健康”工作最佳案例	浙江省工商业联合会	2021年1月
区工商联	《激发街道商会组织新活力，做强政商关系基层主阵地》被评为省工商联系统四季度县级工商联服务“两个健康”优秀案例	浙江省工商业联合会	2021年12月
区红十字会	浙江省红十字会新冠肺炎疫情防控工作先进集体	浙江省红十字会	2021年1月
湖滨街道红十字会	2020年度浙江省突出贡献红十字基层组织	浙江省红十字会	2021年1月
南星街道社会组织党群服务中心、笕桥街道社会组织党群服务中心	浙江省第三批社会组织党群服务中心示范点	中共浙江省社会组织综合委员会	2021年2月
涌金门、紫花埠、始版桥、庆春门、赵家苑、红五月、范家、江锦	第二批高质量就业社区（村）	浙江省人力资源和社会保障厅	2021年5月
建国南苑、南班巷、普升福邸、万科都会翡翠花园、钱江华府、昆仑天籁、城发云锦城、滨江华家池、金基晓庐、和谐家园北苑、金色黎明二期、圣奥领寓、金雅苑、阳光城翡丽湾、荷苑、天成家园南苑、御道江河汇流公寓四期	2020年度浙江省节水型小区	浙江省住房和城乡建设厅	2021年2月
钱江候潮府、染坊弄、耀江广厦	2021年度第二批浙江省节水型小区	浙江省住房和城乡建设厅	2021年12月
曙光之城、魅力之城、圣奥领寓、文景苑、钱江华府、康都紫轩、金色海岸、江新苑	首批浙江省红色物业项目	浙江省住房和城乡建设厅	2021年12月
湖滨街道	浙江省高品质步行街	浙江省商务厅	2021年1月
湖滨街道	浙江省首批省级示范智慧商圈	浙江省商务厅	2021年12月
湖滨街道、钱塘智慧城	浙江省数字生活新服务特色镇	浙江省数字生活新服务联席会议办公室	2021年11月
湖滨街道、闸弄口街道	2021年度浙江省生活垃圾分类示范片区	浙江省生活垃圾分类工作领导小组办公室	2021年12月

续表19

获奖单位	先进荣誉（称号）	颁奖单位	颁奖时间
康都紫轩、金色海岸、候潮府、婺江一园、锦都世家、近江九园、永宁院小区、建国南苑北片区、皇诰巷、乌龙巷小区、老浙大直路25号、老浙大横三弄、建国南苑南片区、紫花北苑、紫花南苑、金棕榈花园、定安名都、涌金花园、祠堂巷小区、三里亭苑二区、三里新城竹苑、景昙小区、景芳四区、庆和苑、常青公寓、洁莲小区、怡静坊小区、东润枫华、东方润园、金色黎明一期、蓝天嘉苑、云峰家园、御道家园、海棠公寓、丽江公寓一期、阳光景台、阳光逸城天阳观筑	2020年度浙江省高标准生活垃圾分类示范小区	浙江省生活垃圾分类工作领导小组办公室	2021年1月
天运花园、滨江华家池、东城印象、三堡北苑、留香园、原筑壹号、云河南园、同协雅苑、天阳明朗、聚英公寓、美政南苑、惠民苑、日信国际、采荷人家、阳光海岸、见仁里、积善坊巷、定安苑、清怡花苑、近江七园、秋江雅苑	2021年度浙江省高标准生活垃圾分类示范小区	浙江省生活垃圾分类工作领导小组办公室	2021年12月
凯旋街道南肖埠社区	浙江省“最美志愿服务村（社区）”	中共浙江省委宣传部、浙江省文明办、浙江省民政厅	2021年11月
凯旋街道南肖埠社区	浙江省“最美新时代文明实践志愿服务基层站”	浙江省精神文明建设委员会办公室	2021年12月
“尚善之家”公益服务中心	2020年度浙江省示范性慈善基地	浙江省民政厅	2021年3月
凯旋街道凯益荟社会组织	2021年度全省品牌社会组织	浙江省民政厅	2021年11月
钱江新城中央商务区党群服务中心	浙江省数字赋能、集成服务示范党群服务中心	中共浙江省委组织部办公室、浙江省委两新工委	2021年7月
彭埠街道	2021年度浙江省“一级乡镇（街道）禁毒办”	浙江省禁毒委员会办公室	2021年12月
九堡街道	浙江省“五水共治”（河长制）工作考核优秀乡镇（街道）	浙江省“美丽浙江”建设领导小组五水共治办公室	2021年11月
九堡街道人民调解委员会和事佬服务调解工作室	浙江省金牌人民调解工作室	浙江省人民调解协会	2021年12月

续表19

获奖单位	先进荣誉（称号）	颁奖单位	颁奖时间
九堡街道食安办	浙江省四星级食安办	浙江省食品药品安全委员会办公室	2021年11月
凯旋街道景新社区	全省老年教育优秀社团	浙江老年开放大学	2021年1月
杭州市湖滨步行街商业发展有限公司	浙江省参与第3届中国国际进口博览会突出贡献集体	中国国际进口博览会浙江省交易团（浙江省商务厅）	2021年1月
始版桥未来社区SC0402-R21/R22-06地块农转非居民拆迁安置房（含城市居民）项目工程总承包（EPC）、德寿宫遗址保护展示工程暨南宋博物院（一期）中西区工程	2021年度浙江省智慧工地示范项目	浙江省建筑业行业协会	2021年11月
杭州路通环境科技有限公司	2021年度浙江省城市市容环境卫生工作成绩突出集体	浙江省住房和城乡建设厅、浙江省总工会	2021年10月
西泠东道（杭州）文化创意有限公司、浙江睿宸影视制作有限公司、杭州如涵文化传播有限公司	第五批浙江省成长型文化企业	浙江省文化改革发展工作领导小组办公室	2021年1月
浙江睿宸影视制作有限公司	第10届浙江电影“凤凰奖”优秀动画片奖	浙江省文学艺术界联合会、浙江省电影家协会	2021年11月
杭州一九零五文化传媒有限公司	第10届浙江电影“凤凰奖”优秀纪录片奖、最佳剪辑奖	浙江省文学艺术界联合会、浙江省电影家协会	2021年11月
杭州娃哈哈集团有限公司	2021浙江省民营企业100强（第31位）	浙江省市场监督管理局、浙江省工商业联合会	2021年9月
杭州娃哈哈集团有限公司	2021长三角制造业企业100强（第64位）	浙江省企业联合会、浙江省企业家联合会、上海市企业联合会、上海市企业家联合会、江苏省企业联合会、江苏省企业家联合会、安徽省企业联合会、安徽省企业家联合会	2021年11月
浙江华日实业投资有限公司	第7届理事会副理事长单位	浙江省家用电器协会	2021年12月

2021年度上城区各部门（单位）获市级先进集体荣誉

表20

获奖单位	先进荣誉（称号）	颁奖单位	颁奖时间
上城区	2020年度全市平安创建工作考核结果良好区	中共杭州市委办公厅	2021年4月
上城区、江干区	2020年度生态文明（“美丽杭州”）建设考核优秀区、县（市）	中共杭州市委、杭州市人民政府	2021年6月

续表20

获奖单位	先进荣誉（称号）	颁奖单位	颁奖时间
区委办公室、上城生态环境分局	2020年度杭州市“两山”实践创新基地建设工作集体嘉奖	杭州市人民政府	2021年6月
区纪委区监委	2020年度杭州市“成功追回重点个案职务犯罪外逃人员”集体二等功	杭州市人民政府	2021年7月
区检察院机关党委、区公安分局笕桥派出所党支部、区建设工程质量安全监督站党支部、区审管办机关支部委员会、城站广场管委会、杭州市玉皇山南基金小镇管委会联合党委	杭州市先进基层党组织	中共杭州市委	2021年6月
江干区公安分局经侦大队	2020年度杭州市网贷风险处置工作（含追赃挽损百日攻坚战专项）集体二等功	杭州市人民政府	2021年7月
江干区金融办	2020年度杭州市网贷风险处置工作（含追赃挽损百日攻坚战专项）集体三等功	杭州市人民政府	2021年7月
上城区委政法委、江干区检察院第一检察部、上城区委宣传部（网信办）、上城区公安分局经侦大队、江干区公安分局刑侦大队便衣中队、上城区财政局、上城区金融办	2020年度杭州市网贷风险处置工作（含追赃挽损百日攻坚战专项）集体嘉奖	杭州市人民政府	2021年7月
上城区精神文明建设指导服务中心、江干区委宣传部、上城交警大队、四季青街道	杭州市创建“全国文明城市”工作突出贡献集体	中共杭州市委、杭州市人民政府	2021年4月
上城区委政法委、上城区法院、上城区检察院、上城区信访局、上城区教育局、上城区公安分局、上城区人力社保局、上城区卫生健康局、江干区委宣传部、江干区委政法委、江干区信访局、江干区公安分局、江干交警大队、江干消防救援大队、共青团江干区委员会、湖滨街道、小营街道、南星街道、杭州市采荷第二小学、四季青街道综合信息指挥室、闸弄口街道蓝天社区党支部、杭州滨江房产集团股份有限公司、杭州协成物业服务有限公司	2020年度平安创建（市域社会治理现代化）先进集体	中共杭州市委、杭州市人民政府	2021年4月

续表20

获奖单位	先进荣誉（称号）	颁奖单位	颁奖时间
区教育局、区财政局	杭州市东西部扶贫协作工作成绩突出集体	杭州市人民政府办公厅	2021年12月
区人力社保局	杭州市乡村振兴（城乡区域统筹发展）工作成绩突出集体	中共杭州市委、杭州市人民政府	2021年8月
区人力社保局	杭州市稳就业保就业工作成绩突出集体	杭州市人民政府办公厅	2021年12月
区慈善总会	2021年度杭州市慈善事业发展促进工作中成绩突出的集体行政奖励	杭州市人民政府	2021年9月
上城区住建局、江干区住建局	2020年杭州市治理城市交通拥堵工作中做出突出贡献，给予嘉奖	杭州市人民政府	2021年7月
上城区住建局、江干区住建局	2020年度城乡配套设施完善和有机更新工作集体嘉奖	杭州市人民政府	2021年8月
江干区住建局	2020年度杭州市绿化综合考核优秀管理单位	杭州市人民政府	2021年4月
区文广旅体局	2020年度杭州亚运会、亚残运会筹办工作突出贡献集体	中共杭州市委、杭州市人民政府	2021年7月
区退役军人事务局、清波街道退役军人服务站	全国双拥模范城创建工作成绩突出集体嘉奖	杭州市人民政府办公厅	2021年12月
区统计局	杭州市第七次全国人口普查集体三等功	杭州市人民政府办公厅	2021年12月
紫阳街道、凯旋街道、四季青街道运新社区	杭州市第七次全国人口普查成绩突出集体行政奖励	杭州市人民政府办公厅	2021年12月
上城区数据资源局、江干区数据资源局、湖滨街道	2020年度杭州市全面深化改革工作突出贡献集体	中共杭州市委、杭州市人民政府	2021年5月
区审管办	2020年度杭州市国际一流营商环境创建突出贡献集体	中共杭州市委、杭州市人民政府	2021年9月
区残联、小营街道	2021年度杭州市政府爱心助残行动先进集体	杭州市人民政府办公厅	2021年12月
小营街道、凯旋街道	2021年杭州市“美丽建设”突出贡献集体	中共杭州市委、杭州市人民政府	2021年12月
凯旋街道	2020年度全市政务信息工作先进单位	杭州市人民政府办公厅	2021年4月
“筑梦暖巢”夏令营	2021年杭州市百场公益夏令营活动优秀活动奖	中共杭州市委	2021年10月
杭州望海潮建设有限公司	2020年度扩大有效投资、推进重点项目行政奖励	杭州市人民政府	2021年6月
杭州娃哈哈集团有限公司	2021年度杭州市慈善事业发展促进工作集体嘉奖	杭州市人民政府	2021年9月
杭州娃哈哈集团有限公司	杭州市稳就业保就业成绩突出集体	杭州市人民政府办公厅	2021年12月

【上城区先进基层党组织】

上城区人大常委会机关党支部、上城区政协机关党支部、上城区委统一战线工作部机关党支部、上城区委机构编制委员会办公室机关党支部、上城区教育局机关党总支、上城区民政局机关党支部、上城区民政局机关退休党支部、上城区人力资源和社会保障局机关党支部、上城区住房和城市建设局机关房管党支部、上城区商务局机关党支部、上城区卫生健康局机关党委、上城区应急管理局机关党支部、上城区市场监督管理局机关第五党支部、上城区审计局机关党支部、上城区数据资源局机关党支部、杭州东站枢纽第三党支部、上城区人民法院机关立案庭党支部、上城区残疾人联合会机关党支部、上城区税务局机关纳税服务科党支部、杭州玉皇山南基金小镇经营管理有限公司党支部、杭州清河坊资产管理有限公司党支部、杭州市崇文实验学校教育集团党委、杭州采实教育集团党委、杭州采荷三小教育集团党总支、上城区社区学院党支部、杭州“海归驿站”党支部、上城区公安分局基层基础管理大队党支部、上城区公安分局湖滨派出所党支部、上城区公安分局法制大队党支部、上城区司法局彭埠司法所党支部、浙江金驰律师事务所联合党支部、大华会计师事务所（特殊普通合伙）浙江万邦分所资产评估党支部、上城区人力资源和社会保障局事业单位党支部、上城区历史文化街区和历史建筑保护服务中心党支部、小营街道社区卫生服务中心党总支、凯旋街道社区卫生服务中心党支部、采荷街道社区卫生服务中心党支部、上城区市场监管局南星市场监督管理所党支部、上城区市场监管局闸弄口市场监督管理所党支部、杭州之江环境服务有限公司党总支、杭州路通市政园林工程有限公司党支部、湖滨街道东坡路社区党委、上城区晴雨公益服务中心党支部、杭州工联大厦股份有限公司党支部、清波街道劳动路社区党委、清波街道定安路社区党委、清波街道机关第三党支部、清波街道柳翠井巷社区流动第二党支部、小营街道西牌楼社区党委、小营街道紫金社区党委、小营街道长明寺巷社区第四党支部、杭州特美刻实业有限公司党支部、望江街道清泰门社区党委、望江街道现场动迁指挥部集体联建动迁组维稳组党支部、杭州近江股份经济合作社党委、南星街道机关退休党支部、浙江龙源风力发电有限公司党委、北京恒天明泽基金销售有限公司杭州分公司党支部、杭州丰平文化创意有限公司党支部、紫阳街道机关行政执法中队党支部、杭州木材有限公司党总支、紫阳街道海潮社区党委、紫阳街道春江社区党委、闸弄口街道党政综合办公室党支部、闸弄口街道天杭社区党委、杭州天恒投资建设管理有限公司党支部、闸弄口街道濮家联合社区机神阳光第一党支部、凯旋街道公共管理办公室党支部、凯旋街道金秋花园社区第二网格党支部、凯旋街道景昙社区第一网格党支部、浙江格力党支部、采荷街道芙蓉社区党委、采荷街道洁莲社区党委、杭州佳成国际物流股份有限公司党总支、采荷街道益和党支部、四季青街道钱江苑社区党委、四季青街道钱运社区党总支、常青股份经济合作社党委、西子联合控股有限公司党委、笕桥街道公共管理办公室党支部、笕桥街道水墩社区党委、笕桥街道天新社区党总支、彭埠街道章家坝社区党委、浙江华威建材集团有限公司党委、彭埠街道红五月社区党委、彭埠街道茶亭苑社区党委、九堡街道兴安社区党总支、九堡街道平安建设办公室党支部、九堡街道牛田社区党委、丁兰街道明珠社区党总支、丁兰街道后珠苑社区党委、丁兰街道华鹤社区党总支、丁兰街道五会港社区党支部、杭州娃哈哈集团有限公司总部机关第一党支部、杭州娃哈哈集团有限公司海宁基地党总支、杭州娃哈哈集团有限公司质监部党支部、华日第三党支部、广宇集团股份有限公司联合党支部、杭州柯林电气股份有限公司党支部、杭州高浪控股股份有限公司党支部

【2021年上城区政府质量奖】

浙江中烟工业有限责任公司

（年鉴编辑部）

先进个人

2021年度上城区各部门（单位）获国家和部级先进个人荣誉

表21

获奖单位	获奖人姓名	先进荣誉（称号）	颁奖单位	颁奖时间
区委宣传部	何嘉成	2020年度舆情信息工作优秀个人	中共中央宣传部	2021年3月
区检察院	陈慧芳	全国检察机关扫黑除恶专项斗争优秀个人	最高检最高人民检察院	2021年4月
区检察院	潘颖颖	首批全国网络犯罪检察人才	最高人民检察院惩治网络犯罪维护网络安全研究指导组办公室	2021年6月
区检察院	赖之初	2021年度全国检察宣传先进个人	检察日报社	2021年11月
杭州市杭州中学	肖立沣	2021年度新时代好少年	教育部、中央精神文明建设指导委员会办公室	2021年12月
杭州路通市政工程有限公司	张秀芳	中国好人	中央精神文明建设指导委员会办公室	2021年12月
民盟上城区基层委员会	沈　玲	反映社情民意先进个人	中国民主同盟中央委员会	2021年5月
民进上城区基层委员会	徐荣培	民进全国社会服务暨脱贫攻坚工作先进个人	中国民主促进会中央委员会	2021年5月
农工党上城区基层委员会	刘金虎 寿国先 蔡　节	农工党中央脱贫攻坚先进个人	中国农工民主党中央委员会	2021年8月
致公党上城区基层委员会	洪文英 郑君辉	致公党中央全国脱贫攻坚先进个人	中国致公党中央委员会	2021年9月
弯湾托管中心	徐　琴	新的社会阶层人士服务团优秀团员	中共中央统战部	2021年10月
弯湾托管中心	徐　琴	全国“三八红旗手”	中华全国妇女联合会	2021年2月
区司法局	金　兰	全国维护妇女儿童权益先进个人	中华全国妇女联合会	2021年12月
杭州市杨绫子学校	周志君	全国维护妇女儿童权益先进个人	中华全国妇女联合会	2021年12月
清波街道	张能庆	全国最美家庭	中华全国妇女联合会	2021年10月
区红十字会	王　晨	2021年度中国红十字会总会报刊宣传先进个人二等奖	中国红十字会总会办公室	2021年10月
区红十字会（系统）	孟怡希	中国红十字会“会员之星”	中国红十字会总会	2021年12月
区晴雨公益服务中心	沈廷冲	全国红十字志愿服务先进典型	中国红十字会总会	2021年12月

续表21

获奖单位	获奖人姓名	先进荣誉（称号）	颁奖单位	颁奖时间
区统计局	林　蔚	第七次全国人口普查先进个人	国务院第七次人口普查领导小组	2021年9月
区消费者协会	陈钟良	2020—2021年度消费维权先进个人	中国消费者协会	2021年2月
湖滨街道社区卫生服务中心	黄　卿	在全国第六次卫生服务统计调查中表现突出的个人	国家卫生健康委办公厅	2021年7月
小营街道社区卫生服务中心	叶青青 章雅丽	在全国第六次卫生服务统计调查中表现突出的个人	国家卫生健康委办公厅	2021年7月
望江街道社区卫生服务中心	俞　洋	在全国第六次卫生服务统计调查中表现突出的个人	国家卫生健康委办公厅	2021年7月
南星街道社区卫生服务中心	王　燕	在全国第六次卫生服务统计调查中表现突出的个人	国家卫生健康委办公厅	2021年7月
紫阳街道社区卫生服务中心	赵小花	在全国第六次卫生服务统计调查中表现突出的个人	国家卫生健康委办公厅	2021年7月
区文广旅体局	王厚琦	作品《亲爱的亚细亚》入选杭州2022年第19届亚运会全球音乐作品征集“首批十首优秀歌曲”	2022年第19届亚运会组委会	2021年3月
—	诸　吉	在全国残运会游泳项目中获女子20分4x50米自由泳接力金牌、女子S5级200米自由泳金牌、50米自由泳铜牌	全国残运会	2021年10月
杭州娃哈哈集团有限公司	宗庆后	“以‘承包责任制’为核心的组织管理模式”获2021年度轻工企业管理现代化创新成果一等奖	中国轻工业企业管理协会	2021年9月

2021年度上城区各部门（单位）获省级和省属部门先进个人荣誉

表22

获奖单位	获奖人姓名	先进荣誉（称号）	颁奖单位	颁奖时间
区委改革办	俞杭钧 夏琳婧	2020年度改革创新工作成绩突出个人	中共浙江省委、浙江省人民政府	2021年5月
区公安分局	吴　艇	全省扫黑除恶专项斗争先进个人	中共浙江省委、浙江省人民政府	2021年3月
笕桥街道金色黎明社区	张海华	浙江省担当有为好支书	中共浙江省委、浙江省人民政府	2021年10月
笕桥街道金色黎明社区	张海华	浙江省优秀共产党员	中共浙江省委	2021年7月
清波街道张能庆公益服务站党支部	张能庆	浙江省优秀党务工作者	中共浙江省委	2021年7月

续表22

获奖单位	获奖人姓名	先进荣誉（称号）	颁奖单位	颁奖时间
区人大常委会办公室	刘晓霆	2020年全省人大信息工作成绩突出个人	浙江省人大常委会办公厅、浙江省人大常委会研究室	2021年1月
区人大常委会	来剑波 龚军成 徐　芳 王　通 张华峰	浙江省人大工作研究会第八次理论研讨会优秀论文三等奖	浙江省人大常委会办公厅、浙江省人大工作研究会	2021年11月
区法院	程煜峰	全省法院诉源治理成绩先进个人	浙江省高级人民法院政治部	2021年1月
区法院	程煜峰	全省政法系统矛盾纠纷调解成绩突出个人	中共浙江省委政法委	2021年1月
区法院	朱凌佳	2020年度全省法院信息工作先进个人	浙江省高级人民法院办公室	2021年3月
区法院	谷萌萌	全省法院庆祝中国共产党成立100周年理论研讨征文二等奖	浙江省高级人民法院政治部	2021年6月
区检察院	蒋青玉 邵日强	全省检察机关公益诉讼勘验取证业务标兵	浙江省人民检察院	2021年4月
区检察院	罗悦来	全省检察机关首届公益诉讼业务竞赛标兵	浙江省人民检察院	2021年10月
区检察院	江波均 周　浩	2021年度全省检察理论研究年会优秀论文二等奖	浙江省人民检察院	2021年11月
区检察院	江波均 张　曦 卫　东 陈　静 周　浩	2021年度全省检察机关知名期刊优秀成果	浙江省人民检察院	2021年12月
区检察院	卫　东 周　浩	2021年度全省检察机关优秀专题调研成果一等奖	浙江省人民检察院	2021年12月
区委宣传部	何嘉成 余　蓉 吴剑涛	2020年度全省社会舆情信息工作先进个人	中共浙江省委宣传部	2021年5月
区委宣传部	郭海洲	2020年度全省宣传信息工作先进个人	中共浙江省委宣传部	2021年5月
区委宣传部	余思聪	2020年度全省宣传文化系统调研工作先进个人	中共浙江省委宣传部	2021年5月
杭州人民广播电台	雷　鸣	第7届浙江省道德模范	中共浙江省委宣传部	2021年8月
区公安分局	罗万甘	浙江省第2届“最美退役军人”	中共浙江省委宣传部、浙江省退役军人事务厅、浙江省军区政治工作局	2021年9月
区委统战部	程荣峰	全省统战系统先进工作者	中共浙江省委统战部	2021年12月

续表22

获奖单位	获奖人姓名	先进荣誉（称号）	颁奖单位	颁奖时间
区委编办	韩少英 杨　瑜	浙江省事业单位改革成效突出个人	浙江省事业单位改革领导小组	2021年12月
民革上城区基层委员会	颜瑶卿	浙江好人	中共浙江省委宣传部、浙江日报集团	2021年4月
民革上城区基层委员会	吴瑶宇 陶宏莉	2020年全省宣传思想工作先进个人	民革浙江省委员会	2021年1月
民革上城区基层委员会	谢炳松 姚　晓	2020年全省社会服务工作先进个人	民革浙江省委员会	2021年1月
民革上城区基层委员会	姚洪燕	2020年组织工作先进个人	民革浙江省委员会	2021年1月
民革上城区基层委员会	余建国	2020年祖国统一工作先进个人	民革浙江省委员会	2021年1月
民盟上城区基层委员会	胡丹丹	“盟声议政”法治建设研讨会优秀论文一等奖	民盟浙江省委员会	2021年1月
民盟上城区基层委员会	胡丹丹 何　斌	参政议政优秀论文	民盟浙江省委员会	2021年11月
民建上城区基层委员会	郑洪鑫	浙江民建为全面建成小康社会作贡献成绩突出个人	民建浙江省委员会	2021年11月
农工党上城区基层委员会	李祖胜 沈敏芳 蔡　节	农工党浙江省2021年社会服务先进个人	农工党浙江省委员会	2021年12月
九三学社上城区基层委员会	华剑波 张　末 刘相玉	社省委优秀社员	九三学社浙江省委员会	2021年11月
九三学社上城区基层委员会	李友银	社省委优秀社务工作者	九三学社浙江省委员会	2021年11月
九三学社上城区基层委员会	贺　玲 夏丁玲 赵海燕	社省委社会服务先进个人	九三学社浙江省委员会	2021年11月
区人力社保局	张彬晨 徐惟雅	2020年度全省劳动人事争议案件处理成绩突出仲裁员	浙江省人力资源和社会保障厅	2021年1月
区人力社保局	孔永高	2020年度全省劳动人事争议案件处理成绩突出调解员	浙江省人力资源和社会保障厅	2021年1月
杭州市天长小学	楼朝辉	享受国务院政府特殊津贴人员	浙江省人力资源和社会保障厅	2021年2月
杭州市清河实验学校	马益彬	浙江省教坛新秀	浙江省教育厅	2021年7月
杭州市天杭实验学校	戴灿华	浙江省教坛新秀	浙江省教育厅	2021年7月
杭州市笕正小学	杨　欣	浙江省教坛新秀	浙江省教育厅	2021年7月
杭州市澎汇小学	徐悠然	浙江省教坛新秀	浙江省教育厅	2021年7月

续表22

获奖单位	获奖人姓名	先进荣誉（称号）	颁奖单位	颁奖时间
杭州市天杭实验学校	王超锋	2021年浙江省成绩突出少先队辅导员	共青团浙江省委、浙江省教育厅、少先队浙江省工作委员会	2021年11月
杭州市崇文实验学校	朱　良	2021年浙江省成绩突出少先队辅导员	共青团浙江省委、浙江省教育厅、少先队浙江省工作委员会	2021年11月
四季青街道	朱舒文	2021年浙江省成绩突出少先队辅导员	共青团浙江省委、浙江省教育厅、少先队浙江省工作委员会	2021年11月
杭州市景芳中学	陈令希	2021年浙江省成绩突出少先队员	共青团浙江省委、浙江省教育厅、少先队浙江省工作委员会	2021年11月
杭州天成教育集团	汪雯婷	2021年浙江省成绩突出少先队员	共青团浙江省委、浙江省教育厅、少先队浙江省工作委员会	2021年11月
杭州市胜利小学	郑妍琳	2021年浙江省成绩突出少先队员	共青团浙江省委、浙江省教育厅、少先队浙江省工作委员会	2021年11月
杭州市杭州中学	金佳妮	2021年浙江省成绩突出少先队员	共青团浙江省委、浙江省教育厅、少先队浙江省工作委员会	2021年11月
区知联会	黄浩雷	浙江青年创业导师	共青团浙江省委、浙江省青年创业基金会	2021年12月
区知联会	朱　晖	全省律师行业抗击新冠肺炎疫情先进个人	浙江省律师协会	2021年4月
区知联会	牟晓军	2021年度浙江省社会组织领军人物	浙江省民政厅	2021年10月
区民政局	童　磊	金牌颁证员	浙江省民政厅	2021年12月
区公安分局	徐　康 刘家骏 许明煌 汪海平 戚亮亮 张　伟 张福安	抗击新冠肺炎疫情成绩突出个人	浙江省公安厅	2021年1月
区司法局	章寅莹	2021年度“法雨春风进万家”爱民实践活动表现突出先进个人	浙江省司法厅	2021年4月
区司法局	朱　辉	全省社区矫正工作成绩突出个人	浙江省司法厅	2021年12月
—	王云良 王　军	2021年省级乡村文化能人	浙江省文化和旅游厅	2021年8月
—	郑俊海 周继水	2021年省级文化示范户	浙江省文化和旅游厅	2021年8月

续表22

获奖单位	获奖人姓名	先进荣誉（称号）	颁奖单位	颁奖时间
区文广旅体局	王厚琦	作品《今天我退休啦》获2021年浙江省第20届音乐新作大赛金奖	浙江省文化和旅游厅	2021年11月
区文广旅体局	王厚琦	作品《奋斗的意义》《今天我退休啦》获浙江省2020年度优秀歌曲十佳作品	浙江省音乐家协会	2021年4月、6月
区文广旅体局	沈春妮	论文《浅谈新形势下群文美术组织工作的新视野》获浙江省第2届美术论文大赛金奖	浙江省文化馆	2021年4月
区文广旅体局	沈春妮	作品《血色年华》入选浙江省首届数字绘画展获学术提名奖	浙江省文化馆	2021年11月
区文广旅体局	沈春妮	作品《茧·紫剑麻》入展“艺”心向党·庆祝中国共产党成立100周年——“美艺求美”浙江省女画家作品展，获学术提名奖	浙江省美术家协会、浙江省文化馆	2021年9月
区文广旅体局	陈建荣	2020年度浙江省摄影家协会先进个人	浙江省摄影家协会	2021年5月
区文广旅体局	顾　岚	2021长三角地区公共图书馆阅读马拉松大赛中荣获特别贡献奖	上海图书馆（上海科学技术情报研究所）、南京图书馆、浙江图书馆、安徽省图书馆	2021年11月
区公安分局	贾　赟	浙江省卷烟打假打私工作成绩突出个人	浙江省烟草专卖局、浙江省公安厅	2021年12月
区疾病预防控制中心	李　娜	2021年度浙江省防治艾滋病性病优秀志愿者	浙江省性病艾滋病防治协会	2021年12月
区妇女儿童健康服务中心	邹遥玲	2020年度浙江省新生儿疾病筛查先进工作者	浙江省新生儿疾病筛查中心	2021年5月
小营街道社区卫生服务中心	陈蓓蕾 高文静 惠学雯 凌　波	“浙江省血脂异常社区综合防治研究”项目先进个人	浙江心脑血管病防治研究中心	2021年12月
小营街道社区卫生服务中心	齐声莲	2021年浙江省优秀家庭医生	浙江省基层卫生协会	2021年5月
采荷街道社区卫生服务中心	卢跃棣	2021年浙江省优秀家庭医生	浙江省基层卫生协会	2021年5月
凯旋街道社区卫生服务中心	郑友清 葛丽珍 盛　敏	中共贵州省委贵州省人民政府援黔干部和专业技术人才通报表扬	贵州省推进东西部扶贫协作工作领导小组	2021年4月
江干消防救援大队	葛更春	全省“最美应急人”	浙江省应急管理厅	2021年2月
区应急管理行政执法队	王永祥	全省“最美应急人”	浙江省应急管理厅	2021年2月
区市场监管局	倪敏婕	浙江省“放心消费在浙江”成绩突出个人	浙江省市场监管局	2021年1月

续表22

获奖单位	获奖人姓名	先进荣誉（称号）	颁奖单位	颁奖时间
区市场监管局	赵　翎 刘友跑	2020年度浙江省市场监管执法工作成绩突出个人	浙江省打击侵犯知识产权和制售假冒伪劣商品工作领导小组办公室	2021年2月
区市场监管局	顾佳思	2020年“放心消费在浙江”成绩突出个人	浙江省市场监督管理局	2021年1月
区市场监管局	郎　静	2020药品科学监管突出贡献个人奖	浙江省市场监管局	2021年2月
区市场监管局	叶　懋	全省市场监管执法办案能手	浙江省市场监管局	2021年3月
区市场监管局	侯　翔	扫黑除恶专项斗争工作成绩突出个人	浙江省市场监管局	2021年12月
区市场监管局	胡丹丹 王琳玲	全省市场监管系统2016—2020年度法治宣传教育表现突出个人	浙江省市场监管局	2021年12月
区税务局	张蓉蓉	2021年全省税务系统“庆百年、强本领、跟党走”岗位大练兵、业务大比武第五名	国家税务总局浙江省税务局、浙江省总工会	2021年11月
区税务局	蒋智炜	全省税务系统先进工作者	国家税务总局浙江省税务局	2021年12月
区税务局	陈　斌	浙江省税务局党委第七轮巡察优秀干部	浙江省税务局委员会巡察工作领导小组	2021年12月
—	邱　添 张　舸	2020年度浙江“最美家庭”	中共浙江省委宣传部、浙江省妇女联合会	2021年5月
区检察院	施景新	2021年第一季度浙江“最美家庭”	中共浙江省委宣传部、浙江省妇女联合会	2021年4月
区公安分局	施冠娇	2021年第二季度浙江“最美家庭”	中共浙江省委宣传部、浙江省妇女联合会	2021年7月
区教育局	张喜飞	2021年第三季度浙江“最美家庭”	中共浙江省委宣传部、浙江省妇女联合会	2021年9月
区教育局	胡建军	2021年第四季度浙江“最美家庭”	中共浙江省委宣传部、浙江省妇女联合会	2021年12月
区教育局	吴树超 任康平	浙江省文明家庭	浙江省妇女联合会	2021年1月
湖滨街道	荀筱筱	浙江省文明家庭	浙江省妇女联合会	2021年1月
望江街道	郑建娣	浙江省文明家庭	浙江省妇女联合会	2021年1月
区红十字会（系统）	阮兴高 丁皖燕	2021年度浙江省“最美救护员”	浙江省红十字会、中共浙江省委宣传部、浙江省卫健委、共青团浙江省委	2021年10月
区红十字会	王　晨	2020年度《浙江红十字》报优秀通讯员、优秀作品三等奖	浙江省红十字会	2021年2月

续表22

获奖单位	获奖人姓名	先进荣誉（称号）	颁奖单位	颁奖时间
区红十字会（系统）	张能庆 杨　洁 骆　频 赖裕伊 赵建荣 沈金囡 屠苗颖 柴怡中 朱玲萍 黄玉珍 沈晓莉 梁旭珍 鲍金根 陆鉴明 王国庆 陈丽芬 姚惠芬 戚　浩 张姚玲	2021年度浙江省红十字系统五星级红十字志愿者	浙江省红十字会	2021年12月
区晴雨公益服务中心	赖裕伊	浙江省红十字志愿者“五星级”奖章	浙江省红十字会	2021年12月
区关工委	高尔松	红船精神优秀“五老”宣讲员	浙江省关心下一代工作委员会	2021年11月
杭州市采荷中学	陈浙然	2021年度浙江省青少年英才·红船好少年	浙江省关心下一代工作委员会、浙江省青少年英才奖励基金会	2021年11月
湖滨街道	陈　罡	2020年度杭州亚运会、亚残运会筹办工作突出贡献个人	2022年第19届亚运会组委会组织和人力资源部	2021年5月
区统计局	赵晓林	浙江省第七次人口普查成绩突出个人	浙江省第七次人口普查领导小组	2021年10月
杭州路通环境科技有限公司	肖勇华	浙江省城市市容环境卫生工作成绩突出个人	浙江省住房和城乡建设厅、浙江省总工会	2021年10月
杭州娃哈哈集团有限公司	宗庆后	2020年度浙江省社会组织领军人物	浙江省民政厅	2021年1月

2021年度上城区各部门（单位）获市级先进个人荣誉

表23

获奖单位	获奖人姓名	先进荣誉（称号）	颁奖单位	颁奖时间
区纪委区监委	汪　坚	2020年度杭州市“成功追回重点个案职务犯罪外逃人员”个人二等功	杭州市人民政府	2021年7月
区纪委区监委	毛明秀 王　群 范宏昌	2020年度杭州市“成功追回重点个案职务犯罪外逃人员”个人三等功	杭州市人民政府	2021年7月
区纪委区监委	马　超 林　嘉 吴晓华	2020年度杭州市“成功追回重点个案职务犯罪外逃人员”个人嘉奖	杭州市人民政府	2021年7月
区委组织部	丁春早	杭州市优秀党务工作者	中共杭州市委	2021年6月
四季青街道社区卫生服务中心	章　源	杭州市优秀党务工作者	中共杭州市委	2021年6月
杭州市杭州中学	杨昕珠	杭州市优秀党务工作者	中共杭州市委	2021年6月
杭州市时代小学	唐彩斌	杭州市优秀共产党员	中共杭州市委	2021年6月
区公安分局	罗万甘	杭州市优秀共产党员	中共杭州市委	2021年6月
区公安分局	于　宁	2020年度杭州市“平安杭州”建设先进个人	中共杭州市委、杭州市人民政府	2021年4月
区委政法委	赵海军	2020年度杭州市“平安杭州”建设先进个人	中共杭州市委、杭州市人民政府	2021年4月
区委宣传部	郭　佳	杭州市创建“全国文明城市”工作突出贡献个人	中共杭州市委、杭州市人民政府	2021年4月
区文广旅体局	陶堂其 朱玲玲	杭州市创建“全国文明城市”工作突出贡献个人	中共杭州市委、杭州市人民政府	2021年4月
上城交警大队	陈　伟	杭州市创建“全国文明城市”工作突出贡献个人	中共杭州市委、杭州市人民政府	2021年4月
区公安分局	沈雁平	2020年度杭州市网贷风险处置工作（含追赃挽损百日攻坚战专项）个人二等功	杭州市人民政府	2021年7月
区公安分局	蒋　健 陈　宽	2020年度杭州市网贷风险处置工作（含追赃挽损百日攻坚战专项）个人三等功	杭州市人民政府	2021年7月
区法院	汪骏华 娄　磊	2020年度杭州市网贷风险处置工作（含追赃挽损百日攻坚战专项）个人三等功	杭州市人民政府	2021年7月
区金融办	楼杭杰 邱　晓	2020年度杭州市网贷风险处置工作（含追赃挽损百日攻坚战专项）个人三等功	杭州市人民政府	2021年7月
区委办公室	易　琦	2020年度杭州市网贷风险处置工作（含追赃挽损百日攻坚战专项）个人嘉奖	杭州市人民政府	2021年7月
区委宣传部	陈　齐	2020年度杭州市网贷风险处置工作（含追赃挽损百日攻坚战专项）个人嘉奖	杭州市人民政府	2021年7月

续表23

获奖单位	获奖人姓名	先进荣誉（称号）	颁奖单位	颁奖时间
区委政法委	魏吉良	2020年度杭州市网贷风险处置工作（含追赃挽损百日攻坚战专项）个人嘉奖	杭州市人民政府	2021年7月
区信访局	王　伟 宣建平	2020年度杭州市网贷风险处置工作（含追赃挽损百日攻坚战专项）个人嘉奖	杭州市人民政府	2021年7月
区公安分局	诸　文 项赵楚 来益钧 朱　良 袁　兴 钟育睿	2020年度杭州市网贷风险处置工作（含追赃挽损百日攻坚战专项）个人嘉奖	杭州市人民政府	2021年7月
区法院	郑　虹 蒋　伟	2020年度杭州市网贷风险处置工作（含追赃挽损百日攻坚战专项）个人嘉奖	杭州市人民政府	2021年7月
区检察院	戴　丽	2020年度杭州市网贷风险处置工作（含追赃挽损百日攻坚战专项）个人嘉奖	杭州市人民政府	2021年7月
区金融办	赵梦可 周　骏	2020年度杭州市网贷风险处置工作（含追赃挽损百日攻坚战专项）个人嘉奖	杭州市人民政府	2021年7月
区市场监管局	李爱然	2020年度杭州市网贷风险处置工作（含追赃挽损百日攻坚战专项）个人嘉奖	杭州市人民政府	2021年7月
区税务局	朱洪子	2020年度杭州市网贷风险处置工作（含追赃挽损百日攻坚战专项）个人嘉奖	杭州市人民政府	2021年7月
区机关事务中心	朱风森	2020年度杭州市网贷风险处置工作（含追赃挽损百日攻坚战专项）个人嘉奖	杭州市人民政府	2021年7月
四季青街道	夏晶晶	2020年度杭州市网贷风险处置工作（含追赃挽损百日攻坚战专项）个人嘉奖	杭州市人民政府	2021月7月
区综合行政执法局	汪建兵	杭州市“最美公务员”	中共杭州市委、杭州市人民政府	2021年5月
区公安分局	罗培江	杭州市“最美公务员”	中共杭州市委、杭州市人民政府	2021年5月
区检察院	童　帆	杭州市“最美公务员”	中共杭州市委、杭州市人民政府	2021年5月
区检察院	陈甜甜	个人二等功	中共杭州市委、杭州市人民政府	2021年2月
区检察院	江波均 陈慧芳 张玉玲	个人嘉奖	中共杭州市委、杭州市人民政府	2021年2月
区公安分局	余伟青	个人三等功	杭州市人民政府	2021年2月
区公安分局	秦沈伟 顾　磊	个人三等功	杭州市人民政府	2021年10月
区公安分局	张　杰	杭州市基层站（所）十佳公务员、个人二等功	中共杭州市委、杭州市人民政府	2021年5月

续表23

获奖单位	获奖人姓名	先进荣誉（称号）	颁奖单位	颁奖时间
区发改经信局	高佳斌	2020年度杭州市国际一流营商建设成绩突出个人	中共杭州市委、杭州市人民政府	2021年9月
区发改经信局	徐海波	全市扩大有效投资、推进重点项目行政奖励	杭州市人民政府	2021年6月
区统计局	李克强	全市扩大有效投资、推进重点项目工作嘉奖	杭州市人民政府	2021年6月
区统计局	刘奎富	杭州市第七次全国人口普查个人三等功	杭州市人民政府办公厅	2021年12月
区税务局	张　颖	杭州市稳就业保就业工作成绩突出个人	杭州市人民政府办公厅	2021年12月
区人力社保局	朱　红 李冬梅	杭州市稳就业保就业工作成绩突出个人	杭州市人民政府办公厅	2021年12月
区审计局	曾　玲 丁珏莉	审计价值提升工作成绩突出个人嘉奖	杭州市人民政府办公厅	2021年9月
区市场监管局	潘文宙	杭州市水污染防治攻坚工作中成绩突出个人嘉奖	杭州市人民政府办公厅	2021年2月
区市场监管局	常树星	“3·18”假冒西湖龙井茶系列案件侦办个人嘉奖	杭州市人民政府	2021年10月
区综合行政执法局	宋硕琦	2020年度杭州市拥江发展行动推进工作中成绩突出个人	杭州市人民政府办公厅	2021年9月
区综合行政执法局	诸葛红骏	2021年杭州市“美丽建设”突出贡献个人	中共杭州市委、杭州市人民政府	2021年12月
上城生态环境分局	温琦璞 王莉丽 陈佩月 王旭东	2021年杭州市“美丽建设”突出贡献个人	中共杭州市委、杭州市人民政府	2021年12月
区数据资源局	罗荣军	2020年度杭州市全面深化改革工作突出贡献个人	中共杭州市委、杭州市人民政府	2021年5月
区审管办	黄欣宏 叶俊麟	2020年度杭州市全面深化改革工作突出贡献个人	中共杭州市委、杭州市人民政府	2021年5月
小营街道	沈　琪	2020年度杭州市全面深化改革工作突出贡献个人	中共杭州市委、杭州市人民政府	2021年5月
区慈善总会	陈　江	2021年度杭州市慈善事业发展促进工作中成绩突出个人行政奖励	杭州市人民政府	2021年9月
杭州市建兰中学	饶美红	享受市政府特殊津贴人员	杭州市人民政府办公厅	2021年1月
杭州市崇文实验学校	俞国娣	享受市政府特殊津贴人员	杭州市人民政府办公厅	2021年1月
浙江省教育科学研究院附属实验学校	唐宇红	享受市政府特殊津贴人员	杭州市人民政府办公厅	2021年1月
杭州望海潮建设有限公司	姚春宇	2020年度城乡配套设施完善和有机更新工作个人嘉奖	杭州市人民政府	2021年8月

【上城区优秀共产党员】

郑　远　潘泽林　卢海燕　任　渊　彭　伟
戚媚茜　沈伟霞　赵海军　郑子涵　沈玮玮
王庭婷　曲鸿秀　施德明　王　菲　李　娜
胡震琨　何汉刚　仇　军　柴汀洋　周　剑
王梦环　胡　颖　陈　阵　张　鑫　卢红军
黄　慧　蒋　宁　李　娜　严　峻　陈　奇
李月江　吴　艳　俞曙光　毕振强　张李圆
姚佳丽　陈萍萍　朱勤华　吴凌伟　童　帆
王　阳　刘　宏　王　晨　张　婧　郑文礼
胡　君　池昌松　金大鹏　瞿可华　孔英萍
高志荣　王　臻　巫伟勇　叶晓楠　朱晓泉
金志萍　徐淑萍　王　勇　冯良凤　马　翔
谢君树　叶永源　李　倩　宗景盛　周　宏
朱　琛　沈郑华　陈飞芳　杨雪梅　崔　魁
王家力　宋月兰　陈惠琴　许　亮　刘志清
许剑群　傅竹玮　骆永鹰　朱春晓　张文涛
许　建　殷晓静　茅　凌　张建枫　张明明
姚成志　郭子渊　徐震宇　陆建忠　管艳娟
任　琦　张姚玲　吴能奇　裘　思　王秀娟
陈国兴　邓　冶　蒋彩庭　杨　耘　高　宇
施　亮　徐　瑾　李　新　谢　蓉　邵园园
许　宁　周逢苍　许　枫　杨著根　王　翔
朱红英　周建强　黄　悝　王晓婷　周　汇
沈　鹏　周建永　沈凯峰　黄锋伟　徐晓东
叶更生　胡乃生　马亚萍　陈燕红　郑斐尹
范亦婧　蒋红涯　项雅玉　费金荣　许　镭
冯　冰　华剑平　张　喆　赵杭君　楼旭丽
章燕瑜　朱国梁　姚春宇　陈涯芳　童元峰
袁　元　何丹萍　吴学谦　褚　佳　贾　晓
章卫东　陆迪辉　姜学英　李　伟　郭鑫妮

【上城区优秀党务工作者】

王　莉　王维诗　高　戎　包翔翔　赵　博
马相生　邓　洁　宣晓军　徐晶晶　朱红旗
陈军军　缪兆丰　黄顺明　袁静峰　钱嘉蕾
周矫健　耿俊霞　陈叶锋　朱凤荣　宓丽燕
王　旻　余　瑜　陈　红　池芳芳　徐　伟
宋　勤　章洪波　刘志华　屠碧岭　潘高峰
傅宇伟　谢照徕　陈　晖　沈晓佳　郑　阳
胡筱筱　楼英娟　黄　展　梅升君　林　霞
余胜兰　马海燕　戴月华　雷　亮　蒋剑俊
朱俊昊　张　科　李　云　吴倩岚　周翔飞
高洁雯　董春玲　范晶波　毛静波　俞佳菲
黄卫国　高　迅　高　俊　沈宗弘　刘陈艳
吴平平　李　敏　倪晓兰　吾　艳　何娟芬
马国平　沈宇帆　赵旭晔　祝丽娟　洪晓岚
方利伶　谢作霖　马嘉彬　葛　锋　陈伟星
卢镜宇　郑　燕　高　媛　王　燕　陈惠英
陈奇源　吴　敏　黄崇油　汪华斌　徐灵利
费满苑　曹晓姣　沈　虹　傅国萍　郭毓铭
史金女　朱　鹏　张春野　汪建成　王小平
陈　玥　操正燕　王　颖　刘和善　李建滨

【上城区委、区政府给予记三等功、嘉奖人员】

三等功

戚晓峰　徐　枫

记嘉奖

薛杨东　罗天佑　郑华锋　孙雄飞　王　韬
罗培江　乐　纯

【上城区政府给予记三等功行政奖励人员】

徐　铭　邓　高　陈发庭　陈亮亮

（年鉴编辑部）

索　引

·说　明·

一、本类目设条目索引、表格索引两个分目。

二、条目索引中文标目按第一字汉语拼音顺序排列，同音字按笔画数从少到多排列。第一字相同，按第二字汉语拼音顺序排列，依次类推。数字开头的标目按数字0～9顺序排列。

类目、分目用黑体字标示。标引词后的阿拉伯数字表示内容所在页码。数字后的拉丁字母 a、b、c分别表示从左到右第一、二、三栏。

本年鉴的“特载”“大事记”“人物”“附录”中的内容均未做索引。

三、表格索引按序号排列。

条目索引

0～9

10件民生实事项目完成　88b
“11842”综合考评模式推行　61c
13家企业上榜“2021杭州独角兽&准独角兽企业”榜单　295b
“1+X+O”职业技能提升工程　312a
2021杭州国际工艺周　333b
2021杭州—台湾海峡两岸文化创意产业交流对接会　62c
2021清河坊遇裳·花朝节　333a
“2021宋韵杭式生活节”雅集活动　333a
2021悦读宋韵节　333b
21中宸城建PPN001债券发行　257a
2个众创空间通过省级备案　294c
2家单位入选省数字社会未来教育重点场景先行建设单位　313a
2家企业入选省高新技术100强企业　295a
2所学校获评全国中华优秀传统文化传承学校　307c
2所学校入选省教育机器人教学示范校　309a
32个研发中心被认定为省市级高新技术企业研发中心　294b
3岁以下婴幼儿照护服务　357c
4所学校成为省首批云上名校　308a
50家企业成为市“雏鹰计划”企业　293c
5G网络建设　240b
5个项目列入“尖兵”“领雁”研发攻关计划项目　293c
“6·30”浙江生态日暨生态环保宣传月活动　291c
“6·5”世界环境日纪念暨“生态环境随手拍”活动　291b

6条走读宋韵研学线路推出　176a

A

AED全域化铺设　398b
艾滋病和性病防治　351c
爱党爱国爱社会主义主题教育　71a
爱国卫生与健康促进　359b
“爱值守”数字系统建立　389b
安居治安环境打造　154b
安琪儿市场拆除收尾工作完成　412a
安全生产基础管理　394a
安全生产监管　225a
安全生产监管群防群治　228b
安全生产领域营商环境优化　228c
安全生产社会化服务　229a
安全生产违法行为行刑衔接　227c
安全生产责任落实　225b
安全生产执法检查　227a
安全生产专项整治　226c
安旭生物公司上市　183a
安置房架空层党群服务驿站打造　427c
安置房建设　259b
案件警示教育　120c
奥的斯机电公司助力国家发展建设　180c

B

“八五”普法启动　160b
“百年风华正青春·红色薪火永相传”主题活动　19a
“百年筑梦，灼彩华章”上城区美术作品展　347a
“百千万”民情联系机制推出　76c
“百县千碗·舌尖上的宋韵”发布　175c
办公用房整合调配　105b
帮扶产品推介会　206a
帮扶共建　126c
保健品和化妆品安全监管　221c
保密工作　58c
“奔跑吧，杭州”2021城市定向挑战赛　366c
“奔跑新上城”“上城履新百日”主题报道　65b
避灾安置场所规范化建设　96a
标准化战略推进　217a
滨江集团斩获土地38宗　261a
殡葬管理　370a
病媒生物防制　359c
博奥隧道建成通车　198a
步行街无障碍环境改造　385b

C

财通证券投资者教育基地获中国证监会授牌　190c
财政　209a
财政改革深化　210a
财政监管　210b
财政经济监督　85b
财政收入管理　209a
财政业务体系整合　210c
采荷第二小学教育集团案例入选省“双减”优秀案例　318b
采荷街道　416b
采荷街道获评市最美敬老爱老助老示范街道　417a
采荷微融媒体中心成立　420a
采莲湖水体治理　419b
参政议政　123b
参政议政及社情民意撰写　122b
餐饮服务安全监管　221a
残疾人基本补贴　144b
残疾人精准康复服务　144c
残疾人就业创业　144b
残疾人事业数字化改革　143c
残疾人文体活动　145b
残疾人无障碍环境建设　145a
残疾人综合服务　144a
产品质量监管　219a
产业发展提质增效　190a
产业工人队伍建设改革推进　132b
产业基金投资　213c
产业经济提档升级　51a
产业平台建设推进　51b
产业数字化　166b
长三角7个中心城区签署科技合作协议　296c
昶扬（杭州）文化传媒有限公司落户上城　204b
“巢凤计划”开营　196a
“潮涌·九堡”社创中心　432c
城管驿站品牌升级　271a
城区管理　267
城区管理法治建设　280a
城区规划　252b
城区环境整治　267a
城区建设　251
城区绿化　264a

城市道路建设　257b
城市管理智慧化建设　268c
"城市记忆"短视频拍摄　104c
城市投资建设　254a
城市运行安全风险管控　225c
城市运行保障　268b
城站广场疫情防控　285a
城站广场综合管理　283b
城中村改造　260c
崇军拥军服务示范街区建设　423a
崇军拥军　378c
创联汇数字化转型超市　194c
创投股权与私募基金份额报价转让平台建设　190b
创业创新"新生态"优化　246b
创业服务　244c
"春风行动"救助帮扶　250a
"春水如蓝"钱塘江诗路影像展　346c
慈善保障　250a
促消费政策制定实施　171c
村集体"三资"管理　224c
村企结对服务　130b
村社干部数字化管理　424c

D

大部门大警种制改革实施　154c
大件垃圾预约上门清运模式实行　390a
大健康综合体科技创新政策专场培训　297b
《大浪淘沙》开播　170c
大气污染防治　288a
大事记　30
大物防监管　220c
"大综合一体化"改革推进　278c
代表换届选举保障　86a
代表履职能力增强　86b
代表履职渠道拓宽　86b
党风廉政宣传教育　120a
党风政风监督　117c
党管武装　163b
党建共建品牌打造　394c
党建品牌优化　63c
党建全媒体宣传　78c
党建引领社区治理　25b
党建引领增强　57b
党群服务阵地建设运维　77c
党史编研　75c
党史工作　74c
"党史里的乐章"钢琴音乐会　18b
党史宣传教育　75a
党史学习教育　15c
党史学习教育常态化长效化工作机制健全　17b
党史学习教育专题宣传报道　17a
党史学习教育专题宣讲　16b
党史学习教育专题学习　16a
党外人才培养　68b
党外知识分子"五大行动"　69a
党员干部教育培训　77b
档案工作　343a
档案事业发展"十四五"规划实施意见制定　343c
档案数字化工作　344c
档案宣传活动　344a
档案执法检查　344b
道路暗区增亮工程　271c
道路街巷保洁　270c
德寿宫遗址保护展示工程暨南宋博物院（一期）项目推进　339a
德育工作深化　304a
地方病防治　352a
地方志工作　103c
地名管理与服务　370b
地名文化传承保护　370c
地情概貌　46a
地铁出入口标准化管理试点　279a
地下安全隐患消除　272c
地下空间建设　258a
第4届亚残运会倒计时1周年活动　314c
第7届杭州市大学生科技创新大赛　141c
第9届南宋斗茶会　192c
第二轮安全生产综合治理三年行动　226a
"第三张床"居家养老途径创新　414b
第四批全国社区治理和服务创新实验区结项　25a
电动自行车安全保障　399a
电商特快项目　235b
电信服务　237a
电信网络诈骗集中整治　425a
电信诈骗治理　150b
电子机械功能区　194a
调研建议　124c
丁兰街道　434a

丁兰街道公共服务中心升级打造 435a
丁兰街道商业环境优化 436c
丁兰幼儿园获评全国足球特色幼儿园 306b
定时定点垃圾分类全覆盖 394a
东城电子智能自提柜专利数居全国前列 181b
东城实验学校第一届家长节 316b
东门宾馆周边大客车站外揽客专项整治 282c
东坡路社区老年颐养食堂打造 386a
督察迎检和整改推进 289c
对口帮扶与区域合作 204c
对外交流 206c
多孩“长幼随学”入园入学举措推出 324c

E

“e付保”上线 173a
儿童青少年近视防控责任十大清单 323c
儿童社会工作专门委员会成立暨“和娃娃童读馆”开馆 403b
二轮志书发行 103c

F

F5G新基建 240b
发展与改革 208a
法律服务业 233c
法律援助 161c
法院 157c
法治 149
法治化营商环境优化 159a
法治监督 85c
法治建设项目培育 151a
法治政府建设 150c
防空应急疏散演练 165c
防汛防台工作 94a
房地产开发 261a
房屋回迁安置 406a
纺织服装制造业 181c
“放心消费”单位创建 219c
非公有制企业理想信念教育 130c
“非接触性”执法平台应用 268c
非物质文化遗产保护和利用 340a
非遗传播 342b
非遗体验与传承 342a
非遗项目、传承人记录与评估 341c
“奋斗百年路，启航新征程”系列活动 17c
丰收湖板块合宗地块出让 195c
丰收湖获评市级“美丽河湖” 433c
凤凰山南影视基地作品《问天》播出 402a
“凤凰行动”助推企业上市 168c
服务贸易 202a
服务水平提升 237c
服装街区环境提升 418c
“服装设计与工艺”专业品牌建设 312b
腐败惩治 53a
妇女儿童关爱 138c
妇女儿童事业发展 138c
附录 450

G

干部队伍优化 63b
干部交流调配 15b
港澳台事务 102c
皋亭山“百年”系列群众性文化展演 330c
皋亭山景区建设 176c
皋亭山宋韵主题游园会 177b
高层次人才计划实施 247a
高端装备制造业 180b
高考与升学情况 311b
高优逸（杭州）商贸有限公司落地上城 204a
高质量就业社区创建 435a
各领域改革 57c
艮北农贸市场开业 255c
艮北区块牛田单元R21-12地块出让 256b
工地环境整治 263a
工地“千里眼”安装全覆盖 430c
工会组织建设 131b
工业 179
工业企业安全在线平台运用 229b
工业企业选介 183c
公安 152c
公办初中“提质强校”行动 302b
公办初中“提质强校”专家入校诊断与指导行动 308c
公厕提升改造 270c
公共法律服务数字化平台建设 162b
公共基础设施建设 257b
公共资源交易规范化 418a
公共资源交易“数智名片”打造 99c
公共资源交易营商环境优化 100a

公共自行车“普法加油站”启用 401b
公开问政 62a
公民思想道德建设 327b
公平竞争审查 219b
公益服务 128c
公益项目资助 373c
功能区环境优化 195a
共青团街舞杭州联盟总支部委员会成立 137a
共青团上城区委员会 134a
共同富裕基本单元研究 372a
“共享法庭”建设 158c
古树名木保护 265b
关爱帮扶 124a
关爱青少年公益专场音乐会 137b
关心下一代工作 70b
关心下一代教育基地建设 70c
管党治党政治责任压实 52b
光网质量提升 237b
广场紧急救护能力提升 284b
广场居无定所人员综合整治 284b
广场排水设施系统运行保障 284c
广场秩序综合整治 284a
广告监管 218b
广宇集团房地产业务发展 261c
广宇集团“健康家”产品体系 178c
广宇集团贸易板块发展 175a
规范型星级农家乐培育 176b
规划资源审批服务 253a
规模以上工业企业 179a
国家（杭州）短视频基地开工奠基 54b
国家级博爱家园（城市）试点项目申报 419c
国家卫生城市复评成果巩固 359c
国庆假期销售额破10亿元 173c
国庆期间湖滨商圈消费 188a
国土空间规划 252c
国有企业改革 213a
国有企业监管 213b
国有资产监管 212c

H

海贝托育园成为市“儿童之家”示范点 410c
海潮路（映霞街—东宝路段）开通运行 255a
海潮雅园二园、三园竣工 254c
海绵城市建设 252a
海内外优秀高层次人才创业项目引进办法公布 298b
海峡两岸文创交流对接 103b
海月花园“微更新”项目获评典型案例 403c
海月桥未来社区建设 29c
“翰墨庆百年，丹青绘华章”百米书卷创作活动 347a
行业主管企业普法培训 336b
杭港高端服务业示范区 193a
杭锅集团获省政府质量奖 181a
“杭州澳门周”活动 188b
杭州电商直播基地落户上城 174c
杭州东城外国语实验学校竣工 196c
杭州东站公共服务标准化项目入选国家级标准化试点 286b
杭州东站旅客咨询服务中心获评“全国巾帼文明岗” 286b
杭州东站人大代表联络站获评市“最美人大代表联络站” 287a
杭州东站枢纽管理 286a
杭州东站枢纽管委会入选国家级文明单位培育名单 286b
杭州东站未来枢纽安全智控应用 22b
杭州东站未来枢纽安全智控应用项目通过全省首批试点验收 286c
杭州抖音电商直播基地落户 196b
杭州高塔竞速赛 366b
杭州锅炉集团股份有限公司 184b
杭州海兴电力科技股份有限公司 184a
杭州华塑科技股份有限公司 185b
杭州柯林电气股份有限公司 186b
杭州汽车南站临时客运站整体搬迁 255b
杭州钱塘智慧城 195b
杭州声能科技有限公司 300c
杭州市钱学森学校竣工 325b
杭州市三江汇股权投资有限公司运营 214a
杭州市首届康复教学活动 314c
杭州首届海塘论坛 330c
杭州娃哈哈集团有限公司 184c
杭州文化创意产业投融资发展论坛 63a
杭州仲夏夜暨上城区打造全国重要的消费中心活动 174c
和谐劳动关系创建 132c
河道养护 277b
河坊街开街20周年主题活动暨宋韵文化项目发布会 333c

河长制深化　290c
荷花塘未来社区建设　27c
荷花塘未来社区双中心项目推进　256c
核晟双百双碳基金落地上城　213c
核酸检测“应检尽检，日检日清”　363c
核心区品质提升研究　197b
横塘社区综合整治　426a
红梅未来社区建设　28c
“红苗学社”获评全市党群服务最优项目　399b
“红色代办”服务机制　423c
“红色印记”研学之旅打造　391b
红色资源保护与利用　75c
“红十字‘救’在身边”项目　147a
红十字志愿服务　148b
“红巷心声”大型歌咏活动　18b
湖滨街道　382a
湖滨街道获评省生活垃圾分类示范片区　384b
湖滨街道入选市数字生活新服务特色街道创建名单　382c
“湖滨晴雨”工作室获评市“最美基层立法联系点”　383b
湖滨商圈　187a
湖滨银泰地下空间入选首届市地下空间优秀典范项目　189b
湖滨智慧商圈入选首批省级示范智慧商圈　188c
“湖上”主题音乐派对　188a
互访调研对接活动　205c
互联网党建品牌打造　66c
户外广告安全管理　271b
“护养教”功能型婴幼儿成长驿站成立　418a
花事创作　265b
华侨新生代招引　143b
环保审批服务优化　290a
环机场区域环境提升改造推进　254a
环境安全监管　289b
环境保护　288
环境保护宣传与教育　291a
环境面貌提升　393a
环境执法监管　290a
环境综合整治　288a
会计事务管理　234a
婚俗改革　369b
婚姻登记服务　369a
婚姻家庭辅导　369a
火车东站亚运城市志愿者培训演练　381c
火车站标志提升工作　283c
火灾隐患专项治理　96c

J

机构编制管理　72c
机构编制重构　72c
机构编制资源统筹管理　73c
机关车辆管理　105c
机关党建工作　76a
机关基层工会建设　77a
机关事务　105a
机关事务数智化管理　105a
机关组织工作基础夯实　76b
基本公共卫生服务项目推进　355c
基层队伍素质提升　391c
基层妇联组织建设　138a
基层红十字工作　384c
基层结对形式探索　103a
基层社会（区）治理　24a
基层统战阵地建设　68a
基层卫生和妇幼保健　355c
基层信访工作　74c
基层医疗卫生健康服务设施建设　348b
基层医疗卫生体系建设　350c
基层应急管理服务站建设　92b
基层应急管理体系创新　92a
“基层治理四平台”与网格建设　26a
基层组织体系建设　64a
基础教育国家级优秀教学成果推广会在上城举行　308b
疾病预防控制与卫生应急　351a
集中隔离管控模式完善　362c
计量合格评定监管　219a
计生特殊家庭生活扶助　357b
纪检·监察　114
《济公之降龙降世》全国公映　171a
既有住宅电梯加装　252a
“家风·孝道千诗千石刻”文化工程竣工　177a
“家门口的红色传承”系列活动　18a
家庭教育　315b
家庭教育推进　139a
价格政策宣传　222c
价格专项监督检查　223b

监督工作　85b
监督责任履行　114b
监督执纪“四种形态”运用　117a
笕桥单元土地出让与安置房建设转型　256c
笕桥街道　424a
“笕直播”平台建设　427a
检察　155c
检察服务企业发展　157b
减税降费政策落实　211a
建和社区获评省“扫黄打非”进基层示范标兵　430c
建兰中学获评省教育科研先进集体　321a
建设工程招投标管理　262c
建设工地排水全流程管理　273b
建言献策　128c
建议建言　126a
建议提案办理　88a
建置沿革　46a
建筑行业防欠薪管理　262c
建筑业管理　262a
健康产业平台有机更新　199b
健康产业项目建设　178a
健康服务产业集聚　177c
健康服务业　177c
“健康上城”建设　359c
健康睡眠相关举措获教育部推选　324a
“健康细胞工程”建设　360a
“践行好干部标准大讨论”活动　20c
“践行新时代好干部标准”大行动　20b
江干区纪委十届六次全体会议　116a
江干区十五届人大常委会第三十八次会议　83c
江干区十五届人大常委会第三十六次会议　83a
江干区十五届人大常委会第三十七次会议　83b
江锦社区入选省第二批高质量就业社区名单　423b
交通管理　280c
交通违法车辆查处　281b
交通隐患源头防控　281a
交通运输管理　282a
交通治堵　258b
交易市场提升发展　218a
教学保障　323b
教育　301
教育国际化　319a
教育科学研究　320b
教育数智改革　304b
街道　382
街道版数字驾驶舱建设　422b
街道国有资产监督　404c
街道环境长效治理　421c
街道级巾帼反诈先锋志愿队成立　418b
街道级社会组织服务中心实体化运行　373b
街面序化水平提升　279b
节水工作推进　277a
“洁美窗口”建设　285b
结对共建　127c
结核病防治管理　351b
结直肠癌筛查项目　354a
解放思想大讨论　19b
巾帼建功行动　139c
“金牌管家”服务管理小区　417c
金融风险排查防控　223c
金融服务业　168a
金融改革创新　168b
金融管理　223b
金融企业服务实体经济　190c
金融人才引育　168c
“金靴奔跑”创业训练营　297b
“金靴踏浪，江河汇才”品牌打造　246b
近江片区小区消防供水管网整改完成　399a
经济发展支撑　209b
经济建设　50c
经济贸易　200a
经济贸易与区域合作　200
经济责任及自然资源资产审计　230c
精神文明建设　327a
精神心理卫生　361b
景芳未来社区建设　28c
景芳小区提升改造　421a
竞技体育　367a
敬老爱老宣传普及　376c
“镜面式研修”教学成果专家论证会　320c
九堡街道　431b
九堡街道微融媒体中心启用　433b
九三学社上城区基层委员会　128b
九欣幼儿园获全国象棋校际联赛金奖　306c
就业帮扶　243b
就业服务　244a
就业服务水平提升　415b
居家养老服务完善　376a

居民健康素养和烟草使用监测调查 354b
居民健康素养提升 360b
矩阵式超大通量核酸智能检测系统研发 183b
军事 163

K

开学视导工作 323c
凯旋教育集团举办国际文化节 320a
凯旋街道 412b
“凯益荟”10周年“公益伙伴日”活动 415a
康养联合体建设 375c
抗雪防冻工作 95a
抗疫心理服务热线推出 401c
科技创新 294a
科技发展计划管理 293b
科技服务与交流 295c
科技奖励与成果转化 297c
科技企业贷款风险池政策实施 298b
科技企业选介 299b
科技亲子活动 318c
科技统计网络培训会 296b
科学技术 292
客运企业“快转运”监督指导 283a
课后服务 303a
《口袋森林（第一季）》入选优秀海外传播作品 171a
跨境电商产业链 200a
“跨省通办”合作模式探索应用 23c
跨越“数字鸿沟”志愿服务项目 383a
困难老年人家庭适老化改造 375c
困难职工帮扶保障 133a

L

“Link领可”青年工作品牌推出 136b
垃圾分类全覆盖 267c
兰孝居居家养老服务中心创建省级示范 435c
蓝领公寓建设 258c
劳动保障监察 245a
劳动关系和行政审批 245a
劳动纠纷调处“最多跑一地” 243a
劳动就业和创业 243c
劳动人事争议仲裁 245b
劳模工匠人才选树 132a
劳务和人才服务 234c
老干部服务管理 69c
老干部工作 69a
老干部“三项建设” 69b
老街区块剩余居民回迁安置 425c
老旧小区改造 260c
老旧小区综合改造 405b
老年大学教学管理 70a
老年人文化教育 377a
“乐活南星·数智治理”四层协同综合应用平台打造 401a
离退休干部金秋驿站建设 70b
李宁体育园竣工 368c
理论宣讲 65b
历史建筑测绘建档 339c
历史建筑“智慧消防”建设 339b
《“立德树人”合力机制建设的上城实践》获评全国优秀案例 304b
廉政账户规范化管理 118c
两大高端服务业项目落地上城 203c
两大总部项目签约落地彭埠 428c
“两法一条例”普法 120b
两个地块征迁“清零” 251b
“两客一危”安全专项检查 282b
“两慢病”数智健康管理 356c
临安遗韵·南宋铭刻传拓器物展 347b
“临上兰星”跨区党建联盟成立 437b
“零碳工厂”峰会 436c
“领潮九堡”党建品牌打造 432b
领导体制完善 58a
留杭过年青少年服务保障 381a
流调溯源工作 363b
流动博物馆进校园活动 335b
流浪乞讨人员救助管理 249c
“流浪椅子新生计划”线下展览 192c
柳翠井巷社区获评全国示范性老年友好型社区 387a
龙邦建设股份有限公司 300a
楼顶上的“微农”项目推出 415c
楼宇经济 203a
律师行业规范管理 162b
绿道建设 264c
绿化养护 265a

M

馒头山社区获评全国民主法治示范社区 399c
慢性非传染性疾病防控 352a

矛盾纠纷排查化解 160c
“美好家园”创建 264a
“美丽河湖”建设 276b
《梦想城》开机 170b
免疫规划 351a
面上秩序专项整治 280c
民兵整组 164c
民革上城区基层委员会 122a
“民呼我为”主题活动 17a
“民呼我为”主题活动推进会 62b
民建上城区基层委员会 124b
民进上城区基层委员会 125a
民盟上城区基层委员会 123b
民商事审判 158b
民生服务优化 393b
民生工程建设推进 197c
民生监督 85c
民生支出保障 209c
民政事务管理 369a
民主党派与工商联 122
民主监督 110c
民族和宗教工作 374a
民族乡村振兴“双百村结对行动”帮扶 374c
名师家庭教育智慧分享 316b
墨西哥中国中心创业平台发展 412c
“睦邻”小区党建示范点创建 407b

N

纳税服务优化 212a
南山路社会工作站升级 388b
南宋皇城小镇 191a
南宋临安城遗址及官窑遗址入选“百年百大考古发现” 338b
南肖埠社区老旧小区提升改造 413b
南星街道 399b
南星街道获评市平安创建先进集体 400a
内部审计 231b
内外贸一体化发展 201b
年鉴编纂出版 104a
年轻干部践行好干部标准大讨论座谈会 21a
年轻干部培养 135a
农产品推广 224c
农村乱占耕地建房专项整治行动 253b
农工党上城区基层委员会 125c
农业产业发展 224b
农业经济管理 223c

O

瓯海区到上城区考察交流 207c

P

培训机构预收费资金监管平台“上安培”启用 318a
彭埠城市青年音乐角启用 430a
彭埠街道 428a
平安服务体系构建 411a
平安家庭建设 139b
平安建设宣传教育 384a
“平安青骑”志愿服务队成立 380a
“平安上城”建设 149a
“平安校园”建设 325a
普法宣传 160a
普通高中和职业高中教育 311b

Q

“七一”主题灯光秀 197b
企业百万员工安全大培训 229c
企业年报工作 215c
企业退休人员管理服务 248b
企业信用建设 218a
气候 47c
钱江新城 197a
钱唐汽车后备箱公益集市开张 429a
钱塘江安全度汛 277c
钱塘江绿道主线贯通 198a
钱塘江诗路文化带建设 198b
钱塘江渔业管理 278a
钱学森故居入选首批“科学家精神培育基地” 140a
敲门招商行动 203c
“侨胞之家”成立 404c
侨法宣传 102b
侨界权益维护 102b
侨联阵地建设 142c
侨企服务 102a
侨务 102a
“侨心向党”活动 143a
《亲爱的亚细亚》入选亚运会全球音乐作品征集“首批十首优秀歌曲” 331a
亲清政商关系构建 392c

亲清直通车基层站点望江站建设 396b
“亲清直通车”政企恳谈会 296a
青荷苑社区环境提升 417a
青年人才培育 135b
青少年服务 72a
青少年普法教育 72b
清波街道 386b
清波街道获评杭州市社区教育进文化礼堂优秀组织单位 388a
清波街道老年学堂成立 391a
清波街道人大代表联络站获评市最美人大代表联络站 26c
“清波廉韵”清廉文化品牌体验线路上线 121c
清波司法所获评省级“枫桥式”司法所 387b
“清废净土”行动 289a
清费减负 222c
清河坊步行街获评省级高品质步行街 387c
清河坊步行街智慧街区管理系统打造 191b
清河坊民间茶会 191c
清廉机关建设 77a
“清廉家访”主题活动 121a
“清廉家风润万家”活动 413a
“清廉上城”建设 53b
“清廉学校”建设 304c
庆祝中国共产党成立100周年 17c
庆祝中国共产党成立100周年安保 153c
庆祝中国共产党成立100周年文史活动 112b
庆祝中国共产党成立100周年主题报道 65c
区城建开发公司境外债发行 255c
区党员代表会议 60a
区第一次党代会 60b
区非物质文化遗产馆建设 340c
区划勘界 370b
区级应急指挥中心建设 92a
区纪委区监委重要会议 115a
区教育高质量发展大会召开 305b
区教育评估与监测中心启用 305c
区教育学院成为国家级“培训专业化”实践基地 322b
区科技创业中心获评国家级科技企业孵化器优秀（A类）单位 292c
区科技创业中心新增7家国家高新技术企业 295b
区“廉情码”政治生态监督管理平台 115b
区两会召开 15a
区领导接待来访群众 74b
区人大常委会第二次会议 84a
区人大常委会第六次会议 84c
区人大常委会第三次会议 84a
区人大常委会第四次会议 84b
区人大常委会第五次会议 84b
区人大常委会第一次会议 83c
区人大常委会自身建设 79b
区人大及其常委会机构 79a
区人民代表大会会议 82a
区人民调解协会建设 161a
区社会矛盾纠纷调处化解中心建设 24b
区“十四五”规划（草案）编制 208c
区图书馆流通业务提升 334b
区委常委会会议 61a
区委理论学习中心组专题学习 58b
区委全体（扩大）会议 60c
区委重要会议 60a
区政府重要会议 90a
区政协常委会议 108b
区政协委员会会议 108a
区政协重要会议 108a
区政协主席会议 108c
全方位、全周期康养服务体系建设 409c
“全国基层中医药工作先进单位”复审 360c
全国科普日活动 141a
全国首个知识产权对外贸易预警点落户上城 201a
全国县域共青团基层组织改革试点 134c
全媒体短视频栏目《宋·读》上线 346b
全面从严治党主体责任压实 118a
全民安全素养提升三年行动 230a
“全民反诈”民生实事项目 153b
全民健身阵地建设 368a
全民阅读推广品质提升 335a
全民终身学习活动周 313a
全区基层统战（民族宗教）干部培训班 375a
全区纪检监察工作会议 116c
全区首个示范型婴幼儿成长驿站成立 423a
全省首个“儿童议事厅”成立 310b
全省首个新就业形态联合工会成立 383c
全市首个产业园嵌入式企业发展服务中心成立 436a
全市首个“居民说”频道搭建 415b
全市首支校级曲棍球队成立 310a
全市首座“拆墙见绿”公园开放 407c

全域“数字法院”建设　159c
群团集市建设　385b
群众纠纷调解　432b
群众体育　366a
群众团体　131
群众文化活动　328c
群众性精神文明创建　327c

R

燃气安全管控　279a
人才公寓建设　259a
人才开发　245c
人才支援　205a
人大代表工作　86a
人大代表联络站“930”机制建设　433a
人大街道工委助力基层治理　26b
人大重要会议　82a
人防工程维护管理　165a
人防基础力量建设　165a
人防数字化改革　165b
人防知识宣传　165b
人口　50a
人口监测与家庭发展　357a
人力社保服务提升　406c
人力资源服务博览会在上城举行　242c
人力资源管理　246c
人力资源与社会保障　242
人民防空　164c
人民武装　163a
“人民心中的中国印”肖像印特展　346c
人社领域数字化改革　242b
人事任免　85b
人物　438
入境转运工作　363a

S

赛丽丽园小区消防问题整改完成　406b
“三不”体制机制建设　114c
三叉花苑安置房交付结算　421b
“三服务”活动　200b
“三改一拆”　259c
“三型社区”建设　371c
“三字诀”落实古井保护　390a
森林防灭火工作　94c
森林植被　48a
伤害监测　352c
商标品牌培育　299a
商圈环境管理　187b
商圈夜经济发展　187c
商事制度改革　216a
上城、澳门直播电商合作　103a
上城孵化器通过省、市级认定　294c
上城概览　46
上城教师获省中小学班主任基本功大赛一等奖　322c
“上城科创e企通”列入省科技创新“揭榜挂帅”应用场景试点　293a
上城老兵庆祝中国共产党成立100周年系列活动　378b
《〈上城年鉴〉编纂细则》修订　104b
上城区参加第21届中国国际投资贸易洽谈会　206c
上城区参加第4届中国国际进口博览会　207a
上城区参展“百年百艺·薪火相传”中国传统工艺邀请展　341a
上城区残疾人联合会　143b
上城区承办“2021西湖对话”　207b
上城区承办市社科普及周启动仪式　345c
上城区承办市小班化教育研讨会　321b
上城区承办浙江省暨杭州市科技活动周开幕式　296c
上城区第20届歌手大赛　330a
上城区第36届青少年科技创新大赛　142a
上城区第一次归侨侨眷代表大会召开　142c
上城区佛教协会成立　374a
上城区妇女联合会　137c
上城区工商联（总商会）第一次会员代表大会　129b
上城区工商业联合会　129a
上城区归国华侨联合会　142b
上城区红十字会　146b
上城区获国家、省科学技术奖57项　298a
上城区纪委十届六次全体会议暨全区作风建设大会　115a
上城区健康服务与大数据产业创新服务综合体完成省级考核答辩　297a
上城区揭牌仪式举行　15a
上城区科学技术协会　140a
上城区民族团结促进会成立　374b
《上城区青年发展“十四五”规划（2022—2025）》　134b
上城区青年联合会全体会议　135a
上城区人民代表大会及其常务委员会　79

上城区人民政府　87
上城区入选省教师教育创新实验区建设项目　322b
上城区入选浙江省数字生活新服务样板区　173a
上城区社会科学界联合会　345a
上城区十五届人大常委会第三十八次会议　83a
上城区十五届人大常委会第三十九次会议　83a
上城区十五届人大常委会第三十六次会议　82b
上城区十五届人大常委会第三十七次会议　82c
上城区十五届人大常委会第三十五次会议　82b
上城区水文化研究　276c
上城区文学艺术界联合会　346a
上城区舞蹈家协会成立　346a
上城区新增3所省级企业研究院　295a
上城区新增杭州书房9家　334b
上城区学习型城市发展指数全省第一　313c
上城区与金融监管部门战略合作　168b
上城区政法队伍教育整顿廉政报告暨警示教育大会　116b
上城区直属文艺团队精品团队节目展演　329a
上城区总工会　131a
上城手绘地图与随手拍活动　137b
上塘河片区通过省级“美丽河湖”建设验收　436b
上下联动试点　119c
“尚城V蜂”发布　380b
“尚小驿”建设　385c
少先队夏衍小学大队获评省成绩突出少先队集体　311a
社工专业化水平提升　371a
社会保险管理服务　247c
社会保障　247b
社会服务　124c
社会福利事业　250a
社会工作站建设　371a
社会环境净化　156c
社会建设　55a
社会教育　312c
社会救助　248c
社会救助“救助+”多元化服务　249b
社会救助事项审批权限下放　249a
社会救助“一件事”联办　249a
社会面风险防控　154a
社会生活　369a
社会稳定维护　150a
社会心理服务体系建设　361c
社会主义核心价值观宣传教育　327a
社会组织党群服务中心省级示范点创建　400c
社会组织管理　373a
社会组织规范化管理　373c
社会组织培育　373a
社区工作者节　371b
社区回迁安置　430b
社区建设　371a
社区建设人才培育　372c
社区矫正　161b
社区（经合社）组织换届“回头看”　424b
社区康养驿站提升　376a
社区数字治理模式探索　392b
社区团组织换届　134b
社区治理“金点子”案例评选　55a
社区治理体系建设　405a
涉外服务　88b
审计　230b
审计督查整改　231a
生产安全“遏事故、提本质”攻坚战　226b
生态文明建设　55c
生态文明建设目标考核体系完善　56b
生态文明示范区建设推进　56c
省Pepper机器人应用成果展示活动在上城举行　309b
省级“美丽河湖”全域化创建　396c
省级体育现代化区创建考核评估完成　365b
省农业科学院老旧小区改造　425c
省青少年人工智能教育研究院成立　308c
省生活垃圾分类示范片区创建　413c
省市生活垃圾分类示范小区建设　269c
省委巡视组反馈问题整改　260a
胜利幼儿园首届“阳光小V”足球文化节　307a
师德专题教育活动　322c
师资管理　321b
湿地　48c
十五奎巷社区垃圾分类宣传　406c
实验室生物安全管理　352b
食品安全社会共治　220a
食品生产流通安全监管　220b
“食育中国5·20（杭州）论坛”举行　324b
食源性疾病监测　353c
始版桥未来社区多项目开工　193b
始版桥未来社区建设　27b
市场监管　215b

市场监管综合执法　217b
市场主体事中事后监管　217c
市容管理　269a
市容街貌提升　268a
市政管理　272b
市政建设管理融合推进　272b
市政设施日常监管养护　273c
市政项目实施　275a
市政应急养护　274b
市政专项行动　273c
事业单位人事管理　247b
“守门行动”　281c
首次河湖健康评价　276c
首单定向债务融资工具（PPN）发行　196b
首届“海塘小筑手”夏令营　330b
首届全国“读写教室”研讨会在上城举行　309c
首届人教版小学数学数字化教学观摩研讨会在上城举行　310c
首届“星”青年成长营结营　403c
首批政法队伍教育整顿　155b
首趟“美丽新上城，宋韵巴蜀情”旅游专列开行　175c
书香政协建设　113a
纾困救助　147b
暑期“托管难”问题破解　414c
暑期文化市场专项整治　337a
数据资源管理　100a
“数智”关工委　71a
数智群团建设　53c
“数智政协”建设　106c
数字产业化　167a
数字法治建设　150a
数字赋能老干部工作　69c
数字赋能商会服务　129c
“数字红会”建设　146c
数字化赋能为企服务　388c
数字化改革　21a
数字化改革支撑　240a
数字化审计　232a
数字化卫生监督执法工作推进　355a
数字化项目审查　100c
数字化执法　280a
数字驾驶舱建设　101b
数字检察　157a
数字经济产业　166a
数字经济系统建设　167b
数字统战建设　67c
“双随机”抽检　354c
双拥共建　164a
双招双引　194b
水澄桥社区康养驿站启用　402c
水环境治理　288c
水利河道管理　276a
税收征管改革　211b
税务　211a
司法行政　160b
丝路国家青少年国际摄影大展浙江分赛区颁奖仪式暨获奖作品展　329b
思澄堂修缮竣工　338b
思想政治建设　163b
思想政治引领　106a
“四大检察”协同推进　156a
四季青街道　420b
四季青街道安全体验馆启用　423c
四季青街道微融媒体中心成立　422c
四季青街道营商环境优化　422a
四季青市场电动自行车非法营运专项整治　283a
宋都集团房地产稳健经营　261b
“宋风物语非遗（文创）大观园”活动　341b
《宋风物语》入选2月“浙版好书”榜　332c
宋韵文化传承　331c
宋韵文化传承研究　112c
“宋韵文化：传世与传播”论坛　62c
宋韵文化节　332b
宋韵文化品牌建设　390b
宋韵文化社科普及品牌打造　345b
宋韵文化新标识打造　390c
宋韵文化主题报道　66a
《宋韵醉杭州》原创歌曲专辑发行　331b
诉源治理　156c

T

“淘活动”平台2.0版本上线　318c
特快揽投部建设推进　235c
特色产业　166
特色品牌社会服务　128a
特殊教育　314a
特载　1

特种设备安全监察 222a
提案工作 107a
体育 365
体育产业发展推进 365a
体育场馆公益性开放推进 366b
体育设施建设 367c
体育与教育融合推动竞技体育发展 367a
停车场建设 257c
停车费催缴 276a
停车管理优化 275b
同协南路（源聚路—新塘路）开通 255b
“同心·博爱”民革服务品牌深化 123a
同心荟“一核四联盟”成立 68a
统计 232a
统计调查管理 232b
统计服务优化 233a
统计工作机制完善 232c
统计基础工作 232c
统战工作 67a
投诉举报处置 219c
投资与管理 213c
突发事件应对处置 93a
图书借阅服务提升 334c
团员青年党史学习教育 136c
退役军人服务创新优化 434c
退役军人服务示范窗口打造 427a
退役军人服务站建设 388a
退役军人全生命周期管理保障 378a
退役军人事务 377b

W

娃哈哈集团在欠发达地区投资建厂 180a
万事利丝绸公司上市 182a
万事利“西湖一号”数字美学创意平台上线 182b
网格规范化建设 24c
网络安全宣传周活动 66c
网络市场监管 218b
望海潮公司30亿元企业债落地 256a
望海潮公司发行公司债7亿元 256a
望江地区回迁“预安置” 254b
望江街道 395b
望江街道全域征迁“清零” 397c
望江街道商会获评全国“四好”商会 396a
望江街道在全市首创“征迁预安置”模式 397b
望江新城入选“杭州城市明日封面” 396a
威星“燃气云”省级重点企业研究院通过验收 181c
微型消防站建设 97b
违法建设控制 280b
违法涉水行为排查整改 406a
违建防控及“无违建区”创建 259c
委员履职平台建设 111b
委员暑期读书会 112a
委员主体作用发挥 111c
卫生健康信息化 358a
卫生健康综合执法 354b
卫生科研 349b
卫生与健康 348
为企服务深化 130a
未成年人司法保护 157b
未来社区建设 27a
未来社区健康场景建设 356c
未来社区健康场景应用 359a
未来社区商业建设 171c
位置与面积 47b
文化 326
文化产业 169a
文化产业引育 169b
文化惠民活动 328c
“文化基因解码工程”建设 326c
文化基因解码图册《宋韵咏续》编印 326c
文化建设 54a
文化教育服务 125c
文化经营单位网上登记统计申报 336a
文化强镇、文化示范村（社区）建设 54b
文化设施建设 334a
文化市场管理 335c
文化艺术创作 331a
“文化走亲”活动 329a
文史研究 112a
文物与历史建筑保护 337c
“我行·我棒”阳光宝宝活动 306c
“无废街区”打造 389c
“无诈市场”打造 418c
无障碍环境提升改造 274c
吴山广场地下空间一期项目地块出让 256b
吴山路、岳王路社区老旧小区改造 383a
吴山庙会暨伍子胥祭祀大典 191c
五水共治 290b

“五水共治”宣传　291a
“五水共治”工作获省级荣誉　267b
《武汉日夜》全国公映　170a
物价管理　222c
物业管理　263b
物业管理数字化改革　263b

X

夏衍中学获中华经典诵写讲大赛省级一等奖　311c
现代产业生态圈　187
现代商贸服务业　171b
线上、线下政务服务团队组建　24a
线下科普活动　141a
乡村治理　25c
消毒质量监测　352c
消防安全知识普及宣传　97c
消防安全重点单位标准化管理　97c
消防安全专项治理　394b
消防管理　96b
消费帮扶　206b
小公园建设　264c
“小红车公益亭‘心’期三”周年庆　315a
“小脑+手脚”基层治理体系创新　432a
“小脑+手脚”警网协同机制建设　409a
“小脑+手脚”勤务机制优化　155a
小鹏汽车品牌旗舰店落户上城　204c
“小清智能AI呼出系统”推进人口普查入户调查工作　388c
小区党群服务驿站建设　427b
小区开放日主题活动　314a
小微企业成长助力　216b
小营公园景观新地标打造　393c
小营街道　391b
小营街道微融媒体中心挂牌成立　395a
小营巷未来社区建设　29b
小营巷、西牌楼社区老旧小区改造　393a
小营智慧健康产业园　198c
小镇配套建设　190b
校外教育　316c
校外培训机构“三大员”工作机制启动　317c
校外培训机构协同共管治理　426b
校外培训机构治理　303c
校外培训机构治理“十大举措”推出　317a
校园食品安全检查　324c
协商体系建设　109c
“芯潮澎湃”网络法治宣传教育基地成立　66b
新冠肺炎疫情防控　362a
新冠肺炎疫情防控工作监督　118b
新冠疫苗接种工作推进　363b
新时代枫桥式退役军人服务站建设　400c
新时代文明实践阵地建设　328b
新闻出版和电影管理　337b
新业态组织党建覆盖加强　416a
“新制造业计划”存量工业企业提升改造项目开工　195c
信访澄清正名　117b
信访工作　74a
信访攻坚行动　74a
信息化基础支撑　101c
“信用+培训机构”案例获评市十大信用典型案例　318a
“星级家长俱乐部”成立　316a
“星级家长执照”工程入选全国家庭教育实践案例　315c
刑事审判　158a
行政复议应诉案件规范办理　152a
行政复议员试点　152c
行政规范性文件和行政机关合同规范管理　151b
行政决策法治化建设　151b
行政区划　49c
行政区划调整　14a
行政区划调整档案管理和处置　343b
行政区划调整后区政府常务会议　90c
行政区划调整前区政府常务会议　90a
行政审判　158b
行政事业单位国有资产监管　212c
行政相对人“执法体验日”活动　283b
行政效能提升　87c
行政许可审批　245c
行政争议化解　152b
行政执法主体和执法人员资格管理　151c
兴隆社区安置房回迁　255a
“幸福小屋”打造　401c
休闲旅游业　175b
宣传工作　64c
学雷锋志愿服务　381b
学前教育　306a
学校基础建设　302a

学校卫生监测 353c
学校卫生监管 355b
巡察工作 119a
巡察全覆盖 119b

Y

亚残运会残疾人事业展示点提升 146a
亚马逊全球开店亚洲首个卖家培训中心落户 196c
亚运城市行动 365c
亚运会场馆建设 368b
亚洲金融论坛杭州分会场暨杭港两地青年企业家交流座谈会 193c
严重精神障碍患者管理 361b
沿江党群服务驿站启用 402b
“沿着红色足迹学党史”活动 18a
“阳光老年助餐车”在南星街道上线 404a
杨公北苑新房交付 431c
杨绫子学校获省基础教育成果特等奖 314b
杨柳郡未来社区建设 28a
养老服务 375b
药品和医疗器械安全监管 221b
耀华社区康养驿站投入使用 398c
野生动物 49a
“夜潮时尚集、数智消费季”系列活动 174a
夜间经济发展 173c
“一表通”数智赋能基层减负 408b
“一表通”应用场景 22a
“一链维权”场景入选省数字经济系统数字贸易子系统应用场景先行示范点 202c
“一码报”疫情防控监督平台 358c
一体化智能化公共数据平台建设 101a
“一网通办”工作 101b
“一亿美金加速器”项目发布会 428b
医保电子凭证应用全覆盖 359a
医疗保障管理服务 248a
医疗对口帮扶 350b
医疗废物处置现状调查 353a
医疗机构年度校验 350a
医疗机构新冠肺炎疫情防控 364a
医疗卫生领域“证照分离”改革推进 355a
医疗卫生行业综合监管 354c
医疗质量管理规范化 350a
医疗资源导入 199a
医学检查检验结果互认共享 359a
医养护一体化签约服务 356b
医养结合服务体系构建 376b
医养结合助力健康产业发展 178b
医药制造业 182b
医政医管 349c
依规执法服务 98b
移动服务 239a
义务教育 307b
艺术品市场专项整治行动 336c
议政监督 125b
议政建言 109b
疫情防控通信保障 237c
意见整改按期完成 62a
“吟潮驿”党群服务驿站投入使用 407a
“银龄跨越数字鸿沟”智能手机培训 140c
隐患纠纷多元化解 154c
应急管理 91c
应急宣传教育培训 95b
应急演练 93c
应急预案体系建设 93b
应急值守与信息分级流转 92c
迎亚运志愿服务能力提升暨精品志愿服务项目交流培训会 381b
营利性学科类校外培训机构转型登记完成 317c
营商环境法治保障 154b
营税互动平台打造 392c
影视作品创作生产 54c
“永远跟党走·妙笔丹青绘百米长卷”主题活动 312a
“永远跟党走”主题活动 18c
用地空间要素保障 214b
用地项目管理 214c
优抚对象年度确认全省试点工作 379a
优秀教师海外学校任教获外交部肯定 319b
“优质服务基层行”活动 356b
邮政服务 235a
游艺经营场所电子标识专项整治 336b
游泳场所专项检查 336c
有奖举报系统开通 269a
玉皇山南基金小镇 189c
预算执行审计 230b
“遇览书屋”打造 426c
御道社区人民调委会获评全国模范人民调委会 431a
园区企业转型升级 194b
远大生物公司完成省重点研发项目验收 182c

院士专家工作站建设　141a
“云上皋城”入选市第二批“社区智治”试点单位　434b
“云招商”　204a
运河·映巷一期开街　169c

Z

再生资源回收体系构建　270b
造血干细胞和人体器官捐献　147c
“闸们家”党群服务中心建设　411b
闸弄口街道　408a
闸弄口街道微融媒体中心启用　409b
战备训练　164b
张能庆公益服务站“无烟西湖”项目获省级大赛金奖　389a
招商举措创新　411c
招商引资　202c
浙宝智能装备制造产业园被认定为省级小微园区　425b
《浙江公安派出所办理刑事案件负面清单规定》实施　155b
浙江国贸数字科技有限公司　300b
浙江华日实业投资有限公司　185a
浙江凌迪数字科技有限公司　299c
浙江省首届数字绘画展　329c
浙江省网络市场监管与服务示范区创建　218c
浙江威星智能仪表股份有限公司　185c
浙江中烟工业有限责任公司杭州卷烟厂　183c
浙里社会矛盾风险防范化解应用　22c
浙文影业集团股份有限公司落户上城区　204b
征兵工作　164a
征迁“清零”推进　253c
政法队伍问题线索处置　117b
政法委及综治　149a
政府信息公开　87b
政府债务管理　210c
政情通报会　109b
政务督查　88a
政务服务改革新路径探索　99b
政务服务管理新格局构建　99a
政务服务与公共资源交易　98c
政务服务综合体构建　23b
政协委员工作　111a
政治建设　51b
政治生态净化优化　51c
政治巡察　119b
之江文化产业带　169b
支教帮扶　323a
知联会、无党派人士工作　68c
知识产权保护　298c
知识产权政策宣传　298c
知识产权专项行动　299a
执法办案管理中心建成　153a
执法监督规范化建设　152a
执纪审查和监察调查　116c
执行审判　158c
职工技能素养提升行动　133a
职工普惠服务　133b
职工思想文化建设　133c
职能履行　127b
职业技能建设　244c
职业卫生监测　353b
志愿服务　379c
志愿服务助力未来社区建设　380c
质量强区建设　216c
致公党上城区基层委员会　127a
“智护未来”应用场景建设　136a
“智慧工地”监管系统建设　273a
智慧社区建设　372a
智慧养老服务　413c
智能化数字政务应用系统开发　23c
中德合作项目可持续发展教育基地授牌签约　319a
中国服装第一街“数智街区”打造　419a
中国共产党上城区委员会　57
“中国故事名家走进彭埠”活动　429b
中国美术学院社会美育精品项目落户望江街道　398a
中国人民政治协商会议上城区委员会　106a
中国社区建设展示中心获评首批长三角红色博物馆联盟成员单位　372c
“中国新服妆超级供应链基地”启动　195b
“中华慈善日”主题宣传活动　250b
中介代办管理　216b
中介服务业管理　233b
中央媒体采访团调研“智·和”同心荟　403a
中医药参与疫情防控　364c
中医药监督管理　360c
中医药文化弘扬与传承　360c
中医中药工作　360b

重大事项决定 84c
重大事项决定与任免 84c
重大通信服务保障 240c
重大项目签约 203b
"重大隐患60日整改闭环机制"推进 228a
重点改革攻坚 73a
重点领域专项治理 118c
重点人群口腔健康状况监测项目 354a
重点学术及科普项目补助 140b
重点整治摘牌 24c
重要活动 62b
"胄道杯"弄潮篮球联赛 367b
"朱智故居（中国社区建设展中心）保护利用"获评市级案例 338a
助残联盟样板打造 145b
助老打车暖心车站启用 410b
住房建设与管理 258c
专记 14
专题调研 111a
专题协商 110b
专项审计 231a
装配式建筑和工程承包管理 262b
紫阳街道 404b
紫阳街道微融媒体中心建设 407b
自然资源保护 215a
自然资源管理 214a
自然资源确权登记 214b
自然资源行政督察 215b
宗教领域安全维护 374c
综合减灾示范社区创建 95c
综合经济监管与服务 208
综合考评工作 61b
综合考评情况通报 61b
综合执法 278a
"走红巷、游上城"微信小程序开发 176a
组织工作 63b
组织工作数智建设 64b
组织领导和工作机制建立 15c
祖国统一工作 122c
"最多查一次"应用场景建设 386b
"最多跑一次"改革 23a
"最美人墙"志愿服务 385a
作风建设深化 52c

表格索引

表1 上城区湿地类型概况 48
表2 2021年上城区行政区划情况 49
表3 2021年上城区人口按街道分布情况 50
表4 2021年中共上城区委重要文件题录 58
表5 2021年度上城区人大常委会文件题录 80
表6 2021年上城区10件民生实事项目及其落实情况 88
表7 2021年上城区人民政府重要文件题录 89
表8 2021年上城区政协重要文件题录 107
表9 2021年区政协立案提案情况 108
表10 2021年杭州市上城区纪委区监委重要文件题录 115
表11 2021年邮政上城区分公司营业网点情况 235
表12 2021年电信上城分局营业厅情况 238
表13 2021年移动上城分公司营业厅情况 241
表14 2021年上城区新开办学校、幼儿园（含校区、园区）基本信息 301
表15 2021年上城区卫生机构情况和卫生技术人员情况 348
表16 户籍人口按街道分布情况 462
表17 户籍人口按年龄段分布情况 462
表18 2021年度上城区各部门（单位）获国家和部级先进集体荣誉 466
表19 2021年度上城区各部门（单位）获省级和省属部门先进集体荣誉 468
表20 2021年度上城区各部门（单位）获市级先进集体荣誉 474
表21 2021年度上城区各部门（单位）获国家和部级先进个人荣誉 478
表22 2021年度上城区各部门（单位）获省级和省属部门先进个人荣誉 479
表23 2021年度上城区各部门（单位）获市级先进个人荣誉 486